Immanuel Kant: Kritik der reinen Vernunft

Klassiker Auslegen

Herausgegeben von
Otfried Höffe

Band 17/18

Immanuel Kant: Kritik der reinen Vernunft

2. Auflage

Herausgegeben von
Georg Mohr und Marcus Willaschek

DE GRUYTER

ISBN 978-3-11-061045-1
e-ISBN (PDF) 978-3-11-078694-1
e-ISBN (EPUB) 978-3-11-078706-1
ISSN 2192-4554

Library of Congress Control Number: 2023940058

Bibliografische Information der Deutschen Nationalbibliothek
Die Deutsche Nationalbibliothek verzeichnet diese Publikation in der Deutschen Nationalbibliografie; detaillierte bibliografische Daten sind im Internet über http://dnb.dnb.de abrufbar.

© 2024 Walter de Gruyter GmbH, Berlin/Boston
Umschlagabbildung: wynnter/iStock/Getty Images Plus
Druck und Bindung: CPI books GmbH, Leck

www.degruyter.com

Inhalt

Zitierweise und Siglen —— IX

Vorwort zur zweiten Auflage —— XI

Aus dem Vorwort zur ersten Auflage —— XIII

Georg Mohr/Marcus Willaschek
1 Einleitung: Kants Kritik der reinen Vernunft —— 1

Eckart Förster
2 Die Vorreden —— 31

Konrad Cramer
3 Die Einleitung
   (A1/B1–A16/B30) —— 45

Reinhard Brandt
4 Transzendentale Ästhetik, §§ 1–3
   (A19/B33–A30/B45) —— 63

Georg Mohr
5 Transzendentale Ästhetik, §§ 4–8
   (A30/B46–A49/B73) —— 83

Béatrice Longuenesse
6 The Divisions of the Transcendental Logic and the Leading Thread
   (A50/B74–A83/B109; B109–116) —— 103

Hansgeorg Hoppe
7 Die transzendentale Deduktion in der ersten Auflage
   (A84/B116–A95/B129; A95–130) —— 125

Wolfgang Carl
8 Die transzendentale Deduktion in der zweiten Auflage
   (B129–B169) —— 149

Gerhard Seel
9   Die Einleitung in die Analytik der Grundsätze, der Schematismus und die obersten Grundsätze
(A130/B169–A158/B197) —— **171**

Heiner F. Klemme
10   Die Axiome der Anschauung und die Antizipationen der Wahrnehmung
(A158/B197–A176/B218) —— **195**

Bernhard Thöle
11   Die Analogien der Erfahrung
(A176/B218–A218/B265) —— **211**

Paul Guyer
12   The Postulates of Empirical Thinking in General and the Refutation of Idealism
(A218/B265–A235/B294) —— **235**

Marcus Willaschek
13   Phaenomena/Noumena und die Amphibolie der Reflexionsbegriffe
(A235/B294–A292/B349) —— **259**

Alain Renaut
14   Transzendentale Dialektik, Einleitung und Buch I
(A293/B349–A338/B396) —— **281**

Karl Ameriks
15   The Paralogisms of Pure Reason in the First Edition
(A338/B396–A347/B406; A348–380) —— **295**

Dieter Sturma
16   Die Paralogismen der reinen Vernunft in der zweiten Auflage
(B399–432; A341–347) Kritik des Subjekts —— **311**

Lothar Kreimendahl
17   Die Antinomie der reinen Vernunft, 1. und 2. Abschnitt
(A405/B432–A461/B489) —— **327**

Eric Watkins
18 The Antinomy of Pure Reason, Sections 3–8
(A462/B490–A515/B543) —— **355**

Henry Allison
19 The Antinomy of Pure Reason, Section 9
(A515/B543–A567/B595) —— **371**

Jean Ferrari
20 Das Ideal der reinen Vernunft
(A567/B595–A642/B670) —— **393**

Rolf-Peter Horstmann
21 Der Anhang zur transzendentalen Dialektik
(A642/B670–A704/B732) Die Idee der systematischen Einheit —— **419**

Peter Rohs
22 Die Disziplin der reinen Vernunft, 1. Abschnitt
(A707/B735–A738/B766) —— **437**

Volker Gerhardt
23 Die Disziplin der reinen Vernunft, 2. bis 4. Abschnitt
(A738/B766–A794/B822) Die Selbstdisziplin der Vernunft —— **455**

Birgit Recki
24 Der Kanon der reinen Vernunft
(A795/B823–A831/B859) „... nichts mehr, als zwei Glaubensartikel?" —— **475**

Otfried Höffe
25 Architektonik und Geschichte der reinen Vernunft
(A832/B860–A856/B884) —— **491**

Auswahlbibliographie —— **513**

Personenregister —— **525**

Sachregister —— **531**

Zitierweise und Siglen

Die *Kritik der reinen Vernunft* wird nach der von Ingeborg Heidemann besorgten Ausgabe zitiert (Stuttgart: Reclam 1966); Seitenangaben beziehen sich auf die erste (A) und zweite (B) Originalausgabe (1781 bzw. 1787). Alle übrigen Werke Kants werden nach der Ausgabe der Preußischen Akademie der Wissenschaften (*Kant's gesammelte Schriften*, Berlin 1900 ff.) zitiert; Stellenangaben erfolgen durch Band- und Seitenzahlen (z. B. V 351 = Band V, Seite 351). – Auf die *Werke* Kants wird unter folgenden *Siglen* Bezug genommen:

Anthropologie	Anthropologie in pragmatischer Hinsicht (1798)
Aufklärung	Beantwortung der Frage: Was ist Aufklärung? (1784)
Bemerkungen in den „Beobachtungen"	Bemerkungen in den Beobachtungen über das Gefühl des Schönen und Erhabenen (1764–66; hg. von Marie Rischmüller, Hamburg 1991)
Beobachtungen	Beobachtungen über das Gefühl des Schönen und Erhabenen (1764)
De mundi	De mundi sensibilis atque intelligibilis forma et principiis (Über die Form und die Prinzipien der Sinnen- und Verstandeswelt, 1770). Die deutschsprachigen Zitate aus *De mundi* folgen der Übersetzung von Norbert Hinske (in: *Werkausgabe*, Bd. 5, hg. v. Wilhelm Weischedel, Frankfurt/M. 1977).
Deutlichkeit der Grundsätze	Untersuchung über die Deutlichkeit der Grundsätze der natürlichen Theologie und der Moral (1764)
Frieden	Zum ewigen Frieden (1795)
Fakultäten	Der Streit der Fakultäten (1798)
Fortschritte	Welches sind die wirklichen Fortschritte, die die Metaphysik seit Leibnizens und Wolffs Zeiten in Deutschland gemacht hat? (verfaßt 1793; 1804 posthum veröffentlicht)
Geschichte in weltbürgerlicher Absicht	Idee zu einer allgemeinen Geschichte in weltbürgerlicher Absicht (1784)
GMS	Grundlegung zur Metaphysik der Sitten (1785)
Im Denken Orientieren	Was heißt: Sich im Denken orientieren? (1786)
KpV	Kritik der praktischen Vernunft (1788)
Kritik/KrV	Kritik der reinen Vernunft
A	Kritik der reinen Vernunft, 1. Auflage (1781)
B	Kritik der reinen Vernunft, 2. Auflage (1787)
KU	Kritik der Urteilskraft (1790)
Logik	Logik. Ein Handbuch zu Vorlesungen (hg. v. G. B. Jäsche, 1800)
MAN	Metaphysische Anfangsgründe der Naturwissenschaft (1786)
MdS	Die Metaphysik der Sitten (1797)
Monadologia	Metaphysicae cum geometrica iunctae usus in philosophia naturali, cuius specimen I. continet monadologiam physicam (Der Gebrauch der Metaphysik, sofern sie mit der Geometrie verbunden ist, in der Naturphilosophie, dessen erste Probe die physische Monadologie enthält, 1756)
Mutmaßlicher Anfang	Mutmaßlicher Anfang der Menschengeschichte (1786)
Nachricht	Nachricht von der Einrichtung seiner Vorlesungen in dem Winterhalbenjahre von 1765–1766

Nova dilucidatio	Principiorum primorum cognitionis metaphysicae nova dilucidatio (Neue Erhellung der ersten Prinzipien metaphysischer Erkenntnis, 1755)
Pädagogik	Immanuel Kant über Pädagogik (hg. v. F. Th. Rink, 1803)
Prolegomena	Prolegomena zu einer jeden künftigen Metaphysik, die als Wissenschaft wird auftreten können (1783)
Religion	Die Religion innerhalb der Grenzen der bloßen Vernunft (1793)
Teleologische Prinzipien	Über den Gebrauch teleologischer Prinzipien in der Philosophie (1788)
Über eine Entdeckung	Über eine Entdeckung, nach der alle neue Kritik der reinen Vernunft durch eine ältere entbehrlich gemacht werden soll (1790)
Vornehmer Ton	Von einem neuerdings erhobenen vornehmen Ton in der Philosophie (1796)
R	Reflexionen (aus dem handschriftlichen *Nachlaß*; 1765–1800)
Op. post.	Opus postumum (aus dem handschriftlichen *Nachlaß*; 1796–1803)

Nachschriften der *Vorlesungen* Kants werden nach ihren Titeln in der Akademie-Ausgabe (Bde. XXIV ff.) bezeichnet.

Vorwort zur zweiten Auflage

Der vorliegende, erstmals 1998 erschienene Band war seit langem nicht mehr gedruckt verfügbar, wurde aber weiterhin nachgefragt. Wir freuen uns daher über die Initiative des Reihenherausgebers, Otfried Höffe, und des Verlages De Gruyter, zum Kant-Jahr 2024 eine zweite, aktualisierte Auflage auf den Weg zu bringen. Wir danken allen Autor:innen des Bandes, die ihre Beiträge überarbeitet haben. Ergänzend zum vorliegenden Band verweisen wir auf das von uns gemeinsam mit Jürgen Stolzenberg und Stefano Bacin herausgegebene dreibändige Kant-Lexikon (Boston/Berlin 2015; Studienausgabe 2018).

Wir widmen diese zweite Auflage dem Gedenken an diejenigen Autoren des Bandes, die inzwischen verstorben sind: Henry Allison, Konrad Cramer, Hansgeorg Hoppe.

Bremen und Frankfurt am Main,
im November 2023

Aus dem Vorwort zur ersten Auflage

Der vorliegende kooperative Kommentar zu Kants *Kritik der reinen Vernunft* enthält ausschließlich Originalbeiträge. Sie wurden nach einheitlichen Regeln verfaßt und nach wechselseitiger Diskussion auf einer Tagung vom 5. bis 8. März 1997 in Münster so aufeinander abgestimmt, daß sie eine nahtlose Kommentierung ergeben. Dabei haben wir uns ausschließlich um formale, nicht um inhaltliche Einheitlichkeit bemüht. Es kommen daher unterschiedliche Herangehensweisen und Interpretationsansätze zur Geltung, ohne daß jedoch ein repräsentativer Querschnitt durch die gegenwärtige Forschung zur *Kritik der reinen Vernunft* im Rahmen dieses Kommentars möglich gewesen wäre. Vorrangiges Ziel war die textnahe Erschließung Kantischer Begriffe, Thesen und Argumentationsgänge, die in einem Kommentar stets Vorrang vor inhaltlich weitergehender und unvermeidlich strittiger Interpretation haben muß.

Es handelt sich hier um den ersten Kommentar zur *Kritik der reinen Vernunft*, der deren gesamten Text gleichmäßig und lükkenlos berücksichtigt. Davon profitieren vor allem die *Transzendentale Dialektik* und die *Methodenlehre*, die in früheren Kommentaren, sofern diese überhaupt eine Gesamtkommentierung anstrebten, regelmäßig zu kurz gekommen sind.

Textgrundlage der vorliegenden Kommentierung bilden die beiden ersten Auflagen der *Kritik der reinen Vernunft* von 1781 bzw. 1787. Wo Kant ganze Abschnitte für die zweite Auflage neu verfaßt hat (*Vorrede, Deduktion, Paralogismen*), werden diese jeweils gesondert und gleichberechtigt kommentiert. Alle weiteren gravierenden Abweichungen zwischen den beiden Auflagen werden in den jeweiligen Kommentarabschnitten berücksichtigt.

Um den vorgegebenen Gesamtumfang des Buches nicht zu überschreiten, mußten sich alle Autoren in ihren Kommentaren auf die wichtigsten Punkte beschränken. Zur leichteren Orientierung gliedern sich alle Kommentarbeiträge in drei bzw. vier Teile, die jeweils weiter unterteilt sein können. Der erste Teil eines jeden Beitrags (1.1, 2.1, 3.1 usw.) behandelt die Stellung und Funktion des kommentierten Textabschnitts in der *Kritik der reinen Vernunft*, der zweite Teil (1.2, 2.2, 3.2 usw.) gibt einen Überblick über Inhalt und Aufbau des Abschnitts, der dritte Teil enthält den eigentlichen Textkommentar. Wo dies sinnvoll war, folgt ein vierter Teil mit den wichtigsten Interpretationsfragen. Hinweise auf weiterführende Spezialliteratur zu einem *einzelnen Abschnitt* der *Kritik der reinen Vernunft* finden sich jeweils im Literaturverzeichnis des entsprechenden Kommentarbeitrags. Literaturhinweise zum Kantischen Werk und zur *Kritik der reinen Vernunft* insgesamt gibt eine Auswahlbibliographie am Ende des Bandes; „klassische" Werke werden nach selbsterklärenden Kurztiteln zitiert und ebenfalls im Literaturverzeichnis am Ende nachgewiesen.

Wir danken allen Autoren für ihre Mitarbeit. Dunja Jaber (Konstanz) danken wir für die sorgfältige Übersetzung der französischen Beiträge, Janina Sonnenfeld und Götz Frömming (Berlin) für ihre Hilfe bei der Vorbereitung der Druckvorlage und des Sachregisters, bei dem auch Ursula Küchhold (Bremen) behilflich war. Frauke Kurbacher und Stefan Heßbrüggen-Walter (Münster) danken wir für die Unterstützung bei der Durchführung der Tagung, gewissenhaftes Korrekturlesen und das Erstellen der Register, Wilfried Hinsch und Peter Rohs (Münster) sowie Bernhard Thöle und Bärbel Frischmann (Berlin) für eine kritische Durchsicht der Einleitung. Weiterhin gilt unser Dank der Fritz Thyssen Stiftung für die Finanzierung der Tagung und der wissenschaftlichen Hilfskräfte sowie der Westfälischen Wilhelms-Universität Münster für zusätzliche finanzielle und logistische Unterstützung bei der Durchführung der Tagung. Dem Herausgeber der Reihe *Klassiker Auslegen*, Otfried Höffe, sowie dem Akademie Verlag danken wir für die Möglichkeit, unser Projekt eines kooperativen Kommentars zur *Kritik der reinen Vernunft* im Rahmen dieser Reihe verwirklichen zu können. Den Lektoren, Thomas Egel und Peter Heyl, danken wir für die aufmerksame Betreuung.

Wir widmen den vorliegenden Band dem Andenken an Pierre Laberge, den wir zu einem Beitrag eingeladen hatten. Nach langer schwerer Krankheit ist er am 28. November 1997 gestorben.

Berlin und Münster,   Georg Mohr
im Juli 1998   Marcus Willaschek

Georg Mohr/Marcus Willaschek
1 Einleitung: Kants Kritik der reinen Vernunft

1.1 Ziel und Bedeutung der *Kritik der reinen Vernunft*

Kants *Kritik der reinen Vernunft* ist das bedeutendste philosophische Werk deutscher Sprache. In ihr laufen philosophische Entwicklungslinien zusammen, die bis in die Antike zurückreichen, sie ist Ausgangs- und Bezugspunkt des Deutschen Idealismus Fichtes, Schellings und Hegels, und sie hat die weitere Entwicklung der Philosophie bis in die Gegenwart tiefgreifend beeinflusst. Ihr zentraler Gedanke betrifft das Verhältnis von Erkenntnis und Gegenstand, das mit der sogenannten „kopernikanischen Wende" grundlegend neu bestimmt wird: Die Bedingungen der *Erkenntnis* eines Gegenstands sind zugleich die Bedingungen des *Gegenstands* der Erkenntnis.

Doch die *Kritik der reinen Vernunft* ist nicht nur Pflichtlektüre für Universitätsphilosophen, sondern zugleich ein Hauptwerk der neueren abendländischen Kultur. Als solches hat sie weit über die Philosophie hinaus gewirkt. Zwei Punkte sind hier besonders hervorzuheben. Erstens entlarvt die *Kritik der reinen Vernunft* zentrale Lehrsätze der traditionellen Metaphysik als dogmatisches Scheinwissen. Vor allem Kants Kritik an den seinerzeit gängigen Versuchen, die Existenz Gottes und die Unsterblichkeit der Seele zu beweisen, hat nachhaltig Wirkung gezeigt. Der „alles zermalmende" Kant, wie Moses Mendelssohn ihn nennt, erschüttert das theologisch-metaphysische Fundament der überkommenen Weltanschauung. Die *Kritik der reinen Vernunft* ist daher als eindrucksvolles Plädoyer für eine durch Kritik aufgeklärte „allgemeine Menschenvernunft" aufgenommen worden. Die Kritik, der „sich alles unterwerfen muß", dringt auf „freie und öffentliche Prüfung" und macht auch vor Religion und Gesetzgebung nicht halt (vgl. A xi Anm.). Zweitens entwickelt die *Kritik der reinen Vernunft* wesentliche Voraussetzungen für ein Verständnis von Freiheit und Autonomie menschlicher Personen qua vernünftiger Wesen, das für das moralische und rechtliche Selbstverständnis moderner liberaler Gesellschaften bis heute grundlegend ist. (Kant selbst hat die rechts- und moralphilosophischen Implikationen der *Kritik der reinen Vernunft* in seinen späteren Werken ausführlich entwickelt.)

Im Vordergrund der *Kritik der reinen Vernunft* steht jedoch die erkenntniskritische Frage „Was kann ich wissen?" (vgl. A805/B833; vgl. auch IX 25, XI 429). Ihre

Aufgabe ist es, Quellen, Umfang und Grenzen menschlicher Erkenntnis zu bestimmen (vgl. A xii). Damit greift Kant das Programm auf, das John Locke am Anfang seines *Essay Concerning Human Understanding* (I, 1, 2) formuliert: „to enquire into the Original, Certainty, and Extent of humane Knowledge". Dabei wird nicht nach bestimmten Ergebnissen oder einem bestimmten faktischen Wissensstand, sondern nach der Möglichkeit von Wissen und den Bedingungen von Erkenntnis gefragt. Während Kant unter „Erkenntnis" Vorstellungen versteht, die anschaulich gegebene Gegenstände begrifflich näher bestimmen, ist „Wissen" eine begründete wahre Überzeugung. Insofern setzt Wissen über konkrete Gegenstände Erkenntnis voraus. Kennen wir die Bedingungen menschlicher Erkenntnis, so kennen wir damit also auch die *Grenzen des Wissens*.

Kant geht es insbesondere um die Möglichkeit *nicht-empirischen* Wissens, denn auf solchem beruht die Metaphysik. Diese verliert im ausgehenden 18. Jahrhundert, vor allem im Vergleich zu den Naturwissenschaften, zunehmend an Ansehen. Dennoch ist die Metaphysik, so Kants Einsicht, unverzichtbar, weil sich die Grundsätze der Moral und des Rechts nicht rein empirisch begründen lassen, sondern einer metaphysischen Grundlegung bedürfen. Dafür, so Kant, müssen wir zunächst feststellen, wie weit unser Wissen überhaupt reichen kann.

Eine Untersuchung der Möglichkeit nicht-empirischen Wissens macht also eine Untersuchung der Bedingungen menschlicher Erkenntnis insgesamt erforderlich. Die *Kritik der reinen Vernunft* enthält daher eine Theorie sowohl empirischer als auch nicht-empirischer Erkenntnis, sie ist sowohl eine „Metaphysik der Erfahrung" (Paton 1936) als auch eine „Metaphysik von der Metaphysik" (Kants Brief an Marcus Herz vom 11. Mai 1781, X 269). Sie zieht die Grenze zwischen den beiden Formen von Erkenntnis und bestimmt auf diesem Wege die Grenzen menschlichen Wissens überhaupt. Dabei stellt sich heraus, dass *jedes Wissen nicht-empirische Bedingungen hat*. Diese sind als implizit mitgewusstes nicht-empirisches Wissen auch für Erfahrungswissen konstitutiv und können in einem reflexiven Verfahren, das Kant als „transzendentale Kritik" bezeichnet (A12/B26), explizit gemacht werden.

Im Nachweis und in der Formulierung nicht-empirischer Bedingungen der Erkenntnis besteht die wesentliche *konstruktive* Leistung der *Kritik der reinen Vernunft*. Da diese Bedingungen zugleich die Grenzen der Erkenntnis definieren, ergibt sich auch eine *destruktive* Konsequenz: Metaphysische Theorien, die Erkenntnis jenseits der von Kant aufgezeigten Grenzen beanspruchen, sind zum Scheitern verurteilt. Da alle bis dahin entwickelten metaphysischen Theorien diese Grenzen missachtet haben, ist das destruktive Ergebnis der *Kritik der reinen Vernunft* kein geringeres als das Ende der traditionellen Metaphysik.

Kant ist nicht der erste, der die „dogmatische" Metaphysik kritisiert. Die *Kritik der reinen Vernunft* bietet jedoch erstmals eine schlüssige Diagnose für die Mängel der Metaphysik, die deren Ursachen nicht in kontingenten Unzulänglichkeiten einzelner Philosophen sucht, sondern systematisch auf Gründe zurückführt, die in der menschlichen Vernunft selbst liegen. Kant erkennt dabei das metaphysische *Interesse* der Vernunft durchaus an, bestreitet aber, dass die „reine", erfahrungsfreie Vernunft metaphysisches *Wissen* hervorbringen kann. Was die etablierte Metaphysik für theoretische Lehrsätze über Gott, Freiheit und Unsterblichkeit hielt, sind nach Kant „Postulate der praktischen Vernunft" – notwendige Glaubensartikel, die sich aus dem rationalen Selbstverständnis von Personen ergeben, die moralische Verpflichtungen anerkennen. Kants Einschränkung theoretischer Wissensansprüche geht daher mit einer Aufwertung praktischer Rationalität einher: Das metaphysische Interesse unserer Vernunft ist, recht verstanden, darauf gerichtet, unserem Handeln eine rationale Orientierung zu geben.

Die *Kritik der reinen Vernunft* ist nicht zuletzt deshalb von so fundamentaler und weitreichender Bedeutung, weil sie Probleme der Erkenntnistheorie, der Logik und der Metaphysik in den Rahmen einer umfassenden Konzeption der menschlichen Vernunft stellt. Die Resultate der *Kritik der reinen Vernunft* erstrecken sich auf alle Bereiche der Philosophie, wie Kant selbst in den nach ihr erscheinenden Werken zur Ethik und Rechtsphilosophie, zur Naturphilosophie und Ästhetik, zur politischen Philosophie, Religionsphilosophie und Geschichtsphilosophie zeigt.

1.2 Vorgeschichte, Entstehung und Titel der *Kritik der reinen Vernunft*

1.2.1 Die Fragestellung der *Kritik der reinen Vernunft* und ihre Vorgeschichte

In der Frage, ob es nicht-empirisches Wissen gibt, stehen sich zwei widerstreitende Positionen gegenüber: *Apriorismus* und *Empirismus*. Apriorismus ist die These, dass wir über Begriffe verfügen, die nicht aus der Erfahrung abgeleitet werden können, und dass solche „Begriffe a priori" zugleich Bedingungen der Erkenntnis von Gegenständen sind. Der Empirismus hingegen vertritt die Auffassung, alles Wissen gehe auf (sinnliche) Erfahrung zurück und habe nur für Gegenstände der Erfahrung Geltung. Nicht-empirisches Wissen könne es nicht geben.

Nach Kant lässt sich die Geschichte des Streits zwischen diesen beiden Positionen bis in die Antike zurückverfolgen. Mit der Kritik des Aristoteles an der Ideenlehre Platons findet diese Kontroverse in der Antike ihren ersten Höhepunkt. In der Neuzeit nehmen René Descartes und Gottfried Wilhelm Leibniz die Position des Apriorismus, John Locke und David Hume die des Empirismus ein (vgl. A852/B880–A856/B884). Diese Klassifizierungen, von denen Kant auch in seinen Vorlesungen regelmäßig Gebrauch macht, mögen den historischen Positionen der genannten Philosophen nicht in allen Einzelheiten gerecht werden. Sie erlauben aber doch, einige wesentliche Grundzüge ihrer Theorien, vor allem im Hinblick auf Kants Problemstellungen, pointiert herauszustellen.

Kant selbst charakterisiert seine „kritische" Philosophie als Überwindung der alten Kontroverse zwischen Apriorismus und Empirismus. (Die Bezeichnung „Empirismus" ist von Kant in die philosophische Terminologie eingeführt worden.) Auf einen kurzen Nenner gebracht, lautet Kants These: Beide Positionen treffen etwas partiell Richtiges, ziehen daraus aber falsche Folgerungen. So ist die Feststellung des Apriorismus, sinnliche Wahrnehmung sei keine hinreichende Basis für Wissen, zwar richtig. Daraus folgt aber nicht, dass Begriffe a priori allein und unabhängig von Erfahrung Grundlage von Erkenntnis sein können. Ebenso ist zwar die Feststellung des Empirismus richtig, dass es von raum-zeitlichen Gegenständen Wissen nur in dem Maße geben kann, wie von ihnen Erfahrung möglich ist. Daraus folgt aber nicht, dass Begriffen a priori keine grundlegende Bedeutung für unser Wissen und sogar für Erfahrungswissen zukäme.

Die fehlerhaften Folgerungen beruhen darauf, dass zwischen den Gegensätzen „sinnlich – begrifflich" einerseits und „empirisch – a priori" andererseits nicht klar unterschieden wird. Daraus ergeben sich zwei falsche Voraussetzungen: (1) Sinnliche Anschauungen könnten nur empirisch sein; (2) Begriffe könnten auch unabhängig von Bedingungen der Sinnlichkeit von Gegenständen gelten. Kant sieht es als eine seiner grundlegenden Entdeckungen an, dass wir nicht nur seitens des Verstandes, sondern auch seitens der *Sinnlichkeit* über *nicht-empirische* Vorstellungen verfügen. Neben Begriffen a priori („reinen Verstandesbegriffen") gibt es auch sinnliche Anschauungen a priori (Raum und Zeit als „reine Formen der Anschauung"). Kants zentrale These ist nun: Solche nicht-empirischen Anschauungen und Begriffe sind notwendige Bedingungen sowohl für empirisches als auch für nicht-empirisches Wissen über die Welt; zugleich ist letzteres auf den Bereich der Gegenstände möglicher Erfahrung beschränkt.

Kant entwickelt seine kritische Transzendentalphilosophie in Reaktion auf vielfältige historische und zeitgenössische Einflüsse. Dies zeigt sich weniger an Kants expliziten Verweisen, die recht spärlich sind, als am sachlichen Gehalt der Argumente und an impliziten Bezugnahmen. Abgesehen von den antiken Klassikern (insbesondere Platon, Aristoteles, Epikur, die Stoa und die Skeptiker) sind hier vor allem zu nennen: der methodische Zweifel und die Fundierung der Philosophie im Selbstbewusstsein des „cogito sum" bei René Descartes; die erfahrungstheoretischen Analysen John Lockes, insbesondere seine Unterscheidung zwischen „sensation" (äußere Wahrnehmung) und „reflection" (innere Wahrnehmung); die von Locke beeinflusste, aber darüber hinausgehende Theorie des Selbstbewusstseins von Johann Nicolas Tetens; George Berkeleys Idealismus („esse est percipi"); David

Humes Skepsis gegenüber der empirischen Begründbarkeit des Kausalbegriffs; die Monaden-Metaphysik und die Apperzeptionstheorie von Gottfried Wilhelm Leibniz; die Systematik der daran anschließenden Schulmetaphysik bei Christian Wolff und seinen Schülern (vor allem Georg Friedrich Meier und Alexander Baumgarten); Jean-Jacques Rousseaus Theorie des Ich als einheitskonstituierendes Moment im Urteil. Unter Kants Zeitgenossen haben seine theoretische Philosophie vor allem Christian August Crusius, Moses Mendelssohn, Johann Heinrich Lambert und sein Königsberger Lehrer Martin Knutzen beeinflusst.

Ein angemessenes Verständnis der Philosophie Kants muss diese Einflüsse berücksichtigen. Dabei darf man jedoch nicht übersehen, dass Kants kritische Philosophie über eine synthetisierende Verarbeitung historischer Einflüsse weit hinausgeht. Mit der *Kritik der reinen Vernunft* beginnt ein neues Kapitel der Philosophiegeschichte.

1.2.2 Die Entstehung der Kritik der reinen Vernunft

Die „Methode der Metaphysik" steht seit den 1760er Jahren explizit im Mittelpunkt der philosophischen Interessen Kants. Bereits ein Aufsatz (*Deutlichkeit der Grundsätze*), den Kant 1764 als Antwort auf eine Preisfrage der Preußischen Akademie der Wissenschaften in Berlin veröffentlicht, befasst sich mit ihr. Ein Jahr darauf kündigt Kant eine „Kritik und Vorschrift der gesamten Weltweisheit als eines Ganzen" an (*Nachricht*, II 310) und nennt dieses Unternehmen bereits eine „*Kritik* der *Vernunft*" (II 311). Laut Paul Natorp handelt es sich um die „früheste deutliche Ankündigung des kritischen Unternehmens" (V 489). Allerdings soll die „Kritik" hier noch die Stelle einer Methodenlehre einnehmen und so ans Ende eines ausgeführten philosophischen Systems gestellt werden. Dieses System soll die theoretische und die praktische „Weltweisheit", also Metaphysik, Logik, Ethik und Ästhetik, umfassen. Am 31. Dezember 1765 teilt Kant Johann Heinrich Lambert brieflich mit, er habe eine Schrift über die „eigenthümliche Methode der Metaphysick und vermittelst derselben auch der gesammten Philosophie" in Arbeit (X 56; vgl. dazu auch Vaihinger 1881/92, Bd. 1, 155).

Statt gleich an die Ausarbeitung des Systems zu gehen, zu dem die „Kritik der Vernunft" als Methodenlehre im Anhang dienen würde, rückt die „Kritik der Vernunft" zunehmend in den Mittelpunkt des Unternehmens. Kant gelangt zu der Auffassung, dass genau hierin das wichtigste Desiderat der Philosophie besteht. Im Nachhinein benennt Kant zwei entscheidende Anstöße für diese Einsicht. Zum einen ist er um 1770 auf Paare widersprüchlicher metaphysischer Sätze (die sogenannten „Antinomien") gestoßen, bei denen sich scheinbar *beide* Seiten logisch zwingend beweisen lassen (vgl. den Brief an Garve vom 21. September 1798, XII 257).

Ein unkritischer Gebrauch der reinen Vernunft führt also zwangsläufig in Widersprüche. Zum anderen, so Kant in den *Prolegomena*, habe ihn die skeptische Philosophie David Humes aus seinem „dogmatischen Schlummer" geweckt (IV 260). Der genaue Zeitpunkt und die Beziehung zwischen diesen beiden Wendepunkten auf dem Weg zur *Kritik der reinen Vernunft* sind jedoch umstritten. 1770 legt Kant eine Dissertation zum Antritt seiner Königsberger Professur für Logik und Metaphysik vor (*De mundi*), die bereits einige wichtige inhaltliche Thesen der *Kritik der reinen Vernunft* vorwegnimmt, in anderen Punkten sowie in der methodischen Anlage jedoch noch „vorkritisch" ist. Kurz darauf aber stellt Kant sein Unternehmen unter den Titel „Die Grentzen der Sinnlichkeit und der Vernunft" (Brief an Marcus Herz vom 7. Juni 1771, X 123); bereits 1769 hatte er notiert, die Metaphysik sei eine „Kritik der reinen Vernunft", keine Doktrin (vgl. R 3964, XVII 368). Doch scheint Kant hier noch nicht daran zu denken, seinem Unternehmen als ganzem diesen Titel zu geben.

Dies geschieht erst in dem berühmt gewordenen Brief an Marcus Herz vom 21. Februar 1772, in dem er mitteilt, nun in der Lage zu sein, eine „Critick der reinen Vernunft, welche die Natur der theoretischen so wohl als practischen Erkentnis, so fern sie blos intellectual ist, enthält vorzulegen wovon ich den ersten Theil, der die Quellen der Metaphysic, ihre Methode u. Grentzen enthält, zuerst und darauf die reinen principien der Sittlichkeit ausarbeiten und was den erstern betrift binnen etwa 3 Monathen herausgeben werde" (X 132). Dieser Brief ist eines der wichtigsten werkgeschichtlichen Dokumente für die Entstehung der „kritischen Philosophie". Was Kants Erläuterungen zu dem dort angekündigten „ersten Teil" betrifft, der die „Quellen der Metaphysic, ihre Methode u. Grentzen" enthalten soll, so kann der Brief als die „eigentliche Geburtsstunde der ‚Kritik der reinen Vernunft'" bezeichnet werden (vgl. Cassirer 1918 [²1921], 135). Hier wird erstmals prägnant die neue Problemstellung auf eine Weise formuliert, in der die *Kritik der reinen Vernunft* sie bearbeiten wird. Die Grenzziehung der Wissensansprüche der menschlichen Vernunft, die auf der Grundlage einer präzisen Unterscheidung zwischen Sinnlichkeit und Verstand/Vernunft und zwischen Empirischem und Nicht-Empirischem erfolgen soll, wird hier auf die entscheidende Frage bezogen: „auf welchem Grunde beruhet die Beziehung desjenigen, was man in uns Vorstellung nennt, auf den Gegenstand?" Diese Frage sei bis dahin „aus der Acht gelassen" worden, obwohl sie, wie er jetzt bemerke, „in der That den Schlüßel zu dem gantzen Geheimnisse, der bis dahin sich selbst noch verborgenen Metaphys:, ausmacht" (X 130). In den folgenden Jahren widmet sich Kant ganz dieser Frage. Die Ausführung erfährt bis 1781 jedoch noch zahlreiche und tiefgreifende Modifikationen und Ergänzungen, wie man an den *Reflexionen* (vgl. XVII und XVIII) nachvollziehen kann. Erst nach einem elfjährigen „Schweigen" legt Kant mit der *Kritik der reinen Vernunft* das Ergebnis seiner Arbeit vor.

Die *erste Auflage* (A) der *Kritik der reinen Vernunft* erscheint zur Ostermesse 1781. Nach eigener Auskunft hat Kant sie in der zweiten Hälfte des Jahres 1780 niedergeschrieben (vgl. die plausible Rekonstruktion in Adickes 1895, 181f.). Laut einer brieflichen Mitteilung an Moses Mendelssohn vom 16. August 1783 (X 345) bringt Kant „das Produkt des Nachdenkens von einem Zeitraume von wenigstens zwölf Jahren [...] innerhalb etwa 4 bis 5 Monathen, gleichsam im Fluge, [...] zu Stande" (vgl. auch den Brief an Christian Garve vom 7. August 1783, X 338). Dem Druck liegt eine Abschrift zugrunde. Kants Manuskript ist verlorengegangen. Aufgrund der – angesichts des Textumfangs – extrem kurzen Entstehungszeit hat man vermutet, dass Kant den Text der *Kritik der reinen Vernunft* zum Teil aus älteren Vorentwürfen zusammengesetzt hat, die zum Teil bis weit in die 1770er Jahre zurückdatieren (zu dieser „Patchwork"-Hypothese vgl. Kemp Smith 1918 [^{2}1923], xix ff.).

Im Laufe des Jahres 1786 ist die *Kritik der reinen Vernunft* vergriffen. Auf die Bitte des Verlegers Hartknoch hin macht sich Kant an die Überarbeitung für eine *zweite Auflage* (B). Bereits am 7. April 1786 schreibt Kant an den Marburger Philosophie-Professor Johann Bering: „Aenderungen im Wesentlichen werde ich nicht zu machen haben, weil ich die Sachen lange genug durchgedacht hatte, ehe ich sie zu Papier brachte, auch seitdem alle Sätze, die zum System gehören, wiederholentlich gesichtet und geprüft, jederzeit aber für sich und in ihrer Beziehung zum Ganzen bewährt gefunden habe" (X 441). Vermutlich von Kant selbst stammt die Charakterisierung auf dem Titelblatt der zweiten Auflage als „hin und wieder verbesserte". Angesichts der tatsächlichen Änderungen (siehe unten, 1.3.6) ist diese Charakterisierung irreführend. Die Vorrede zur zweiten Auflage ist auf den 23. April 1787 datiert. Der größte Teil des Textes der zweiten Auflage ist zu diesem Zeitpunkt bereits gesetzt. Aus einem Brief Kants an Chr. G. Schütz vom 25. Juni 1787 (X 489) geht hervor, dass das Buch frühestens im Mai, wahrscheinlich aber im Juni 1787 erschienen ist.

1.2.3 Der Titel der Kritik der reinen Vernunft

Jedes Wort des Titels der *Kritik der reinen Vernunft* ist erläuterungsbedürftig. Zunächst der Ausdruck „Kritik". Er leitet sich ab aus dem griechischen Wort „krinein", was „unterscheiden", „prüfen", „beurteilen" bedeutet. Der Ausdruck „Kritik" ist im Zusammenhang mit Kants Projekt einer „Methode der Metaphysik" zu sehen. Bevor Systeme entworfen und metaphysische Aussagen gemacht werden dürfen, muss zunächst geklärt werden, aufgrund welcher methodischen Voraussetzungen solche Aussagen überhaupt getroffen werden können. Im Fehlen einer solchen Methodenreflexion sieht Kant den Hauptgrund für die Missstände in der Metaphysik seiner Zeit und ihrer Spekulationen über Gott, die Welt und die Seele des Menschen.

So kommt Kant zu der bis heute wirksam gebliebenen Einsicht, alle Philosophie müsse zunächst Kritik, insbesondere Selbstkritik sein: Überprüfung ihrer eigenen Voraussetzungen und Kompetenzen.

„Vernunft", wie sie im Titel angesprochen wird, steht für das gesamte „obere Erkenntnisvermögen". Die Vernunft in diesem weiteren Sinne umfasst Verstand, Urteilskraft und Vernunft im engeren Sinne. Letztere ist das Vermögen zu schließen, im Unterschied zum Verstand als dem Vermögen zu urteilen. Vernunft im weiteren Sinne umfasst also auch die im philosophischen Denken zur Anwendung kommende Vernunft.

Der im Titel gebrauchte Genitiv („Kritik *der* Vernunft") ist doppeldeutig: Versteht man ihn als genitivus objectivus, so ist die Vernunft dasjenige, was der Kritik unterzogen wird („Kritik *an* der Vernunft"). Unterstellt man einen genitivus subjectivus, so ist die Vernunft dasjenige, was die Kritik übt („Kritik *durch* die Vernunft"). Kant intendiert seinen Buchtitel in beiden Bedeutungen: Die *Kritik der reinen Vernunft* ist eine Kritik *an* der und *durch* die Vernunft. Es gibt keine andere, höherstehende Instanz, von der aus die Vernunft kritisiert werden könnte, als die Vernunft selbst. Sie verfügt nach Kant zudem über alle Mittel, eine solche Prüfung durchzuführen und deren Ergebnisse umzusetzen. Es handelt sich um eine Selbstkritik der Vernunft. Kant fasst dies in die Metapher vom „Gerichtshof der Vernunft" (vgl. z. B. A751/B779), wo die Vernunft Richter und Angeklagter zugleich ist.

Im Titel ist nun im besonderen von einer Kritik der „reinen" Vernunft die Rede. Es geht also nicht primär um den Gebrauch der Vernunft, z. B. in der Systematisierung empirischen Wissens oder im Schlussfolgern aus empirischen Prämissen, sondern um den Versuch, durch die Vernunft *allein*, ohne Rückgriff auf Erfahrung, zu inhaltlichem Wissen über die Welt zu gelangen. Tatsächlich unterstellt Kant, dass Erfahrungserkenntnisse unproblematisch sind, solange sie ihren Wissensanspruch auf die jeweils gemachte Erfahrung begrenzen, denn diese ist bei solchen Erkenntnissen eine leicht zugängliche Kontrollinstanz. Für „reine", d. h. erfahrungsunabhängige Erkenntnisse dagegen scheint es außer den Gesetzen der Logik überhaupt keine Kontrollinstanz zu geben. Die aber garantieren nur formale Widerspruchsfreiheit, nicht inhaltliche Richtigkeit. Die Gefahr ist deshalb groß, dass die Spekulationen der reinen Vernunft sich verselbständigen: Auf dem scheinbar sicheren Weg logischen Schließens gelangen wir zu metaphysischen Thesen, die wir für wahr halten, obwohl die verfügbaren Mittel für ihre Begründung nicht ausreichen. Dieser Gefahr kann man Kant zufolge nur mit einer Kritik der reinen Vernunft begegnen: einer Überprüfung des menschlichen Erkenntnisvermögens im Allgemeinen und der Reichweite erfahrungsunabhängigen Denkens im Besonderen.

In der Vorrede zur *Kritik der Urteilskraft* (1790) liefert Kant eine prägnante Erläuterung des Titels der *Kritik der reinen Vernunft* nach: „Man kann das Vermögen der Erkenntnis aus Prinzipien a priori *die reine Vernunft* und die Untersuchung der Möglichkeit und Grenzen derselben überhaupt die Kritik der reinen Vernunft nennen" (V 167).

1.3 Die Kritik der reinen Vernunft im Überblick

1.3.1 Synthetische Urteile a priori

Die *Kritik* soll aufzeigen, ob und unter welchen Bedingungen Metaphysik als Wissenschaft möglich ist. Deren besondere Problematik liegt Kant zufolge darin, dass sie im wesentlichen aus *synthetischen Urteilen a priori* besteht. Kant unterscheidet zwischen analytischen und synthetischen Urteilen sowie zwischen Urteilen a priori und Urteilen a posteriori. Ein Urteil ist *analytisch*, wenn seine Wahrheit oder Falschheit sich allein aus den darin enthaltenen Begriffen (und den Regeln der Logik) ergibt. *Synthetisch* ist ein Urteil, wenn Semantik und Logik allein zur Bestimmung des Wahrheitswerts nicht hinreichen, weil seine Wahrheit nicht nur von den in ihm enthaltenen Begriffen abhängt. Ein Urteil ist *a posteriori*, wenn über seinen Wahrheitswert nicht ohne Rekurs auf empirische Daten (sinnliche Wahrnehmung) entschieden werden kann; es ist *a priori*, wenn wir unabhängig von aller Erfahrung wissen können, ob es wahr oder falsch ist. (Vgl. zu diesen Unterscheidungen die *Einleitung*, A7–10/B10–14.)

Alle *analytischen* Urteile sind *a priori*, da sie lediglich Begriffserläuterungen enthalten und nicht auf Erfahrung rekurrieren. Alle Urteile *a posteriori* sind *synthetisch*, weil sie in ihrem Bezug auf Erfahrung über den semantischen Gehalt der in ihnen enthaltenen Begriffe hinausgehen. Metaphysische Sätze nun sind Kant zufolge einerseits *synthetisch*, andererseits aber *a priori*. So ist das Prinzip „Alles, was geschieht, hat einen zureichenden Grund" nach Kant synthetisch, weil im Begriff des Geschehens der des zureichenden Grundes nicht analytisch enthalten ist. Der Satz ist keine Begriffsexplikation, sondern soll etwas über die Beschaffenheit der Welt aussagen. Außerdem handelt es sich um einen All-Satz, der nicht durch Erfahrung (induktiv) bewiesen werden kann, da wir in der Erfahrung immer nur auf (endlich viele) Einzelfälle treffen. Das Prinzip des zureichenden Grundes kann also kein empirischer Satz, sondern nur ein Satz a priori sein. Bei metaphysischen Sätzen handelt es sich demnach um *synthetische* Urteile *a priori*. Die zentrale Frage lautet also: *„Wie sind synthetische Urteile a priori möglich?"* (B19). Mit anderen

Worten: Wie können wir zu erfahrungsunabhängigem Wissen über die Welt gelangen?

Zur Beantwortung dieser Frage bezieht sich Kant häufig auf die Mathematik und die reine Naturwissenschaft. Er geht davon aus, dass diese Wissenschaften synthetische Urteile a priori enthalten und dass eine Klärung, wie diese synthetischen Urteile a priori möglich sind, zugleich zeigt, unter welchen Bedingungen Metaphysik als Wissenschaft möglich ist.

1.3.2 Die „transzendentale" Fragestellung und die „kopernikanische Wende"

Die Frage nach der Möglichkeit einer Art von Urteilen hat zwei Aspekte. Der eine betrifft die psychologisch-kognitiven Bedingungen, die es uns Menschen erlauben, solche Urteile überhaupt zu bilden, der andere betrifft die Gültigkeit der so gebildeten Urteile. Beide Aspekte, Genesis und Geltung, sind Gegenstand einer philosophischen Erkenntnistheorie, müssen aber klar unterschieden werden. Kant macht selbst darauf aufmerksam, dass die Transzendentalphilosophie nicht auf das „Entstehen der Erfahrung", sondern auf das, „was in ihr liegt", abzielt (*Prolegomena*, § 21a, IV 304). Das schließt nicht aus, dass auch die empirische Psychologie einen Beitrag zur Beantwortung erkenntnistheoretischer Fragen leisten kann. Doch wenn Kant *subjektive* Erkenntnisbedingungen für die Möglichkeit der *objektiven* Gültigkeit bestimmter Urteilstypen namhaft macht, so stützt er sich nicht auf empirisch-psychologische Daten, sondern auf die Ergebnisse einer „transzendentalen" Analyse der „Bedingungen der Möglichkeit von Erfahrung".

Kant bezeichnet eine Untersuchung als „transzendental", wenn sie die Möglichkeit von nicht-empirischer Erkenntnis, vor allem die Möglichkeit synthetischer Urteile a priori, betrifft (vgl. B25). Sie hat insbesondere zu klären, wie sich Anschauungen und Begriffe, über die wir *a priori* verfügen, dennoch auf Gegenstände der *Erfahrung* beziehen können (vgl. A56/B80f.). Nach Kant gelangen wir zu synthetischen Urteilen a priori, indem wir nach den notwendigen subjektiven Bedingungen fragen, unter denen Erkenntnis überhaupt möglich ist. Nicht-empirisches Wissen, so Kant, ist Wissen über die formale Grundstruktur einer jeden für uns erkennbaren Wirklichkeit, denn den „Bedingungen der Möglichkeit von Erfahrung" muss jeder Gegenstand notwendigerweise entsprechen, sofern es sich um einen Gegenstand unserer Erfahrungserkenntnis handelt.

Nicht-empirisches Wissen ist Kant zufolge also kein Wissen von erfahrungs*transzendenten* Gegenständen. Es ist vielmehr ein Wissen von den allgemeinsten Gesetzen, unter denen Gegenstände möglicher Erfahrung stehen, sofern diese Gesetze durch die subjektiven Erkenntnisbedingungen a priori festgelegt sind.

Gestützt auf Anschauungen und Begriffe a priori können wir *synthetische* Urteile bilden, die *a priori* für alle Gegenstände möglicher Erfahrung gültig sind.

Einen Rückbezug auf das Subjekt und seine epistemischen Leistungen als erkenntnistheoretische Methode finden wir bereits bei Descartes, der die Gewissheit des Selbstbewusstseins zum Maßstab allen Wissens macht, sowie bei Locke, der eine Theorie der elementaren Inhalte und Verfahrensweisen des menschlichen Verstandes entwickelt. Kant knüpft an Descartes und Locke an, geht jedoch über beide hinaus. Kant zufolge erweisen sich die Bedingungen der *Erkenntnis* zugleich als Bedingungen der *Gegenstände* der Erkenntnis: Nicht die Erkenntnis richtet sich nach ihren Gegenständen, sondern die Gegenstände (sofern wir sie erkennen können) richten sich nach (den Bedingungen) der Erkenntnis (vgl. B xvi). Diesen Schritt bezeichnet Kant selbst als eine „Revolution der Denkart" (B xiii f.), die er mit dem von Kopernikus eingeleiteten Übergang vom geozentrischen zum heliozentrischen Weltbild vergleicht. Wir können die allgemeinen gesetzmäßigen Zusammenhänge der Wirklichkeit gerade deshalb a priori erkennen, so Kants sogenannte „kopernikanische Wende", weil wir sie selbst in die Dinge „hineinlegen". Das erkennende Subjekt, der Mensch, wird so zum Gesetzgeber der Natur – in der Tat eine Revolution (wörtlich: „Umwälzung") im Verständnis des Zusammenhangs von Erkenntnis und erkennbarer Wirklichkeit.

1.3.3 Transzendentalphilosophie

Das Ziel, die Metaphysik auf eine sichere Grundlage zu stellen, lässt sich nun auch so formulieren: Wir benötigen ein System transzendentaler Begriffe und Urteile im Sinne einer umfassenden und vollständigen Theorie über die Möglichkeit nicht-empirischen Wissens (Erkenntnis a priori). Ein solches System, zu dem auch ein Inventar aller synthetischen Urteile a priori gehören würde, bezeichnet Kant als „Transzendentalphilosophie" (A12/B25). Über deren genauen Umfang, insbesondere über ihr Verhältnis zum Projekt einer „Kritik der reinen Vernunft" einerseits und zur Metaphysik andererseits, hat Kant sich an verschiedenen Stellen unterschiedlich geäußert. Unklar ist zum einen, ob die *Kritik der reinen Vernunft* bereits Teile der zukünftigen Transzendentalphilosophie umfasst (nur eben noch nicht das „vollständige System"; vgl. A12/B25f., A13/B27) oder ob sie nur eine „Vorübung" darstellt, auf die das gesamte System erst noch folgen muss (vgl. A841/B869). Unklar ist zum anderen, ob die Transzendentalphilosophie nur ein Teilbereich der Metaphysik ist (so A845/B873) oder ob letztlich nicht alle Metaphysik Transzendentalphilosophie sein muss (vgl. z. B. A480/B508). Wenn die Transzendentalphilosophie *alle* synthetischen Urteile a priori enthält (A12/B25), warum umfasst sie dann nicht die Mathematik (vgl. A480/B508), sondern muss nur deren „Möglichkeit" erklären

(A733/B761)? Und ist dann nicht auch die „Metaphysik der Sitten", also die Moral- und Rechtsphilosophie, zur Transzendentalphilosophie zu rechnen? Festzuhalten ist jedenfalls, dass die Transzendentalphilosophie bei Kant zur metaphysischen Fundamentaldisziplin wird. Diese beruht ihrerseits auf einer Kritik der reinen Vernunft, über die sie jedoch zumindest in der Ausführlichkeit der Ausarbeitung hinausgeht.

1.3.4 Die Erkenntnisvermögen

Während für Empiristen wie Locke und Hume Erkenntnisse von raum-zeitlichen Gegenständen und Ereignissen nur dann Geltung besitzen, wenn alle in ihnen enthaltenen Begriffe auf sinnliche Eindrücke zurückgeführt werden können, ist für Rationalisten wie Descartes und Leibniz sinnliche Wahrnehmung lediglich eine verworrene Erkenntnis dessen, was sich klar und deutlich nur durch Begriffe erkennen lässt. Kant geht über diese Alternative in zweifacher Weise hinaus. Zum einen unterscheidet er zwischen Sinnlichkeit und Verstand als zwei irreduziblen Grundquellen der Erkenntnis (B30) und dementsprechend zwischen zwei Grundarten von Vorstellungen. Die *Sinnlichkeit* ist Rezeptivität. Durch Reizungen unserer Sinne werden nicht nur physiologische Reaktionen, sondern auch mentale Zustände erzeugt. Auf diese Weise werden uns sinnliche Vorstellungen „gegeben", die Kant als *Anschauungen* bezeichnet. Im *Verstand* hingegen kommt die Spontaneität des Erkenntnissubjekts zum Ausdruck. Die durch den Verstand „gemachten" Vorstellungen sind *Begriffe*. Während Anschauungen immer auf Einzelnes gerichtet sind (z. B. ein Stück Blei), handelt es sich bei Begriffen (z. B. dem der Schwere) um Allgemeinvorstellungen, die auf mehrere Dinge zutreffen können (hier: auf alle schweren Dinge).

Zum anderen werden die beiden „Erkenntnisstämme" von Kant nicht nur voneinander unterschieden, sondern auch aufeinander bezogen. Anschauungen ohne Begriffe – so Kants berühmte Formel – sind blind; (begriffliche) Gedanken ohne (anschaulichen) Inhalt sind leer (vgl. A51/B75). Nur durch die Verbindung von Anschauung und Begriff kommt Erkenntnis zustande. Kants zentrale erkenntnistheoretische These besagt, dass der Realitätsbezug unserer Begriffe und Urteile stets durch Anschauungen vermittelt ist.

Aufgrund der Verschiedenartigkeit von Anschauung und Begriff können Anschauungen nicht ohne weiteres auf Begriffe gebracht werden. Dazu ist nach Kant die *produktive Einbildungskraft* erforderlich, die anschaulich gegebene Vorstellungen zu synthetischen Einheiten verbindet. Als das Vermögen, Begriffe auf Anschauungskomplexe anzuwenden, tritt die *Urteilskraft* hinzu, die Kant als das Vermögen, unter Regeln zu subsumieren, definiert. Auch in diesen beiden Vermögen kommt die Spontaneität des Begriffe bildenden und anwendenden Verstandes zum Ausdruck.

Die Urteile des Verstandes in einen systematischen Zusammenhang zu stellen, ist nach Kant die wesentliche Aufgabe eines weiteren Vermögens: der *Vernunft* im engeren Sinne. Sie ist die Fähigkeit, von gegebenen Urteilen folgerichtig auf neue Urteile zu *schließen*. Dazu gehören auch solche Schlüsse, die den Bereich der Erfahrung übersteigen und auf die allgemeinsten Eigenschaften und ersten Ursachen der Welt abzielen. Es ist diese *reine*, nicht auf Erfahrung gestützte Vernunft, die in der *Kritik der reinen Vernunft* auf dem Prüfstand steht.

Kant spricht von den „Erkenntnisvermögen" oder „Erkenntniskräften" häufig wie von eigenständigen Akteuren, deren Tätigkeiten unser Denken ausmachen. Doch das ist nicht mehr als eine bildliche Redeweise. Es handelt sich Kant zufolge um spezifische Fähigkeiten (eben um „Vermögen"), die wir Menschen dadurch unter Beweis stellen, dass wir bestimmte Leistungen erbringen, also etwa Urteile fällen oder Schlüsse ziehen. Kants Erkenntnistheorie ist über weite Strecken ein Versuch, empirisches wie nicht-empirisches Wissen über die Welt aus dem Zusammenwirken elementarer Fähigkeiten (Sinnlichkeit, Verstand usw.) zu erklären.

1.3.5 Aufbau und Inhalt der *Kritik der reinen Vernunft*

In ihrem formalen Gesamtaufbau folgt die *Kritik der reinen Vernunft* weitgehend dem Aufbau der Logik-Lehrbücher, wie sie im 18. Jahrhundert als Vorlesungstexte dienten. Auch Kant hat sie benutzt (vgl. XVII, XVIII, XXIV). Die *Kritik* ist zunächst in eine *Elementarlehre* und eine *Methodenlehre* unterteilt. Zur Charakterisierung dieser beiden Hauptteile verwendet Kant (vgl. A707/B735) das Bild vom Inbegriff aller Erkenntnis der reinen Vernunft als einem Gebäude, zu dem die Elementarlehre die „Materialien" (Anschauungen, Begriffe, Schemata, Grundsätze, Ideen), die Methodenlehre den „Plan" (für ein „vollständiges System der reinen Vernunft") bereitstellt. Die Elementarlehre gliedert sich, gemäß der Unterscheidung zwischen den beiden Erkenntnisstämmen, in eine *Transzendentale Ästhetik* als der Lehre von der Sinnlichkeit und eine *Transzendentale Logik* als der Lehre vom Verstand und von der Vernunft.

1.3.5.1 Die *Transzendentale Ästhetik* (von griech.: *aisthesis* – Wahrnehmung) untersucht, ob die *Sinnlichkeit* über nicht-empirische Anschauungen verfügt, welche dies sind und inwiefern sie als Bedingungen empirischen und nicht-empirischen Wissens fungieren. Kants These lautet, dass es „zwei reine Formen sinnlicher Anschauung, als Prinzipien der Erkenntnis a priori, gebe, nämlich Raum und Zeit" (A22/B36). Diese sind nach Kant weder selbständige Dinge noch Eigenschaften einer vom Subjekt unabhängigen Wirklichkeit. Die Gegenstände, wie sie unabhängig von unseren sinnlichen Erkenntnisbedingungen sein mögen, die „Dinge an sich", haben weder räumliche noch zeitliche Eigenschaften. Die raum-zeitlichen Gegenstände unserer Erfahrung hingegen sind bloße „Erscheinungen", d. h. Gegenstände, die uns in Raum und Zeit *erscheinen*. Dies ist die für alles weitere entscheidende These des „transzendentalen Idealismus". Als *Formen* der Erscheinungen und *nur* als solche haben Raum und Zeit „empirische Realität". Ohne unsere subjektiven Erkenntnisbedingungen gibt es Raum und Zeit nicht; das bezeichnet Kant als ihre „transzendentale Idealität". Hat Kant nachgewiesen, dass es sich bei Raum und Zeit um Anschauungsformen a priori handelt, so hat er zugleich die Frage beantwortet, wie die synthetischen Urteile a priori der Mathematik möglich sind: Die Mathematik beschreibt die Strukturen des Raumes (Geometrie) und der Zeit (Arithmetik), ist also zwar auf Anschauung, nicht aber auf Erfahrung angewiesen. Gültigkeit hat sie dennoch lediglich für Gegenstände möglicher Erfahrung.

1.3.5.2 Der zweite Teil der *Elementarlehre*, die *Transzendentale Logik*, hat wiederum zwei Teile. Die *Transzendentale Analytik* untersucht, ob der *Verstand* als das Vermögen zu denken über nicht-empirische Begriffe verfügt, welche dies sind und inwiefern es sich dabei um Bedingungen empirischen und nichtempirischen Wissens handelt. Die *Transzendentale Dialektik* untersucht die Vernunft als das Vermögen zu schließen und stellt die Diagnose, dass der Gebrauch von Vernunftschlüssen, der über die Bedingungen möglicher Erfahrung hinausführt, in trügerisches Scheinwissen mündet.

Die *Analytik* zerfällt ihrerseits in eine *Analytik der Begriffe* und eine *Analytik der Grundsätze*. Erstere soll nachweisen, dass es zwölf Grundbegriffe a priori des Verstandes („Kategorien") gibt, die sich trotz ihres nicht-empirischen Charakters auf Gegenstände der Erfahrung anwenden lassen. Hier finden sich einige der schwierigsten und meistinterpretierten Textstücke der *Kritik*, allen voran die „transzendentale Deduktion" der Kategorien.

Kant beginnt mit einer Tafel von vier mal drei „logischen Funktionen des Verstandes in Urteilen" (der sog. „Urteilstafel"). Jeder dieser „Urteilsformen", so Kant, entspricht eine Kategorie. Er gelangt so zu einer ebenfalls zwölfteiligen „Kategorientafel". Diese Herleitung der Kategorien bezeichnet Kant (in B) als deren *metaphysische Deduktion*. Auf sie folgt die *transzendentale Deduktion*, die zeigen soll, wie Begriffe, die allein unserem Verstand „entspringen" und insofern etwas rein *Subjektives* sind, dennoch *objektive* Gültigkeit, d. h. Geltung von Gegenständen, haben können. Diese im einzelnen schwer nachzuvollziehende und in beiden Auflagen unterschiedlich ausgestaltete Deduktion beruht auf folgendem Grundgedanken: Die Bedingungen, unter denen man sich seiner selbst als im Zeitablauf identisches Subjekt bewusst werden kann, und die Bedingungen, unter denen man von Gegenständen Erfahrung haben kann, verweisen wechselseitig aufeinander: ohne durchgängiges Selbstbewusstsein keine Erfahrung, ohne zusammenhängende Erfahrung kein Selbstbewusstsein. Von einer Wirklichkeit, in der die Kategorien unseres Verstandes keine Anwendung finden, könnte man keine zusammenhängende Erfahrung haben, da sich die einzelnen Vorstellungen von einer solchen Wirklichkeit nicht zu einem einheitlichen Bewusstsein zusammenfügen ließen. Die Kategorien erweisen sich so als Bedingungen der Möglichkeit von Erfahrung. Damit ist ihre Anwendbarkeit auf Gegenstände sichergestellt und gleichzeitig ihre Geltung auf Gegenstände möglicher Erfahrung beschränkt.

Die *Analytik der Grundsätze*, von Kant auch als *Transzendentale Doktrin der Urteilskraft* bezeichnet, beginnt mit dem schwierigen Abschnitt über den *Schematismus der reinen Verstandesbegriffe*. Dabei geht es um die Frage, wie Kategorien auf Gegenstände der Erfahrung angewendet werden. Wenn z. B. die Kategorie der Substanz nicht aus der Erfahrung gewonnen werden kann, woran erkennt man dann, wann man es in der Erfahrung mit einer Substanz zu tun hat? Zwischen Anschauungen und Kategorien, so Kants Antwort, vermitteln „transzendentale Schemata" – Muster in der zeitlichen Struktur des anschaulich Gegebenen, die den einzelnen Kategorien entsprechen und so ihre Anwendung ermöglichen.

Im nächsten Schritt stellt Kant das *System der Grundsätze des reinen Verstandes* vor, das er ausgehend von den Titeln der Kategorientafel und dem Schematismus entwickelt. Es handelt sich bei diesen Grundsätzen um synthetische Urteile a priori, die als Bedingungen der Natur*erkenntnis* und damit zugleich als Fundamentalgesetze der *Natur* selbst fungieren. Kant definiert „Natur überhaupt" als „Gesetzmäßigkeit der Erscheinungen in Raum und Zeit" (B165). Das Prinzip der *Axiome der Anschauung* besagt, dass alle Anschauungen extensive, d. h. zählbare Größen sind. Der Grundsatz der *Antizipationen der Wahrnehmung* lautet, dass jede Wahrnehmung eine graduell bestimmte Intensität hat. Unter das Prinzip der *Analogien der Erfahrung* fallen drei speziellere Grundsätze: derjenige der Beharrlichkeit der Substanz, das Kausalprinzip („Alle Veränderungen geschehen nach dem Gesetze der Verknüpfung der Ursache und Wirkung") und der Grundsatz, dass alle zugleich existierenden Substanzen in Wechselwirkung stehen. Die drei *Postulate des empirischen Denkens* schließlich beziehen die Begriffe der Möglichkeit, Wirklichkeit und Notwendigkeit auf Gegenstände der Erfahrung.

Zwischen das zweite und dritte Postulat schaltet Kant in der zweiten Auflage der *Kritik der reinen Vernunft* eine *Widerlegung des Idealismus*. Dort wendet er sich gegen Berkeleys „dogmatischen", vor allem aber gegen Descartes' „problematischen" Idealismus und präsentiert seinen eigenen „transzendentalen" Idealismus als Lösung des Problems, wie wir von der Existenz der Außenwelt sicheres Wissen haben können.

Ästhetik und *Analytik* zusammen machen den „konstruktiven" Teil der *Elementarlehre* aus. Ihr auf den ersten Blick paradoxes Ergebnis fasst Kant im Abschnitt über *Phaenomena und Noumena* noch einmal zusammen: Erkenntnis a priori können wir nur von Gegenständen möglicher Erfahrung haben. Das aber bedeutet, dass auch die metaphysische Grunddisziplin der Ontologie (Lehre vom Seienden) auf den Bereich möglicher Erfahrung beschränkt bleibt. Da die Grenzen dieses Bereichs sich nicht aus den Dingen selbst, sondern aus dem menschlichen Verstand ergeben, wird aus der Ontologie eine bloße „Analytik des Verstandes". Im Anhang über die *Amphibolie der Reflexionsbegriffe*, der die *Analytik* beschließt, kritisiert Kant die Leibnizsche Ontologie, da sie diese Grenzen nicht beachtet.

1.3.5.3 Von der Ontologie oder *metaphysica generalis* unterschied man im 18. Jahrhundert die drei Bereiche der *metaphysica specialis:* rationale Psychologie, rationale Kosmologie, rationale Theologie. Ihnen wendet sich Kant in der *Transzendentalen Dialektik* zu. Zunächst erläutert Kant in der *Einleitung* und im ersten Buch der *Dialektik* die strukturellen Bedingungen, die dazu führen, dass unsere Vernunft *unvermeidlich* einem „transzendentalen Schein" erliegt, aus dem sich alle weiteren Fehler der *metaphysica specialis* ergeben: Sie schließt nämlich von der Tatsache, dass etwas *Bedingtes* gegeben ist (zum Beispiel eine Veränderung), auf die Existenz der *Bedingung* (etwa einer Ursache). Doch wenn diese Bedingung selbst wiederum durch etwas weiteres bedingt ist, ergibt sich ein Regress, der die Vernunft schließlich auf den Begriff einer *unbedingten Bedingung* führt. In der Erfahrung können wir etwas absolut Unbedingtes aber nicht auffinden, denn hier ist jedes Vorkommnis selbst wieder (räumlich, zeitlich, kausal) bedingt. Die Vorstellungen von etwas Unbedingtem, die wir uns aufgrund der Eigendynamik unserer Vernunft zwangsläufig machen, sind also *reine* Vernunftbegriffe. Kant bezeichnet sie als *transzendentale Ideen*. Sie fallen in drei Klassen: Die Ideen der rationalen (d.h. metaphysischen) Psychologie betreffen den Begriff der *Seele*, diejenigen der rationalen Kosmologie den Begriff der *Welt* und die der rationalen Theologie den Begriff *Gottes*.

Kant bezieht diese drei Klassen von transzendentalen Ideen nun auf die drei grundlegenden Schlussformen (kategorisch, hypothetisch, disjunktiv). Zum transzendentalen Schein kommt es, wenn Eigenschaften der Seele, der Welt oder Gottes formal korrekt aus Prämissen erschlossen werden, die scheinbar a priori gültig sind, die jedoch in Wirklichkeit Fehler enthalten, welche nur mit den Mitteln einer transzendentalen Erkenntniskritik aufgedeckt werden können.

Die erste Gruppe dieser dialektischen Fehlschlüsse sind die vier *Paralogismen der reinen Vernunft*. Ihre Konklusionen besagen: (1) Die Seele ist eine Substanz. (2) Sie ist ihrer Qualität nach einfach. (3) Sie ist eine (im Zeitablauf identische) Person. (4) Sie ist von der Existenz körperlicher Dinge unabhängig. – Jeder dieser Schlüsse wäre ein Beweis für die Unsterblichkeit der Seele. Doch Kant weist in jedem von ihnen eine Zweideutigkeit nach, an welcher der Schluss scheitert. Der Sache nach handelt es sich um eine vernichtende Kritik an einer rationalistischen Psychologie, die aus dem bloßen Bewusstsein seiner selbst (dem „Ich denke") metaphysisch gehaltvolle Konsequenzen ziehen will. Kants Argumente laufen auf das Eingeständnis hinaus, dass die Frage, ob wir über eine unsterbliche Seele verfügen oder nicht, die Grenzen unserer Erkenntnis übersteigt.

Die nächste Gruppe von Fehlschlüssen sind die vier *Antinomien* oder *Widerstreite der reinen Vernunft*. Sie bestehen jeweils aus zwei einander widersprechenden Aussagen, die scheinbar beide beweisbar sind. Sie betreffen die Fragen, ob (1) die Ausdehnung der Welt und (2) die Anzahl ihrer Teile endlich oder unendlich ist und ob es (3) unverursachte Ursachen (z. B. freie Handlungen) und (4) ein notwendiges Wesen gibt oder nicht. Es handelt sich um vier klassische Konflikte, die Kant der metaphysischen Kosmologie zuordnet und von denen er zeigen will, dass sie auf Missverständnissen beruhen – genauer: auf einer Missachtung der Unterscheidung zwischen Dingen an sich und Gegenständen der Erfahrung (Erscheinungen). Die ersten beiden Antinomien löst Kant auf, indem er zeigt, dass Thesis und Antithesis beide falsch sind, da die raum-zeitliche Welt unserer Erfahrung weder endlich noch unendlich ist. Thesis und Antithesis der beiden letzten Antinomien dagegen können jeweils beide wahr sein, da sich Kant zufolge die Thesis auf den Bereich der Dinge an sich, die Antithesis auf den der Erfahrung (der Erscheinungen) bezieht.

Schließlich wendet sich Kant dem *Ideal der reinen Vernunft* zu. Darunter versteht er den Begriff eines durchgängig positiv bestimmten Wesens (eines *ens realissimum*), das einfach, selbstgenügsam, ewig und vollkommen ist. Dies sind in der traditionellen philosophischen Theologie Prädikate Gottes. Die Annahme, ein solches Wesen (Gott) existiere notwendigerweise, beruht Kant zufolge jedoch auf einer „natürlichen Illusion". Die traditionellen Beweise für die Existenz Gottes widerlegt Kant: zunächst den sogenannten „ontologischen Gottesbeweis", dann den „kosmologischen" und schließlich den „teleologischen" bzw. „physikotheologischen" Gottesbeweis. Am Ende steht die für viele Zeitgenossen Kants ernüchternde Einsicht, dass man an Gott zwar glauben kann, dass seine Existenz sich aber nicht beweisen lässt.

Im *Anhang zur transzendentalen Dialektik* ergänzt Kant das vernichtende Ergebnis der Vernunftkritik um einen wichtigen positiven Aspekt. Auch wenn wir über die Gegenstände der transzendentalen Ideen kein Wissen erlangen können, haben diese dennoch eine wichtige *regulative* Funktion. Sie können unserem Forschen eine Richtung geben und uns helfen, unser Wissen in eine systematische Form zu bringen.

1.3.5.4 Es folgt der „zweite Hauptteil" der *Kritik*, die *Methodenlehre*. In ihr beschreibt Kant die Verfahrensweisen zur Aufstellung des vollständigen Systems der Transzendentalphilosophie. Da die reine Vernunft die Tendenz hat, die Grenzen ihrer sinnvollen Anwendung zu überschreiten, bedarf sie zunächst einer methodischen Disziplinierung. Deren Grundzüge umreißt Kant im ersten Hauptstück, der *Disziplin der reinen Vernunft*, und unterscheidet dabei vier Verwendungsweisen der reinen Vernunft. Im *dogmatischen* Gebrauch der Vernunft muss man vermeiden, die Methoden der Mathematik auf die Philosophie zu übertragen. Im *polemischen* Gebrauch darf man bei der Zurückweisung dogmatischer Behauptungen nicht in die Behauptung des Gegenteils verfallen. Der Gebrauch von *Hypothesen* der reinen Vernunft darf nicht Erklärungszwecken dienen, sondern muss sich ebenfalls auf die Abwehr „transzendenter Anmaßungen" beschränken. Transzendentale *Beweise* der reinen Vernunft schließlich dürfen nur „ostensiv" (direkt) geführt werden (und nicht *via negationis*).

Auf diese Einschränkungen folgen nun im *Kanon der reinen Vernunft* die positiven Regeln und Ziele für den reinen Vernunftgebrauch. Kant betont vor allem, dass die eigentliche Aufgabe unserer Vernunft, und sei sie noch so erfahrungsfern, letztlich immer im Bereich der Praxis liegt. Nur durch vernünftiges Denken können wir unserem Handeln eine verlässliche Orientierung geben. Dazu bedürfen wir des Ideals eines höchsten Gutes – eines Zustandes der Welt, in dem alle Menschen genau in dem Maße glücklich sind, wie sie es moralisch verdienen. Um diesen Zustand zumindest für *möglich* zu halten, müssen wir Kant zufolge an die Existenz Gottes und die Unsterblichkeit der Seele glauben, wenn wir auch aus den zuvor entwickelten Gründen keine *theoretische Gewissheit* hierüber erlangen können. So finden die klassischen Begriffe der Metaphysik – Gott und Unsterblichkeit, in der zweiten Auflage tritt noch die Freiheit hinzu – in der *Kritik der reinen Vernunft* doch noch ihren Platz. Sie sind, wie Kant später in der *Kritik der praktischen Vernunft* ausführt, „Postulate der reinen praktischen Vernunft" (vgl. V 122 ff.).

Daran schließt sich die *Architektonik der reinen Vernunft* an, in der Kant ein Einteilungsschema aller „Vernunfterkenntnis" entwickelt. Hier geht es um den Grundriss des zukünftigen Systems der Transzendentalphilosophie und ihr Verhältnis zu den anderen „reinen" (synthetische Urteile a priori enthaltenden) Wissenschaften. Diese „architektonischen" Überlegungen sind für Kant von größter Wichtigkeit. Nur wenn jedes Element von vornherein seinen festen Platz hat, ist die Vollständigkeit und Abgeschlossenheit gewährleistet, die für ein *System* des Wissens erforderlich ist.

Den Abschluss des Buches bildet die kurze *Geschichte der reinen Vernunft*, in der Kant die Geschichte der Philosophie als eine Entwicklung auf drei Ebenen beschreibt, an deren Ende jeweils die *Kritik der reinen Vernunft* steht: „Der kritische Weg ist allein noch offen." Auf diesem Weg, so Kant abschließend, sei bald zu erreichen, „was viele Jahrhunderte nicht leisten konnten [...]: nämlich, die menschliche Vernunft in dem, was ihre Wißbegierde jederzeit, bisher aber vergeblich, beschäftigt hat, zur völligen Befriedigung zu bringen" (A856/B884).

1.3.6 Abweichungen in der zweiten Auflage

Zwei Jahre nach dem Erscheinen der ersten Auflage der *Kritik der reinen Vernunft* veröffentlicht Kant, als einen „Plan nach vollendetem Werke" (IV 263), die *Prolegomena* – eine Art Kurzfassung der *Kritik*, in der Kant sich insbesondere bemüht, den Vorwurf des Berkeleyschen Idealismus zurückzuweisen. Hier bringt Kant die leitende Frage seiner Theorie zum ersten Mal auf die Formulierung: „Wie sind synthetische Urteil a priori möglich?"

Für die zweite Auflage von 1787 überarbeitet Kant die *Kritik*. Er schreibt eine neue *Vorrede*; die *Einleitung* wird modifiziert und – unter Rückgriff auf Passagen aus den *Prolegomena* – stark erweitert. Die *Transzendentale Ästhetik* erhält eine durchgehende Paragraphenzählung, der Text wird neu strukturiert, zum Teil überarbeitet und um längere Abschnitte ergänzt. Auch in die *Analytik der Begriffe* fügt Kant neue Abschnitte ein. Die wohl wichtigste Veränderung betrifft die *Transzendentale Deduktion der Kategorien*, die Kant völlig neu schreibt. Die neue Fassung der Deduktion weicht nicht nur im Argumentationsgang, sondern auch in der Gewichtung zentraler Begriffe von der ersten Fassung ab. In der *Analytik der Grundsätze* stellt Kant den Beweisen der *Axiome*, *Antizipationen* und *Analogien* jeweils eine Kurzfassung der Beweisidee voran. Die *Postulate* werden um die *Widerlegung des Idealismus* ergänzt, einige Passagen im Abschnitt *Phaenomena und Noumena* werden modifiziert. Inhaltlich kommt in diesen Änderungen, neben dem Bemühen um eine klarere und verständlichere Darstellung, immer wieder die Abgrenzung vom „empirischen" Idealismus Berkeleys zum Ausdruck. Bei diesen Änderungen stellt sich häufig die Frage, ob sie wirklich (wie Kant in der *Vorrede* zur zweiten Auflage behauptet) nur die Darstellungsform oder nicht auch den Inhalt der Theorie modifizieren.

In der *Dialektik* betreffen die Änderungen vor allem die *Paralogismen*, die Kant stark strafft, aber dann um die Widerlegung eines von Mendelssohn vorgeschlagenen Beweises für die Unsterblichkeit der Seele ergänzt. Im restlichen Text der *Kritik*, immerhin mehr als der Hälfte des ursprünglichen Werks, nimmt Kant nur noch kleinste Änderungen vor. Bemerkenswert ist insbesondere, dass auch der *Kanon* mit seinen moralphilosophischen Thesen fast unverändert bleibt, obwohl Kants Position sich, wie die *Grundlegung zur Metaphysik der Sitten* von 1785 belegt, inzwischen weiterentwickelt hat.

Zu Kants Lebzeiten erscheinen drei weitere Ausgaben der *Kritik* (1790, 1794, 1799), die jedoch von der zweiten Auflage nur unwesentlich abweichen.

1.4 Weiterentwicklung, Rezeption und Wirkungsgeschichte der *Kritik der reinen Vernunft*

1.4.1 Der Ausbau der kritischen Philosophie

Obwohl Kant zum Zeitpunkt der Veröffentlichung der ersten Auflage der *Kritik der reinen Vernunft* noch nicht plant, eine *Kritik der praktischen Vernunft* (1788) und eine *Kritik der Urteilskraft* (1790) zu schreiben, verweisen zentrale Thesen und Argumentationsgänge der ersten *Kritik*, zumindest aus der Retrospektive, auf weiterführende Überlegungen, die den Rahmen der *Kritik der reinen Vernunft* verlassen und in die Problemstellungen der späteren *Kritiken* münden. Einige wesentliche seien hier genannt.

Der „negative" Freiheitsbeweis der ersten *Kritik* (A 532 ff./B 560 ff.) wird in der *Kritik der praktischen Vernunft* um eine positive Freiheitstheorie ergänzt. Die *Kritik der reinen Vernunft* konnte lediglich die *Möglichkeit* von Freiheit durch den Nachweis der widerspruchsfreien Vereinbarkeit intelligibler Freiheit („Kausalität durch Freiheit") mit Naturkausalität („Kausalität nach Gesetzen der Natur") sichern. Eine positive Begründung der *Wirklichkeit* von Freiheit unternimmt Kant erst in der *Kritik der praktischen Vernunft* unter Hinweis auf das von ihm als ein „Factum der Vernunft" bezeichnete Bewusstsein moralischer Verpflichtung.

Die anderen beiden Ideen der Metaphysik, das Dasein Gottes und die Unsterblichkeit der Seele, denen Kant in der *transzendentalen Dialektik* der ersten *Kritik* ebenfalls den Status von Gegenständen theoretischer Erkenntnis abspricht, werden in der *Kritik der praktischen Vernunft* als „Postulate der praktischen Vernunft" bestimmt, die sich aus der moralischen Verpflichtung vernünftiger Sinnenwesen ergeben. Kant greift damit Überlegungen auf, die er in gedrängter Form bereits im *Kanon* der *Kritik der reinen Vernunft* entwickelt hatte. In den letzten Paragraphen der *Kritik der Urteilskraft* (§§ 86 ff.) wird diese Argumentationslinie im Rahmen eines teleologischen Naturbegriffs fortgeführt und durch einen „moralischen Gottesbeweis" ergänzt. Zwei weitere wesentliche Ergänzungen der *Kritik der reinen Vernunft* durch die *Kritik der Urteilskraft* sind zu nennen. Die Ausführungen der *transzendentalen Ästhetik* in der ersten *Kritik* sind auf Anschauungen beschränkt, sofern diese zur Erkenntnis raum-zeitlicher Gegenstände dienen. In der

Kritik der Urteilskraft entwickelt Kant eine Ästhetik im Sinne einer Theorie des Schönen und Erhabenen. Und in deren zweiten Teil, der *Kritik der teleologischen Urteilskraft*, führt Kant Überlegungen zur Einheit und Systematizität der Natur weiter aus, die er zuerst im *Anhang zur transzendentalen Dialektik* entwickelt hatte.

1.4.2 Einige Schwierigkeiten

Bereits die ersten Reaktionen auf die *Kritik der reinen Vernunft* haben auf grundlegende Schwierigkeiten der in ihr vorgetragenen Theorie aufmerksam gemacht. So ist gegen die *transzendentale Ästhetik* eingewandt worden, sie liefere keinen schlüssigen Beweis für die These, dass Raum und Zeit *ausschließlich* subjektive Formen der reinen Anschauung und nicht *auch* objektive Formen der Gegenstände bzw. der Realität selbst sind (die sogenannte „Trendelenburgsche Lücke"). Des Weiteren ist häufig die grundlegende transzendentalphilosophische Unterscheidung zwischen Ding an sich und Erscheinung in Frage gestellt worden. Schon Friedrich Heinrich Jacobi (1743–1819) kritisiert, dass Kants transzendentaler Idealismus den Dingen an sich einerseits eine kausale Rolle im Erkenntnisprozess zuweise, Kausalerkenntnis andererseits aber auf Gegenstände der Erfahrung beschränke. Schwierigkeiten bereitet auch der Begriff der Affektion (Wirkung eines Gegenstands auf die Sinnlichkeit des Erkenntnissubjekts), da dieser nahelegt, es handle sich um einen Vorgang in der Zeit. Diese ist nach Kant aber eine bloße Form der Anschauung, sodass zwar die durch die Affektion gegebenen Sinnesempfindungen in der Zeit erscheinen, diese jedoch in keiner zeitlichen Relation zu den affizierenden Dingen an sich stehen können.

Einwände gegen Kants Theorie des Selbstbewusstseins machen geltend, dass der Kantische Dualismus von Anschauung und Begriff in Verbindung mit der Ablehnung einer intellektuellen Anschauung bei dem Versuch der Erklärung von menschlichem Selbstbewusstsein, insbesondere von dessen Identitätsimplikation, in Aporien führt (hier setzen Fichte und der frühe Schelling an). Gravierende Bedenken sind auch gegen die für Kants Projekt entscheidende Argumentationsform, die transzendentale Deduktion, vorgebracht worden. Sie sind vor allem neueren Datums (Stroud 1968, Körner 1969, Rorty 1970) und stellen die Möglichkeit einer transzendentalen Deduktion prinzipiell in Frage. Es wird eingewandt, dass von den Bedingungen von Erfahrung nicht auf die Beschaffenheit der Gegenstände der Erfahrung geschlossen werden könne. Quine hält eine stringente Unterscheidung zwischen „analytisch" und „synthetisch" sowie zwischen „a priori" und „empirisch" für unmöglich und macht damit schon die Kantische Problemstellung fraglich (vgl. Quine 1953). – In allen drei Punkten hat Kant allerdings auch Verteidiger gefunden.

Die Diskussion um die Leistungsfähigkeit der Kantischen Theorie dauert bis heute an.

1.4.3 Rezeptions- und Wirkungsgeschichte

Die *Kritik der reinen Vernunft* ist in der philosophischen Öffentlichkeit zunächst auf Unverständnis gestoßen. Beredtes Beispiel hierfür ist die erste Rezension, die von Christian Garve (1742–1798) verfasst wird und in einer von Johann Georg Heinrich Feder (1740–1821) veränderten Fassung am 19. Januar 1782 in den *Göttingischen Anzeigen von Gelehrten Sachen* anonym erscheint. Der Tenor der Rezension lautet, Kants Theorie sei ein bloßer Neuaufguss des Idealismus Berkeleys. Wie dieser verwandle Kant die Welt in eine Reihe von subjektiven Vorstellungen. Der von Kant verehrte Moses Mendelssohn (1729–1786) legt das „Nervensaft verzehrende Werk" (Brief an Kant vom 10. April 1783, X 308) zunächst beiseite. Nach dem Erscheinen der *Prolegomena* (1783) jedoch ändert sich die Situation allmählich, und es setzt eine lebhafte Rezeption ein, die Kants kritischer Philosophie seit Ende der 1780er Jahre manche Gegner, vor allem aber eine immer größer werdende Anhängerschaft in ganz Deutschland und dem übrigen Europa einbringt.

Zu diesem Erfolg haben nicht zuletzt zahlreiche kommentierende Erläuterungen und „Auszüge" zur *Kritik der reinen Vernunft* beigetragen, die schon bald erscheinen. Der von Kant geschätzte Königsberger Hofprediger und Mathematik-Professor Johann Schultz (1739–1805) veröffentlicht 1784 *Erläuterungen über des Herrn Professor Kant Kritik der reinen Vernunft* (2. Aufl. 1791). 1789 folgt Schultz' *Prüfung der Kantischen Kritik der reinen Vernunft* (2. Aufl. 1792). Einen wichtigen Beitrag zur Verbreitung Kantischen Gedankenguts leisten Karl Leonhard Reinholds (1757–1823) *Briefe über die Kantische Philosophie*, die seit 1786 in mehreren Folgen im *Deutschen Merkur* erscheinen. Weitere frühe Hilfsmittel sind Carl Christian Erhard Schmids (1761–1812) *Critik der reinen Vernunft im Grundrisse zu Vorlesungen nebst einem Wörterbuche zum leichtern Gebrauch der Kantischen Schriften* (1786), Jakob Sigismund Becks (1761–1840) dreibändiger *Erläuternder Auszug aus den kritischen Schriften des Herrn Prof. Kant* (1793–1796) und das sechsbändige *Encyclopädische Wörterbuch der kritischen Philosophie* (1797–1804) von Georg Samuel Albert Mellin (1755–1825).

Kritik an Kant kommt erwartungsgemäß zunächst vor allem von Philosophen, die die Leibniz-Wolffsche Metaphysik gegen die „Anmaßungen der Kritik" verteidigen wollen. Hierzu gehören der seinerseits von Kant kritisierte Moses Mendelssohn sowie Johann August Eberhard (1738–1809), auf den Kant 1790 in einem ausführlichen Aufsatz (*Über eine Entdeckung*) reagiert.

Mit eigenständigen systematischen Ansprüchen argumentieren gegen die Kritik der reinen Vernunft Johann Georg Hamann (1730–1788) mit seiner *Metakritik über den Purismum der reinen Vernunft* (1784) und Johann Gottfried Herder (1744–1803) mit seinem Werk *Verstand und Erfahrung, Vernunft und Sprache. Eine Metakritik zur Kritik der reinen Vernunft* (1799). Beide wenden sich gegen Kants Trennung von Sinnlichkeit und Verstand bzw. Vernunft als zwei heterogenen Erkenntnisstämmen und schreiben der Sprache eine für das Denken konstitutive Rolle zu. Mit Herder, Johann Friedrich Herbart (1776–1841) und Jakob Friedrich Fries (1773–1843) etabliert sich eine empirisch-anthropologische Kant-Interpretation und -Kritik, die in engem Zusammenhang mit der Entwicklung der empirischen Psychologie im 19. Jahrhundert steht.

Bereits Ende der 1780er Jahre beginnt eine kritisch-produktiv an Kant anschließende Diskussion, die in den Deutschen Idealismus mündet. Zu ihren Ausgangspunkten zählt Jacobis Problematisierung des Verhältnisses von Sinnlichkeit und Verstand, von Apriori und Aposteriori sowie von Erkenntnis und Realität. Darauf reagiert Karl Leonhard Reinholds *Versuch einer neuen Theorie des menschlichen Vorstellungsvermögens* (1789), der die Philosophie in einem ersten Grundsatz fundieren soll. Salomon Maimon (1753–1800) kritisiert in seinem *Versuch über die Transzendentalphilosophie* (1790) Reinholds und Kants Theorien der erfahrungsbegründenden Funktion synthetischer Urteile a priori als zirkulär, während Gottlob Ernst Schulze (1761–1833) in *Aenesidemus oder über die Fundamente der Elementarphilosophie* (1792) den Skeptizismus rehabilitiert und Reinhold und Kant Dogmatismus vorwirft. Johann Gottlieb Fichte (1762–1814) gesteht zu, dass die Kantische Philosophie ihrem „Buchstaben" nach Reste des Dogmatismus aufweist, will aber deren „Geist" verteidigen: „Kant hat überhaupt die richtige Philosophie; aber nur in ihren Resultaten, nicht nach ihren Gründen" (Brief an Heinrich Stephani vom Dezember 1793, in: Fichte, *Gesamtausgabe*, III/2, 28). Diese sollen in Fichtes *Wissenschaftslehre* (seit 1794 in mehreren Fassungen) nachgeliefert werden. Friedrich Wilhelm Joseph Schelling (1775–1854) schließt sich dieser Einschätzung an und bemüht sich wie Fichte um eine Rekonstruktion des nach Kant „höchsten Punkts" der Logik und der Transzendentalphilosophie. Das *Ich*, so heißt es in Schellings programmatischer Frühschrift von 1795, wird zum *Prinzip der Philosophie*, dies allerdings um den Preis erheblicher Korrekturen an Kants Theorie. Insbesondere der Dualismus von Anschauung und Begriff muss nach Fichte und Schelling in einer Theorie der „intellektuellen Anschauung" überwunden werden. Spätestens mit Georg Wilhelm Friedrich Hegels (1770–1831) *Phänomenologie des Geistes* von 1807 werden die systematischen Voraussetzungen und Grundannahmen des Kantischen Kritizismus aufgegeben. Innerhalb weniger Jahre führt der Weg von Kants Erkenntniskritik in die spekulatividealistische Systembildung Hegels und des späten Schelling. In größerer Nähe zu Kant versteht sich Arthur Schopenhauer

(1788–1860), der seinem Hauptwerk *Die Welt als Wille und Vorstellung* (1819, 1844) einen umfangreichen Anhang hinzufügt, der eigens der „Kritik der Kantischen Philosophie" gewidmet ist. (Für einen umfassenderen Überblick über die Kant-Rezeption und -Kritik bis 1838 vgl. die zeitgenössische Darstellung in Rosenkranz 1840).

Nachdem bis zur Mitte des 19. Jahrhunderts Hegels Philosophie auch institutionell und politisch äußerst einflussreich war, setzt sich in der zweiten Hälfte des 19. Jahrhunderts wieder das Interesse an einer Aufarbeitung und kritischen Aneignung der Kantischen Philosophie durch. Dabei steht vor allem Kants theoretische Philosophie im Vordergrund. Otto Liebmann (1840–1912) bezeichnet in seiner programmatischen Schrift *Kant und die Epigonen* (1865) die gesamte nachkantische Philosophie, namentlich Fichte, Schelling, Hegel, Herbart, Fries und Schopenhauer, als Epigonentum. Dagegen setzt Liebmann die Devise: „Zurück zu Kant!" Der mit Hermann Cohen (1842–1918) zunächst vorwiegend wissenschaftstheoretisch ausgerichtete Neukantianismus bemüht sich um eine an Kant orientierte Rekonstruktion der Grundlagen wissenschaftlicher Erkenntnis (*Kants Theorie der Erfahrung*, 1871). Cohens *Logik der reinen Erkenntnis* (1902) knüpft daran an, verabschiedet sich aber zugleich von zwei grundlegenden Auffassungen Kants: der erkenntniskonstitutiven Funktion der sinnlichen Anschauung und der Vollständigkeit der Kategoriensystematik. Cohens wissenschaftstheoretische Umdeutung Kants beeinflusst maßgeblich Paul Natorp (1854–1924) und Ernst Cassirer (1874–1945). Cassirer versucht in seinen Abhandlungen zur modernen Physik (1921, 1936) zu zeigen, dass die Grundannahmen der Kantischen Erkenntnistheorie (Raum und Zeit als Formen der Anschauung, Kausalität als reiner Verstandesbegriff) durch die Ergebnisse der Relativitätstheorie und der Quantenphysik nicht aufgehoben werden. Der auf die Theorie der Naturwissenschaften konzentrierte Marburger Neukantianismus wird flankiert durch die überwiegend an der Theorie der Geisteswissenschaften (insbesondere Kultur- und Geschichtswissenschaften) interessierte Südwestdeutsche Schule des Neukantianismus, die durch Wilhelm Windelband (1848–1915) und Heinrich Rickert (1863–1936; *Die Grenzen der naturwissenschaftlichen Begriffsbildung*, 1896/1902) vertreten wird. Seit den 1920er Jahren bemüht sich auch Cassirer mit seiner *Philosophie der symbolischen Formen* (1923 ff.) um eine Überführung der „Kritik der Vernunft" in eine „Kritik der Kultur".

Die Bedeutung von Kants kritischer Philosophie zeigt sich keineswegs nur an einer lang anhaltenden Tradition von Kantianismen, sondern ebenso daran, in welchem Maße auch alternative Theoriekonzeptionen Kantisches Gedankengut in sich aufnehmen und sich konzeptionell durch ihre Stellung zur Kantischen Philosophie definieren. Dies gilt für die sich explizit gegen den Neukantianismus wendende Phänomenologie, sowohl für die transzendentale Phänomenologie Edmund Husserls (1859–1931; *Ideen zu einer reinen Phänomenologie*, 1913; *Cartesianische Meditationen*, 1931) als auch für die Existenzialontologie Martin Heideggers (1889–

1976; *Sein und Zeit*, 1927; *Kant und das Problem der Metaphysik*, 1929). Es gilt auch für das Theorieparadigma der sprachanalytischen Philosophie. Peter F. Strawson bringt in seinem Werk *Individuals* (1959) Transzendentalphilosophie und analytische Philosophie in ein produktives Wechselverhältnis (vgl. auch Bennett 1966, 1974; Sellars 1963, 1974; sowie Strawson 1966). Der von Karl R. Popper vertretene „kritische Rationalismus" macht Grundeinsichten von Kants Erkenntnistheorie und Metaphysikkritik für die moderne Wissenschaftstheorie fruchtbar (vgl. *Logik der Forschung*, 1934). In neuerer Zeit haben neben Donald Davidson (1970) und Hilary Putnam (1980) zum Beispiel auch John McDowell (1994), Robert Brandom (1994), Quassim Cassam (2007) und Mark Schroeder (2015) in unterschiedlicher Weise an Kants *Kritik der reinen Vernunft* angeknüpft.

Zusatz zur Einleitung (2023)

In den 25 Jahren seit Erscheinen der ersten Auflage dieses kooperativen Kommentars zur *Kritik der reinen Vernunft* hat die Beschäftigung mit Kants Hauptwerk an Intensität keineswegs nachgelassen. In Ergänzung zu den oben genannten Arbeiten soll hier exemplarisch und ohne Anspruch auf Vollständigkeit auf einige wichtige neuere Entwicklungen in der Rezeption und Interpretation der *Kritik der reinen Vernunft* hingewiesen werden. Dabei beschränken wir uns auf Themen, die nicht im engeren Sinne auf einzelne Kapitel der *Kritik der reinen Vernunft* bezogen sind und daher in den auf diese bezogenen Beiträgen des vorliegenden Bandes nicht im Mittelpunkt stehen.

1 Konzeptualismus/Nonkonzeptualismus

Eine weit verzweigte und komplexe Debatte ist um die Frage entbrannt, ob Kants Erkenntnistheorie als „konzeptualistisch" oder „nonkonzeptualistisch" zu verstehen ist. Diese Frage gliedert sich in zahlreiche Einzelfragestellungen auf. Ein zentraler Fokus liegt auf Kants berühmter Feststellung, dass „Anschauungen ohne Begriffe [...] blind" seien (A51/B75). Während Anschauungen Kant zufolge auf die Affektion unserer Sinnlichkeit zurückgehen und sich auf einzelne Gegenstände als solche beziehen, entspringen Begriffe Kant zufolge der Spontaneität des Verstandes und repräsentieren Gegenstände insofern, als diese bestimmte, den Begriffsinhalt ausmachende allgemeine Merkmale aufweisen. Besteht die „Blindheit" von nichtbegrifflichen Anschauungen nun darin, dass diese für sich genommen gar keine Gegenstände repräsentieren, oder vielleicht nur darin, dass diese allein keine Erkenntnis im engeren Sinn ausmachen? Während konzeptualistische Lesarten

(z. B. McDowell 2006, Allison 2015) ersteres behaupten, repräsentieren den nonkonzeptualistischen Lesarten zufolge Anschauungen als solche, unabhängig von jeder begrifflichen Leistung des Verstandes, bereits äußere Gegenstände (z. B. Hanna 2005, Allais 2009). Diese Debatte scheint zunächst nur einen untergeordneten Aspekt von Kants Erkenntnistheorie zu betreffen, doch hat sie weite Aufmerksamkeit gefunden, weil ihre Beantwortung mit zahlreichen anderen umstrittenen Interpretationsfragen zusammenhängt und auch für aktuelle Fragestellungen (vgl. McDowell 1994) relevant ist. Letztlich geht es dabei um die Ausgangsfrage der *Kritik der reinen Vernunft*, nämlich wie sich Vorstellungen auf ihre Gegenstände beziehen (vgl. Brief an Herz vom 21.2.1772) und ob diese Beziehung immer eine aktive Leistung des Subjekts erfordert oder nicht. Auch unterschiedliche Vermittlungspositionen (z. B. Grüne 2009, McLear 2015) konnten diese anhaltende Debatte bisher nicht entschieden (vgl. McLear 2020).

2 Transzendentaler Idealismus/Dinge an sich

Kants Transzendentaler Idealismus ist die These, dass die Gegenstände unserer menschlichen Erfahrung keine „Dinge an sich", sondern bloße „Erscheinungen" sind. Bis in die frühen 2000er Jahre standen sich vor allem zwei verbreitete Interpretationen dieser These gegenüber, die man als Zwei-Welten- bzw. Zwei-Aspekte-Interpretationen bezeichnet. Ersteren zufolge sind Dinge an sich eigenständige, für uns aber unerkennbare Objekte, die mit den uns erkennbaren Erscheinungen nicht identisch sind (z. B. Strawson 1966, Guyer 1987). Letzteren zufolge sind Dinge an sich keine anderen Dinge als die uns empirisch erscheinenden Gegenstände, jedoch unter einer transzendentalphilosophisch motivierten Abstraktion von jenen raumzeitlichen Aspekten, die sich Kant zufolge nur unseren spezifisch menschlichen Anschauungsformen verdanken (z. B. Prauss 1974, Allison 1983/2004). Seitdem hat sich aber eine neuartige dritte Interpretationsmöglichkeit etabliert, die von der Analogie ausgeht, die Kant zwischen der Unterscheidung von Dingen an sich und Erscheinungen einerseits und der Unterscheidung von primären (intrinsischen) und sekundären (subjektrelativen) Qualitäten andererseits sieht (vgl. v. a. 4:289). Danach sind die für uns erkennbaren Erscheinungen zwar mit den ihnen zugrundeliegenden Dingen an sich numerisch identisch, doch diese zugrundeliegenden Gegenstände haben zwei unterschiedliche Arten von Eigenschaften. Während ihre intrinsischen Eigenschaften (anders als die primären Qualitäten Lockes) für uns nicht erkennbar sind, können wir ihre subjektrelativen, insbesondere raum-zeitlichen Eigenschaften erkennen (z. B. Allais 2015, Rosefeldt 2007; vgl. auch Langton 1998, Collins 1999). Wie in einer Zwei-Aspekte-Interpretation erkennen wir also nicht die Eigenschaften, die den Dingen „an sich" zukommen, sondern nur diejenigen, die uns erscheinen. Wie in einer Zwei-Welten-Interpretation liegen den von uns erkannten Beschaffenheiten aber subjektunabhängige Eigenschaften der Dinge an sich zugrunde, die von ihren Erscheinungen ontologisch unterschieden sind. – Während diese neuartige Lesart viel Beachtung gefunden hat, sind gegen sie aber auch eine Reihe von Einwänden formuliert worden (vgl. z. B. Anderson 2017). Auch in diesem Fall ist die Diskussion noch zu keinem Abschluss gekommen.

3 Transzendentale Dialektik

Bereits in der ersten Auflage dieses Kommentars wurde großer Wert darauf gelegt, der Transzendentalen Dialektik und Transzendentalen Methodenlehre in der *Kritik der reinen Vernunft* diejenige Aufmerksamkeit zu schenken, die ihrem Anteil am Umfang des Buches entspricht. Traditionell hatten diese Teile des Kantischen Hauptwerks, vor allem im Vergleich zur Transzendentalen Ästhetik, der Transzendentalen Kategoriendeduktion und dem Grundsätze-Kapitel, deutlich weniger Beachtung gefunden. Diese Gewichtung hat sich inzwischen in der aktuellen Kant-Rezeption verschoben. So haben seither zahlreiche Beiträge zu einem differenzierteren Verständnis von Kants Kritik an der traditionellen Metaphysik in der Transzendentalen Dialektik beigetragen (z. B. Grier 2001), seine Theorie transzendentaler Ideen untersucht (z. B. Klimmek 2005) und deren Bedeutung für Kants Wissenschaftskonzeption herausgearbeitet, die dieser im „Anhang zur Transzendentalen Dialektik" entwickelt (z. B. Meer 2019). Andere Arbeiten haben Kants Theorie der Seele und des Subjekts (z. B. Rosefeldt 2000; Dyck 2014; Kraus 2020), die Antinomien (z. B. Malzkorn 1999, Falkenburg 2000; Engelhard 2005) sowie Kants Theorie der Vernunft als Quelle metaphysischen Denkens thematisiert (z. B. Mohr 2004, Willaschek 2018).

4 Transzendentale Methodenlehre

Eine Aufwertung hat auch die in der Kant-Forschung lange stiefmütterlich behandelte Methodenlehre erfahren. So hat sich einerseits eine differenzierte Literatur um das Thema der Systematizität als Kennzeichen von Wissenschaftlichkeit entwickelt, das Kant im „Architektonik"-Kapitel behandelt (und das in engem Zusammenhang mit den Themen des Anhangs zur Transzendentalen Dialektik steht) (z. B. Fulda/Stolzenberg 2001; Sturm 2009; Gava 2014; Massimi 2017). Andererseits haben sich in letzter Zeit zahlreiche Interpreten mit Kants Theorie des Fürwahrhaltens und seiner Unterscheidung zwischen Meinen, Glauben und Wissen im Kanon-Kapitel befasst und sind zu unterschiedlichen Interpretationen gelangt (z. B. Chignell

2007, Pasternack 2014, Willaschek/Watkins 2020) – eine Thematik, die sowohl für ein Verständnis der Erkenntnistheorie in der Transzendentalen Analytik (die gerade keine Theorie des *Wissens* als begründeter wahrer Meinung ist) als auch des Kantischen Begriffs des Vernunftglaubens relevant ist.

Bei den vier hier genannten neueren Forschungstendenzen handelt es sich um eine bloße Auswahl aus einer viel größeren Zahl von wichtigen neuen Interpretationsansätzen in der kaum noch überschaubaren Flut von Literatur zu Kants *Kritik der reinen Vernunft*. Auch nach mehr als 240 Jahren hat dieses Werk nichts von seiner Faszination verloren und ist Ausgangspunkt für Debatten, die weit über den engeren Bereich der Kant-Forschung hinauswirken.

Literatur

Adickes, Erich 1895: „Über die Abfassungszeit der Kritik der reinen Vernunft", in: Kant-Studien, 167 ff.
Allais, Lucy 2009: „Kant, Non-Conceptual Content and the Representation of Space", Journal of the History of Philosophy, 47(3): 383–413.
Allais, Lucy 2015: Manifest Reality. Kant's Idealism and his Realism, Oxford.
Allison, Henry E. 1982/2004: Kant's Transcendental Idealism. And Interpretation and Defence, New Haven/London.
Allison, Henry E. 2015: Kant's Transcendental Deduction: An Analytical-Historical Commentary, New York.
Anderson. R. Lanier 2017: „Lucy Allais on transcendental idealism", Philosophical Studies: An International Journal for Philosophy in the Analytic Tradition. 174(7):1661–1674.
Bennett, Jonathan 1966: Kant's Analytic, Cambridge.
Bennett, Jonathan 1974: Kant's Dialectic, Cambridge.
Brandom, Robert 1994: Making It Explicit, Cambridge (Mass.).
Cassam, Quassim 2007: The Possibility of Knowledge, Oxford.
Cassirer, Ernst 1918: Kants Leben und Lehre, Berlin (^{2}1921).
Cassirer, Ernst 1921: Zur Einsteinschen Relativitätstheorie. Erkenntnistheoretische Betrachtungen, in: Cassirer 1957 (^{7}1994), 1–125.
Cassirer, Ernst 1936: Determinismus und Indeterminismus in der modernen Physik. Historische und systematische Studien zum Kausalproblem, in: Cassirer 1957 (^{7}1994), 127–397.
Cassirer, Ernst 1957 (^{7}1994): Zur modernen Physik, Darmstadt.
Chignell, Andrew 2007: 'Belief in Kant', Philosophical Review 116, 323–60.
Collins, Arthur 1999: Possible Experience Understanding Kant's Critique of Pure Reason, Berkeley and Los Angeles.
Davidson, Donald 1970: „Mental Events", in: L. Foster/J. W. Swanson (Hgg.), Essays on Actions and Events, Oxford, 207–224.
Dyck, Corey W. 2014: Kant and Rational Psychology, Oxford.
Engelhard, Kristina 2005: Das Einfache und die Materie. Untersuchungen zu Kants Antinomie der Teilung, Berlin/New York.
Falkenburg, Brigitte 2000: Kants Kosmologie. Die wissenschaftliche Revolution der Naturphilosophie im 18. Jahrhundert, Frankfurt am Main.

Fulda, Hans Friedrich and Stolzenberg, Jürgen 2001: Architektonik und System in der Philosophie Kants, Hamburg.
Gava, Gabriele 2014: 'Kant's Definition of Science in the Architectonic of Pure Reason and the Essential Ends of Reason', Kant-Studien 105, 372–93.
Grier, Michelle Gilmore 2001: Kant's Doctrine of Transcendental Illusion, Cambridge.
Grüne, Stefanie 2009: Blinde Anschauung. Die Rolle von Begriffen in Kants Theorie sinnlicher Synthesis, Frankfurt a. M.
Guyer, Paul 2010: The Cambridge Companion to Kant's Critique of Pure Reason, Cambridge.
Hanna, Robert 2005: „Kant and Nonconceptual Content", European Journal of Philosophy, 13(2): 247–290.
Kemp Smith, Norman 1918: A Commentary to Kant's „Critique of Pure Reason," (^{2}1923).
Klimmek, Nikolai F. 2005: Kants System der transzendentalen Ideen, Berlin/New York.
Körner, Stephan 1969: „The Impossibility of Transcendental Deductions", in: L. W. Beck (Hg.), Kant Studies Today, La Salle, 230–244.
Kraus, Katharina 2020: Kant on self-knowledge and self-formation: the nature of inner experience, Cambridge.
Langton, Rae 1998: Kantian Humility, Oxford.
Longuenesse, Béatrice 1998: Kant and the Capacity to Judge, Princeton.
Malzkorn, Wolfgang 1999: Kants Kosmologie-Kritik: Eine formale Analyse der Antinomienlehre, Berlin/New York.
Massimi, Michela 2017: 'What is this Thing Called „Scientific Knowledge"? – Kant on Imaginary Standpoints and the Regulative Role of Reason', Kant Yearbook 9: 63–84.
McDowell, John 1994: Mind and World, Cambridge (Mass.).
McDowell, John 2006: „Sensory Consciousness in Kant and Sellars", *Philosophical Topics*, 34, 311–326.
McLear, Colin 2015: „Two Kinds of Unity in the Critique of Pure Reason", Journal of the History of Philosophy, 53(1): 79–110.
Meer, Rudolf 2019: Der transzendentale Grundsatz der Vernunft: Funktion und Struktur des Anhangs zur Transzendentalen Dialektik der Kritik der reinen Vernunft, Berlin/Boston.
Mohr, Georg 2004: Kants Grundlegung der kritischen Philosophie, Frankfurt am Main.
Pasternack, Lawrence 2014: 'Kant on Opinion. Assent, Hypothesis, and the Norms of General Applied Logic', Kant-Studien 105, 41–82.
Paton, Herbert J. 1936: Kant's Metaphysic of Experience. A Commentary on the First Half of the Kritik der reinen Vernunft, 2 Bde., London/New York.
Prauss, Gerold 1974: Kant und das Problem der Dinge an sich, Bonn.
Putnam, Hilary 1980: Reason, Truth and History, Cambridge „How to Be an Internal Realist and a Transcendental Idealist (at the Same Time)", dt. in: ders., Von einem realistischen Standpunkt, Reinbek 1993, 156–173.
Quine, Willard Van Orman 1953: „Two Dogmas of Empiricism", dt. in: ders., Von einem logischen Standpunkt. Neun logische Essays, Frankfurt/M. u. a. 1979, 27–50.
Rorty, Richard 1970: „Strawson's Objectivity-Argument", in: Review of Metaphysics 24, 207–244.
Rosefeldt, Tobias 2000: Das logische Ich. Kant über den Gehalt des Begriffes von sich selbst, Stuttgart.
Rosefeldt, Tobias 2007: „Dinge an sich und sekundäre Qualitäten", in J. Stolzenberg (ed.), Kant in der Gegenwart, Berlin/New York, 167–209.
Schroeder, Mark 2015: „Knowledge is Belief for Sufficient (Objective and Subjective) Reason", in: Oxford Studies in Epistemology 5, 226–252.
Sellars, Wilfried 1963: Science, Perception, and Reality, London.

Sellars, Wilfried 1974: Essays in Philosophy and Its History, Dordrecht.
Strawson, Peter 1966: The Bounds of Sense. An Essay on Kant's Critique of Pure Reason, London; dt. Die Grenzen des Sinns, Frankfurt/M. 1992.
Stroud, Barry 1968: „Transcendental arguments," *Journal of Philosophy*, 65: 241–56.
Sturm, Thomas 2009: Kant und die Wissenschaften vom Menschen, Paderborn.
Tetens, Holm 2006: Kants Kritik der reinen Vernunft. Ein systematischer Kommentar, Stuttgart.
Vaihinger, Hans, 1881/92: Commentar zu Kants Kritik der reinen Vernunft, 2 Bände, Bd. 1: Stuttgart 1881, Bd. 2: Stuttgart/Berlin/Leipzig 1892.
Willaschek, Marcus 2018: Kant on the Sources of Metaphysics. The Dialectic of Pure Reason, Cambridge.
Willaschek, Marcus and Watkins, Eric 2020: 'Kant on Cognition and Knowledge'. Synthese 197 (8): 3195–3213.

Eckart Förster
2 Die Vorreden

2.1 Stellung und Funktion der *Vorreden* in der *Kritik*

Kant hat seine Werke immer im buchstäblichen Sinne als *organa* betrachtet, als „Werkzeuge" (VIII 81; VI 289), mit denen er auf sein Publikum zu *wirken* gedachte. In besonderem Maße gilt das natürlich für die Vorreden zu seinen Schriften, in denen es darum geht, den Leser auf das, was kommt, vorzubereiten, ihn von der Wichtigkeit des Anliegens zu überzeugen und nach Möglichkeit schon etwaigen naheliegenden Mißverständnissen vorzubeugen.

Diese Strategie ist besonders deutlich in den beiden Vorreden zur *Kritik der reinen Vernunft*. 1781, als die erste Auflage erschien, mußte Kant noch mit einem auf transzendentale Reflexion ganz unvorbereiteten Publikum rechnen; genauer gesagt mit einem Leser, dessen Gedanken sich weitgehend auf den Bahnen entweder der rationalistischen Schulphilosophie Leibniz-Wolffscher Prägung, des Empirismus, oder der sogenannten Populärphilosophie bewegten. Von der Notwendigkeit eines radikalen Neuanfangs in der Philosophie überzeugt, ging es Kant hier vor allem darum, den Leser zur vorläufigen Suspendierung seines gewohnten Gedankengebäudes zu motivieren und mit ihm einen bisher ganz unversuchten Weg einzuschlagen, der allerdings als der „einzige [...], der übrig gelassen war" (A xii), charakterisiert wird. Als Lohn bzw. Ziel wird in Aussicht gestellt, daß die Metaphysik auf diesem Weg „in kurzer Zeit" zur „Vollendung" gebracht werden kann (A xx).

sich 1787, als die zweite Auflage der *Kritik* erschien, ganz wesentlich geändert. Inzwischen war Kants Schrift rezensiert und zur Kenntnis genommen, allerdings kaum verstanden worden. An verschiedenen Punkten hatte sich massiver Widerspruch festgemacht, dem Kant durch Erweiterung bzw. Neuschreiben von ganzen Textpassagen Rechnung zu tragen versuchte. Außerdem hatte sich Kants ursprünglicher Plan ausgeweitet: Die 1781 angekündigte Metaphysik, für welche die *Kritik* lediglich die Propädeutik hatte sein sollen, war immer noch nicht erschienen. Statt dessen hatte er eine *Grundlegung zur Metaphysik der Sitten* (1785) und *Metaphysische Anfangsgründe der Naturwissenschaft* (1786) veröffentlicht. Während der Arbeit an der Neuausgabe der *Kritik* wußte Kant außerdem schon, daß er im unmittelbaren Anschluß daran eine *Kritik der praktischen Vernunft* sowie eine *Kritik der Urteilskraft* folgen lassen mußte, um sein kritisches Geschäft zu beenden und zur Metaphysik übergehen zu können (X 488, 490).

Entsprechend verfolgt die *Vorrede* von 1787 wesentlich andere Ziele als die zur ersten Auflage; der Versuch, auf das Publikum zu wirken, muß ganz andere Formen annehmen. Für die dritte Auflage von 1790 plante Kant als einzige Veränderung noch einmal eine ganz neue Vorrede zu schreiben (XI 73), wozu es allerdings nicht gekommen ist.

2.2 Inhalt und Aufbau der *Vorreden* im Überblick

Die *Vorrede A* beschreibt das bisherige Schicksal der Metaphysik, Kampfplatz endloser Streitigkeiten zu sein, bis zur Gegenwart, dem „eigentliche[n] Zeitalter der Kritik, der sich alles unterwerfen muß" (A xi). Überdrüssig und unwillig, sich weiter mit „Scheinwissen" hinhalten zu lassen, verlangt das Zeitalter nun die „Entscheidung der Möglichkeit oder Unmöglichkeit einer Metaphysik überhaupt" (A xii). Diese Aufklärung verspricht Kant dem Leser mit dem vorgelegten Werk, wobei die erbrachte Leistung zweifach ist: Zum einen erklärt die *Kritik* die lange Vergeblichkeit aller metaphysischen Bemühungen dadurch, daß sie „den Punkt des Mißverstandes der Vernunft mit ihr selbst entdeckt" (ebd.); zum anderen sichert sie, nach Beseitigung eben dieses Mißverstandes, alle berechtigten Ansprüche der Metaphysik gegen weitere Einwände (vgl. A xiii). Damit kann, erstmalig nach jahrhundertelangem Bemühen, die Vernunft zur „völligen Befriedigung" (A xii; A856/B884) gebracht werden.

Kant spricht in dieser Vorrede als Autor, der sein Werk mit erlesenem Selbstbewußtsein in die Geschichte der menschlichen Vernunft einordnet. Sich seiner Leistung gewiß, kann er die „Vollendung" der Metaphysik in kurzer Zeit in Aussicht stellen (A xx), wobei dem Leser vor allem die Rolle zufällt, als „Mithelfer" auch noch die abgeleiteten Begriffe der Metaphysik nach den Prinzipien der *Kritik* aufzusuchen (A xxi, vgl. A856/B884).

Philosophisch steht diese Vorrede im Zeichen John Lockes, des großen Vorgängers, dem es allerdings noch nicht gelang, dem Hin und Her der Metaphysik durch eindeutige Entscheidung der Rechtmäßigkeit ihrer Ansprüche ein Ende zu machen.

In der *Vorrede B* ist Kant, wie H. Cohen (1907, 2) richtig bemerkte, „selbst wieder zum Leser geworden". Eingedenk der kontroversen Reaktionen, die sein Werk beim Publikum erzeugt hat, aber auch eingedenk der Erweiterungen, die seine eigene Position zwischenzeitlich erfahren hat, schlägt Kant dem Leser nun einen vorerst versuchsweisen Umgang mit seiner Theorie vor. Anhand der Wissenschaftsgeschichte eruiert er zunächst die methodische „Revolution", die vormals erratische Erkenntnisbemühungen auf „den sicheren Gang einer Wissenschaft" gebracht hat, um daran die Frage anzuschließen, ob man in der Metaphysik ein solches Verfahren nicht „wenigstens zum Versuche" (B xvi) nachahmen solle. Dem Leser, der sich auf die kantische „Hypothese" einläßt, stellt dieser zwei Verifikationsmöglichkeiten in Aussicht: 1) das „Experiment" der Dialektik bzw. den Versuch, das Unbedingte widerspruchsfrei zu denken (B xx), 2) die Möglichkeit von Moral (B xxix).

Philosophisch steht die Vorrede von 1787 im Zeichen Francis Bacons, des ersten Theoretikers der experimentellen Methode, unter die Kant jetzt sein eigenes Werk einzureihen sich bemüht. Es ist ebenfalls ein „Tractat von der Methode" (B xxii).

Aus der Praefatio zu Bacons *Instauratio Magna* stammt auch das Zitat, das Kant, etwas verkürzt, der zweiten Auflage der *Kritik* als *Motto* voranstellt. Die *Widmung* blieb für beide Auflagen gleich: Nachdem Johann Heinrich Lambert, dem Kant das Werk ursprünglich zueignen wollte (vgl. XVIII 64), schon 1777 starb, dedizierte er die Kritik seinem langjährigen Förderer Karl Abraham Freiherr von Zedlitz, dem preußischen Minister für Kirchen- und Unterrichtsangelegenheiten. Neben anderen Gunsterweisungen hatte von Zedlitz Kant 1778 eine philosophische Professur in Halle angeboten, die sein bisheriges Gehalt fast vervierfacht hätte; Kant lehnte allerdings ab. Mit Ausnahme des *Streits der Fakultäten* von 1798 ist die *Kritik* die einzige von Kants kritischen Schriften, der er eine Widmung voranstellte.

2.3 Textkommentar

2.3.1 *Vorrede A*

1.–2. Absatz (A vii–viii): Philosophieren ist für den Menschen als ein Wesen, das Vernunft hat, unvermeidlich: jeder philosophiert. Von der Erfahrung ausgehend, werden unsere Fragen im Laufe der Zeit immer allgemeiner und grundsätzlicher, bis uns der Wunsch zu verstehen und die Frage nach Gründen und Erklärungen für das Erlebte in Regionen treibt, in denen zwischen alternativen Erklärungen nicht mehr durch Erfahrung entschieden werden kann. Damit sind wir auf dem eigentlichen Boden der Metaphysik. Wie schon Descartes, Hume, und viele andere vor ihm sieht Kant die Metaphysik als Kampfplatz endloser Streitigkeiten, auf dem bisher kein bleibender Erkenntnisfortschritt erzielt worden ist. Metaphysik ist „der Stein des Sysyphus", bemerkt er in einer Notiz aus den 70er Jahren, „an dem man rastlos wälzt und ohne ihn jemals an seine bleibende Stelle zu bringen" (XVIII 94).

3.–4. Absatz (A viii–x): Schematisch bezeichnet Kant hier – und später dann auch in der *Methodenlehre* (vgl. A760f./B788f., A852ff./B880ff.) – die bisherige Geschichte der Metaphysik als einen Wechsel von dogmatischem Behaupten und skeptischem Zurücknehmen, der zu Kants Zeit zu einem Überdruß und einer Gleichgültigkeit an derartigen Überlegungen geführt hat, da auf diesem Gebiet alles versucht zu sein scheint, und die Vergeblichkeit aller bisherigen metaphysischen Bemühungen offen zutage liegt. „Metaphysischer Behauptungen ist die Welt satt", beschreibt Kant dieses Zeitgefühl in den *Prolegomena* (IV 377).

5. Absatz (A x–xii): Dieser Überdruß wird näher bestimmt: Er ist kein wirkliches Desinteresse, da der Gegenstand der Philosophie einem vernünftigen Wesen nicht gleichgültig sein kann (vgl. oben, 1.–2. Abs.). Vielmehr ist es der Zustand einer „gereiften Urteilskraft", die schon vieles gesehen hat, viel Scheinwissen entlarvt hat und nur noch dem zuzustimmen bereit ist, „was ihre freie und öffentliche Prüfung hat aushalten können" (A xi). Sie fordert deshalb nicht nur einen Neuanfang („aufs neue"), wie es ihn ja in der Philosophie von Aristoteles' *Metaphysik* über Descartes' *Meditationen* bis zu Kant immer wieder gegeben hat. Sie fordert vielmehr zugleich („und") die Einsetzung eines Gerichtshofs, der über die Möglichkeit von Metaphysik entscheidet; der ihre möglicherweise berechtigten Ansprüche gegen Angriffe sichert und ein für alle Mal, d.h. nach unwandelbaren allgemeingültigen Gesetzen, entscheidet, was im Feld der metaphysischen Erkenntnis rechtens ist und was nicht. Dieser „Gerichtshof", die Instanz, die über Recht und Anspruch im philosophischen Vernunftgebrauch entscheiden soll, kann kein anderer als die Vernunft selbst sein. Sie ist damit zur Selbsterkenntnis aufgefordert.

Die Metapher des Gerichtshofs ist von größter Wichtigkeit für Kant und wird von ihm nicht nur in der *Kritik* (vgl. A229/B281, A669/697, A740/B768, A751/779), sondern später auch zur Analyse des moralischen Bewußtseins gern eingesetzt (z. B. VI 438–40). Der entscheidende Punkt ist dabei der, daß in beiden Fällen, im theoretischen wie im praktischen, die Vernunft sich selbst Anklägerin, Angeklagte und Richterin ist und sein muß (im Fall der Moral ist sie zugleich auch noch Gesetzgeberin).

6. Absatz (A xii): Von daher ist auch der Begriff „Kritik" zu verstehen. Er bedeutet nicht „kritisieren" im modernen Sinn; auch ist er nicht primär, wie Heidegger (1962, 93) es wollte, von *krinein* (trennen, scheiden) im Sinne der Absonderung des Erkennbaren vom Unerkennbaren zu verstehen; vielmehr ist Kritik der reinen Vernunft der „Gerichtshof" „selbst" (A xi; vgl. auch A751/B779), in dem epistemische Besitzansprüche „deduziert", d.h. aus legitimen Quellen abgeleitet oder als aus solchen Quellen unableitbar zurückgewiesen werden (vgl. XXIX 764: „Critic, also quaestio iuris"). Anders als bei dem „berühmten [John] Locke", bei dem fast die gleichen Wörter zur Beschreibung seines Projekts vorkommen (vgl. *Essay* I, i, 2: „This, therefore, being my purpose – to inquire into the original, certainty, and extent of human knowledge"), bestimmt zwar auch die Kritik „Quellen", „Umfang" und „Grenzen" philosophischer Erkenntnis – „alles aber aus Prinzipien", d.h. mit Hilfe von zeitgenössischer Gerichtspraxis entsprechenden Deduktionen.

Genau hierin liegt das ganz Neue von Kants Untersuchung. Ein Jahrzehnt früher, in der Logik-Vorlesung von 1772 *Logik Philippi*, hatte Kant noch gelehrt: „Lock hat den allerwesentlichsten Schritt gethan dem Verstand Wege zu bahnen. Er hat ganz neue Criteria angegeben. Er philosophirt subjective, da Wolf und alle vor ihm objective philosophirten. Er hat die Genesin die Abstammung und den Ursprung der Begriffe untersucht" (XXIV 338). Aber 1781 ist der „allerwesentlichste Schritt" nicht mehr nur die subjektiv gewandte Fragestellung, sondern die dem juristischen Deduktionsverfahren entlehnte Ableitung der nicht-sinnlichen Begriffe aus Prinzipien, eben deren „transzendentale Deduktion" (vgl. Henrich 1989).

7. Absatz (A xii–xiii): Dieser Weg der „Kritik der reinen Vernunft" ist der einzige, der bisher noch nicht gegangen ist und der Aussicht auf bleibenden Frieden auf dem „Kampfplatz" der Metaphysik verspricht. „Der *kritische* Weg ist allein noch offen" (A856/B884). In der *Kritik* ist Kant diesen Weg gegangen, und zwar seiner Meinung nach erfolgreich, da es ihm gelungen ist, den bisherigen „Punkt des Mißverstandes der Vernunft mit ihr selbst" aufgewiesen zu haben und Vorkehrung zur „Abstellung aller Irrungen" getroffen zu haben. Bei diesen Irrungen handelt es sich um die Irrungen der Vernunft, die Kant in der *Transzendentalen Dialektik* erörtert und die dadurch entstehen, daß die Vernunft Prinzipien, die nur im Erfahrungsgebrauch Gültigkeit haben, auf nicht-sinnliche, eben: Vernunftobjekte, anwendet.

Diese Einsicht ist eine von Kants radikalsten. Sie besteht in dem Nachweis, daß die Vernunft nicht nur mit Täuschungen und Fehlern rechnen muß, die sie in ihren Schlüssen befallen können, sondern daß in ihr selbst und aufgrund ihrer eigenen Natur Irrungen aufkommen, wenn nicht besondere Vorkehrungen getroffen werden – Irrungen, die durchaus mit Klarheit und Folgerichtigkeit in den Argumentationsgängen bestehen können. So beindruckt war Kant selbst von dieser Entdeckung, daß er ursprünglich erwog, die *Kritik* mit den Antinomien zu beginnen, „welches in sehr blühendem Vortrage hätte geschehen können und dem Leser Lust gemacht hätte hinter die Quellen dieses Wiederstreits zu forschen. Allein der Schule muß zuerst ihr Recht wiederfahren [...]" (X 270, vgl. X 247). Deshalb entschied sich Kant gegen eine so populäre, weil publikumswirksame Vortragsweise.

Die „schulmäßige" Vortragsweise besteht in der Ableitung aller Erkenntnisstücke aus Prinzipien („Quellen"), in der Aufweisung des Punkts, von wo an die Vernunft in die Irre geht („Grenzen"), und in der Vollständigkeit („Umfang") aller Erkenntnisstücke.

8–9. Absatz (A xiii–xiv): Da der Gerichtshof bzw. die Kritik mit nichts als der Vernunft selbst beschäftigt ist, so ist die Vollständigkeit ihrer Elemente zugleich ein Kriterium der Richtigkeit. Weil nichts von außen hinzukommen kann, kann ein allgemeingültiges Urteil über die Erkenntnismöglichkeiten der Vernunft gefällt werden, allerdings nur, wenn *alle* ihre Elemente untersucht, abgeleitet und in gegenseitiges Verhältnis gesetzt sind. Nur dann ist gesichert, daß das Gerichtsverfahren nicht später erneut aufgenommen werden muß, da vorher nicht erwogene Ansprüche plötzlich geltend gemacht werden. Darum wird Kant sich in den jeweiligen Hauptteilen der *Kritik* (*Ästhetik, Analytik, Dialektik*) besonders bemühen, die Vollständigkeit der behandelten Teile als aus Prinzipien folgend nachzuweisen. „Daher kann man von einer solchen Kritik sagen, daß sie niemals zuverlässig sei, wenn sie nicht *ganz* und bis auf die mindesten Elemente der reinen Vernunft *vollendet* ist, und daß man in der Sphäre dieses Vermögens entweder *alles*, oder *nichts* bestimmen und ausmachen müsse" (IV 263, vgl. A762/B790).

10.–11. Absatz (A xv–xvi): Neben den Elementen gehören zur *Form* einer schulgemäßen Darstellung darüberhinaus Gewißheit und Deutlichkeit. Kant erörtert zuerst die Gewißheit. Während Erfahrung uns lehrt, daß etwas der Fall ist, nicht aber, daß es nicht auch anders hätte sein können, ist nach Kant Notwendigkeit bzw. „apodiktische Gewißheit" das Merkmal aller apriorischen Erkenntnis. Eine Untersuchung der *Möglichkeit* von apriorischer, d. h. erfahrungsunabhängiger Erkenntnis, wie die *Kritik* sie unternimmt, muß natürlich ebenfalls a priori sein und damit apodiktische Gewißheit haben. Hypothesen und Meinungen können also nicht geduldet werden. Auch mit Bezug auf Gewißheit gilt hier das „alles oder nichts": Die Sentenz des Gerichtshofs darf keine Zweifel offenlassen.

12. Absatz (A xvi–xvii): Nun ist sich Kant aber der völligen Novität und, da es traditionelle Bahnen verläßt, teilweisen Unübersichtlichkeit seines Werkes bewußt. Schließlich ist in seinem Kopf in über einem Jahrzehnt gereift, was dem gänzlich unvorbereiteten Publikum auf einmal vorgesetzt wird. Da ist es leicht möglich, daß vermeintliche Unübersichtlichkeit den Leser zu dem Urteil verleitet, das Vorgetragene sei doch nicht ganz gewiß, sondern drücke nur Kants eigene Überzeugung aus. Zwar kann nicht jedem Mißverständnis vorgebeugt werden. Die Deduktion der reinen Verstandesbegriffe, das Herzstück der *Kritik*, ist allerdings so kompliziert, daß Kant sich genötigt sieht, hier noch einmal ausdrücklich die zwei Seiten dieses Argumentationsstücks hervorzuheben und zu unterscheiden, um somit dem Leser eine weitere Orientierungshilfe anzubieten.

Kant unterscheidet explizit zwischen einer objektiven und einer subjektiven Seite der Deduktion, wobei die erstere die wesentliche ist, da sie allein den „Hauptzweck" bzw. die „Hauptfrage" des Buchs entscheidet: „was und wie viel kann Verstand und Vernunft, frei von aller Erfahrung, erkennen?" (A xvii). Der Hauptzweck ist also die Beantwortung der Frage, die Kant erstmals im Brief an Marcus Herz vom 21. Februar 1772 in aller Deutlichkeit formuliert hatte und dort als „den Schlüssel zu dem ganzen Geheimnisse der bis dahin sich selbst verborgenen Metaphysik" charakterisierte (X 130). Der Hauptzweck, so könne man auch sagen, ist die Grenzbestimmung der reinen Vernunft: Der Nachweis, *daß und wie weit* sich nicht-empirische Vorstellungen auf Gegenstände wahrheitsfähig beziehen können.

Davon ist zu unterscheiden die Frage, *wie* die Vernunft einen solchen Gegenstandsbezug herstellt, oder „wie ist das Vermögen zu denken selbst möglich"? Die erste Frage, die Hauptfrage, kann mit Gewißheit entschieden werden, selbst wenn die letzte Frage noch nicht hinreichend beantwortet wäre. Und um sie geht es Kant in erster Linie. Mehr noch, da die letztere „gleichsam eine Aufsuchung der Ursache zu einer gegebenen Wirkung ist", hat sie mit einer Hypothese Ähnlichkeit und könnte den Leser verführen, die Deduktion auch in ihrem Hauptergebnis für hypothetisch zu halten. Dem will er in diesem Abschnitt vorbeugen.

In einer großen Anmerkung zur Vorrede der *Metaphysischen Anfangsgründe* von 1785 kommt Kant genau auf diesen Punkt noch einmal zurück. Inzwischen ist die Deduktion auf Unverständnis gestoßen; darum schärft er noch einmal ein: „[W]enn bewiesen werden kann, *daß* die Kategorien, deren sich die Vernunft in allem ihrem Erkenntnis bedienen muß, gar keinen anderen Gebrauch, als blos in Beziehung auf Gegenstände der Erfahrung haben können [...], so ist die Beantwortung der Frage, *wie* sie solche möglich machen, zwar wichtig genug, um diese Deduction wo möglich zu vollenden, aber in Beziehung auf den Hauptzweck des Systems, nämlich die Grenzbestimmung der reinen Vernunft, keineswegs *notwendig*, sondern blos *verdienstlich*" (IV 474 Anm.). Das Ursache-Wirkung-Verhältnis, in dem die beiden Fragen analogerweise stehen, wird hier anhand physikalischer Attraktion erläutert: „So steht Newtons System der allgemeinen Gravitäten fest", auch wenn eine Erklärung, wie Anziehung in der Ferne möglich sei, mit Schwierigkeiten verbunden ist, denn „Schwierigkeiten sind nicht Zweifel" (ebd.). Das gleiche möchte Kant für seine objektive Deduktion beanspruchen, für die er den Leser auf A92 f. verweist.

13. Absatz (A xvii–xix): Das Newton-Beispiel kann schon das Problem illustrieren, um das es Kant in diesem Abschnitt geht. Deutlichkeit ist zum schulgemäßen Vortrag ebenfalls erforderlich, und dabei kann es sich um begriffliche Deutlichkeit oder anschauliche, d.h. anhand von Beispielen, handeln. Ein zugleich populärer Vortrag braucht Beispiele, die aber lassen sich in Kants Fall nicht leicht geben. Allgemein gesprochen ist das Problem, daß sich Bedingungen möglicher Erfahrung nicht mit Beispielen *aus* der Erfahrung illustrieren lassen. Wenn Kant es dennoch tut, z.B. in der zweiten Analogie der Erfahrung, sind die daraus entstehenden Probleme nicht unerheblich. Darum ist verständlich, wenn er bzgl. der Anführung von Beispielen sagt: „Ich bin fast beständig im Fortgange meiner Arbeit unschlüssig gewesen, wie ich es hiermit halten sollte." Es ist dies aber ein spezifisch transzendentalphilosophisches Problem, nicht eines des Umfangs des Buches, wie der Verweis auf Abbé Terrasson (*Philosophie*, 117) nahelegen soll. Daß die Übersichtlichkeit des Ganzen verlorengehen kann, wenn die Teile durch zu viele Beispiele erläutert werden, gilt wohl für jede systematische Darstellung, nicht nur die Kants.

14 Absatz (A xix–xx): Dem völligen Neuanfang in der Philosophie, den die *Kritik* darstellt, stellt Kant die Aussicht auf „Vollendung" der Metaphysik, „und zwar in kurzer Zeit" an die Seite. Deren Möglichkeit zu bestimmen ist ja die Aufgabe des vorliegenden Buchs. Erreicht die *Kritik* ihr Ziel und bestimmt sie wirklich Quellen, Umfang und Grenzen des nicht-empirischen Vernunftgebrauchs nach sicheren Prinzipien, dann muß sich auch eine Metaphysik auf dieser Grundlage errichten

lassen, die Bestand hat: ein „*Inventarium* aller unserer Besitze durch *reine Vernunft*", das sich weder verkleinern noch vergrößern kann, da es von Erfahrungserkenntnissen unabhängig ist.

15. Absatz (A xxi) – Eine solche „Metaphysik der Natur" verspricht Kant hier dem Leser. Allerdings hat er sie nie ausgeführt. Die *Metaphysischen Anfangsgründe* von 1785 sind dieses Werk jedenfalls nicht, denn auch in der *Vorrede B* von 1787 wird solch eine „Metaphysik der Natur" für einen zukünftigen Zeitpunkt in Aussicht gestellt (B xliii). Legt man den Plan von A845/ B873 zugrunde, dann müßte eine solche Metaphysik neben der „Physiologie der reinen Vernunft", die sich mit dem „Inbegriff gegebener Gegenstände" beschäftigt, auch noch eine Transzendentalphilosophie enthalten, in der „alle" Begriffe und Grundsätze des reinen Denkens systematisch dargestellt wären (vgl. dazu den Beitrag von Höffe). Die *Kritik*, als Untersuchung der Möglichkeit der Metaphysik, geht für ihren Zweck nur von den elementaren Begriffen aus und kümmert sich nicht um Vollständigkeit auch der abgeleiteten Begriffe. Diese aufzusuchen könnte Aufgabe künftiger „Mithelfer" sein.

2.3.2 *Vorrede B*

1. Absatz (B vii): Charakteristisch für eine Wissenschaft ist Kant zufolge vor allem der kontinuierliche Erkenntnisfortschritt. Ist ein Erkenntnisbemühen dagegen durch beständiges Stocken, durch Umkehr und Neuanfang zu beschreiben, dann spricht man treffender von einem „Herumtappen". Hierbei handelt es sich um eine von Kants Lieblingsmetaphern, die er aus Francis Bacons *Novum Organum* übernahm. Während Bacon dem „bloßen Herumtappen, wie es die Menschen nachts machen, wo man alles befühlt, bis man etwa zufällig auf den rechten Weg gelangt ist" (*Novum Organum*, a 82, vgl. a 100), das „Licht" seiner experimentellen Methode entgegensetzt, benutzt Kant die Metapher mit Vorliebe, um das Verfahren der vorkritischen Metaphysik zu beleuchten: Der Philosoph, der Kritik noch nicht kennt, tappt im Dunkeln herum – „und was das Schlimmste ist, unter bloßen Begriffen" (B xv).

2.–3. Absatz (B viii–ix): Die aristotelische Logik dient Kant als ältestes Beispiel einer Wissenschaft, die keinen Schritt zurück tun mußte. Begünstigt war diese Ausnahmestellung dadurch, daß der Verstand es in der Logik – im Gegensatz zu den Objektwissenschaften – nur mit sich selbst und seiner Form zu tun hat. Daß die Logik aber auch schon vollendet war, wie Kant vermutete, kann man spätestens seit Freges *Begriffsschrift* (1879) nicht mehr behaupten.

4. Absatz (B ix–x): Bei Wissenschaften, die von Objekten handeln, ist die Lage anders. Soll in ihnen Vernunft – also nichtempirische Erkenntnis – angetroffen werden, ergibt sich sofort die Frage, wie sich Vorstellungen a priori und doch wahrheitsfähig auf einen Gegenstand sollen beziehen können. Kants Antwort ist:

Wenn die Vorstellung den Gegenstand a priori bestimmt, oder wenn sie ihn wirklich macht. Anders gesagt: „wenn durch sie [d. h. die Vorstellung] allein es möglich ist, etwas *als einen Gegenstand zu erkennen*" (A92/B125), oder wenn, wie im Moralischen, die Vorstellung davon, was gut ist, die Realisierung des dieser Vorstellung entsprechenden Gegenstands (oder Sachverhalts) bewirkt. In beiden Fällen wäre für das Subjekt der Gegenstand ohne die Vorstellung nichts. Die zweite Variante interessiert hier nicht; die erste wird im folgenden (in der *Ästhetik* und *Analytik*) erwiesen.

5. Absatz (B x): Da Kant die Schwierigkeiten voraussah, denen sich die ersten Leser der *Kritik* ausgesetzt sehen würden, hatte er 1783 eine kürzere und – wie er hoffte – leichter verständliche Darstellung ihrer Ergebnisse vorgelegt: die *Prolegomena zu einer jeden künftigen Metaphysik die als Wissenschaft wird auftreten können*. Darin ging er von (vermeintlich unkontroversen) synthetischen Sätzen a priori in Mathematik und Physik aus und versuchte, mit der Erklärung ihrer Möglichkeit zugleich auch die Möglichkeit synthetischer Sätze a priori in der Metaphysik zu erhellen (vgl. IV 276, 279 f.).

6.–8. Absatz (B x–xiv): Für beide Wissenschaften, Mathematik und Physik, faßt Kant hier anekdotisch zusammen, was er dort methodisch entwickelt hatte. Aus einem Herumtappen wurde Wissenschaft durch eine „Revolution der Denkart": Statt den Dingen ihre Eigenschaften durch Wahrnehmung „ablernen" zu wollen – eine für das vorwissenschaftliche „Erkennen" typische Denkweise, die den Erkennenden als Schüler und die Natur als Lehrer ansieht – machte sich in diesen Disziplinen die Einsicht breit, daß man in die Dinge „hineinlegen" muß, was man a priori von ihnen lernen will. Genauer: (a) mathematische Wissenschaft wird dadurch möglich, daß der Mathematiker den dem Begriff entsprechenden Gegenstand „konstruiert", d. h. in der Anschauung darstellt (was Kant näher erläutert A712ff./B740ff.); (b) naturwissenschaftliche Erkenntnis wird dadurch möglich, daß durch ein Experiment, d. h. durch Isolierung einzelner Naturvorgänge („Hineinlegen" einer bestimmten Frage) die Natur zu einer spezifischen Antwort genötigt wird. (In Kants erstem Beispiel: Galileo Galilei erkennt das Fallgesetz – alle Körper fallen mit der gleichen konstanten Beschleunigung – nicht durch einfache Wahrnehmung, sondern dadurch, daß er verschieden schwere Kugeln auf einer schiefen Ebene herabrollen ließ.)

Kants historische Quellen für die ersten Anzeichen einer solchen „Revolution der Denkart" sind (a) für die Mathematik: Diogenes Laertius (Buch I 24): „In der Geometrie ein Schüler der Ägypter, hat er [d.h. Thales], wie Pamphile berichtet, zuerst das rechtwinklige Dreieck in den Kreis (Halbkreis) eingetragen und daraufhin einen Stier geopfert. Andere schreiben dies dem Pythagoras zu." Kants Formulierung „gleichschenklichten Triangel" (B xi) und besonders sein Brief an Ch. G. Schütz vom 25.6.1787 legen darüberhinaus nahe, daß er genauerhin an Thales' Basiswinkelsatz („Die Basiswinkel im gleichschenkligen Dreieck sind gleich") dachte, für den ein schulmäßiger Beweis in Euklid, *Elemente* (I,5), zu finden ist (vgl. X 489). Daß Euklids Beweis auf Thales zurückgeht, wurde schon vom Euklidkommentator Proklos Diadochos behauptet. (b) Für die Naturwissenschaft: Francis Bacon (Baron von Verulam), *Novum Organum*, das 1620 als zweiter Teil der großangelegten (aber nicht vollendeten) *Instauratio Magna* erschien. (Der erste Teil, „De augmentis et dignitate scientiarum" (1623), erschien 1783 in deutscher Übersetzung.) Der für Kant so zentrale Begriff der „Revolution der Denkart" ist, genauso wie dessen Kontrastbegriff „Herumtappen", diesem Werk entnommen (*Novum Organum*, a 78: „doctrinarum revolutionis"). Bacon nahm erstmals in der Philosophie eine solche Revolution für sich in Anspruch.

9.–10. Absatz (B xiv–xv): Im Gegensatz zu Mathematik und Naturwissenschaft, deren Erkenntnisfortschritt Beispielcharakter hat, wird hier die bisherige Metaphysik (wie vorher in A viii) als „Kampfplatz" endloser „Spielgefechte" charakterisiert.

11. Absatz (B xv–xiii): Damit muß sich dem Leser die Frage stellen, ob nicht in der Metaphysik eine ähnliche Revolution der Denkart möglich ist wie in den erwähnten Wissenschaften. Das wäre nach Kant dann (und nur dann) der Fall, wenn die Objekte der Anschauung Erscheinungen sind, nicht Dinge an sich, da dann der Verstand den Gegenstandsbezug in die Erscheinungen „hineinlegen" müßte, damit aus Erscheinungen (d.h. Vorstellungen, „Modifikationen des Gemüts", A99) überhaupt Erfahrung werden kann. Dann nämlich gälte, daß sich die Gegenstände nach unserer Erkenntnis richten müßten und nicht umgekehrt, – eine apriorische Erkenntnis zumindest dessen, was Gegenständlichkeit ausmacht, wäre im Prinzip möglich. Die folgenden Kapitel werden also den Beweis der Richtigkeit dieser „Hypothese" zu erbringen haben.

Kants in diesem Abschnitt aufgestellter Vergleich seiner Revolution der Denkart mit Kopernikus' veränderter Erklärung der Himmelsbewegungen hat sich als äußerst wirkungsmächtig erwiesen. Unter der griffigen (von ihm so allerdings nicht gebrauchten) Formel von Kants „kopernikanischer Revolution" ist seine philosophische Leistung nicht nur in die Sekundärliteratur, sondern auch ins allgemeine Bewußtsein eingegangen. Allerdings ist die Interpretation dieser Analogie kontrovers; bei genauerem Hinsehen verweigert sich Kants Vergleich mit Kopernikus einem reibungslosen Anschluß an das Vorherige (vgl. Blumenberg 1975, 691–713).

Zum einen vollzog Kopernikus keine Revolution der Methode im Sinne Thales' oder Galileis; vielmehr stellte er ein neues *Modell* auf, die Bewegungen des Sternenhimmels zu verstehen. Bezeichnenderweise kommt Kant in späteren Darstellungen der naturwissenschaftlichen Revolutionen auf Kopernikus auch nicht mehr zurück. Zum anderen wird schon in der Anmerkung zum nächsten Abschnitt Kopernikus in einen ganz anderen Zusammenhang gestellt, der über das hier beschäftigende Verhältnis von Hypothese und Bestätigung, wie es zwischen *Transzendentaler Analytik* und *Dialektik* bestehen soll, hinausgeht. Davon gleich mehr.

12. Absatz (B xviii–xxii): Die im vorherigen Abschnitt eingeführte Unterscheidung von Erscheinung und Ding an sich erlaubt es Kant nun, sein Werk auch gegenüber den Interpreten, die in der ersten Auflage der *Kritik* vor allem die Destruktion traditioneller Metaphysik gesehen hatten, ins rechte Licht zu rücken. Da die *Kritik* jede *theoretische* Erkenntnis des Unbedingten ausschließt, in solcher Erkenntnis aber traditionell gerade der eigentliche Zweck der Metaphysik gesehen wurde, hatte etwa Moses Mendelssohn Kant den „alles zermalmenden" (*Morgenstunden*, Erster Teil, Vorbericht) genannt, und in der Universität Marburg war die kantische Philosophie 1786 per Kabinettsverordnung gleich ganz verboten worden.

Dem hält Kant nun entgegen, daß es nur dem „Anscheine nach" ein für die Metaphysik „sehr nachtheiliges Resultat" ist, daß die *Kritik* alle theoretische Erkenntnis auf mögliche Erfahrung einschränkt. Denn da die *Transzendentale Dialektik* zeigt, daß das Unbedingte ohne Widerspruch sich gar nicht denken läßt, es sei denn, man macht die im ersten Teil der *Kritik* notwendig gewordene Unterscheidung von Erscheinung und Ding an sich, so verwandelt sich das scheinbar negative Resultat in ein ganz anderes. Hier wird Kopernikus erneut zum Kronzeugen, diesmal allerdings als Wegbereiter einer „Entdeckung" Newtons. In der zweiten Anmerkung zu diesem Abschnitt bietet die Hypothese des Astronomen, für die dieser selbst noch keine Verifikation bereitstellen konnte, Newton die Voraussetzung, die „unsichtbare, den Weltbau verbindende Kraft" der Gravitation zu erschließen und mit den Zentralgesetzen zugleich rückwirkend der kopernikanischen Annahme „ausgemachte Gewißheit" zu verschaffen.

Dementsprechend ermöglicht nach Kant erst die hypothetisch der theoretischen Vernunft auferlegte Einschränkung ihres Gebrauchs auf Erscheinungen, das dadurch „leer" gelassene Feld des Übersinnlichen durch „praktische Data [...] auszufüllen". Die mit diesen Data gemeinten Gesetze der Freiheit, die ohne eine vorherige Umkehrung der Denkart vermutlich – so legt es der Vergleich jedenfalls nahe – ebenso „unentdeckt" geblieben wären wie Newtons actio in distans, könnten also rückwirkend der Restriktion der theoretischen Vernunft zusätzliche Rechtfertigung verschaffen. Daß erst durch deren Restriktion Moral als Wissenschaft überhaupt möglich wird, wäre dann der wahrhaft „positive" Nutzen der *Kritik*, um den es Kant in den folgenden Abschnitten gehen wird.

13. Absatz (B xxii–xxiv): Wenn Kant allerdings sagt, das Geschäft der *Kritik* „besteht" in dem „Versuche", das bisherige Verfahren der Metaphysik „nach dem Beispiele der Geometer und Naturforscher" umzuändern (B xviii, vgl. B xxii), so ist dies eher rhetorisch-didaktisch zu verstehen denn als Erklärung der Textgenese. Wie wir nämlich aus dem Brief an Herz von 1772 und aus den Reflexionen der Zwischenzeit wissen, ist Kant selbst auf ganz anderem Wege zur *Kritik* gelangt. Außerdem bezieht sich das in der Anmerkung zu B xviii erwähnte „Experiment", das dem naturwissenschaftlichen Verfahren „nachgeahmt" sein soll, auf das Antinomienkapitel, wo aus

den Widersprüchen, in die sich die Vernunft unweigerlich verstrickt, ein unabhängiger Beweis für die Richtigkeit der Unterscheidung von Erscheinung und Ding an sich gewonnen wird. (Vgl. auch XX 290 f.: „Die Antinomie der reinen Vernunft führt also unvermeidlich auf jene Beschränkung unsrer Erkenntnis zurück, und was in der Analytik vorher a priori dogmatisch bewiesen worden war, wird hier in der Dialektik gleichsam durch ein *Experiment der Vernunft*, das sie an ihrem eigenen Vermögen anstellt, unwidersprechlich bestätigt"; Hervorh. E. F.) Auch bezüglich der Antinomien wissen wir, daß Kant dieses „Experiment" ursprünglich aufstellte, ohne dabei an die Naturwissenschaften zu denken (vgl. R 5037, XVIII 69 und den Brief an Garve vom 21. September 1798, XII 257).

14. Absatz (B xxv–xxxi): In seiner Darstellung des wahrhaft „positiven" Nutzens der *Kritik* kann Kant nun an das anschließen, was er in der Zwischenzeit in der *Grundlegung zur Metaphysik der Sitten* (1785) ausgeführt hatte. Dort hatte er in den ersten beiden Kapiteln durch Analyse des sittlichen Bewußtseins das „oberste Prinzip der Moralität" (IV 392) aufgesucht und im kategorischen Imperativ gefunden. Dieser Imperativ *gilt* allerdings nur unter der Voraussetzung, „daß Sittlichkeit kein Hirngespinst sei" (IV 445) und moralische Gründe mein Handeln wirklich bestimmen können. Das ist Kant zufolge wiederum nur möglich, wenn Freiheit des Willens vorausgesetzt werden kann. Entsprechend versuchte er im dritten Kapitel der *Grundlegung*, den Freiheitsbegriff zu deduzieren, wobei der in der *Kritik* begründeten Unterscheidung von Sinnenwelt und einer den sinnlichen Erscheinungen zugrunde liegenden Verstandeswelt die Schlüsselstellung zukommt: „Denn jetzt sehen wir, daß, wenn wir uns als frei denken, so versetzen wir uns als Glieder in die Verstandeswelt und erkennen die Autonomie des Willens sammt ihrer Folge, der Moralität; denken wir uns aber als verpflichtet, so betrachten wir uns als zur Sinnenwelt und doch zugleich als zur Verstandeswelt gehörig" (IV 453). Auch in der *Grundlegung*, besonders IV 456, benutzte Kant das gleiche Argument, das wir in diesem Abschnitt der *Vorrede B* wiederfinden: *Nur weil* die *Kritik* „das Object in zweierlei Bedeutung nehmen lehrt" ist es möglich, daß der Mensch sich als zugleich frei und (sofern er Erscheinung ist) als unter Naturgesetzen stehend denken kann. Es ist also gerade die als negativ mißverstandene Selbsteinschränkung der theoretischen Vernunft, die es allererst ermöglicht, daß die Lehre der Sittlichkeit „ihren Platz" (B xxix) behaupten kann.

Entsprechend gilt, daß die für traditionelle Metaphysik gleichermaßen zentralen Begriffe wie Gott und Unsterblichkeit der Seele, für die laut *Kritik* keine theoretische Erkenntnis möglich ist, erst durch die Restriktion des theoretischen Vernunftgebrauchs einem möglichen praktischen Vernunftgebrauch zur Verfügung stehen. Wenn Kant das hier „der Kürze halber" übergeht und statt dessen zusammenfassend sagt: „Ich mußte also das *Wissen* aufheben, um zum *Glauben* Platz zu bekommen" (B xxx), so ist der damit gemeinte Glaube jener praktische Vernunftglaube, der in den Postulaten von Gott, Freiheit und Unsterblichkeit gipfelt und von Kant besonders in der im folgenden Jahr erscheinenden *Kritik der praktischen Vernunft* erörtert wird. Zugleich ist damit aber auch eine Kritik am anti-rationalen Glaubensbegriff Jacobis impliziert. In seinem Spinoza-Büchlein von 1785 hatte Jacobi einen Glaubensbegriff in die Diskussion eingeführt, der gerade nicht Resultat vernunftgeleiteten Denkens ist, sondern vielmehr etwas, das allem Vernunftgebrauch, theoretischem wie praktischem, unbegründbar vorausliegen soll. So hatte er u. a. geschrieben: „Durch den Glauben wissen wir, daß wir einen Körper haben, und daß außer uns andere Körper und andere denkende Wesen vorhanden sind. Eine wahrhaft wunderbare Offenbarung" (*Über die Lehre des Spinoza*, 211). Auf diese Äußerung Jacobis bezieht sich Kant auch wenige Seiten später, wenn er in der Anmerkung zu Bxxxix von einem „Skandal der Philosophie und allgemeinen Menschenvernunft" spricht, das Dasein der Dinge außer uns bloß auf Glauben annehmen zu müssen. (Zu dieser Anmerkung vgl. den Beitrag von Guyer in diesem Band.)

15. Absatz (B xxxi–xxxv): Damit erscheint der Vorwurf, die *Kritik* sei vor allem destruktiv und zerstörend, in einem ganz anderen Licht. Was zerstört wird sind die Monopolansprüche der philosophischen Schulen, deren dogmatischen Behauptungen vor dem Gerichtshof der Vernunft endgültig abgewiesen werden. Das (unabweisliche) Interesse der menschlichen Vernunft an den letzten Dingen erleidet dadurch aber keinen Verlust. Im Gegenteil: Da zum ersten Mal die Grenzen des theoretisch Wißbaren aus Prinzipien bestimmt und zugleich die Grundlagen der Moral gesichert sind, kann erst jetzt, dank der *Kritik*, auf einen metaphysischen Friedenszustand gehofft werden, in dem die menschliche „Wißbegierde" zur „völligen Befriedigung" (A856/B884) gebracht ist.

16. Absatz (B xxxv–xxxvii): Noch einmal grenzt Kant die Kritik (wie in A ix) gegen den Dogmatismus einerseits, den Skeptizismus andererseits ab; beiden entzieht sein Werk die Grundlage. Methodisch muß er sich aber dem „populären" Verfahren verweigern: Als streng beweisendes muß sein Verfahren „dogmatisch", d. h. wissenschaftlich sein. Nur hierin kann er z. B. „der strengen Methode des berühmten [Christian] Wolff" nachfolgen. In der Kritik selbst, verstanden als Deduktionen erstellender Gerichtshof der reinen Vernunft, hat Kant keine Vorgänger.

17. Absatz (B xxxvii–xliv): Kants Erklärung der Unterschiede zwischen der ersten und zweiten Auflage verdiente einen eigenen Kommentar. Die wirkliche Bedeutung der Änderungen, und die damit verbundenen Akzentverschiebungen, sind bis heute nicht befriedigend interpretiert. (Vgl. daher hierzu immer noch Erdmann 1878.) Richtig ist, daß Kant in der Neuauflage „den Schwierigkeiten und der Dunkelheit" abzuhelfen sucht. Richtig ist auch, daß an dem „Plan", den die Kritik einem künftigen System der Metaphysik vorschreibt, sich in der zweiten Auflage nichts ändert. Unvollständig (und daher irreführend) ist aber die Aufzählung der „Verbesserungen", die er mit dieser Auflage „versucht" habe. Verschwiegen werden die wich-

tigen Änderungen in der Einleitung (inklusive der Neufassung der Definition transzendentaler Erkenntnis (A11f./B25), sowie die in dem Kapitel *Von dem Grunde der Unterscheidung aller Gegenstände überhaupt in Phänomena und Noumena* (man vergleiche etwa – um hier nur ein einziges Beispiel zu nennen – A244f. mit B288 und B291). Während die von Kant erwähnten Änderungen direkt auf Einwände reagieren, die von den ersten Lesern der *Kritik* gemacht wurden, entspringen die unerwähnten Änderungen Kants Bemühen, die zweite Auflage mehr an die *Prolegomena* anzunähern. Allerdings waren die *Prolegomena* einer ganz anderen Methode gefolgt als die erste Auflage der Kritik (vgl. IV 263). Die daraus sich ergebenden Spannungen zwischen erster und zweiter Auflage werden damit ebenfalls unterschlagen.

Statt dessen weist Kant am Ende dieses Abschnitts auf das hin, was zu tun bleibt: Im Gegensatz zu A xxi, wo nur von einer noch zu erstellenden „Metaphysik der Natur" die Rede war, erklärt er hier seine Absicht, „die Metaphysik der Natur sowohl als der Sitten, als Bestätigung der Richtigkeit der Kritik der spekulativen sowohl als praktischen Vernunft, zu liefern" (B xliii). Das bedeutet einerseits, daß die im Vorjahr (1786) erschienenen *Metaphysischen Anfangsgründe der Naturwissenschaft* noch nicht die Metaphysik der Natur sind. Andererseits wird damit auch den tiefgehenden Veränderungen Rechnung getragen, die sich zwischen der ersten und der zweiten Auflage in Kants Denken vollzogen haben: 1781 war von einer Kritik der praktischen Vernunft noch überhaupt nicht die Rede. Im Gegenteil: Die Moral, so hieß es dort, sei „der transzendentalen Philosophie fremd" (A801). Das ist 1787 nicht mehr so, da sich inzwischen auch der Begriff des Transzendentalen verschoben hat: 1788 erscheint die *Kritik der praktischen Vernunft*, zu der sich 1790 auch noch eine *Kritik der Urteilskraft* gesellen wird.

Literatur

Blumenberg, Hans 1975: Die Genesis der kopernikanischen Welt, Frankfurt/M.
Cohen, Hermann 1907: Kommentar zu Immanuel Kants Kritik der reinen Vernunft, Leipzig.
Erdmann, Benno 1878: Kants Kriticismus in der ersten und in der zweiten Auflage der Kritik der reinen Vernunft, Leipzig.
Heidegger, Martin 1962: Die Frage nach dem Ding. Zu Kants Lehre von den transzendentalen Grundsätzen, Tübingen.
Henrich, Dieter 1989: „Kant's Notion of a Deduction and the Methodological Background of the First Critique", in: E. Förster (Hg.), Kant's Transcendental Deductions. The Three ‚Critiques' and the ‚Opus postumum', Stanford, 29–46.
Vaihinger, Hans, 1881: Commentar zu Kants Kritik der reinen Vernunft, 2 Bände, Bd. 1, Stuttgart.

Konrad Cramer
3 Die Einleitung

(A1/B1–A16/B30)

3.1 Stellung und Funktion der *Einleitung* in der *Kritik*

Die *Einleitung* zielt darauf ab, mit der Idee einer besonderen Wissenschaft (A10/B24) bekannt zu machen, die der Titel des Buches nennt: „Kritik der reinen Vernunft" ist eine Wissenschaft der bloßen *Beurteilung* der *reinen Vernunft* (vgl. A11/B25). Die Idee einer solchen Wissenschaft und die Unumgänglichkeit ihrer Verwirklichung für die Bestimmung des Ursprungs, des Umfangs und der Grenzen der menschlichen Erkenntnis ergibt sich für Kant aus der Bestimmung von *reiner Vernunft* als demjenigen Vermögen unserer Erkenntnis, das die Prinzipien enthält, etwas schlechthin *a priori*, d.h. unabhängig von aller Erfahrung, zu erkennen (A11/B24). Eine Wissenschaft der bloßen Beurteilung der reinen Vernunft wird daher die Fragen zu beantworten haben, wieweit der Anspruch der Vernunft, etwas schlechthin a priori zu erkennen, geht und gerechtfertigt werden kann, mithin, in welchen Grenzen Erkenntnis aus reiner Vernunft möglich ist. Kant leitet in dieses Projekt durch Überlegungen ein, die nur selten ausgeführte Argumente, häufiger bloße Argumentskizzen, schließlich aber auch nur Thesen entwickeln, für deren Beweis man sich ganz auf den Haupttext verwiesen sieht. Diese Überlegungen sollen zu der Einsicht führen, daß die eigentliche Aufgabe der Vernunft in der Frage *„Wie sind synthetische Urteile a priori möglich?"* (B19) enthalten ist. Eine philosophische Wissenschaft, welche diese Frage beantwortet, beschäftigt sich im Unterschied zu anderen nicht mit bestimmten Gegenstandsbereichen; ihr Gegenstand ist vielmehr unsere *Erkenntnis* von Gegenständen, und zwar näher unsere Erkenntnisart von Gegenständen, *insofern* diese a priori möglich sein soll (B25). Für die Erkenntnis dieser Erkenntnisart reserviert Kant die Bezeichnung *„transzendentale* Erkenntnis" (vgl. B25; vgl. auch A11, A56/B80) und für eine Philosophie, welche diese Erkenntnis in systematischer Vollständigkeit leistet, den Namen *„Transzendental-Philosophie"* (A12/B25, A13/B27).

Bevor man an die Auflösung der mit der genannten Frage gestellten „Principal-Aufgabe" geht, ist es jedoch „unumgänglich nothwendig, einen deutlichen und bestimmten Begriff davon zu haben, was die Kritik erstlich unter *synthetischen* Urteilen zum Unterschiede von den *analytischen* überhaupt verstehe: zweitens, was sie mit dem Ausdrucke von dergleichen Urtheilen, als Urtheilen *a priori* zum Unterschiede von *empirischen,* sagen wolle" (*Über eine Entdeckung,* VIII 228; Hervorh. K. C.). Es ist daher die primäre Aufgabe der Einleitung, diese urteilstheoretischen Unterscheidungen und ihre erkenntnistheoretische Bedeutsamkeit zu entwickeln.

Die *Einleitung* liegt in A und in B in zwei erheblich von einander abweichenden Fassungen vor. In B ist sie auf mehr als das Doppelte ihres Umfangs in A angewachsen und hat eine völlig neue Gliederung erhalten. Der Unterschied ist im wesentlichen – aber nicht nur – darauf zurückzuführen, daß Kant der *Einleitung* in B Textstücke eingefügt hat, die er fast wörtlich aus den 1783 erschienenen *Prolegomena* übernommen hat (eine erschöpfende Darstellung der Textrelationen bei Vaihinger 1922, I 159–165).

3.2 Inhalt und Aufbau der *Einleitung*

Während die *Einleitung* in A in zwei Abschnitte (I. Idee der Transzendentalphilosophie, A1–13, II. Einteilung der Transzendentalphilosophie, A13–16) unterteilt ist, ist sie in B in sieben Abschnitte (I–VII) gliedert.

I – *Von dem Unterschiede der reinen und empirischen Erkenntnis* (B1–3): Der erste Abschnitt führt auf der Grundlage der Bestimmung von *Erfahrung* als einer Erkenntnis, die einerseits auf sinnlichen Eindrücken, andererseits auf einer in deren bloßem Gegebensein noch nicht liegenden, der Tätigkeit des Verstandes zugewiesenen Verarbeitung durch deren Vergleichung, Verknüpfung oder Trennung (vgl. B1) beruht, den Unterschied zwischen *empirischen* und Erkenntnissen *a priori* ein. Empirische Erkenntnisse haben ihre „Quellen a posteriori, nämlich in der Erfahrung" (B2) und damit zumindest *auch* in Sinnesdaten. Erkenntnisse a priori sind solche, die „von der Erfahrung und selbst von allen Eindrücken der Sinne" unabhängig sind (ebd.). Motiviert wird diese Unterscheidung in B durch die Vermutung („Denn es könnte wohl sein", B1), in A durch die Behauptung („Nun zeigt es sich", A2), daß *Erfahrung selber* etwas aus sinnlichen Eindrücken und solchem Zusammengesetzes ist, „was unser eigenes Erkenntnisvermögen [...] aus sich selbst", mithin a priori, „hergibt" (B1). Es ist diese Vermutung, die der positive Teil der *Kritik der reinen Vernunft* für die beiden Stämme unseres Erkenntnisvermögens, Sinnlichkeit und Verstand (vgl. A15/B29), durch den Nachweis bestätigen wird, daß gewisse Bestimmungen der Sinnlichkeit (Raum und Zeit) und des Verstandes (Kategorien) die apriorischen Bedingungen der Möglichkeit der epistemischen Bezugnahme auf genau *diejenigen* Gegenstände sind, die Gegenstände der *Erfahrung* sind. Eine nicht aus den *Prolegomena* übernommene Differenz von B gegenüber A ist die der Einteilung der Erkenntnisse *a priori* in *reine* und *nicht reine*. Als Beispiel für eine Erkenntnis a priori wird der Satz „Eine jede Veränderung hat ihre Ursache", d. h. das Prinzip der Kausalität (vgl. B232) angeführt, das aber zugleich als ein *nicht reiner Satz a priori* mit dem Argument bestimmt wird, daß „Veränderung ein Begriff ist, der nur aus der Erfahrung gezogen werden kann" (B3). Ein Beispiel für eine reine Erkenntnis a priori fehlt.

II – *Wir sind im Besitze gewisser Erkenntnisse a priori, und selbst der gemeine Verstand ist niemals ohne solche* (B3–6): Der zweite Abschnitt benennt zwei Kriterien, nach denen Erkenntnisse a priori von empirischen unterschieden werden können. Erkenntnisse werden in Urteilen bzw. Sätzen formuliert. Urteile, die sich auf Erfahrung gründen, geben nur zu erkennen, was *tatsächlich* der Fall ist (A ist wirklich B), nicht aber, daß etwas *notwendigerweise* der Fall ist (A ist notwendigerweise B). Wird daher ein Urteil nicht nur als de facto, sondern als notwendigerweise gültig angesehen, so ist es ein Urteil a priori. Ferner läßt sich die *Allgemeinheit* eines auf Erfahrung beruhenden Urteils (Alle A sind B) nur insoweit rechtfertigen, als alle bisher beobachteten Fälle von A sich auch als Fälle von B herausgestellt haben. Ein Induktionsprinzip, das von allen beobachteten Fällen von A darauf schließt, daß auch alle nicht beobachteten (beobachtbaren und unbeobachtbaren) Fälle von A Fälle von B sind, läßt sich jedoch – hier ist Kant mit Hume einig – nicht rechtfertigen. Empirische All-Aussagen besitzen daher nur „komparative", nicht „wahre oder strenge [...] Allgemeinheit" (B3), *Generalität*, nicht *Universalität* derart, „daß gar keine Ausnahme" von der in der All-Aussage formulierten Regel „als möglich verstattet wird" (B4). Als Beispiele für streng allgemeine und notwendige Urteile nennt Kant „alle Sätze der Mathematik" (B4) und „aus dem gemeinsten Verstandesgebrauche" den Satz „daß alle Veränderung eine Ursache haben müsse" (B5). Dabei wendet sich Kant – freilich in Form einer bloßen These – gegen Humes regularitätstheoretische Interpretation des Kausalitätsprinzips und weist darauf hin, daß man die „Unentbehrlichkeit" dieses Prinzips in einer Interpretation, die es nicht auf bloß de facto konstatierbare Regelmäßigkeiten in der Abfolge von Ereignissen reduziert, „zur Möglichkeit der Erfahrung selbst, mithin a priori dartun" (B5) könnte. Diese Möglichkeit wird Kant in seinem Beweis des Kausalitätsprinzips, der *Zweiten Analogie der Erfahrung* (A189 ff./ B232 ff.), zu realisieren versuchen.

Darüber hinaus stellt Kant die weitere These auf, daß nicht nur gewisse Urteile, sondern auch gewisse *Begriffe* einen „Ursprung [...] a priori" (B5) haben, insofern sie konstitutive Bedingungen für die Bildung von empirischen Begriffen sind. Genannt werden der *Raum* mit Bezug auf den „Erfahrungsbegriff eines Körpers" (vgl. B5) sowie der Begriff des Verhältnisses von *Substanz und Akzidenz* mit Bezug auf den „empirischen Begriff eines jeden, körperlichen oder nicht körperlichen, Objekts" (vgl. B6). Das wird Kant in der Raumlehre der *Transzendentalen Ästhetik* und in der Kategorienlehre der *Transzendentalen Logik* unter Beweis zu stellen versuchen.

III – *Die Philosophie bedarf einer Wissenschaft, welche die Möglichkeit, die Prinzipien und den Umfang aller Erkenntnisse a priori bestimme* (B6–10): Während die in I und II gegebenen Beispiele für Urteile und Begriffe a priori das „Feld aller möglichen Erfahrungen" nicht verlassen, weil sie als nichtempirische Bedingungen der Möglichkeit empirischer Erkenntnisse charakterisiert oder, wie die mathematischen, doch so charakterisierbar sind, provoziert der dritte Abschnitt den Anspruch der *Metaphysik*, „durch Begriffe, denen überall [d. h. überhaupt; K. C.] kein entsprechender Gegenstand in der Erfahrung gegeben werden kann, den Umfang unserer Urteile über alle Grenzen derselben zu erweitern" (B6, vgl. A2f.). B unterscheidet sich hier von A dadurch, daß als die „unvermeidlichen Aufgaben der reinen Vernunft", auf deren „Auflösung" Metaphysik als eine die Grenzen der Sinnenwelt überschreitende Wissenschaft „eigentlich nur gerichtet ist", die Themen „Gott, Freiheit und Unsterblichkeit" (B7) bestimmt werden. Gott ist kein Gegenstand möglicher Erfahrung, denn er ist nicht in Raum und Zeit. Freiheit – und näher die Freiheit des menschlichen Willens – ist kein solcher Gegenstand, denn Freiheit ist kein Ereignis, das sich durch die Beobachtung unserer Handlungen konstatieren ließe. Unsterblichkeit – und näher die Unsterblichkeit der menschlichen Seele – meint einen Zustand unserer selbst nach unserem Leben in der Sinnenwelt, in der allein Erfahrungen möglich sind. Mit den genannten Themen benennt Kant Grundtheoreme der *metaphysica specialis* der Schule von Leibniz und Wolff, nämlich der *natürlichen Theologie* – Gott –, der *rationalen Kosmologie* – Freiheit – und der *rationalen Psychologie* – Unsterblichkeit – (vgl. die Disposition des Systems der Metaphysik in Baumgartens *Metaphysica*), bezieht sich mit ihnen jedoch der Sache nach bereits auf seine eigene, in der *Kritik der praktischen Vernunft* gelieferte Auflösung dieser Aufgaben, deren gegen die Metaphysik gerichtete systematische Pointe lautet, daß die Existenz Gottes, unsere Willensfreiheit und unsere Unsterblichkeit nur als Postulate der reinen *praktischen* Vernunft auf der Grundlage der Analyse unseres *moralischen* Bewußtseins einzuleuchten vermögen, nicht aber durch *theoretische* Vernunft dargetan werden können. Diese Unmöglichkeit wird Kant in den drei Teilen der *Transzendentalen Dialektik* der *Kritik der reinen Vernunft* durch den Nachweis des notwendigen Scheiterns aller theoretischen Beweise des Daseins Gottes und damit der Unmöglichkeit aller natürlichen Theologie (A567ff./B595ff.), durch den Aufweis des antinomischen Charakters aller kosmologischen Aussagen über Freiheit (A444ff./B472ff.) und durch die Darstellung des Paralogismus im Schluß der rationalen Psychologie auf die Unsterblichkeit der Seele (A341ff./B399ff.) darzutun versuchen. – Kants entscheidende Einsicht ist nun die, daß die Metaphysik die Theoreme „Es ist ein Gott", „Der menschliche Wille ist frei", „Die menschliche Seele ist unsterblich" als Urteile mißversteht, die aus rein logischen Gründen wahr sind. Sie mißversteht diese und andere für ihre Theoriegestalt entscheidende Aussagen, so insbesondere auch das Prinzip der Kausalität, als Ergebnisse bloßer „Zergliederungen" (A5/B9) von Begriffen und erschleicht, ohne dies zu bemerken, „unter dieser Vorspiegelung Behauptungen von ganz anderer Art, wo die Vernunft zu gegebenen Begriffen ganz fremde und zwar a priori hinzu tut, ohne daß man weiß, wie sie dazu gelange, und ohne sich eine solche Frage auch nur in die Gedanken kommen zu lassen" (A6/B10). Kants entscheidender Einwand gegen den wissenschaftlichen Anspruch der Metaphysik, die ihm freilich stets nur in der Gestalt der Schulphilosophie des 18. Jahrhunderts deutlich vor Augen stand, lautet: Metaphysik mißversteht Urteile a priori, die nicht aus rein logischen Gründen wahr sind, als solche, die aus rein logischen Gründen wahr sind. Sie mißversteht *synthetische Urteile a priori* als *analytische* Urteile. Eben deshalb muß Kant „gleich anfangs von dem Unterschiede dieser zwiefachen Erkenntnisart handeln" (A6/B10).

IV – *Von dem Unterschiede analytischer und synthetischer Urteile* (B10–14): Der vierte Abschnitt zweckt, wie das Ende von Abschnitt III schon andeutet, nicht eigentlich darauf ab, den Unterschied zwischen analytischen und synthetischen Urteilen zu exponieren, sondern eine für das Unternehmen der *Kritik der reinen Vernunft* entscheidende Differenz *innerhalb* der Klasse der Urteile a priori einzuführen: die zwischen *analytischen* Urteilen und *synthetischen Urteilen a priori*. Bejahende Urteile sind dann analytisch – „Erläuterungsurteile" (vgl. A7/B11) –, wenn sie im Prädikat etwas vom Subjekt des Urteils aussagen, was schon im *Begriff* des Subjekts als dessen *Teil* begriffen, d.h. als dessen logisches Merkmal (nota) liegt. Eben deshalb gelten alle analytischen Urteile mit strenger Allgemeinheit und mit Notwendigkeit, sind also Urteile a priori. Ist nämlich ein Begriff A ein komplexer Begriff derart, daß A mit der Konjunktion B + C äquivalent ist, dann gilt, daß die Negation des Urteils „A ist B", nämlich „A ist nicht B", in das Urteil „B + C ist nicht B" übersetzbar ist; und dieser Satz enthält den Satz „B ist nicht B", d.h. einen Widerspruch. Ein Satz „B ist nicht B" ist nicht nur nicht wahr, sondern unmöglich wahr oder notwendigerweise falsch, und sein kontradiktorisches Gegenteil, nämlich „B ist B", ist nicht nur wahr, sondern notwendigerweise wahr. Also ist der Satz „A ist B" notwendigerweise wahr. Wenn dies gilt, ist der Satz auch ein streng allgemeiner Satz. Denn wenn „A ist B" aufgrund des logischen Inhalts von A allein wahr ist, ist es aus eben diesem Grunde ausgeschlossen, daß irgendein A nicht B ist. Kant drückt diese Sachverhalte auch so aus, daß in bejahenden analytischen Urteilen die „Verknüpfung des Prädikats mit dem Subjekt durch Identität [...] gedacht" (B10) wird. *Synthetische* Urteile – „Erweiterungsurteile" (A7/B11) – sind hingegen solche, in denen die Verknüpfung des Prädikats mit dem Subjekt „ohne Identität" (B10) gedacht wird. Ein Urteil „A ist B" ist daher synthetisch genau dann, wenn B *nicht* Teilbegriff des Begriffs A ist. „Erfahrungsurteile, als solche, sind insgesamt synthetisch" (B11). Ein empirisches Urteil geht über den Begriff, den ich von dem Gegenstande habe, hinaus und entdeckt an diesem Bestimmungen, indem es über ihn Erfahrungen macht, die in dem Begriff von ihm gerade nicht enthalten sind.

Bei synthetischen Urteilen *a priori* kann diejenige Synthesis, die *Erfahrung* heißt, die Verknüpfung eines Prädikats mit dem Subjekt des Urteils nicht begründen. Kant legt diesen Sachverhalt wiederum an dem Kausalitätsprinzip, diesmal in der

Fassung „Alles, was geschieht, hat seine Ursache" (B13) dar. („Geschehen" und „Veränderung" sind kraft des Beweises des Satzes „Aller Wechsel [...] ist nur Veränderung", B233, d.h. der *Ersten Analogie*, koextensive Begriffe.) Das Kausalitätsprinzip ist also nicht nur, wie schon in Abschnitt I und II behauptet, ein Urteil *a priori*, sondern auch ein *synthetisches* Urteil a priori. Denn der Begriff der *Ursache* ist nicht logisches Merkmal des Begriffs des *Geschehens* bzw. der *Veränderung* (siehe dazu näher Cramer 1976 sowie Cramer 1985, 164 ff.). Aber der Begriff der Ursache ist auch kein *empirisches* Prädikat dessen, was durch den Begriff des Geschehens gedacht wird. Denn der Begriff der Ursache wird im Kausalitätsprinzip auf den Begriff des Geschehens so bezogen, daß er nicht nur als zu ihm *gehörig*, sondern sogar als *notwendig* zu ihm gehörig erkannt wird (siehe hier die entsprechende Textveränderung in B13 gegenüber A9). Kants These ist also: Das Kausalitätsprinzip sagt aus, daß es *notwendigerweise* so ist, daß alles, was geschieht, eine Ursache hat, und daß diese Notwendigkeit der Verknüpfung von Subjekt und Prädikat im in Frage stehenden Urteil keine *logische* Notwendigkeit ist. Wie ist eine solche Synthesis möglich?

V – *In allen theoretischen Wissenschaften der Vernunft sind synthetische Urteile als Prinzipien enthalten* (B14–18): Dieser Abschnitt, der in A ganz fehlt und aus den *Prolegomena* (§ 2 c) übernommen ist, stellt zunächst Kants berühmte, durch die moderne mathematische Grundlagenforschung seit Frege aber unter einen von Kant nicht vermuteten Begründungsdruck geratene These vor, daß die Urteile der reinen Mathematik (der euklidischen Geometrie und der Arithmetik sowie der Algebra) „insgesamt synthetisch" (B14) sind. Da alle Urteile der „mathesis pura" nicht nur von der Erfahrung, sondern auch von allen Eindrücken der Sinne unabhängig sind, sind sie zudem Beispiele für *reine* synthetische Urteile a priori. Für die Arithmetik versucht Kant diese These durch die Analyse eines Satzes, der die Addition zweier Zahlen zu einer Summe aussagt („$7+5=12$", B15), für die euklidische Geometrie – die einzige, die Kant kennen konnte – für Teile von deren Axiomatik („Die gerade Linie zwischen zwei Punkten [ist] die kürzeste", B16) in Argumentskizzen zu zeigen, für deren nähere Ausführung man sich auf Kants Theorie der mathematischen Erkenntnis in den *transzendentalen Erörterungen* von Raum und Zeit in der *Transzendentalen Ästhetik* sowie auf Kants Unterscheidung der *mathematischen* von der *philosophischen* Methode in der *Methodenlehre* verwiesen sieht. Die angemessene Rekonstruktion der Gründe, mit denen Kant der vom klassischen Rationalismus (Descartes und Leibniz) und Empirismus (Locke und, so wie Kant ihn aufgefaßt hat, Hume) gleichermaßen geteilten Auffassung widerspricht, daß die Urteile der reinen Mathematik *analytisch* sind, d.h. ihre Wahrheit durch die Anwendung des Satzes vom auszuschließenden Widerspruch allein eingesehen werden kann, ist ohne die genaue Analyse von Kants Bestimmung der mathematischen Erkenntnis als Erkenntnis durch *Konstruktion* der Begriffe in der reinen *Anschauung* (A713 ff./B741) nicht zu leisten. (Siehe hierzu die Beiträge von Brandt, Mohr und Rohs sowie die klassischen Arbeiten von Hintikka

1969, Parsons 1969, auch Bennett 1966, Strawson 1966 und neuerdings Friedman 1992. Zur Kritik an Kants These vom Anschauungscharakter der mathematischen Urteile vgl. Russell 1903, zur Kritik an ihrem synthetischen Status die Auseinandersetzung mit Kant bei Couturat 1908 Anhang, der eine ausführliche Analyse der von Kant in der *Einleitung* in B gegebenen Beispiele enthält.) Von nicht geringerer Wichtigkeit ist Kants zweite These, daß „Naturwissenschaft (physica) synthetische Urteile a priori als Prinzipien in sich enthält" (B17). Mit dieser Behauptung bezieht sich Kant auf die von ihm 1786 als Folgedisziplin der Transzendentalphilosophie der *Kritik der reinen Vernunft* entwickelten *Metaphysischen Anfangsgründe* zurück, die er als ein System synthetischer Urteile a priori über den Begriff der *Materie* und damit als ein System der nicht-empirischen Bedingungen der Möglichkeit der Aussagen der Physik Newtons in dessen *Philosophiae Naturalis Principia Mathematica* verstanden haben wollte. (Die von Kant in B17 angeführten Urteile sind in den *MAN* die Lehrsätze 2 und 4 der *Mechanik*, IV 541, 544.) Daß in der Metaphysik synthetische Urteile a priori enthalten sein *sollen* (vgl. B18), wird durch einen weiteren spezifisch metaphysischen Satz („die Welt muß einen ersten Anfang haben", B18) illustriert, den Kant in der *Transzendentalen Dialektik* (A426/B454) als Thesis der ersten mathematischen *Antinomie* einführen wird.

VI – *Allgemeine Aufgabe der reinen Vernunft* (B19–24): Der sechste Abschnitt formuliert die kritische Hauptfrage und spezifiziert sie zu den vier Fragen: 1. „Wie ist reine Mathematik möglich?" (B20), 2. „Wie ist reine Naturwissenschaft möglich?" (ebd.), 3. „Wie ist Metaphysik als Naturanlage möglich? d. i. wie entspringen die Fragen, welche reine Vernunft sich aufwirft [...], aus der Natur der allgemeinen Menschenvernunft?" (B22), 4. „Wie ist Metaphysik als Wissenschaft möglich?" (ebd.). Letztere Frage sollte, da von Metaphysik als einer gültigen Wissenschaft im Unterschied zu Mathematik und Physik gerade nicht ausgegangen werden kann, eigentlich lauten: *Ist* Metaphysik als Wissenschaft möglich? Kants in der *Kritik der reinen Vernunft* auf diese Frage gegebene Antwort wird lauten: Metaphysik als theoretische Wissenschaft ist nur als *Metaphysik der Erfahrung* (vgl. den Buchtitel von Paton 1936), d. h. als eine ihrerseits nicht-empirische Theorie der nicht-empirischen Bedingungen der Möglichkeit von Erfahrungserkenntnis möglich. Insofern besteht die Aufgabe der *Kritik der reinen Vernunft* gerade auch in der Beantwortung einer Frage, die in der Einleitung nicht als Teilfrage der kritischen Hauptfrage formuliert wird, nämlich der Frage: „Wie ist Erfahrung möglich?" (vgl. Kants Notiz zu A66 in seinem Handexemplar von A, XXIII 25).

VII – *Idee und Einteilung einer besonderen Wissenschaft, unter dem Namen der Kritik der reinen Vernunft* (B24–30): Der letzte Abschnitt entwickelt auf der Grundlage der gestellten Fragen den Begriff der Transzendentalphilosophie und unterscheidet zwischen einer *Propädeutik* zum System der reinen Vernunft, transzendentaler *Doktrin* und transzendentaler *Kritik* (B25 f.). Letztere wird gekennzeichnet als die „Vorbereitung [...] zu einem *Organon,* und wenn dieses nicht gelingen sollte, wenigstens zu einem *Kanon*" (B26; Hervorh. K. C.). Sodann wird die Transzendentalphilosophie von der *Moral*philosophie unterschieden und jene im Unterschied zu dieser als eine „Weltweisheit der reinen bloß *spekulativen* Vernunft" (B29; Hervorh. K. C.) bestimmt, die zwei Teile enthalten muß, eine *Elementarlehre* und eine *Methodenlehre* (B29). Schließlich findet Kant mit dem Hinweis auf zwei Stämme unserer Erkenntnis, die „vielleicht aus einer gemeinschaftlichen, aber uns unbekannten Wurzel entspringen" (hierzu Henrich 1955), nämlich Sinnlichkeit und Verstand, den Übergang zum ersten Teil der *Elementarlehre,* der *Transzendentale Ästhetik,* einer „Sinnenlehre" (A16/B30), die genau dann Teil der Transzendentalphilosophie sein würde, wenn unsere Sinnlichkeit als das Vermögen, Vorstellungen als gegebene zu *empfangen,* Vorstellungen *a priori* enthalten sollte, welche die Bedingungen ausmachen, unter denen uns Sinnesdaten allein gegeben werden können.

3.3 Textkommentar

3.3.1 Analytische und synthetische Urteile

Kant berücksichtigt bei der Einführung seiner urteilstheoretischen Unterscheidungen nicht alle von ihm in seiner Urteilstafel (A70/B95) unterschiedenen Urteilsformen. Er führt sie vielmehr nur an Beispielen für Urteile ein, die der Quantität nach allgemein, der Qualität nach bejahend, der Relation nach kategorisch und der Modalität nach assertorisch oder apodiktisch sind (ebd.), d. h. an solchen Urteilen, „worin das Verhältnis eines Subjekts zum Prädikat gedacht wird" (A6/B10). Diese Beschränkung auf die prädikative Satzform „S ist P" hat jedoch nur darstellungstechnische Gründe (vgl. R 4676, XVII 654). Alle Urteile dieser Form – wenngleich nicht nur diese – erheben nach Kant den epistemischen Anspruch, sich auf einen *Gegenstand* der Erkenntnis zu beziehen. Das gilt also auch für *analytische* Urteile, deren Begriff ausdrücklich mit Hinweis auf das Verfahren der „Zergliederungen der Begriffe, die wir schon von Gegenständen haben" (A5/B9) eingeführt wird. Für diesen epistemischen Anspruch aller prädikativen Aussagen hat Kant in Entwürfen der 70er Jahre (hierzu grundlegend Carl 1989) die Formel „x, was ich durch den Begriff a denke, das denke ich auch durch den Begriff b" aufgestellt; wobei „x" „immer den Gegenstand des Begriffs a" bedeutet (vgl. R 4674, XVII 644). Das gilt also gleichermaßen für synthetische *und* analytische Urteile. Sie unterscheiden sich jedoch durch das Verhältnis, in dem die Begriffe a und b zu x stehen. Analytische Urteile enthalten „die Vergleichung zweyer praedicate a und b mit x, aber nur so, daß der *Begrif a* von x mit *b* verglichen wird (substantive), also wird das x unnütze" (R 4676, XVII 653f.; Hervorh. K. C.). Die Beziehung auf den Gegenstand x wird hier deswegen „unnütz", d.h. für die Einsicht in die Wahrheit des Urteils nicht *gebraucht*, weil es nur aussagt, „daß das x, welches durch a gedacht wird, niemals durch non a könne gedacht werden" (R 4676, XVII 654). Dabei wird vorausgesetzt, daß die Vergleichung des Begriffs a von x mit dem Begriff b lehrt, daß b von x nicht negiert werden kann, weil eine solche Negation zu der Aussage „x, was a ist, ist nicht a", mithin zu einem Widerspruch führen würde. Genau deshalb wird in analytischen Urteilen von *x* nichts „objective" erkannt. Urteile erkennen etwas an einem durch einen Begriff a beschriebenen *Objekt* x dann, wenn sie *synthetisch* sind. In ihnen wird nicht der *Begriff* a von x mit dem *Begriff* b verglichen, sie werden vielmehr dann gefällt, „[w]enn ich beyde praedicate auf das *x* referire und *dadurch* auf einander" (ebd.; Hervorh. K. C.). Für sie ist die Bezugnahme auf den *Gegenstand* x, der durch den Begriff a gedacht wird, deshalb konstitutiv, weil die in ihnen formulierte Erkenntnis, daß x b ist, nur dadurch zustande kommen kann, daß erkannt wird, daß x, was a ist, *darüber hinaus*, daß es a ist, *auch* b ist. In synthetischen Urteilen wird unsere Erkenntnis des *Gegenstandes* x *erweitert*, und zwar dadurch, daß wir den durch a gedachten Gegenstand x durch den Begriff b *bestimmen.* In ihnen ist x „das *Bestimmbare* (object), welches ich durch den Begrif a denke, und b ist dessen *Bestimmung* (oder Art es zu bestimmen)" (R 4674, XVII 645; Hervorh. K. C.). Die Unerläßlichkeit der Bezugnahme auf den Gegenstand *qua Gegenstand* in synthetischen Urteilen drückt Kant so aus: „Wenn aber a und b nicht identisch sind [...], und x ist durch den Begrif von a nicht ganz (bestimmt) gedacht, so sind a und b nicht in *logischem*, sondern *realem* Verhaltnisse [...] der *combination*, mithin nicht der *involution*. Also ist ihr Verhaltnis nicht durch ihre Begriffe an sich selbst, sondern *vermittelst* des x, wovon a die Bezeichnung enthält, bestimmt. Wie sind solche syntheses möglich?" (R 4676, XVII 654; Hervorh. K. C.).

Kant beantwortet diese Frage für *empirische* Urteile (nicht ganz unmißverständlich) so, daß dasjenige „außer dem Begriffe des Subjekts" gelegene „X" die „vollständige Erfahrung von dem Gegenstande [ist], den ich durch einen Begriff A denke, welcher nur einen Teil dieser Erfahrung ausmacht" (A8); und eben „die Erfahrung jenes X" ist, was „außer dem Begriffe A liegt, und worauf sich die Möglichkeit der Synthesis des Prädikats [...] B mit dem Begriffe A gründet" (ebd.). Synthetische Urteile *a priori* bedürfen jedoch einer anderen Stütze. Für sie entsteht daher die Frage: „Was ist hier das Unbekannte = X, worauf sich der Verstand stützt, wenn er außer dem Begriff von A ein demselben fremdes Prädikat B aufzufinden glaubt, welches er gleichwohl damit verknüpft zu sein erachtet" und zwar „mit dem Ausdruck der Notwendigkeit" (B13, vgl. A9)? Es ist genau diese Frage, auf die eine Antwort gefunden werden muß, wenn auf die Frage „Wie sind synthetische Urteile a priori möglich?" eine Antwort gefunden werden soll.

3.3.2 Analytische Urteile

Kant ist der Auffassung, daß analytische Urteile entweder den Status *logisch* wahrer Sätze besitzen oder in solche Sätze übersetzt werden können. Unter einem logisch wahren Satz ist dabei nach gegenwärtigen Standards ein solcher zu verstehen, der bei jeder *beliebigen* Interpretation der in ihm verwendeten deskriptiven Komponenten wahr bleibt, solange die Bedeutung der in ihm verwendeten sog. logischen Partikel („kein", „un-", „nicht", „wenn, dann", „und" usw.) nicht verändert wird, der also, nach einem Ausdruck von Leibniz, *in allen möglichen Welten* wahr ist. Bei der Exposition des Satzes vom (auszuschließenden) Widerspruch in der Fassung „Keinem Dinge kommt ein Prädikat zu, welches ihm widerspricht" (A151/B190) „als das allgemeine und völlig hinreichende *Principium aller analytischen Erkenntnis*" (A151/B191) gibt Kant ein Beispiel für ein analytisches Urteil, das ein logisch wahrer Satz ist: „kein ungelehrter Mensch ist gelehrt" (A153/B192). Er hat die Form: „Nichts, was A und nicht B ist, ist B" und läßt sich reduzieren auf „Nichts, was nicht B ist, ist B". Die Wahrheit dieses Satzes leuchtet kraft des Satzes vom auszuschließenden Widerspruch ohne weiteres ein, denn seine Negation „Einiges, was nicht B ist, ist B" schließt einen Widerspruch ein.

Für die von Kant in der *Einleitung* angegebenen Beispiele für analytische Urteile leuchtet es jedoch nicht *ohne weiteres* ein, daß ihre Negation einen Widerspruch erzeugt. Die Beispiele sind: „Alle Körper sind ausgedehnt" (vgl. B11), „Alle Körper sind undurchdringlich" (vgl. B12), „Alle Körper besitzen eine Gestalt" (vgl. B12). Es ist nämlich nicht *per se* ersichtlich, daß in ihnen „die Verknüpfung des Prädikats mit dem Subjekt durch Identität [...] gedacht wird" (B10). Daß dies so ist, vermag ohne eine bestimmte *Interpretation* der Bedeutung der in ihnen auftretenden nicht-logischen Komponenten, die festsetzt, daß die Prädikate „ausgedehnt", „undurchdringlich", „gestaltet" *Teil*begriffe (notae) des Begriffs „Körper" sind, nicht einzuleuchten. Um einzusehen, daß diese Sätze analytisch sind, muß ich den Begriff des Körpers „zergliedern", d.h. mir „des Mannigfaltigen, welches ich *jederzeit* in ihm denke, [...] bewußt werden" (B11; Hervorh. K. C.), um diese Prädikate „darin anzutreffen" (ebd.). Die genannten Sätze sind daher nicht auf Grund ihrer *logischen Form* wahr, sie müssen vielmehr auf Grund *semantischer* Analysen der in ihnen verwendeten deskriptiven Begriffe in solche Sätze überführt werden. Dabei betrachtet man die *Definition* des Begriffs, der die Stellung des Satzsubjektes hat. Seine Definition, so wird behauptet, enthält nämlich das Mannigfaltige, was ich *jederzeit* in ihm denke. Ist ein Begriff A so definiert, daß sein Definiens mit der Konjunktion B + C + D identisch ist, ist diese Konjunktion in allen (extensionalen) Kontexten für A einsetzbar, d.h. der Satz „A ist B" ist ersetzbar durch den Satz „B + C + D ist B"; und dieser Satz *ist* ein logisch wahrer Satz. Nicht ersichtlicherweise logisch wahre Sätze werden in solche Sätze dadurch überführbar, daß für ihre Subjektbegriffe deren Synonyma bzw. Teile ihrer Synonyme eingesetzt werden, und eben dies soll *ex vi definitionis* geschehen. Wie aber finden wir heraus, daß ein Begriff A so definiert ist, wie seine Ersetzung durch B + C + D behauptet? Wer hat unter welchen Bedingungen so definiert? (Vgl. Quine 1953, 24). Für Begriffe, deren Bedeutung *willkürlich* festgelegt wird, die also durch ihre Definition allererst *eingeführt* werden, wie mathematische Begriffe, entsteht diese Schwierigkeit nicht. Kant ist jedoch keineswegs der Meinung, daß die Bedeutung des Begriffs „Körper" *willkürlich* so festgelegt wurde, wie es seine Definition aussagt. Dann aber hängen Analytizitätspostulate für nicht ersichtlicherweise logisch wahre Sätze von Synonymitätspostulaten ab, deren Erfüllung nicht in unserer Willkür steht. Für diesen Fall ist der Begriff der Synonymität jedoch nicht weniger aufklärungsbedürftig wie der Begriff der Analytizität selbst (vgl. White 1949, Quine 1953). Bezieht man sich, um die angezeigte Schwierigkeit zu vermeiden, auf den Begriff der *Regel* der *Verwendung sprachlicher Ausdrücke* in einer gegebenen Sprache S_1 und sagt, daß wir etwas, was *nicht* ausgedehnt, undurchdringlich und gestaltet ist, nicht Körper *nennen* würden, und Kants Sätze über Körper nach Maßgabe dieser Sprachregelung in einen *für uns* logisch wahren Satz überführt werden können, wird jedoch die Aussage „Der Satz ‚Alle Körper sind ausgedehnt' ist analytisch" selber zu einer *empirischen* Aussage (White 1949, 423). Denn um zu entscheiden, daß der Satz analytisch ist, müssen wir herausfinden, daß „Körper" tatsächlich ein Synonym für „ausgedehnt, undurchdringlich und gestaltet" ist; und das läßt sich nur durch eine *empirische* Untersuchung über unseren Sprachgebrauch herausfinden. Regeln für die faktische synonyme Verwendung sprachlicher Ausdrücke lassen sich ihrerseits nicht in logisch wahren Sätzen formulieren.

Kant meint nicht, daß analytische Urteile, die nicht schon *vi formae* logisch wahre Sätze sind, aufgrund sprachlicher Konventionen, die in einer Sprache S_1 gelten, aber in einer Sprache S_2 nicht gelten mögen, analytisch sind, aber dies nur in S_1. Eine Sprache, die den Ausdruck „Körper" nicht so verwendet wie diejenige, die Körper kraft der Bedeutung dieses Ausdrucks ausgedehnt sein läßt, hat nach Kant nicht einen *anderen* Begriff von Körper, sondern keinen *Begriff* vom Körper, d. h. sie weiß nicht, was ein Körper *ist*. Gegen eine Relativierung des Unterschieds analytischer und synthetischer Urteile derart, daß ein Satz in S_1 analytisch, in S_2 synthetisch sein könnte, bringt Kant eine für seine Begriffstheorie entscheidende Voraussetzung ein, nämlich die eines *Begriffsessentialismus* wenigstens für all diejenigen Begriffe, deren Inhalt einer rationalen Darstellung fähig ist.

3.3.3 Analytische Urteile über empirische Begriffe

Die von Kant in der *Einleitung* angegebenen Beispiele für analytische Urteile werfen zusätzliche Probleme auf. Kant charakterisiert den Begriff vom Körper, über den die o.

g. analytischen Urteile gebildet werden, ausdrücklich als einen „Erfahrungsbegriff" (B5). Ein solcher „entspringt aus den Sinnen durch Vergleichung der Gegenstände der Erfahrung und erhält durch den Verstand bloß die Form der Allgemeinheit. Die Realität dieser Begriffe beruht auf der wirklichen Erfahrung, woraus sie, ihrem Inhalte nach, geschöpft sind" (*Logik* § 3, IX 92). Erfahrungsbegriffe sind also ihrem logischen Inhalt nach von Erfahrung *abhängig*. Gleichwohl ist ein analytisches *Urteil* mit einem empirischen Begriff als Satzsubjekt von Erfahrung *un*abhängig: „Alle analytischen Urteile beruhen gänzlich auf dem Satze des Widerspruchs und sind ihrer Natur nach Erkenntnisse a priori, die Begriffe, die ihnen zur Materie dienen, mögen empirisch sein, oder nicht" (*Prolegomena* § 2b, IV 267). Kant begründet diese These nicht damit, daß ein analytisches Urteil über einen empirischen Begriff seiner *Materie* nach von *aller* Erfahrung unabhängig ist – denn der Begriff, der an seiner Subjektstelle steht, ist seinem Inhalt nach von genau derjenigen Erfahrung abhängig, von der er abstrahiert ist –, sondern mit Hinweis darauf, daß man, um das Urteil abzufassen, keiner *weiteren* Erfahrung außer der bedarf, die der Bildung des Begriffs zugrunde liegt (ebd.). Das Problem ist jedoch: *Wieviel* an Erfahrung muß aufgeboten werden, um über einen Begriff *so* zu verfügen, daß gesagt werden kann: Gewisse Urteile, die ihn als Subjektbegriff enthalten, sind analytisch und nicht synthetisch? So soll „Undurchdringlichkeit" ein analytisches Prädikat des empirischen Begriffs „Körper" sein, „Schwere" hingegen nicht. Wer legt dies mit welchen Gründen fest, und nach welchen Kriterien soll hier entschieden werden? Sind diese ihrerseits empirisch, muß man zulassen, daß ein Urteil „A ist B" für den einen analytisch, für den anderen synthetisch ist, und weiter, daß synthetische Urteile durch Verabredung oder Veränderung des Gesichtspunkts analytisch gemacht werden können (hierzu Beck 1955/56 mit Bezug auf C. I. Lewis 1946). Kant hat diese Schwierigkeit gesehen. Auch für ihn fragt es sich, inwieweit es „willkürlich" ist, logische Merkmale in den Inhalt eines Begriffs, der einen Erfahrungsgegenstand bezeichnet, aufzunehmen (vgl. R 3928, XVII 350 f.). Eine noch deutlichere Anerkennung der angezeigten Schwierigkeit ergibt sich durch Kants in der *Transzendentalen Methodenlehre* ausgeführte These, daß empirische Begriffe eigentlich gar nicht *definiert*, sondern nur *expliziert* werden können. Die „angebliche Definition" eines Begriffs wie „Wasser" ist nur eine „Wortbestimmung" (A728/B756); und es ist „niemals sicher, ob man unter dem Worte, das denselben Gegenstand bezeichnet, nicht einmal mehr, das anderemal weniger Merkmale desselben denke. [...] der Begriff steht also niemals zwischen sicheren Grenzen" (A727 f./B755 f.). Es hat kaum Sinn, empirische Begriffe durch Analyse *deutlich* zu machen; man soll sich vielmehr durch empirische Untersuchungen der Gegenstände, die sie bezeichnen, *einen deutlichen Begriff* machen (vgl. *Logik*, IX 63), wie z.B. Lavoisier mit der Entdeckung, daß Wasser H_2O ist.

Kants urteilstheoretische *Einordnung* der von ihm aufgeführten Urteile über Körper ist zudem systematisch irreführend. Die einzigen dieser Urteile, die für Kant wirklich analytisch sind, sind die Sätze „Körper sind ausgedehnt" und „Ein Körper in physischer Bedeutung ist eine Materie zwischen bestimmten Grenzen, die also eine Figur hat" (*MAN*, IV 525). Der Satz „Körper sind schwer" ist für Kant in Wahrheit gar nicht empirisch, sondern ein synthetisches Urteil *a priori*; und dasselbe gilt für den Satz „Körper sind undurchdringlich". Die Undurchdringlichkeit und die als Gravitation zu interpretierende Schwere physischer Körper sind aufgrund des theoretischen Selbstverständnisses der *Metaphysischen Anfangsgründe* nicht empirische Prädikate des empirischen Begriffs des Körpers, sondern synthetische und rationale Prädikate des Begriffs der Materie als des Beweglichen im Raum (*MAN*, IV 501, 518; vgl. Cramer 1985, 119 ff.).

3.3.4 Synthetische Urteile a priori

Mit seiner Bestimmung der Struktur synthetischer Urteile a priori setzt sich Kant in Gegensatz zur rationalistischen Urteilstheorie von Leibniz und seiner Schule und zur empiristischen Urteilstheorie Lockes und Humes. Leibniz hatte die Klasse aller Urteile in *Vernunft*wahrheiten und *Tatsachen*wahrheiten (*vérités de raison* und *vérités de fait*) eingeteilt und keinen Zweifel daran gelassen, daß alle Vernunftwahrheiten auf der Grundlage des Satzes vom auszuschließenden Widerspruch, alle Tatsachenwahrheiten hingegen auf der des Satzes vom zureichenden Grunde einleuchten. Hume hatte alle Urteile danach unterschieden, ob sie „matters of fact" oder „relations of ideas" aussagen. Kants Kritik an Leibniz und Hume lautet: *Beide* schränken den Bereich der Urteile a priori auf den der *analytischen* Urteile, den Bereich der synthetischen Urteile auf den Bereich der *empirischen* Urteile ein. Das Angriffsziel, das Kant mit Hume teilt, ist dabei der Versuch Wolffs, den Satz vom zureichenden Grunde aus dem Satz des Widerspruchs abzuleiten (*Prima philosophia* § 70) und in der Folge das Kausalitätsprinzip in der Form „Alles, was existiert, hat einen zureichenden Grund seiner Existenz, d. h. eine Ursache", zu einem analytischen Satz zu machen (*Prima philosophia* § 908 ff. mit Bezug auf § 310 und § 70). Kant stimmt hier dem Nachweis Humes, daß dieser Versuch scheitern muß (*Treatise* I.3.3), zu (*Prolegomena*, IV 257, *Über eine Entdeckung*, VIII 193 ff.). Das weitere Angriffsziel, das Kant der Sache nach mit Leibniz teilt, ist jedoch der Versuch Humes, das allgemeine Kausalitätsprinzip im Rahmen seiner Diskussion des Begriffs der „necessary connection" (*Treatise* I.1.14) durch die bloße *Regelhaftigkeit* in der Sukzession der Ereignisse zu interpretieren, ein Verfahren, in dem der Sinn des Begriffs der Relation von Ursache und Wirkung „gänzlich verloren gehen" (B5) würde. Daß dieser Verlust nicht hingenommen werden kann, hat Kant gegen Hume allererst zu zeigen. Dies kann nicht durch den Nachweis geschehen, daß das Kausalitätsprinzip *beansprucht*, ein synthetischer Satz zu sein, der a priori gültig ist – was Hume gar nicht bestritten hat –, sondern allein durch den Nachweis, daß dieser Anspruch *zu Recht* ergeht. Kants Frage lautet: *Ist* das synthetische Urteil „Alle Veränderungen haben eine Ursache" a priori *gültig*? Die affirmative Antwort auf diese Frage wird zugleich die Erklärung einschließen, *wie* es möglich ist, d. h. aufgrund von was es gilt. Kants „einzig möglicher Beweisgrund" (A788/B816) für das Kausalitätsprinzip ist der, daß *Ereignisse* in Raum und Zeit, die nach Hume Gegenstände unserer Erfahrung *sind*, nur unter der Bedingung *mögliche* Gegenstände der Erfahrung sind, daß die von Hume bestrittene *notwendige* Realverknüpfung zwischen Ereignissen, d. h. ihre kausale Verknüpfung, die Bedingung eben dieser Möglichkeit ist (vgl. A787f./B815f.).

3.3.5 Nicht reine synthetische Urteile a priori

Die der Sache nach wichtigste Veränderung der *Einleitung* in B gegenüber A besteht in Kants Kennzeichnung des Kausalitätsprinzips als *nicht reines* synthetisches Urteil a priori (B3 zusammen mit B13). Diese Kennzeichnung scheint zwar dadurch revoziert zu werden, daß das Kausalitätsprinzip in B5 als ein Beispiel für „reine Urteile a priori" aufgeführt wird. Kants Versuch, den schon zeitgenössischen Vorwurf eines Widerspruchs zwischen B3 und B5 abzuwehren (*Teleologische Prinzipien*, VIII 183 f.), bestätigt jedoch der Sache nach die Kennzeichnung in B3 (Cramer 1985, 36 ff., 63 ff., 221 ff.). Tatsächlich *ist* das Kausalitätsprinzip ein nicht reines synthetisches Urteil a priori, insofern es zwar von aller *Erfahrung*, aber *nicht auch* „selbst von allen Eindrücken der Sinne unabhängig" ist (vgl. B2). Denn der logische *Inhalt* des Begriffs der Veränderung läßt sich ohne Rekurs auf die Voraussetzung einer nur *empirisch* konstatierbaren Differenz im Gehalte von Sinnesdaten gar nicht verständlich machen. Gleichwohl ist Kants in B3 angegebene Begründung für den nicht reinen Charakter des Prinzips, daß nämlich Veränderung ein Begriff ist, der nur aus der Erfahrung gezogen werden kann, irreführend und völlig verfehlt. Empirische Begriffe können nämlich nach Kants eigener Auffassung nur in *solchen* synthetischen Urteilen die Subjektstelle einnehmen, die ihrerseits *empirisch* sind (vgl. A47/B64). Da allen empirischen Begriffen entweder wirkliche oder doch wenigstens mögliche Referenz auf durch sie bezeichnete Gegenstände kraft ihres Ursprungs bereits gesichert ist, entfiele zudem für den Fall, daß Veränderung ein empirischer Begriff ist, der von Kant vorgesehene Beweisgrund für die objektive Gültigkeit des Kausalitätsprinzips. – Tatsächlich bestimmt Kant in seiner Theorie der aus *Kategorien* als Begriffen a priori *ableitbaren* Begriffe (der *Prädikabilien* des reinen Verstandes, A81 f./B107 f.) den Begriff der Veränderung als einen der Kategorie der *Modalität* untergeordneten Begriff *a priori*. (Eine durchgängige Behandlung der damit angezeigten Interpretationsprobleme und eine Rekonstruktion von Kants Theorie der nicht reinen synthetischen Urteile a priori in der *Kritik der reinen Vernunft* und in den *Metaphysischen*

Anfangsgründen liefert Cramer 1985.) Aus dem *nicht reinen* Status des Kausalitätsprinzips als eines Urteils, das ohne Zweifel nur in der *Transzendental*philosophie zu begründen ist, ergibt sich zudem, daß Kants Argumente in A14 f./B28 f. für den Ausschluß der *Moral*philosophie aus der Transzendentalphilosophie, so wie sie stehen, verfehlt sind (vgl. Cramer 1991).

3.3.6 Schemata

Da es im Ganzen drei alternative dichotomische Einteilungen der Klasse aller Urteile, nämlich nach den Gesichtspunkten „analytisch/synthetisch", „a priori/empirisch", „rein/nicht rein" gibt, und die nach einem dieser Gesichtspunkte entstehenden Glieder der Einteilung jeweils zwei weitere Unterteilungen, nämlich nach den beiden Gesichtspunkten, die der ursprünglichen Einteilung nicht zugrunde gelegt wurden, verlangen, ergeben sich für die von Kant vorgesehenen Urteilstypen sechs Einteilungsschemata, deren Anzahl vollständig ist. Die in ihnen ausgezeichneten *vacat-Stellen* weisen daraufhin, mit welchen Teilklassen von Urteilen leere Klassen bedeutet sind. (Eine inhaltliche Ausfüllung dieser Schemata in Cramer 1985, 32 f., 70 ff., (s. S. 56–57))

3.4 Interpretationsfragen

Eine der wichtigsten, schon in der älteren Kant-Literatur (u. a. Cohen 1885, Adickes 1889, 1897, Vaihinger 1922) kontrovers diskutierten Interpretationsfragen lautet, ob die Übernahme derjenigen Passagen der *Prolegomena* in die *Einleitung* in B, die auf das „Faktum" der Gültigkeit von Wissenschaften, die synthetische Urteile a priori enthalten, verweisen, den Zugang zur *Methode* der Vernunftkritik nicht nur nicht eröffnet, sondern nachgerade verstellt. Die Methode der *Prolegomena* ist *analytisch*, insofern sie von diesem Faktum ausgeht (vgl. IV 263, 274). Die Methode der *Kritik der reinen Vernunft* ist jedoch *synthetisch* und muß dies auch sein, insofern sie „noch nichts als gegeben zum Grunde legt außer die Vernunft selbst und also, ohne sich auf irgend ein Factum zu stützen, die Erkenntniß aus ihren ursprünglichen Keimen zu entwickeln sucht" (IV 274). (Siehe hierzu insb. Ebbinghaus 1924 gegen Kroner 1921–1924.)

Nachtrag zur 2. Auflage: Zu Kants Unterscheidung zwischen analytischen und synthetischen Urteilen, siehe Anderson 2015; zum Verhältnis zwischen der Einleitung und den Prolegomena (insbesondere der dort entwickelten Urteilstheorie), siehe Mohr 2012. Zur Einleitung insgesamt, siehe auch Anderson 2010.

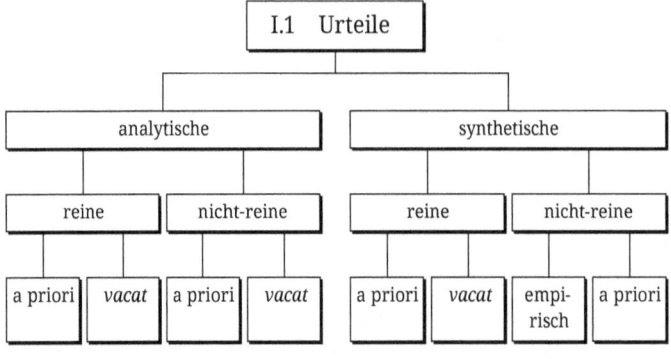

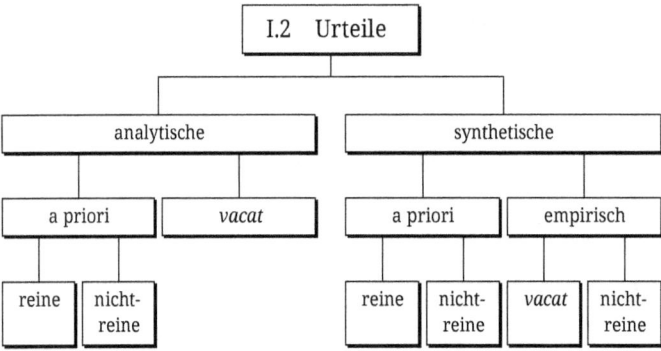

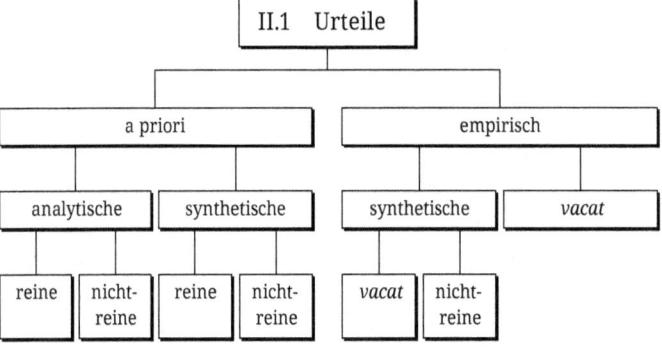

3 Die Einleitung — 61

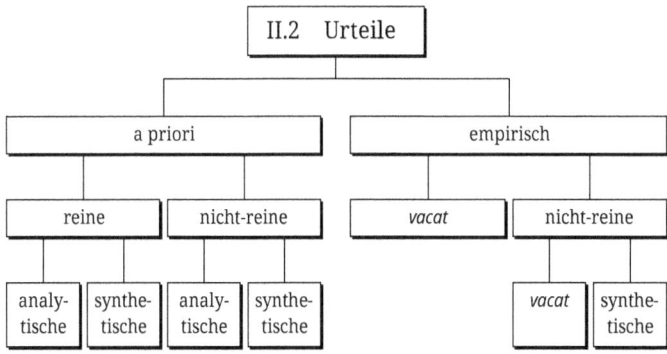

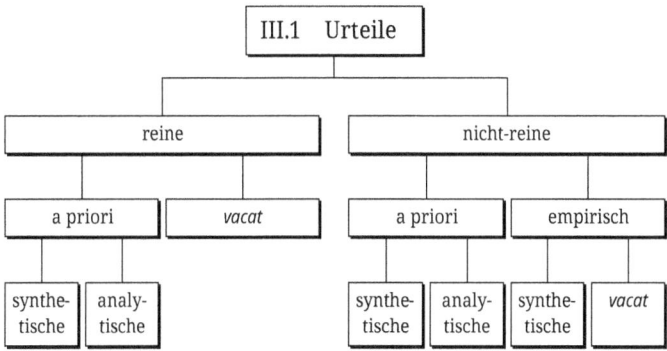

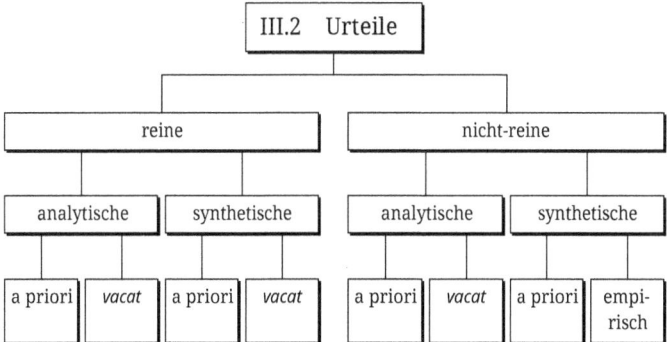

Literatur

Adickes, Erich 1889: Kants Kritik der reinen Vernunft, Berlin.
Adickes, Erich 1897: „Die bewegenden Kräfte in Kants philosophischer Entwicklung und die beiden Pole seines Systems", in: Kant-Studien 1, 9–59, 161–196, 352–415.
Anderson, R. Lanier 2010: „Framing the Question", in: P. Guyer (Hg.), The Cambridge Companion to the Critique of Pure Reason, Cambridge, 75–92.
Anderson, R. Lanier 2015: The Poverty of Conceptual Truth. Kant's Analytic/Synthetic Distinction and the Limits of Metaphysics, Oxford.
Beck, Lewis W. 1955/56: „Can Kant's Synthetic Judgments be Made Analytic?", in: Kant-Studien 47, 168–181.
Bennett, Jonathan 1966: Kant's Analytic, Cambridge.
Carl, Wolfgang 1989: Der schweigende Kant. Die Entwürfe zu einer Deduktion der Kategorien vor 1781, Göttingen.
Cohen, Hermann 1871: Kants Theorie der Erfahrung, Berlin; ^{2}1885, ^{3}1918 (= Werke. Bd. 1.1., Hildesheim/Zürich/New York 1987).
Couturat, Louis 1908: Die philosophischen Prinzipien der Mathematik, Leipzig.
Cramer, Konrad 1976: „Kant's Definition of the Concept of Change and the First Analogy of Experience", in: P. Laberge/F. Duchesneau/B. E. Morrisey (Hgg.), Proceedings of the Ottawa Congress on Kant in the Anglo-American and Continental Traditions, Ottawa, 364–381.
Cramer, Konrad 1985: Nicht-reine synthetische Urteile a priori. Ein Problem der Transzendentalphilosophie Immanuel Kants, Heidelberg.
Cramer, Konrad 1991: „Metaphysik und Erfahrung in Kants Grundlegung der Ethik", in: Neue Hefte für Philosophie 30/31, 15–68.
Ebbinghaus, Julius 1924: „Kantinterpretation und Kantkritik", in: Deutsche Vierteljahrsschrift für Literaturwissenschaft und Geistesgeschichte 2, 80–115 (wieder in: ders, Gesammelte Aufsätze, Vorträge und Reden, Darmstadt 1968, 1–24).
Friedman, Michael 1992: Kant and the Exact Sciences, Cambridge/Mass.
Henrich, Dieter 1955: „Über die Einheit der Subjektivität", in: Philosophische Rundschau 3, 28–69.
Hintikka, Jaakko 1969: „Kant on the Mathematical Method", in: L. W. Beck (Hg.), Kant Studies Today, La Salle, 117–140.
Kroner, Richard 1921–1924: Von Kant bis Hegel, 2 Bde., Tübingen.
Lewis, C. I. 1946: An Analysis of Knowledge and Valuation, La Salle (^{2}1971).
Mohr, Georg 2012: „§§ 1–3. Urteilstheoretische Vorklärungen zum Metaphysikbegriff", in: H. Lyre/O. Schliemann (Hgg.), Kants Prolegomena, Frankfurt am Main, 31–60.
Parsons, Charles 1969: „Kant's Philosophy of Arithmetic", in S. Morgenbesser/P. Suppes/M. White (Hgg.), Philosophy, Science and Method. Essays in Honor of Ernest Nagel, New York, 568–594.
Quine, W. V. O. 1953: „Two Dogmas of Empiricism", in: ders., From a Logical Point of View, Cambridge/Mass, 20–46.
Russell, Bertrand 1903: The Principles of Mathematics, Vol. I, Cambridge.
Strawson, Peter 1966: The Bounds of Sense. An Essay on Kant's Critique of Pure Reason, London.
Vaihinger, Hans, 1881/1892: Commentar zu Kants Kritik der reinen Vernunft, 2 Bände, Bd. 1 Stuttgart 1881, Bd. 2 Stuttgart/Berlin/Leipzig 1892; Neuaufl. hg. v. Raymund Schmidt 1922, Nachdruck Aalen 1970.
White, Morton G. 1949: „The Analytic and the Synthetic: an untenable Dualism", in: S. Hook (Hg.), John Dewey: Philosopher of Science and Freedom, New York, (wieder abgedruckt in: L. Linsky (Hg.), Semantics and the Philosophy of Language. A Collection of Readings. Urbana 1952, 272–286).

Reinhard Brandt

4 Transzendentale Ästhetik, §§ 1–3

(A19/B33–A30/B45)

4.1 Stellung und Funktion des Textabschnitts in der *Kritik*

Der § 1 (gemäß der in der 2. Auflage bis B169 geführten Paragrapheneinteilung) stellt die Grundbegriffe der dualen, auf zwei Stämmen, Anschauung und Begriff bzw. Sinnlichkeit und Verstand, beruhenden Wirklichkeitserkenntnis vor, die das Thema des Werks im ganzen ist. Wenn diese Erkenntnis mit den Merkmalen der Allgemeinheit und Notwendigkeit möglich sein soll, dann wird dazu nicht nur ein System reiner Begriffe gefordert, wie die rationalistische Tradition irrtümlich annahm, sondern parallel dazu eine Anschauung, die nicht von den empirischen Zufälligkeiten unserer Sinnlichkeit tangiert ist. Die *Transzendentale Ästhetik* handelt von den reinen Anschauungen bzw. den reinen Formen jeder empirisch-passiven Anschauung. Sie werden im § 1 in allgemeiner Weise vorgestellt, während die §§ 2–5 Raum und Zeit untersuchen und zu dem Ergebnis gelangen, daß sie die Kriterien, reine Anschauungen bzw. Formen der Anschauung zu sein, erfüllen. Damit steht die *Transzendentale Ästhetik* zunächst systematisch *neben* der auf die „Ästhetik" folgenden „Logik"; das dort vorgestellte Pendant ist ein System reiner Verstandesfunktionen in der Urteilstafel, aus der die Kategorientafel ableitbar ist. Das Verhältnis des bloßen Nebeneinander der Grundformen von Anschauen und Denken wird jedoch näher bestimmt: Die Lehre von Raum und Zeit ist, wie es am Ende der *Transzendentalen Ästhetik* heißt, eine Theorie, „die zum Organon dienen soll" (A46/B63), d.h. der Ausweis von Raum und Zeit als unserer reinen, nur subjektiven Formen der Anschauung dient in der *Transzendentalen Logik* als Instrument der Erkenntnis, und zwar in der Weise, daß in der *Transzendentalen Analytik* gezeigt wird, daß die reinen Verstandesbegriffe ihre objektive Realität oder Gültigkeit durch die Beziehung auf die reinen Formen der Anschauung gewinnen und dadurch auf das in Raum und Zeit Erscheinende anwendbar sind (konkretisiert mittels des Schematismus im *System aller Grundsätze*). Fehlt dem Denken dagegen dieses Organon der reinen Raum-Zeit-Anschauung, so kann es nicht zur Erkenntnis der, wiewohl notwendig, gedachten Begriffe (Ich, Welt, Gott) werden; eben dies ist Thema der *Transzendentalen Dialektik*. Der Begriff des Organons ist mit Emphase gewählt: Nicht die

Logik ist das eigentliche Organon der Erkenntnis, wie das Corpus Aristotelicum vorgibt, sondern die Anschauung.

4.2 Inhalt und Aufbau des Abschnitts im Überblick

Der § 1 führt als problemlos evident die Dichotomie von Anschauung und Denken ein und stellt sodann ohne nähere Begründung dar, daß die in der Anschauung aufgrund von Empfindungen gegebene „Erscheinung" (im Kantischen, erst zu entwickelnden Sinn?) aus Materie und Form besteht, daß die letztere das Gemüt nicht affizieren kann und folglich a priori im Gemüt liegen muß (und ergo subjektiv ist?). Damit ist für die *Transzendentale Ästhetik* eine Aufgabe formuliert: Zu untersuchen, welches die spezifisch menschlichen (als Anschauungen gegebenen) Anschauungsformen sind, die a priori im Gemüt liegen. Die §§ 2 und 3 weisen dies für den Raum, §§ 4–7 für die Zeit nach.

Die Untersuchung „Von dem Raume" (A22/B37) zerfällt in vier Abschnitte. Der erste (A22f./B37f.) bringt eine allgemeine Aufgabenstellung, die noch von unserem äußeren *und* inneren Sinn handelt und als Vorspann der Raum- *und* Zeiterörterung konzipiert ist. In der B-Auflage hat dieses Stück inklusive § 2 den Titel einer „Metaphysischen Erörterung" des Raumbegriffs, und in einem in der B-Auflage zugefügten Text (B38) wird erläutert, was unter diesem, der A-Auflage unbekannten Begriff zu verstehen ist.

Die Argumentation, die den gesuchten Schluß erlaubt, daß der Raum eine im menschlichen Gemüt liegende (also) subjektive Form der Sinnlichkeit ist (A26/B42), zerfällt in der A-Auflage in fünf Ziffern, in der B-Auflage in vier, wobei das jetzt fehlende Argument der Ziffer 3 unter dem Titel der „Transzendentalen Erörterung des Begriffs vom Raume" leicht modifiziert erscheint. In den „Schlüssen aus obigen Begriffen" (ebd.) wird zuerst (a) das Ergebnis vorgestellt, daß wir nunmehr zwischen Ding an sich (als dem uns mit einem materialen Etwas Affizierenden) und Erscheinungen (als der *form*bestimmten Affektion) zu unterscheiden haben, sodann (b) die schon erwähnte Bestimmung des Raumes als einer subjektiven Form der äußeren Anschauung gefolgert; danach folgen Erläuterungen des somit festgestellten epistemischen und ontologischen Status des Raumes.

4.3 Textkommentar und Interpretationsfragen

4.3.1 Der § 1 selbst ist nicht einfach zu dechiffrieren. Einmal ist der gedankliche Ablauf schwer zu durchschauen, zum anderen ist unklar, welchen epistemischen Status die hier im staccato vollzogenen Bestimmungen und Benennungen haben sollen und haben können. Der gedankliche Ablauf scheint folgender zu sein: Im ersten Absatz wird die Korrelation von Anschauung und Denken vorgestellt; die Anschauung gibt uns sogenannte Gegenstände, und auf sie zielt das Denken in der Erkenntnis. Sodann wird diese Vorgabe im Hinblick auf die Sinnlichkeit in den Absätzen 2 bis 4 begrifflich näher spezifiziert, während die beiden letzten Absätze Folgerungen für die nun erwachsende Aufgabe einer transzendentalen Ästhetik ziehen. Die Spezifikationen der Absätze 2 bis 4 greifen das Stichwort der Wirkung von Gegenständen auf die Vorstellungsfähigkeit auf und fixieren diese Wirkung als Empfindung. Der noch unbestimmte Gegenstand einer durch Empfindung bewirkten sinnlichen Anschauung soll „Erscheinung" heißen bzw. sein. Die nächste Spezifikation geschieht in der Form einer neuen Diremtion, wieder ohne begriffliche Vorbereitung. In der Erscheinung wird die Materie der Empfindung von der Form, in der sie geordnet ist, unterschieden. Und dann die allentscheidende Feststellung, daß nur die Materie, nicht aber die Form ein Subjekt affizieren kann, diese also schon im Gemüt a priori bereit liegen muß. Aus der Unterscheidung von Form und Materie in der Erscheinung wird somit gefolgert, daß das Formelement auf der Seite des Gemüts liegt, während die Materie-Komponente die Affektion von außen bildet. Die Form nun könne, so heißt es, „abgesondert von aller Empfindung [...] betrachtet werden" (A20/B34). Hier ist offen, ob mit der Betrachtung die philosophische oder die mathematische Thematisierung gemeint ist; die erstere vollzieht sich in den Folgeparagraphen der *Transzendentalen Ästhetik*, die zweite wäre a) die Geometrie im Fall des Raumes und b) die Erkenntnis apodiktischer Grundsätze bei der Zeit. Es ist jedoch für das Verständnis des Textes nicht relevant, wie man sich in dieser Alternative entscheidet; Kant meint zweifellos, beides sei möglich. Der 4. Absatz erläutert und bestimmt die Dichotomie Materie und Form des näheren so, daß die letztere als reine Form der Sinnlichkeit vorgestellt wird, die selbst eine reine Anschauung ist (und als solche, so ergänzen wir, jedenfalls in der Geometrie und einer Zeitwissenschaft als formale Anschauung thematisiert werden kann).

Stehen diese Bestimmungen und Benennungen noch zur Disposition und könnten sie somit im folgenden aufgehoben werden, oder sind sie die nicht mehr in Frage zu stellende, quasi axiomatische Grundlage der gesamten *Kritik der reinen Vernunft?* Unabhängig von dieser Frage läßt sich festhalten, daß Kant hier wie auch häufig sonst (z. B. bei der Raumerörterung) von einer Überzeugung des common sense ausgeht und an dieser Meinung festhält, indem er sie einer näheren begrifflichen

Analyse im Hinblick auf ihre Voraussetzungen unterwirft. Sie bleibt auch dann die Grundlage, wenn sie zu paradoxen, also dem common sense zuwiderlaufenden Folgerungen führt, wie dies beim Raum und bei der Zeit der Fall ist. Eine Auseinandersetzung mit einer Position, die keineswegs alle Erkenntnis auf Sinnlichkeit abstellt, findet hier nicht statt; sie wird in der *Transzendentalen Dialektik* als nicht möglich erwiesen, wobei es ein Interpretationsproblem darstellt, ob Kant in der *Transzendentalen Dialektik* einen unerlaubten (weil in einen Beweiszirkel führenden) Gebrauch von Ergebnissen der *Transzendentalen Ästhetik* (und der *Transzendentalen Analytik*) macht. Die weiteren Distinktionen wie die von Materie und Form, die die Alltagsüberzeugung nicht mehr vornimmt, werden als elementar-philosophisch vollzogen; sie sollen evident sein und werden sich, so die Intention, durch den Nachweis bewähren, daß Raum und Zeit sich tatsächlich als subjektive Formen der Sinnlichkeit erweisen lassen.

Für das inhaltliche Verständnis dieser Begriffsfixierungen und die dann folgende Aufgabenstellung einer *Transzendentalen Ästhetik* ist es wichtig zu sehen, daß Kant auf der einen Seite bei den Gegenständen und der Affektion durch sie an Dinge im Raum und in der Zeit denkt, die wir unmittelbar wahrzunehmen glauben und die uns auf eine physikalisch kontrollierbare Weise affizieren. Das heißt, das Affektionsgeschehen ist selbst ein empirischer, raum-zeitlicher Vorgang. Auf der anderen Seite soll die Erscheinung, zu der die empirische Affektion führt, ihrerseits in Materie (von außen kommend) und Form (im Gemüt, nur subjektiv) zerlegbar sein, wobei die Form, wie wir wissen, als Raum und Zeit bestimmt wird. Man wird also ein Augenmerk auf die Frage richten, wie Kant das Problem der Affektion löst, die von Gegenständen im Raum und in der Zeit ausgelöst wird; Raum und Zeit jedoch werden ihrerseits erst durch das Gemüt als Formen bereitgestellt. Die uns affizierenden Gegenstände in Raum und Zeit müssen also zugleich „an sich" als raum-zeitfreie Affektionsquellen gedacht werden, die ihre jeweilige Form und konkrete Gestalt erst durch uns erhalten. Kant operiert hiermit schon auf dem Boden der Differenz von empirischem Realismus (der wahrnehmbaren, uns physikalisch kontrollierbar affizierenden Gegenstände) und transzendentalem Idealismus (der Affektion, die den Stoff für die Verräumlichung und Verzeitlichung durch das Gemüt liefern muß).

Das im letzten Absatz des § 1 angekündigte Isolationsverfahren geht in der Durchführung so vor, daß zuerst die Vorstellung von Raum und Zeit jeweils als nicht-empirisch aufgewiesen wird, sodann wird die hierdurch gewonnene subjektive notwendige Vorstellung als nicht-begrifflich, sondern als (reine) Anschauung bestimmt. – In der nachfolgenden Untersuchung werde „sich finden" (B36), daß Raum und Zeit die gesuchten Kandidaten sind – Kant hat kein Prinzip der Ableitung gerade dieser beiden Formen menschlicher Sinnlichkeit und kann nicht a priori beweisen, daß es keine weiteren gibt; diese Möglichkeit erwartet man, wenn in der B-Auflage vom *Begriff* des Raumes und der Zeit gesprochen wird. Er kann jedoch problemlos Farben (als Qualitäten nur eines bestimmten Sinnes) und Bewegung oder Veränderung (A41/B58) ausschließen. – In der Anmerkung wird begründet, warum der Name der „Ästhetik" von der Baumgartenschen Lehre der Beurteilung des Schönen für die Raum-Zeit-Lehre übernommen werden konnte: Eine philosophische Disziplin läßt sich aus der Lehre vom Schönen nicht machen, weil sie keine apriorischen Prinzipien hat. Dies widerspricht natürlich Kants Meinung, sobald er die Idee der „Kritik der ästhetischen Urteilskraft" (1. Teil der *KU* von 1790) gefaßt hat, und in der Auflage von 1787 scheint er mit kleinen Textretuschen schon ein wenig von seinem Urteil abrücken zu wollen, wobei jedoch nur eine (Baumgartensche) Ästhetik auf psychologischer (und somit 1790 abgelehnter) Grundlage eingeräumt wird.

4.3.2 Der § 2 bezeichnet sich in der B-Auflage selbst als eine „Metaphysische Erörterung", die das Gegenstück zur „Transzendentalen Erörterung des Begriffs vom Raume" (§ 3) bildet. Hier soll gezeigt werden, daß der Begriff des Raumes wirklich a priori gegeben ist; die „transzendentale Erörterung" will dagegen zeigen, daß der Begriff des Raumes die einzig mögliche und tatsächliche Quelle einer bestimmten reinen synthetischen Erkenntnis (der Geometrie) ist. Der Absatz, der den Raumziffern vorangestellt ist und der entgegen der Überschrift als Einführung in die Raum- *und* Zeitproblematik konzipiert ist, zerfällt in zwei Teile. Zuerst wird die Dualität von innerem und äußerem Sinn vorgestellt, sodann werden drei Möglichkeiten im Hinblick auf die Wesensfrage („Was sind nun Raum und Zeit?") genannt. Raum und Zeit sind entweder „wirkliche Wesen", oder sie sind die Relationen wirklicher Wesen oder subjektive Beschaffenheiten unseres Gemüts. Es wird sich die Richtigkeit der letzteren Alternative erweisen und damit die Möglichkeit der Bestimmung von Raum und Zeit als subjektiver Formen unserer Sinnlichkeit. Insgesamt ist hier daran zu erinnern: Die Kantische Raumtheorie orientiert sich an den beiden erstgenannten Konzepten, die alle Möglichkeiten zu erschöpfen scheinen und doch unhaltbar sind – auf der einen Seite der Newtonische Realraum, der existent sein soll, auch wenn es nichts in ihm gibt; auf der anderen Seite der Leibniz-Wolffsche Relationen-Raum, der nur die Form der Verknüpfung von unterschiedenen Substanzen sein soll. In der Ziffer 1 wird von den Vorstellungen von Raumrelationen gehandelt – sie setzen die Vorstellung des Raumes voraus; deren nähere Bestimmung wiederum führt dazu, daß sich der Newtonische Raum in der Ziffer 4 (bzw. in B: Ziffer 3) als reine Anschauung erweist.

In der Anfangspassage des § 2 begegnet der wiederum nicht analysierte, von Kant erstmals kreierte Begriff des äußeren Sinnes. Er ist weder ein bestimmter äußerer Sinn neben den bekannten fünf Organsinnen noch der Sammelbegriff dieser äußeren Sinne, sondern eine bis 1770 (vgl. *De mundi*, z. B. II 403) dem Menschengeschlecht unbekannte Gemütsanlage sui generis, die allererst die Beziehung auf etwas außer uns („praeter nos") durch bestimmte Körperorgane und damit „extra nos" ermöglicht. Das Gemüt als Träger des inneren und äußeren Sinnes ist selbstredend nicht im Raum und in der Zeit lokalisiert zu denken, da es durch seine Formen ja allererst derartige Lokalisierungen ermöglicht.

4.3.3 Wir gehen hiermit zum Hauptteil, den Ziffern 1 bis 5 bzw. 1 bis 4 und der neuen „Transzendentalen Erörterung des Begriffs vom Raume" (B40) über. Zunächst eine allgemeine Vorbemerkung. Die Kantische Raum-Zeit-Auffassung ist, wie ihr Autor selbst betont, höchst paradox, weil sie unserer üblichen, auch von der bisherigen Philosophie vertretenen Auffassung widerspricht und sie doch zugleich bestätigt: Raum und Zeit sind nicht, wie man meint, objektive Gegebenheiten sei es für sich, sei es in Abhängigkeit von materiellen Substanzen als deren Eigenschaft oder Relation. Sie sind folglich nicht (so ergänzen wir) Gegenstand einer (rationalen) Kosmologie, sondern, so lautet die Alternative im Rahmen der traditionellen Metaphysik, Gegenstand der rationalen Psychologie. Wir entdecken sie in philosophischer Reflexion als Anschauungsformen unseres Gemüts: Der Raum ist *nichts anderes* als *unsere* Anschauungsform, desgleichen die Zeit. Nicht wir sind im Weltraum, sondern, so die paradoxe Entdeckung, der Raum ist „in" uns, in unserer Seele oder unserem Gemüt (natürlich in einem nichträumlichen Sinn). Durch diese Situierung, die das Etikett der transzendentalen Idealität von Raum und Zeit erhält, wird zugleich die Grundlage unserer Erfahrungswelt gestiftet, die dadurch von empirischer Realität sein kann (A28) – unsere Lebensüberzeugung, in einem realen Raum zu existieren, steht nicht zur Diskussion. Es gibt allerdings den epistemischen Primat der subjektiven Form der Anschauung vor den empirisch gegebenen Inhalten. Da uns diese Anschauungsformen als solche schon zum Gegenstand der Erkenntnis werden können (beim Raum in Form der Euklidischen Geometrie in Kantischer Fassung), wissen wir folglich durch diese Erkenntnis a priori, wie der empirische Weltraum und die Weltzeit beschaffen sind – eine sich eigenständig dünkende Physik oder Kosmologie, die Aussagen macht über den Weltraum (als abhängig von der Materie) oder über die Weltzeit (in der Kosmogonie) widerspricht den transzendentalen Prinzipien einer möglichen Naturwissenschaft. Das Stichwort „rationale Psychologie" gibt uns zugleich den Status der Lehre zu erkennen. Wenn im zitierten Text von „uns" gesprochen wird und wenn gesagt wird: „Wir können demnach nur aus dem Standpunkte eines Menschen vom Raum, von ausgedehnten Wesen usw. reden" (B42), dann nicht in empirisch-anthropologischer Absicht. Die Anthropologie thematisiert wie die empirische Psychologie die besondere psycho-physische Sinnenausstattung der Menschen, die rationale Psychologie dagegen spricht von der Seele oder, wie hier bei Kant, von dem Gemüt überhaupt vor aller Individuation und ohne Rücksicht auf die spezielle Natur unserer Sinne. Der Mensch instanziiert nur innere und äußere Anschauung, aber auch geometrietreibende Fledermäuse wären gute Kandidaten und Leser der *Kritik der reinen Vernunft*. – Wir skizzieren im folgenden

den Beweisgang im großen und wenden uns dann einzelnen schwierigen Textstellen zu. Am Schluß folgt dann die recht einfache Auflösung der seltsamen Verhexung, die seit ihrer ersten Publikation von der Kantischen Raumtheorie ausgeht.

Die zweite Schlußfolgerung aus der Erörterung des Raumes in der *Transzendentalen Ästhetik* lautet: „Der Raum ist nichts anderes, als nur die Form aller Erscheinungen äußerer Sinne, d. i. die subjektive Bedingung der Sinnlichkeit, unter der allein uns äußere Anschauung möglich ist" (A26/B42). Es fällt auf, daß die Begriffe „Form" und „subjektiv" innerhalb der fünf Raumargumente besonders der A-Auflage gemieden werden. Man wird also (mit Koriako 1997) vermuten, daß nach dem (wenigstens ungefähren) Beweisplan die Maior des Beweises diesem Textteil zuvor liegt, daß dann für den Raum (und die Zeit) bestimmte Merkmale aufgewiesen werden, aufgrund deren in der Konklusion gesagt werden kann, daß Raum und Zeit nichts anderes als subjektive Formen der Anschauung sind. Als Maior des Schlusses kann folgender Satz aus § 1 dienen: „Da das, worin sich die Empfindungen allein ordnen, und in gewisse Form gestellet werden können, nicht selbst wiederum Empfindung sein kann, so ist uns zwar die Materie aller Erscheinung nur a posteriori gegeben, die Form derselben aber muß zu ihnen insgesamt im Gemüte a priori bereit liegen, und daher abgesondert von aller Empfindung können betrachtet werden" (A20/B34). Die Erörterung von Raum und Zeit erweist, daß auf sie die Merkmale zutreffen, die sie zu subjektiven Formen a priori der Sinnlichkeit machen. Der Interpret hat die Aufgabe zu verorten, wo die Subjektivität, Apriorizität (und Notwendigkeit) und der Formcharakter nachgewiesen werden. Diese, im ungefähren Beweisplan als Minor fungierende Darstellung spezifiziert also die Maior in der Weise, daß das allgemeine Form-Materie-Prinzip auf den Menschen und seine besondere Art der Sinnlichkeit angewendet wird und daß für Raum und Zeit die Merkmale eruiert werden, die sie zu subjektiven Formen der Sinnlichkeit qualifizieren. Dieselbe Abfolge von allgemeiner Form-Materie-Dichotomie und ihrer näheren Bestimmung als Raum und Zeit findet sich in § 9 und § 10 der *Prolegomena*; sie bestimmt auch den Aufbau der *Transzendentalen Deduktion* der 2. Auflage der *Kritik*. Zum Formbegriff bei Kant ist generell zu sagen, daß er ein Derivat des eidos-Begriffes bei Platon und Aristoteles ist; das eidos oder begriffliche Wesen einer Sache kann uns tatsächlich nicht affizieren; warum jedoch z. B. unterschiedliche, sich begrenzende Farbfelder und ertastete Gestalten (gemäß *Anthropologie* § 17, VII 154 ff.) uns nicht im Kantischen Sinn affizieren und somit ihre Form liefern sollen, ist schwer einzusehen. Kant vertritt zudem die Undulationstheorie in der Optik und Akustik; die Farb- und Tondifferenzen werden demnach durch die Form der Äther- und Luftschwingungen erzeugt; also muß uns diese Form affizieren. Schon aus diesem Grund läßt sich die erste Prämisse der *Transzendentalen Ästhetik* kaum aufrechterhalten.

Die fünf Ziffern der A-Auflage sind so angelegt, daß zuerst (1) gezeigt wird, daß der Raum kein *empirischer* Begriff ist, sondern die Vorstellung des Raumes allen

Verortungen von (uns affizierenden) Gegenständen notwendig zugrunde liegt; die Vorstellung des Raumes – und damit der Raum selbst – ist (2) a priori und notwendig (unabhängig von den in ihm vorgestellten Gegenständen), und diese Notwendigkeit ist (3) die Basis der apodiktischen Gewißheit geometrischer Grundsätze. In den Ziffern 4 und 5 wird zweitens gezeigt, daß die Vorstellung des Raumes – und damit der Raum selbst – kein *Begriff*, sondern eine reine (weil a priori vor aller Affektion gegebene) Anschauung ist. In Ziffer 4 wird erneut auf die Geometrie verwiesen, jetzt jedoch nicht auf die *Notwendigkeit* ihrer Grundsätze, sondern auf die *Anschaulichkeit* als Basis der Ableitungen. In den Ziffern 1 und 2 wird die Bestimmung geliefert, die, so unser Interpretationsvorschlag, problemlos folgern läßt, daß der Raum eine subjektive Form a priori ist, und in den Ziffern 4 und 5 wird diese Form näher als Anschauung, folglich als subjektive Form *der Sinnlichkeit*, bestimmt. Gemäß der hier skizzierten Argumentation kann die Apriorizität und Notwendigkeit einerseits und die Anschaulichkeit andererseits nicht von dem Faktum der Geometrie abhängen, sie wird jedoch in den Ziffern 3 und 4 angeführt – welchem Ziel dient das zweimalige Anführen der Geometrie in der A-Auflage? Eine erste Vermutung führt zu folgender These: Die Absonderung des apriorischen und notwendigen und des reinen Anschauungscharakters der Raumvorstellung geschieht durch Denkakte der Vernunft. Durch „die Vernunft an sich selbst erwogen" (A28/B44), entpuppt sich der Raum als subjektive Form a priori der Sinnlichkeit. Läßt sich dieses so bestimmte Etwas auf seine eigene Wirklichkeit überprüfen? (Auch Descartes glaubte, über eine ausreichende Bestimmung Gottes zu verfügen, und Leibniz zeigte ihm, daß er zwar die Notwendigkeit der Gottesidee gezeigt habe – wir ergänzen: und die Attribute der Einheit und Allumfassendheit –, jedoch nicht, daß der so bestimmte Gott wirklich und nicht nur von der Vernunft ausgedacht ist.) Unsere These lautet: Die Geometrie ist in beiden Fällen, in denen sie in A genannt wird, das Faustpfand der Wirklichkeit dessen, was die Vernunft in ihrer Reflexion über die Voraussetzung unserer Verortungen im Raum gedacht (nicht erkannt, aber auch nicht nur ausgedacht) hat. Die Euklidische Geometrie (in Kantischer Interpretation) ist damit ein *unentbehrlicher* Garant der objektiven Realität von Raum und Zeit als bloß subjektiver Formen der Sinnlichkeit.

„*Der Raum ist kein empirischer Begriff [...]*" (A23/B38). Der Raum kann in der Kantischen Theorie (von 1781) weder ein empirischer noch ein nicht-empirischer *Begriff* sein, denn mit dem Wort „Raum" wird nichts bezeichnet, was als Begriff, nämlich Allgemeinbegriff, fungieren könnte. Begriffe sind in der Theorie der A-Auflage immer allgemein, befassen mehreres unter sich; „Raum" aber ist der *Name* (so Kant selbst A27/B43: „[...], welche den Namen Raum führet") eines singulären Dinges. Wir haben es mit dem einen Raum zu tun, der nicht begriffsfähig ist. Entsprechend dieser Auffassung meidet es die A-Auflage, in der *Transzendentalen Ästhetik* vom *Begriff* des Raumes und der Zeit zu sprechen. In der B-Auflage der *Kritik* stellen schon die Überschriften von § 2 und § 4 plakativ heraus, daß der Begriff des

Raumes und der Begriff der Zeit erörtert werden, und die erste Textmodifikation in B ersetzt die Formulierung „den Raum betrachten" (A23) durch „den Begriff des Raumes erörtern" (B38). Kant zieht hiermit die Konsequenz aus der neuen „Transzendentalen Erörterung des Begriffs vom Raume" und aus einer neuen Tendenz der *Transzendentalen Analytik*, die 1787 lehrt, daß der Begriff alle Einheit, auch die des Raumes und der Zeit, stiftet, die folglich in der 2. Auflage nur durch den Verstand geleistet wird.

„[...] *gewisse Empfindungen*" (B38). Diese gewissen Empfindungen enthalten ein schwerwiegendes Problem, denn die nähere Analyse legt es nahe, anzunehmen, daß sie nicht empfunden werden können, folglich auch keine Empfindungen sind. Zunächst: Warum „gewisse"? Es ist vermutlich daran gedacht, daß nur ein Teil der Empfindungen auf etwas außer uns bezogen wird und daß ein gewisser anderer Teil auf den inneren Sinn zu beziehen ist, so etwa die Empfindungen, die auf Grund und *nach* der Beziehungshandlung auf den inneren Sinn als angenehm oder unangenehm empfunden werden (– „nach" und „vor" in der fiktiven Zeit, die uns der Text anzunehmen aufzwingt). Die „gewisse[n] Empfindungen" nun sind *vor* ihrer Plazierung außer mir oder in mir keine bestimmten, weil ununterscheidbare Empfindungen. Erst wenn diese „gewisse[n] Empfindungen" auf etwas in mir oder außer mir, z. B. als rote Farbe dort, bezogen wurden, habe ich eine bestimmte, d. h. aber: überhaupt empfindbare, weil von anderen unterschiedene Empfindung. Die „gewisse[n] Empfindungen" sind also den bestimmten Empfindungen, die wir haben, vorgeordnet als deren noch nicht bestimmtes, jedoch wirklich gegebenes Material.

Bei der Bestimmung des vom Empfindenden Verschiedenen, ihn Affizierenden, gibt es eine Alternative, der wir schon früher begegneten: Das den Reiz Auslösende ist entweder ein Gegenstand „extra me" im Raum, oder es ist „praeter me" als notwendig von der Vernunft gedachtes von mir Verschiedenes, nicht aber (schon) räumlich Verschiedenes. Es ist also eine Entität entweder sinnlicher oder aber intelligibler, vielleicht nur gedachter Art. Im ersten Fall kann der Physiker oder Physiologe die Gesetze der im Raum übermittelten Affektion untersuchen; wir befinden uns in der empirischen Ebene, die gemeint ist, wenn der Empfindende an einem bestimmten Ort im Raum lokalisiert wird („d. i. auf etwas in einem anderen Orte des Raumes, als darin ich mich befinde", A23/B38). Im zweiten Fall wird das Gemüt von etwas von ihm Verschiedenem („praeter me") affiziert und nimmt selbst erst eine räumliche („extra me") und zeitliche Umsetzung vor, und zwar derart, daß es nicht möglich ist, von einem neurophysiologischen Ereignis in diesem Gehirn zu einer bestimmten Zeit zu sprechen – Raum und Zeit sind Vorstellungsformen des Gemüts, die die Verortung z. B. im Gehirn zu einer bestimmten Zeit ja allererst ermöglichen. Entsprechend läßt sich das Gemüt selbst nicht raumzeitlich verorten und individuieren. Kant hat (schon 1770) eine Lösung für das Problem der *Träume eines Geistersehers* (1766), wo denn der Geist im Raum sein soll (vgl. II 320 f.) – er ist nicht im Raum und in der Zeit, sondern Raum und Zeit sind seine Anschauungsformen. So auch die Äußerung zu Beginn der Raumerörterung: „Vermittelst des äußeren Sinnes (einer Eigenschaft unsres Gemüts) stellen wir uns Gegenstände als außer uns, und diese insgesamt im Raume vor" (A22/B37). Das mich Affizierende kann so wenig wie das Gemüt ein im Raum identifizierbares Etwas (übermittelt durch Licht- oder Schallwellen oder andere Träger) sein, sondern ist ein Ding, das wir nicht in Raum und Zeit wahrnehmen und dann auch *erkennen*, sondern das wir uns nur *denken* und in einer Vernunftüberlegung bestimmen können: Ein Ding an sich und keine Erscheinung.

Das „außer mir" wäre dann (anders als im Klammer-Satz der Ziffer 1) keine räumliche Beziehung, sondern bezeichnete eine bloße Verschiedenheit („praeter me"), die allererst vom Gemüt als räumliche interpretiert und vorgestellt wird. Von einem derartigen nicht-räumlichen „außer mir" wird z. B. in der B-Auflage im Paralogismuskapitel gesprochen: „Ich unterscheide meine eigene Existenz, als eines denkenden Wesens, von anderen Dingen außer mir (wozu auch mein Körper gehört) [...]" (B409). Hier wird das denkende (wir ergänzen: auch a priori mit „dem" äußeren Sinn anschauende) Wesen allem Räumlichen, auch dem eigenen Körper (und dem in ihm lokalisierten Gehirn) als ein Anderes entgegengestellt. Es kann also nicht selbst wiederum einen Ort einnehmen, sondern ermöglicht (als affiziertes, aber geometrietreibend auch davon unabhängiges Gemüt) allererst durch seine Raumanschauung die Wirklichkeit von Orten im Raum und von Affektionen, die bestimmte Gegenstände im Raum auf meine äußeren, selbst räumlich lokalisierten Sinne (hier der Plural!) ausüben. Daß Kant die Lehre einer Affektion des Gemüts durch etwas, was (noch) nicht Erscheinung ist, in der *Kritik* vertritt, läßt sich vielfach belegen, etwa A44/B61: „Dagegen enthält die Vorstellung eines *Körpers* in der Anschauung gar nichts, was einem Gegenstande an sich selbst zukommen könnte, sondern bloß die Erscheinung von etwas, und die Art, wie wir dadurch [sc. durch das "etwas"] affiziert werden, und diese Rezeptivität unserer Erkenntnisfähigkeit heißt Sinnlichkeit, und bleibt von der Erkenntnis des Gegenstandes an sich selbst, ob man jene (die Erscheinung) gleich bis auf den Grund durchschauen möchte, dennoch himmelweit unterschieden." – A143/B182: „Da die Zeit nur die Form der Anschauung, mithin der Gegenstände, als Erscheinungen, ist, so ist das, was an diesen der Empfindung entspricht, die transzendentale Materie aller Gegenstände, als Dinge an sich (die Sachheit, Realität)." Die philosophische Reflexion macht diese Unterscheidung zweier Empfindungsklassen oder zweier Aspekte der Empfindung nötig. Die (transzendentale) Eigenständigkeit des Gegenstandes oder Dinges an sich selbst darf nicht in einem (partiell sonst durchaus möglichen) Aspektdualismus aufgelöst werden, weil sie u. a. die Basis der selbständigen Freiheitsgesetzgebung sein soll.

Kant geht in Ziffer 1 von der ersten zur zweiten Variante, vom Körper-Ich mit einer phänomenalen Plazierung im Raum (und in der Zeit) zu einem Gemüt, das durch seine Raum und Zeitvorstellung die Verortung erst ermöglicht und ergo selbst als raum- und zeitlos gedacht werden muß. Dieses Gemüt wird zwar „transzendental" affiziert, es erhält jedoch nur „gewisse Empfindungen", die es dann selbst differenziert und verortet und in Gestalten kleidet, denn die Unterschiede der Empfindungen und deren Vorbedingung, Raum und Zeit, sind Stiftungen des Gemüts (der Gemütsmonade), man muß wohl hinzufügen: eines jeden Menschen. – Es bleibt zu fragen: Gehören zu dem „extra me" meine innerkörperlichen bestimmten Empfindungen? In der oben zitierten Schlußfolgerung hieß es: „Der Raum ist nichts anderes, als nur die Form aller Erscheinungen äußerer Sinne [...]" (A26/B42). Gehört zu den äußeren Sinnen auch der „Vitalsinn", der sich auf den eigenen Körper bezieht (vgl. VII 154)? Diese bestimmten Empfindungen werden anders als z. B. ein seelischer Schmerz auf etwas im Raum bezogen, aber der Ort ist nicht außer, sondern räumlich sicher „in mir". Es können also gewisse „Empfindungen" auf etwas Äußeres bezogen werden, was nicht „extra me" im räumlichen Sinn ist, sondern an demselben Ort, an dem ich bin.

Als Eigentümlichkeit der transzendentalphilosophischen Erörterung zeichnet sich ab, daß die Bedingungen der Möglichkeit bestimmter Phänomene nicht in einer entweder rein begrifflichen oder einer experimentell-empirischen Ebene lokalisiert sind, sondern in einer dritten, als transzendental zu bezeichnenden Variante. Rein begrifflich wäre z. B. eine Erörterung, die aus empirischen Gegebenheiten abstrakte Begriffe entwickelt und deren Logik untersucht; experimentell-empirisch wäre eine Erforschung der Zuordnung physiologischer und psychologischer Gegebenheiten. Die Vorstellung des Gemüts jedoch, das alle Plazierungen in Raum und Zeit durch die beiden ihm eigentümlichen Formen der Sinnlichkeit erst ermöglicht, ist weder die eines aus der Erfahrung abstrahierten Begriffs noch die einer empirisch kontrollierbaren Realität. Eine der Schwierigkeiten, den transzendentalphilosophischen Ansatz zu verstehen, liegt in der Vorstellung der idealen Entitäten, mit denen er operiert; hier also: Mit einem Gemüt, das es nicht „gibt", weil es alle Gegebenheiten erst ermöglicht, das jedoch auch – eben deswegen – kein bloßer (Allgemein-)Begriff ist.

Es ist zu beachten, daß Kant mit dem Verlassen der empirischen Ebene (eines Menschen, der sich an einem bestimmten Ort im Raum befindet) eine gewissermaßen ichlose Sphäre betritt; das jetzt noch vorstellende und anschauende Gemüt wird nicht als Ich gefaßt. Das Ich betritt die Bühne der *Kritik* erst an späterer Stelle innerhalb der *Analytik*, entscheidend: nach der Urteilstafel. Wir können somit die Aussagen nicht an den je eigenen Vorstellungen und Anschauungen kontrollieren – und müssen fragen, wie dann noch von Vorstellungen und besonders Anschauungen gesprochen werden kann. Die Subjektlosigkeit der „Transzendentalen Ästhetik" läßt sich historisch und systematisch erläutern. Historisch: Das Grundkonzept der Raum-Zeit-Theorie stammt aus dem Jahr 1770, als Kant noch über keine Ich-Theorie verfügte; sie ist erst eine Folge der Probleme, die aus der Kritik an *De mundi* resultierten. Systematisch: Die *Kritik* ist so aufgebaut, daß das Selbstbewußtsein und damit das Ich erst *nach* der Entfaltung der Ästhetik und der Logik (in der Urteilstafel) in der Beziehung von Begriffs- auf Anschauungsformen thematisiert wird. Wir befinden uns also noch im systematischen Vorraum des Ich, das das Zusammenspiel von Anschauung und Begriff stiften wird (und dies nur deswegen kann, weil die Einheit der Anschauung und die Einheit des Urteils und damit des Denkens immer schon Einheitsleistungen des Ich waren).

„*[...] bezogen werden*" (A23/B38). Die Vorstellungen können erst nach dieser Beziehungshandlung in ihrer Bestimmtheit, also überhaupt vorgestellt werden; was also sind diese unvorgestellten und unvorstellbaren Vorstellungen selber? Ist das bloße Mannigfaltige gänzlich indifferent gegenüber den Beziehungen, in die es vom Subjekt gebracht wird, oder ist es vorsortiert in der Welt, die es immer schon gibt? Die Handlung der Beziehung wird gemäß der *Tranzendentalen Analytik* vom Verstand gemäß den Kategorien und Grundsätzen vorgenommen; durch diese Verstandeshandlungen ist die eine gemeinsame Welt der Erfahrung möglich. Wie jedoch soll der Verstand mit Affektionen verfahren, die jeder Bestimmung im Hinblick auf die qualitative Unterschiedenheit der Empfindungen und ihre Raum-Zeit-Koordinaten entbehren? Der Verstand muß, nicht empirisch, aber transzendental, die gemeinsame Welt zusammen mit den Formen der Anschauung ordnen und somit aus dem Chaos erschaffen. Und wie verfährt er, wenn er die Affektion nicht auf Gegenstände „extra me" bezieht, sondern auf meinen eigenen Körper? Die Phänomene des Vitalsinns sind kein Gegenstand einer allbefassenden objektiven Erfahrung; das Gemüt kann sie jedoch auch nicht auf den inneren Sinn beziehen, sondern muß sich in ein Verhältnis zu diesem (warum nicht jenem?) Leib setzen, der sich, so der Ausgangspunkt, an einem bestimmten Ort im Raum befinden sollte.

„*[...] muß die Vorstellung des Raumes schon zum Grunde liegen*" (A23/B38). Kant will (gegen Leibniz und Wolff) zeigen, daß die empirische Vorstellung von Relationen nicht der Ausgangspunkt ist, von dem her sich der Raum zunehmend erkennen läßt, sondern daß umgekehrt den Relations*vorstellungen* schon die Raum*vorstellung* zugrunde liegt. Man wird jetzt fragen: Liegt der Grund der Notwendigkeit, daß den Relationsvorstellungen („in verschiedenen Orten vorstellen könne") immer schon die Vorstellung des ganzen (?) Raumes oder des Raumes überhaupt zugrunde liegt, in der Vorstellung oder liegt er im Vorgestellten (wie immer dessen ontologischer Status beschaffen ist)? Die Theorie behauptet die erste Variante; mit ihr soll gezeigt werden, daß es nicht möglich ist, mit der Erfahrung verschiedener Orte von Gegenständen zur Raumvorstellung vorzudringen, sondern daß umgekehrt bei jedem vorgestellten „extra me" und „extra se" *subjektiv* die Raumvorstellung als Bedingung der Möglichkeit schon vorangeht, diese also nicht ihrerseits empirisch sein kann. Nun scheint die Möglichkeit eines Raumes (und analog: der Zeit) als einer vorgestellten, mit der Vorstellung jedoch nicht identischen Entität noch problemlos gegeben; denn die Position, daß dem vorgestellten „extra me" und „extra se" „die Vorstellung des Raumes schon zum Grunde" liege, schließt nicht aus, daß es einen korrespondierenden objektiven Raum gibt, in dem die Relationen statthaben und dann post festum von mir vorgestellt werden. Für diesen vorgegebenen objektiven Raum würde gelten, daß in ihm *alle* Relationen des „extra se" (also inklusive jedes räumlichen „extra me") das Ganze voraussetzen; was aber für den Gegenstand gilt, gilt auch für die Vorstellung von ihm, so daß hier die Notwendigkeit, daß der Vorstellung des „extra se" und „extra me" die Vorstellung des Raumes schon zum Grunde liege, in dem Faktum begründet wäre, daß im Raum selbst den Relationen das Ganze zum Grunde liege. Die Kantische Position besagt dagegen, daß der in meiner Vorstellung a priori vor den Relationsvorstellungen gegebene Raum selbst kein Gegenstand einer Erkenntnis sein könnte. Also kann der den Relationsvorstellungen zugrunde liegende Raum *nur* vorgestellt und somit subjektiv sein. Damit ist zugleich gezeigt, daß die subjektive Vorstellungsnotwendigkeit nicht auch objektiv sein kann. Also ist in der Ziffer 1 schon erwiesen, daß der Raum nur subjektiv ist, und die Ziffer 2 kann getrost gleich zu Beginn behaupten: „Der Raum *ist* eine Vorstellung", aufgenommen in Ziffer 3 (in B; Ziffer 4 in A): „Der Raum *ist* reine Anschauung". Die Spezifizierung der Vorstellung als Anschauung in Ziffer 3 bzw. 4 wird also nur den Nachweis der Sinnlichkeit der Raumvorstellung anfügen, nicht aber den der Subjektivität. Würde in Ziffer 1 und 2 nach Kant die Möglichkeit verbleiben, daß es neben der Vorstellung des Raumes einen auch nicht vorgestellten Raum gäbe, dann könnte die Spezifizierung der Vorstellung als einer sinnlichen Anschauung hieran nichts mehr ändern – es bliebe auch in Ziffer 3 und 4 (in B; Ziffer 4 und 5 in A) die Möglichkeit eines objektiven, wiewohl von mir (vielleicht unter subjektiven Restriktionen) angeschauten Raumes notwendig offen. Diese letztere Überlegung, daß nach der Kantischen Argumentation die bloße Subjektivität schon in der Ziffer 1 gezeigt wird, wird von anderen Interpreten nicht geteilt (vgl. Baum 1996). Ein Konsens wird jedoch wenigstens in folgendem Punkt zu erzielen sein: Wenn in der Ziffer 3 (der A-Auflage) auf die in Ziffer 2 vorgetragene Notwendigkeit der Raumvorstellung derart zurückgegriffen wird, daß die Apodiktizität der Geometrie in ihr gründet, dann kann sich Kant hierfür nicht auf eine vielleicht noch offene Möglichkeit beziehen, daß die in Ziffer 1 und 2 erörterte Raumvorstellung entweder Begriff oder Anschauung ist und hier der Begriffsaspekt benutzt wird. Daß die Vorstellung des Raumes begrifflicher Natur ist, wird in Ziffer 4 (von A) explizit ausgeschlossen; also kann nicht zuvor vom Gegenteil Gebrauch gemacht werden. Dann wird man jedoch fordern, daß dasselbe auch für die Subjektivität gilt. Anders in der „Transzendentalen Erörterung des Begriffs vom Raume" (B40): Hier wird von vornherein auf begrifflicher Ebene argumentiert, und die von uns angesprochenen Probleme gibt es nicht in der Geometrie und ihren Beweisen.

„Der Raum ist eine notwendige Vorstellung a priori, die allen äußeren Anschauungen zum Grunde liegt" (A24/B38). Der Fortschritt gegenüber der Position der Ziffer 1 ist sicher einmal die Bezugnahme auf „alle" äußeren Anschauungen. Es ist gleichgültig, welcher äußere Sinn in welcher physiologischen Beschaffenheit genommen wird. Die Raumvorstellung stiftet die Möglichkeit des „Äußeren" und liegt daher allem räumlich Gegebenen voraus, auch der Äußerlichkeit der Sinnesausstattung. Da der Raum nicht objektiv-äußerlich sein kann, ist er notwendig subjektiv, wie in den „Schlüssen aus obigen Begriffen" ausgesprochen wird (A26/B42).

„Man kann sich niemals eine Vorstellung davon machen, daß kein Raum sei" (A24/B38). Dasselbe soll von der Zeit-Vorstellung gelten: Die Zeitvorstellung selbst „kann nicht aufgehoben werden" (A31/B46). Die Raum- und Zeitvorstellung ist hiermit nicht nur relativ-notwendig im Hinblick auf die Relationen im Raum und in der Zeit als das, was diesen gegebenen Relationen zugrunde liegt, sondern ist für sich notwendig. (Die Problematik dieser von Kant behaupteten Notwendigkeit der Raum- und Zeitvorstellungen als solcher ist ausführlich von Vaihinger 1881/1892, Bd. 2, erörtert worden; vgl. auch Brandt 1993. Wichtig ist die Verteidigung durch Horstmann 1997.)

„Auf diese Notwendigkeit a priori gründet sich die apodiktische Gewißheit aller geometrischen Grundsätze, und die Möglichkeit ihrer Konstruktionen a priori" (A24). Die B-Auflage streicht den mit diesem Satz beginnenden Text der Ziffer 3 und ersetzt ihn durch die „Transzendentale Erörterung des Begriffs vom Raume" (B40). In der Kritik von 1781 begründet Kant die Gewißheit und Notwendigkeit der geometrischen Grundsätze in ihrer Konstruierbarkeit in der zuvor gesondert aufgewiesenen Notwendigkeit und Apriorizität der Raumvorstellung. In der B-Auflage wird Kant umgekehrt verfahren und die Notwendigkeitsthese in der „Transzendentalen Erörterung" (B40) dadurch zu beweisen versuchen, daß sie als Voraussetzung der Geometrie – eines Faktums der Wissenschaft also – fungiert. Dies letztere Verfahren ist schon das der *Prolegomena* von 1783, die die Methode der ersten *Kritik* umdrehen und nicht synthetisch, sondern analytisch vorgehen. Die B-Auflage setzt als Faktum: „Geometrie ist eine Wissenschaft, welche die Eigenschaften des Raums synthetisch und doch a priori bestimmt" (B40). Der synthetische Charakter wird dadurch gewährleistet, daß der Raum Anschauung (und nicht Begriff) ist; das Apriori ergibt sich daraus, daß die Anschauung nicht empirisch ist (B40f.). Auf eine gesonderte Herausstellung der Notwendigkeit, wie sie in Ziffer 2 der A-Auflage thematisiert und für die Geometrie abgerufen wird, wird verzichtet.

Fungiert die notwendige Raumvorstellung in Ziffer 3 (A-Auflage) als Grund der Existenz bzw. Objektivität geometrischer Begriffe und der Wahrheit ihrer Sätze oder (nur) als Grund ihrer apodiktischen Gewißheit und Notwendigkeit? – Beweistechnisch hängt die Notwendigkeit und Apriorizität der Ziffer 2 sicher nicht von der Ziffer 3 (A-Auflage) ab; tatsächlich jedoch ist der Hinweis auf die Geometrie nur dann kein überflüssiger Zusatz, wenn sie eine Beweisfunktion hat. Wie ist dieses Dilemma aufzulösen? Die Antwort scheint, wie schon oben angedeutet, darin zu liegen, daß die Raumvorstellung sich in Ziffer 2 zwar als eine apriorische und notwendige erwiesen hat, aber sie könnte doch nur das Ergebnis einer Schlußfolgerung sein, ohne daß die Wirklichkeit dieser von der Vernunft erschlossenen Raumvorstellung erweislich wäre. Diese Wirklichkeit nun wird durch die Geometrie dokumentiert und bestimmt. Kant führt die apodiktische Gewißheit aller geometrischen Grundsätze zwar auf die Notwendigkeit der Ziffer 2 zurück, aber tut dies so, daß an dem Faktum dieser apodiktischen Gewißheit kein Zweifel möglich ist; sie steht offensichtlich fest und bedarf nur post festum einer Erklärung ihrer Möglichkeit. So kann die Geometrie als eine Wissenschaft, die die apriorische Raumvorstellung thematisiert (nicht nur voraussetzt), als Kronzeuge gegen denjenigen angeführt werden, der die Argumentation von Ziffer 1 und 2 zwar schlüssig findet, jedoch trotzdem der Meinung ist, daß sie in einem Phantomgebilde endet. Dasselbe gilt für die Anrufung der Geometrie in der Ziffer 4 (der A-Auflage, in B Ziffer 3): Dafür, daß die reine Anschauung keine bloße philosophische Idee ist, sondern eine bestimmte Realität hat, zeugt die Geometrie als verläßliche Wissenschaft, die die reine Anschauung nicht nur irgendwie voraussetzt, sondern in ihren synthetischen Sätzen unmittelbar behandelt.

Wenn die Annahme korrekt ist, daß die Vorstellung vom Raum gemäß Ziffer 1 und 2 nicht mit dem Raum *identisch* ist, sondern daß ihr noch eine gesonderte (wie immer zu bestimmende) Raum-Entität korrespondieren kann (wie die meisten Apologeten Kants annehmen, während wir diese Möglichkeit *gegen* Kant ins Spiel brachten), dann bleibt offen, ob dem Raum selbst notwendig durchgängig die Eigenschaften zukommen, die *wir* in unseren Anschauungen und Konstruktionshandlungen zu erkennen glauben. Die Frage der Beschaffenheit des Weltraumes wird dann nach dem Argumentationsstand von Ziffer 1 bis 3 noch ein möglicher Gegenstand physikalischer Forschung und nicht einer transzendentalphilosophischen Entscheidung, nach der die Euklidische Geometrie (in Kantischer Fassung) a priori über die Beschaffenheit des Weltraumes befindet. Es könnte dann durchaus sein, daß sich bei hinreichend großer Entfernung zweier Punkte erweist, daß ihre kürzeste Verbindung keine Gerade ist. – Man wird nun unterstellen dürfen, daß die Konstruktionshandlungen, die mit den „Konstruktionen a priori" gemeint sind, mit den Handlungen identisch sind, die Euklid in seinen „Elementen" zur *Instanziierung* (nicht zur Beweisführung! Also gerade nicht im Hinblick auf die Notwendigkeit mathematischer Sätze!) vorsieht. Nun gibt es in der Euklidischen Geometrie Objekte, die uns in unserer Raumanschauung nicht begegnen, z.B. den Kreis. Wir können im Raum und in unserer Vorstellung nur Kreise von bestimmter Größe konstruieren und vorstellen, der Kreis schlechthin, von dem die Geometrie handelt, kann jedoch weder konstruiert noch überhaupt in dem von Kant zugrunde gelegten Raum angetroffen werden. Folglich ist die Euklidische Geometrie nicht zuständig für die Rolle, die Kant ihr beimißt. Zwischen zwei Punkten gebe es nur eine gerade Linie

(A24); man wird einwenden, daß jeder Punkt, den wir uns vorstellen oder realisieren (auch als Grenze einer anschaulich gebbaren Linie), ins Unendliche teilbar ist, so daß es zwischen zwei Punkten unendlich viele gerade Linien gibt und gerade nicht nur eine.

„*Der Raum ist [...] eine reine Anschauung*" (A24f./B39). Es folgen aufeinander die These („Der Raum ist [...] eine reine Anschauung"), die Begründung in zwei Schritten („Denn *erstlich* [...]" und „Diese Teile können *auch* nicht [...]") und die Folgerung („Hieraus *folgt* [...]") mit einer Illustration bzw. einem weiteren Beweiselement („So werden auch [...]"). – Wir erfahren hier und im folgenden nähere Bestimmungen des Raumes als einer notwendigen Vorstellung a priori. Der Raum wird als *reine* Anschauung, als einig und allbefassend vorgestellt, nämlich derart, daß verschiedene Raumvorstellungen nur Teile des einen Raumes sind (A25/B39). Die hiermit aufgewiesene Struktur des In-Seins, nicht der Unterordnung, weist die subjektive und a priori notwendige Raum- und Zeitvorstellungen als reine Anschauungen aus; sie können nicht begrifflich-subordinierender Natur sein. Wurden unter der Ziffer 1 Raum*relationen* thematisiert, so sind es hier Raum*teile* oder -ausschnitte. Dort wurde noch von Vorstellungen gesprochen, hier wird präzisiert: Vorstellungen qua Anschauungen.

Es ist nun auffällig, daß Ziffer 3 (in B; Ziffer 4 in A) zwar am Anfang festhält, daß der Raum kein Begriff, sondern eine reine Anschauung sei, aber es wird im folgenden nur die eigentümliche Teil-Ganzes-Beziehung charakterisiert und nicht gezeigt, daß sie nicht begrifflicher Natur ist. Dies letztere dürfte, so läßt sich einwenden, auch schwerlich möglich sein, denn die Struktur, die in der Idee der „omnitudo realitatis" vorliegt (A571/B599–A583/B611; vgl. auch den Formbegriff in *De mundi* § 2II, II 390–391), ist identisch mit der hier gezeigten Raumstruktur, ist jedoch rein begrifflicher und nicht anschaulicher Art. Auf sie trifft zu, was B40 in der neu formulierten Ziffer 4 (in A: Ziffer 5) für die Anschauung reklamiert wird, daß der Raum eine unendliche Menge von begrifflichen Bestimmungen „*in sich*" enthält. Warum also soll die Struktur der Koordination aller Teile in einem einzigen allumfassenden Ganzen nicht begrifflicher Natur sein, wenn eben dies in einem späteren Stück der *Kritik* verlangt wird? – Die Bestimmung, daß der Raum kein Begriff, sondern eine reine Anschauung ist, läßt sich nicht so interpretieren, daß hiermit die Bedingung der Subjektivität des Raumes erfüllt sei. Während in *De mundi* die Intellektualbegriffe noch die Gewähr bei sich führen, die objektive Beschaffenheit der Dinge erkennen zu lassen (§ 4, II 392), sind die Begriffe 1781 grundsätzlich subjektiver Natur, bilden also in dieser Hinsicht keine Alternative zur – notwendig subjektiven – Anschauung.

„*So werden auch alle geometrischen Grundsätze [...] aus der Anschauung und zwar a priori mit apodiktischer Gewißheit abgeleitet*" (A25/B39). Die Annahme einer reinen Anschauung bedarf des Ausweises ihrer bestimmten Wirklichkeit; diese wird nach Kant durch das Faktum der Geometrie testiert. Kant zeigt allerdings nicht, welche kriterielle Funktion nun diese von keinem unserer Sinne und auch nicht durch die Imagination realisierbare reine Anschauung für geometrische Grundsätze (und Beweise) hat und haben kann. (In *De mundi* hatte es geheißen, die Demonstration geometrischer Sätze geschehe dadurch, daß man das Auszuweisende („illud") „den Augen unterbreite" („[...] illud oculis subiiciendo per intuitum singularem, [...]", II 403.) Auch die spätere Theorie kann nur zu einem geläuterten Empirismus gelangen.

„Der Raum wird als eine unendliche Größe gegeben vorgestellt" (A25). In B wird der Satz neu formuliert als „Der Raum wird als eine unendliche *gegebene* Größe vorgestellt" (B39). Das „gegeben" ist 1781 und 1787 so zu denken, daß „die Grenzenlosigkeit im Fortgange der Anschauung" (A25) gewährleistet ist, der grenzenlose Raum also einer progredierenden Anschauung gewissermaßen in potentia zur Verfügung steht. Die Modalität dieses Gegebenseins wird nicht erläutert – sie darf offenbar weder begrifflich noch kann sie anschaulich sein. Begrifflich nicht aus Gründen der Raumstruktur, anschaulich nicht aus Gründen der Grenzenlosigkeit des Fortgangs, der nicht identisch ist mit dem Gegebensein des Raums als einer unendlichen anschaubaren Größe.

Im neuen § 3 wird der Raum*begriff* in einer „transzendentalen Erörterung" als Prinzip vorgestellt, „woraus die Möglichkeit anderer synthetischer Erkenntnisse a priori eingesehen werden kann" (B40). Der Raum als subjektive Form der Anschauung und selbst reine Anschauung sei, so der Gedankengang, die einzig mögliche und tatsächliche Bedingung der Möglichkeit der Geometrie als einer Wissenschaft, die „die Eigenschaften des Raums synthetisch und doch a priori bestimmt" (B40), also den Raum selbst in seiner Modalität als reine Anschauung bestimmt. Der Wandel der B gegenüber der A-Auflage scheint folgender zu sein: Der Gesamtnachweis des Raumes als einer subjektiven Bedingung der Sinnlichkeit und damit Form aller Erscheinungen äußerer Sinne (B42) zerfällt 1787 in eine metaphysische und eine transzendentale Erörterung. Die erstere stellt den Begriff des Raumes „als *a priori gegeben*" (B38) dar, die zweite erweist ihn als transzendentales Erkenntnisprinzip. Die Ziffer 3 der A-Auflage entfällt, und in der (alten) Ziffer 5 wird der Satz: „Der Raum wird als eine unendliche Größe gegeben vorgestellt" in das grammatisch richtigere „[...] unendliche *gegebene* Größe vorgestellt" geändert, wobei die Kursivierung des Wortes „*gegebene*" wohl die entscheidende Pointe ist. In der Selbstinterpretation der 2. Auflage sind die Argumente der Ziffern 1 bis 4 (gemäß der B-Auflage) schon ausreichend, um das wirkliche Gegebensein des Raumes als einer notwendigen reinen Anschauung a priori zu erweisen. Dazu bedarf es nicht, wie die A-Auflage noch unterstellte, der Bezeugung durch die Geometrie. Diese kann jedoch eine neue Funktion übernehmen. Nachdem in der metaphysischen Erörterung in „synthetischer Lehrart" (dem Gesamtverfahren der *Kritik*; vgl. die Ausführungen im „Vorwort" der *Prolegomena*, IV 263) das wirkliche Gegebensein des Raumes als einer subjektiven reinen Form der Sinnlichkeit aufgewiesen wurde, kann jetzt umgekehrt in analytischer Methode eben diese reine Anschauung als Bedingung der Möglichkeit der Geometrie nachgewiesen werden. Die beiden Pole des Gesamtbeweises sind dadurch neu verteilt, bleiben aber als solche erhalten. Auf der einen Seite steht der Nachweis, daß der Raum eine subjektive a priori notwendige Vorstellung, des näheren: reine Anschauung ist, und auf der anderen Seite die flankierende Bestätigung der Euklidischen Geometrie (in Kantischer Interpretation) als einer Wissenschaft, die sich auf eine reine Anschauung „in uns" (B41) stützt und die zugleich die Eigenschaften „des Raums" (B40), also des Weltraums, a priori bestimmt. Wie auch immer das Verhältnis von Raumtheorie und Euklidischer Geometrie näher zu bestimmen ist, das eine ist nach Kant analytisch mit dem anderen verknüpft und wird nur beweistechnisch unterschiedlich entfaltet. Denn der Raum *ist* die rein subjektive Form der Anschauung; die Anschauungsgewißheit ist unmittelbarer Natur, in ihr gibt es kein Auseinander von objektiv und subjektiv, sie ist somit als solche notwendig wahr. Die Euklidische Geometrie hat diese unmittelbare Evidenz (bzw. umgekehrt: unsere unmittelbare Evidenz fiindet sich im Lehrbuch des Euklid); da nun kein weiterer Raum außer uns existiert, gilt die Euklidische Geometrie a priori notwendig vom Weltraum. Hierbei ist daran zu erinnern, daß Kant der Meinung ist, unsere alltäglichen Anschauungsevidenzen seien kongruent mit der von ihm konstruierten reinen Anschauung und sie bildeten die Grundlage der Euklidischen Expertengeometrie.

Damit, so lautet der erste der „Schlüsse aus obigen Begriffen" (A26/B42), ist erwiesen, daß der Raum weder eine Eigenschaft von Dingen an sich ist noch eine Relation zwischen ihnen, sondern, so die zweite Folgerung, die subjektive Form aller Erscheinungen äußerer Sinne. Die Differenz von Ding an sich und Erscheinung wird ermöglicht und erzwungen auf der Grundlage eines transzendentalphilosophischen (und nicht anthropologischen!) Begriffs von „subjektiven Bedingungen der Anschauung" (ebd.). Wenn die Form der Erscheinungen das Gemüt nicht affizieren kann, sondern a priori in ihm liegen muß, und wenn Raum und Zeit nichts anderes als die in uns liegenden Formen sind (mit denen wir aus den sinnlichen Affektionen – als der Materie – raum-zeitlich geordnete Erscheinungen machen), dann können Raum und Zeit selbst weder Dinge an sich selbst und „wirkliche Wesen" (A23/B37) noch Eigenschaften oder Relationen von Dingen an sich selbst sein. Die beiden „Schlüsse" werden zu Recht gezogen, und insofern kann der transzendentale Idealismus als bewiesen gelten; eine „Lücke", wie sie Trendelenburg zu finden glaubte (Kant habe nicht bewiesen, daß die Dinge an sich nicht auch raum-zeitlicher Natur seien), gibt es nicht. Es fragt sich nur, ob die Prämissen dieser Schlüsse stimmen.

4.4 Kritische Auseinandersetzung

Seit dem Erscheinen der Dissertation *De mundi* von 1770 währt die Auseinandersetzung um die Haltbarkeit der Raum- und Zeitlehre. Hierbei gibt es naturgemäß zwei Schwerpunkte. Einmal wird bestritten, daß der Raum nach dem Beweisgang eine reine Anschauung oder Form der Anschauung und nichts anderes sein muß, zum anderen, daß die Geometrie eine Instanz ist, die eine Beweisfunktion im Sinne Kants (der A- oder B-Auflage) übernehmen kann. Beim letzteren Argument gibt es wieder zwei Positionen; die eine bezieht sich auf die Geometrie als solche, die andere auf die durch sie erkannte Struktur der Weltraumes. In der zeitgenössischen Debatte zählte praktisch nur der erste Aspekt, seit dem 19. Jahrhundert ist der zweite hinzugetreten. Diese Diskussionen können hier nicht nachgezeichnet werden. Außer den schon angedeuteten Problemen (u. a., daß die Erscheinungen uns nicht durch ihre Form affizieren könnten) sei hier noch ein Punkt herausgegriffen, der, so weit ich sehe, bisher kaum beachtet wurde. Gehen wir noch einmal zum Anfang der Ziffer 1 in der *Kritik* zurück. „Denn damit gewisse Empfindungen auf etwas außer mich bezogen werden, (d. i. auf etwas in einem andern Orte des Raumes, als darin ich mich befinde,) imgleichen damit ich sie als außer und *neben* einander, mithin nicht bloß verschieden, sondern als in verschiedenen Orten vorstellen könne, dazu muß die Vorstellung des Raumes schon zum Grunde liegen" (A23/B38). Das „etwas außer mich" wird erläutert durch „etwas an einem andern Orte des Raumes, als darin ich mich befinde". An einem Ort im Raum zu sein, ist nicht identisch mit der Vorstellung, an diesem Ort im Raum zu sein (etwa im Traum oder beim Sehen eines Bildes); die örtliche Differenz von Gegenständen untereinander und von mir ist nicht identisch mit der Vorstellung dieser Differenz. Zur ersteren wird jeweils der Raum vorausgesetzt, zum letzteren die Vorstellung vom Raum. Es wird in dem zitierten Satz ohne Begründung vom Raum zur Vorstellung vom Raum übergegangen, und im weiteren baut die gesamte Argumentation (und damit der transzendentale Idealismus) auf dieser Unterbestimmung auf. Wenn zur Ortsbestimmung nicht der Raum, sondern die Vorstellung vom Raum benötigt wird, kann die Vorstellung und des näheren die reine Anschauung mit dem wirklichen Raum (was immer das ist) identifiziert werden. Der illegitime Übergang vom Raum zur Raumvorstellung, des näheren zur Raumanschauung, kann an keinem Ort der Transzendentalphilosophie revidiert werden. Ist Kant damit in die cartesische Vorstellungsfalle geraten, den „way of ideas" der neuzeitlichen Bewußtseinsphilosophie, den seine Raum-Zeit-Theorie vermeiden wollte? Liegt hier die Wurzel der philosophischen Kippfigur von transzendentalem Idealismus und empirischem Realismus?

Literatur

Adickes, Erich 1896: German Kantian Bibliography, Boston/London. *(Ein unentbehrliches Hilfsmittel zur Erschließung der bis 1887 geführten Raum-Zeit-Diskussion.)*

Allison, Henry E. 1983: Kant's Transcendental Idealism. An Interpretation and Defense, New Haven/London 1983. *(Eine sorgfältige Analyse mit Berücksichtigung der historischen Ausgangsposition.)*

Baum, Manfred 1996: „Kants Raumargumente und die Begründung des transzendentalen Idealismus", in: H. Oberer (Hg.), Kant. Analysen – Probleme – Kritik, Bd. II, Würzburg, 41–64. *(Baum verteidigt Kants Argumente, benutzt dabei jedoch Theoriestücke, die die Transzendentale Ästhetik voraussetzen.)*

Brandt, Reinhard 1993: Raum und Zeit in der „Transzendentalen Ästhetik" der Kritik der reinen Vernunft, in: M. Großheim und H.-J. Waschkies (Hgg.), Rehabilitierung des Subjektiven. Festschrift für Hermann Schmitz, Bonn 1993, 441–458.

Horstmann, Rolf-Peter 1997: „Raumanschauung und Geometrie. Bemerkungen zu Kants transzendentaler Ästhetik", in: ders., Bausteine kritischer Philosophie. Arbeiten zu Kant, Bodenheim, 15–34. *(Eine wichtige Rettung der Raumtheorie vor vorschnellen Mißbilligungen auf der Grundlage neuerer Wissenschaften.)*

Koriako, Darius 1997: Kants Philosophie der Mathematik. Grundlagen – Voraussetzungen – Probleme, Diss. phil. Marburg.

Trendelenburg, Adolf 1867: „Über eine Lücke in Kants Beweis von der ausschliessenden Subjectivität des Raumes und der Zeit", in: ders., Historische Beiträge zur Philosophie, Bd. 3, Berlin 1867, 215–276.

Vaihinger, Hans, 1881/1892: Commentar zu Kants Kritik der reinen Vernunft, 2 Bände, Bd. 1 Stuttgart 1881, Bd. 2 Stuttgart/Berlin/Leipzig 1892; Neuaufl. hg. v. Raymund Schmidt 1922, Nachdruck Aalen 1970.

Georg Mohr

5 Transzendentale Ästhetik, §§ 4–8

(A30/B46–A49/B73)

5.1 Stellung und Funktion des Textabschnitts in der *Kritik*

Nachdem in den voraufgehenden Textabschnitten der *Transzendentalen Ästhetik* zunächst – in § 1 – allgemeine begriffliche Festlegungen getroffen wurden, soweit sie für die Gesamtsystematik grundlegend sind, und sodann (in §§ 2–3) die sogenannten „Raumargumente" mit ihren „Schlüssen" vorgetragen wurden, entwickeln §§ 4–5 vorrangig die sogenannten „Zeitargumente" mit den aus ihnen gezogenen „Schlüssen" (§ 6). Sie übernehmen für Kants Zeittheorie die Begründungsfunktion, die die „Raumargumente" mit deren Schlüssen (§§ 2–3) für seine Raumtheorie erfüllen sollen. §§ 7–8 dienen der Verteidigung, Präzisierung und Auswertung der Ergebnisse der transzendentalen Ästhetik insgesamt.

5.2 Inhalt und Aufbau des Textabschnitts

In der ersten Auflage der *Kritik der reinen Vernunft* sind die Zeitargumente den Raumargumenten parallel angeordnet. Fünf Argumente vergleichbaren Inhalts werden einmal für den Raum und einmal für die Zeit vorgetragen. In der zweiten Auflage führt Kant nachträglich (mit der Paragraphenzählung) die Unterscheidung zwischen zwei Typen theoretischer Argumentation ein: einer „metaphysischen" und einer „transzendentalen Erörterung". Die *metaphysische* Erörterung untersucht Inhalt, Ursprung und Umfang (Anzahl) der Begriffe oder Prinzipien, um die es geht. Sie zielt darauf ab, einen Begriff „*als a priori gegeben*" darzustellen (B38). Die *transzendentale* Erörterung benennt die Konsequenzen des Resultats der metaphysischen Erörterung für die Beantwortung der transzendentalphilosophischen Hauptfrage „Wie sind synthetische Urteile a priori möglich?" (Vgl. auch die von Kant terminologisch ebenfalls erst in B eingeführte Unterscheidung zwischen einer *metaphysischen* und einer *transzendentalen Deduktion der reinen Verstandesbegriffe*, die erst in § 26 (B159) explizit von Kant erwähnt wird.) Transzendental ist eine Erörterung des Begriffs der Zeit, wenn sie zeigt, was die Zeit als subjektive Anschauungsform zur Ermöglichung von Wissen a priori beiträgt. Der Zeitbegriff wird als ein Prinzip aufgezeigt, woraus die Möglichkeit synthetischer Erkenntnisse a priori eingesehen werden kann (vgl. B40).

Dieser Unterscheidung folgend gliedert Kant den Abschnitt *Von der Zeit* in eine *Metaphysische Erörterung* (§ 4, A30/B46–A32/B48) und eine *Transzendentale Erörterung des Begriffs der Zeit* (§ 5, B48 f.). Er hält diese Gliederung aber nicht wie bei den Raumargumenten konsequent durch. Statt dessen findet sich das Argument, das im ersten Abschnitt, *Von dem Raume*, in B folgerichtig in die *Transzendentale Erörterung des Begriffs vom Raume* (§ 3, B40 f.) ausgelagert ist, im zweiten Abschnitt, *Von der Zeit*, als drittes Zeitargument an der Stelle wieder, an der es in A stand, und ist nun, nach der in B eingefügten Gliederung, äußerlich zum dritten Argument der metaphysischen Erörterung geworden, was es der Sache nach nicht ist. Kant stellt dies selbst in § 5 (B48) richtig. Sachlich ist diese Inkonsequenz in der Darstellung jedoch folgenlos.

In § 6 (A32/B49–A36/B53) werden „Schlüsse aus diesen Begriffen" gezogen. Mit ihnen ist die gesamtsystematisch zentrale These von der *empirischen Realität* und *transzendentalen Idealität* der Zeit begründet.

In der *Erläuterung* in § 7 (A36/B53–A41/B58) verteidigt Kant zunächst seine Zeittheorie gegen Einwände, die bereits gegen eine frühere Fassung dieser Theorie (in *De mundi* von 1770) vorgebracht worden sind (A36/B53–A38/B55). Kant stützt seine Theorie erneut durch Argumente gegen die absolute (transzendentale) Realität der Zeit (A38/B55–A41/B58). Im letzten Absatz vertritt Kant schließlich die Vollständigkeitsthese, wonach Raum und Zeit die *einzigen* Anschauungsformen a priori sind (A41/B58).

Die für die zweite Auflage stark erweiterten *Allgemeinen Anmerkungen* in § 8 (A41/B59–A49/B66 und B66–72) ergänzen die transzendentale Ästhetik um weitere für die gesamte Theorie bedeutsame Überlegungen. Dabei stehen im Vordergrund: (1) die Unterscheidung zwischen Erscheinung und Ding an sich, (2) die Abgrenzung gegen die Leibniz-Wolffsche Vorstellungstheorie, (3) die These, das Subjekt erkenne auch sich selbst nur, wie es sich erscheint, (4) die Unterscheidung zwischen Erscheinung und Schein, (5) die Charakterisierung der menschlichen Anschauung als nicht ursprünglich und nicht intellektuell.

Auch den *Beschluß der transzendentalen Ästhetik* (B73) fügt Kant erst in B hinzu. Er formuliert das Resultat der transzendentalen Ästhetik im Hinblick auf ihren Beitrag zur Aufgabenstellung der *Kritik der reinen Vernunft*.

Die äußerliche Textgliederung stimmt am Ende nicht mehr mit der inhaltlichen Darstellung überein. Während der erste Abschnitt (§§ 2–3) unter der Überschrift „Vom Raume" konsequent lediglich den Raum bzw. die Raumvorstellung behandelt, sind es im zweiten Abschnitt „Von der Zeit" lediglich §§ 4–6 und der Beginn von § 7, die ausschließlich die Zeit bzw. die Zeitvorstellung behandeln. §§ 7–8 fügen den jeweils separat zum Raumbegriff und zum Zeitbegriff vorgetragenen Argumenten ergänzende Ausführungen hinzu, die die Thesen der transzendentalen Ästhetik insgesamt, d.h. Raum *und* Zeit betreffend, gegen Einwände verteidigen und Konsequenzen benennen.

5.3 Textkommentar

5.3.1 Metaphysische Erörterung des Begriffs der Zeit (§ 4)

In § 2 stellt Kant die Frage: „Was sind nun Raum und Zeit?" (A23/B37). Bereits in *De mundi* behandelt Kant Raum und Zeit in gesonderten Argumenten, die jeweils dieselben Gesichtspunkte einmal auf die Zeit und einmal auf den Raum anwenden. Während er aber 1770 noch zuerst die Zeit (§ 14), dann den Raum (§ 15) abhandelt, dreht er hier, in der *Kritik*, die Reihenfolge um.

Kant zieht zunächst drei Alternativen in Betracht, die er allesamt ablehnt. Er selbst vertritt eine vierte Alternative, die in der Philosophiegeschichte ohne Vorbild ist und deren Originalität Kant auch wiederholt für sich in Anspruch nimmt. Betrachten wir die Alternativen direkt ausschließlich mit Bezug auf die Zeit (zu Kants Raumargumenten, vgl. oben, den Beitrag von Brandt). Die erste Alternative lautet dann: Die Zeit ist ein „wirkliches Wesen", ein „selbständiges Ding", eine *Substanz* (subsistierend). Kant schreibt sie Isaac Newton und Samuel Clarke zu (vgl. R 4673, XVII 642, und R 4756, XVII 700). Nach der zweiten Alternative ist die Zeit eine Bestimmung, Eigenschaft der Dinge (inhärierend bzw. adhärierend), also *Akzidenz* von Substanzen. Kant findet sie bei René Descartes, Gottfried Wilhelm Leibniz und Christian Wolff (vgl. R 4756). Die dritte Möglichkeit besteht darin, die Zeit als ein objektives Verhältnis der Dinge an sich zu verstehen. Die Zeit wäre dann *objektive Relation*. So, schreibt Kant, halte Leibniz die Zeit „vor einen empirischen Begriff der succession" (R 4756, XVII 700).

Diese Dreier-Gliederung alternativer Zeit-Auffassungen findet sich auch schon in einem damals einflussreichen Werk von Christian August Crusius: *Entwurf der notwendigen Vernunftwahrheiten* (1. Auflage 1745). In §§ 49 ff. bringt Crusius mit Bezug auf den Raum genau diese Aufstellung: „Raum ist kein vollständiges Ding, keine anklebende Eigenschaft, auch kein bloßes Verhältnis".

Kant verwirft diese drei Alternativen, die die Zeit als etwas „Reales" definieren. Kant bezeichnet sie als „transzendentalen Realismus" (vgl. A27–8/B43–4, A35–6/B52). Schon in *De mundi* (§ 14, Punkt 5) schreibt er: „Die Zeit ist [...] weder *Substanz*, noch *Akzidenz*, noch *Relation*". Er favorisiert eine vierte. Danach ist die Zeit zwar eine Relation (Verhältnis), aber kein objektives Verhältnis, sondern ein solches, das „nur an der Form der Anschauung allein hafte[t], und mithin an der subjektiven Be-

schaffenheit unseres Gemüts, ohne welche diese[s] Prädikat[...] gar keinem Dinge beigelegt werden" kann (A23/B37f.). Die Zeit ist eine *subjektive Relation*, da sie von der epistemischen Verfasstheit menschlicher Subjekte abhängt. Kant vertritt die These:
- Die Zeit ist eine subjektive Form der sinnlichen Anschauung a priori.

Diese These besteht genau genommen aus fünf Teilthesen:

- Die Zeit ist *subjektiv*, sie kommt nicht den Dingen an sich zu und ist auch selbst kein für sich bestehendes Ding.
- Die Zeit ist eine *Form*, kein (sinnlicher) Eindruck.
- Die Zeit ist *a priori*, nicht empirisch.
- Die Zeit ist eine *Anschauung*, kein Begriff.

Diese Teilthesen werden in den Argumenten der „Metaphysischen Erörterung des Begriffs der Zeit" (§ 4) im einzelnen näher ausgeführt und begründet. Vier Argumente bringt Kant vor, um seine Thesen für die Zeit zu stützen. (Das dritte der insgesamt fünf Argumente gehört der Sache nach zur „transzendentalen Erörterung"; siehe oben 5.2). Dabei bemüht sich Kant inhaltlich vor allem um zwei Beweisziele. Er konzentriert sich zum einen auf den Nachweis der *Apriorität* (Nicht-Empirizität) und zum anderen auf den Nachweis der *Intuitivität* (Anschauungscharakter) der Zeit. Das erste und das zweite Zeitargument argumentieren für die Apriorität, das vierte und fünfte Zeitargument für die Intuitivität. Das zweite Argument für die Apriorität wird durch das Argument für die *Notwendigkeit* der Zeit ergänzt.

1. Die Zeit ist eine *nicht-empirische* Vorstellung (a priori) (1. Zeitargument).
2. Die Zeit ist eine *notwendige* Vorstellung (2. Zeitargument).
3. Die Zeit ist ein *singuläres Ganzes* (4. Zeitargument).
4. Die Zeit ist *unendlich* (infinit) (5. Zeitargument).

Die letzten beiden trägt Kant – sachlich engstens verschränkt – als Argumente für die Intuitivität (den Anschauungscharakter) der Zeit vor.
    a) *Die Argumente für die Apriorität.* – Das erste Argument ist ein epistemologisches Argument über das Verhältnis der Vorstellung von der Zeit zur Erfahrung zeitlicher Dinge (Zustände, Ereignisse): Die Zeit ist nicht empirisch, sie kann selbst nicht wahrgenommen werden. Der Zeitbegriff ist kein empirischer Begriff, er kann nicht aus der Erfahrung abstrahiert, d.h. als allgemeines Merkmal von einzelnen Erfahrungsdaten „abgezogen" werden. Es ist keine Erfahrung zeitlicher Gegenstände möglich, ohne dass die Vorstellung von der Zeit der Erfahrung zugrunde

liegt. Für die Apriorität der Zeit spricht vor allem, dass die Grundsätze, die die zeitlichen Strukturverhältnisse angeben, nicht aus der Erfahrung abgeleitet werden können. Dies gilt insbesondere für den Grundsatz, dass verschiedene Zeiten nicht zugleich sind. Solche Grundsätze müssen wir bei jeder zeitlichen Anordnung von Phänomenen voraussetzen. Wie wir Phänomene in der Zeit ordnen, können wir nicht aus verschiedenen Erfahrungen induktiv ableiten, sondern müssen es bereits im vorhinein wissen, um zeitlich geordnete Erfahrungen überhaupt erst machen zu können.

Das zweite Argument, das Argument für die *Notwendigkeit*, ist ein quasi-ontologisches Argument über das Verhältnis der Zeit zu den zeitlichen Dingen: Ohne dass es eine Zeit gibt, gibt es keine zeitlichen Dinge; dass eine Zeit sei, ohne dass es zeitliche Dinge gibt, ist jedoch wohl denkbar.

b) *Die Argumente für die Intuitivität (Anschauungscharakter).* – Das vierte und fünfte Argument rekurrieren auf die Strukturdifferenz zwischen Anschauung und Begriff: Die Zeit ist kein Begriff, ist nicht diskursiv. Die Struktur von Anschauungen ist das Ineinander-Enthaltensein (vgl. auch B40), und dies ist auch die Struktur der Zeit. Kant erläutert die Binnenstruktur der Zeit anhand des Verhältnisses von Teil und Ganzem. Jede bestimmte Zeit ist nur als Einschränkung des Ganzen der Zeit denkbar bzw. vorstellbar. Die Zeit ist keine Zusammensetzung aus Teilen, sie ist kein Kompositum aus an sich begrenzten Größen, sondern diejenige Einheit, aus deren Einschränkung sich erst Teile ergeben. Die Struktur von Begriffen hingegen besteht in einer Merkmalskomplexion, die eine Aggregation von Einzelmomenten ist (vgl. Gloy 1990, 36). Die Zeit kann daher nur Anschauung und kein Begriff sein.

Von den beiden Argumenten für die Anschaulichkeit (Intuitivität) der Zeit ist das erste, d. h. das vierte Zeitargument, ein Argument für die *Singularität* und *Ganzheit*. (Vgl. hierzu auch die „formale Anschauung" in B160 f. mit Anm., sowie die *Erste Analogie der Erfahrung*, nach der es keine zwei gleichzeitige parallele Zeiten geben kann; A182 ff./B224 ff.) Das letzte Argument, d. h. das fünfte Zeitargument, ist ein Argument für die *Unendlichkeit, Infinitheit* der Zeit. Beide lassen sich aber nur gemeinsam vorbringen, wie sich an der Ähnlichkeit der beiden Argumentationen bei Kant zeigt.

Aus diesen vier Argumenten resultiert laut Kant die für die transzendentale Ästhetik zentrale These, dass die Zeit eine subjektive Form der sinnlichen Anschauung a priori ist.

Weitere wichtige Ergänzungen zu Kants Raum- und Zeittheorie und zur These der Heterogenität von Anschauung und Begriff, insbesondere gegen Leibniz gerichtet, finden sich in dem Kapitel *Von der Amphibolie der Reflexionsbegriffe* (A260 ff./B316 ff.).

5.3.2 Transzendentale Erörterung des Begriffs der Zeit (§ 5 bzw. § 4, Nr. 3)

Abweichend von den Änderungen, die Kant in B in der Exposition der Raumargumente vornimmt, um die metaphysische Erörterung von der transzendentalen zu trennen, lässt Kant das zur transzendentalen Erörterung gehörende Zeitargument als „Nr. 3" in der metaphysischen Erörterung (§ 4) stehen und verweist in § 5 nur noch auf § 4 Nr. 3 zurück. Die transzendentale Erörterung soll zeigen, inwiefern die Zeit als reine Form der Anschauung eine Bedingung der Möglichkeit synthetischer Urteile a priori ist. Dies betrifft vor allem „apodiktische[...] Grundsätze von den Verhältnissen der Zeit, oder Axiomen von der Zeit überhaupt", wie: Die Zeit „hat nur Eine Dimension: verschiedene Zeiten sind nicht zugleich, sondern nach einander" (A31/B47). Deren Möglichkeit kann laut Kant nicht empirisch erklärt werden. Sie seien „Regeln, unter denen überhaupt Erfahrungen möglich sind, und belehren uns vor derselben, und nicht durch dieselbe" (ebd.). Die transzendentale Erörterung soll demnach zeigen, dass nur unter der Voraussetzung, dass die Zeit als subjektive Anschauungsform a priori verstanden wird, solche Grundsätze in ihren epistemischen Voraussetzungen konsistent erklärt werden können. Während Kant die entsprechende Erörterung des Raumbegriffs an der Geometrie exemplifiziert, bezieht er sich für die Zeit auf die Mechanik („Bewegungslehre") und – an anderen Stellen – die Arithmetik.

Ergänzend macht Kant in § 5 noch das Argument geltend, dass kein Begriff von Veränderung und Bewegung möglich wäre, wenn die Zeit nicht eine Form der inneren Anschauung a priori wäre (B48f.). Es wird aber nicht begründet, warum die Tatsache, dass wir den Begriff der *Zeit* benötigen, wenn wir den Begriff der Veränderung als den einer „Verbindung kontradiktorisch entgegengesetzter Prädikate" verstehen wollen, die These Kants stützen sollte, dass nur der transzendentalphilosophische Begriff der Zeit als *subjektiver Anschauungsform a priori* diesen Zusammenhang konsistent aufzuklären imstande sei.

5.3.3 Schlüsse aus diesen Begriffen (§ 6)

Aus den Zeitargumenten der metaphysischen und der transzendentalen Erörterung zieht Kant gesamtsystematisch grundlegende „Schlüsse". Diese Schlüsse formulieren erst die durch die Zeitargumente nur vorbereitete Antwort auf die Ausgangsfrage „Was ist die Zeit?". (Zum Raum siehe den Beitrag von Brandt in diesem Band.) Auch hier weicht Kant wieder in der Präsentation formal von den Schlüssen im Raum-Abschnitt ab. Während aus den Raumargumenten zwei Schlüsse gezogen werden (§ 3a und b), sind es im Zeit-Abschnitt drei (§ 6a, b und c). Der dritte Schluss betrifft das Verhältnis der beiden Anschauungsformen zueinander.

a) Der *erste Schluss* (§ 6a) verneint explizit die ontologischen Alternativen, wonach die Zeit etwas für sich selbst Bestehendes (Substanz) oder objektive Bestimmung (Akzidenz) oder Ordnung (objektive Relation) von Dingen ist. Die positive These besagt, dass die Zeit „nichts als die subjektive Bedingung ist, unter der alle Anschauungen in uns stattfinden können" (B49). Und anknüpfend an die transzendentale Erörterung (§ 4 Nr. 3, A31/B47) wird herausgestellt, dass nur unter der Voraussetzung dieser These die Möglichkeit von synthetischen Urteilen a priori über die Zeit gesichert werden kann.

b) Der *zweite Schluss* (§ 6b) ordnet die Zeit dem inneren Sinn als Form des „Anschauens unserer selbst und unsers innern Zustandes" zu (A33/B49). Er ergänzt also den ersten Schluss durch eine gegen den Raum differenzierte Funktionsbestimmung der Zeit. Im Unterschied zum Raum ist die Zeit „keine Bestimmung äußerer Erscheinungen", sondern bestimmt das „Verhältnis der Vorstellungen in unserm innern Zustande" (A33/B49f.).
Die oben (5.3.1) genannte These ist daher so zu präzisieren:
– Die Zeit ist die *subjektive Form der inneren sinnlichen Anschauung a priori.*

Damit wird nicht behauptet, äußere Erscheinungen seien nicht zeitlich bestimmt. Das wäre offenkundig falsch, und es ist auch nicht Kants Auffassung. Dennoch ist Kant gelegentlich so missverstanden worden. So ist nach Rohs (1973, 89 und 93) eine Revision der Kantischen Zuordnung von Raum und Zeit zu äußerem und innerem Sinn erforderlich: Raum *und* Zeit müssten als Formen des äußeren Sinns und die Zeit als Form des äußeren *und* des inneren Sinns bestimmt werden.

Eine Revision aus diesen Gründen erübrigt sich jedoch, wenn man Kants Argument genauer betrachtet. Im Zusammenhang der transzendentalen Erörterung des Zeitbegriffs (§ 5) hat Kant selbst hervorgehoben, dass „der Begriff der Veränderung und, mit ihm, der Begriff der Bewegung (als Veränderung des Orts) nur durch und in der Zeitvorstellung möglich ist" (B48; vgl. dazu auch Mohr 1991, 83–92). Die Überlegung Kants bezieht sich denn auch, wie der Textverlauf zeigt, ausschließlich auf die Strukturdifferenzen von Raum und Zeit, nicht auf ein wechselseitiges Ausschlussverhältnis ihrer Zuständigkeitsbereiche. Ausdehnung, Gestalt, Lage *sind* keine zeitlichen Bestimmungen, sondern räumliche. Die Zeit ist daher kein Konstituens räumlicher Verhältnisse, obwohl äußere Erscheinungen (räumliche Gegenstände und Ereignisse) stets auch in der Zeit bzw. zeitlich bestimmt sind.

Nicht überzeugend ist in der Tat Kants These, dass „alle ihre Verhältnisse [sc. der Zeit] sich an einer äußern Anschauung ausdrücken lassen" (B50). Nur dann ist die Annahme zweier Anschauungsformen begründet, wenn zwischen beiden eine irreduzible Strukturdifferenz aufweisbar ist. Zwar ist es zweifellos richtig, dass wir eine Zeitfolge durch die Analogie mit einer „ins Unendliche fortgehende[n] Linie vor[stellen], in welcher das Mannigfaltige eine Reihe ausmacht, die nur von einer Dimension ist" (ebd.; vgl. auch B154–156). Wir können aus den Eigenschaften der Linie aber eben nicht auf *alle* Eigenschaften der Zeit schließen. Wie Kant selbst feststellt, entzieht sich eine Eigenschaft der Zeit der analogischen Darstellung: Während die Teile der Linie zugleich sind, sind die der Zeit nacheinander. Das Nacheinander bleibt räumlich undarstellbar. Daher sind gerade *nicht alle* Verhältnisse der Zeit an einer äußeren Anschauung darstellbar. Und nur deshalb ist die Zeit auch eine eigene, genuine Anschauungsform und nicht auf den Raum reduzierbar.

c) Der *dritte Schluss* (§ 6c) ergänzt die ersten beiden durch Ausführungen über die Funktionsbestimmungen und Zuständigkeitsbereiche der Anschauungsformen in ihrem *Verhältnis* zueinander. Den Raum bestimmt Kant als die Form des *äußeren* Sinns (vgl. A22/B37 und A26/B42), die Zeit als die Form des *inneren* Sinns. Der Raum hat drei Dimensionen (Abmessungen), die Zeit hat nur eine. Die Raumform ist das *Nebeneinander*, die Grundform der Zeit ist das *Nacheinander*. Zugleichsein und Dauer bzw. Beharrlichkeit (was mit dem Nacheinander zugleich ist) sind nach Kant Bestimmungen, die auf die Grundform des Nacheinander aufbauen und diese voraussetzen. Während der Raum nur die „reine Form aller äußeren Anschauung" und daher „als Bedingung a priori bloß auf äußere Erscheinungen eingeschränkt" ist, ist die Zeit die „formale Bedingung a priori aller Erscheinungen überhaupt" (A34/B50). Der *Raum* ist die Form der Anschauung *äußerer* Gegenstände, die *Zeit* ist die Form der Anschauung *aller* Gegenstände. Alles, was im Raum ist, ist auch in der Zeit, aber nicht alles, was in der Zeit ist, ist auch im Raum. Die Gegenstände des äußeren *und* die des inneren Sinns sind in der Zeit. Im Raum sind nur die Gegenstände des äußeren Sinns. Durch den äußeren Sinn werden Gegenstände als *außer mir* im Raum vorgestellt, der innere Sinn ist der Inbegriff *aller* Vorstellungen. Vorstellungen stehen *als solche*, unangesehen ihres Inhalts und Ursprungs, in zeitlichen Verhältnissen. Demnach sind nicht innere Erscheinungen *im Unterschied* zu äußeren zeitlich, sondern *Erscheinungen als solche* stehen unter der formalen Bedingung der Zeit. Genau das ist die These Kants in A34/B50 f., wonach die Zeit eine „formale Bedingung a priori aller Erscheinungen überhaupt" ist.

Einige Kant-Interpreten haben zwischen dem zweiten und dem dritten Schluss eine Unstimmigkeit feststellen wollen. So vertrete Kant mit dem zweiten Schluss die Auffassung, äußerer und innerer Sinn stünden im Verhältnis der *Koordination* und hätten parallele und daher separate Gegenstandsbereiche. Mit dem dritten Schluss hingegen vertrete er die damit unvereinbare Auffassung, äußerer und innerer Sinn stünden im Verhältnis der *Subordination* des ersteren unter den letzteren, womit jedoch alle äußeren Gegenstände zu bloß inneren Erscheinungen würden und Kants Theorie sich insgesamt als empirischer Idealismus im Sinne Berkeleys entlarve (vgl. Reininger 1900 im Anschluß an Vaihinger 1892). Die Unstimmigkeiten lösen sich auf, wenn man zwischen äußerem und innerem Sinn das Verhältnis der *Komplementarität* annimmt und den Begriff des inneren Sinns von introspektionstheoretischen Konnotationen entlastet. Eine äußere Anschauung ist dann eine Anschauung unter dem Aspekt, dass ich sie auf einen raumzeitlichen Gegenstand beziehen kann, während eine innere Anschauung eine Anschauung unter dem Aspekt ist, dass sie mir gegeben und als solche eine Vorstellung ist, derer ich mir bewusst sein kann. Mit der Unterscheidung zwischen äußerem und innerem Sinn wird dann zwischen zwei Aspekten sinnlicher Vorstellungen insgesamt im Hinblick auf deren epistemologische Funktion unterschieden, und nicht zwischen zwei Klassen von Vorstellungen, die sich auf unterschiedliche Gegenstandsklassen bezögen (siehe dazu Mohr 1991, 92–152; Mohr/Seel 1988).

Das Verhältnis von Raum und Zeit, äußerem und innerem Sinn, wird vor allem im Kontext der Kantischen Selbstbewußsseinstheorie, also in der transzendentalen Deduktion der reinen Verstandesbegriffe (A95–130, B131–169), in der Kritik der Paralogismen der rationalen Seelenlehre (A341–405, B399–432) und in der Widerlegung des Idealismus (B274–279) virulent.

d) Aus den drei Schlüssen entwickelt Kant als *Folgerung* („demnach"; A35/B52) die These des von ihm sogenannten *transzendentalen Idealismus* (vgl. Willaschek 1997). Dessen „Lehrbegriff" ist so grundlegend für die gesamte theoretische Philosophie Kants, dass er ihr auch den Namen gibt. In der transzendentalen Dialektik (im Antinomien-Kapitel) wird der transzendentale Idealismus als der „Schlüssel zur Auflösung" des Widerstreits, in den die Vernunft im Weltbegriff mit sich selbst gerät, zur Geltung gebracht (vgl. dazu unten, den Beitrag von Watkins). Was genau besagt der transzendentale Idealismus?

Raum und Zeit sind weder Substanzen noch Akzidenzen noch objektive Relationen, sondern subjektive Relationen, in denen Erscheinungen stehen, also Gegenstände und Ereignisse, sofern wir uns auf sie anhand sinnlicher Anschauung beziehen. Sie gehören der epistemischen Verfasstheit von Erkenntnissubjekten an. Die Erscheinungen stehen in raumzeitlichen Relationen aufgrund der Tatsache, dass das Erkennen bestimmten formalen Bedingungen sinnlicher Anschauung unterliegt. Raum und Zeit gehören zur formalen Beschaffenheit der Sinnlichkeit. Diese These fasst Kant in den Ausdruck „transzendentale Idealität von Raum und Zeit". Er bezeichnet eben diese Tatsache, dass Raum und Zeit nichts an sich Bestehendes sind, sondern zu den Erkenntnisbedingungen sinnlich-vernünftiger Wesen gehören. Mit Bezug auf die Zeit heißt es A37/B54: „Wenn man von ihr die besondere Bedingung unserer Sinnlichkeit wegnimmt, so verschwindet auch der Begriff der Zeit" (vgl. insb. A36/B52). Damit bezieht Kant eine Gegenposition zum „transzendentalen Realismus", demzufolge Raum und Zeit „wirkliche Wesen" oder aber Beschaffenheiten sind, die den Dingen an sich zukommen.

Wenn der „transzendentale Idealismus" leugnet, dass Raum und Zeit „wirkliche Wesen" sind, so bestreitet er damit keineswegs die (Beweisbarkeit der) Wirklichkeit der Dinge in Raum und Zeit, wie dies der empirische Idealismus tut. Kant versteht den transzendentalen Idealismus zugleich als „empirischen Realismus". Während der empirische Idealismus behauptet, alles, was wir erfahren (was uns erscheint), sei bloßer *Schein* oder doch nicht als wirklich zu *beweisen*, behauptet Kants empirischer Realismus, dass alles, was uns erscheint, in Raum und Zeit erscheint, dass alle Erfahrung raumzeitliche Erfahrung und alle erfahrbare Wirklichkeit raumzeitliche Wirklichkeit ist. – Auf die Unterscheidung zwischen Erscheinung und Schein kommt Kant noch in § 8 zurück (siehe unten). Die systematische Bedeutung des Erscheinungsbegriffs wird dann in *Phaenomena/Noumena* eigens noch einmal thematisiert.

5.3.4 *Erläuterung* (§ 7)

a) *Einwände gegen die transzendentalidealistische Zeittheorie und Kants Replik* (A36/B53–A38/B55) – Die These, dass die Zeit (und der Raum) zwar empirisch real, nicht aber transzendental oder absolut real sei, vertritt Kant bereits 1770 in *De mundi* (vgl. insb. §§ 14–15). Marcus Herz, der Kants Schrift in der Disputation verteidigt, übernimmt Kants These in seinen ein Jahr später veröffentlichten *Betrachtungen aus der spekulativen Weltweisheit* (vgl. dort die erste Abteilung). Gegen diese beiden Versionen der Theorie haben, speziell mit Bezug auf die Zeit, gleich zu Beginn der 1770er Jahre „einsehende Männer" weitgehend übereinstimmend einen Einwand vorgebracht. Er lautet: Der Wechsel unserer eigenen Vorstellungen beweist, dass Veränderungen wirklich sind. Nun sind Veränderungen nur in der Zeit möglich. Also ist die Zeit etwas Wirkliches. Vorgebracht haben diesen Einwand Johann Heinrich Lambert, Moses Mendelssohn und Johann Schultz, alle drei von Kant sehr geschätzte Philosophen. Kant referiert und beantwortet den Einwand in § 7 der *Kritik*. Lambert formuliert seinen Einwand in einem Brief an Kant vom 13. Oktober 1770 (X 103–111, insb. 105–109) und in seiner Rezension von Herz' *Betrachtungen* in der *Allgemeinen Deutschen Bibliothek* 20, 1773 (S. 228). Kant schreibt am 16. November 1781 an Bernoulli, er habe Lamberts Einwand „in der *Critik der reinen Vernunft* Seite 36–38 beantwortet" (X 277). Moses Mendelssohn teilt Kant den Einwand in seinem Brief vom 25. Dezember 1770 mit (X 115 f.). Johann Schultz äußert sein Bedenken in der Rezension von Kants *De mundi* in *Königsbergsche Gelehrten und Politischen Zeitungen*, 94. und 95. Stück, 22. und 25. November 1771, S. 373–375 (vgl. den Wortlaut bei Vaihinger 1892, S. 401, und, im Wiederabdruck, in Landau 1991).

Kant reagiert auf Lamberts und Schultzens Einwand schon in dem programmatischen Brief an Marcus Herz vom 21. Februar 1772 in Formulierungen, die zum Teil wörtlich mit denen in der *Kritik* übereinstimmen (vgl. X 134; vgl. auch Kants Nachträge zu A36 in seinem Handexemplar: R xxix und R xxxi, XXIII 24). Er beantwortet den Einwand zunächst lakonisch. Die Zeit sei „allerdings etwas Wirkliches", jedoch nicht als Objekt, „sondern als die Vorstellungsart meiner selbst als Objekts". Sie sei die „wirkliche Form der innern Anschauung", nach der wir uns unserer Vorstellungen bewusst sind: in einer Zeitfolge (A37/B53f. mit Anm.). Offenkundig bezieht sich Kant vor allem auf Lamberts Formulierung des Einwands, die letztlich mit dem einfachen Schluss operiert: Nach dem Zeugnis des inneren Sinns sind Veränderungen wirklich, also ist die Zeit wirklich. Indessen übersieht diese Replik eine wesentlich bedeutsamere Pointe. Statt von der Zeitlichkeit der Selbstwahrnehmung des Wechsels der eigenen Vorstellungen auf die (objektive) Zeitlichkeit des Gegenstands der Selbstwahrnehmung, d.h. des *wahrgenommenen* Subjekts (des *vorgestellten* Subjekts als des *Objekts* der Selbstwahrnehmung) zu schließen, wie Lambert dies tut, könnte von der Sukzession der Vorstellungen als Akten auf die Zeitlichkeit des *vorstellenden* Subjekts (des Subjekts, das *Vorstellungen hat*), geschlossen werden. Dies scheint Mendelssohn in dem oben erwähnten Brief an Kant (X 115) im Auge zu haben. Mit Lamberts Einwand ist keineswegs auch schon diese von Mendelssohn erwogene Möglichkeit ausgeräumt. Einen Ansatz dazu finden wir bestenfalls in A38/B55, wo Kant die „Zwei-Seiten-Theorie" zur Geltung bringt. Danach gehört sowohl die Wirklichkeit äußerer Gegenstände als auch die Wirklichkeit des Gegenstands des inneren Sinns (meiner selbst und meines Zustandes) „nur zur Erscheinung [...], welche jederzeit zwei Seiten hat, die eine, da das Objekt an sich selbst betrachtet wird, [...] die andere, da auf die Form der Anschauung dieses Gegenstandes gesehen wird, welche [...] der Erscheinung dieses Gegenstandes wirklich und notwendig zukommt". Dies gilt auch für das Subjekt und seine Vorstellungen. Auch das Subjekt kann, einerseits, als Ding an sich selbst betrachtet werden, „unangesehen der Art, dasselbe anzuschauen" (ebd.), und es kann, andererseits, zum Gegenstand einer Selbstanschauung gemacht werden. Im ersten Fall ist es nach Kants Festlegungen in keiner Anschauung gegeben. Sobald es dies ist, wie im zweiten Fall, steht es hingegen unter den formalen Bedingungen der Sinnlichkeit und ist somit Erscheinung. Von unseren Vorstellungen und deren Wahrnehmung durch uns selbst (innerer Anschauung) können wir demnach auf das Vorstellen und das Subjekt des Vorstellens gleichermaßen lediglich als Erscheinungen schließen. Von den Vorstellungen, wie sie uns als in der Zeit bestimmt erscheinen, können wir lediglich auf das vorstellende Subjekt als Erscheinung schließen (vgl. dazu Vaihinger 1892, 399–405, und Falkenstein 1995, 341–345, 349–351).

b) *Geltungstheoretische Begrenzung der Erkenntnis* (A38/B55–A41/B58) – Als „reine Formen aller sinnlichen Anschauung" machen Zeit und Raum synthetische Urteile a priori möglich. Da sie lediglich formale Bedingungen der Sinnlichkeit von Erkenntnissubjekten und keine Substanzen, Akzidenzien oder objektive Relationen von Dingen an sich sind, ist das „Feld ihrer Gültigkeit" auf Erscheinungen begrenzt. Sie und alle auf sie gegründete synthetische Erkenntnis a priori betreffen ausschließlich Gegenstände, insofern diese in sinnlicher Anschauung gegeben sein können, also Erscheinungen, nicht aber Dinge an sich, wie sie unabhängig von den subjektiven Erkenntnisbedingungen gedacht werden mögen. In diesem zentralen Punkt weicht die transzendentale Ästhetik in der *Kritik* grundlegend von der Raum-Zeit-Lehre in *De mundi* ab. 1770 nimmt Kant noch die Erkennbarkeit der Dinge an sich durch den realen Verstandesgebrauch an, während sinnliche Anschauungen (im Unterschied zu Verstandesbegriffen) nur Erscheinungen zugänglich machen und Dinge an sich (folglich) nicht in Raum und Zeit sind.

c) *Die Vollständigkeitsthese* (A41/B58) – Kant vertritt in allen Teilen der *Kritk* den Anspruch der Vollständigkeit der in ihr entwickelten Begriffe und Prinzipien. Für die gesamte transzendentale Logik wird die Systematik in der Analytik der Begriffe mit der Urteils- und Kategorientafel grundgelegt, die ihrerseits nach einem „gemeinschaftlichen Prinzip" vollständig entwickelt sein sollen (vgl. dazu in diesem Band den Beitrag von Longuenesse). Während Kant die Systematizität und Vollständigkeit dieser Tafeln an exponierter Stelle behauptet, taucht die entsprechende Behauptung für die transzendentale Ästhetik erst am Ende von § 7 und wie eine beiläufige Bemerkung auf. Sie lautet: Raum und Zeit sind die einzigen Elemente, die die transzendentale Ästhetik enthalten kann (vgl. A41/B58).

Kants Begründung für seine systematisch äußerst anspruchsvolle These fällt bemerkenswert knapp aus. Es ist daher sinnvoll, sich die Aufgabenstellung der transzendentalen Ästhetik zu vergegenwärtigen. Die transzendentale Ästhetik ist, wie es am Ende der Einleitung und in § 1 heißt, eine „Wissenschaft von allen Prinzipien der Sinnlichkeit a priori" (A21/B35). Sie hat als solche die Aufgabe, diejenigen „Vorstellungen a priori" namhaft zu machen, die die „Bedingung ausmachen, unter der uns Gegenstände gegeben werden" und die der Sinnlichkeit ursprünglich zuzurechnen sind (A15f./B29f.). Dies soll durch ein Verfahren der Isolation erreicht werden, das a) die Sinnlichkeit vom Verstand und b) die reine Form sinnlicher Anschauung von der Empfindung (als dem empirischen Stoff) „absondert". Kant kündigt A22/B36 an, es werde „sich finden, dass es zwei reine Formen sinnlicher Anschauung, als Prinzipien der Erkenntnis a priori gebe, nämlich Raum und Zeit". Am Ende von § 7 wird darauf unvermittelt zurückgegriffen. Kriterien der Zugehörigkeit eines Elements zur transzendentalen Ästhetik sind, wie im Einzelnen die Raum- und Zeitargumente gezeigt haben, Apriorität und Intuitivität. Kants These lautet nun hier, Raum und Zeit seien die einzigen Elemente, die diese Kriterien erfüllen. Seine Begründung beschränkt sich auf die Feststellung („ist daraus klar"), dass „alle andre zur Sinnlichkeit gehörige Begriffe […] etwas Empirisches voraussetzen" (A41/B58). Diese erschöpfen sich – so Kants Belege – in zwei möglichen Kandidaten: Bewegung und Veränderung. Beide seien jedoch empirische Data und müssten daher ausscheiden.

5.3.5 Allgemeine Anmerkungen zur transzendentalen Ästhetik (§ 8)

Diese „Anmerkungen" ergänzen den voraufgegangenen Text in zweierlei Hinsicht. Zum einen zeigt Kant dort konzeptionelle Konsequenzen und explikative Vorteile seiner Theorie auf, indem er vorführt, dass unerwünschte Konsequenzen voriger Theorien nun vermieden werden. Zum anderen will er Missverständnisse ausräumen bzw. verhindern. Kant erörtert fünf Punkte, von denen die letzten drei Ergänzungen von B sind, mit denen er auf Einwände von Rezensenten und Kritikern reagiert.

(1) *Erscheinung – Ding an sich* (A41 ff./B59 f. und A45 f./B62 f.) – Der erste der fünf Punkte ist der grundlegendste. Kants Unterscheidung zwischen Erscheinung und Ding an sich sowie die erkenntnistheoretische Beschränkung auf die Erscheinung sind engstens verknüpft mit der These von der transzendentalen Idealität von Raum und Zeit (vgl. A28/B44 und A36/B52). An diese anschließend heißt es nun über die „Grundbeschaffenheit der sinnlichen Erkenntnis überhaupt" (A41 f./B59), „dass alle unsere Anschauung nichts als die Vorstellung von Erscheinung sei" (A42/B59). Diese These, die man mit Vorbehalt „Phänomenalismus" nennen kann, steckt mit dem „Datensensualismus" und dem „Spatio-temporalen Form-Subjektivismus" den argumentativen Rahmen der transzendentalen Ästhetik ab. Der Phänomenalismus besagt, dass, „wenn wir unser Subjekt oder auch nur die subjektive Beschaffenheit der Sinne überhaupt aufheben, alle die Beschaffenheit, alle Verhältnisse der Objekte im Raum und Zeit, ja selbst Raum und Zeit verschwinden würden, und als Erscheinungen nicht an sich selbst, sondern nur in uns existieren können" (ebd.).

Zieht man ergänzend die *Prolegomena*, § 13, Anmerkung II, heran, so wird ersichtlich, dass Kant sich in dem Passus *KrV* A45/B62 f. bei der Unterscheidung zwischen einem empirischen und einem transzendentalen Erscheinungsbegriff von der Theorie der *primären* und *sekundären Qualitäten*, wie sie John Locke in Anknüpfung an René Descartes ausgearbeitet hat, abgrenzen will (vgl. Locke, *Essay*, II, 8, §§ 9 ff.). Diese Theorie unterscheidet zwischen Eigenschaften, die den Dingen an sich selbst zukommen, wie Undurchdringlichkeit, Ausdehnung, Gestalt, Bewegung und Zahl bei Körpern (primäre Qualitäten), und Eigenschaften, die auf die Wirkung zurückgehen, die die Dinge auf die Sinnesorgane ausüben, wie Farbe, Ton, Geruch,

Geschmack, Wärme (sekundäre Qualitäten) (vgl. hierzu auch Vaihinger 1892, 460 ff.). Primäre Qualitäten sind objektiv gegebene, konstante und wesentliche Gegenstandseigenschaften, sekundäre Qualitäten hingegen sind subjektive Produkte der Sinneswahrnehmung und als solche nur relativ zur rezeptiven Organisation des wahrnehmenden Subjekts. Anhand primärer Qualitäten erkennen wir die „Dinge an sich", anhand sekundärer Qualitäten sind uns lediglich „Erscheinungen" gegeben.

Für die transzendentale Ästhetik hingegen ist *jede* Erkenntnis auf Anschauung bezogen (vgl. Kants Unterscheidung zwischen Denken und Erkennen in der *Vorrede* und in der *B-Deduktion*) und hat es als solche grundsätzlich *nur* mit *Erscheinungen* zu tun. Allerdings mit Erscheinungen nicht im empirischen Sinne, wonach das, was und wie es mir erscheint, von der jeweils wahrnehmenden Person und der individuellen Wahrnehmungssituation abhängt, sondern im transzendentalen Sinne, demzufolge alles, was in Raum und Zeit angeschaut wird, selbst Lockes primäre Qualitäten wie die „runde Gestalt" (A46/B63), Erscheinung ist.

(2) *Die Sinnlichkeit ist nicht verworren* (A43 ff./B60 ff.) – Ein zweiter Punkt, um dessen Klärung sich Kant in § 8 bemüht, betrifft die Unterscheidung zwischen Sinnlichkeit und Verstand und die mit dieser Unterscheidung zusammenhängende erkenntnistheoretische Charakterisierung sinnlicher Anschauungen einerseits und intellektualer Vorstellungen (Verstandesbegriffe) andererseits. Die Struktur des In-sich-Enthaltens ist die Struktur von Anschauungen. Begriffe gehen Subsumtionsverhältnisse ein, Anschauungen aber Integrationsverhältnisse. Die Differenz zwischen Anschauung und Begriff ist eine prinzipielle Verschiedenheit (Heterogenität) zweier Erkenntniselemente und ihrer epistemischen Funktionen (vgl. B48). Kants These lautet hier, A44/B61 f., dass der Unterschied kein „logischer", sondern ein „transzendentaler" sei. Gemeint ist, dass er nicht den Grad der Deutlichkeit, sondern Ursprung, Inhalt und epistemische Funktion von Vorstellungen betrifft.

Mit der Heterogenitätsthese richtet sich Kant gegen die rationalistische Erkenntnistheorie. Vom Cartesianismus bis in die Leibniz-Wolffsche Schulphilosophie des 18. Jahrhunderts wird die These vertreten, eine Anschauung (sinnliche Vorstellung; intuitio) sei eine dunkle und undeutliche (verworrene) Vorstellung, ein Begriff (intellektuale Vorstellung; conceptus) hingegen eine klare und deutliche Vorstellung. Die grundlegende Differenz zwischen der Leibniz-Wolffschen Schulphilosophie und Kant besteht darin, dass bei Leibniz und Wolff zwischen Anschauung und Begriff ein Unterschied im Grad der Deutlichkeit der Vorstellung, nicht aber eine Artverschiedenheit besteht. (In der Preisschrift über die *Fortschritte der Metaphysik* spricht Kant von deren Verschiedenheit „der Spezies nach"; XX 279.) In der Leibniz-Wolffschen Philosophie sind Anschauungen undeutliche Begriffe, sie sind von derselben Art, aber von einer geringeren epistemischen Qualität als Begriffe. Bei Kant hingegen sind sie hinsichtlich ihrer Struktur, ihrer Geltung und der kognitiven Leistungen, die erbracht werden, grundsätzlich irreduzibel verschieden, in ihren epistemischen Funktionen jedoch komplementär aufeinander verwiesen. Anschauliche Strukturen lassen sich nicht auf begriffliche reduzieren. Die Raumzeitlichkeit von Gegenständen muss angeschaut werden, sie kann nicht durch begriffliche Subsumtionen adäquat erfasst werden. Gegenüber den sonstigen Gegenstandsbestimmungen haben raumzeitliche Bestimmungen einen Sonderstatus.

Bereits in *De mundi* kritisiert Kant die Leibniz-Wolffsche Erkenntnistheorie. In § 7 schreibt er, es sei „verkehrt, das Sinnenhafte als das *verworren* Erkannte zu erklären, sowie das Intellektuelle als die *deutliche* Erkenntnis" (vgl. II 394). Im Laufe der 1770er Jahre gibt Kant schließlich auch die Überzeugung auf, die Unterscheidung zwischen sinnlichen und intellektualen Vorstellungen habe zu tun mit der Unterscheidung zwischen Erscheinungen und Dingen an sich. In der *Kritik* stützt Kant seine Kritik der Gleichsetzung von „sinnlich" mit „verworren" und von „intellektual" mit „deutlich" vor allem durch zwei Argumente. Das erste bezieht sich (wie schon in § 7 von *De mundi*) auf den Umstand, dass es undeutliche (verworrene) und dunkle Vorstellungen gibt, die überhaupt nicht sinnlich, sondern Begriffe des Verstandes sind. So ist z. B. der Begriff des Rechts *keine sinnliche* Vorstellung von einer Erscheinung, denn das Recht erscheint nicht. Der Rechtsbegriff ist ein Verstandesbegriff von der Beschaffenheit (besser: Bewertung) von Handlungen, die diesen *an sich* selbst zukommt. Er ist aber solange *undeutlich* und *dunkel*, wie er nur vage gebraucht und nicht präzise, wie in der Philosophie, analysiert wird. Das zweite Argument rekurriert auf die These der transzendentalen Ästhetik, der zufolge durch sinnliche Vorstellungen nicht Dinge an sich bloß undeutlich und dunkel, sondern überhaupt keine Dinge an sich erkannt werden, und dies weder durch sinnliche noch durch „intellektuale" Vorstellungen (vgl. auch *KrV* A264/B320).

(3) *Der Phänomenalismus der Selbsterkenntnis* (B66–69) – In Punkt II. von § 8 erläutert Kant eine Konsequenz der transzendentalen Idealität der Zeit als Form des inneren Sinns für die Theorie des Selbstbewusstseins. Selbsterkenntnis eines Subjekts von seinen eigenen mentalen Zuständen (Bewusstsein von seinen eigenen Vorstellungen) ist einem Wesen, das lediglich über sinnliche, nicht über intellektuelle Anschauung verfügt, wie das beim Menschen der Fall ist, nur dadurch möglich, dass das Subjekt durch sich selbst affiziert wird. Selbsterkenntnis unterliegt damit den Bedingungen sinnlicher Anschauung, d. h. der Form innerer Anschauung. Dies hat die Konsequenz, dass das Subjekt als Gegenstand des inneren Sinns auch sich selbst „nur als Erscheinung" erkennt. Man kann dies die These vom „Phänomenalismus der Selbsterkenntnis" nennen.

Zur Ausführung dieser These benötigt Kant eine Unterscheidung, deren Sinn und Bedeutung erst später, in der *B-Deduktion* (insb. § 25) und in den *Paralogismen*, einsichtig wird. Es ist die Unterscheidung zwischen dem (reinen) „Bewußtsein seiner selbst" in der „Apperzeption", das lediglich die „einfache Vorstellung des Ich" sei, und dem (empirischen) Selbstbewutsein eines Subjekts von seinen eigenen Zuständen, das eine „innere Wahrnehmung von dem Mannigfaltigen, was im Subjekte vorher gegeben wird", erfordere. Innere Selbstanschauung sei nur durch Selbstaffektion im inneren Sinn möglich, und die Zeit sei die „Art, wie es [das Subjekt] von innen affiziert wird, folglich wie es sich erscheint, nicht wie es ist" (B69). Da die Apperzeptionstheorie im Rahmen der transzendentalen Ästhetik noch nicht eingeführt werden kann, erschließen sich die relevanten sachlichen Implikationen der Kantischen Selbstbewutseinstheorie erst im Kontext der Kategorien-Deduktion und des Paralogismen-Kapitels (vgl. insb. § 24 der *B-Deduktion* und unten, die Beiträge von Hoppe, Carl, Ameriks und Sturma; vgl. auch Becker 1984 und Mohr 1991, 154 ff.).

Bei der Einführung des Begriffs der Selbstaffektion nimmt Kant ein weiteres Theorem in Anspruch, das bis dahin nicht eingeführt ist und auch im weiteren Verlauf des Textes nicht erläutert wird. Die Rede ist von der Tätigkeit des Gemüts als eines „Setzens der Vorstellung" (B67f.). Im Zusammenhang der Kantischen Anschauungstheorie bereitet der Begriff des Setzens von Vorstellungen als *Tätigkeit* des Gemüts eine sachliche Schwierigkeit. Sie besteht darin, da Anschauungen nach Kant *gegeben* und nicht gemacht sind und die Sinnlichkeit eine *Rezeptivität*, keine Spontaneität (Selbsttätigkeit) ist. Was soll unter einer Tätigkeit des Setzens von Vorstellungen verstanden werden, ohne Kants Heterogenitätsthese (die Sinnlichkeit denkt nicht, der Verstand schaut nicht an) zu widersprechen? Wenn Johann Gottlieb Fichte 1794 den Begriff des Setzens zu einem Grundbegriff der *Wissenschaftslehre* macht, so verbindet er damit ja gerade die These, da der von Kant angenommenen Dualität von Anschauung und Begriff die diesen gegenüber ursprünglichere Einheit einer präreflexiven *intellektuellen Anschauung* zugrundeliege.

(4) *Erscheinung ist nicht Schein – gegen Berkeley* (B69–71) – Durch entsprechende Zusatzbemerkungen unter Punkt III. will Kant dem Missverständnis vorbeugen, er wolle mit seiner These vom Erscheinungscharakter sinnlicher Anschauung behaupten, alle Erkenntnis sei bloßer Schein. Kant sieht sich zu dieser Richtigstellung durch den Brief Lamberts vom 13. Oktober 1770 veranlasst, der sich allerdings auf *De mundi* bezieht (X 108). Die Rezension der ersten Auflage der *Kritik* von Christian Garve und Johann Georg Heinrich Feder in den *Göttinger gelehrten Anzeigen* vom 19. Januar 1782 erhebt der Sache nach denselben Vorwurf. Kant reagiert darauf in den *Prolegomena* § 13, Anmerkung III, in gereiztem Ton. Auch Moses Mendelssohn wendet sich in den *Morgenstunden* (1785) in diesem Punkt gegen Kant (ohne ihn namentlich zu nennen). Eine präzise Interpretation dieses Punktes muss die im weiteren Verlauf des Textes vorgenommene Unterscheidung Kants zwischen „Erscheinung" als dem unbestimmten Gegenstand einer empiri-

schen Anschauung (A20/B34) und „Phänomen" als dem Gegenstand der Anschauung, sofern er gemäß den Kategorien gedacht wird (A248 f.), mitberücksichtigen.

(5) *Die menschliche sinnliche Anschauung ist nicht ursprünglich und nicht intellektuell* (B71 f.). – Der Begriff der Sinnlichkeit (und mit ihm der Anschauungsbegriff) wird näher charakterisiert durch die Gegenüberstellung von „abgeleitet" (intuitus derivativus) und „ursprünglich" (intuitus originarius). Unter „abgeleitet" versteht Kant hier, dass die Anschauung vom Gegebensein des Angeschauten abhängig ist, während „ursprünglich" eine Anschauung ist, die die Existenz des Angeschauten verursacht. In *De mundi*, § 10, schreibt Kant: „Die göttliche Anschauung [...], die der Grund der Gegenstände ist [...], ist urbildlich". Die göttliche Anschauung *erzeugt* die Gegenstände in ihrer Existenz (intuitus *originarius*), die menschliche Anschauung hingegen setzt die Existenz der Gegenstände als *gegeben* voraus (intuitus *derivativus*). Diese Unterscheidung ist im Zusammenhang mit der zwischen „intellectus archetypus" (urbildlicher Verstand) und „intellectus ectypus" (abbildlicher Verstand) zu sehen. Ersterer ist ein Verstand, „auf dessen Anschauung die Sachen selbst sich gründen", letzterer setzt die „data seiner logischen Behandlung aus der sinnlichen Anschauung der Sachen" voraus (Kants Brief an Marcus Herz vom 21. Februar 1772, X 130; vgl. auch *KrV* A695/B723 und *KU* § 77, V 405 ff.). Die Anschauung des „Urwesens" (Gottes) ist zugleich Denken, ist intellektuelle Anschauung, und sein Denken ist zugleich Anschauung, ist anschauendes Denken (intuitus originarius und intellectus archetypus). Die Anschauung menschlicher (endlicher) Wesen ist nur sinnlich, der menschliche Verstand ist nur diskursiv (intuitus derivativus und intellectus ectypus).

5.3.6 Zusammenfassung

Das Resultat des Textabschnitts kann auf vier Punkte gebracht werden (vgl. den *Beschluß der transzendentalen Ästhetik*, B73):

(1) Raum und Zeit sind keine Substanzen, keine Akzidenzen und keine objektiven Relationen, sondern *nichts anderes als* subjektive Formen der sinnlichen Anschauung a priori.

(2) Als solche „reinen Formen sinnlicher Anschauung" sind Raum und Zeit seitens der Sinnlichkeit diejenigen „Prinzipien der Erkenntnis a priori" (A22/B36), die synthetische Urteile a priori möglich machen. Kant entwickelt damit den traditionellen Apriorismus, der lediglich *Begriffe a priori* kennt, durch eine Theorie *sinnlicher Anschauungen a priori* weiter.

(3) Nur durch den Bezug auf reine sinnliche Anschauungen (Raum, Zeit) sind synthetische Urteile a priori möglich. Daher reichen diese „nie weiter als auf Ge-

genstände der Sinne" (B73). So steht schon hier fest, dass synthetische Urteile a priori „nur für Objekte möglicher Erfahrung gelten können" (ebd.).

(4) Der Dualismus von Sinnlichkeit und Verstand wird durch eine parallele Zuweisung heterogener, aber komplementärer Elemente – sinnlicher Anschauungen und nichtsinnlicher Begriffe – konsequent zu Ende geführt. Die noch 1770 bevorzugte ontologische Rede vom „*mundus* sensibilis" und „*mundus* intelligibilis" wird durch die von heterogenen *Erkenntnisvermögen* (Sinnlichkeit, Verstand) und deren *Vorstellungsarten* (Anschauung, Begriff) ersetzt.

5.4. Interpretationsfragen

Kants These, die Zeit sei *nichts anderes* als Form der Anschauung, ihre Begründung und die aus ihr von Kant gezogenen Konsequenzen haben zu vielfältigen und sehr grundsätzlichen Vorbehalten Veranlassung gegeben. Einige sind bereits genannt worden, so der Einwand von Mendelssohn, Lambert und Schultz gegen die im wesentlichen bereits in *De mundi* vertretene These. Durch welches Argument soll ausgeschlossen werden, dass die Zeit nicht wenigstens *auch* eine real-objektive Relation ist? Wodurch soll ausgeschlossen werden, dass Vorstellungen *de facto* in der zeitlichen Relation der Sukzession stehen? Muss dies nicht sogar angenommen werden? Wenn das vorstellende Subjekt sukzessiv vorstellt, dann ist die Zeit nicht nur Form des *Bewusstseins von* diesen Vorstellungen, sondern Relationsprinzip von deren *Auftreten*. Dann ist sie nicht nur Form der Selbstanschauung der eigenen Vorstellungen, sondern immanente Strukturbedingung des Vorstellens als eines Bewusstseins*akts*. Während Kant in A33/B50, A177/B220 und A362 zeitliche Sukzessivität als allgemeines Gesetz des *Vorstellens* auffasst, vertritt er in A37 Anm./B54 Anm. und A22 f./B37 eindeutig die Gegenthese, dass die Zeit lediglich die Form des *Bewusstseins von* unseren Vorstellungen ist. Für eine systematische Untersuchung zur Frage der Subjektivität oder Objektivität/Realität der Zeit, die auch Kant im Zusammenhang der Geschichte des Themas berücksichtigt, vgl. Bieri 1972.

Die Frage, wie Kant das Verhältnis von äußerem und innerem Sinn, Raum und Zeit bestimmt und welche internen Unstimmigkeiten bzw. sachlichen Bedenken sich daraus ergeben, wird (außer von den oben, S. 116 f., genannten) von Moreau 1974 und Baumanns 1981 weiterführend behandelt.

Ein weiterer wichtiger Einwand verweist, aus der Perspektive der gegenwärtigen Physik, auf die Relativitätstheorie und deren Konzeption einer vierdimensionalen Raum-Zeit, die das Euklidisch-Newtonsche Paradigma eines dreidimensionalen Raumes und einer eindimensionalen Zeit abgelöst habe. Kants transzendentale Ästhetik hänge von euklidischer Geometrie und Newtonscher Mechanik ab und tauge daher auch lediglich als philosophische Kommentierung dieser historischen, inzwischen überholten Wissenschaftsmodelle. Ernst Cassirer hat die damit zusammenhängenden Fragen bereits 1921 in seiner Abhandlung *Zur Einsteinschen Relativitätstheorie* diskutiert und Kants Theorie als eine philosophische Grundlagenanalyse diesseits empirisch-wissenschaftlicher Kontroversen verteidigt. Daran schließt Strohmeyer 1980 ergänzend und aktualisierend an.

Ebenso grundlegend ist der Vorbehalt gegen Kants These vom synthetischen Charakter der Mathematik. Gegen Kant wird – wohl überwiegend – die Position vertreten, dass die Mathematik analytisch sei. Siehe dazu Friedman 1992 und Parsons 1983 sowie im vorliegenden Band den Beitrag von Rohs.

Literatur

Bader, Ralf M. 2017: „Inner Sense and Time", in: Gomes and Stephenson 2017, 124–37.
Baumanns, Peter 1981: „Kants Begriff des inneren und äußeren Sinnes", in: Akten des 5. Internationalen Kant-Kongresses, hg. von Gerhard Funke, Bonn, Teil I.1, 91–102.
Baumanns, Peter 1981: „Anschauung, Raum und Zeit bei Kant", in: Beiträge zur Kritik der reinen Vernunft 1781 * 1981, hg. v. Ingeborg Heidemann und Wolfgang Ritzel, Berlin und New York, 69–125.
Becker, Wolfgang 1984: Selbstbewußtsein und Erfahrung. Zu Kants transzendentaler Deduktion und ihrer argumentativen Rekonstruktion, Freiburg/München.
Benoist, Jocelyn 1996: Kant et les limites de la synthèse. Le sujet sensible, Paris.
Bieri, Peter 1972: Zeit und Zeiterfahrung. Exposition eines Problembereichs, Frankfurt/M.
Cassirer, Ernst 1921: Zur Einsteinschen Relativitätstheorie, Berlin.
Falkenstein, Lorne 1995: Kant's Intuitionism. A Commentary on the Transcendental Aesthetic, Toronto.
Friebe, Cord, u. a. (Hg.) 2019: Zeit als reine Anschauung: Kant und die gegenwärtige Philosophie der Zeit. In: Kant-Studien 110, 393–511.
Friedman, Michael 1992: Kant and the Exact Sciences, Cambridge/Mass.
Garve, Christian/Feder, Johann Georg Heinrich 1782: Rezension der Kritik der reinen Vernunft, in: Göttinger gelehrte Anzeigen vom 19. Januar 1782 (wiederabgedruckt in: Albert Landau, Rezensionen zur Kantischen Philosophie, Bd. 1, 1781–87, Bebra 1991).
Gloy, Karen 1990: Studien zur theoretischen Philosophie Kants, Würzburg.
Heidegger, Martin 1927/28, Phänomenologische Interpretation von Kants „Kritik der reinen Vernunft" in: ders., Gesamtausgabe, Bd. 25, hg. v. Ingtraud Görland, Frankfurt/M. 1977.
Heidegger, Martin 1929, Kant und das Problem der Metaphysik, Tübingen (⁴1973 Frankfurt/M.).
Heidemann, Dietmar 2001: „Innerer und äußerer Sinn. Kants Konstitutionstheorie empirischen Selbstbewusstseins". In: Kant und die Berliner Aufklärung. Akten des IX. Internationalen Kant-Kongresses, 305–313.
Kraus, Katharina 2020: Kant on Self-Knowledge and Self-Formation: The Nature of Inner Experience, Cambridge.
Kraus, Katharina T. 2022: „Wie erfahren wir uns selbst sinnlich? Ein Lösungsvorschlag zu Kants Paradox der Selbstaffektion", in: Giuseppe Motta et al. (Hg.): Kant's Transcendental Deduction and the Theory of Apperception: New Interpretations. Berlin / Boston, 613–640.

Martić, Marko 2022: Zeit und Raum. Eine Untersuchung zur Entwicklung der Zeit- und Raumlehre bei Immanuel Kant, Berlin/Boston.

Martin, Gottfried 1951: Immanuel Kant – Ontologie und Wissenschaftstheorie, Köln (^{2}1969 Berlin).

Merritt, Melissa McBay 2010: „Kant on the Transcendental Deduction of Space and Time: An Essay on the Philosophical Resources of the Transcendental Aesthetic", in: Kantian Review 14, 1–37.

Messina, James 2014: „Kant on the Unity of Space and the Synthetic Unity of Apperception", in: Kant-Studien 105, 5–40.

Michel, Karin 2003: Untersuchungen zur Zeitkonzeption in Kants Kritik der reinen Vernunft, Berlin/New York.

Mohr, Georg 1991: Das sinnliche Ich. Innerer Sinn und Bewußtsein bei Kant, Würzburg.

Mohr, Georg 2004: Kants Grundlegung der kritischen Philosophie. Frankfurt am Main, „Die transzendentale Ästhetik", 93–150.

Mohr, Georg/Seel, Gerhard 1988: „Commentaire", in: Du sens interne. Un texte inédit d'Immanuel Kant, éd. par Reinhard Brandt et al., Genève/Lausanne/Neuchâtel, 19–36.

Moreau, Joseph: „ Le temps, la succession et le sens interne ", in : Akten des 4. Internationalen Kant-Kongresses, hg. v. Gerhard Funke und Joachim Kopper, Kant-Studien 65, Sonderheft, Berlin und New York 1974 ; wiederabgedruckt in: Joseph Moreau, La problématique kantienne, Paris 1984, 22–38.

Parsons, Charles 1983: Mathematics in Philosophy. Selected Essays, Ithaca, NY.

Parsons, Charles 1992: „The Transcendental Aesthetic", in: Paul Guyer (Hg.), The Cambridge Companion to Kant, Cambridge, 62–100.

Patt, Walter 1987: Transzendentaler Idealismus. Kants Lehre von der Subjektivität der Anschauung in der Dissertation von 1770 und in der „Kritik der reinen Vernunft", Berlin/New York.

Reininger, Robert 1990: Kants Lehre vom inneren Sinn und seine Theorie der Erfahrung, Wien/Leipzig.

Roche, Andrew F. 2018: „Kant's Transcendental Deduction and the Unity of Space and Time", in: Kantian Review 23, 41–64.

Rohs, Peter 1973: Transzendentale Ästhetik, Meisenheim/Glan.

Schmitz, Friederike 2013: „On Kant's Conception of Inner Sense: Self-Affection by the Understanding". In: European Journal of Philosophy, 1–20.

Strohmeyer, Ingeborg 1980: Transzendentalphilosophische und physikalische Raum-Zeit-Lehre. Eine Untersuchung zu Kants Begründung des Erfahrungswissens mit Berücksichtigung der speziellen Relativitätstheorie, Mannheim/Wien/Zürich.

Vaihinger, Hans, 1881/1892: Commentar zu Kants Kritik der reinen Vernunft, 2 Bände, Bd. 1 Stuttgart 1881, Bd. 2 Stuttgart/Berlin/Leipzig 1892 (Neuaufl. hg. v. Raymund Schmidt 1922, Nachdruck Aalen 1970).

Willaschek, Marcus 1997: „Die Idealität von Raum und Zeit und der transzendentale Idealismus. Eine ‚lückenlose' Interpretation von Kants Beweis in der ‚Transzendentalen Ästhetik'", in: Zeitschrift für philosophische Forschung 51, 537–564.

Béatrice Longuenesse

6 The Divisions of the Transcendental Logic and the Leading Thread

(A50/B74–A83/B109; B109–116)

6.1 Position and Function in the *Critique*

In the *Transcendental Aesthetic*, Kant has made a first step toward answering the question: "How are synthetic a priori judgments possible?" (B19) If space and time are, as he has argued, a priori forms of our sensible intuition, then this begins to explain the possibility of judgments that are both a priori and synthetic: a priori insofar as their being true depends on their relation to the a priori intuition in which all empirical given is ordered; *synthetic* insofar as they are true not by virtue of the mere analysis of the concepts they combine, but by virtue of their relation to the pure intuitions of space and time.

However, the main work of the *Critique* remains to be done. Judgments are combinations of concepts; they depend on the understanding. After considering the role of a priori forms of sensibility, Kant now considers the role of a priori forms of the understanding in accounting for the possibility of synthetic a priori judgments. Thus the full import of the Transcendental Aesthetic appears only when its argument is integrated into that of the *Transcendental Logic*. Here Kant develops both his positive answer (in the *Transcendental Analytic*) and his negative answer (in the *Transcendental Dialectic*) to the question that motivates the *Critique* in the first place: how is metaphysics possible?

At the heart of these answers is Kant's explanation of the origin, meaning and possible use of categories, that is, of those universal concepts that provide its framework to metaphysical thinking in general. Kant argues that the categories of metaphysics, of which Aristotle first gave a list with some claim to exhaustivity, are originally nothing but logical functions of our *Vermögen zu urteilen*, our capacity to form judgments. Kant's argument for this claim is developed in Chapter 1 of Book 1 of the *Transcendental Analytic*, the *Leading Thread to the Discovery of all Pure Concepts of the Understanding.*

6.2 Content and Structure of the Text

The texts presently under review include two main components:

(1) A series of introductory sections: to the *Trancendental Logic* as a whole; to its first part, the *Transcendental Analytic*; to Book 1 of the *Transcendental Analytic*, the *Analytic of Concepts*.

(2) Chapter 1 of the *Analytic of Concepts*, *The Leading Thread for the Discovery of All Pure Concepts of the Understanding*. The content of this chapter is described by Kant, in the *B-Deduction*, as the "metaphysical deduction of the categories" (cf. § 26, B159). It is a *deduction*, in the juridical sense Kant gives to this term in the *Critique*: the legitimation of a claim (cf. A84/B116). It is a *metaphysical* deduction as distinguished from the *transcendental* deduction that follows it: what receives legitimation in this chapter is the claim that categories have an a priori origin in the understanding rather than being, as Hume claimed in the case of the concept of cause, "mere bastards of the imagination" (IV 258). But actually the *metaphysical* deduction can be fully understood only if one keeps in mind the relation Kant intends it to have with the *transcendental* deduction that follows it: as we shall see, in all three of its sections its argument is geared toward the demonstration, to be developed in the *Transcendental Deduction*, of the relation of pure concepts of the understanding to objects given in sensible intuition.

The argument of the metaphysical deduction has three main steps, corresponding to the three sections of chapter 1: 1) Exposition of the "logical use of the understanding," which Kant argues is nothing other than its use according to logical functions of judgments; 2) establishment of a "complete" table of logical functions of judgment; 3.1) argument to the effect that one can establish a complete table of the categories corresponding to the table of logical functions of judgment, and 3.2) exposition of this table.

6.3 Textual Commentary

6.3.1 Kant starts the *Introduction to the Transcendental Logic* as he did the *Transcendental Aesthetic* (cf. A19/B33), by asserting the duality of human representational capacities: sensibility and understanding, passivity and activity. This original duality of capacities is stated without being argued for. It has, on the one hand, a quite standard empirical-psychological meaning: the passive capacity of the mind, by means of which we receive impressions, is distinguished from its active capacity, by means of which we form concepts. But the originality of Kant's position lies in his attributing to each capacity a specific *form*, or mode of combination and ordering of representational data. This duality of *forms* thus confers its true import on the duality of capacities. The proper context of the latter is not that of empirical psychology, but of transcendental philosophy: that is, the investigation into the conditions of a priori knowledge of objects (on this meaning of "transcendental" cf. A12/B25; also A56/B80 f.).

In the *Transcendental Aesthetic*, Kant has presented the forms of sensibility (space and time) as modes of ordering manifolds, or multiplicities (*Mannigfaltigkeiten*; cf. A20/B34). Only by means of such orderings do sensations yield intuitions of objects (= representations that are "immediate and singular ," cf. A320/B377; also *Logik* § 1, IX 91). But on the other hand, objects are recognized for the kind of objects they are only by being thought under concepts, "general and reflected representations" (cf. *Logik* § 1, XI 91). Just as there are forms of sensibility by means of which sensible manifolds are combined and ordered *in* intuition, so there are forms of understanding by means of which objects in general are thought *under* concepts. Kant thus insists both on the distinction and necessary collaboration, for any knowledge of objects, of these two kinds of "forms." This is what grounds the project of a "transcendental" logic, or science of the a priori rules of understanding, insofar as their collaboration with a priori rules of sensibility may ground the possibility of a priori cognition of objects.

Kant distinguishes *transcendental* from *general* logic, or more specifically, from *general pure* logic, which he also sometimes calls "formal" logic (cf. A131/B170). I shall consider each in turn, beginning with "formal" logic.

Logic, whatever its kind, is defined as the "science of the rules of the understanding in general" (A52/B76). It is divided into general logic and "logic of the special use of the understanding," which we might describe as methodology of special sciences (*ibid.*). General logic is in turn divided into "pure" and "applied" logic: the latter deals with empirical-psychological matters such as, for instance, the ways in which imagination or inclination may interfere with the proper use of the understanding (cf. A53/B77). Both distinctions – that between "general logic" and "logic of the special use of understanding," that between "pure" and "applied" logic – are standard in logic textbooks of Kant's time (although Kant's meaning for "applied" logic is different from the usual, see A54/B78). But in making these distinctions, Kant serves his own purpose, which is to emphasize two points: 1– pure general (= formal) logic "deals with the mere form of thought;" 2– it "derives nothing from psychology" (*ibid.*).

What does Kant mean by "the mere form of thought"? Kant explains that logic is concerned with "the universal laws of thought, without which there is no use of the understanding" (A52/B76; cf. *Logik*, IX 13). In his logic textbook he adds that logic is a "self-knowledge of understanding and reason, concerned not with their capacity with respect to objects, but merely with their form" (*Logik*, IX 14). The "form" is thus defined by opposition to the "matter" of thought, its object (cf. *Logik* § 2, IX 91). The expression "form of thought" is further specified in the four main chapters of the Logic: the "form" of concepts is their universality (*Allgemeinheit*) (*Logik* § 2, IX 91); the "form" of judgment is the particular way it combines representations (intuitions or concepts), or in Kant's terms, the "determination of the manner in which the various representations, as such, belong to one consciousness" (*Logik* § 18, IX 101); the "form" of a syllogism, or inference of reason, is the "consequence," (*Konsequenz*, in Latin *consequentia*) namely the inferential rule according to which the conclusion follows from the premises (*Logik* § 59, IX 121); the "form" of a science is its systematic unity according to the universal rules laid out in the chapters on concept, judgment and inference (*Logik* § 95, IX 139). In saying that general pure logic is concerned with the "mere form of thought," then, Kant means that logic is concerned with laying out the rules of combination (in judgments, inferences, system) of concepts considered in their "mere form," namely their being "universal and reflected representations."

This in turn helps us understand what Kant means when he says that logic "derives nothing from psychology." Logic is concerned *only* with laying out the rules of combination of concepts according to their form. What logic is *not* concerned with is describing the empirical conditions of the activity of thinking or, as "applied" logic does, considering how understanding is helped or hindered by imagination, emotions, inclinations, etc. Logic is concerned only with explaining how we *should* think so that thought may be "in agreement with itself" (cf. IX 13), namely so that our combination of concepts may lead to no contradiction and our inferences may be correctly grounded. Note that for Kant – contrary to the view of logic prevalent after Frege – the opposition between logic and psychology does not rest on the fact that the former has nothing to do with our mental activities. For Kant the opposition resides, rather, in the normative character of logic, as opposed to the descriptive character of empirical psychology. But even the normative character of logic is, in the end, the expression of the normative capacity *of our minds:* according to Kant, it is simply a fact about ourselves that we are capable of instituting rules for the combinations of our representations, so as to form judgments – combinations of concepts with a claim to truth – and infer true propositions from true propositions (see for instance *Logik,* IX 11 ff.).

Now, contrary to the distinctions just analyzed, that between "formal" and "transcendental" logic is proper to Kant. It is also the only one that is truly important for the *Critique*. Significantly, once *transcendental* logic is introduced, "pure general" logic is simply called "general logic" (see A55/B79, A76/B102). This is because in the context of their distinction, both *transcendental* and *general* logic are "pure" ("borrow nothing from psychology," in the sense explained above: both abstract from empirical-psychological description of the activity of thinking, and consider universal rules of "how we should think"). But whereas general logic is concerned merely with the *form* of thought, namely the forms of combination of concepts (universal representations), whatever the content of these concepts may be, transcendental logic considers the content of thought, insofar as thought may have relation to objects a priori (cf. A55f./B79f.). Because it is thus concerned with *content* and not mere *form*, in the terms of the previous classification, transcendental logic might count as a case of "logic of the special use of the understanding," although it is itself extremely general: it is concerned with what might be an a priori content of thought in any science, whether the latter has *also* an empirical component (natural science) or is "pure" (mathematics or metaphysics).

But what does Kant mean by "content"? In *Logik* Kant explains that a concept has a "content" (*Inhalt*) in that as "as a partial concept (*Teilbegriff*) it is contained in the representation of things." (§ 7, IX 95) To say that general logic "abstracts from the content of concepts" (A55/B79), then, is again to say that it considers concepts only in their "form," universality, insofar as by virtue of this form alone concepts can be combined (subordinated to one another, see below 6.3.2.1, in judgments and inferences. Obviously, general logic is not concerned with knowing which things or features of things are represented in our concepts. As far as logic is concerned, concepts can be simply represented by letters (as was commonly done since Aristotle in the presentation of the forms of syllogistic inferences, and as Kant himself does in his logic lessons: see for instance *Logik* § 21, IX162f., § 29, IX 107f., § 36, IX 111).

By contrast, *transcendental* logic *is* concerned with the content of concepts. This is because its task is to discover whether some among our concepts may be "partial representations" of things not by virtue of these things affecting us in a certain way (as for instance the concept "red" is a "partial representation" common to our representations of strawberries, tomatos, blood, the French flag, the American flag, etc., by virtue of the way these things affect our sensibility *via* our visual organs), but by virtue of our own a priori modes of ordering sensible manifolds corresponding to our sensations. We are encouraged to ask such a question, Kant reminds us, by the results of the Transcendental Aesthetic. For since it has been shown that our sensible capacities provide us with a priori modes of ordering manifolds in intuition, then it is natural to ask whether there might also be concepts that have their origin not in the way the objects affect us, but in the way we think them according to the a priori sensible forms (A55f./B79f., also A57/B81). Investigating this question is the affair of a *logic*, namely a "science of the rules of understanding" (A52/B76, and with a different formulation, A57/B81); but this logic is a *transcendental* logic, since its investigation is meant to establish "that and how [...] concepts are applied, or even are possible merely a priori." (A56/B80)

Finally, both general and transcendental logic are divided into analytic and dialectic (A57/B82, A62/B87). Kant calls general logic *analytic* – a term he borrows from

Aristotle – insofar as it is the exposition of "the necessary and universal rules for understanding" (A59/B84). He calls *dialectic* the illusory and deceptive use of general logic that consists in transforming what should be a mere *canon* – a set of rules for correct reasoning, where the content of thought must be given from outside the understanding and where, therefore, only negative criteria of truth are obtainable – into an *organon*: – an instrument for generating objective knowledge by making use of the laws of logic alone (A60f./B85). Kant gives no specific example, but he clearly has in mind the proofs of rational metaphysics. Wolff and Baumgarten, for instance, "proved" the principle of sufficient reason by applying the principle of contradiction to the mere concept of *ens* (being), and went on to expound a whole system of metaphysics according to the same method (cf. Wolff, *Philosophia prima*; Baumgarten, *Metaphysica*). If such endeavors are indeed what Kant had in mind, then his use of "dialectic" in the context of *general* logic is closely connected to what he calls "dialectic" in the context of *transcendental* logic. For, in the latter case, *analytic* becomes *dialectic* when the sensible conditions, under which alone pure thought of an object is possible, are ignored (cf. A63/B88). Since such a procedure amounts to an attempt to produce knowledge from pure concepts by mere application of the laws of logic, it is essentially the same kind of mistake as general logical illusion. Denouncing this attempt and revealing its origin in the nature of reason itself will be the role of the second part of the *Transcendental Logic:* the *Transcendental Dialectic* (cf. A63f./B88).

I now turn to the Transcendental Analytic and its chapter 1, The Leading Thread for the Discovery of Pure Concepts of the Understanding.

6.3.2 In the opening sections of the *Transcendental Analytic*, Kant makes very strong claims indeed: that he will give a systematic exposition of the pure concepts of the understanding "from an idea of the whole of intellectual cognition" (A64/B89), and that he will track these concepts all the way to their "first germs and dispositions in human understanding" (A66/B91). The three sections of the *Leitfaden* chapter are supposed to sustain these claims. I shall now consider Kant's argument in each section, starting with his analysis of "the logical use of the understanding."

6.3.2.1 What Kant means by "logical use of the understanding" is not the use of the understanding *in logic* (for instance, in expounding the rules of valid inference). It is the use of the understanding as applied to any domain of objects whatsoever, irrespective of all specific differences, according to the rules of combination of concepts in judgments and syllogisms expounded in logic. The expression "logical use of the understanding" appears in Kant's 1770 *De mundi*, in the context of its distinction from the "real use" of the understanding (II 393). The latter, Kant explains, is the use in which understanding generates, from its own resources or immanent laws, concepts of objects and their relations: such is the use of understanding in the purely intellectual science of metaphysics, whose possibility Kant did not then (1770) doubt in the least. The "logical use" is that in which concepts, whatever their origin, are "subordinated to one another, namely the lower concepts under the higher concepts, according to the law of contradiction" (see *De mundi*, §§ 5–6, II 393 f.). Such subordinations occur in judgments and syllogisms and are a procedure common to all sciences. In *empirical* cognition, they are the means by which appearances (*apparentiae*, the immediate objects of empirical intuition) are related to *phaenomena*, objects thought under concepts and systematically correlated in space and time (cf. *De mundi*, § 5, II 393 f.).

Now, whether any "real use" of the understanding is at all possible, namely whether there are indeed pure concepts of the understanding by means of which a priori knowledge of objects is possible, is the question Kant intends to answer in the *Critique*. But he sees no reason to doubt the possibility of its "logical use" as applied to empirical objects. This being so, clarifying the latter use might help explain how the understanding relates *any* of its concepts, including "pure" concepts or categories, to objects in general. As it turns out, analyzing the "logical use" will indeed provide the clue to the very nature of these concepts and thus the principle for their exposition "from the dissection of the faculty of understanding itself" (A66/B91).

These precedents for Kant's investigation into the "logical use of the understanding" explain that section 1 should once again begin with a reminder of the duality of sensibility, which alone yields intuitions of objects, and understanding, which yields no intuition, namely no immediate representation of individual objects, but only concepts, "universal and reflected" and thus "discursive" representations (A68/B93, cf. *Logik* § 1, IX 91). In fact, the first sentence in the present section ("The understanding has thus far been explained merely negatively, as a nonsensible cognitive faculty", A67/B92) refers us back to no recognizable passage from the *Critique* itself but might well be a remnant from an earlier draft where Kant's debate with his own pre-critical description of understanding would have been explicitly present (cf. the identical formulation in the 1772 Letter to Herz, X 133).

But in the present passage, Kant intends to provide further insight into the nature of the understanding by introducing the notion of a *function*, as a counterpart to that of *affection* associated with sensibility (A68/B93). The term "function" might have a quite general meaning, borrowed from an analogy with biology: the "function" of an organ is the specific way in which it contributes to the activity and self-preservation of the organism as a whole. Similarly, the function of a representative faculty might be its specific contribution to the activity of cognition as a whole. Indeed, in this very general sense Kant occasionally assigns a "function" even to sensibility (cf. A51/B75; on this use of the term "function" and its antecedents in earlier phases of Kant's work, see Schulthess 1981, 219–224, 231–233). However, Kant has clearly something more specific in mind when he writes: "Intuitions rest on affections, and thus concepts (*Begriffe also*) on functions" (A68/B93). What he is saying is that intuitions do *not* rest on intellect (spontaneity), they are by themselves non-conceptual, *and because of this* concepts have to arise by a specific kind of intellectual activity, one that brings merely receptive (sensible), intrinsically non-conceptual intuitions, *under* concepts. This is what the next sentence explains: "I call function the unity of the act of ordering different representations under a common representation" (*ibid.*). To say that concepts rest on functions, then, is to say that they are produced by the kind of activity that *can* and *does* bring receptive intuitions under "common representations:" under concepts as "universal and reflected representations." Compare with what Kant says in his *Logik:* whereas the *content* of a concept can be either given or "made" (*gemacht*), its *form* – universality – is *always* "made" (*Logik* § 4, IX 93). It is made, or generated, by acts of the understanding whose "unity" (specific law or rule) Kant calls "function." Another possible analogue for the notion of *function*, besides the physiological one, is then the notion of a *mathematical* function. The "function" we are talking about here would map given representations – intuitions – on to combinations of concepts in judgments (cf. Schulthess 1981, 224–231; Wolff 1995, 65 f.).

But what can the function be, by means of which concepts are generated, as to their form, by the understanding? A clue to this question is provided by the use we make of concepts. Concepts are used only in judgments (A68/B93: "The understanding can make no other use of these concepts than judging by means of them"). Now, in judging, we relate concepts to objects (instances of the concepts). Or more specifically, in judging we typically relate a concept, say divisible (in the judgment: "all bodies are divisible") to another concept, say "bodies" (the subject-concept) and by means of it to all objects thought under the subjectconcept. But we know from what precedes that these objects – understood not only in the logical sense, as instances for our concepts, but also in the epistemological sense, as what our representations are representations of – these objects, if given at all, can be given only *in a sensible intuition*. Considered in this way, a judgment such as "all bodies are divisible," by virtue of its form (its mode of combination of representations, for instance "all S's are P"), answers the definition of "function" that was given above: "the unity of the act of ordering different representations under a common representation." Indeed, after analyzing the example "all bodies are divisible," Kant concludes: "All judgments are *functions of unity among our representations*" (A69/B94, my emphasis). How can we relate the present formulation: "functions *of unity*," with that of "*unity of* the act" (A68/ B93) by means of which Kant defined earlier "functions" themselves? I suggest that "functions of unity" (*Funktionen der Einheit*) should be understood as: "functions bringing unity into…". Thus judgments are instances of "unities of the act of ordering different representations under a common representation" and as such, "functions *of unity among our representations*," i.e. functions *which bring unity into* our representations.

Judgments, and more specifically, judgments considered as to their *form* (the ways in which in them, concepts are combined and related to objects) are thus clear candidates for being just those *functions* on which concepts rest (note that the forms characteristic of the *use* of concepts in judgment are thus also the forms according to which concepts are *generated* in the first place, insofar as they "rest on functions"). But might there perhaps be other candidates for the role of "functions"? Kant's answer is no: *all* acts of the understanding can be traced back to acts of judging (A69/B94: "We can reduce all acts of the understanding to *judgments*, so that the understanding in general can be called a *capacity to judge* [*ein Vermögen zu urteilen*]").

The expression "acts of understanding" is common in logic textbooks of the time. They successively consider the four acts of the understanding (*operationes intellectus, opérations de l'esprit* in the Port-Royal logic that inspired all early modern logic textbooks) by means of which the mind (i) perceives *ideas*, (ii) compares and combines or separates them in *judgments*, (iii) forms chains of judgments in *inferences*, (iv) unifies its inferences according to a *method* (cf. Arnauld/Nicole, *Logique*, 37; compare the three chapters of the *Doctrine of Elements* in Kant's *Logik*: "On concepts," "On Judgments," "On Inferences;" and the second part, "General Doctrine of Method", cf. *Logik*, IX 4). Thus "understanding," in "all acts of the understanding" should be understood in the broad sense, where it includes what Kant calls "understanding" in the narrow sense (faculty of concepts) but also the *Urteilskraft* – the faculty of judgment (or of subsuming objects under concepts), and reason (faculty of inferences). Now, we just saw how from Kant's perspective, *judgment* takes precedence over *concepts*. We should now add that the possibility of *inference* is implicit in judgment, simply by virtue of its form. This is evident in Kant's examples, and still more so in his analysis of these examples. "In every judgment is a concept which holds of many representations, and among them of a given representation that is immediately related to an object. Thus in the judgment "all bodies are divisible", the concept of the divisible applies to various other concepts, but is here applied in particular to the concept of body, and this concept again to certain appearances that present themselves to us" (A68f./B93). To form a concept C, say "body", is in effect to form the universal judgment that attributes to this concept its marks (for instance, "all bodies are divisible"); but to form such a universal judgment is itself in effect to form the premise for a possible syllogistic inference in which the minor premise would attribute the concept C to any of its subspecies (say, "every metal is a body": see Kant's next example, A69/B94), and to all individual objects of intuition thought under this concept; and the conclusion would attribute to the latter the marks of the concept C, say "every metal is divisible" (for more detail on this point, see Longuenesse 1998, 86–93).

This is what leads Kant to say that the understanding is nothing other than a "capacity to judge," *ein Vermögen zu urteilen*. This *Vermögen zu urteilen* should not be confused with the *Urteilskraft*, the power of judgment, that is, the power of subsuming individual objects under concepts (cf. A132/B171; also *KU*, V 179). The latter is only one aspect of the exercise of the understanding as a *Vermögen zu urteilen*; other aspects include the formation of concepts (understanding in the narrow sense), inference (reason), and method or system. Kant's claim, then, is to have identified the *one all-embracing function* that defines intellect (understanding in the broad sense, whose universal rules are expounded in logic). This is because, after starting with the accepted notion of intellect as being primarily a faculty of *concepts* (cf. A69/B94), Kant has brought it back to a more fundamental function in which all other functions are rooted: the function of forming *judgments*.

This is why, finally, "all functions of the understanding" (in the broad sense of intellectual faculty, *intellectus*) shall be identified if one can make an exhaustive inventory of "functions of unity in judgment" (*ibid.*, end of paragraph). With the characterization of understanding as *Vermögen zu urteilen*, we thus find the unifying "idea" Kant claimed, in the opening sections, he would be able to provide for his transcendental investigation. We now need to see how he makes good on his promise to "lay before our eyes" a complete account of "functions of unity in judgment."

6.3.2.2 Section 2 of the *Leitfaden* chapter is entitled *On the logical function of the understanding in judgments*. In its first sentence, Kant states that by "abstracting from" the content of a judgment and "paying attention" only to the "form of understanding [*Verstandesform*]" in it, we discover that "the function of thought in judgment can be brought under four titles, each of which contains in itself three moments" (A70/B95). Without further ceremony he then exhibits his table of logical functions of judgment, thus elevated to the status of that "complete presentation of the functions of unity in judgments" he promised at the end of section 1. But how does "paying attention only to the form of understanding in judgment" so quickly and painlessly provide Kant with the means to fulfill his promise?

We saw earlier what Kant means by "form of thought" and in what sense logic is concerned with "the mere *form* of thought," abstraction being made of its *content* (see above, 6.3.1). We know, from section 1, that the *forms* of judgment, concept, inference are the result of the *function* of thought. Actually, Kant often uses the terms *form* and *function* interchangeably (cf. for instance A248/B305, A254/B309). I suggest that inasmuch as they are distinguished at all, they are distinguished as a *result* can be distinguished from the *process that generates it:* the *form* of thought is the result of the *function* of thinking, namely the "unity of the act of bringing representations under a common representation." Thus Kant's transcendental inquiry into functions of thought as possible conditions for a priori cognition of objects guides his search for a systematic exposition of elementary forms of thought (just those forms of thought expressing the "unity of the act of bringing various representations under a common representation"); and conversely, investigating logical forms of thought (namely, forms of judgment) is the means to come up with the original specifications of the function of thought.

In a famous passage from the *Prolegomena*, Kant declares that in his search for elementary forms of judgment he was fortunate enough to have had "the labors of logicians ready at hand" (IV 323). He also says, however, that these works were "not without defect" (*ibid.*). Similarly here, after laying out his table he notes that it "differs in some respects, although no essential ones, from the usual technique of logicians" (A70/B96). This declaration is followed by his going over each of his four "titles" and explaining how and why, *within* each title, his three "moments" differ from usual presentations. Strangely enough, he says nothing about the way the table itself, with its four titles and its peculiar mode of presentation, differs from "the usual technique of logicians." It does differ from it, however, in quite significant ways. That the mode of classification he chose – not to mention its tabular presentation – was not immediately obvious to Kant himself is suggested by the fact that it appears relatively late in the indications we have from his *Nachlaß*. The first extant occurrence of the table in its present form seems to be in Kant's lectures on metaphysics, in the late 1770's (cf. Tonelli 1966). This tends to confirm that Kant's reflection on logical functions and logical forms evolved in conjunction with his inquiry into the problem he raised concerning the categories of metaphysics.

Kant's table deserves a detailed examination it cannot receive within the limits of the present essay. I shall restrict myself to brief comments on each of its "titles" and "moments," in an effort to make clearer the relation between functions of thought and forms of judgment I just outlined.

When two concepts related in judgment are considered merely as to their form, namely their universality (the fact that a plurality of objects are "thought under" them or constitute their *extension*, *Umfang*), the extension of the one can be contained in (or excluded from) the extension of the other, either *in its totality* or only *in part:* this is the distinction between *universal* and *particular* judgments. Furthermore, the extension of one concept can be either *contained in* or *excluded from* the extension of the other: this constitutes the distinction between *affirmative* and *negative* judgments. (On these explanations and the privilege given to the point of view of *extension* in defining the form of judgment as to its quantity and quality, cf. *Logik* §§ 21–22, IX 102 ff.; note too that consideration of the *extension* of concepts, and judgment as expressing the inclusion or exclusion of concepts's respective *extension* – *Umfang* – is also prominent in the explanations Kant gives in the *Cri-*

tique about quantity and quality of judgments, A71 f./B96–98). Combining these four "moments" yields the four classical cases of propositions that constitute the four possible forms of premises for syllogisms in the Aristotelian tradition: universal affirmative, universal negative, particular affirmative, particular negative (A–E–I–O). On this point at least, Kant's first two "titles" and their first two "moments" agree with previous presentations, except for the privilege given to the point of view of extension in defining concepts and their relations. This proves to be vital for the role of logical forms as "leading thread" for the categories (see below).

To the first two "moments," Kant adds a third under each "title:" singular judgment under quantity, "infinite" judgment under quality. The reason he gives in each case is that these additional "moments," although irrelevant for syllogistic inference, are important for the considerations of *content* that concern *transcendental* logic (cf. A71 f./B96 f.). Such remarks are in keeping with Kant's description of the table as a "transcendental" table of logical functions (A73/98): although a table of *logical functions* expressed or manifested as *logical forms* (and thus belonging to *general* rather than *transcendental* logic), the table is established from a *transcendental* standpoint, with a view to effecting a transition to the a priori conditions for knowledge *of objects given in intuition.*

The *raison d'être* for the third title, that of "relation," is more difficult to elucidate. Kant notes that a judgment, considered according to the forms of relation, combines two concepts (categorical judgments) or two judgments (hypothetical judgment, where the connective is "if … then") or several judgments (disjunctive judgment, where the connective is "either … or") (A73/B98). This is hardly any explanation at all. We can do better if we consider again what Kant said in section 1. As we saw from his analysis of his two examples, combining concepts in a universal *categorical* judgment (all A's are B) was *eo ipso* obtaining the premise for a syllogistic inference in which one might attribute the predicate B to anything thought under the subject-concept A. Thus Kant usually calls the subject-concept in such a judgment the *condition* of a rule (for this use of the term "condition," see A322/B378; also *Logik* § 58, IX 120 f.). Now, in Kant's model of logical inference (based on concept-subordination and subsumption of individuals under concepts) there are two other forms according to which a *condition* is formulated for a rule. One is the form of hypothetical judgment, where a concept is not *by itself, on its own,* the condition for attributing, to an object thought under it, one of its marks. Instead, one can do so only *under an added condition:* "If C is D [added condition], then A is B" (and thus any object x subsumed under the concept A receives the predicate B *under the added condition* that some relevant C is D). Kant's example is the proposition: "If there is perfect justice, then the wicked will be punished." (Implicit possible subsumption: any individual falling under the concept "wicked" is doomed to be punished, *under the added condition that the state of the world be one of perfect justice*). Or, to take up an example

Kant uses in the *Prolegomena*, "If the sun shines on a stone, the stone gets warm" (IV 312). (Implicit possible subsumption: any individual falling under the concept "stone" gets warm, *under the added condition* of that the stone be shone upon by the sun).

The third kind of condition for a rule is that in which, instead of subordinating a lower concept under a higher concept and by this means, subsuming under the higher concept all the individuals thought under the lower concept (as in the categorical judgment, "all A's are B"), one *divides* a concept, say A, into mutually exclusive specifications of this concept, say B and C, and thus affirms that a concept A (and whatever individual thought under this concept) is determined as B *under the condition that it not be determined as C*, and conversely, is determined as C *under the condition that it not be determined (specified) as B:* this is the form of disjunctive judgment.

Grouping the forms of categorical, hypothetical and disjunctive judgments under the same title of "relation" is one of the major innovations of Kant's table. All three forms existed in logics of the time. But Kant's "categorical" judgment was called "simple" judgment and was distinguished as such from a whole array of "complex" judgments among which, besides hypothetical and disjunctive, one major case was that of "copulative" propositions (where the connective is "and"). It seems that Kant substitutes for the distinction between "simple" and "complex" judgments a grouping *together*, under the title "relation," of categorical (formerly "simple"), hypothetical and disjunctive (formerly two cases of "complex") judgments, because they are just those forms that govern the three main kinds of syllogistic inference and thus the subsumption of particular instances under the condition of universal rules.

About the fourth title, that of modality, Kant explains that it does not add to the "content" of judgments. This is an unusual use of the term "content." What Kant seems to mean is that the modal determinations of judgment he is concerned with are not expressed in a particular aspect of the *form* of judgment – as is the case with quantity (by "all" or "some"), quality (by "not" or its absence) and relation (by the copula "is" or the connectives "if...then" and "either...or") –; nor do they determine a specific difference in the function of judging – relating *all* or *part* of the extension of concepts (as in quantity), *including* or *excluding* extensions (as in quality), asserting the predicate of individual objects *under the condition of the subject-concept* itself, or *under an added condition*, or *under the division of a genus*, as in relation). Instead, the modality of a given judgment expresses only "its relation to the unity of thought in general," which finds no particular expression within the form of judgment itself, but only in its relation to other judgments. Indeed, in the examples Kant gives for "problematic," "assertoric" or "apodeictic" judgments, modality is marked by no particular modifier, but consists merely in the "value of the copula" in the judgment, as determined by its place in a hypothetical or disjunctive judgment or in syllogistic inferences (cf. A74f./B100).

These remarks perhaps help bring some light on the systematic character and, in the end, the simplicity of Kant's table: it is a table of concept subordination (first two moments of quantity and quality), under either an "inner" or an "outer" condition (first two moments of relation), which also takes into account the subsumption of singular objects under concepts (singular judgments, third moment of quantity) and the unity of concept subordination in a system of genera and species ("infinite" and disjunctive judgments, third moments of quality and relation). Finally, the place of each judgment in other judgments or in inferences (its "relation to tought in general" A74/B100) determines its modality.

None of this, however, explains how logical functions of judgment may relate to categories. Kant's argument to this effect is given in section 3, *On the Pure Concepts of Understanding, or Categories*.

6.3.2.3 Section 3 is in two parts, paralleling sections 1 and 2: in the first part, Kant expounds the acts of the mind from which the categories emerge (as in section 1 he explained the nature of the "function" at work in judgment), while, in the second part, he exhibits and explains his table of categories (as in section 2 he exhibited and explained his table of logical functions, expressed in logical forms of judgment). Unlike section 1, however, the first part of section 3 is clearly divided into paragraphs, each of which presents a distinct step toward its final result: justifying the exposition of "pure concepts of the understanding" according to the guiding thread of the table of logical functions of judgment.

a) *Part One: The Steps toward the Table of categories.* – If we number the paragraphs from (i) to (vii), we find the following progression: (i) reminder of the distinction between *general* and *transcendental* logic; this distinction is now linked to another, destined to have a fundamental role throughout the first *Critique*, that of *analysis* and *synthesis:* general logic is concerned with forms of *analysis*, transcendental logic is concerned with forms of *synthesis*; (ii) explanation of *synthesis*; (iii) imagination is the source of synthesis, understanding is the source of the *unity* of synthesis; (iv) pure concepts of the understanding are "universal representations of pure synthesis"; (v) reminder of the respective concerns of *general* and *transcendental* logic: general logic is concerned with how manifolds are brought *under* concepts, by *analysis*; transcendental logic is concerned with how manifolds are brought *to* concepts, by *synthesis*; (vi) the same function, that generates the form of judgments by means of *analysis*, also generates the transcendental content of pure concepts of the understanding by means of *synthesis*; (vii) this, then, justifies taking the table of logical functions of judgments as a "leading thread" for a table of categories or pure concepts of the understanding.

A surprising fact should be noted here: the progression just outlined seems to anticipate the Transcendental Deduction, all the way to the *Schematism of Pure Concepts of the Understanding* (first chapter of the *Analytic of Principles*, A137/B176). A detailed explanation of (ii), (iii), (v) is given with the "threefold synthesis" in the *A-Deduction*, briefly recalled in § 15 of Deduction B, and restated in §§ 24 and 26 of the *B-Deduction*. An explanation of (iv) is provided in section 2 (A110) and again in section 3 (A119) of the *A-Deduction*, and in § 20 of the *B-Deduction*. A detailed elaboration of (vi) – the culmination of the metaphysical deduction – is given in §§ 19 and 24 of the *B-Deduction*. However, in both versions of the Transcendental Deduction, what links together *synthesis*, *unity* of synthesis, *logical functions*, and *categories*, is the "transcendental unity of apperception," a notion which is not mentioned at all in the present text. What, then, is going on here?

I suggest that anticipating the transcendental deduction of the categories is exactly what Kant intends to do here. This explains why the table of logical functions remains a mere "leading thread" for the table of categories. It is not by itself a sufficient justification of the claim that there are categories, in Kant's sense: a priori concepts as necessary conditions for there being any object of cognition, and thus grounding a priori cognition of objects. In other words, Kant is here outlining a relation between *analysis* ("logical use of the understanding") and *synthesis* (by which a manifold is "gone through, taken up and combined", A77/B102) that will find its complete explanation as well as its transcendental import, only within the argument of the Transcendental Deduction. If the table of logical functions of judgment is a "leading thread" for the table of categories, similarly the metaphysical deduction becomes a leading thread for the transcendental deduction, from which alone, in turn, it can receive its complete justification.

Nevertheless, for the "leading thread" to have any semblance of plausibility, Kant needs to provide us with some reason for it. This is what he does in the steps just outlined. I shall now consider these steps in more detail.

(i) There is some confusion in the way Kant first recalls the distinction between general and transcendental logic (A76 f./B102). Surely it is not general logic that "(analytically) transforms representations, wherever they come from, into concepts." Rather, *understanding*, in its *logical use*, as expounded in section 1, "transforms representations […] into concepts." What general logic does is expound the universal rules governing this "logical use of the understanding." These rules, as we saw in section 1, govern concept formation itself, a procedure that Kant now calls "analysis." What Kant has in mind when he uses this term here is not analysis *of concepts*, but analysis of a sensible manifold, whether pure or empirical: *analysis* consists of precisely those acts of "ordering various representations under a common representation" which, according to section 1, depend on the logical function of judgment (on Kant's different uses of the term "analysis," see Martin 1951 [^{4}1969], 245–312).

Similarly, not transcendental logic, but *understanding*, in that aspect of its use for which transcendental logic expounds the rules, "has lying before it a manifold of pure intuition" which provides it with "a material for the pure concepts of the understanding." For any analysis of it to be possible at all, this material must be "gone through in a certain way, taken up and combined," an act Kant terms "synthesis" (A77/B102).

The notion of synthesis plays an important role early on in Kant's pre-critical writings. In the 1764 *Inquiry on the Distinctness of the Principles of Natural Theology and Moral* [*Deutlichkeit der Grundsätze*], Kant contrasted the method of metaphysics, which proceeds by analysis of complex concepts, with that of mathematics, which proceeds by synthesis of simple concepts (cf. II 276–279). Only in *De mundi* (1770) however, namely after arguing that space and time are a priori forms of sensible *intuition*, does he put forth a new type of synthesis: synthesis of intuited sensible manifolds, together with *pure* synthesis – synthesis of *space and time themselves, as a priori intuitions*. Only by means of such synthesis, Kant then argues, are mathematical concepts possible (cf. *De mundi* § 15, II 406). In the letter to Herz of 1772 (quoted above, 6.3.1), when he first raises the problem of the possibility of applying "pure concepts of the understanding" to objects that are given *a posteriori*, Kant adduces mathematical concepts as a case where this problem does *not* arise: they generate their own objects by adding unit to unit in pure intuition, according to a rule set by the concept itself – namely by what Kant calls, in the *Critique*, *pure synthesis* (cf. Letter to Herz, Feb. 21, 1772, X 125 f.). This same model of mathematical synthesis is explicitly present in (v), where Kant cites the example of generating numbers according to the decadic rule (cf. A78/B104). But he now suggests that mathematical concepts can provide the model according to which *categories* themselves may function: they too may provide rules for ordering manifolds in intuition. It is in order to establish this point that Kant first considers, in (ii), the relation between *analysis* (of a sensible manifold, to be reflected under concepts) and *synthesis* (of this same manifold, *so that* it may become susceptible to analysis). His goal is to argue that *these same functions* by means of which judgments are formed (by *analysis* of the sensible given), first guide *synthesis* of sensible manifolds, with a view to analysis.

(ii) It seems clear, from the initial definition of "function" ("unity of the act of ordering different representations under a common representation") that before they can be *ordered under* a common representation (a concept), a plurality of representations have to be *brought together*. And we might be content with interpreting the "synthesis" that, according to Kant, "the spontaneity of thought demands," as being simply this: the "going through, taking up, and combining" (A77/B102) of multiplicities of empirically given elements, so that they can be reflected under concepts. Indeed, the *Logik* offers an example of such a "synthesis:" we have to bring together, say, the representations of "an elm, a willow, a pine" before we can come up with the concept of tree by means of the operations of "comparison, reflection, abstraction" – the *analysis* Kant talked about in (i) (cf. *Logik* § 6, IX 94).

This is surely one aspect of what Kant means by "synthesis," as he indicates when he says, in (ii), that synthesis can be pure *or empirical* (A77/B103) and as his description of synthesis in the *A-Deduction* confirms (cf. A98–104, A115). However, what he has primarily in mind here is not the bringing together of *empirical* intuitions, but the synthesis of *pure* manifolds: the synthesis of multiplicities whose elements and orderings pertain to those a priori forms of intuition he explicated in the *Transcendental Aesthetic.*

(iii) Any synthesis of a manifold (whether empirical or pure) is "the effect of imagination, a blind but indispensible function of the soul." (A78/B103). Here is where Kant most explicitly anticipates arguments he will develop only in the *Transcendental Deduction:* synthesis is the effect of imagination, "as we shall hereafter see," he says, when mentioning imagination (*ibid.*; cf. A100–03, A118–26, B150–52, B162f.). What matters here is that if synthesis is the result "of imagination," then the synthesized manifold belongs to sensiblity, not intellect (it is a sensible, not an intelligible manifold): the duality of capacities is the counterpart, in mentalistic terms, to the irreducible duality of intuitions (and thus individuals) and concepts, in logical terms. However, in order to subsume a sensible manifold *under* concepts, one first needs to combine it in such a way that it *be* recognizable under concepts: this Kant calls "bringing the synthesis *to* concepts" (A78/B103). This "bringing *to* concepts" presupposes a "unity of synthesis" which is the counterpart, in sensibility, of the "unity of the act of bringing various representations *under* a common representation," namely the logical function expounded in section 1.

(iv) Concepts that "represent universally" such "unity of synthesis" or "pure synthesis" (unity of synthesis according to the "pure" forms of space and time) are pure concepts of the understanding, or categories (A78/B104). Note that this "representing universally" makes categories a result of *analysis*, just like any other concept: as "universal representations," they are reflected by "comparison, reflection, abstraction," as representing features that are common to a plurality of objects. But on the other hand they are quite different from any other concepts. They are "universal representations" of *pure* synthesis. And even before that (before they are acquired by "comparison, reflection, abstraction"), they are "a priori grounds of the unity" of synthesis, or they are what makes "the unity in the synthesis of the manifold necessary" (A78/B104). This is where Kant uses the analogy with mathematical concepts I suggested was foreshadowed already in the Letter to Herz of 1772: counting according to the decadic system is having a rule for constituting collections of units as units of higher order (tens, hundreds, thousands, and so on) thus making representation of higher numbers possible according to the decadic rule. Similarly, the transcendental philosopher is seeking for pure concepts of the understanding that might *provide a rule* for synthesis of a sensible manifolds, before they ultimately reflect this synthesis as "universal representations of pure synthesis."

A puzzling question here is, why would Kant say that under such a concept "the unity in the synthesis of the manifold *becomes necessary*" (A78/B104, my emphasis)? Surely the rule for "unity of synthesis" in systems of numeration is simply a matter of convention? In the case of mathematical concepts, Kant probably means that once the rule for synthesis is stipulated, it constrains the way in which we proceed from one step to the next. In the case of pure concepts of the understanding, if they depend on the very nature of our discursive intellect, then they are not arbitrarily chosen but instead constrain any step taken in pure syntheses of manifolds (syntheses according to the a priori forms of space and time). Their role is to bring the action of imagination into conformity with necessary conditions of analysis according to the logical functions of judgment.

Step (v) (A78f./B104) recapitulates all the correlations set up so far: between *general* and *transcendental* logic, *analysis* and *synthesis*, bringing representations *under* concepts, bringing the pure synthesis of representation *to* concepts. This leads to the culminating statement of the *Leading Thread* chapter:

(vi) "The *same function*, which *gives unity* to the various representations *in a judgment* also *gives unity* to the *mere synthesis* of various representations *in an intuition*, which, expressed universally, is called a pure concept of the understanding. The *same understanding*, and through the *very same acts* by which in concepts, *by means of the analytical unity*, it achieved the *logical form of a judgment*, brings *by means of the synthetic unity* of the manifold in intuition a *transcendental content* to its representations. Because of this they are called pure concepts of the understanding which relate a priori to objects – a result that general logic cannot establish" A79/B105, all emphases mine).

What is established here is that one and the same function achieves two results: the *very same function* that "gives unity" to concepts in judgment also "gives unity" to the synthesis of intuition. This "very same function" can be none other than the logical function described in section 1. The "expression" of the function as a "universal representation of the unity of synthesis" yields a concept which, like any other concept, is a "universal and reflected representation." But *before* it is such a representation, it is a "unity-giver": a guide for synthesis, which is no other than the logical function of judgment itself *as the source of the unity of synthesis*.

In section 1, the understanding was defined as a *Vermögen zu urteilen*, a capacity to judge, and this capacity was the source of the logical form of judgments. Now "this very same understanding" is said to be the source of a content for pure concepts. We saw that concepts have a content insofar as they are *Teilvorstellungen*, "partial representations" of objects given in intuition, or representations of marks common to several objects. Categories are such "partial representations" insofar as they represent common rules of combination of manifolds ("unity of synthesis") that make possible the *analysis* giving rise to the "logical form of judgments in concepts." Thus, as the *Introduction to the Transcendental Logic* indicated, whereas general logic is concerned only with the *form* of thought (form of concept combination, specified as forms of discursive judgment), transcendental logic is concerned with an a priori *content* for thought: the universal forms of combination of multiplicities *in intuition*, necessary for the achievement of the forms of *discursive* combination. Both discursive *form* and intuitive *content* have their source in one and the same "function:" the function of understanding defined in section 1. This means, in the end, that no object for a concept is simply "given." It is always synthesized with a view to reflecting it under concepts, according to the forms of the understanding as a "capacity to judge," *Vermögen zu urteilen*.

(vii) There are thus just as many categories as there are logical functions of judgment. What guarantees both the systematic unity and completeness of the table of categories is its having been established according to one principle, that of considering the understanding as a *capacity to form judgments*.

b) *Part Two: The Table of Categories* – Practically everything that could be said at this point about the categories individually has been said in the argument that led to establishing their table according to the "leading thread" of logical functions of judgment. To say more one would need to say, first, what specific "unity of synthesis" each category guides and then reflects: this will be the work of the *Schematism of the Pure Concepts of the Understanding* (A137/B176); and second, what it means to *apply* these concepts to objects given in empirical intuition (appearances): this will be the work of the *Principles of Pure Understanding* (A148/B187). At least, just as the table of pure functions of the understanding gave a systematic presentation of the forms of understanding as a capacity to judge, so the table of categories provides an outline of the system of knowledge by pure understanding. At this point, Kant sees so little necessity to say anything more about each individual category that, whereas in the case of logical forms he took the time to comment on each of the four "titles" and their divisions into three "moments," here he merely undertakes to forestall objections to his claim that his table is complete as far as the *primary* or *elementary* concepts of understanding are concerned (*Stammbegriffe*, A81/B107; *Elementarbegriffe*, B109 f.).

In the B edition Kant adds a few remarks on the structure of the table (§ 11). But as far as the correspondence between categories and logical forms of judgment is concerned, he devotes a specific remark only to community/disjunctive judgment, a correspondence that seems particularly difficult to justify. This attempt is interesting because it reminds us yet again how Kant privileges consideration of the *extension* of concepts in relating logical functions and categories. What needs to be understood, he says, is how the relation of mutually exclusive *spheres* of the divided concept in a disjunctive judgment corresponds to the relation of *reciprocal determination* between individual objects in the category of community (B112; on the relation of mutually exclusive spheres of concepts in disjunctive judgment, cf. A74/B99). We would require more space than is available here, however, for this remark to be at all illuminating on the relation between logical function and category (see Longuenesse 1998, 375–387 for a discussion).

Another problem raised by the two tables – one that Kant does *not* mention – is the apparent non-correspondence, in the moment of quantity, between categories and logical forms. The logical forms are: universal, particular, singular (cf. A70/B95). The categories are: unity, plurality, totality (cf. A80/B106). Now, it seems that unity should correspond to singular, totality to universal judgment. But if this is so, why the reversal of order from one table to the other? An explanation is given in a footnote of the *Prolegomena*: from the transcendental standpoint one starts with an individual object of intuition (unity), then one synthesizes a plurality, and finally one unifies a plurality into a totality (cf. IV 302). From the logical standpoint on the other hand, the primary logical form is that in which a concept is predicated of another concept taken in its complete extension, i.e. *universal* judgment (cf. above, 6.3.2.1: "all bodies are divisible," "all metal is a body"), and only in the second place does one define particular instantiations. This difference illustrates the fact that transcendental logic is concerned with the *forms of the constitution of multiplicities* in intuition, whereas general logic is concerned with the *forms of concept-subordination*.

6.4 Questions of Interpretation

Chapter 1 of the *Transcendental Analytic* is clearly essential for the argument of the *Critique of Pure Reason* as a whole, as well as for the architectonic unity of all three *Critiques*. However, it also rapidly became one of the most controversial in the eyes of Kant's readers. It is easy to see how objections could be raised against each of its main sections: against the conception of logic expounded in section 1; against the claim to "compleness" of the table of logical functions of judgments in section 2; against the plausibility of the relation Kant tries to establish between categories and logical functions of judgment in section 3.

Challenges against Kant's method in establishing his table of logical functions of judgment were the earliest to emerge. The main charge was that Kant's avowed debt to "the works of the logicians" meant that his table was not as systematic as he claimed but rather, was a contingent expression of Kant's debt to logic textbooks of the time (see for instance Hegel, *Wissenschaft der Logik* II, 44). This was not necessarily a challenge against the table itself – Hegel's own Subjective Logic adopts the exact order of Kant's logical forms of judgment, even extensively reinterpreting them – but it was nevertheless a direct challenge to Kant's claim to a systematic and demonstrative method. In subsequent years, the particular issue of Kant's method in establishing the table of logical functions of judgment was made irrelevant by the more radical challenges raised against Kant's very claim to derive categories from forms of judgment and against his historically dated conception of logic. Klaus Reich was therefore quite isolated when he submitted to sympathetic scrutiny Kant's claim to the "completeness" of his table of judgments (Reich 1932). In recent times, the issue of the completeness of Kant's table of logical functions has met with renewed interest, although Reich's particular argument in favor of Kant's claim is mostly rejected (cf. Krüger 1968, Brandt 1991, Wolff 1995). One suggestion is that the restricted scope of what Kant calls "logic" (its domain being limited to that of rules for concept subordination), instead of being a damning objection to his view, may well make Kant's claim to completeness more plausible than it seems if one interprets it from the standpoint of contemporary symbolic logic (Wolff 1995).

As previously noted, the plausibility of Kant's claim to "completeness" for his table of logical functions becomes a less pressing issue if one is skeptical in the first place of its purported status as a "leading thread" for the table of categories. In *Kants Theorie der Erfahrung* (1918) Cohen maintained that in truth, Kant had derived his categories not from a table of logical functions but from a reflection on the epistemological foundations of Newtonian science. From a quite different perspective, the final nail has seemed for a while to have been driven into the coffin of Kant's doctrine of logical functions and their relation to categories by Strawson's essay, *The Bounds of Sense* (1966). From the point of view of contemporary logic, Strawson pointed out, there are only two "fundamental and underived ideas: first, the idea of truth-functional composition in general; second, the general idea of quantification" (Strawson 1966, 81). Any further specification of primitive logical notions is a matter of convention (*ibid.*, 74–82). Seen in this light, Kant's table of logical functions loses all relevance. As for Kant's notion of synthesis, Strawson dismissed it as belonging to "the imaginary topic of transcendental psychology" (*ibid.*, 31 f., 94–97). Under Strawsons' influence, many recent readings of the *Critique.* have been attempts to reconstruct Kant's argument while forsaking what Kant took to be its systematic cornerstones: logical functions and synthesis. For a more positive evaluation of Kant's argument along these lines, and on the consequences of such an approach for our understanding of Kant's argument in the *Transcendental Aesthetic* and *Analytic*, see Longuenesse 1998.

Literature

Brandt, Reinhard 1991: Die Urteilstafel, Kritik der reinen Vernunft, A67–76/ B92–101, Hamburg.
Cohen, Hermann 1871: Kants Theorie der Erfahrung, Berlin.
Frede, Michael/Krüger, Lorenz 1970: "Über die Zuordnung der Quantitäten des Urteils und der Kategorien der Größe bei Kant", in: Kant-Studien 61, 28–49 (reprinted in: Gerold Prauss (ed.), Kant. Zur Deutung seiner Theorie von Erkennen und Handeln, Köln 1973, 130–150).
Krüger, Lorenz 1968: "Wollte Kant die Vollständigkeit seiner Urteilstafel beweisen?" in: Kant-Studien 59, 333–356.
Longuenesse, Béatrice 1993: Kant et le pouvoir de juger. Sensibilité et discursivité dans l'*Analytique transcendantale* de la *Critique de la raison pure*, Paris.
Longuenesse, Béatrice 1998: Kant and the Capacity to Judge. Sensibility and Discursivity in the Transcendental Analytic of the Critique of Pure Reason (Rev. tr. of Longuenesse 1993), Princeton.
Martin, Gottfried 1951: Immanuel Kant – Ontologie und Wissenschaftstheorie, Köln (^{4}1969 Berlin).
Reich, Klaus 1932: Die Vollständigkeit der Kantischen Urteilstafel, Berlin (^{2}1948; Hamburg ^{3}1986).
Schulthess, Peter 1981: Relation und Funktion. Eine systematische und entwicklungsgeschichtliche Untersuchung zur theoretischen Philosophie Kants, Berlin.
Strawson, Peter 1966: The Bounds of Sense. An Essay on Kant's Critique of Pure Reason, London.
Tonelli, Giorgio 1966: "Die Voraussetzungen zur Kantischen Urteilstafel in der Logik des 18. Jahrhunderts", in: F. Kaulbach/J. Ritter (eds.), Kritik und Metaphysik, Heinz Heimsoeth zum achtzigsten Geburtstag, Berlin.
Wolff, Michael 1995: Die Vollständigkeit der Kantischen Urteilstafel. Mit einem Essay über Freges Begriffsschrift, Frankfurt/M.

Note on Translations: Where the above quotes from Kantian texts are not translated by the author, the following translations have been used: *Critique of Pure Reason*, transl. by Norman Kemp Smith, New York 1965; original edition London 1929; *Prolegomena to Any Future Metaphysics*, transl. by J. W. Ellington, Hackett 1977; *De mundi*, transl. by D. Walford and R. Meerbote, in: The Cambridge Edition of the Works of Immanuel Kant, Vol. 1 Theoretical Philosophy, 1755–1770, Cambridge 1992; *Logic:* the Jaesche Logic, transl. by M. Young, in: The Cambridge Edition of the Works of Immanuel Kant, Vol. 9: Lectures on Logic, Cambridge 1992.

Note on my use of Kant's Logik, edited by Jäsche (AA IX): Even though the *Logik* appeared only in 1800 and Jäsche's editorial work is often unreliable, this text remains a useful source of information on Kant's logical vocabulary in *KrV* as long as one is careful to check it – as I have done for the citations given in the present essay – against Kant's *Reflexionen* and lectures on logic contemporary to *KrV*.

Hansgeorg Hoppe

7 Die transzendentale Deduktion in der ersten Auflage

(A84/B116–A95/B129; A95–130)

7.1 Stellung und Funktion der *A-Dedukt*ion in der *Kritik*

Nach dem in der Ästhetik erbrachten Nachweis, daß unsere Erkenntnis nach der *Anschauungs*seite wesentlich von subjektiven Bedingungen abhängt und deshalb in ihrer Gültigkeit auf Erscheinungen einschränkt ist, sucht Kant in der Deduktion der reinen Verstandesbegriffe zu zeigen, daß das auch für den *Gegenstands*aspekt der Erkenntnis gilt: Kants Grundgedanke ist es, daß uns die Erkenntnis von Gegenständen und Sachverhalten – auch im Rahmen der in der Ästhetik angegebenen Bedingungen – nicht einfach zustößt, sondern daß sie in gewisser Weise von uns „gemacht" werden muß. Die Kategorien als reine Verstandesbegriffe sollen als jene Bedingungen erwiesen werden, auf denen die Möglichkeit der Erkenntnis als Erfahrung von Gegenständen beruht. Das ist als der Nachweis ihrer objektiven Gültigkeit die Deduktion der Kategorien. Sie bildet die Grundlage für Kants Lehre von den Grundsätzen des reinen Verstandes. Verbunden mit der Deduktion ist die These, daß die Kategorien auch *nur* für den Bereich der Erfahrung Gültigkeit beanspruchen können. Darin liegt der Gedanke der Grenzziehung der Erkenntnis, wie er in der Lehre der transzendentalen Dialektik von den Trugschlüssen der reinen Vernunft (Paralogismen, Antinomien, Ideal) entwickelt ist. In bezug darauf erweist sich die Deduktion als die eigentliche Basis der von Kant für nötig befundenen Kritik der Metaphysik als „Kritik der reinen Vernunft" (A xii).

7.2 Inhalt und Aufbau der *A-Deduktion*

Die Deduktion ist in drei Abschnitte eingeteilt, von denen die beiden letzten in B durch einen gänzlich neugefaßten Text ersetzt werden. Der 1. Abschnitt gilt der Klärung der Problemstellung; was ist die Deduktion der reinen Verstandesbegriffe und zu welchen Fragestellungen im einzelnen führt sie? Im 2. Abschnitt führt Kant auf vorläufige Weise in Einzelprobleme der Deduktion ein, er skizziert hier aber bereits den Gang der Deduktion in der Erörterung der drei Synthesen (der Apprehension,

Reproduktion und Rekognition), die zur These von der ursprünglichen Einheit der Apperzeption und den Kategorien als Bedingungen der Bezugnahme überhaupt auf Gegenstände und damit zugleich auch der Regelmäßigkeit der Erscheinungen der Welt führt. Der 3. Abschnitt systematisiert diese Gedanken in der Darstellung des Zusammenhangs von Erscheinungen einerseits und Kategorien und ursprünglicher Einheit der Apperzeption andererseits; dabei beginnt Kant seine Darstellung einmal von oben (d. h. im Ausgang von der ursprünglichen Einheit der Apperzeption hin zu den Erscheinungen) und einmal „von unten" in umgekehrter Richtung. Am Schluß steht eine kurze Zusammenfassung des Resultats der Deduktion.

7.3 Textkommentar

7.3.1 Erster Abschnitt der *A-Deduktion* (A84/B116–A95/B129)

Der *erste Abschnitt* umfaßt zwei Unterabschnitte, *Von den Prinzipien einer transzendentalen Deduktion* und *Übergang zur transzendentalen Deduktion der Kategorien* (in der zweiten Auflage dann als § 13 bzw. § 14 numeriert), und hat insgesamt eher einleitenden Charakter. Behandelt wird die Frage, (1) was die Deduktion von Begriffen bedeutet und (2) vor welchen Schwierigkeiten die Deduktion insbesondere von *reinen* Begriffen steht. Die erste Frage läßt sich leicht beantworten: Die Deduktion eines Begriffes muß zeigen, daß er „Sinn" und „Bedeutung" aufweist (A84/B116). Unabhängig von den besonderen Problemen, die sich aus Kants transzendentalem Idealismus ergeben, würde das bedeuten, daß in einem „deduzierten" Begriff Züge von tatsächlich bestehenden Sachverhalten zum Ausdruck kommen. So ist es von Kant im Fall von empirischen Begriffen auch gemeint: Hier ist es die Erfahrung, die einen „Rechtsgrund" (A85/B117) für die Behauptung der „objektiven Realität" der entsprechenden Begriffe liefert (A84/B117). Die eigentliche Frage ist aber, wie ein entsprechender Nachweis im Fall von nicht-empirischen Begriffen aussehen könnte. Gezeigt werden müßte, daß auch in ihnen etwas Wirkliches Ausdruck findet, d. h. daß sie sich – wie Kant sich ausdrückt – auf Objekte oder Gegenstände beziehen (vgl. A85/B117). Was dieses bedeutet, ist aber zunächst nicht klar (vgl. Carl 1992, 34 ff.). Auf den ersten Blick scheinen nämlich nur solche reinen Begriffe Gegenstandsbeziehung haben zu können, in denen z. B. mathematische oder geometrische Eigenschaften zum Ausdruck kommen; das wären reine, aber dennoch inhaltlich bestimmte Begriffe. Dagegen gibt es in oder an der Wirklichkeit nichts Gegenständliches, das durch reine Verstandesbegriffe bezeichnet würde, weil diese im Unterschied zu den eben genannten reinen, aber inhaltlich bestimmten Begriffen inhaltlich unbestimmt sind. Die transzendentale Deduktion dieser reinen Begriffe ist also schon von ihrem Beweis*ziel* her problematisch.

Kant hatte in der *Transzendentalen Ästhetik* gezeigt, daß Raum und Zeit das uns Gegebene als Erscheinungen bestimmen. In der „transzendentalen Deduktion" vom „Begriff des Raumes" hatte sich zugleich ergeben, daß diese subjektiven Formen nicht über die „Bedingungen der sinnlichen Anschauung" hinaus gebraucht werden dürfen (A88/B119).

Alles dieses betrifft das *anschauliche* In-Erscheinung-Treten des Gegebenen, das notwendigerweise den Bedingungen von Raum und Zeit unterliegt. Damit ist aber noch nicht darüber entschieden, ob das Gegebene auch als *Gegenstand* erscheinen kann. Zwar sagt Kant, daß „uns allerdings Gegenstände erscheinen [können], ohne daß sie sich notwendig auf Funktionen des Verstandes beziehen müssen, und dieser also die Bedingungen derselben a priori enthielte" (A89/B122). Nicht weniger pointiert heißt es A90 f./B123, daß ohne Kategorien, und hier speziell ohne den Begriff von Ursache und Wirkung, Erscheinungen der Anschauung Gegenstände darbieten könnten, weil die Anschauung auf die Funktionen des Denkens nicht angewiesen sei. Im strengen Sinne kann aber dennoch von einer Gegenstandserkenntnis ohne Begriffe nicht die Rede sein (vgl. A253/B309), und tatsächlich wird A89 f./B122 auch nicht behauptet, daß Gegenstände im eigentlichen Sinne uns unabhängig von den Begriffen des reinen Verstandes gegeben sein könnten. Was Kant sagen will, ist, daß die *Erscheinungs*seite von Gegenständen den subjektiven Bedingungen von Raum und Zeit unterliegt, daß sich aber die Frage stellt, ob das auch für den *Gegenstands*aspekt der Dinge gilt, mit denen wir es in der Erkenntnis zu tun haben. Denkbar wäre es – sagt Kant –, daß das in Raum und Zeit Gegebene in „Verwirrung" läge und sich unseren Verstandesbegriffen, z. B. denen von Ursache und Wirkung, nicht fügte (A90/B122). Insofern der Begriff einer Ursache wesentlich ein Gegenstandsbegriff ist, würde das bedeuten, daß wir keine Gegenstände in der Erkenntnis hätten, sondern allenfalls raumzeitlich strukturierte, fließende Erscheinungen.

So wie es bei Kant steht, ist dieser Gedanke allerdings mißverständlich ausgedrückt, denn mit dem Ausdruck „Verwirrung" kann eigentlich nur ein Zustand *gegenständlicher* Ungeordnetheit gemeint sein. Für Kants Zwecke wäre es aber erforderlich, auf einen Zustand hinzuweisen, in dem aufgrund der Abwesenheit von Kategorien weder gegenständliche Ordnung noch gegenständliche Unordnung vorläge, weil das in Raum und Zeit Gegebene hier überhaupt noch nicht auf Gegenstände bezogen sein soll. Immerhin ist klar: Kant will zeigen, daß Gegenstände – außer daß sie den „formalen Bedingungen der Sinnlichkeit gemäß sein müssen" (ebd.) – auch „den Bedingungen, deren der Verstand zur synthetischen Einheit [statt: Einsicht] des Denkens bedarf", entsprechen müssen (ebd.). Nur so sollen sie Gegenstände unserer Erkenntnis sein können. Kant verbindet aber diesen Gedanken mit Überlegungen, die aufgrund einer Besonderheit der Kausal-Kategorie, nämlich der in ihr gedachten

Notwendigkeit und Allgemeinheit der Verbindung von Ursache und Wirkung, den Gegenstandsbezug vom Bestehen notwendiger, d. h. apriorischer, nicht induktiv gewonnener Regeln abhängig machen. Die objektive Realität der Kategorien, die darauf beruht, daß nur durch sie wir überhaupt auf Gegenstände und Sachverhalte Bezug nehmen können, würde im Hinblick auf ihren apriorischen Charakter die Gegenstände zugleich auch in notwendige Zusammenhänge hineinstellen oder besser: sie notwendigen Regeln ihres Zusammenhangs unterwerfen. Auf diesem Gedanken beruht Kants These von der Naturgesetzgebung durch den reinen Verstand. Sie bestimmt bereits die Problem*exposition* der Deduktion, hat aber – wie sich noch zeigen wird – mit der Frage der durch die Kategorien ermöglichten Gegenstandsbeziehung nichts zu tun.

Am Ende des ersten Abschnitts findet sich im § 14 noch eine Zusammenfassung des Grundgedankens der Kategorie-Deduktion. Will man zeigen, daß die Kategorien als reine Verstandesbegriffe Sinn und Bedeutung haben, so muß man zeigen, daß sie „Begriffe von Gegenständen überhaupt" sind (A93) und daß sie aller Erfahrungserkenntnis „als Bedingungen a priori zum Grunde liegen" (A93). Damit ist das ‚Prinzipium' der transzendentalen Deduktion sowohl der subjektiven Anschauungsformen als auch der Kategorien angegeben: sie müssen sich – wie die berühmte Formulierung Kants lautet – als „Bedingung a priori der Möglichkeit der Erfahrung" erweisen lassen (A94).

Der Absatz A94 f. hebt die Unterscheidung zwischen „*Sinn, Einbildungskraft*, und *Apperzeption*" als den „drei ursprüngliche[n] Quellen" noch einmal hervor und bezieht auf diese die Begriffe der *Synopsis*, der *Synthesis* und der *Einheit*, die im folgenden zweiten Abschnitt der *A-Deduktion* behandelt werden. An die Stelle dieses Absatzes setzt Kant in B drei neue Absätze (B127–129). In den ersten beiden B-Absätzen kritisiert Kant die „empirische Ableitung" reiner Verstandesbegriffe bei John Locke und David Hume. Dabei gehe Locke inkonsequent vor, da er den empirisch abgeleiteten Begriffen erfahrungsüberschreitende Erkenntnisgültigkeit zuschreibe. Hume hingegen verfahre konsequent, denn er beschränke die Gültigkeit der allgemeinen, aus der „öfteren Assoziation" und „Gewohnheit" abgeleiteten Begriffe auf den Bereich der Erfahrung. Während Lockes Vorgehen der „*Schwärmerei* Tür und Tor" öffne, „ergebe" Hume „sich gänzlich dem *Skeptizismus*". Die empirische Ableitung wird nach Kant durch die „Wirklichkeit der wissenschaftlichen Erkenntnisse a priori" widerlegt.

Im dritten Absatz des B-Zusatzes, unmittelbar vor Beginn der eigentlichen Deduktion, gibt Kant eine „Erklärung der Kategorien". Diese seien „Begriffe von einem Gegenstande überhaupt, dadurch dessen Anschauung in Ansehung einer der logischen Funktionen zu Urteilen als bestimmt angesehen wird" (B128). Sind z. B. die Form des kategorischen Urteils sowie der Begriff eines Körpers und der Begriff der Teilbarkeit gegeben, so bleibt durch bloß logischen, *formalen* Begriffsgebrauch unbestimmt, welcher der beiden Begriffe im Urteil welche Funktion (Subjekt bzw. Prädikat) übernehmen soll. Durch die Kategorie der Substanz hingegen (als Begriff der *transzendentalen* Logik) wird festgelegt, daß die empirische Anschauung eines Körpers „immer nur als Subjekt, niemals als bloßes Prädikat betrachtet werden müsse" (B129). Kategorien sind also Regeln, nach denen das Mannigfaltige der Anschauungen so auf Begriffe gebracht wird, daß es in die Struktur objektiv-gültiger Urteile integriert wird. – Ähnlich lautende oder sachlich verwandte Formulierungen finden sich B131, B143, A241 f., A245 (vgl. auch *Prolegomena* § 39, IV 323 f.; *Fortschritte*, XX 271 f.; R 5932, XVIII 391 f.). Vor allem ist die „Erklärung der Kategorien" im Zusammenhang mit dem Leitfaden-Gedanken zu sehen (vgl. A79/B104 f.; dazu den Beitrag von Longuenesse).

7.3.2 Zweiter Abschnitt der *A-Deduktion* (A95–114)

Die einleitenden Bemerkungen zum *zweiten Abschnitt* wiederholen Kants Position, wonach alle unsere Erkenntnisansprüche sich letztlich auf Erfahrungsgegebenheiten beziehen, sei es, daß sie in Erfahrungsgegebenheiten einen Bestätigungsgrund haben oder daß in ihnen tragende Strukturen der Erfahrung zum Ausdruck kommen. Für Begriffe bedeutet dies, daß sie entweder als empirische Begriffe von der Erfahrung abhängen oder daß sie als apriorische Begriffe entweder reine Anschauungsbestimmungen fixieren (reine, inhaltlich bestimmte Begriffe) oder aber „Bedingungen a priori zu einer möglichen Erfahrung" darstellen (Kategorien) (A95). Auch im Fall der Kategorien spricht Kant davon, daß der eben skizzierte Bezug auf die Anschauung ihnen einen „Inhalt" verleiht. Inhalt muß also bei Kant nicht, wie es z. B. bei geometrischen Begriffen der Fall ist, etwas anschaulich Bestimmtes sein. Im Fall der Kategorien handelt es sich vielmehr nur darum, daß sie als Bedingungen der Möglichkeit der Erfahrung auf die Anschauung bezogen sind, und ihre Deduktion muß zeigen, daß sie tatsächlich solche Bedingungen sind.

Im nächsten Absatz („Diese Begriffe nun ...", A96) bezieht Kant sich offenbar auf die Unterscheidung zwischen objektiver und subjektiver Deduktion der Kategorien, die er A xvi f. getroffen hatte. Carl hat in seinem Kommentar überzeugend dargelegt (1992, 44 ff.), daß die subjektive Deduktion, die in den Abschnitten 2 und 3 entwickelt wird, nicht eine empirischpsychologische Untersuchung des Erkenntnisvermögens ist. Gegenüber der „objektiven Deduktion", die sich A92 f. und kurz skizziert A96 sowie A111 findet, nämlich als der Gedanke, daß durch die Kategorien allein ein Gegenstand „gedacht" werden könne, wird in der subjektiven Deduktion das menschliche Erkenntnisvermögen im Hinblick auf seine die Erfahrung ermöglichenden Quellen untersucht, und zwar „nicht nach ihrer empirischen, sondern transzendentalen Beschaffenheit" (A97). Es ist diese subjektive Deduktion, deren Wichtigkeit A97 herausgestellt ist: Sie soll im 2. Abschnitt in einer den Leser mehr vorbereitenden als unterrichtenden Darstellung und dann im 3. Abschnitt in systematischer Weise entwickelt werden (vgl. A98), mit dem Ziel, verständlich zu machen, aufgrund welcher Leistungen und auf der Basis welcher Grundstrukturen des Verstandes und allgemein unseres Erkenntnisvermögens die Erfahrung möglich ist. Kant ist überzeugt davon, daß erst im Zusammenhang dieser Überlegungen gezeigt werden kann, daß die Erfahrung als die *begriffliche* Bestimmung von Gegenständen und Sachverhalten allein durch die Kategorien möglich ist (vgl. A97). Daraus ergibt sich, daß die subjektive Deduktion die objektive umfaßt, und das heißt, daß Kant die subjektive Deduktion, von der es A xvi hieß, daß sie nicht wesentlich zu seinem Hauptzweck gehöre, schließlich dennoch – wie A97 zeigt – für unverzichtbar hält.

Diese subjektive Deduktion verläuft nun wesentlich über Synthesis-Überlegungen: Ausgangspunkt aller folgenden Untersuchungen ist die Frage, wie das in der Erkenntnis Gegebene trotz seiner Vielfältigkeit dennoch etwas Einheitliches sein kann (ebd.). Dabei ist zu Recht vorausgesetzt, daß unsere Erkenntnis diskursiv ist. Damit ist gemeint, daß in der Erkenntnis als kognitiver Bezugnahme auf die Welt stets zugleich mehreres gegeben ist, das dennoch als ein einheitliches zusammengehörendes Ganzes begegnet. Aber ein solches Zusammengehören ist nach Kant niemals passiv gegeben, es geht vielmehr auf Leistungen des erkennenden Subjekts zurück. So soll bereits die Synopsis des Sinnes, von der zuerst A94f. die Rede war, das Resultat einer auf Spontaneität beruhenden Synthesis sein, und allgemein soll gelten, daß die Rezeptivität nur mit Spontaneität verbunden die Erkenntnis möglich macht (vgl. A97f.). Genau diese Spontaneität ist es nun, die sich nach Kant in einer „dreifachen Synthesis" äußert, „die notwendigerweise in allem Erkenntnis vorkommt" (A97), nämlich in der Synthesis der Apprehension in der Anschauung, der Synthesis der Reproduktion in der Einbildung und der Synthesis der Rekognition im Begriff. Diese Synthesen sind Ausdruck von Grundstrukturen oder Grundleistungen des Erkenntnisvermögens, durch die – wie Kant sagt – zunächst der Verstand und durch ihn dann auch die Erfahrung möglich wird (ebd.).

Die „dreifache" Synthesis wird von Kant im folgenden unter den Nummern (1) bis (3) behandelt. Schwierigkeiten scheint zunächst die Frage zu bereiten, ob wir es hier mit den schon A94f. genannten „Vermögen" zu tun haben oder nicht und ob unter der „dreifachen" Synthesis eine einzige Synthesis oder mehrere Synthesen zu verstehen sind. Gegen die Annahme einer Mehrheit von Synthesen spricht, daß jedenfalls unter dem Titel „Synthesis der Rekognition im Begriff" (A103) ebenso wie A94 eigentlich gar nicht von Synthesis, sondern von der Einheit der Apperzeption bei oder in einer Synthesis die Rede ist (vgl. A106, A107). Daraus würde folgen, daß die Synthesis der Einbildungskraft und die Synthesis der Rekognition also nur eine Synthese bilden. Diese würde genauso wie die entsprechenden Vermögen von A94 sozusagen einmal unter ihrem dynamischen Aspekt (Synthesis der Einbildungskraft) und einmal unter ihrem formal-strukturellen Aspekt (Synthesis der Rekognition = Einheit der ursprünglichen Apperzeption) betrachtet.

Damit ergibt sich das Problem, in welchem Verhältnis dazu und untereinander die Synopsis des Sinnes von A94 und die Synthesis der Apprehension in der Anschauung stehen. Wenn die Synopsis des Sinnes, wie es A94 heißt, bereits in der transzendentalen Ästhetik abgehandelt ist, so muß die Synthesis der Apprehension, auf die ja als auf einen wesentlichen Bestandteil der Kategoriendeduktion auch in der 2. Auflage eigens hingewiesen ist (vgl. B160), davon verschieden sein. In der Tat besteht ein Unterschied darin, daß nach A94 wir es bei der Synopsis offenbar nicht mit der Frage nach Gegenständen und objektiven Sachverhalten zu tun hatten, wohingegen im Rahmen einer anderen Fragestellung jetzt das Problem gerade der anschaulichen Gegebenheit von *Gegenständen* zum Thema wird. Das bedeutet aber, daß – aufbauend auf der raum-zeitlichen Bestimmtheit alles dessen, was in der Anschauung gegeben ist, also unter Miteinbeziehung der Synopsis des Sinnes – nach jenen Zügen gefragt ist, durch die das anschaulich Gegebene auch Gegenstand sein kann. Dann erweist sich die Synopsis des Sinnes in einer erweiterten Fragestellung aber als nur ein Aspekt oder als nur ein Moment einer umfassenden synthetischen Erkenntnis-Leistung, die immer in Bezug auf das uns in der Anschauung gegebene Mannigfaltige stattfindet und deshalb Synthesis der Apprehension in der Anschauung heißt. Sie ist ein in sich strukturiertes, komplexes Ganzes, das sich weiter nach den Momenten der Reproduktion in der Einbildungskraft und der diese führenden Einheit der Apperzeption differenziert. Wir haben es insgesamt also mit nur einer einzigen Synthesis zu tun.

Nun ist es wichtig, sich klarzumachen, daß Kant in der Deduktion zwei Gedanken zugleich verfolgt, die sachlich dennoch nicht zusammengehören. Es geht ihm einerseits um das Problem der Gegenstandsbeziehung unserer Vorstellungen (das „Denken" eines Gegenstandes), andererseits um die Begründung der Auffassung, daß die Ordnung und Regelmäßigkeit der Erscheinungen durch uns hervorgebracht wird, und zwar auf dem Wege „reiner" Synthesen. Beides hat nichts miteinander zu tun. Für das Verständnis des Folgenden scheint es deshalb sinnvoll, zunächst einmal nur den Gedanken der Gegenstandsbeziehung unserer Vorstellungen zu verfolgen und die Behandlung des Problems reiner Synthesen noch zurückzustellen (siehe weiter unten zu A108).

Dann lassen sich die Grundgedanken von Kants Überlegungen in den Nummern (1) bis (3) relativ leicht einsichtig machen. Damit ein uns gegebenes Mannigfaltiges der Sinne von uns als einheitlicher Gegenstand aufgefaßt werden kann, ist „erstlich das Durchlaufen der Mannigfaltigkeit und dann die Zusammennehmung derselben" (= Synthesis der Apprehension in der Anschauung) erforderlich (A99). Das gilt sowohl für ein unter empirischen als auch für ein unter reinen, inhaltlich bestimmten Begriffen näher zu bestimmendes Mannigfaltiges (vgl. A99 f.).

Nun setzt das Gelingen dieser Zusammenfassung aber voraus, daß das in der Zeit nacheinander vorgestellte Mannigfaltige in gewisser Weise präsent bleibt. Nur dann läßt sich sagen, es selbst oder ein Repräsentant davon sei in der Gesamtvorstellung enthalten. Kant ist also der Auffassung, daß das Mannigfaltige beim Durchlaufen beständig reproduziert werden muß („Synthesis der Reproduktion in der Einbildung", A100). Die Synthesis der Apprehension ist also mit der Synthesis der Reproduktion „unzertrennlich verbunden" (A102).

Dieses beides für sich würde dennoch nicht zu einer Gegenstandserkenntnis führen, wenn nicht außerdem dafür gesorgt wäre, daß das Durchlaufen nicht beliebig oder aufs Geratewohl erfolgte. Es muß gewährleistet sein, daß bei der Gegenstandserkenntnis eine sich durchhaltende Erkenntnisintention vorliegt, die das jeweils neu in den Blick Tretende als einen relevanten Beitrag für die bereits in Gang befindliche kognitive Gegenstandsbestimmung aufzufassen gestattet. Kant macht das sehr schön deutlich am Beispiel einer „reinen" Erkenntnis, nämlich des Abzählens einer Menge. Es kommt hier darauf an, während des Zählens den Abzählplan, das Abzählvorhaben festzuhalten, d.h. nicht zu vergessen, daß man immer noch dasselbe tut, nämlich eine bestimmte Menge abzuzählen: Diese festgehaltene Intention ist es, die von vornherein alles in der Gegenwart neu Auftretende oder Reproduzierte als etwas aufzufassen gestattet, das zum bisher Getanen dazugehört. Worauf es ankommt, ist zu wissen, daß man noch immer bei der(selben) Sache ist, d.h. „daß das, was wir [jetzt] denken, eben dasselbe sei, was wir einen Augenblick zuvor dachten" (A103). Kant selbst spricht von dem einen „Actus" (ebd.), der auf die Bestimmung der Anzahl der Elemente einer Menge gerichtet ist. Wir haben es also nicht etwa mit der nachträglichen Identifizierung von Gegenwärtigem und Vergangenem zu tun, sondern allenfalls mit einer solchen, die bereits getragen ist von einem einheitlichen Vorhaben der Bestimmung von Gegenständen oder Sachverhalten. Nur ein solches einheitliches Vorhaben erlaubt es, alles neu ins Bewußtsein Tretende an das bisher Gedachte (als etwas, was dazugehört oder aber als nicht dazugehörend unberücksichtigt bleiben muß) anzuschließen. Genau dadurch ist es ausgeschlossen, daß das jetzt Gedachte „eine neue Vorstellung im jetzigen Zustande (wäre), die zu dem Actus, wodurch es nach und nach hat erzeugt werden *sollen*, gar nicht gehörte" (ebd.; H. v. m.). Ausschließlich diese Einheitlichkeit eines Erkenntnisprojekts macht eine begriffliche Bestimmung von etwas in der Erkenntnis möglich, also z.B. die Feststellung, daß eine Menge eine bestimmte Anzahl von Elementen aufweist. Und nicht bestimmte Begriffe sind es, die die Einheitlichkeit des Mannigfaltigen ermöglichen, sondern umgekehrt ist es die Einheitlichkeit eines auf die Erkenntnis von etwas gerichteten ursprünglichen Bewußtseins, die im Zusammenhalten alles Mannigfaltigen dieses „in eine Vorstellung vereinigt" (A103) und so allererst „Begriffe, und mit ihnen Erkenntnis von Gegenständen" möglich macht (A104).

Zur Verdeutlichung dieses Gedankens stellt Kant die Frage, was der „Gegenstand der Vorstellungen" sei (ebd.). Der Gegenstand kann in Übereinstimmung mit Kants transzendentalem Idealismus nicht etwas „außer der Vorstellungskraft" sein, er ist aber auch nach Kant etwas, was der Erkenntnis jedenfalls „korrespondiert", mithin auch von ihr „unterschieden" ist (ebd.). Worin besteht dieses Unterschiedensein? Es besteht nicht darin, daß der Gegenstand gleichsam neben der Erkenntnis existierte (vgl. ebd.). Er ist von den Vorstellungen vielmehr darin unterschieden, daß in ihm oder besser: im „Gedanken der Beziehung aller Erkenntnis auf den Gegentand" (ebd.) unsere Vorstellungen unter die Forderung gestellt sind, als Beiträge zur kognitiven Bestimmung von Gegenständen und Sachverhalten angesehen zu werden. Dadurch wird festgelegt und bestimmt, daß zwischen ihnen Beziehungen der Übereinstimmung und des Widerspruchs bestehen, und es wird entscheidbar, ob im Einzelfall eine solche Übereinstimmung vorliegt oder nicht. In diesem Sinne heißt es A104 f., daß der Gegenstand dasjenige ist, „was dawider ist, daß unsere Erkenntnisse nicht aufs Geratewohl, oder beliebig, sondern a priori auf gewisse Weise bestimmt seien, weil, indem sie sich auf einen Gegenstand beziehen sollen, sie auch notwendigerweise in Beziehung auf diesen unter einander übereinstimmen, d. i. diejenige Einheit haben müssen, welche den Begriff von einem Gegenstand ausmacht" (ebd.).

Bezogen auf die „Rekognition im Begriff" bedeutet dies, daß in der Gegenstandserkenntnis unsere Vorstellungen von vornherein als mögliche Beiträge zur Beantwortung der Frage aufgefaßt werden: was ist objektiv der Fall? Ausgeschlossen wird dadurch ein Entgleisen des Erkennens, wie es A103 beschrieben ist, und zwar ausgeschlossen deshalb, weil durch die Beziehung auf den Gegenstand die Vorstellungen sich in „Übereinstimmung" miteinander befinden, d.h. als etwas miteinander zu tun habend angesehen werden. Dabei ist es aber wichtig, sich klarzumachen, daß es nicht die Erkenntnis des einzelnen Gegenstandes oder des konkreten Sachverhalts ist, wodurch dieser Zusammenhang der Vorstellungen hervorgebracht wird. Vielmehr ist umgekehrt eine konkrete Erkenntnis nur durch das Zusammenhalten aller Vorstellungen unter der Forderung, zu einer Erkenntnis von Gegenständen zu gelangen, möglich. Das ist Kants Gedanke A105, daß „die Einheit, welche der Gegenstand notwendig macht, nichts anders sein könne, als die formale Einheit des Bewußtseins in der Synthesis des Mannigfaltigen der Vorstellungen".

Es sind – wie gesagt – nicht bestimmte Begriffe, die diese Einheit des Bewußtseins hervorbringen. Vielmehr sind bestimmte Begriffe, wie der eines Triangels (vgl. ebd.), nur Konkretisierungen und Spezialisierungen der einen ursprünglichen Einheit des Bewußtseins angesichts eines gegebenen „Mannigfaltigen" (ebd.), das z.B. als Dreieck und nicht als Kreis aufgefaßt wird, das aber unabhängig davon, als was es aufgefaßt wird, doch der Bedingung unterworfen ist, – und das ist die „Einheit" der Regel, von der hier die Rede ist – daß in seiner Erfassung ein einheitliches Vorhaben der Gegenstandsbestimmung realisiert wird. Bei aller Erkenntnis ist die ursprüngliche Einheit des Bewußtseins vorausgesetzt, die hier als Einheit der Apperzeption bezeichnet wird (terminologische Einführung erst A106 f.): Es muß möglich sein, daß diese Einheit der Apperzeption geleistet ist, wenn Erkenntnis zustandekommen soll.

Im Einzelfall („Alles Erkenntnis erfordert ...", A106) gilt, daß in der Erkenntnis etwas unter einem bestimmten Begriff zusammengefaßt wird. Der Begriff fungiert dabei, wie Kant sagt, als eine Regel der Zusammenfassung des gegebenen Mannigfaltigen; der Begriff des Körpers erlaubt die einheitliche Auffassung von etwas außer uns, das Ausdehnung, Undurchdringlichkeit, Gestalt usw. aufweist (vgl. ebd.). Schwierig ist hier das, was Kant zu der im Begriff gedachten Notwendigkeit des Zusammengehörens unterschiedlicher Merkmale sagt. Will er sagen, daß die zunächst ja immer tastende Untersuchung eines gegebenen Mannigfaltigen, das sich schließlich definitiv z. B. als Körper wird bestimmen lassen, von Anfang an durch den Begriff des Körpers und die in ihm zusammengedachten Einzelmerkmale geführt wird? Darauf deutet der Satz: „Eine Regel der Anschauungen kann er aber nur dadurch sein: daß er bei gegebenen Erscheinungen die notwendige Reproduktion des Mannigfaltigen derselben, mithin die synthetische Einheit in ihrem Bewußtsein, vorstellt" (ebd.). Diese Darstellung wäre allerdings irreführend darin, daß sie das erst zu erreichende Resultat einer kognitiven Bemühung antizipierend als deren leitendes Prinzip ansieht. Der Versuch Kants, den notwendigen Zusammenhang aller unserer Vorstellungen als Voraussetzung aller Gegenstandserkenntnis an der Wirkungsweise einzelner Begriffe zu verdeutlichen, führt so dazu, die ursprüngliche Einheit der Apperzeption als Voraussetzung nicht nur der Erkenntnis von Objekten, sondern auch des Bestehens von bestimmten notwendigen Zusammenhängen in Anspruch zu nehmen.

Umgekehrt („Aller Notwendigkeit liegt ...", A106) zeigt das Ausgehen von der Erkenntnis bestimmter Objekte mit der Frage nach den Voraussetzungen dafür, daß die Einheit des Bewußtseins als „transzendentaler Grund" aller bestimmten notwendigen Zusammenhänge fungiert, daß es hier um eine Einheit geht, die über inhaltliche Besonderheiten der Erkenntnis und d. h. die Frage, auf welche Begriffe denn schließlich die Erkenntnis führt, in keiner Weise etwas präjudiziert. Wenn wir schließlich ein gegebenes Mannigfaltiges begrifflich so oder anders bestimmen, also das Vorliegen eines objektiven Sachverhaltes konstatieren, dann drückt der dabei ins Spiel kommende Begriff aufgrund der ursprünglichen Einheit des Bewußtseins zwar die „Notwendigkeit der Synthesis" aus, diese ist aber gerade nicht *inhaltlich* als eine notwendige bestimmt. Wenn Kant dennoch das Vorliegen einer notwendigen Verbindung z. B. von Ausdehnung, Undurchdringlichkeit und Gestalt behauptet, geht er in der Richtung auf die Behauptung des Vorliegens faktisch-notwendiger Verbindungen weit über das hinaus, was er auf dem bisher betrachteten Wege hat herleiten können. Kant nennt („Diese ursprüngliche und ...", A106 f.) die ursprüngliche und transzendentale Bedingung, die aller Notwendigkeit zugrunde liegt (A106), die

„transzendentale Apperzeption" (A106 f.); er beschreibt sie als „diejenige Einheit des Bewußtseins, welche vor allen Datis der Anschauung vorhergeht, und, worauf in Beziehung, alle Vorstellung von Gegenständen allein möglich ist" (A107). Von ihr als transzendentaler Apperzeption ist deshalb das empirische Bewußtsein meiner selbst („empirische Apperzeption") dadurch unterschieden, daß es „jederzeit wandelbar" ist (ebd.). Die transzendentale Apperzeption ist also als jene Einheit des Selbstbewußtseins aufzufassen, die sich trotz unterschiedlicher Zuwendungen zu diesen oder jenen Gegebenheiten der Welt dennoch in einer einzigen einheitlichen Intention auf die Erkenntnis der Welt ausdrückt und zu diesem Zweck alles uns gegebene Mannigfaltige als zusammengehörig aufzufassen gestattet. Es ist jene Einheit meiner selbst, mein Bei-der-Sache-Sein, das Entgleisungen, wie sie A103 beschrieben sind, ausschließt. Sie ist jene ursprüngliche Einheit, die auf dem Weg über die Synthesis und Reproduktion eines Mannigfaltigen dessen begriffliche Deutung und damit allererst eine Gegenstandserkenntnis, z. B. auch in bezug auf reine Raumgestalten (vgl. A107) möglich macht. In der empirischen Apperzeption, die sich sozusagen in der jeweiligen Situation verliert, wäre das nicht möglich.

Als formale Einheit („Eben diese ...", A108) kann die transzendentale Einheit der Apperzeption an sich für inhaltliche Züge der zu erkennenden Welt nicht bestimmend sein. Um so überraschender ist die Äußerung A108, daß „diese transzendentale Einheit der Apperzeption [...] aus allen möglichen Erscheinungen, die immer in einer Erfahrung beisammen sein können, einen Zusammenhang aller dieser Vorstellungen nach Gesetzen" macht. Der Beginn der Begründung dafür, wie sie A108 gegeben wird, stellt sogar noch einmal den bloß formalen Charakter der ursprünglichen Einheit der Apperzeption ausdrücklich heraus: Zweimal weist Kant darauf hin, daß die Einheit des Bewußtseins sich in der synthetischen Verbindung alles uns gegebenen Mannigfaltigen ausspricht („Denn diese Einheit des Bewußtseins wäre unmöglich ..." und „denn das Gemüt könnte sich unmöglich ...", A108). Aber zugleich wird die Einheit der Apperzeption, die insoweit nur eine notwendige Bedingung für das Zustandekommen der Erkenntnis war, nämlich insofern nur durch sie die begriffliche Bestimmung eines gegebenen Mannigfaltigen möglich ist, auch als hinreichend dafür angesehen, daß die begriffliche Bestimmung in konkreten Fällen gelingt: Das ursprüngliche Bewußtsein seiner selbst soll zugleich Bewußtsein einer notwendigen Synthesis aller Erscheinungen nach Begriffen sein, wodurch dem in der Anschauung gegebenen Erscheinungen ein Gegenstand bestimmt wird, d. h. der „Begriff von etwas, darin sie notwendig zusammenhängen" (ebd.).

Kants Auffassung in diesem Punkt ist zutiefst zweideutig. Das hängt damit zusammen, daß ihm gegen Hume daran liegt, die Regelmäßigkeit der Erscheinungen als einen objektiven Zug der Welt zu erweisen, der ihr durch uns vorgeschrieben wird. Innerhalb der Deduktion vertritt Kant diese Auffassung zuerst A100. Dort heißt es – die Behandlung dieser Stelle war oben zunächst zurückgestellt worden –, daß die faktische Regelmäßigkeit der Erscheinungen, die Tatsache also, daß der Zinnober nicht bald rot, bald schwarz usw. ist (vgl. A100f.), letztlich das Resultat einer vom Subjekt ausgehenden „reinen Synthesis" (A101) sei. Das ist auch für Kants Empfinden wenig plausibel; aber man komme dennoch, sagt er, rasch zur Einsicht in die Richtigkeit dieser Auffassung, „wenn man sich besinnt, daß Erscheinungen nicht Dinge an sich selbst, sondern das bloße Spiel unserer Vorstellungen sind, die am Ende auf Bestimmungen des inneren Sinnes auslaufen" (ebd.).

Die sich daran anschließende Argumentation ist schwer verständlich und nicht überzeugend. Kant begnügt sich mit dem Hinweis auf reine Erkenntnisse a priori, um deutlich zu machen, daß es eine reine transzendentale Synthesis der Reproduktion gebe, die „der Grund a priori einer notwendigen synthetischen Einheit" (A101) der Erscheinungen ist und der Erfahrung insofern zugrundeliegt, als diese ihrerseits die Reproduzibilität und mithin die Regelmäßigkeit der Erscheinungen voraussetzt. Warum? Weil bei der Erkenntnis reiner Raum-Zeit-Gestalten (Linie, die Zeit von einem Mittag zum anderen, Zahl) die Reproduktion des in der Synthesis der Apprehension jeweils schon Durchlaufenen tatsächlich gelinge. Das ist aber kaum überzeugend, denn dadurch ist die Regelmäßigkeit der Erscheinungen und ihre Reproduzibilität, von der A101f. die Rede ist, in keiner Weise garantiert. Auch wenn die Erscheinungen das bloße Spiel unserer Vorstellungen sind, könnte doch immer noch alles so im Argen liegen, wie es A100 von Kant anschaulich dargestellt ist.

Für Kant freilich ergibt sich die gegenteilige Auffassung, weil er im Begriff einer „reinen" Synthesis (der Apprehension, Reproduktion etc.) zugleich zweierlei denkt. Im Ausdruck „rein" ist nämlich einerseits Bezug genommen auf nicht-empirische, bloße Raum-Zeit-Gegebenheiten, wie sie nach Kant die Zeit von einem Mittag zum anderen, die Zahl einer Menge, eine Linie darstellen, zugleich sind aber auch transzendentale Leistungen gemeint. Aber die „reinen" Synthesen, die für die Erkenntnis der eben genannten reinen Gegebenheiten erforderlich sind, funktionieren gar nicht anders als die entsprechenden empirischen Synthesen, was Kant in seinen Beispielen auch deutlich macht. Insofern gibt es keinen Grund, „reine" Synthesen als transzendentale in Anspruch zu nehmen. Genau das tut Kant aber A102. Dadurch werden die formalen transzendentalen Leistungen in die Nähe von solchen gerückt, durch die nach Kant Ordnung und Regelmäßigkeit in die Erscheinungen hineingelegt werden, so wie es A101 ausdrücklich behauptet, wenn auch nicht einsichtig gemacht ist.

A108 wird nun von diesen Überlegungen insofern Gebrauch gemacht, als Kant darauf hinweist, daß durch die ursprüngliche Einheit der Apperzeption nicht nur für die begriffliche Erfassung des uns Gegebenen gesorgt wird, sondern zugleich auch erreicht wird, daß die Erscheinungen „notwendig reproduzibel" werden (ebd.). Das sind die ersten entscheidenden Schritte in Richtung auf Kants These von der Naturgesetzgebung durch den reinen Verstand.

Unabhängig von solchen Überlegungen greift A108 („Nunmehro werden ...") dann aber auch wieder bloß den Gedanken der Gegenstandsbeziehung unserer Vorstellungen auf. Der Begriff von einem „Gegenstande überhaupt" (ebd.) steht dabei für die Beziehung unserer Vorstellungen überhaupt auf einen Gegenstand, unabhängig davon, was dieser im Einzelfall sein möge: Sie besteht – da wir nicht auf etwas anschaulich Gegebenes hinweisen können, das als Gegenstand in Frage käme – letztlich darin, daß die Vorstellungen nur überhaupt in einem synthetischen Zusammenhang miteinander stehen, wie er sich dann in bestimmten Begriffen realisiert. Kant weist damit auf jene ursprüngliche Einheit hin, die aller Begriffsverwendung als ihrer Bedingung zugrunde liegt, nämlich ein formales Aufeinanderverweisen der Vorstellungen, ihr Verbundensein in einer Einheit, die durch die „notwendige Einheit des Bewußtseins" hervorgerufen ist.

Es ist dies („Der reine Begriff ...", A109) eine Einheit, in deren Rahmen allein konkrete Gegenstandserkenntnis stattfinden kann. Ihr entspricht in einer etwas künstlich anmutenden Redeweise der „Gegenstand überhaupt" unserer Erkenntnis, der „nicht-empirische, d.h. transzendentale Gegenstand = X" von A109. Der reine Begriff dieses transzendentalen Gegenstandes ist bei aller Gegenstandserkenntnis deshalb auch immer einerlei, er enthält keine bestimmte Anschauung und drückt nur überhaupt jene Einheit aus, „die in einem Mannigfaltigen der Erkenntnis angetroffen werden muß, sofern es in Beziehung auf einen Gegenstand steht" (ebd.). Damit ist gezeigt, daß die Gegenstandserkenntnis nicht nur unter den Bedingungen von Raum und Zeit, sondern darüber hinaus auch unter der Bedingung steht, daß in ihr ein uns in Raum und Zeit gegebenes Mannigfaltiges zur ursprünglichen Einheit der Apperzeption gebracht ist.

Was ist mit dem Bisherigen erreicht? Die Gegenstandserkenntnis stößt uns nicht gleichsam zu, sie muß in gewisser Weise von uns gemacht werden, nämlich dadurch, daß alles uns gegebene Mannigfaltige der Sinne zur ursprünglichen Einheit der Apperzeption gebracht wird als der Bedingung dafür, daß in der Erkenntnis Begriffe verwendet werden können und mithin Gegenständliches erkannt werden kann. Ohne diese ursprüngliche Einheit wäre alle Begriffsverwendung vergeblich.

Das kann („Einheit der Synthesis ...", A111) entweder in einem schwachen oder in einem starken Sinne verstanden werden. Im schwachen Sinne heißt es, daß ohne ursprüngliche Einheit der Apperzeption die Verwendung empirischer Begriffe zwar zu Einheitsbildungen führen würde, daß diese aber im Sinn der Rekognition im Begriff gerade nicht von einer vorausgreifenden Intention auf die Bestimmung von Sachverhalten geleitet wäre. Die Synthesis nach empirischen Begriffen würde kein sinnvolles Ganzes bilden, so daß in der Tat von einem „Gewühle von Erscheinungen" (ebd.) die Rede sein müßte, das unsere Seele anfüllte. Die Folge wäre, daß trotz faktischer Begriffsverwendung dennoch eine Gegenstandserkenntnis nicht zustande käme (vgl. ebd.). Diese schwache Auslegung steht in guter Übereinstimmung mit der Lehre von den drei Synthesen, soweit in dieser nur auf die Erörterung der formalen Sinnvoraussetzungen jeder Gegenstandserkenntnis abgestellt ist.

Kant neigt aber dazu, die transzendentalen Bedingungen auch für die These einer objektiven Regelmäßigkeit und Ordnung der Erscheinungen in Anspruch zu nehmen. Dem dient die Überlegung unter Nr. 4 (A110–114) über die Einheit der Erfahrung, „in welcher alle Wahrnehmungen als im durchgängigen und gesetzmäßigen Zusammenhange vorgestellt werden" (A110). Kant faßt also die formale synthetische Einheit des uns gegebenen Mannigfaltigen, die die Voraussetzung für eine sinnvolle Begriffsverwendung und Gegenstandserkenntnis bildet, zugleich als faktische Ordnung, als „Einheit der Erscheinungen nach Begriffen" auf (ebd.), und behauptet nun, daß ohne die ursprüngliche transzendentale Einheit die Einheit der Erscheinungen bloß nach empirischen Begriffen jene Ordnung und jenen faktisch-notwendigen Zusammenhang aller Erscheinungen nicht garantieren könnten, der für Kant mit dem Begriff der „einen" Erfahrung tatsächlich gegeben ist. Das „Gewühle der Erscheinungen" wäre jetzt eine Unordnung der Erscheinungen, die durch das Fehlen einer „Verknüpfung nach allgemeinen und notwendigen Gesetzen" bestimmt wäre.

Aufgrund dieses Doppelsinns ist dafür gesorgt („Die Bedingungen a priori ...", A111), daß die nun folgende „Behauptung" Kants, nämlich daß die Kategorien Bedingungen des Denkens in einer möglichen Erfahrung seien, und also „Grundbegriffe, Objekte überhaupt zu den Erscheinungen zu denken", zugleich auch als Satz über die Naturgesetzgebung durch den reinen Verstand verstanden werden kann.

Für sich wäre mit dieser „Behauptung" zunächst einmal die Deduktion zum Ende gebracht: Es wäre gezeigt, daß die Kategorien tatsächlich „objektive Gültigkeit" haben (ebd.). Kant sucht das zu verdeutlichen („Die Möglichkeit aber ...", ebd.) durch die nochmalige Aufnahme der bisherigen Erörterung über die ursprüngliche Apperzeption, jetzt im Blick auf bestimmte Kategorien. Die Kausalität ist danach einer der Wege, auf denen die notwendige Einheit des Bewußtseins erreicht wird. Die Kategorie der Kausalität ist für Kant also dafür verantwortlich, daß unsere Wahrnehmungen in notwendigen Zusammenhängen stehen und nur deshalb auch Objektbezug aufweisen. Ohne diese faktisch-notwendige Einheit in der Mannigfaltigkeit der Wahrnehmungen würden diese „zu keiner Erfahrung gehören, folglich ohne Objekt, und nichts als ein blindes Spiel der Vorstellungen, d. i. weniger als ein Traum sein" (A112).

Hier sind wir vollständig im Bereich von Überlegungen über faktische Züge der Erfahrung: Der im Fall von Kausalzusammenhängen bestehende, gegen Hume behauptete notwendige Charakter einer Verbindung von Ursache und Wirkung aufgrund einer objektiven „Affinität" der Erscheinungen (als Grundlage der Gültigkeit der empirischen Regel der Assoziation, vgl. A112f.), wird von Kant unmittelbar aus der ursprünglichen Einheit des Selbstbewußtseins hergeleitet (vgl. A113f.). Die Bedenken dagegen, daß „die Natur sich nach unserem subjektiven Grunde der Apperzeption richten, ja sogar davon in Ansehung ihrer Gesetzmäßigkeit abhängen solle" (A114), sucht Kant wieder auszuräumen mit dem Hinweis darauf, daß die Natur eben nichts sei als „bloß eine Menge von Vorstellungen des Gemüts" (ebd.).

7.3.3 Dritter Abschnitt der *A-Deduktion* (A115–130)

Nachdem Kant im 2. Abschnitt den Leser eher nur vorbereitet als unterrichtet haben will, soll nun, im *dritten Abschnitt*, die systematische Behandlung der „Elemente des Verstandes" folgen (vgl. die Ankündigung A98). Dazu ruft Kant wie A95 noch einmal in Erinnerung, daß die Erfahrung wesentlich auf drei subjektiven Erkenntnisquellen beruht: Sinn, Einbildungskraft und Apperzeption, und ebenso wie A95 weist Kant auch hier darauf hin, daß diese Vermögen sowohl einen empirischen als auch einen „transzendentalen" Gebrauch haben. Was den ersteren angeht, so beruht er wesentlich auf dem empirischen Bewußtsein, daß die in der Erinnerung jeweils festgehaltenen Vorstellungen sich immer noch auf dasselbe wie zu Anfang des Erkenntnisprozesses beziehen („Rekognition").

Möglich ist dies („Es liegt aber ...", A115) nach Kant nur deshalb, weil einerseits der Wahrnehmung die reine Anschauungsform der Zeit zugrunde liegt und weil andererseits wir auf eine reine Synthesis der Einbildungskraft zurückgreifen können, die ihrerseits durch die Einheit des Selbstbewußtseins angeleitet ist. *Daß* es diese reinen Vermögen gibt, setzt Kant an dieser Stelle voraus; daß *sie* es sind, die in ihrem Zusammenwirken oder in ihrer Verknüpfung die Erfahrung möglich machen, sollen die folgenden Erörterungen zeigen. In ihnen sucht Kant den Nachweis zu erbringen, daß die „Einheit der Erkenntnis zu einer möglichen Erfahrung" wesentlich auf der reinen Apperzeption beruht (A116, A119). Die reine Apperzeption ist nämlich, wie es A116 heißt, der Punkt, in welchem diese Vermögen „zusammenlaufen" müssen, wenn es Einheit der Erkenntnis geben soll.

Was ist das für eine Einheit („Wollen wir nun ...", A116), und was folgt aus ihr für die eigentliche Hauptfrage nach der objektiven Gültigkeit der Kategorien? Das ist die Frage, die Kant im folgenden behandelt. Die Antwort ergibt sich schrittweise mit den folgenden Feststellungen:

(1) Alle Anschauungen und Vorstellungen, die wir haben, müssen von Bewußtsein begleitet sein; dieser Gedanke wird in der Anmerkung A117 noch einmal wiederholt.

(2) Das allein reicht jedoch nicht für die Möglichkeit der Erkenntnis. Vorstellungen, die wir haben, können nämlich nur dann „etwas" vorstellen, d. h. eine Beziehung auf etwas von ihnen selbst Unterschiedenes haben, wenn sie zusammen mit allen anderen in einem einzigen Bewußtsein verbunden werden können. Dieses einheitliche Bewußtsein wird von Kant als einheitliches Selbstbewußtsein „in Anse-

hung aller Vorstellungen, die zu unserem Erkenntnis gehören können" (A116), aufgefaßt. Er weist damit darauf hin, daß alle meine Erkenntnisse Teile eines umfassenden Ganzen bilden, das zusammengehalten wird von meinem Willen, die unterschiedlichen Teile der von mir erkannten Wirklichkeit aufeinander beziehen zu können, d. h. Brüche und Entgleisungen auszuschließen. Dies ist das „transzendentale Prinzip der Einheit alles Mannigfaltigen unserer Vorstellungen" (ebd.). Es garantiert, daß neue Erfahrungen an alte angeschlossen werden können und nicht statt dessen ein beständiges Neu-Anfangen erfolgt, das zu einem Auseinanderfallen der Erkenntnis in nicht aufeinander beziehbare Einzelstücke führen müßte. Die darin liegende Einheit aller meiner Vorstellungen ist „synthetisch". Das soll heißen, daß in ihr etwas Nicht-Identisches in Beziehung zueinander gesetzt ist oder daß die Einheit das Ergebnis einer Leistung ist, die im Blick auf das Zustandekommen eines Neuen eigens erbracht werden muß. Das wird von A118 an genauer erörtert.

Das unter (1) und (2) Entwickelte sucht Kant in der Anmerkung A117 noch einmal zu verdeutlichen. Vorstellungen müssen uns bewußt sein können; sie haben insofern eine Beziehung auf ein mögliches empirisches Bewußtsein: Es ist nicht sinnvoll, von unbewußten Vorstellungen zu sprechen. Ebenso wie im Haupttext wird aber betont, daß für die Möglichkeit der Erkenntnis außerdem das Mannigfaltige der Vorstellungen und des zu ihnen gehörigen empirischen Bewußtseins in der Einheit des Selbstbewußtseins zusammenstehen muß, also in der „ursprünglichen Apperzeption".

Wenn Kant dies so ausdrückt, daß er sagt: „Es ist also schlechthin notwendig, daß in meinem Erkenntnisse alles Bewußtsein zu einem Bewußtsein (meiner selbst) gehöre" (A117), so klingt dies freilich zunächst sehr trivial. Man muß sich aber vor Augen halten, daß Kant unter dem Zusammengehören von Vorstellungen oder Erkenntnissen in der Einheit des Selbstbewußtseins mehr versteht als nur ihr Begleitetsein vom Gedanken oder der Vorstellung, daß es sich um *meine* Vorstellungen oder Erkenntnisse handelt. Gemeint ist darüber hinaus, daß – weil ich in meiner Erkenntnis auf die Wirklichkeit bezogen bin und deshalb im Interesse der Aufrechterhaltung dieses Projekts meine Gedanken zusammenhalten muß, d. h. „bei der Sache bleiben" muß – meine Vorstellungen in dieses von mir ausgehende und von mir getragene Projekt hineingenommen sein müssen. Das ist die „synthetische Einheit des Mannigfaltigen", und nur in dieser Auffassung kann der Satz, „daß alles verschiedene empirische Bewußtsein in einem einigen Selbstbewußtsein verbunden sein müsse, [...] der schlechthin erste und synthetische Grundsatz unseres Denkens überhaupt" sein (ebd.). Kant fügt hinzu, daß die transzendentale Einheit des Selbstbewußtseins nicht beständig aktual vollzogen werden muß. Es kommt allein auf die Möglichkeit der Aktualisierung an. Die Einheit des Selbstbewußtseins bildet einen fundamentalen Zug der grundlegenden Struktur unseres kognitiven Verhaltens und ist insofern nur ein „Vermögen", das aber alle Erkenntnis wesentlich trägt.

(3) Wie bereits gesagt, verwendet Kant bei der Charakterisierung der Einheit der Apperzeption den Ausdruck „synthetisch", um darauf hinzuweisen, daß die Vorstellungen nicht von sich aus in der Einheit der Apperzeption zusammenstehen, etwa weil sie miteinander identisch wären. Das sind sie gerade nicht. Ihre Einheit betrifft nur ihr Zusammengehören unter der Forderung, gemeinsam zur Erkenntnis der Wirklichkeit beizutragen. Unter diese Forderung müssen sie aber eigens gestellt werden, und das geschieht durch eine Synthesis als „Bedingung a priori der Möglichkeit aller Zusammensetzung des Mannigfaltigen in einer Erkenntnis" (A118). Diese Synthesis wird nun von Kant der Einbildungskraft zugeschrieben. Sie ist, da sie anders als die reproduktive Synthesis der Einbildungskraft a priori stattfindet, als „produktive Synthesis" anzusehen und bildet – da sie zur ursprünglichen Apperzeption aller meiner Vorstellungen führt – „vor der Apperzeption", wie es hier heißt, den Grund der Möglichkeit aller Erkenntnis, besonders der Erfahrung„ (ebd.). Da sie („Nun nennen wir die ...", ebd.) „ohne Unterschied der Anschauungen" auf erfahrungsunabhängige Weise („a priori") nur die Verbindung des Mannigfaltigen überhaupt hervorbringt, nennt Kant sie ebenso wie die Einheit der Apperzeption „transzendental". Sie ist jene Instanz, durch die in der Erkenntnis und für sie die Einheit der Apperzeption ihre Wirksamkeit beweist. Ebenso wie Kant Raum und Zeit als Formen der Anschauung und der Gegenstände der Anschauung bestimmt, faßt er auch die Einheit der Synthesis der Einbildungskraft = Einheit der ursprünglichen Apperzeption als die „Form" auf, die allen Gegenständen möglicher Erfahrung aufgeprägt wird.

Nach den vorbereitenden Schritten (1) bis (3) folgt jetzt die eigentliche Kategoriendeduktion („Die Einheit der Apperzeption ...", A119). Kant bestimmt den Verstand als Einheit der Apperzeption in Beziehung auf die Synthesis der Einbildungskraft: Der Verstand würde danach vermittels seiner Begriffe die Einheit des Mannigfaltigen von Vorstellungen jeweils in einzelnen Erkenntnissen hervorbringen, also, daß jetzt und hier z.B. die Feststellung getroffen werden kann, daß auf dem Papier eine Kreisfigur und nicht ein Dreieck gezeichnet ist. Solche Feststellungen ihrerseits sind aber nur möglich, weil schon zuvor ein für alle Mal durch die reine Synthesis der Einbildungskraft alle Vorstellungen in der Einheit der Apperzeption zusammengefügt sind, die als – wie es hier heißt – „reiner Verstand" über das System reiner Verstandesbegriffe eine grundlegende, strukturierte Einheit aller Vorstellungen erzwingt. Da wir gesehen haben, daß der Gegenstandsbezug unserer Vorstellungen davon abhängt, daß unsere Vorstellungen zur Einheit der Apperzeption gebracht sind, ergibt sich daraus, „daß der reine Verstand, vermittelst der Kategorien, ein formales und synthetisches Prinzipium aller Erfahrungen sei, und die Erscheinungen eine notwendige Beziehung auf den Verstand haben" (ebd.).

Damit ist die Kategoriendeduktion zu Ende geführt („Jetzt wollen wir ...", ebd.). In ihr war zum Nachweis des „notwendigen Zusammenhangs des Verstandes vermittels der Kategorien" *von oben*, d. h. von der reinen Apperzeption angefangen worden (vgl. A116).

Kant sucht nun aber auch noch zu zeigen, daß dieser Zusammenhang sich ebenfalls ergibt, wenn man *„von unten auf"* (A119), nämlich dem Empirischen beginnt (vgl. A119 f.). Warum diese Verdoppelung? Man könnte daran denken, daß auf dem Weg von oben zunächst für das reine Denken gezeigt worden sei, daß es seine Wirksamkeit und Gültigkeit nur „vermittelst der Anschauung und der Synthesis derselben durch Einbildungskraft" (B119) beweisen könne, d. h. daß es Erkenntnisleistungen nicht unabhängig von unserer Sinnlichkeit erbringen könne. Das ist der Gedanke der Grenzziehung. Dann wäre also noch zu zeigen, daß umgekehrt die Sinnlichkeit in ihrem vollen Umfang unter den Kategorien steht, d. h. daß sie sich der Wirksamkeit der reinen Apperzeption nicht, auch nicht partiell, entziehen kann. An sich ist dieser Nachweis freilich bereits erbracht, oder es ist jedenfalls von Kant schon behauptet worden, daß es sich so verhält, so A118 sowie A119. Dennoch legt die Tatsache, daß die Betrachtung „von unten auf" zur These von der Naturgesetzgebung des reinen Verstandes führt (vgl. A125), die Auffassung nahe, daß jetzt noch eigens der Nachweis erbracht werden soll, daß alle Erscheinungen unter dem reinen Verstand stehen (vgl. dazu in B das noch zu erledigende Programm in § 21, B144 ff.).

Die Überlegungen Kants in diesem Abschnitt wiederholen und präzisieren das unter Nr. 1 bis Nr. 3 von A98 ff. auf vorläufige Weise zu den „drei" Synthesen Gesagte. Auch hier beginnt Kant wie A116 mit dem Hinweis darauf, daß Erscheinungen in der Wahrnehmung mit Bewußtsein verbunden sein müssen; sie würden sonst für uns nichts sein. Den Ausgangspunkt der folgenden Überlegungen bildet dann wie A99 die Feststellung, daß verschiedene Wahrnehmungen im Gemüt an sich „zerstreut" sind. Wenn die Erkenntnis zustandekommen soll, müssen sie also miteinander verbunden werden: Dies tut die Einbildungskraft, und zwar in einer Synthesis, die von Kant Apprehension genannt wird und die zu „Bildern" des Wirklichen führt. (Zu dem, was Kant unter „Bild" versteht, ist z. B. XXVIII 235 ff. zu vergleichen; dazu Hoppe 1983, 180 f.).

Kant fragt nun („Es ist aber klar ...", A121), was in dieser Leistung vorausgesetzt ist. Es ist mehreres, nämlich zunächst, daß auf dem Weg einer Reproduktion Vergangenes, das einmal gegenwärtig war, im Blick behalten wird (der subjektive Grund), aber nicht Beliebiges, sondern nur das, was zu den gegenwärtigen Wahrnehmungen auch tatsächlich dazugehört (der subjektive und empirische Grund).

Das ist freilich nicht alles („Würde nun aber diese ...", ebd.). Mit den bisher angegebenen Bedingungen ist auf der Ebene des Wissens nicht ausgeschlossen, daß das Erkenntnisprojekt sozusagen blind bleibt, daß zwar Vergangenes mit dem je Gegenwärtigen richtig verbunden wird, daß aber der Fortgang der Erkenntnis in der Gegenwart zu immer neuen Teilresultaten führt, die nicht aufeinander bezogen werden können und die deshalb nicht als Beiträge zu einem einheitlichen Erkenntnisprojekt aufgefaßt werden können. Dies ist gemeint, wenn Kant für die Einheit der Assoziation neben subjektiven und empirischen Gründen auch noch einen objektiven fordert, der ausschließt, „daß Erscheinungen von der Einbildungskraft anders apprehendiert würden, als unter der Bedingung einer möglichen synthetischen Einheit dieser Apprehension" (ebd.). Nur so läßt sich vermeiden, daß sich die Erscheinungen nur zufälligerweise „in einen Zusammenhang menschlicher Erkenntnis schickten" (ebd.). Zwar würden nach dem Bisherigen ganze Reihen von Bildern entstehen, in denen Wahrnehmungen faktisch „assoziiert" wären. „Ganz unbestimmt und zufällig" wäre es aber dennoch, ob sie „assoziabel" wären.

Was ist mit dieser Assoziabilität gemeint: eine Eigenschaft, die den Wahrnehmungen an sich zukommt, oder eine solche, die sie aufgrund subjektiver Leistungen aufweisen? Das erstere kann nicht sein, weil sonst faktische Gegebenheiten transzendentale Funktionen übernehmen würden. Die Assoziabilität muß also als nichtempirische, objektive, d.h. objektbezogene Eigenschaft von Wahrnehmungen vom Subjekt hervorgebracht sein, und zwar insofern, als dieses die bisher betrachtete Assoziation bestimmten Bedingungen unterwirft. Es geht also um das Verfahren der Assoziation: Unsere Vorstellungen müssen so miteinander verbunden werden, daß ein sinnvolles Ganzes entsteht und nicht stattdessen isolierte „Insellösungen" . Es könnte sonst „viel empirisches Bewußtsein in meinem Gemüt anzutreffen" sein, „aber getrennt" (A122). Als Bedingung für die angemessene Weise der Assoziation von Wahrnehmungen ergibt sich daraus, daß sie „zu einem Bewußtsein meiner selbst" gehören (ebd.), anders ausgedrückt: daß sie zur ursprünglichen Apperzeption „gezählt" werden können (ebd.). Hier werden also durch die Struktur unseres Erkenntnisvermögens die Erscheinungen dem Gesetz unterworfen, „durchgängig als solche Data der Sinne" angesehen zu werden, „welche an sich assoziabel, und allgemeinen Regeln einer durchgängigen Verknüpfung in der Reproduktion unterworfen sind" (ebd.). Sie werden dadurch in die Einheit der Apperzeption aufgenommen. Diese Einheit betrifft – wie schon öfter gesagt – nicht das bloße Mir-Gehören meiner Vorstellungen, sondern ein Zu-mir-Gehören insofern, als ich um eine einheitliche Erkenntnis der Wirklichkeit bemüht bin, einer Wirklichkeit, in der alle Einzelergebnisse meines Erkennens nur deshalb aufeinander bezogen werden können, weil sie Momente des von mir vollzogenen kognitiven Ganges durch die Welt sind (vgl. Strawson 1966, 109). Und zunächst auch nur diese gegenseitige Beziehbarkeit der Erscheinungen ist gemeint, wenn Kant von „Affinität" spricht.

Freilich versteht Kant – wie im folgenden immer deutlicher wird – unter Affinität auch eine faktische Regelmäßigkeit der Erscheinungen, von der er – gegen den Sinn der bisherigen Überlegungen – behauptet, sie sei das Ergebnis von subjektiven Erkenntnis-Leistungen.

Wenn man davon für den Augenblick absieht (vgl. oben S. 165), so sind die folgenden Darlegungen Kants (A123ff.) dennoch wiederum leicht verständlich; es handelt sich nur um eine neuerliche Zusammenfassung von bereits erarbeiteten Gedanken. Die an den Erscheinungen ausgeübte Synthesis der Einbildungskraft findet auch a priori statt, insofern muß von der „produktiven Einbildungskraft" gesprochen werden und davon, daß sie eine „transzendentale Funktion" ausübt (A123). Das tut sie allerdings nicht von sich aus, sondern nur in Anwendung der ursprünglichen Einheit der Apperzeption: „Diese Apperzeption ist es nun, welche zu der reinen Einbildungskraft hinzukommen muß, um ihre Funktion intellektuell zu machen" (A124). Dadurch erfolgt der Bezug alles uns Gegebenen auf den Verstand und werden Begriffe zustande kommen können (vgl. ebd.). Nur durch die notwendige Verbindung von Sinnlichkeit und Verstand „vermittelst dieser transzendentalen Funktion der Einbildungskraft" (A123) kann es mithin Erkenntnis geben, die – wie Kant es in der kurzen Rekapitulation A124f. noch einmal in Erinnerung ruft – wesentlich auf Begriffen beruht. Die Verwendung von Begriffen in der Rekognition der „wirklichen" Erfahrung beruht ihrerseits aber auf „Gründen", „sofern sie bloß die Form einer Erfahrung überhaupt angehen" (A125) – das sind die Kategorien. „Auf ihnen gründet sich also alle formale Einheit in der Synthesis der Einbildungskraft, und vermittelst dieser auch alles empirischen Gebrauchs derselben (in der Rekognition, Reproduktion, Assoziation, Apprehension) bis herunter zu den Erscheinungen, weil diese, nur vermittelst jener Elemente der Erkenntnis und überhaupt unserm Bewußtsein, mithin uns selbst angehören können" (A125). Damit ist noch einmal gezeigt, daß die Kategorien objektive Gültigkeit haben, nämlich als Bedingungen der Möglichkeit der Erfahrung.

Im abschließenden Teil („Die Ordnung und Regelmäßigkeit ...", ebd.) des 3. Abschnitts der Deduktion (A125–128) zieht Kant im Blick auf grundlegende Eigenschaften der von uns zu erkennenden Wirklichkeit aus dem Bisherigen die Schlußfolgerungen: Die Ordnung und Regelmäßigkeit der Erscheinungen soll das Resultat der Naturgesetzgebung durch den reinen Verstand sein.

Wie kommt Kant zu dieser Annahme und kann wirklich gelten, daß Ordnung und Regelmäßigkeit von uns in die Natur „hineingebracht" oder „hineingelegt" werden? Die bisherigen Überlegungen haben nur gezeigt, daß für die Möglichkeit der Objekterkenntnis unsere Vorstellungen in „Sinnbeziehungen" zueinander stehen müssen, die nach den Kategorien gegliedert sind. Aber diese Sinnbeziehungen deutet Kant zu faktischen Beziehungen um, und zwar zu faktischen in dem Sinne, daß das formale Aufeinanderverwiesensein der Vorstellungen im Hinblick auf ihre Abfolge und ihre inhaltlichen Beziehungen zugleich auch als irgendwie inhaltliche Ordnungsbeziehung gelten soll. Durch solche Ordnungsbeziehungen sind nach Kant z. B. die A100f. genannten Unregelmäßigkeiten ausgeschlossen. Indem Kant die Einheit der Apperzeption immer auch als eine solche faktische Ordnung ansieht, kann er den Verstand als ein Vermögen oberster apriorischer Regeln auffassen, die „den Erscheinungen ihre Gesetzmäßigkeit verschaffen, und eben dadurch Erfahrung möglich machen" (A126). Möglich ist das deshalb, weil „Erscheinungen [...], als solche, nicht außer uns stattfinden, sondern [...] nur in unserer Sinnlichkeit" existieren (A127; vgl. A101, A114, A129). So gilt: „Die Einheit der Apperzeption [...] ist der transzendentale Grund der notwendigen Gesetzmäßigkeit aller Erscheinungen in einer Erfahrung" (A127).

Damit ergibt sich die Schlußfolgerung von A127: „So übertrieben, so widersinnig es also auch lautet, zu sagen: der Verstand ist selbst der Quell der Gesetze der Natur, und mithin der formalen Einheit der Natur, so richtig, und dem Gegenstande, nämlich der Erfahrung angemessen ist gleichwohl eine solche Behauptung". Daraus ergeben sich freilich Schwierigkeiten. Wenn die empirischen Gesetze „nur besondere Bestimmungen der reinen Gesetze des Verstandes sind" (A128), aber doch auch ihren Ursprung keineswegs von den reinen Verstandesgesetzen herleiten können, so stellt sich die Frage, wie weit die ordnende Kraft unseres Verstandes eigentlich reicht. Für Kant sollten sich empirische Gesetze auf der Basis einer grundlegenden, vom Subjekt abhängenden Uniformität und Ordnung der Natur als Besonderungen dieser Ordnung ergeben: Aber wie ist das möglich, wenn empirische Gesetze doch „gefunden" werden müssen, sollen sie nicht selber auch als apriorische Gesetze gelten.

7.4 Interpretationsfragen

7.4.1 Einheit der Apperzeption

In der Literatur wird die ursprüngliche Einheit der Apperzeption als durchgängige Mir-Gehörigkeit aller meiner Vorstellungen aufgefaßt, also als Umstand, daß ich sie alle als von mir „gedacht" in einem einzigen Bewußtsein zusammenfassen kann. Wenn es sich dabei um mehr als nur um den Ausschluß einer Mehrheit von Bewußtseinen handeln soll (vgl. A352), muß in der Rekonstruktion des Kantischen Arguments aller Nachdruck auf das „Denken" im „Ich denke", das alle meine Vorstellungen begleiten können muß, gelegt werden. So bei Carl in der ganz richtigen Abwehr der Auffassung, Kant gehe es um das Problem der Selbstzuschreibung von Vorstellungen (Carl 1992, 99) oder um die Herleitung von Regeln der Verbindung von Objekten aus der numerischen Identität des Subjekts bei Henrich (Carl 1992, 181 ff.; vgl. dazu vor allem auch Thöle 1991, 243 ff.). Es ist aber auch dann nicht einsichtig, wie „ein Bewußtsein der Form, in der Gedanken gedacht werden" (Carl 1992, 65) oder „ein Bewußtsein eines numerisch identischen Ich als Subjekt aller meiner Gedanken" (Carl 1992, 67) die Grundlage für den Gegenstandsbezug unserer Vorstellungen sein kann. Das „Ich denke" und die Einheit der Apperzeption muß vielmehr als von mir ausgehende Zuwendung zur Welt verstanden werden, die als tragendes und durchgehaltenes kognitives Projekt alle meine Vorstellungen in mögliche Beiträge zur Welterkenntnis verwandelt und sie dadurch über alle etwa bestehenden faktischen Zusammenhänge hinaus („Assoziation") synthetisch miteinander verbindet. Allein die so verstandene Einheit der Apperzeption ist es, die – wie es A197/B242 heißt – über die subjektive Bedeutung hinaus, die die Vorstellungen als bloße Bestimmungen meines Gemütszustandes haben, ihnen noch eine objektive verleiht. Sie ist das von mir aufgespannte und aufgespannt gehaltene framework (vgl. Strawson 1966, 18), innerhalb dessen mir Gegenstände und Sachverhalte in der Welt allein begegnen können. Zurecht spricht Heidegger von einer „entgegenstehenlassenden Zuwendung" (1929 [⁴1973], 75f. und öfter). Sie besteht in der Ausfaltung eines von mir getragenen einheitlichen „intentionalen Bogens", durch die das Vergessen der Zusammengehörigkeit meiner Vorstellungen, wie es A103 beschrieben ist, ausgeschlossen ist. Indem ich meine Vorstellungen in der Einheit der Apperzeption verbinde, eigne ich sie mir als Teile eines einheitlichen Ganzen an, das durch meinen Willen, zur Erkenntnis der Welt zu gelangen, gebildet wird. Nicht das Bewußtsein von Wahrnehmungen schlechthin (vgl. Guyer 1987, 144), sondern das Bewußtsein von auf Gegenstände bezogenen oder besser beziehbaren „perceptions" hängt von der synthetischen Einheit der Apperzeption ab.

7.4.2 Die These der Gesetzgebung und das Verhältnis der Fassungen von A und B zueinander

Auch wenn Kants Argumente für die Gesetzgebung durch den reinen Verstand zweifellos nicht überzeugend sind (vgl. Thöle 1991, 243 und öfter, Carl 1992, 181), muß für die Interpretation der Deduktion sein Anspruch, den entsprechenden Nachweis geliefert zu haben, doch ernstgenommen werden; man versteht sonst nicht den Zusammenhang der einzelnen Schritte der Deduktion. So kann der Aufbau der *B-Deduktion* nur verständlich werden, wenn man sich klarmacht, daß für Kant der Gedanke der Aufnahme unserer Vorstellungen in die ursprüngliche Einheit der Apperzeption als Voraussetzung für die Gegenstandsbeziehung der Vorstellungen die Kategoriendeduktion bereits zu einem ersten Abschluß bringt: Die Kategorien, über die die Einheit der Apperzeption sich artikuliert und strukturiert, sind auf diese Weise als Bedingungen der Möglichkeit der Erfahrung erwiesen. Das ist der Nachweis, daß ohne Kategorien es für uns eine Gegenstandserkenntnis qua Bezugnahme auf Gegenstände nicht geben kann, und dafür muß in der Tat nicht untersucht werden, wie die Kategorien das uns in der Anschauung Gegebene bestimmen, es reicht herausgestellt zu haben, *daß* sie es tun. In A war dies als objektive Deduktion bezeichnet worden. Für das *wie* ist mehr erforderlich, nämlich die Untersuchung der Erkenntnis-Synthesen im einzelnen, durch die in B die These der Gesetzgebung abgesichert werden soll. In A sind die beiden eben skizzierten Schritte nicht säuberlich voneinander getrennt, und zwar deshalb nicht, weil unabhängig von der Frage der Gesetzgebung durch den reinen Verstand Kant die Synthesis-Lehre offenbar als integralen Bestandteil der Deduktion ansieht: die Einheit der Apperzeption wird in A überhaupt erst im Zusammenhang der Synthesis-Erörterung thematisiert. In B (und schon *MAN*, IV 474 f.) ist Kant dagegen der Meinung, daß die objektive Deduktion auch ohne eine in einzelne gehende Synthesis-Analyse gelingen kann. Die Synthesis-Lehre dient dann (B144 ff.) in der Anwendung der Ergebnisse der objektiven Deduktion auf unsere Art der Sinnlichkeit (deren formale Struktur durch Apprehension, Reproduktion und Rekognition gekennzeichnet ist) nur noch zur Stützung der These von der Naturgesetzgebung. Aber der gleichfalls synthetische Charakter der Einheit der Apperzeption, auf den Kant immer wieder nachdrücklich hinweist, wird letztlich nur von einer Synthesis-Analyse her verständlich, so wie sie in A im Blick auf die Einheit der Apperzeption durchgeführt ist. Darin liegt bei allem Schwanken zwischen faktischer und kategorialer Orientierung der Fragestellung der große Vorteil und letztlich auch die Unentbehrlichkeit von A für das Verständnis der Kategoriendeduktion insgesamt.

Literatur

Allison, Henry E., 2015: Kant's Transcendental Deduction. An Analytical-Historical Commentary, Oxford.
Carl, Wolfgang 1992: Die Transzendentale Deduktion der Kategorien in der ersten Auflage der Kritik der reinen Vernunft. Ein Kommentar, Frankfurt/M.
Guyer, Paul 1987: Kant and the Claims of Knowledge, Cambridge.
Heidegger, Martin 1929: Kant und das Problem der Metaphysik, Tübingen (Frankfurt/M. [4]1973).
Henrich, Dieter 1976: Identität und Objektivität. Eine Untersuchung über Kants transzendentale Deduktion, Heidelberg.
Hoppe, Hansgeorg 1983: Synthesis bei Kant. Das Problem der Verbindung von Vorstellungen und ihrer Gegenstandsbeziehung in der „Kritik der reinen Vernunft", Berlin/New York.
Strawson, Peter F. 1966: The Bounds of Sense. An Essay on Kant's Critique of Pure Reason, London.
Thöle, Bernhard 1991: Kant und das Problem der Gesetzmäßigkeit der Natur, Berlin/New York.
Zimmermann, Stephan 2016: „Kants metaphysische Deduktion der Ideen in der Kritik der reinen Vernunft", in: Philosophisches Jahrbuch 123, 58–88.

Wolfgang Carl
8 Die transzendentale Deduktion in der zweiten Auflage

(B129–B169)

8.1 Stellung und Funktion der *B-Deduktion* in der *Kritik*

Für die zweite Auflage der *Kritik* hat Kant den Abschnitt über die transzendentale Deduktion der reinen Verstandesbegriffe vollständig neu verfaßt. Obwohl Kant selbst nur von Verbesserungen „in der Darstellung" spricht (B xxxix), unterscheiden sich beide Fassungen auch inhaltlich deutlich voneinander (vgl. dazu und zur Stellung und Funktion des Abschnittes in der *Kritik* den Beitrag von Hoppe, 7.1 und 7.4).

8.2 Inhalt und Aufbau der *B-Deduktion* im Überblick

Die in dreizehn Paragraphen eingeteilte *Transzendentale Deduktion der reinen Verstandesbegriffe* wird von Kant selber so gegliedert, daß sie zwei Gedankengänge enthält, von denen der erste mit § 20 endet, während der zweite im § 26 zu seinem Abschluß kommt. Diese Gliederung, deren Interpretation umstritten ist (vgl. unten 8.4), läßt sich im Hinblick auf das jeweilige Beweisziel so beschreiben: der Gedankengang, der mit § 20 endet, soll zeigen, daß die Kategorien für alles, worauf sich gegebene Anschauungen beziehen, gelten sollen (vgl. B143), während die zweite Überlegung den Nachweis der Gültigkeit der Kategorien für alle Gegenstände der Erfahrung in Raum und Zeit erbringen soll (vgl. B160 f.). Jede Interpretation muß dieser Unterscheidung Rechnung tragen und den von Kant eingeführten Begriffen und aufgestellten Behauptungen im Lichte dieser Beweisziele ihre argumentative Rolle zuweisen.

Der erste Abschnitt (§§ 15–20) entfaltet die Dualität von Sinnlichkeit und Verstand in drei Schritten: Zuerst wird ein Zusammenhang zwischen gegebenen Vorstellungen der Sinnlichkeit und der Synthesis des Verstandes unter dem Gesichtspunkt, daß es sich um *meine* gegebenen Vorstellungen handelt, begründet und als synthetische Einheit der Apperzeption bestimmt (§§ 15, 16). Auf der Grundlage von

Kants Begriff der Erkenntnis wird diese Einheit als objektive Einheit der Apperzeption gefaßt und von ihrer subjektiven Einheit abgegrenzt (§§ 17, 18). Urteil welche Funktion (Subjekte werden ihrer Form nach als Ausdruck der objektiven Einheit der Apperzeption bestimmt (§ 19), so daß Kant auf der Basis des Zusammenhangs von Urteils- und Kategorientafel (vgl. § 13) die Geltung der Kategorien für das Mannigfaltige einer gegebenen Anschauung glaubt begründen zu können (§ 20).

Der zweite Abschnitt ist nicht so geradlinig aufgebaut. Er beginnt mit einer Überlegung zu dem erreichten Ergebnis, die eine Fortsetzung des Gedankengangs begründen soll (B144–146; vgl. B150 f.). Kant beschäftigt sich dann mit der Restriktion des Gebrauchs der Kategorien auf Gegenstände der Erfahrung (§§ 22, 23). Erst im § 24 beginnt er mit einer Betrachtung des Zusammenhangs zwischen unserer sinnlichen Anschauung, die unter den Bedingungen von Raum und Zeit steht, und der Einheit der Apperzeption (B151–153). Es ist diese Betrachtung, die dann im § 26 zu dem Nachweis der Geltung der Kategorien für die Gegenstände möglicher Erfahrung führt. Dazwischen stehen Ausführungen zum Verhältnis von Apperzeption und empirischer Selbsterkenntnis (B153–159), auf die im Kommentar nicht eingegangen wird (vgl. dazu Klemme 1996, 214 ff.). Den Abschluß bilden eine Betrachtung von Beispielen (B162 f.), allgemeine Erläuterungen (B163–165) und eine Beurteilung der *Deduktion der Kategorien* insgesamt (§ 27).

Der § 15 gibt eine Analyse des Begriffs der Verbindung, genauer: der Verbindung von Vorstellungen, und versucht zu zeigen, daß dieser drei Merkmale enthält: den Begriff einer Mannigfaltigkeit von Vorstellungen, die als sinnliche und somit als in einer Anschauung gegeben gedacht werden; den Begriff des Akts des Verbindens und schließlich den Begriff der Einheit, der für das Verständnis des Akts des Verbindens vorausgesetzt werden muß. Im § 16 betrachtet Kant die Bedingungen, die für die Rede von *meinen Vorstellungen* erfüllt sein müssen, und faßt sie unter dem Begriff der Apperzeption zusammen, in dem ein Akt der Spontaneität, die Apriorität und eine Einheit meiner Vorstellungen gedacht wird. Es ist diese Einheit, die nach Kant als synthetische Einheit der Apperzeption bestimmt werden muß und im § 17 als eine notwendige Voraussetzung für jede Erkenntnis von Objekten aufgrund sinnlich gegebener Vorstellungen ausgewiesen wird. Der § 18 erläutert die Unterscheidung von objektiver und subjektiver Einheit der Apperzeption und bildet so die Grundlage für Kants Identifikation von Urteilen mit Erkenntnissen in dem im § 17 erläuterten Sinne (§ 9). Damit sind die Begriffe und Prämissen genannt, von denen der im ersten Abschnitt gegebene Beweis der Gültigkeit der Kategorien für dasjenige, das in einer sinnlichen Anschauung gegeben sein kann, Gebrauch macht.

Der zweite Teil, der Kants Überlegungen zur Deduktion zu einem Abschluß bringen soll, beginnt mit einer Betrachtung zu unserer sinnlichen Anschauung, indem die Formen Raum oder Zeit als reine Anschauungen thematisiert und unter dem Gesichtspunkt einer synthetischen Einheit, die durch den Verstand in der Form einer „transzendentalen Synthesis der Einbildungskraft" hervorgebracht wird, erörtert werden (B150–152). Der eigentliche Nachweis der Geltung der Kategorien für Gegenstände möglicher Erfahrung findet sich im § 26. Er setzt – wie in der Deduktion *von unten* in A120–125 – bei der empirischen Anschauung an, die unter den formalen Bedingungen von Raum und Zeit steht, und begründet diese Geltung mit Rekurs auf die Einheit einer Synthesis, die für den Raum und die Zeit in Anschlag zu bringen ist.

8.3 Textkommentar

Kant beginnt mit einer Gegenüberstellung der Mannigfaltigkeit sinnlicher Vorstellungen und der Verbindung dieser Vorstellungen, wobei es ihm darauf ankommt, die Vorstellung der Verbindung als eine Vorstellung eines Akts der Spontaneität und somit als eine Vorstellung von etwas, das nicht gegeben sein kann, zu charakterisieren. Eine solche Vorstellung ist die Vorstellung von etwas, das verbunden ist, das als verbunden vorgestellt und aufgrund eines Akts der Verbindung gebildet wird (vgl. *Fortschritte*, XX 271 f.). Dieser Akt manifestiert eine Spontaneität des Verstandes, die in der Verwendung von Begriffen (vgl. B93) und somit in Urteilen (vgl. B94) zum Ausdruck kommt. Meine Vorstellung einer Verbindung ist demnach die Vorstellung eines Urteils, das ich fälle, indem ich gegebene Vorstellungen in einer Erkenntnis begreife (vgl. B103). Die Gegenüberstellung, von der Kant ausgeht, ist im Lichte seiner Unterscheidung von Sinnlichkeit und Verstand zu sehen und führt zu der Bestimmung des Verstandes als eines Vermögens spontaner Handlungen, die in der Form von Urteilen vollzogen werden und in dem Verbinden gegebener Vorstellungen bestehen. Er gebraucht dafür den Ausdruck *Synthesis* und betont, daß der Akt des Verbindens bereits den Begriff der Einheit dessen voraussetzt, was aus dem Verbinden eines Mannigfaltigen resultiert. Eine Erklärung dieser Einheit, von der schon bei der Erläuterung der Verwendung von Begriffen (vgl. B93) und der Bestimmung der Synthesis (vgl. B103) die Rede war, gibt der folgende § 16.

Kants Konzeption der synthetischen Einheit der Apperzeption beruht auf einer Analyse der Bedingungen, unter denen die Rede von *meinen Vorstellungen* steht. In moderner Terminologie formuliert, geht es um Selbstzuschreibung des Mentalen vom Standpunkt der Ersten Person aus. Im Gegensatz zu Locke (*Essay*, II.9.1–4) und im Einklang mit Leibniz (*Nouveaux Essais*, II.9.4) behauptet Kant, daß man Vorstellungen haben kann, ohne daß man in der Lage sein muß, sich ihrer bewußt zu sein (VII 135). Meine Vorstellungen sind Vorstellungen, die ich nicht nur habe, sondern die ich auch mir selber zuschreibe oder zuschreiben kann, und von denen ich daher weiß oder wissen kann, daß ich sie habe. Über solche Vorstellungen zu verfügen ist eine notwendige Bedingung für die Möglichkeit von Erkenntnis, sofern man von der Voraussetzung ausgeht, daß diese Möglichkeit mit Hilfe des Begriffs der Vorstellung zu erklären ist. Kants Konzeption der Apperzeption enthält drei Gesichtspunkte, die bei einer solchen Erklärung zu berücksichtigen sind.

Meine Vorstellungen sind erstens Vorstellungen, die von einem *Ich denke* müssen begleitet werden können. Die Begründung dieser These zeigt, wie dieses Begleiten zu verstehen ist. Kant geht von einem Zusammenhang zwischen meinen Vorstellungen und der Möglichkeit, daß etwas in mir vorgestellt wird, aus. Er sagt nicht, daß etwas durch mich vorgestellt wird (vgl. Cramer 1987, 181 ff.). Etwas in mir vorzustellen besagt, eine Vorstellung zu haben, deren Inhalt *in mir* ist, die sich also auf etwas bezieht, was ich habe. Was in diesem Sinne in mir ist, ist etwas Mentales, das ich mir selber zuschreibe oder zuschreiben kann. Meine Vorstellungen mögen was auch immer zu ihrem Inhalt haben; sofern sie aber meine Vorstellungen sind, handelt es sich um Vorstellungen, die ich nicht nur habe, sondern von denen ich auch weiß oder wissen kann, daß ich sie habe. Wer über solche Vorstellungen verfügt, ist in der Lage, etwas *in sich* vorzustellen. Das Denken, das meine Vorstellungen muß begleiten können, ist nichts anderes, als daß ich von jeder meiner Vorstellungen wissen und urteilen kann, daß es meine Vorstellung ist. Meine Vorstellungen sind Vorstellungen von Diesem und Jenem, aber daß es meine Vorstellungen sind, weiß ich oder kann ich wissen ganz unabhängig davon, daß sie korrekt oder adäquat sind. Das Denken, das sie muß begleiten können, besteht darin, daß ich urteile, solche Vorstellungen zu haben; und dasjenige, was gedacht wird oder Inhalt des Urteils ist, ist der Umstand, daß ich sie habe. Selbstzuschreibung von Mentalem, so kann man auch sagen, impliziert die Fähigkeit, Urteile vom Standpunkt der Ersten Person aus zu fällen. Der Ausdruck *Ich denke* steht für diese Form des Urteils.

Trägt man nun dem Umstand Rechnung, daß meine sinnlichen Vorstellungen oder Anschauungen stets eine Mannigfaltigkeit bilden, dann besagt dies, daß die Verwendung des Ausdrucks *Ich denke* mit der Annahme verbunden werden muß, daß es ein und dasselbe Subjekt ist, das verschiedene Vorstellungen hat. Die Spontaneität des Urteilens steht unter der Bedingung der Identität desjenigen, der im Hinblick auf seine gegebenen Vorstellungen und auf ihrer Grundlage Urteile fällt.

Der zweite Gesichtspunkt knüpft an die besondere Art des Wissens an, das mit der Selbstzuschreibung des eigenen Mentalen zu verbinden ist und das in der philosophischen Tradition als Bewußtsein bestimmt wurde. Es ist ein Wissen, für das es keine Kriterien gibt und für das das Subjekt der Selbstzuschreibung eine besondere Autorität besitzt (vgl. Evans 1982, 205 ff.; Davidson 1984, 101 ff.). Kant führt hier den Begriff der Apperzeption ein (vgl. Carl 1992, 60 ff.), wobei er im Rahmen seiner transzendentalen Betrachtung sich auf den Fall der „reinen Apperzeption" beschränkt, die als eine formale Bedingung von Erkenntnis sowohl von der empirischen Apperzeption als auch von der empirischen Selbsterkenntnis zu unterscheiden ist.

Der dritte Gesichtspunkt verbindet die Spontaneität der Verwendung von *Ich denke* für eine Mannigfaltigkeit meiner gegebenen Vorstellungen mit dem Bewußtsein der Identität des Subjekts dieser Vorstellung, um die Einheit des Selbstbewußtseins herauszustellen. Es handelt sich um eine Einheit, die ihren Ausdruck in der Gemeinsamkeit findet, die meine Vorstellungen aufweisen, sofern sie unter den beiden zuerst genannten Gesichtspunkten betrachtet werden. Die Einheit des Selbstbewußtseins besteht darin, daß meine Vorstellungen Vorstellungen sind, die der Spontaneität meiner Verwendung von *Ich denke* zugänglich sind und unter der Bedingung der Möglichkeit von Identitätsbewußtsein stehen. Daß diese Einheit als eine transzendentale Einheit angesehen wird, verweist auf die argumentative Rolle, die dem Begriff der „Einheit der Apperzeption für die folgenden Überlegungen zukommt: die Bedingung, die Vorstellungen erfüllen müssen, sofern sie als meine Vorstellungen anzusehen sind, soll als eine Bedingung ausgewiesen werden, die im Rahmen einer transzendentalen Erklärung von Erkenntnis fungiert.

Diese Bedingung besteht in der synthetischen Einheit der Apperzeption und besagt, daß eine Mannigfaltigkeit meiner Vorstellungen nur dann die Bedingungen der Selbstzuschreibung erfüllt, wenn meine Vorstellungen synthetisch verbunden sind und somit eine synthetische Einheit aufweisen. Kant begründet diese Bedingung mit der Überlegung, daß die Beziehung meiner Vorstellungen auf mich als ihr identisches Subjekt nur dann gegeben ist, wenn ich diese Vorstellungen verbinde und mir des Akts der Verbindung bewußt bin. Eine Begründung dieser Überlegung wird nicht gegeben; sie läßt sich vielleicht mit Hilfe anderer Textstellen entwickeln, in denen Kant auf den Zusammenhang zwischen einem Bewußtsein der Identität eines Subjekts von Vorstellungen und dem Bewußtsein einer synthetischen Aktivität des Subjekts rekurriert (vgl. A108; Henrich 1976, 86 ff.; Carl 1992, 99–105; Kitcher 2011, 144–148). Akzeptiert man diese Überlegung, so ist die synthetische Einheit meiner Vorstellungen eine Bedingung sowohl dafür, daß ich sie als meine Vorstellungen ansehen und somit auf mich als ihr identisches Subjekt beziehen kann, als auch dafür, daß ich ein Wissen davon habe. Diesen Zusammenhang bringt Kant zum Ausdruck, indem er die analytische Einheit der Apperzeption unter die Bedingung ihrer synthetischen Einheit stellt: das identische *Ich denke*, das alle meine Vorstellungen begleiten kann, und das Bewußtsein von der Identität des Subjekts, das zum Bewußtsein meiner Vorstellungen gehört, sind zwar in allen meinen Vorstellungen und in ihrem Bewußtsein enthalten und können durch Analysis als identisches Merkmal isoliert werden (vgl. Reich 1932 [²1948], 33 ff.), aber eine solche Analysis setzt die synthetische Einheit der Apperzeption voraus, da sie als Bedingung dafür angesehen wird, daß ich Vorstellungen als meine Vorstellungen ansehen und ein Bewußtsein davon haben kann.

Aus der synthetischen Einheit der Apperzeption folgt, daß die Mannigfaltigkeit meiner Anschauungen „irgendeine" synthetische Einheit aufweisen muß (vgl. B133) und daher gemäß § 15 einer „Verrichtung des Verstandes" zugänglich sein muß (B135). Die synthetische Aktivität des Verstandes und die Einheit der Apperzeption setzen voraus, daß einem epistemischen Subjekt Vorstellungen gegeben sind. Dies aber kann für uns Menschen auf keine andere Weise sichergestellt werden als dadurch, daß wir über Anschauungen verfügen. Die Einheit der Apperzeption stellt also nicht nur die Anschauungen, die ich mir als Vorstellungen selber zuschreibe, unter die Bedingung einer synthetischen Einheit, sondern ist selber nur unter der Voraussetzung denkbar, daß mir Anschauungen gegeben sind. Dieser wechselseitige Zusammenhang von Apperzeption und gegebenen Vorstellungen ist das Fundament des Zusammenspiels von Verstand und Sinnlichkeit und bildet die Grundlage, von der aus Kant die Gültigkeit der Kategorien für alles, was in einer Anschauung gegeben sein kann, nachweisen will.

Der § 17 beginnt mit einer Reflexion darauf, was als Ergebnis der vorhergehenden Überlegungen für Anschauungen, auf die jede Erkenntnis von Gegenständen angewiesen ist (vgl. B33, B74f.), festgehalten werden kann: Sie stehen als gegebene Vorstellungen unter den formalen Bedingungen unserer Sinnlichkeit, Raum und Zeit, und sie erfüllen als Vorstellungen, die ein epistemisches Subjekt sich selber zuschreiben kann, die Bedingungen der synthetischen Einheit der Apperzeption. Damit wird der Rolle, die die Sinnlichkeit für die Möglichkeit von Erkenntnis spielt, Rechnung getragen, und so die Frage nach einer entsprechenden Bestimmung des Verstandes aufgeworfen. Er wird als ein Vermögen der Erkenntnisse charakterisiert. In B93 hatte Kant ihn als ein Vermögen von „Erkenntnissen durch Begriffe" und somit als ein „Vermögen zu urteilen" beschrieben (B93). An anderen Stellen wird er als ein „Vermögen der Regeln" bezeichnet (A126; B198). Diese verschiedenen Charakterisierungen muß man im Auge behalten, um den von Kant herausgestellten Zusammenhang von Erkenntnis und Objekt adäquat zu verstehen. Objekte müssen im Zusammenhang mit Urteilen verstanden werden und gehören zu demjenigen, was ein Urteil wahr macht (vgl. B82). Die Bezugnahme auf Objekte verlangt eine Verbindung von Vorstellungen nach Regeln. Nimmt man weiterhin an, daß ein Objekt uns nur durch Anschauungen gegeben sein kann, so wird klar, weshalb Erkenntnisse eine *bestimmte Beziehung gegebener Vorstellungen auf ein Objekt* enthalten. Erkenntnisse müssen eine Einheit und Bestimmtheit besitzen (vgl. A104), die allein Urteile, also propositional strukturierte Erkenntnisse, aufweisen können.

Kant definiert Objekt als dasjenige, *in dessen Begriff das Mannigfaltige einer gegebenen Anschauung vereinigt ist* (B137). Ein Objekt ist demnach erstens etwas, auf das eine Mannigfaltigkeit gegebener Vorstellungen verweist. Es wird zweitens als Instanz eines Begriffs gedacht; und schließlich gilt, daß dieser Begriff eine Synthesis der gegebenen Vorstellungen, die auf das Objekt bezogen sind, festlegt. Diese Bestimmungen sind nicht unabhängig voneinander, sondern lassen sich aus dem grundlegenden Gedanken entwickeln, daß verschiedene Vorstellungen sich auf dasselbe Objekt beziehen lassen und daß dasselbe Objekt durch verschiedene Vorstellungen repräsentiert werden können muß. Demnach muß es für Objekte Kriterien der Identität geben, und sie müssen die Bedingung erfüllen, daß sie komplex charakterisiert werden können (vgl. B576; R 5740, XVIII 341). Daraus ergibt sich, daß eine Mannigfaltigkeit gegebener Anschauungen nur dann auf ein Objekt bezogen werden kann, wenn dieses als Instanz eines Begriffs bestimmt ist, durch den die mannigfaltigen Vorstellungen von ihm vereinigt werden. Identität und komplexe Charakterisierbarkeit verlangen eine Synthesis gegebener Vorstellungen nach Begriffen (vgl. auch Henrich 1976, 17–20).

An diese Überlegungen zu der in gegebenen Vorstellungen fundierten Beziehung von Erkenntnissen auf Objekte können Kants Betrachtungen zur synthetischen Einheit der Apperzeption ohne Mühe anknüpfen, indem sie diese Einheit als eine notwendige Bedingung einer Erkenntnis, die auf einer Synthesis gegebener Vorstellungen gründet, ausgeben. Jede Erkenntnis muß unter der Bedingung der *synthetischen Einheit des Bewußtseins* stehen (vgl. Allison 1983, 146). Damit wird aber die Frage aufgeworfen, wie es mit dem konversen Verhältnis beschaffen ist: In welcher Beziehung stehen denn die Vorstellungen, die ich gemäß den Bedingungen, die der § 16 namhaft gemacht hat, als meine Vorstellungen ansehe, zu solchen Vorstellungen, die nach § 17 als Vorstellungen von Objekten gelten können? Anders formuliert: Kann die in der Apperzeption begründete synthetische Einheit meiner Vorstellungen etwas über die Rolle oder gar die Notwendigkeit solcher Vorstellungen, die als Erkenntnisse von Objekten anzusehen sind, aussagen?

Es ist merkwürdig, daß Kant sich diese Frage gar nicht stellt, denn er glaubt aus dem Umstand, daß die Synthesis von Vorstellungen zu einer Erkenntnis von Objekten „eine Einheit des Bewußtseins in der Synthesis derselben" voraussetzt, ableiten zu können, daß diese Einheit schon dafür hinreichend ist, „was allein die Beziehung der Vorstellungen auf einen Gegenstand [...] folglich, daß sie Erkenntnisse werden, ausmacht" (B137). Gegenüber Kant ist jedoch daran festzuhalten, daß die These von der synthetischen Einheit der Apperzeption als einer notwendigen Bedingung der Verbindung gegebener Vorstellungen zur Erkenntnis von Objekten nicht die Behauptung, sie sei auch eine hinreichende Bedingung für eine solche Erkenntnis, impliziert (vgl. dazu Kitcher 2014, 131; 149–151; Allison 2015, 352–325). Wir werden zu prüfen haben, ob seine Konzeption der objektiven Einheit der Apperzeption hier größere Klarheit schafft.

Kant behauptet im § 18, daß durch die transzendentale Einheit der Apperzeption „alles in einer Anschauung gegebene Mannigfaltige in einen Begriff vom Objekt vereinigt wird" (B139). Diese Einheit war in B132 als Einheit meiner Vorstellungen, die sie deswegen haben, weil sie in einem allgemeinen Selbstbewußtsein „zusammenstehen können", bezeichnet und als transzendental charakterisiert worden, weil sie für eine Erklärung der Möglichkeit apriorischer Erkenntnisse eine Rolle spielen soll. Kann gezeigt werden, daß jene Vereinigung a priori gültig ist, dann ist mit der Behauptung der transzendentale Charakter der Apperzeption nachgewiesen. Sie besagt, daß meine gegebenen Vorstellungen sich zu Erkenntnissen von Objekten verbinden lassen, daß also die Vorstellungen, die den Bedingungen des § 16 genügen, Vorstellungen von etwas sind, „in dessen Begriff das Mannigfaltige einer gegebenen Anschauung vereinigt ist" (B137). Kant nennt die Einheit solcher Vorstellungen *objektiv* und beschreibt damit ihren semantischen und epistemologischen Status. Es ist darauf hinzuweisen, daß die These, die synthetische Einheit der Apperzeption sei eine objektive Einheit, bislang nicht begründet worden ist, wie denn der § 18 überhaupt kein Argument für die objektive Einheit der Apperzeption, sondern nur eine Erläuterung des Begriffs einer solchen Einheit enthält und zwar in der Form einer Abgrenzung von der subjektiven Einheit der Apperzeption.

Diese wird als *Bestimmung des inneren Sinns* angesehen. Der innere Sinn ist die Fähigkeit, „vermittelst dessen das Gemüt sich selbst oder seinen inneren Zustand anschaut" (B37), also die Fähigkeit, eine inhaltlich definierte Klasse von Vorstellungen zu erwerben und zu haben: Vorstellungen von sich als Träger mentaler Eigenschaften und von diesen Eigenschaften selber. Dieser innere Sinn und seine Anwendung sind Voraussetzungen dafür, daß ich meine gegebenen Vorstellungen zu Erkenntnissen von Objekten verbinde, aber diese Voraussetzungen betreffen mich als ein empirisch identifizierbares kognitives Subjekt, dem in einer bestimmten Phase seiner mentalen Biographie das „Mannigfaltige der Anschauung [...] empirisch gegeben wird" (B139). Die Einheit, die meine Vorstellungen im Kontext einer solchen Biographie aufweisen, ist die empirische Einheit des Bewußtseins; sie betrifft den faktischen Zusammenhang meines Denkens und Vorstellens, für dessen Erklärung im Rahmen einer kognitiven Psychologie Kant auf das Gesetz der Assoziation verweist (vgl. dazu A100; *Anthropologie*, VII 176).

Die Unterscheidung von objektiver und subjektiver Einheit des Bewußtseins ist eine Unterscheidung, die auf einer Abgrenzung zwischen den Bedingungen, unter denen meine Vorstellungen als Erkenntnisse von Objekten stehen, und den Bedingungen hinausläuft, unter denen ich als kognitives Subjekt innerhalb meiner mentalen Biographie bestimmte Vorstellungen habe. Diese Unterscheidung basiert auf der Differenz zwischen einer transzendentalen Betrachtung der Bedingungen von Erkenntnis einerseits und einer empirischen Betrachtung der Bedingungen der kognitiven Beschaffenheit epistemischer Subjekte andererseits. Kant will diese Differenz dadurch zum Ausdruck bringen, daß er die Einheit der Apperzeption, sofern sie als synthetische zu einer Erkenntnis von Objekten führt, als objektiv gültig bezeichnet, während er der empirischen Einheit des Bewußtseins nur eine subjektive Gültigkeit zuspricht. Diese Unterscheidung kann als eine thematische Differenz zwischen einer transzendentalen Betrachtung und einer Untersuchung der kognitiven Psychologie verstanden werden und begründet im Lichte dieser Differenz eine epistemologische Verschiedenheit der jeweiligen Behauptungen und Theorien.

Der § 19 beginnt mit einer Kritik an der Erklärung der logischen Form von Urteilen, die sich so bei Meier findet (*Auszug*, § 292; XVI 624). Kant moniert, diese Erklärung sei sowohl inadäquat – es gibt Urteile, die in einer Verbindung von Urteilen bestehen – als auch zu vage, da die Art des Verhältnisses zwischen Begriffen unbestimmt bleibe. Im Folgenden wird nur der zweite Punkt explizit korrigiert. Kant geht davon aus, daß jedes Urteil welche Funktion (Subjekt eine Beziehung gegebener Erkenntnisse enthält, wobei der Ausdruck *Erkenntnis* hier so weit zu verstehen ist, daß er auf Begriffe und vielleicht auch auf Anschauungen anzuwenden ist (vgl. A320/B377). Er behauptet, daß diese Beziehung in zwei Hinsichten betrachtet werden kann: Es kann sich um eine Beziehung handeln, die dem Verstande angehört, oder es kann ein Verhältnis sein, das unter den Gesetzen der reproduktiven Einbildungskraft, insbesondere dem Gesetz der Assoziation von Vorstellungen steht. An anderen Stellen verwendet Kant einen Begriff von Urteil, gemäß dem auch ein solches Verhältnis in einem Urteil zum Ausdruck kommen kann (vgl. R 3051, XVI 633; *Prolegomena*, IV 297 ff.). In Anlehnung an die *Prolegomena* kann man solche Urteile als Wahrnehmungsurteile bezeichnen, für die es charakteristisch ist, daß ihre Wahrheitsbedingungen relativ zum Kontext der Äußerung, d.h. relativ zu demjenigen, der das Urteil fällt, und zu dem Zeitpunkt des Akts des Urteils, anzugeben sind. Kants Behauptung, solche Urteile seien „nur subjektiv gültig" (B142; IV 298), darf nicht so verstanden werden, daß sie nur für das Subjekt gelten oder wahr sind, sondern daß ihre Wahrheitsbedingungen auf die Empfindungen, Vorstellungen oder Eindrücke des Subjekts Bezug nehmen. Es sind Urteile, die in der Terminologie von Nagel *phänomenologische Tatsachen* konstatieren (vgl. Nagel 1974 [1981], 171 f.), die nur relativ zu einer bestimmten Weise des Erfahrens und Erlebens verständlich und zugänglich sind.

Urteile – im Sinne des § 19 – beschreiben das, was der Fall ist, ohne daß sie eine solche subjektive Sichtweise berücksichtigen, und ihre Wahrheitsbedingungen enthalten daher keine Angaben über das Mentale desjenigen, der das Urteil fällt oder von dem das Urteil handelt. Solche Urteile sind der paradigmatische Fall eines Denkens oder Redens über eine von uns unabhängige Welt. Daß Kant diese Urteile anhand des Vorkommens des *Verhältniswörtchens ist* identifizieren will, kann nicht überzeugen, wie auch seine in den *Prolegomena* angeführten Beispiele mehr Verwirrung als Klarheit schaffen (vgl. Allison 1983, 151 f.). Seine Absicht ist aber deutlich zu erkennen: Es geht ihm darum, eine bestimmte Klasse von Urteilen auszuzeichnen, in denen wir über eine von uns unabhängige Welt denken oder reden können, und zwar so, daß ihre Wahrheitsbedingungen keine Angaben über unser Mentales enthalten. Nennen wir solche Urteile *objektive Urteile*, so besteht die zentrale These des § 19 in der Behauptung, daß die objektive Einheit der Apperzeption in objektiven Urteilen besteht. Dies bedeutet, daß die Einheit gegebener Vorstellungen, sofern diese als Erkenntnis von Objekten gelten können, in solchen Urteilen artikuliert wird. Daß eine Einheit gegebener Vorstellungen vorliegt, ist eine notwendige Bedingung dafür, daß sie als meine Vorstellungen in einem Selbstbewußtsein zusammenstehen können. Dies besagt nicht, daß die Einheit der Vorstellungen selber notwendig ist. Da die transzendentale Einheit der Apperzeption als objektive Einheit bestimmt wurde, und jene die durch die Bedingungen der Apperzeption bestimmte synthetische Einheit der Apperzeption ist, ergibt sich, daß eine solche synthetische Einheit meiner Vorstellungen genau dann vorliegt, wenn ich objektive Urteile fälle. Die Selbstzuschreibung meiner gegebenen Vorstellungen unter den im § 16 genannten Bedingungen führt so direkt zu objektiven Urteilen über eine von uns unabhängige Welt – ein Ergebnis, das vielleicht besticht, aber das Argument vermag nicht zu überzeugen.

Wie schon die Überschrift des § 20 deutlich macht, will Kant hier zeigen, daß alle sinnlichen Anschauungen „unter den Kategorien stehen". Das Argument besteht aus fünf Behauptungen, von denen die dritte als eine Folgerung ausgegeben wird. Aus ihr wird mit Hilfe einer Definition auf die fünfte Behauptung geschlossen. Wie schon dieser Aufbau zeigt, hängt die Beweiskraft dieses Arguments entscheidend von der Wahrheit der ersten beiden Prämissen ab, für die Kant explizit auf vorhergehende Paragraphen verweist.

Die erste Behauptung besagt: „Das mannigfaltige in einer sinnlichen Anschauung Gegebene gehört notwendig unter die ursprüngliche synthetische Einheit der Apperzeption" (B143). Den Nachweis für die Richtigkeit dieser Behauptung kann sich der Leser ohne Mühe mit Hilfe der Überlegungen zurechtlegen, die Kant im § 16 zu den Bedingungen entfaltet hat, unter denen meine gegebenen Vorstellungen, sofern sie von einem *Ich denke* müssen begleitet werden können, stehen. Eine Schwierigkeit bereitet jedoch die Tatsache, daß Kant seine erste Behauptung mit einer Begründung versieht, die erstens nicht auf den § 16, sondern auf den § 17 verweist, und die zweitens auf die „Einheit der Anschauung" abhebt. Die Einheit der Anschauung, soweit sie im § 17 behandelt wird, ist eine Einheit, die gegebene Vorstellungen genau dann aufweisen, wenn sie in einem Begriff von Objekt „vereinigt" sind, und ihre Synthesis als Erkenntnis anzusehen ist (B137). Wie wir gesehen hatten, ist es jedoch keineswegs erwiesen, daß die synthetische Einheit der Apperzeption, sofern sie nur als Bedingung meiner gegebenen Vorstellungen fungiert (§ 16), eine Einheit dieser Vorstellungen, sofern sie in einem Begriff von Objekt vereinigt sind, begründet (vgl. oben S. 196 f.).

In der zweiten Prämisse greift Kant auf den im § 19 eingeführten Begriff des Urteils zurück: Das Urteil besteht darin, „gegebene Erkenntnisse zur objektiven Einheit der Apperzeption zu bringen" (B141). Dies bedeutet, daß das Mannigfaltige gegebener Vorstellungen erstens „unter eine Apperzeption überhaupt gebracht wird", was nach § 16 eine Synthesis von Vorstellungen, die mir gegeben sind, verlangt.

Eine solche Synthesis setzt den Begriff der Einheit voraus (§ 15), so daß diese Vorstellungen synthetisch verbundene Vorstellungen, die eine Einheit aufweisen, sind. Diese Einheit wird zweitens als die Einheit angesehen, die gegebene Vorstellungen genau dann besitzen, wenn sie als Vorstellungen von Objekten fungieren. Die Vorstellungen von Objekten sind Urteile, so daß die synthetische Einheit meiner Vorstellungen als Vorstellungen von Objekten die Form von Urteilen haben muß. Die Synthesis dieser Vorstellungen unter der Bedingung der Einheit der Apperzeption vollzieht sich in Urteilen, durch die Vorstellungen von Objekten gebildet werden. Die Einheit der Apperzeption muß daher als objektive Einheit der Apperzeption gedacht werden.

Kant kommt jetzt zu der ersten Folgerung: Das Mannigfaltige gegebener Vorstellungen weist eine synthetische Einheit auf, die „in Ansehung einer der logischen Funktionen zu urteilen" zu spezifizieren ist. Die sogenannte Urteilstafel liefert ein Verzeichnis der „logischen Funktionen des Verstandes in Urteilen" (vgl. B95ff.), die als „Funktionen der Einheit in den Urteilen" (B94) angesehen werden. Jedes Urteil hat eine solche Funktion, und es gibt verschiedene Arten dieser Funktion, denen die verschiedenen Formen der Urteile, die in einer „transzendentalen Logik" (B97) berücksichtigt werden, entsprechen. Die Folgerung, die Kant zieht, beruht also darauf, daß das Mannigfaltige meiner gegebenen Vorstellungen gemäß der ersten Prämisse unter der Bedingung der objektiven Einheit der Apperzeption steht und daß dies aufgrund der zweiten Prämisse genau dann der Fall ist, wenn dieses Mannigfaltige durch eine Synthesis von Vorstellungen in Form von Urteilen in einem Bewußtsein verbunden wird. (Zu Kants Betrachtung über „alles Mannigfaltige, so fern es in Einer empirischen Anschauung gegeben ist" [B143], vgl. unten, S. 207f.) Die vierte Behauptung interpretiert den Zusammenhang von Verbindung gegebener Vorstellungen in einem Bewußtsein einerseits mit Funktionen der Einheit in Urteilen, andererseits im Lichte von Kants Konzeption der Kategorien (vgl. dazu B104f.), so daß die vorher gezogene Folgerung nun als die Behauptung verstanden werden kann, daß das Mannigfaltige meiner gegebenen Vorstellungen unter Kategorien stehen muß.

Der als *Anmerkung* überschriebene § 21 kommentiert das Ergebnis der bisherigen Überlegungen und entwickelt dabei den Gesichtspunkt der Gliederung, die Kant der *Deduktion der Kategorien* in B gegeben hat. Die Begründung der Geltung der Kategorien für dasjenige, was immer nur in einer Anschauung gegeben sein kann, ergibt sich durch die beiden Behauptungen, daß gegebene Vorstellungen unter der Bedingung der synthetischen Einheit der Apperzeption stehen, und daß die dadurch gegebene Einheit der Anschauung" als eine Erkenntnis von einem Objekt bestimmt wird, in dessen Begriff das Mannigfaltige gegebener Vorstellungen vereinigt ist. Diese Begründung hebt auf die Einheit eines solchen Mannigfaltigen ab, die durch die Kategorie in Form von Urteilen über das, was mir durch sinnliche Vorstellungen gegeben wird, zum Ausdruck kommt. Die Schlüssigkeit des Arguments ist ganz unabhängig von irgendwelchen Annahmen über die besondere Beschaffenheit der Anschauungen, die wir aufgrund unseres Vermögens der Sinnlichkeit allein erwerben können. Daher können die Überlegungen der §§ 15–20 auch durchgeführt werden, ohne daß Kants Analysen unserer sinnlichen Anschauung in der *Transzendentalen Ästhetik* in Anspruch genommen werden. Dies bedeutet aber, daß die Geltung der Kategorien für die Gegenstände möglicher Erfahrung, für dasjenige, was in Raum und Zeit zu lokalisieren ist, bislang nicht eigens betrachtet worden ist. Das Problem der Anwendung der Kategorien auf solche Gegenstände muß daher gestellt werden, und damit tritt Kant in Überlegungen ein, die schließlich zum Schematismus-Kapitel führen. Daß dieses Problem an dieser Stelle bereits aufgeworfen wird, zeigt deutlich, daß es zu den Aufgaben der *Deduktion* gehört, die Kategorien als Begriffe von Gegenständen unserer Erkenntnis auszuweisen. Dies bedeutet aber, daß das Ergebnis des § 20 den Geltungsbereich der Kategorien noch unbestimmt läßt und nur verlangt, daß dasjenige, wofür sie gelten, durch Anschauungen und somit unabhängig von dem Verstand gegeben wird. Entsprechend sind die Kategorien bislang nur als Regeln der Synthesis eines ektypischen Verstandes ausgewiesen (vgl. dazu X 130, B72). Daß – nicht wie – sie auf uns gegebene Erscheinungen anzuwenden sind, soll im Folgenden gezeigt werden (vgl. auch Thöle 1991, 281–285).

Die bisherigen Überlegungen erlauben es, die Grenzen des sinnvollen Gebrauchs der Kategorien zu bestimmen (§§ 22–23), und verlangen zugleich, ihre spezifische Geltung für Gegenstände möglicher Erfahrung eigens auszuweisen und somit „die Absicht der Deduktion allererst völlig" zu erreichen (B145). Was den ersten Punkt angeht, so rekurriert Kant auf zwei grundlegende Positionen seiner Theorie, auf seine Auffassung der Erkenntnis als eines Zusammenspiels von Verstand und Sinnlichkeit und auf seine Konzeption des Zusammenhangs zwischen empirischer und apriorischer Erkenntnis. Jene Auffassung begründet, daß Kategorien als reine Verstandesbegriffe nur dann eine epistemische Funktion haben, wenn sie auf etwas bezogen werden, was in einer Anschauung gegeben ist, während diese Konzeption es ausschließt, daß die Anwendung der Kategorien auf reine Anschauungen sich auf einen Objektbereich bezieht, der von ihrer Anwendung auf dasjenige, was in empirischer Anschauung gegeben ist, verschieden ist (vgl. Baum 1986, 132–4). Der § 23 präzisiert den ersten Gedanken im Hinblick auf „unsere sinnliche und empirische Anschauung" (B149), als auf eine Anschauung, die unter den formalen Bedingungen von Raum und Zeit steht. Damit ist der Ausgangspunkt für den zweiten Teil der *Deduktion der Kategorien* erreicht.

Zu Beginn des § 24 erläutert Kant sein Vorgehen: Während es bislang darum ging, die Geltung der Kategorien als Regeln der Synthesis des Mannigfaltigen gegebener Vorstellungen mit Rekurs auf die synthetische Einheit der Apperzeption zu begründen (vgl. B144; B150) und somit nur eine „intellektuelle" Synthesis solcher

Vorstellungen (vgl. B150; B162 Anm.) einsichtig zu machen, will er jetzt die Möglichkeit erklären, daß der Verstand bzw. die Kategorien als Regeln der Synthesis „das Mannigfaltige gegebener Vorstellungen der synthetischen Einheit der Apperzeption gemäß" bestimmen (B150). Kant bedient sich dazu des Begriffs der Einbildungskraft, den er bereits früher als eine Art Verbindungsglied zwischen der Synthesis des Verstandes gemäß den Bedingungen der Einheit der Apperzeption und der Mannigfaltigkeit gegebener Anschauungen in Anspruch genommen hat (vgl. Carl 1989, 126 ff.). Es ist die „transzendentale Synthesis der Einbildungskraft" (B152), die einen solchen Zusammenhang herstellt und für die Einheit von Zeit und Raum verantwortlich sein soll (vgl. B153–155). Da das Mannigfaltige unter den Bedingungen dieser synthetischen Einheit von Raum und Zeit steht, führt die „figürliche Synthesis" der Einbildungskraft (vgl. B152), welche dieser Einheit zugrunde liegt, zu einer Verbindung zwischen den mannigfaltigen Vorstellungen, die uns in Zeit oder Raum gegeben sind, und den Kategorien.

Im § 26 bedient sich Kant der Unterscheidung „metaphysisch und transzendental", die er bereits bei der Neubearbeitung der *Transzendentalen Ästhetik* benutzt hat (vgl. B38 ff.), und die hier zur Unterscheidung des ersten von dem *Zweiten Hauptstück* der *Transzendentalen Analytik* herangezogen wird. (Zu Kants Verwendung der beiden Termini vgl. B38, B40.) Sowohl die metaphysische als auch die transzendentale Deduktion werden durch ihr Beweisziel charakterisiert, wobei der von Kant erweckte Eindruck, die transzendentale Deduktion sei mit den §§ 20–21 abgeschlossen, dahingehend zu korrigieren ist, daß wir zwischen dem Nachweis, daß die Kategorien „Erkenntnisse a priori von Gegenständen einer Anschauung überhaupt" (B159) sind, und dem Nachweis ihres „allgemein möglichen Erfahrungsgebrauchs", wie der Titel des § 26 lautet, zu unterscheiden, aber beide Argumente als transzendentale Deduktionen oder besser: als Teil einer solchen anzusehen haben (vgl. B126).

Das von Kant entwickelte Argument (vgl. B160 f.) läßt sich in drei Schritte gliedern: Zuerst wird aus zwei Prämissen abgeleitet, daß alles, was in Raum oder Zeit vorgestellt wird, unter der Bedingung einer Einheit der Synthesis gedacht wird. Diese Einheit des Mannigfaltigen unserer sinnlichen Anschauung wird dann mit der synthetischen Einheit der Apperzeption in Beziehung gesetzt, um daraus die Geltung der Kategorien für alles, was durch Wahrnehmung erfahrbar ist, abzuleiten.

Kant geht aus von der empirischen Anschauung, die eine „Synthesis der Apprehension" (B160) enthält, d.h. eine Verbindung der Auffassung verschiedener Eindrücke zu einer einheitlichen Vorstellung (vgl. A99). Wie er in der *Transzendentalen Ästhetik* ausgeführt hatte, stehen die innere wie die äußere Anschauung unter den Bedingungen von Zeit und Raum, die jeweils als Form der Anschauungen angesehen werden. Jede Synthesis der Apprehension gegebener Eindrücke steht unter diesen formalen Bedingungen. Kant nimmt weiterhin an, daß Raum und Zeit nicht nur als solche Bedingungen empirischer Anschauungen fungieren, sondern daß sie auch zum Gegenstand der Betrachtung, z. B. in der Geometrie, gemacht werden können. Jede äußere Anschauung ist eine Vorstellung von etwas im Raum. Dieser Vorstellung liegt die Vorstellung eines Raumes zugrunde, der als ein einziger Raum gedacht wird, zu dem jeder Raum als ein Teil gehört (vgl. Ebbinghaus 1944 [1973], 52–55). Der Raum ist eine Mannigfaltigkeit von Räumen, die alle in einem unendlichen Raum enthalten sind (vgl. B39 f.). Der so gedachte Raum wird, wie Kant sich ausdrückt, „mit der Bestimmung der *Einheit* dieses Mannigfaltigen" in ihm vorgestellt (B160). Dies soll gleichermaßen für die Zeit gelten (vgl. B47 f.). Diese Einheit ist nicht die Einheit eines Begriffs, wodurch dieselbe Teilvorstellung „als in vielen Vorstellungen [...] enthalten" gedacht wird, sondern die Einheit eines Ganzen, in dem unendlich viele Vorstellungen „als in einer [...] enthalten" gedacht werden (B136 Anm.). Aber auch diese Einheit verlangt eine Synthesis und beruht somit auf der synthetischen Einheit des Bewußtseins (vgl. B137 f.).

Der entscheidende Gedanke besteht nun darin, daß die Einheit des Mannigfaltigen des Raumes und der Zeit auch für das gelten soll, was unter Raum und Zeit als formalen Bedingungen empirischer Anschauungen erfahren wird – also für jede innere oder äußere Wahrnehmung. Daher muß die in ihnen enthaltene Synthesis der Apprehension unter der Bedingung jener Einheit des Mannigfaltigen stehen, die in dem Raum oder der Zeit gedacht werden. Die Einheit eines Mannigfaltigen kann jedoch nicht unabhängig von seiner Synthesis und der in ihr vorausgesetzten Einheit gedacht werden (§ 15). Demnach steht jede Synthesis der Apprehension, welche eine innere oder äußere Anschauung ausmacht, unter der Bedingung einer synthetischen Einheit, die nicht durch das Vermögen unserer Sinnlichkeit und ihre formalen Bedingungen Zeit oder Raum, sondern durch den Verstand als ein Vermögen der Synthesis zu erklären ist. Wie Thöle zu Recht bemerkt hat, muß diese Behauptung schwächer formuliert werden: Nicht alles, was in Raum oder Zeit vorgestellt wird, steht schon deswegen unter den Bedingungen der synthetischen Einheit des Verstandes (Thöle 1991, 287 ff.). Dies gilt vielmehr nur für das, „was im Raume oder der Zeit bestimmt vorgestellt" wird (B161), also für die Gegenstände der Erfahrung. Die Möglichkeit einer solchen Bestimmung ist die Möglichkeit, dasjenige, was wir in unseren Wahrnehmungen zur Kenntnis nehmen, als Objekte der Erfahrung zu interpretieren. Kant beschreibt die Synthesis des Mannigfaltigen, das in der einen Zeit oder in dem einen Raum bestimmt vorgestellt wird, als „transzendentale Synthesis der *Einbildungskraft* [...], welches eine Wirkung des Verstandes auf die Sinnlichkeit und die erste Anwendung desselben [...] auf Gegenstände der uns möglichen Anschauung ist" (B152). Die durch den Verstand konstituierte synthetische Einheit beruht aber auf der synthetischen Einheit der Apperzeption für meine gegebenen Vorstellungen gemäß den Kategorien. Daraus folgert Kant dann, daß jede Synthesis der Apprehension, sofern sie zu einer auf Wahrnehmung begründeten Erfahrung führt, unter dieser Einheit steht. Die Kategorien sind daher „Bedingungen der Möglichkeit der Erfahrung, und gelten also a priori auch von allen Gegenständen der Erfahrung" (B161).

Was der § 27 als „Resultat dieser Deduktion der Verstandesbegriffe" ausgibt (B164), ist in Wirklichkeit eine kurze und prägnante Skizze von Kants Auffassung von Erkenntnis, welche die zentrale Bedeutung der Deduktion deutlich macht. Dabei greift er Überlegungen wieder auf, die bereits in dem einführenden § 14 entwickelt worden sind. Grundlegend für seine Konzeption von Erkenntnis ist eine Priorität der empirischen Erkenntnis einerseits und ihre Abhängigkeit von nicht-empirischen Bedingungen andererseits. Der Bereich von Erkenntnis wird auf die Gegenstände möglicher Erfahrung eingeschränkt. Kants Begründung für diese These hebt auf das Zusammenspiel von Verstand und Sinnlichkeit ab, welches für die Möglichkeit der Erkenntnis von Gegenständen konstitutiv ist: Was gemäß den Bedingungen des Verstandes gedacht wird, muß auf das, was in einer Anschauung gegeben ist, bezogen werden, um als Erkenntnis eines Gegenstandes gelten zu können. Wegen der Sinnlichkeit unserer Anschauung muß eine solche Erkenntnis auf empirischer Anschauung beruhen (vgl. B33 f.), und die Gegenstände der Erkenntnis können daher nur Gegenstände möglicher Erfahrung sein. So wenig jedoch die genetische Priorität der Erfahrung die Möglichkeit einer Erkenntnis ausschließt, die aufgrund ihrer Rechtfertigung a priori ist (vgl. B1 f.), so wenig führt die thematische Restriktion unserer Erkenntnis auf den Bereich der Gegenstände möglicher Erfahrung dazu, daß wir nur über empirische Erkenntnisse verfügen. Nimmt man mit Kant an, daß solche Erkenntnisse unter nicht-empirischen Bedingungen stehen, so ist es gerade die Aufgabe, die Möglichkeit apriorischer Erkenntnisse durch ihre Rolle für empirische Erkenntnis verständlich zu machen.

Diese Aufgabe, auf den besonderen Fall der reinen Verstandesbegriffe angewandt, definiert das Beweisziel ihrer Deduktion: Es ist zu zeigen, daß eine *notwendige Übereinstimmung der Erfahrung mit den Begriffen von ihren Gegenständen* besteht. Bei empirischen Begriffen kann eine solche Beziehung durch Rekurs auf Erfahrung erklärt werden, indem wir aufgrund unserer Wahrnehmung und mit Hilfe von logischen Operationen der Begriffsbildung solche Begriffe gewinnen (vgl. *Logik*, § 3, IX 92). Bei reinen Begriffen begründet Kant ihre Beziehung auf Gegenstände durch den Nachweis, daß sie als Bedingungen der Möglichkeit der Erkenntnis von Gegenständen fungieren (vgl. B124 f.; Carl 1992, 29–34).

8.4 Interpretationsfragen

8.4.1 Die Beweisstruktur der transzendentalen Deduktion

Kant gliedert die Deduktion der Kategorien in zwei Teile: Das Ergebnis der Überlegungen der §§ 15–20, durch die der „Anfang einer Deduktion" gemacht wird (B144), und das Ergebnis der Betrachtungen, die im § 26 zusammenhängend vorgetragen werden, wodurch „die Absicht der Deduktion allererst völlig erreicht" wird (B145). Um diese Gliederung zu verstehen, ist es nötig, das Verhältnis der beiden §§ 20 und 26 zueinander genau zu bestimmen. Kant selber beschreibt dieses Verhältnis in der Weise, daß mit dem § 20 der Nachweis der Geltung der Kategorien für „Gegenstände einer Anschauung überhaupt" erbracht worden ist (B159), während der § 26 zeigen soll, daß sie für „die Gegenstände, die nur immer unseren Sinnen vorkommen mögen", gelten (ebd.). Die Verschiedenheit der Geltungsbereiche muß im Lichte von Kants Erörterung gesehen werden, daß Kategorien als Begriffe von „Gegenständen der Anschauung überhaupt" nur dann mehr sind als „bloße Gedankenformen", wenn sie sich auf „*unsere* sinnliche und empirische Anschauung" beziehen lassen (vgl. B148f.). Auf den Unterschied zwischen einer Anschauung überhaupt einerseits, d.h. einer nicht durch den Verstand ermöglichten Gegebenheitsweise von Gegenständen, und unserer durch Raum und Zeit charakterisierten empirischen Anschauung andererseits verweist Kant auch, wenn er erklärt, er habe bis zum § 20 „von der Art, wie das Mannigfaltige zu einer empirischen Anschauung gegeben werde, abstrahieren" müssen und sich erst „in der Folge (§ 26)" damit beschäftigt (B144).

Für ein Verständnis des argumentativen Aufbaus der *Deduktion* in B ist mit diesem Unterschied noch nicht viel gewonnen. Denn da unsere empirische Anschauung natürlich eine sinnliche Anschauung ist, läßt sich der Nachweis der Geltung der Kategorien für „Gegenstände einer Anschauung überhaupt", der in § 20 erbracht sein soll, in trivialer Weise auf die Gegenstände möglicher Erfahrung übertragen. Henrich fragt zu Recht: „Was ist [...] in § 20 noch nicht erwiesen und was muß deshalb noch nachgetragen werden?" (Henrich/Wagner 1984, 67). Er hat vorgeschlagen, daß „das Beweisresultat von § 20 [...] nur für alle diejenigen Anschauungen gilt, die bereits Einheit enthalten. Mit dieser Aussage ist noch nichts darüber ausgemacht, in welchem Umfang einheitliche Anschauungen aufgefunden werden können" (Henrich 1973, 93).

Folgt man dieser Interpretation, so ist man gezwungen, das *so fern* in dem Ausdruck „alles Mannigfaltige, so fern es in Einer empirischen Anschauung gegeben ist" (B143) restriktiv zu lesen: es geht um dasjenige Mannigfaltige, das den Charakter einheitlicher und empirischer Anschauung besitzt (Henrich/ Wagner 1984, 41–43). Diese Lesart ist jedoch nicht zwingend: Man kann *so fern* auch als die Angabe einer

Hinsicht verstehen, unter der *alles Mannigfaltige* betrachtet wird (Henrich/Wagner 1984, 47–49; Klemme 1996, 175). Eine solche Interpretation wird aber durch Kants Begründung für die *Einheit der Anschauung*, die als *Beweisgrund* für den Nachweis der Geltung der Kategorien fungieren soll (B144 Anm.), gerade nahegelegt. Denn diese Einheit ist die Einheit, die gegebene Vorstellungen aufgrund der synthetischen Einheit der Apperzeption als Vorstellungen von Objekten aufweisen, wie Kant in § 17 ausführt (vgl. Baum 1986, 129 f.). Und darauf weist er ja auch zur Begründung der „Einheit der Anschauung" ausdrücklich hin (B143). Dies bedeutet aber, daß seine Überlegungen in den §§ 16–17 bereits sicherstellen sollen, daß gegebene Vorstellungen sich zu einer Einheit einer Anschauung verbinden lassen müssen. Was Henrich für eine „mögliche Einschränkung" hält, die dann in § 26 aufgehoben wird (Henrich/Wagner 1984, 43; vgl. Henrich 1973, 98) ist der allein mögliche Fall solcher gegebenen Vorstellungen. Seine Rekonstruktion der „Beweisstruktur" der Deduktion in B kann daher aus interpretatorischen und sachlichen Gründen nicht überzeugen.

Jede adäquate Interpretation des Verhältnisses zwischen den beiden Teilen der Deduktion muß die Frage beantworten, weshalb Kant die Geltung der Kategorien für alle Gegenstände der Erfahrung *nicht* schlicht dadurch begründet, daß er dem Ergebnis des § 20 die weitere Prämisse, unsere Anschauung sei eine sinnliche Anschauung, hinzufügt. Es lassen sich zwei Antworten geben, die dieses Ergebnis in jeweils anderer Weise beleuchten. Zum einen kann man sich überlegen, ob „wir wirklich über sinnliche Anschauungen verfügen, die unter dem Begriff einer sinnlichen Anschauung überhaupt subsumierbar sind, die also die Bedingungen des § 20 erfüllen" (Baum 1986, 13). Daß es sich so verhält, wird dadurch gezeigt, daß Raum und Zeit als Thema der formalen Anschauung die Einheit der Anschauung, deren Synthesis in der synthetischen Einheit der Apperzeption begründet ist, besitzen (vgl. B160). Dies ist eigens zu begründen und ergibt sich nicht durch eine triviale Subsumtion, weil Raum und Zeit „als nicht nur von Verstandesbegriffen irgendwie verschiedene, sondern radikal heterogene Vorstellungen (in der transzendentalen Ästhetik) erwiesen sind" und es daher ein Problem ist, ob unsere sinnliche Anschauung gemäß Raum und Zeit den allgemeinen Bedingungen der Einheit gegebener Vorstellungen für einen diskursiven Verstand gemäß § 20 genügt (vgl. Baum 1986, 15). Auf diese Weise wird nicht nur das eigenständige Beweisziel des § 26 verständlich, sondern auch Kants Beschreibung seines Vorgehens, er werde „in der Folge (§ 26) aus der Art, wie in der Sinnlichkeit die empirische Anschauung gegeben wird", die Geltung der Kategorien begründen (B144 f.), als korrekt bestätigt.

Zum anderen kann man das Ergebnis des § 20 als den Nachweis verstehen, daß die Kategorien für gegebene Vorstellungen gelten, womit aber noch nicht gezeigt ist, daß durch sie ein „bestimmter Gegenstand erkannt wird" (B150). Thöle spricht im Anschluß an Kant (*KpV*, V 54) von den „Anwendungsbedingungen der Kategorien", wobei der Nachweis, daß sie erfüllt sind, in den §§ 24–25 durch Rekurs auf die Form unserer sinnlichen Anschauung erbracht werden soll (Thöle 1991, 280–285). Diese Überlegung weist auf Kants Doktrin vom „Schematismus der reinen Verstandesbegriffe" voraus (vgl. B176 f.). Was daran neu ist gegenüber dem zweiten Teil der *Deduktion*, besteht dann nicht so sehr in der allgemeinen Konzeption des „Schemas eines reinen Verstandesbegriffs" (vgl. B181) als vielmehr in ihrer Spezifikation für die einzelnen Kategorien (vgl. B182–184).

8.4.2 Die transzendentale Deduktion in der gegenwärtigen philosophischen Diskussion

Es gibt kein Buch, das für die philosophische Aktualität von Kants theoretischer Philosophie mehr geleistet hat als Strawsons Buch *The Bounds of Sense* (Strawson 1966). Auf ihn geht auch eine heute weit verbreitete Interpretation der transzendentalen Deduktion zurück (vgl. z. B. McDowell 1994, 99–104). Ihr zufolge handelt es sich um ein Argument, das von der Prämisse ausgeht, daß Erfahrung gegebene Vorstellungen oder Anschauungen, die in einem einzigen Bewußtsein irgendwie verbunden sein müssen, enthält, und zu dem Schluß gelangt, daß diese Einheit des Bewußtseins die Einheit einer objektiven Welt verlangt, auf die sich unsere Erfahrung bezieht (Strawson 1966, 87, 97).

Betrachten wir zuerst, wie Strawson die Annahme einer Einheit des Bewußtseins versteht. Sie impliziert sowohl die Möglichkeit der Selbstzuschreibungen von Erfahrungen durch das Subjekt der Erfahrungen als auch die Möglichkeit eines Bewußtseins der Identität dieses Subjekts (ebd. 98). Demgegenüber wird der Begriff der Erfahrung einer objektiven Welt so bestimmt, daß eine solche Welt Gegenstände oder Ereignisse enthält, die in ihrer Existenz und Beschaffenheit von unseren Erfahrungen unabhängig sind, und daß die Möglichkeit objektiv gültiger empirischer Urteile besteht, für die die Unterscheidung zwischen der Struktur und Anordnung unserer Erfahrungen einerseits und der Beschaffenheit der Welt andererseits konstitutiv ist (ebd.). Wie kommt man von der oben genannten Prämisse zu dem Schluß, daß die Einheit des Bewußtseins die Einheit einer objektiven Welt als Thema der Erfahrung verlangt?

Zuerst einmal wird das Konzept der Erfahrung einer objektiven Welt dahingehend abgeschwächt, daß eine solche Erfahrung schon dann vorliegt, wenn ihr Thema *nicht* als eine Mannigfaltigkeit verknüpfter Sinnesdaten bestimmt werden kann. Erkenntnisse von Objekten im Sinne Kants sind Erkenntnisse von etwas, „in dessen Begriff das Mannigfaltige einer gegebenen Anschauung *vereinigt* ist" (B137), und zwar gemäß den Kategorien. In Strawsons Lesart werden solche Erkenntnisse zu einer Erfahrung einer von uns unabhängigen Welt, die wir nicht ausschließlich durch „sensory quality concepts" beschreiben können (Strawson 1966, 99), die nur die

Möglichkeit einer „purely sense-datum experience" ausschließt (ebd. 101), wobei die Geltung nicht-empirischer, also reiner Verstandesbegriffe völlig ausgeklammert bleibt. Daß und wie die Begründung der Annahme einer solchen Erfahrung die *objektive Gültigkeit* der Kategorien beweisen soll, ist nicht zu erkennen.

Aber auch die Einheit des Bewußtseins wird in einer Weise expliziert, die Kants Konzeption der transzendentalen Einheit der Apperzeption nicht gerecht wird. Die Möglichkeit von Selbstbewußtsein wird als Möglichkeit der Selbstzuschreibung von Erfahrungen verstanden, die wiederum eine empirische Erkenntnis der Identität des epistemischen Subjekts über eine zeitliche Sequenz von Erfahrungen verlangt (ebd. 106). Da es Strawson natürlich nicht entgangen ist, daß die empirische Selbsterkenntnis eines Subjekts der Erfahrung nicht Bestandteil von Kants transzendentaler Untersuchung der Möglichkeit von Erkenntnis ist und sein kann (vgl. ebd. 106), schlägt er vor, die Einheit der Apperzeption als „self-reflexiveness" unserer Erfahrung zu verstehen (ebd. 107). Was damit gemeint ist, erläutert er durch die Unterscheidung zwischen Urteilen, die feststellen, wie es sich verhält, und solchen, die besagen, daß es für mich so und so zu sein scheint. Damit wird auf die Differenz zwischen der Beschaffenheit und Anordnung der Welt einerseits und der unserer Erfahrung andererseits verwiesen. Dieser Differenz Rechnung zu tragen, ist ein wesentliches Element unserer Fähigkeit, Urteile über eine von uns unabhängige Welt zu treffen. Diese Fähigkeit ist ein Vermögen, das unseren epistemischen Zugang zur Welt unter die Bedingung kritischer Prüfung der eigenen epistemischen Situation stellt: Die Dinge können, aber müssen uns nicht so erscheinen, wie sie wirklich sind; und es ist unser Bemühen um ein objektives Erkennen dessen, wie es sich wirklich verhält, welches uns nötigt, der Möglichkeit eines bloß subjektiven Anscheins Rechnung zu tragen (vgl. McDowell 1994, 9–13). Es ist dieser Zusammenhang, den Strawson als „the real point of connection between what Kant refers to as the ‚original (or transcendental) self-consciousness' on the one hand and the objectivity-condition on the other" identifiziert (Strawson 1966, 107). Ist dies der Zusammenhang, den Kant zwischen der Einheit der Apperzeption und der Geltung der Kategorien für alles, was in unserer sinnlichen Anschauung gegeben werden kann, begründen wollte?

Sieht man von der schon konstatierten Differenz zwischen Kants Begriff der empirischen Erkenntnis und Strawsons Konzeption einer objektiven Erkenntnis ab, so spricht gegen seine Deutung erstens, daß dieser Zusammenhang durch eine bloße Explikation des Begriffs einer objektiven Erkenntnis einer von uns unabhängigen Welt begründet werden kann. Kants *Deduktion* wird ersetzt durch die Analyse eines Begriffs; an die Stelle des Nachweises der objektiven Gültigkeit reiner Verstandesbegriffe tritt eine Behauptung über den Zusammenhang von Begriffen (vgl. Rorty 1970, 231–238; Stroud 1994, 236–240).

Gegen Strawsons Deutung von Kants Gedankengang spricht zweitens, daß sie auf einem Mißverständnis der Konzeption der transzendentalen Einheit der Apperzeption beruht. Strawson expliziert sie im Zusammenhang der Einheit des Bewußtseins eines epistemischen Subjekts, das über die Fähigkeit der Selbstzuschreibung des Mentalen verfügt und für das es „empirically applicable criteria of identity" gibt (Strawson 1966, 102). Damit beschäftigt sich Kant nicht; was er uns statt dessen anbietet, sind Überlegungen zu einem „temporally extended point of view on the world [...] abstracted from all else" (ebd. 104). Man kann dies als ein Defizit ansehen, weil allein dasjenige, von dem Kants Konzeption der Einheit der Apperzeption abstrahiert, uns den Rahmen liefert, der uns zu erklären erlaubt, „that the first person, the continuing referent of the ‚I' in the ‚I think' that can ‚accompany all my representations', is also a third person; something whose career is a substantial continuity in the objective world" (McDowell 1994, 102). Oder man kann mit Strawson die transzendentale Einheit der Apperzeption nur als eine „basic condition" der Möglichkeit der Selbstzuschreibung von Mentalem ansehen (Strawson 1966, 108) und es einer vollständigeren Analyse dieser Bedingungen überlassen, „our conception of a subject of experiences as himself being an object of outer sense" ins Spiel zu bringen (ebd. 167). In beiden Fällen wird Kants Konzeption der Einheit der Apperzeption in einen Zusammenhang mit einer Analyse von Bedingungen gebracht, die an eine Analyse der empirischen Selbsterkenntnis des epistemischen Subjekts zu stellen sind, und so wird der transzendentalen Rolle des Begriffs der Einheit der Apperzeption nicht Rechnung getragen.

Die synthetische Einheit der Apperzeption ist für Kant „der höchste Punkt, an dem man allen Verstandesgebrauch [...] heften muß" (B134 Anm.), weil sie sich aus drei Thesen ergibt, die er im Rahmen seiner transzendentalen Untersuchung der Möglichkeit von Erkenntnis aufstellt. Diese Thesen müssen vor dem Hintergrund einer erkenntnistheoretischen Option gesehen werden, die man heute als *Internalismus* bezeichnet (vgl. Lehrer 1990, 153 ff.; Alston 1986, 179 ff.) und in Kants Ansatz bei der Selbstzuschreibung von Vorstellungen vom Standpunkt der Ersten Person aus zum Ausdruck kommt. Dieser Ansatz wird durch seine drei Thesen zu einem *Ich denke*, das alle meine Vorstellungen muß begleiten können, umrissen. Erstens ist eine solche Selbstzuschreibung nur möglich, wenn das epistemische Subjekt über den Begriff des Ichs verfügt und in der Lage ist, Urteile zu fällen, insbesondere solche Urteile, die feststellen, daß es bestimmte Vorstellungen oder Meinungen hat. Kant bezeichnet dies als einen *Actus der Spontaneität*. Zweitens ist der besonderen Art von Wissen Rechnung zu tragen, die mit der Selbstzuschreibung von Mentalem vom Standpunkt der Ersten Person aus verbunden ist und von Kant deswegen als *reine Apperzeption* bezeichnet wird, weil eine solche Selbstzuschreibung nicht im Rahmen einer empirischen Betrachtung der kognitiven Psychologie, sondern im Kontext einer transzendentalen Untersuchung der formalen und daher notwendigen

Bedingungen von Erkenntnis thematisiert wird. Schließlich ist mit dieser Apperzeption wesentlich eine Einheit gegeben, weil das Ich als ein identisches Subjekt, das sich selber verschiedene Vorstellungen zuschreiben können muß, zu verstehen ist. Diese Identität und das Wissen um sie gehören zu den notwendigen Bedingungen, unter denen die Fähigkeit, Urteile vom Standpunkt der Ersten Person aus zu fällen, steht. Diese Fähigkeit ist aber der eigentliche Kern des Vermögens, Urteile zu fällen. Man kann daher auch sagen, daß die von Kant in der *Deduktion der Kategorien* angestellte transzendentale Untersuchung zur Möglichkeit von Erkenntnis nicht mehr und nicht weniger voraussetzt, als daß das epistemische Subjekt die Fähigkeit hat, aufgrund gegebener Vorstellungen Urteile zu fällen. Dieser Ausgangspunkt kann mit guten Gründen als ein „höchster Punkt, an dem man allen Verstandesgebrauch, selbst die ganze Logik [...] heften muß", angesehen werden.

Literatur

Allison, Henry E. 1983: Kant's Transcendental Idealism. An Interpretation and Defense, New Haven/London.
Allison, Henry E. 2015: Kant's Transcendental Deduction, Oxford.
Alston, William P. 1986: „Internalism and Externalism in Epistemology", in: Philosophical Topics 14, 179–221 (wieder abgedruckt in: ders., Epistemic Justification, Ithaca 1989).
Baum, Manfred 1986: Deduktion und Beweis in Kants Transzendentalphilosophie. Untersuchungen zur Kritik der reinen Vernunft, Königstein.
Carl, Wolfgang 1989: Der schweigende Kant. Die Entwürfe zu einer Deduktion der Kategorien vor 1781, Göttingen.
Carl, Wolfgang 1992: Die Transzendentale Deduktion der Kategorien in der ersten Auflage der Kritik der reinen Vernunft. Ein Kommentar, Frankfurt/M.
Cramer, Konrad 1987: „Über Kants Satz ‚Das: Ich denke, muß alle meine Vorstellungen begleiten können'", in: K. Cramer/H. F. Fulda/R.-P. Horstmann/U. Pothast (Hgg.), Theorie der Subjektivität, Frankfurt/M., 167–202.
Davidson, Donald 1984: „First Person Authority", in: Dialectica 38, 101–12.
Ebbinghaus, Julius 1944: „Kants Lehre von der Anschauung a priori", in: Zeitschrift für deutsche Kulturphilosophie 10, 169–186 (wieder abgedruckt in: G. Prauss (Hg.), Kant. Zur Deutung seiner Theorie von Erkennen und Handeln, Köln 1973, 44–61).
Evans, Gareth 1982: The Varieties of Reference, Oxford.
Henrich, Dieter 1973: „Die Beweisstruktur von Kants transzendentaler Deduktion", in: G. Prauss (Hg.), Kant. Zur Deutung seiner Theorie von Erkennen und Handeln, Köln 1973, 90–104.
Henrich, Dieter 1976: Identität und Objektivität. Eine Untersuchung über Kants transzendentale Deduktion, Heidelberg.
Henrich, Dieter 1988: „Die Identität des Subjekts in der transzendentalen Deduktion", in: H. Oberer/G. Seel (Hgg.), Kant. Analysen–Probleme–Kritik, Würzburg, 39–70.
Henrich, Dieter/Wagner, Hans 1984: „Die Beweisstruktur der transzendentalen Deduktion der reinen Verstandesbegriffe – eine Diskussion mit Dieter Henrich", in: B. Tuschling (Hg.), Probleme der „Kritik der reinen Vernunft", Berlin/New York, 34–96.

Klemme, Heiner F. 1996: Kants Philosophie des Subjekts. Systematische und entwicklungsgeschichtliche Untersuchungen zum Verhältnis von Selbstbewußtsein und Selbsterkenntnis, Hamburg.

Kitcher, Patricia 2011: Kant's Thinker. Oxford.

Lehrer, Keith 1990: Theory of Knowledge, London.

McDowell, John 1994: Mind and World, Cambridge/London.

Nagel, Thomas 1974: „What is it like to be a bat?", in: Philosophical Review 83, 435–450 (wieder abgedruckt in: ders., Mortal Questions, Cambridge 1981, 165–180).

Reich, Klaus 1932: Die Vollständigkeit der Kantischen Urteilstafel, Berlin (^{2}1948; ^{3}1986 Hamburg).

Rorty, Richard 1970: „Strawson's Objectivity-Argument", in: Review of Metaphysics 24, 207–244.

Strawson, Peter 1966: The Bounds of Sense. An Essay on Kant's Critique of Pure Reason, London.

Stroud, Barry 1994: „Kantian Argument, Conceptual Capacities, and Invulnerability", in: P. Parrini (Hg.), Kant and Contemporary Epistemology, Dordrecht/ Boston/London, 231–251.

Thöle, Bernhard 1991: Kant und das Problem der Gesetzmäßigkeit der Natur, Berlin.

Gerhard Seel

9 Die Einleitung in die Analytik der Grundsätze, der Schematismus und die obersten Grundsätze

(A130/B169–A158/B197)

Vorbemerkung

Die drei zu kommentierenden Textteile sind hinsichtlich Natur und Gewicht sehr unterschiedlich: der erste leitet in das gesamte zweite Buch der transzendentalen Analytik ein, der zweite enthält deren gewichtiges und sehr interpretationsbedürftiges erstes Hauptstück und der dritte gibt nebst einer knappen Einleitung in das zweite Hauptstück die den beiden obersten Grundsätzen gewidmeten ersten Abschnitte desselben. Um der Reihenfolge, der Funktion und dem Gewicht der drei Textteile gerecht zu werden, weichen wir von dem in diesem Band sonst befolgten Muster der Kommentierung ab. Wir kommentieren zunächst knapp den ersten Textteil, der uns zugleich erlaubt, Stellung und Funktion des zweiten Buches in der *Kritik der reinen Vernunft* zu bestimmen (9.1). Der wichtige und schwierige zweite Textteil erfährt dann eine ausführliche Behandlung gemäss den in diesem Band üblichen Gesichtspunkten: Überblick, Textkommentar, Interpretationsfragen und Literatur (9.2). Beim dritten Textteil müssen wir uns uns schließlich wiederum mit einer knappen Erläuterung und Kritik begnügen (9.3).

9.1 Die *Analytik der Grundsätze* – Vorspann und Einleitung

9.1.1 Vorspann (A130/B169–A132/B171)

In dem unbetitelten Vorspann und der Einleitung gibt Kant selbst eine Erläuterung der Einteilung der *transzendentalen Analytik* und dabei auch eine Bestimmung der Stellung und Funktion des zweiten Buches der *transzendentalen Analytik* im Gesamtzusammenhang der *transzendentalen Logik*. Von dieser Erläuterung wollen wir bei unserer eigenen Bestimmung derselben ausgehen (vgl. die Einleitung zur *transzendentalen Logik* und dazu den Beitrag von Longuenesse).

Kant verwendet auch hier sein übliches Verfahren, die Gliederung seiner transzendental-philosophischen Abhandlungen der strukturellen Artikulation der menschlichen Seelenvermögen (des Gemüts), so wie er diese sieht, anzupassen. So wie das obere Erkenntnisvermögen (der Verstand überhaupt) aus Verstand (im Besonderen), Urteilskraft und Vernunft besteht, so gliedert sich die allgemeine (d. i. die formale) Logik in eine Lehre (Doktrin) von Begriffen, Urteilen und Schlüssen. Das gleiche wäre auch für die Gliederung der transzendentalen Logik zu erwarten. Da der transzendentale Gebrauch der Vernunft jedoch „nicht objektiv gültig" (A131/B170) ist, kann die Lehre von den Schlüssen der reinen Vernunft in ihrem transzendentalen Gebrauch nicht zur „Logik der Wahrheit" gehören (vgl. auch A62/B86). Die transzendentale Analytik, die einen „Kanon des objektiv gültigen, mithin wahren Gebrauchs" (A131/B170) der oberen Erkenntnisvermögen aufstellen soll, wird daher nur zwei Teile, die Lehre von den reinen Begriffen und die Lehre von den reinen Urteilen enthalten. Letztere nennt Kant „Grundsätze des Verstandes" (A132/B171, vgl. A65/B89 f.).

Dementsprechend enthält das erste Buch eine Doktrin des reinen Verstandes und das zweite eine Doktrin der reinen Urteilskraft. Das dritte Erkenntnisvermögen, die Vernunft, wird hingegen keinen Kanon, d. i. eine Richtschnur für ihren gültigen Gebrauch, sondern lediglich eine Kritik ihres „ungültigen transzendentalen Gebrauchs" erhalten.

Wichtiger als diese formale Architektonik seiner Transzendentalphilosophie ist die inhaltliche Begründung, die Kant für die Notwendigkeit einer transzendentalen Analytik der Urteilskraft gibt. Die transzendentale Analytik des Verstandes hatte gezeigt, welche die reinen Verstandesbegriffe sind und daß ohne sie Erkenntnis von Gegenständen der Erfahrung nicht möglich ist. Nun ist zu zeigen, *wie* durch sie Erkenntnis von Gegenständen der Erfahrung möglich ist.

9.1.2 *Von der transzendentalen Urteilskraft überhaupt (A132/B171–A136/B175)*

Das zweite Buch ist „ein Kanon für die Urteilskraft [...], der sie lehrt, "Verstandesbegriffe [...] auf Erscheinungen anzuwenden" (A131/B170). Kant erläutert in der *Einleitung*, daß die Urteilskraft das Vermögen sei „unter Regeln zu subsumieren, d. i. zu unterscheiden, ob etwas unter einer gegebenen Regel (casus datae legis) stehe, oder nicht" (A132/B171), und daß dieses Vermögen „gar nicht belehrt, sondern nur geübt sein will" (A133/B172). Mit der transzendentalen Urteilskraft verhalte es sich hingegen ganz anders. Denn die Transzendentalphilosophie habe „das Eigentümliche: daß sie außer der Regel (oder vielmehr der allgemeinen Bedingung zu Regeln), die in dem reinen Begriffe des Verstandes gegeben wird, zugleich a priori den Fall anzeigen kann, worauf sie angewandt werden sollen." (A134/B174 f.). Kant begründet im folgenden, warum dies nicht nur möglich, sondern auch notwendig ist. Reine Verstandesbegriffe (Kategorien) sind – im Unterschied zu den empirischen – Begriffe, „die sich auf ihre Gegenstände a priori beziehen sollen" (A135/B175). Deshalb, so sagt Kant, „muß [die Transzendentalphilosophie] zugleich [mit dem Begriff] die Bedingungen, unter welchen Gegenstände in Übereinstimmung mit jenen Begriffen gegeben werden können, in allgemeinen aber hinreichenden Kennzeichen darlegen" (ebd.). Diese Kennzeichen sind die „transzendentalen Schemata".

Kant schließt seine Einleitung mit einer lakonischen Bemerkung ab: „die transzendentale Doktrin der Urteilskraft wird nun zwei Hauptstücke enthalten" (A136/B175), erstens die Lehre „von dem Schematismus des reinen Verstandes", zweitens die Lehre „von den Grundsätzen des reinen Verstandes" (ebd.). Er gibt für diese Zweigliedrigkeit keine Begründung.

Hieran ist nun mehreres verwunderlich. Zunächst vermißt man eine Erwähnung des dritten Hauptstücks. Dieses gehört – wie wir noch sehen werden – in der Tat nicht eigentlich in die Lehre von der transzendentalen Urteilskraft, sondern bildet eine Art von Abschluß der gesamten transzendentalen Analytik, der von Kant wohl nur deshalb in das zweite Buch genommen wurde, weil er nicht umfangreich genug war, ein eigenes Buch zu bilden, und vor allem weil er als eigenes Buch die oben analysierte an den oberen Erkenntnisvermögen orientierte Architektonik der transzendentalen Analytik gestört hätte. Die beiden anderen Hauptstücke hingegen gehören durchaus in den Rahmen des zweiten Buches aber aus sehr unterschiedlichen Gründen, so daß man sich fragen muß, ob sie wirklich *zusammen* in dieses Buch gehören. Das zweite Hauptstück, welches die Grundsätze des reinen Verstandes behandelt, gehört in dieses Buch aus Gründen der oben erläuterten Architektonik:

Verstand	Urteilskraft	Vernunft
Begriffe	Urteile	Schlüsse
reine Begriffe	reine Urteile	reine Schlüsse

Nach dieser Architektonik gehört das erste Hauptstück gar nicht in dieses Buch. Denn es enthält keine Lehre von Urteilen a priori, sondern von der Anwendung von reinen Begriffen auf empirisches Material. Wenn Kant dieses Lehrstück gleichwohl in das zweite Buch nimmt, so hat er dafür sachliche Gründe, die seiner Architektonik widersprechen. Es zeigt sich nämlich, daß die Urteilskraft gar nicht dasjenige Vermögen ist, dem wir die Bildung von Sätzen oder Regeln, wie sie die Grundsätze darstellen, verdanken. Dies ist vielmehr Sache des Verstandes, der als das Vermögen der Regeln definiert wird. Die Urteilskraft hat hingegen die Aufgabe, unter Regeln zu subsumieren. Wenn man die Aufgabenverteilung zwischen Verstand und Urteilskraft in dieser Weise bestimmt, dann gehört das erste Hauptstück allerdings in das zweite Buch, aber dann muß man sich fragen, ob das zweite Hauptstück eigentlich hierher gehört.

Nun gibt es freilich einen ganz simplen Grund dafür, das zweite Hauptstück auf das erste Hauptstück folgen zu lassen, den Kant (A136/B175) andeutet. Es heißt da, daß die Grundsätze „aus reinen Verstandesbegriffen unter diesen Bedingungen [d.h. den transzendentalen Schemata] [...] herfließen". (Daß Kant sich allerdings in diesem Punkt – was die Analogien und die Postulate betrifft – täuscht, werden wir bei der Analyse dieser Lehrstücke sehen.) Nach Kants Auffassung setzt also die Aufstellung und Begründung der Grundsätze die Ergebnisse des Schematismus-Lehrstücks voraus und kann daher nur nach diesem erfolgen. Dies ist ein erneuter Beweis dafür, daß die an der Architektonik der Erkenntnisvermögen ausgerichtete Gliederung der *Kritik* künstlich ist und die Sache keineswegs immer erhellt.

9.2 Von dem Schematismus der reinen Verstandesbegriffe

9.2.1 Inhalt und Problematik im Überblick

Das erste Hauptstück der *Analytik der Grundsätze, Von dem Schematismus der reinen Verstandesbegriffe*, enthält ein Lehrstück, dessen Bedeutung gar nicht überschätzt werden kann (vgl. die Briefe an J. S. Beck, XII 222–225, und J. H. Tieftrunk, XIII 467–472, sowie R 6359, XVIII 686). Denn hier versucht Kant zu zeigen, wie die reinen Verstandesbegriffe auf Anschauungen bezogen bzw. diese unter die ersteren subsumiert werden können. Ohne diesen Nachweis hängt das Ergebnis der transzendentalen Deduktion in der Luft und die Möglichkeit gültiger empirischer Erkenntnis bleibt fraglich.

Mit der Wichtigkeit des Kapitels steht seine unsorgfältige (und seltsamerweise in B nicht überarbeitete) Redaktion in unschönem Kontrast. Der Text Kants ist voll von mehrdeutigen Ausdrücken, er ist gekennzeichnet von einem Schwanken zwischen verschiedenen Konzeptionen und dem schließlichen Eingeständnis, dieses zentrale Problem seiner Transzendentalphilosophie nicht bewältigt zu haben. Bevor wir zur Interpretation der einzelnen Abschnitte des Kapitels kommen, ist es daher nötig, im Überblick die verschiedenen einander z.T. widersprechenden Konzeptionen zu skizzieren, die sich im Text finden.

Kants Lehre vom Schematismus ist im wesentlichen eine Bestimmung des Verhältnisses, das zwischen drei Typen von Vorstellungen besteht: den Kategorien, den transzendentalen Schemata und den in der Anschauung gegebenen Sinnesdaten. Dabei ist den Schemata die Funktion zugewiesen, zwischen den beiden übrigen

Vorstellungsarten zu vermitteln und so die Anwendung der ersten auf die letzte oder – wie Kant auch sagt – die Subsumtion der letzten unter die erste zu ermöglichen. In Kants Text finden sich nun – unvermittelt nebeneinander – unterschiedliche Konzeptionen 1. hinsichtlich der Kategorien, 2. hinsichtlich der „transzendentalen Schemata" und 3. hinsichtlich der Art und Weise, wie die transzendentalen Schemata die Anwendung der Kategorien ermöglichen.

Zu 1.: Kant versteht unter dem Terminus „Kategorie", der meist bedeutungsgleich mit dem Terminus „reiner Verstandesbegriff" gebraucht wird, offensichtlich zwei verschiedene Vorstellungsarten: a) die reine Denkfunktion, welche der der Urteilsform entsprechende reine Begriff ist und welche wir seit Paton (1936, Vol. II, 41) „unschematisierte Kategorie" nennen, b) die aus diesem und dem „transzendentalen Schema" aufgebaute komplexe Vorstellung, die wir „schematisierte Kategorie" nennen. Hinsichtlich der Funktionen und des Verhältnisses dieser beiden Vorstellungstypen finden sich nun im Text folgende beiden Konzeptionen:

a) Gemäß der ersten dieser Konzeptionen sind die unschematisierten Kategorien noch keine Begriffe von Gegenständen, sondern lediglich Funktionen der Synthesis, „Funktionen des Verstandes zu Begriffen". Begriffe von Gegenständen entstehen erst dadurch, daß diesen Funktionen mittels der Schemata eine Anwendung auf anschaulich Gegebenes ermöglicht wird. (vgl. A136/B175: „widrigenfalls sie ohne allen Inhalt, mithin bloße logische Formen und nicht reine Verstandesbegriffe sein würden".) Das, was wir in der Tafel der Kategorien gemäß diesem Modell erwarten müßten, sind Funktionen des Verstandes. Wie Kants Wortwahl beweist, enthält die Kategorientafel allerdings de facto Gegenstandsbegriffe, und diese sind – gemäß der ersten Konzeption – schematisierte Kategorien.

b) Die zweite Konzeption unterstellt, daß die nichtschematisierten Kategorien bereits Gegenstandsbegriffe sind. Diese Annahme stützt sich auf Kants wiederholte Versicherung, daß unsere Sinnlichkeit nur subjektive Vorstellungen enthält und daß alle Vorstellungen von einem Objekt, ja die Unterscheidung von objektiven und subjektiven Vorstellungen selbst auf einer Leistung des Verstandes beruht (vgl. z. B. A253 f./B309 f.). Demzufolge enthält die Tafel der Kategorien reine Gegenstandsbegriffe und die transzendentale Deduktion ist eine Deduktion von Gegenstandsbegriffen. Der Schematismus hat demzufolge nicht die Funktion aus Denkfunktionen Gegenstandsbegriffe zu machen, sondern die Anwendung der reinen Gegenstandsbegriffe auf in der Anschauung Gegebenes sicherzustellen.

Zu 2.: Auch hinsichtlich der Frage, was die „transzendentalen Schemata" näherhin sind, finden sich im Text sehr unterschiedliche Konzeptionen. Allison (1983, 179 f.) unterscheidet nicht weniger als acht verschiedene Charakterisierungen derselben. Diese laufen jedoch auf folgende zwei Konzeptionen hinaus:

a) Die „transzendentalen Schemata" sind *„reine Anschauungen"*, welche die „transzendentale Einbildungskraft" gemäß Regeln a priori, die vom reinen Verstand in Entsprechung zu den einzelnen Kategorien gegeben werden, im Medium der reinen Anschauungen Raum und Zeit vorstellt. Sie sind demgemäß – nicht auf demselben Niveau, aber in gleicher Weise – wie Raum und Zeit apriorische Bedingung der Möglichkeit empirischer Anschauung (vgl. Allison 1983, 185) einerseits und reine allgemeine Anschauungen andererseits. Als letztere bilden sie den „reinen Gegenstand" der Anschauung (A156/B195), der es ermöglicht, daß die Kategorien a apriori – und nicht erst durch die Erfahrung – einen Gegenstandsbezug haben.

b) Die „transzendentalen Schemata" sind *Begriffe* von strukturellen Eigenschaften (wie z.B. „regelmäßig auf einander folgen" oder „beharren"), welche räumlich und vor allem zeitlich geordnete Konstellationen von Sinnesdaten besitzen können. Diese „transzendentalen Zeitbestimmungen" sind als solche allgemeine Vorstellungen, haben aber einen direkten Bezug auf reine und auch auf empirische Anschauungen.

Zu 3.: Entsprechend dem Unterschied zwischen den Konzeptionen 2a und 2b enthält der Text Kants auch unterschiedliche Konzeptionen der Verbindung, welche die „transzendentalen Schemata" zwischen dem sinnlich Gegebenen und den Kategorien herstellen:

a) Der Konzeption 2a entspricht die Auffassung, daß die Sinnesdaten nicht nur gemäß den Formen der reinen Anschauung Raum und Zeit, sondern ursprünglich auch gemäß den allgemeinen Anschauungstypen der verschiedenen Schemata vorgestellt werden. Die Sinnesdaten brauchen also *nicht* unter die Schemata *gebracht* werden, sie *sind* es immer schon. Was die apriorische Verbindung der – so konzipierten – Schemata mit den Kategorien betrifft, so denkt Kant diese Funktion eigenen „Regeln a priori" zu, gemäß welchen die transzendentalen Schemata unter die Kategorien subsumiert werden. Diese Regeln entsprechen also in ihrer Funktion den transzendentalen Schemata gemäß Konzeption 2b. Da das empirisch Gegebene immer schon gemäß den Anschauungstypen vorgestellt wird, ist seine Subsumtion unter die Kategorien dann nicht mehr problematisch.

b) Die Konzeption 2b eröffnet hingegen eine ganz andere Auffassung von der Vermittlungsfunktion der „transzendentalen Schemata", d.h. von der Beantwortung der Frage, wie die Anwendung der Kategorien auf anschaulich Gegebenes möglich ist. Da die transzendentalen Schemata gemäß dieser Konzeption Vorstellungen begrifflicher Natur sind, kann man die Anwendung der Kategorien in Form eines Syllogismus rekonstruieren. (vgl. Kants Brief an Tieftrunk vom 11. Dezember 1797, XIII 223). Nehmen wir das Beispiel der Kategorie der Substanz:

Obersatz: Alles, was beharrt, ist eine Substanz.
Untersatz: Diese (hier und jetzt gegebene) Konstellation von Sinnesdaten beharrt.
Conclusio: Diese (hier und jetzt gegebene) Konstellation von Sinnesdaten ist eine Substanz.

Der Obersatz ist ein synthetisches Urteil a priori, welche das Schema mit der Kategorie (dem reinen Gegenstandsbegriff) verbindet. Der Untersatz ist ein synthetisches Urteil a posteriori, welches einer in der empirischen Anschauung gegebenen Figur eine im transzendentalen Schema gedachte empirische Eigenschaft zuspricht. Dieses Urteil besitzt aber noch keine Objektivität. Kant nennt diesen Typus von Urteil in § 18 der *Prolegomena* „Wahrnehmungsurteil" (vgl. IV 297 f.). Die *conclusio* ist hingegen ein objektives empirisches Urteil, das anschaulich Gegebenes auf einen Gegenstand bezieht und damit erstmals konkrete Gegenstände der Erfahrung konstituiert. Kant nennt solche Urteile daher „Erfahrungsurteile". Von diesen drei Urteilen ist nur der Obersatz philosophisch problematisch. Kant müßte zu seiner Rechtfertigung eine „transzendentale Deduktion" liefern. Aber eine solche findet sich weder im Schematismus-Kapitel noch sonst in der *Kritik*. (Die „Grundsätze des reinen Verstandes" sind – unbesehen der gegenteiligen Äußerung Kants in § 21 der *Prolegomena* – nicht mit den in dieser Konzeption unterstellten Obersätzen identisch. Die für die „Grundsätze" gegebenen Beweise, die im übrigen allesamt nicht schlüssig sind, können daher nicht als eine solche transzendentale Deduktion der Obersätze gelten.) Vermutlich hat sich Kant einer solchen „transzendentalen Deduktion" enthoben geglaubt, da er in § 26 der *B-Deduktion* bereits eine generelle Rechtfertigung der Geltung der Kategorien für in Raum und Zeit anschaulich Gegebenes geliefert hat (s. o. den Beitrag von Carl). In der Tat findet sich dort eine „Deduktion" der „notwendigen Entsprechung" zwischen der „Synthesis der Apprehension, welche empirisch ist" und der „Synthesis der Apperzeption, welche intellektuell und gänzlich a priori in der Kategorie enthalten ist" (B163 f.), die Kant am Beispiel der Kategorien der Größe und der Kausalität vorträgt und deren Resultat er dann auf alle übrigen Kategorien überträgt.

Die Konzeptionen 1a, 2a und 3a bringen m. E. folgende schwerwiegende Probleme mit sich: (i) Wenn die Kategorien zunächst keine Begriffe von Gegenständen, sondern Funktionen der Synthesis sind, hätte Kant den Schematismus unmittelbar nach der Entdeckung der Kategorien gemäß dem Leitfaden einführen müssen, um die These, daß die Kategorien Begriffe von Gegenständen a priori sind, zu begründen. Das Schematismus-Kapitel gehört dann nicht in das zweite, sondern in das erste Buch der transzendentalen Analytik (s. o.). (ii) Wenn die unschematisierten Kategorien keine Gegenstandsbegriffe sind, gibt es keinen Grund zur Sorge wegen deren möglichen transzendenten Gebrauchs, es erübrigt sich also für sie die Restriktionsthese. (iii) Bei der Schematisierung der Kategorien, d. h. bei deren Verknüpfung mit den als Anschauungen gedachten transzendentalen Schemata, ist ein vermittelndes Drittes in Form einer „Regel a priori" in Ansatz gebracht, die weder mit der Kategorie noch mit dem Schema identisch ist. Dadurch wird das Dritte, welches zwischen den Kategorien und dem anschaulich Gegebenen vermitteln soll, in ein begriffliches und ein anschauliches Moment aufgespalten und so gleichsam verdoppelt. Dies führt zu einer

– von Kant nicht eingestandenen – Verkomplizierung der Problematik des Schematismus. (iv) Die Frage, die das Schematismus-Kapitel beantworten soll, wäre dann nicht so sehr, wie reine Verstandesbegriffe sich auf Erscheinungen beziehen, als vielmehr, wie sie sich auf Gegenstände der reinen Anschauung beziehen. Aber auch die Konzeptionen 1b, 2b und 3b fügen sich nicht problemlos in die Kantische Transzendentalphilosophie: Wenn – gemäß 1b – die Kategorien reine Gegenstandsbegriffe sind, ist die Konzeption des „Leitfadens" zu ihrer Entdeckung nicht mehr überzeugend, denn es fragt sich, wie Urteilsformen Gegenstandsbegriffen korrespondieren können. Was die Konzeption 2b betrifft, so steht sie in Widerspruch zu Kants wiederholter Versicherung, die transzendentalen Schemata seien Produkte der (reinen) Einbildungskraft.

In den Texten Kants finden sich Belege für alle von uns unterschiedenen Konzeptionen. Da die Probleme bei den Konzeptionen 1a, 2a und 3a schwerer wiegen, halten wir die Konzeptionen 1b, 2b und 3b für die der Sache nach richtigen (vgl. Seel 1990). Wir werden jedoch bei der Interpretation der einzelnen Passagen des Schematismus-Kapitels wiederholt auch auf die anderen Bezug nehmen müssen.

9.2.2 Textkommentar zum *Schematismus*

Das erste Hauptstück, d. i. der *Schematismus*, kann in folgende Abschnitte unterteilt werden:
(a) A138/B176 f.: „In allen Subsumtionen [...]" bis „[...] Erörterung zu geben" – Begründung der Notwendigkeit der Lehre vom Schematismus;
(b) A138 f./B177 f.: „Nun ist klar [...]" bis „[...] unter die erste vermittelt" – Einführung des Begriffs des transzendentalen Schemas und Begründung der These, daß diese die Anwendung der Kategorie auf Erscheinungen möglich macht;
(c) A139 f./B178 f.: „Nach demjenigen [...]" bis „[...] reinen Verstandes nennen" – Rekapitulation der für die gegenwärtige Fragestellung relevanten Ergebnisse der transzendentalen Deduktion;
(d) A140/B179–A142/B181: „Das Schema ist [...]" bis „[...] zusammenhängen sollten" – Erläuterung der unterschiedlichen Funktionen von Schemata bei der Anwendung 1. empirischer Begriffe, 2. reiner sinnlicher Begriffe und 3. reiner Verstandesbegriffe auf in der Anschauung Gegebenes;
(e) A142/B181–A145/B184: „Ohne uns [...]" bis „[...] zu aller Zeit" – Erläuterung der verschiedenen Schemata der einzelnen Kategorien;
(f) A145 f./B184 f.: „Man sieht nun [...]" bis „[...] sie möglich macht" – Nachweis, daß die Schemata Zeitbestimmungen a priori sind und aller möglichen Erfahrung zugrunde liegen;

(g) A146/B185–A147/B187: „Es fällt aber doch [...]" bis „[...] zugleich restringiert" – Unterschied zwischen schematisierten und nicht schematisierten Kategorien.

Zu (a) – Zunächst versucht Kant die Notwendigkeit seiner Untersuchung durch eine Kontrastierung der Anwendung reiner Verstandesbegriffe einerseits und aller übrigen Begriffe andererseits zu verdeutlichen: Die Subsumtion eines Gegenstandes unter einen Begriff setzt voraus, daß die Vorstellung des Gegenstandes und die Vorstellung des Begriffs „gleichartig" (Kant gebraucht auch die Ausdrücke „unterschieden" und „heterogen" für das Gegenteil von „gleichartig") sind. Dies ist bei empirischen und reinen sinnlichen Begriffen unproblematisch und bedarf keiner besonderen Erörterung. Die reinen Verstandesbegriffe sind hingegen „mit empirischen Anschauungen ganz ungleichartig". Daher muß die Möglichkeit ihrer Anwendung auf empirische Anschauung explizit demonstriert werden.

Diese Grundstruktur des Kantischen Arguments ist nicht zweifelhaft. Aber im Einzelnen stecken diese zwei Absätze voller Dunkelheiten und problematischer Argumentationsschritte. Erläuterungsbedürftig erscheinen vor allem folgende Punkte: 1. Was ist das tertium comparationis des Vergleichs, den Kant durchführt? 2. Was meint Kant mit dem Ausdruck „gleichartig"? 3. Warum hält er nur die Anwendung der reinen Verstandesbegriffe für problematisch?

Zu 1.: Gemäß der Eröffnungsphrase scheint das tertium comparationis die „Subsumtion eines Gegenstandes unter einen Begriff" zu sein. Aber es ist zweifelhaft, ob das, was unter die Kategorien gebracht werden soll, d. i. in der Anschauung Gegebenes, die Qualifikation „Gegenstand" verdient, da doch nach der Lehre Kants die Kategorien allererst aus dem anschaulich Gegebenen Gegenstände machen. Aus dem gleichen Grunde ist auch auszuschließen, daß das tertium comparationis die Subsumtion eines Begriffes unter einen anderen Begriff ist, wie es das Beispiel vom Teller nahelegen würde. Es bleibt als einzig plausible Alternative übrig, daß Kant die Subsumtion von in der Anschauung Gegebenem unter Begriffe im Auge hat und dabei den Fall, daß der Begriff ein empirischer Begriff und den Fall, daß er ein reiner Verstandesbegriff ist, kontrastieren will. Dies, die Subsumtion von Anschauungen unter Begriffe, bildet in der Tat den Vergleichspunkt im 2. Absatz.

Zu 2.: Um diese Kontrastierung zu verstehen, muß man sich Klarheit darüber verschaffen, was Kant mit dem Ausdruckspaar „gleichartig/homogen" meint. Die wörtliche Bedeutung des letzteren deutet darauf hin, daß Kant damit die Gleichheit des Ursprungs der Vorstellungen meint. In der Tat sagt er im 3. Absatz von der vermittelnden Vorstellung, daß sie „einerseits mit der Kategorie, andererseits mit der Erscheinung in Gleichartigkeit stehen muß" (A138/B177) und hier ist mit Gleichartigkeit klarerweise gemeint, daß die Vorstellungen Produkt desselben Vorstellungsvermögens sind.

Betrachtet man hingegen die Erläuterung, die Kant von dem Ausdruck „gleichartig" unmittelbar nach dessen erstem Gebrauch gibt, so hat es den Anschein, mit dem Ausdruck sei Gleichheit des Inhalts gemeint. Dies legt insbesondere das Beispiel nahe, das Kant zur Erläuterung dieser Ausdrücke gibt. Denn dieses Beispiel ist geeignet zu erläutern, was Gleichartigkeit, verstanden als Inhaltsgleichheit, ist. Der empirische Begriff eines Tellers und der reine geometrische Begriff eines Zirkels sind nach Kant insofern gleichartig, als sich der Inhalt, nämlich „die Rundung, die in dem ersteren gedacht wird, im letzteren anschauen läßt". Im übrigen ist das von Kant gewählte Beispiel aber in mehrfacher Hinsicht irreführend.

Es könnte natürlich sein, daß Kant meint, Inhaltsgleichheit habe Gleichheit des Ursprungs zur Voraussetzung. Unter dieser Voraussetzung würde man überhaupt nur Begriffe unter Begriffe subsumieren können und das, was Kant im zweiten Absatz von den reinen Verstandesbegriffen sagt, würde von allen Begriffen gelten. Um die Kontrastierung zwischen den ersteren und den letzteren aufrecht zu erhalten, muß er meinen, bei letzteren bestehe eine Gleichartigkeit zwischen der Anschauung und dem Begriff, welche sich bei den ersteren nicht finden lasse. Worauf diese Gleichartigkeit beruht, werden wir erst im Abschnitt (d) finden.

Zu 3.: Die Frage, warum die Anwendung der reinen Verstandesbegriffe auf Erscheinungen und nur diese problematisch ist, findet eine erste Erörterung im zweiten Absatz, wird aber gleichfalls erst im Abschnitt (d) endgültig beantwortet. Kontrastieren wir das, was Kant hier von den reinen Verstandesbegriffen sagt, mit dem, was im Gegensatz dazu von den übrigen Begriffen gesagt werden müßte:

1. Reine Verstandesbegriffe sind mit sinnlichen Anschauungen (seien letztere nun empirischer oder nicht-empirischer Natur) „*ganz* ungleichartig" (H. v. m.). Die übrigen Begriffe sind mit sinnlichen Anschauungen zwar auch ungleichartig, aber nicht *ganz* ungleichartig.

2. Reine Verstandesbegriffe „können niemals in irgendeiner Anschauung angetroffen werden". Die übrigen Begriffe können – auf eine noch zu erörternde Weise – in einer Anschauung angetroffen werden. So wird z. B. niemand sagen: die Kategorie, „z. B. die Kausalität, könne auch durch Sinne angeschauet werden" (A137/B177). Man kann aber sagen: Röte oder Rundung könne auch durch Sinne angeschaut werden. Dieser Passus legt klarerweise die Konzeption 1b nahe. Denn der Begriff der Kausalität ist nicht nur eine „Funktion des Verstandes zu Begriffen", sondern bereits ein Gegenstandsbegriff.

Zur Erläuterung dieser beiden Punkte kann man Humes skeptische Einwände gegen die Möglichkeit sinnlicher Erkenntnis von Kausalverhältnissen und Kants diesbezügliche Ausführungen in § 20 der *Prolegomena* heranziehen (vgl. IV 300–302). Gemäß letzteren ist im Begriff der Kausalität die *Notwendigkeit* eines Folgens gedacht. Diese Notwendigkeit kann aber niemals wahrgenommen werden.

Kant zieht nun aus den drei Kontrastierungen die Folgerung, daß sich bei den reinen Verstandesbegriffen die „so natürliche und erhebliche Frage" stellt, „wie reine Verstandesbegriffe auf Erscheinungen überhaupt angewandt werden können", während es bei allen anderen Begriffen „unnötig" sei, wegen der Anwendung derselben auf Begriffe, die den Gegenstand in concreto vorstellen, „besondere Erörterung zu geben". Wir werden sehen, daß Kant es trotz dieser Versicherung dann doch unter (d) für nötig hält, auch die Frage zu beantworten, wie die empirischen und die reinen mathematischen und geometrischen Begriffe auf Anschauungen angewendet werden können.

Zu (b) – Kants Auflösung des Problems der Anwendung der reinen Verstandesbegriffe auf Anschauungen besteht darin, daß es eine diese Beziehung vermittelnde Vorstellung geben muß, die einerseits mit der Kategorie und andererseits auch mit der Anschauung (Kant sagt hier „Erscheinung") gleichartig ist. Hier ist klarerweise mit „Gleichartigkeit" Gleichheit des Ursprungs gemeint. Denn Kant postuliert, daß die vermittelnde Vorstellung frei von empirischen Elementen und zugleich intellektuell und sinnlich sein soll. Er nennt diesen vorerst nur postulierten Typus von Vorstellung „transzendentales Schema". Kritisch sei schon hier angemerkt, daß das Postulieren eines solchen Vorstellungstyps der strengen Dichotomie der Vorstellungen in sinnliche und intellektuelle widerspricht, die Kant sonst beachtet.

Der *vierte* Absatz sagt nun, worin dieser dritte Typus von Vorstellung näherhin besteht und warum er mit der Kategorie und der Erscheinung „gleichartig" ist. Die Kategorie und Erscheinung verbindende Vorstellung wird von Kant als „transzendentale Zeitbestimmung" bezeichnet (A138/B177). Kant sagt von ihr, daß sie „allgemein ist und auf einer Regel a priori beruht" (ebd.). Der Ausdruck „transzendentale Zeit*bestimmung*" legt es nahe, das transzendentale Schema als Begriff gemäß der Konzeption 2b zu interpretieren. Dies würde auch am besten erklären, warum Kant das Schema als „allgemeine" Vorstellung bezeichnet. Dieser Auffassung widerspricht allerdings der Umstand, daß Kant hier allem Anschein nach zwischen dem „transzendentalen Schema" und der „Regel a priori", auf der es beruht, unterscheidet. Diese Unterscheidung entspricht eher der Konzeption 2a (s. o.). Was nun die von Kant behauptete Gleichartigkeit der Schemata mit den Kategorien einerseits und mit den Erscheinungen andererseits betrifft, so läßt die Konzeption 2a die erstere als unproblematisch, die letztere aber als problematisch erscheinen, während es sich bei der Konzeption 2b gerade umgekehrt verhält.

Zu (c) – Kant hält es offensichtlich für angezeigt, vor der Erläuterung der Funktion der transzendentalen Zeitbestimmungen dem Leser noch einmal die folgenden Resultate der transzendentalen Deduktion ins Gedächtnis zu rufen:

1. Kategorien sind bloß von empirischem, nicht von transzendentalem Gebrauch (vgl. B146–9, A238/B297 ff.).
2. Denn Begriffe sind „ohne Sinn" (vgl. *Nachträge*, XXIII 46), wenn ihnen kein Gegenstand, d. i. eine Referenz gegeben wird (vgl. B146–149).
3. Die einzige Art, wie uns Gegenstände gegeben werden können, ist die Modifikation unserer Sinnlichkeit (vgl. ebd.).
4. Reine Begriffe müssen zwei Momente enthalten (a) eine Funktion des Verstandes, (b) formale Bedingungen der Sinnlichkeit (vgl. A84/B116–A87/B119) d. h. Schemata.

Letzteres gilt natürlich nur, wenn man unter „reinen Begriffen" schematisierte Kategorien versteht. Wichtig ist noch, daß Kant hier zwischen den Schemata und deren Anwendung durch den Verstand unterscheidet. Letzteres nennt er „Schematismus".

Zu (d) – Dieser Abschnitt enthält das berühmte Eingeständnis Kants, daß der Schematismus „eine verborgene Kunst in den Tiefen der menschlichen Seele" sei, „deren wahre Handgriffe wir der Natur schwerlich jemals abraten, und sie unverdeckt vor Augen legen werden" (A141/B180 f.). Man darf also auch hier keine vollständige Klärung der Fragen erwarten, die die vorausgehenden Abschnitte offengelassen haben. Gleichwohl erläutert Kant hier zum ersten Mal in concreto, wie er sich die Funktionen der Schemata denkt.

Der Abschnitt hat als Hauptaufgabe zu erläutern, was ein transzendentales Schema näherhin ist. Zu diesem Zweck erläutert er zunächst, von welchem Seelenvermögen diese Art von Vorstellung produziert wird. Die Antwort lautet: von der Einbildungskraft. Da das, was die Einbildungskraft normalerweise produziert, Bilder sind (vgl. A120), sieht sich Kant genötigt, den Unterschied zwischen Schemata und Bildern zu erläutern. Dies geschieht nun insbesondere dadurch, daß Kant die unterschiedlichen Funktionen von Schemata und Bildern bei der Anwendung von Begriffen oder bei der Subsumtion von anschaulich Gegebenem unter Begriffe für die verschiedenen Arten von Begriffen, das sind a) empirische Begriffe, b) reine sinnliche Begriffe und c) reine Verstandesbegriffe, herausarbeitet. Dabei geht Kant so vor, daß er die Anwendung der verschiedenen Arten von Begriffen und die Rollen, die Schemata dabei spielen, gegeneinander kontrastiert, um so die Besonderheit der transzendentalen Schemata besser zu erfassen.

Gehen wir zunächst Kants Ausführungen im einzelnen durch. Kant sagt, daß sowohl das Schema als auch das Bild „ein Produkt der Einbildungskraft" sei. Wir haben bisher gelernt, daß die Einbildungskraft das Vermögen ist, figürliche Vorstellungen zu produzieren. Dabei unterscheidet Kant die reproduktive und die produktive Einbildungskraft. Die erste hat zwei Funktionen (a) „eine Wahrnehmung, von welcher das Gemüt zu einer anderen übergegangen [ist], zu den nachfolgenden herüberzurufen, und so ganze Reihen darzustellen" (A121) und (b) „das Mannigfaltige der Anschauung in ein Bild [zu] bringen" (A120). Die letztere ist entweder empirisch oder rein. Die empirische produktive Einbildungskraft produziert aus empirischem Material (empfangenen Sinnesdaten) Gestalten, die in der Erfahrung nicht vorgekommen sind. Die reine produktive Einbildungskraft hingegen produziert auf der Basis der reinen formalen Anschauungen Raum und Zeit mögliche Konstellationen des in diesen vorgestellten Mannigfaltigen (vgl. A123).

Worin besteht nun der Unterschied zwischen Schema und Bild? Kant charakterisiert das Schema zunächst negativ, indem er sagt, dieses sei eine Synthesis, die nicht wie das Bild eine „einzelne Anschauung" produziere (A140/B179). Positiv sagt er nur, daß das Schema „Einheit in der Bestimmung der Sinnlichkeit" hervorbringe (ebd.). Dies erläutert er durch ein Beispiel, das insofern von Interesse ist, als es das transzendentale Schema der Quantität vorwegnimmt. Stellt die Einbildungskraft eine Reihe von fünf Punkten vor, so ist diese nach Kant „ein Bild von der Zahl fünf" (ebd.). Dies ist eine seltsame Beschreibung dieser Vorstellung. Man würde normalerweise sagen, daß dies das Bild einer Reihe von fünf Punkten sei. Um zu der Kantischen Formulierung zu kommen, muß man unterstellen, daß der produktiven Einbildungskraft die Aufgabe gestellt war, ein Exempel für eine Fünfer-Menge vorzustellen. Dann ist das produzierte Bild in der Tat eine Vorstellung, die dieser Anforderung genügt. Was ist nun im Unterschied dazu das Schema der Zahl fünf? Kant beginnt mit der Vorstellung der Zahl durch den Verstand, dem Denken einer Zahl. Dieses Denken, sagt Kant, sei das Vorstellen einer Methode, eine Menge in einem Bilde vorzustellen. Diese Methode kann nur darin bestehen, Einheiten von Gleichartigem, seien es nun Punkte, Striche oder was immer, solange eine den anderen hinzuzufügen bis die durch die Zahl beschriebene Menge erreicht ist. Die Vorstellung dieses Verfahrens ist klarerweise unabhängig von der Vorstellung der Menge selber, denn sie liegt auch dann vor, wenn die Menge selber wegen der Größe der Zahl gar nicht in einem Bilde vorgestellt werden kann. Die Vorstellung dieser Methode, die nach Kant darin besteht, „einem Begriff sein Bild zu verschaffen" (A140/B180) ist nun nach Kant das „Schema zu diesem Begriff".

Zunächst muß man sich fragen, wie diese Erläuterung mit der eingangs aufgestellten These zusammenstimmt, das Schema sei „jederzeit [...] ein Produkt der Einbildungskraft" (A140/B179). Was sich aus Kants Erläuterung ergibt, ist nicht dies, sondern vielmehr, daß das Schema ein Produkt des Verstandes ist, welches die Einbildungskraft anwendet, um ihre eigenen Produkte, d. s. die Bilder, zu erzeugen.

Kant erläutert nun im nächsten Absatz das gegebene Beispiel als ein Beispiel – nicht für die Anwendung eines reinen Verstandesbegriffs, d. h. der Kategorie der Quantität – sondern für die Anwendung eines „reinen sinnlichen Begriffs", womit er die arithmetischen und die geometrischen Begriffe meint. Er gibt gleich ein weiteres Beispiel, diesmal aus dem Bereich der geometrischen Begriffe, das so gewählt ist, daß dem Begriff „gar kein Bild [...] jemals adäquat sein" kann (A141/B180). Dem Begriff des Dreiecks kann insofern kein Bild adäquat sein, als das Bild notwendigerweise ein rechtwinkliges oder schiefwinkliges Dreieck darstellen muß, der Begriff des Dreiecks aber wegen seiner Allgemeinheit nicht auf eine dieser Arten des Dreiecks eingeschränkt werden darf. Kant zieht daraus zwei Konsequenzen: (a) den reinen sinnlichen Begriffen liegen nicht Bilder, sondern Schemata zugrunde, (b) diese Schemata existieren in Gedanken und sind Regeln *für* die Einbildungskraft zur Produktion reiner Gestalten im Raume.

Als nächstes untersucht Kant nun den Fall der Anwendung empirischer Begriffe am Beispiel des Begriffs des Hundes. Dieser – so sagt Kant – „bedeutet eine Regel, nach welcher meine Einbildungskraft die Gestalt eines vierfüßigen Tieres allgemein verzeichnen kann, ohne auf irgend eine einzige besondere Gestalt, die mir die Erfahrung darbietet, oder auch ein jedes mögliche Bild, was ich in concreto darstellen kann, eingeschränkt zu sein" (ebd.). Es ist unklar, ob Kant meint, daß die Einbildungskraft eine allgemeine Gestalt, z. B. einen äußeren Umriß von einem Hund, zeichnet, oder aber meint, daß sie zwar immer ganz konkrete Hundegestalten zeichnet, dabei aber nicht auf eine bestimmte Gestalt eingeschränkt ist.

Entsprechend diesen beiden Interpretationsmöglichkeiten lassen sich zwei Modelle der Subsumtion des in der Anschauung Gegebenen unter einen empirischen Begriff unterscheiden: Gemäß dem ersten Modell produziert die Einbildungskraft (gemäß einer Regel des Verstandes, welche der Begriff des Hundes enthält) eine umrißhafte oder schablonenartige Hundegestalt. Mit dieser vergleicht dann die Urteilskraft eine in der empirischen Anschauung gegebene Gestalt und stellt bei ausreichender Übereinstimmung der letzteren mit der ersteren fest, daß dies ein Hund ist, m. a. W. subsumiert die letztere unter den Begriff des Hundes.

Gemäß dem zweiten Modell ist das Schema nichts anderes als die Regel des Verstandes für die Einbildungskraft. Diese produziert aber – im Unterschied zum ersten Modell – kein Schema, sondern ein Bild. Mit diesem Bild vergleicht dann die Urteilskraft eine in der empirischen Anschauung gegebene Gestalt und subsumiert letztere bei ausreichender Ähnlichkeit unter den Begriff des Hundes. Der empirische Begriff des Hundes hat bei dieser Subsumtion also eine zweifache Funktion. Zum einen enthält er eine Regel (ein Schema), gemäß welcher die produktive Einbildungskraft Hundebilder nach Belieben erzeugt, zum anderen aber ist er ein klassifikatorischer Begriff, d.h. er erlaubt es, die Klasse aller Gegenstände zu denken, die sich gemäß dem oben dargestellten Vergleichsverfahren als anschaulich gegebene Hunde erweisen. Man darf vermuten, daß Kant auch die Anwendung reiner sinnlicher Begriffe auf reine sinnliche Anschauungen nach dem gleichen Grundverfahren konzipiert.

Die beiden Modelle der Anwendung empirischer Begriffe entsprechen den beiden Konzeptionen des transzendentalen Schematismus, die wir zu Beginn unterschieden haben. Nach meiner Auffassung entspricht das erste Modell Kants ursprünglichen Intentionen, wie sie am deutlichsten in der These zum Ausdruck kommen, daß das Schema etwas Mittleres zwischen Begriff und Anschauung sei, indem es mit dem ersten die Allgemeinheit und mit dem zweiten den sinnlichen Charakter teilt. Aber diese Konzeption ist sachlich nicht haltbar. Es kann gar keine Vorstellung geben, die zugleich intellektuell und sinnlich ist und vor allem kann das so konzipierte Schema die Vermittlung, die Kant ihm zumutet, gar nicht leisten. Denn eine Schablone erlaubt zwar die Erzeugung einer Reihe von Abbildern, aber es bleibt unausgemacht, wie ich wissen kann, daß die so entstandenen Bilder unter den Begriff fallen, d.h. die Verbindung von Schema und Begriff ist unbestimmt. Kant ist wohl bei seiner Erörterung auf diese Schwierigkeiten gestoßen, ohne sie sich einzugestehen. Sie haben ihn aber dazu bewegt, Elemente des zweiten Modells in seine Theorie aufzunehmen. So ist eine Mischkonzeption entstanden, die unbefriedigend ist.

Der mit „Dagegen ist [...]" beginnende letzte Satz des Absatzes enthält Kants Erläuterung dessen, was er – im Unterschied zu den Schemata der beiden übrigen Begriffsarten – unter einem „Schema des reinen Verstandesbegriffs" versteht. Dieses wird zunächst negativ dadurch charakterisiert, daß es „in gar kein Bild gebracht werden kann" (A142/B181). Kant meint offensichtlich, daß die Schemata der anderen Begriffsarten in ein Bild gebracht werden können – wir haben in der Tat oben erläutert, wie dies geschieht. Es ist aber nicht ohne weiteres einsichtig, warum dies bei den Schemata der reinen Verstandesbegriffe nicht möglich sein soll. Warum soll ich mir z.B. nicht – gemäß dem Schema der Beharrlichkeit – das Bild von etwas Beharrlichem vorstellen können? Der Grund, der Kant dazu bestimmt, dies zu leugnen, kann m.E. nur darin liegen, daß Bilder Vorstellungen von etwas Konkretem sind, die Schemata der reinen Verstandesbegriffe aber als „transzendentale Zeitbestimmungen", wie es im 4. Absatz hieß, „allgemein" sind (vgl. A140/B179). Aber dies, d.i. daß sie allgemein sind, gilt von den Schemata der übrigen Begriffe auch und dürfte daher gerade nicht den Unterschied zwischen beiden Arten von Schemata ausmachen.

Nach unserer Auffassung liegt der Unterschied zwischen den Schemata der reinen Verstandesbegriffe und den Schemata der übrigen Begriffsarten nicht so sehr in deren Verhältnis zu möglichen Bildern, sondern in deren Verhältnis zu den Begriffen, deren Schemata sie sind. Bei den übrigen Begriffen sind die Schemata als Regeln für die Einbildungskraft in den Begriffen selbst enthalten. Bei den reinen Verstandesbegriffen hingegen ist das, was wir in der Kategorie denken (z.B. das, was nur als Subjekt im Urteil vorkommen kann) und das, was wir gemäß dem Schema vorstellen (z.B. etwas Beharrliches) grundverschieden. Die beiden Vorstellungen sind nicht analytisch, sondern synthetisch miteinander verbunden.

Zu (e) – In diesem Abschnitt führt Kant die einzelnen Schemata – gemäß der Ordnung der Kategorientafel in vier Klassen von reinen Verstandesbegriffen – der Reihe nach auf, wobei allerdings für die Klasse der Quantität nur ein Schema, für die Klasse der Qualität deren zwei und für die übrigen beiden Klassen je drei Schemata genannt werden. Kant hat uns in § 11 (vgl. B110) darauf aufmerksam gemacht, daß die vier Klassen der Kategorien in zwei Abteilungen zerfallen, deren erste, die er die „mathematischen Kategorien" nennt, die Klassen der Quantität und der Qualität enthält, und deren zweite, die er die „dynamischen Kategorien" nennt, die beiden restlichen Klassen umfaßt. Kant sagt an dieser Stelle, daß die erste Abteilung sich „auf Gegenstände der Anschauung (der reinen sowohl als empirischen), die zweite aber auf die Existenz dieser Gegenstände (entweder in Beziehung auf einander oder auf den Verstand)" (ebd.) richtet. Dieser Unterschied ist, wie wir sehen werden, auch für den Schematismus von Bedeutung. Es wird sich nämlich herausstellen, daß nur für die zweite Abteilung gilt, daß die Kategorien mit dem anschaulich Gegebenen „völlig ungleichartig" sind und daß daher Schemata, wie sie Kant konzipiert, nur bei der Anwendung dieser Kategorien benötigt werden. Kant, der trotz der Unterscheidung der beiden Abteilungen an der Einheit seines Kategorienbegriffs festhält, hat dies nicht bemerkt und formuliert daher auch für die erste Abteilung Schemata, die aber seine Definition des Schemas nicht recht erfüllen.

Nach Kants Auffassung ist das „reine Schema der Größe [...] (quantitatis) [...] die Zahl, welche eine Vorstellung ist, die die sukzessive Addition von Einem zu Einem (gleichartigen) zusammen befaßt" (A142/B182). Zunächst muß man fragen, ob Kant hier unter „Zahl" die Anzahl oder die Zählzahl versteht. Im ersten Falle wäre die Zahl eine Spezies der Quantität und daher von der Kategorie nicht wirklich verschieden. Im letzteren Falle wäre die Zahl ein Moment im Verfahren, die Anzahl zu bestimmen. Dies würde eher damit zusammenstimmen, daß das Schema ein allgemeines Verfahren oder eine Regel ist.

In jedem Fall haben wir hier einen ersten Beleg dafür, daß auf die erste Abteilung der Kategorien *nicht* zutrifft, daß das, was in der Kategorie gedacht wird, nicht in der Erscheinung enthalten ist (A138/B177). Denn natürlich gibt es die Erscheinung von z. B. Fünfer-Mengen und die Methoden, mittels derer man feststellt, daß eine gegebene Menge gleichartiger Gegenstände eine bestimmte Größe besitzt. Das Zählen oder Messen, ist ein empirisches Verfahren.

Auch widerspricht Kant hier seiner Behauptung, daß das Schema eines reinen Verstandesbegriffes in gar kein Bild gebracht werden kann. Denn wenn das Schema der Quantität die Zahl ist, dann gilt von ihm, was er A140/B179 von der Zahl „fünf" beispielsweise gesagt hat, nämlich, daß es ein Bild derselben in Gestalt einer Reihe von fünf Punkten gibt.

Es fällt auf, daß Kant ein einziges Schema für die ganze Klasse der Kategorien der Quantität und nicht für jede einzelne Kategorie ein besonderes Schema angibt. Dies ist nur dann unbedenklich, wenn das Schema die Zählzahl und nicht die Anzahl ist. Denn eine Anzahl bezieht sich immer auf die Allheit der Elemente einer Menge. Man kann aber mittels der Methode des Zählens feststellen, ob wir es mit einer Einer-Menge oder einer Mehr-als-Einer-Menge zu tun haben und wieviel Elemente die letztere zählt.

Die zweite Klasse der Kategorien findet eine etwas ausführlichere Behandlung. Aber auch diese ist in vielen Punkten problematisch. Dies gilt bereits vom allerersten Satz. Er läßt sich so lesen, daß das, was man im reinen Verstandesbegriff denkt, die mit einer Empfindung erfüllte Zeitstelle ist. In diesem Falle aber wäre der Verstandesbegriff nicht rein. Dies kann also nicht gemeint sein. Das Problem wäre wenigstens teilweise gelöst, wenn Kant meinen würde, daß die erfüllte bzw. die leere Zeit nicht die Inhalte der Verstandesbegriffe selbst, sondern die Schemata der reinen Verstandesbegriffe (der Realität und der Negation) sind. Aber auch unter dieser Voraussetzung würde gelten, daß die Realität etwas in der Erscheinung Vorfindliches ist und daher die Anwendung der Kategorie der Realität unproblematisch wäre.

Nun bringt Kant in der zweiten Hälfte des Absatzes die These ins Spiel, daß „jede Empfindung einen Grad oder Größe" hat (A143/B182). Wie man aus dem Grundsatz der Antizipation der Wahrnehmung ersieht, hält Kant dies für ein Gesetz a priori. Als Gesetz a priori kann aber allenfalls die These gelten, daß Empfindungen sich hinsichtlich ihrer intensiven Größe unterscheiden *können*, nicht daß sie dies *müssen*. Ob Empfindungen tatsächlich eine intensive Größe besitzen, ist hingegen kontingent. Kant benutzt nun diese vermeintliche Gesetzmäßigkeit, um das Schema der Kategorie der Realität zu formulieren: Diese ist die „kontinuierliche und gleichförmige Erzeugung derselben (oder Quantität von Etwas) in der Zeit". Diese Bestimmung des Schemas der Realität ist äußerst mißlich. Sie bedeutet im Klartext, daß immer dann, wenn ein anschaulich Gegebenes nicht unter dieses Schema fällt, d.h. wenn man eine kontinuierliche und gleichförmige Erzeugung desselben nicht feststellt, man es nicht unter die Kategorie der Realität subsumieren darf.

Bei der dritten Klasse der Kategorien ist – im Unterschied zu den beiden vorhergehenden Klassen – zum ersten Mal einsichtig, warum die Anwendung der Kategorien auf anschaulich Gegebenes den Schematismus zur Voraussetzung hat. Denn in diesen Kategorien ist eine Notwendigkeit mitgedacht, von der Kant in den *Prolegomena* zu Recht sagt, daß sie nicht erfahrbar ist (vgl. IV 310). Sie muß daher mit etwas Erfahrbarem, dem Schema, so verknüpft sein, daß, was immer unter das Schema fällt, auch ein Fall der Kategorie ist.

Die erste Kategorie dieser Klasse ist die Relation „Substanz-Akzidenz". Kant gibt nur das Schema der Substanz an, aber es macht keine Schwierigkeit, das Schema der Akzidenz entsprechend zu ergänzen. Das Schema der Substanz ist die Beharrlichkeit, das Schema der Akzidenz muß entsprechend der Wechsel oder Wandel sein. Die Anwendung der Kategorie der Substanz auf anschaulich Gegebenes läßt sich – gemäß der Konzeption 3b – wie folgt erklären: In der Kategorie der Substanz wird das „Unwandelbare im Dasein" (A144/B183) gedacht, d.h. etwas, dessen Beharren aus objektiven Gründen notwendig ist. Wird nun in der Anschauung etwas gegeben, das als Vorstellung beharrt, so darf der Verstand dieses dank des Schematismus als etwas objektiv Unwandelbares beurteilen, d.h. unter die Kategorie der Substanz subsumieren.

Das Schema der Kategorie der Ursache ist der Umstand, daß auf eine Empfindung regelmäßig eine andere folgt. Wird dies festgestellt, so darf der Verstand diese Empfindungen unter die Kategorien der Ursache und der Wirkung subsumieren. Damit bestimmt er sie als etwas, was nicht nur zufällig im Gemüt, sondern notwendig an den Objekten aufeinander folgt.

Das Schema der „Gemeinschaft (Wechselwirkung) oder der wechselseitigen Kausalität der Substanzen in Ansehung ihrer Akzidentien" (A144/B183) ist das regelmäßig gleichzeitige Auftreten verschiedener, aber wechselnder Empfindungen. Wird dieses festgestellt, so darf der Verstand dank dem Schematismus die Tatsache, daß an mehreren Substanzen wechselnde Akzidenzen immer zusammen auftreten, als notwendig aus der Wechselwirkung der Substanzen resultierendes objektives Phänomen auffassen.

Die letzte Klasse der Kategorien schließlich bezieht sich auf das Verhältnis der Erscheinungen zum Erkenntnisvermögen. Die Schemata, die Kant für die drei Modalkategorien aufstellt, entsprechen den Definitionen derselben, wie sie bereits in der Antike (Aristoteles) aufgestellt und später in der Leibniz-Wolffschen Schule erneuert wurden. Stellen wir uns vor, daß etwas zu irgend einer Zeit existiert, so stellen wir es als möglich vor, stellen wir uns vor, daß es zu einer bestimmten Zeit existiert, so stellen wir es als (zu dieser Zeit) wirklich vor. Stellen wir uns schließlich etwas vor, das zu jeder Zeit existiert, so stellen wir es als notwendig vor. Es ist wichtig zu bemerken, daß Kant die Modalbegriffe nicht durch die Schemata definieren will, wie es einige der Alten getan haben, sondern klar sagt, daß das, was im Schema gedacht wird, weniger stark ist, als das, was in der Modalkategorie gedacht wird.

Zu (f) – In diesem Abschnitt versucht Kant nachzuweisen, daß die Schemata Zeitbestimmungen a priori sind – nicht ausschließlich Zeitbestimmung, wie ihm Paul Guyer vorwirft – und daher aller möglichen Erfahrung zugrunde liegen. Dieser Nachweis ist leicht zu führen. Interessant daran ist, daß Kant hier implizit einräumt, daß die Schemata Begriffe oder Regeln sind. Als solche können sie natürlich keineswegs ein Produkt der Einbildungskraft sein (vgl. oben unsere Ausführung zu den beiden Interpretationsmodellen).

Zu (g) – Das Hauptziel des Abschnitts ist es, noch einmal die zweifache Funktion der Schemata deutlich zu machen: sie „realisieren" zum einen die Kategorien, d.h. sie machen ihre Anwendung auf anschaulich Gegebenes möglich, aber sie restringieren zugleich deren Anwendung auf den Bereich des sinnlich Gegebenen, d. i. auf die Gegenstände der Erfahrung. Bei der Explikation dieser Funktion ergeben sich interessante Aufschlüsse über das Verhältnis von nichtschematisierten Kategorien, Schemata und schematisierten Kategorien. Diese Ausführungen sind allesamt im Sinne der Modelle 1a, 2a und 3a zu interpretieren.

9.3 *System aller Grundsätze* / Die obersten Grundsätze

9.3.1 *System aller Grundsätze des reinen Verstandes*

Kant stellt dem *Zweiten Hauptstück* einen kurzen Vorspann mit dem Titel *System aller Grundsätze des reinen Verstandes* voraus. Als erstes steht Kant vor der Aufgabe, erneut die Thematiken der beiden ersten Hauptstücke klar zu unterscheiden. Das erste Hauptstück hatte die Aufgabe, der transzendentalen Urteilskraft Bedingungen zu stellen, „unter denen sie allein die reinen Verstandesbegriffe zu synthetischen Urteilen zu brauchen befugt ist" (A148/B187). Im zweiten Hauptstück wird es darum gehen, die synthetischen Urteile a priori, „die der Verstand [müßte heißen: die transzendentale Urteilskraft] unter dieser kritischen Vorsicht wirklich [...] zu Stande bringt, in systematischer Verbindung darzustellen" (ebd.).

Kant gibt sodann eine Erläuterung des Terminus „Grundsatz". Sätze sind Grundsätze dann und nur dann, wenn 1. andere Sätze aus ihnen folgen und 2. „sie selbst nicht in höhern und allgemeinern Erkenntnissen gegründet sind" (A149/B188). Kant macht uns jedoch darauf aufmerksam, daß dies nicht bedeutet, daß die Geltung solcher Sätze überhaupt nicht begründet werden kann. Eine solche Begründung kann vielmehr „aus den subjektiven Quellen der Möglichkeit einer Erkenntnis des Gegenstandes überhaupt" (ebd.) erfolgen, d.h. man kann nachweisen, daß ohne die Geltung dieser Sätze Erkenntnis eines Gegenstands überhaupt unmöglich wäre. Ein solches Beweisverfahren nennt man „transzendentales Argument".

9.3.2 *Von dem obersten Grundsatze aller analytischen Urteile*

Der erste Abschnitt des zweiten Hauptstücks behandelt nun den „obersten Grundsatz aller analytischen Urteile" und zwar – wie Kant (A150/B189) erläutert –

weil die „Gegenstellung [mit dem obersten Grundsatz der synthetischen Urteile] die Theorie der letzteren von allem Mißverstande befreit und sie in ihrer eigentümlichen Natur deutlich vor Augen legt". Dieser Grundsatz ist der „Satz des Widerspruchs", den Kant – in Abweichung von der Tradition – wie folgt formuliert: „Keinem Dinge kommt ein Prädikat zu, welches ihm widerspricht" (A151/B190).

An dieser Formulierung ist folgendes interessant:

Kant formuliert den Satz als theoretischen, nicht als praktischen Satz.

Kant formuliert den Satz als ontologischen, nicht als logischen Satz. Der Satz spricht von Dingen und ihren Eigenschaften, nicht von Begriffen.

Kant formuliert den Satz als prädikatenlogisches und nicht als aussagenlogisches Prinzip.

Dabei scheint er in Widerspruch mit den Ausführungen des ersten Absatzes zu geraten, wo er die „negative Bedingung aller unserer Urteile überhaupt" als die Regel formuliert, „daß sie sich nicht selbst widersprechen" (A150/B189). Dies deutet auf eine aussagenlogische Regel hin, die man als ¬ (p & ~p) formulieren könnte. Weiter unten spricht er jedoch vom „inneren Widerspruch" eines Urteils, was wiederum auf eine prädikatenlogische Regel hindeutet. Wir können nicht sicher sein, daß sich Kant des Unterschieds zwischen einem prädikatenlogischen und einem aussagenlogischen Prinzip bewußt war.

Dasselbe gilt vom Unterschied zwischen einem logischen und einem ontologischen Prinzip. Denn er redet im ersten Absatz offensichtlich von einem logischen Prinzip, während er den Satz des Widerspruchs im zweiten als ontologisches Prinzip formuliert. Was schließlich Punkt 1 betrifft, so ist auch hier der Text nicht homogen, denn in A152/B191 wird der Satz offensichtlich als praktischer Satz unterstellt, wenn Kant sagt, daß wir „jederzeit bedacht sein [werden], diesem unverletzlichen Grundsatz niemals zuwider zu handeln".

Kant spricht dem Satz des Widerspruchs zwei Funktionen zu: (a) der Satz fungiert als „bloß negatives Kriterium aller Wahrheit". Das heißt, ein Urteil, welches ihn verletzt, ist falsch. (b) der Satz fungiert als positiver Grund für die Wahrheit analytischer Urteile. Diese sind nach Kant Sätze, die einem Subjektsbegriff eine Eigenschaft zusprechen, die in diesem bereits gedacht ist, oder eine Eigenschaft absprechen, die in diesem ausgeschlossen ist. Sieht man von der prädikatenlogischen Einseitigkeit ab, die der Formulierung beider Funktionen zugrunde liegt, so hat Kant in diesem Punkte völlig recht. Kritisch zu bemerken ist nur, daß die Funktion eines Kriteriums der Wahrheit nicht mit der zuvor gegebenen Definition des Begriffs des Grundsatzes als eines Satzes, aus dem andere Sätze folgen, zusammenpaßt. Denn es sind nicht die analytischen Sätze selbst, sondern es ist deren Wahrheit, die aus dem Satz des Widerspruchs folgt.

9.3.3 Von dem obersten Grundsatze aller synthetischen Urteile

Der „oberste Grundsatz aller synthetischen Urteile" hat die Funktion zu erklären, wie synthetische Urteile a priori möglich sind, das heißt er enthält die Lösung der Hauptaufgabe der Kritik der reinen Vernunft, welche gemäß der *B-Einleitung* in der Beantwortung der Frage besteht: „Wie sind synthetische Urteile a priori möglich?" (B19). Der oberste Grundsatz lautet: „[E]in jeder Gegenstand steht unter den notwendigen Bedingungen der synthetischen Einheit des Mannigfaltigen der Anschauung in einer möglichen Erfahrung" (A158/B197).

Wir wollen zunächst die Termini, die in diesem Satz vorkommen, erläutern. Mit dem „Mannigfaltigen der Anschauung" ist die Menge der diversen Empfindungen gemeint, die im Bewußtsein (Kantisch gesprochen: im Gemüt) eines erkennenden Subjekts als Sinnesdaten (durch die Sinne Gegebenes) auftreten und diesem Subjekt präsent sind, d. h. Vorstellungen dieses Subjekts sind. Diese bilden das Material, aus dem das Subjekt dank seiner Spontaneität Gegenstände aufbaut. Diese Konstruktion von Gegenständen aus dem sinnlichen Material ist nichts anderes als die empirische Erkenntnis von Gegenständen, d. i. Erfahrung von Gegenständen. Kant hat (B161) Erfahrung als „Erkenntnis durch verknüpfte Wahrnehmungen" definiert. Die Frage, die Kant im Schematismus-Kapitel zu beantworten sucht, ist nun: Wie (mit welchen Mitteln) bringt das Subjekt diese Synthesis (Verknüpfung) der Sinnesdaten zu Gegenständen zustande? Diese Mittel sind in der Formulierung des obersten Grundsatzes in dem Ausdruck „notwendige Bedingungen der synthetischen Einheit des Mannigfaltigen der Anschauung" angesprochen.

Welche dies im einzelnen sind, hat Kant zuvor (A155/B194) erläutert: Es handelt sich um die bekannten drei Stufen der Synthesis, wie wir sie im Detail in der *A-Deduktion* kennengelernt haben. (a) Alle Sinnesdaten sind auf direkte oder indirekte Weise im inneren Sinn gegeben und fallen daher allesamt in die Form desselben, d. i. die Zeit. Sinnesdaten sind aufgrund dessen zeitlich (d. i. als gleichzeitig oder nach einander auftretend) geordnet. (b) Diese zeitlich geordneten Sinnesdaten bringt dann die Einbildungskraft in anschauliche Bilder, z. B. das Bild eines Hauses (B162). Diese Synthesis nennt Kant „Synthesis der Apprehension" (B160) und deren Produkt ist die „Wahrnehmung, d. i. empirisches Bewußtsein derselben". (c) Damit in dem Wahrgenommenen aber synthetische Einheit besteht, d. h. damit das Wahrgenommene (z. B. das Haus) *als* einheitlicher Gegenstand wahrgenommen werden kann, bedarf es der reinen Verstandesbegriffe. Indem der Verstand das Wahrgenommene unter diese Begriffe bringt, d. i. als Substanz, als Akzidenz usw. beurteilt, bringt er es zur „Einheit der Apperzeption". Diese beruht natürlich auf der durch den Gedanken „Ich denke" geleisteten transzendentalen Apperzeption.

Auf dieser Basis ist der Beweis des obersten Grundsatzes leicht zu führen. Da durch die dreifache Synthesis der Sinnesdaten empirische Gegenstände allererst entstehen und ohne dieselbe unmöglich sind, haben alle empirischen Gegenstände notwendigerweise die dieser Synthesis entsprechenden Grundbestimmungen: (a) Sie existieren in der Zeit (eventuell auch im Raum). (b) Sie besitzen wahrnehmbare Gestalten, die unter die Schemata fallen (s. o.). (c) Sie besitzen gedankliche Bestimmungen gemäß den vier Klassen der Kategorientafel. Da nun nur die empirischen Gegenstände Gegenstände der Erkenntnis sind, d. h. Gegenstände, von denen man etwas wissen kann, gelten diese Grundbestimmungen notwendigerweise von allen Gegenständen der Erkenntnis. Dies meint Kant, wenn er sagt, daß „jeder Gegenstand [...] unter den notwendigen Bedingungen der synthetischen Einheit des Mannigfaltigen der Anschauung" steht.

Auf dieser Basis ist es nur noch ein kleiner Schritt zu zeigen, wie synthetische Urteile a priori möglich sind. Diese Urteile bestimmen mögliche Gegenstände der Erfahrung gemäß diesen notwendigen Grundbestimmungen und die Gültigkeit dieser Urteile ist dadurch bewiesen, daß das, was immer Gegenstand der Erfahrung sein mag, diese Bestimmungen notwendigerweise besitzt. Kant drückt dies in dem berühmten Schlußsatz des Abschnitts aus: „die Bedingungen der Möglichkeit der Erfahrung überhaupt sind zugleich Bedingungen der Möglichkeit der Gegenstände der Erfahrung, und haben darum objektive Gültigkeit in einem synthetischen Urteile a priori" (A158/B197).

Inwiefern ist dieser Grundsatz der oberste Grundsatz *aller* synthetischen Urteile, d.h. nicht nur der synthetischen Urteile a priori sondern auch der synthetischen Urteile a posteriori? Was die synthetischen Urteile a priori betrifft, so kann man sagen, daß sie insofern Folgesätze des obersten Grundsatzes sind, als sie die notwendigen Bedingungen der synthetischen Einheit explizieren, d. h. im Einzelnen ausführen. Die synthetischen Urteile a posteriori hingegen enthalten keine notwendige, sondern eine kontingente Synthesis von empirischen Bestimmungen. Die Wahrheit dieser Urteile hängt aber davon ab, daß sich diese Urteile auf Gegenstände und nicht nur auf Modifikationen unseres Gemüts beziehen. Insofern der oberste Grundsatz garantiert, daß diese Beziehung möglich ist, ist er auch der oberste Grundsatz aller synthetischen Urteile a posteriori. Aber diese Urteile folgen nicht aus ihm, sondern ihre Möglichkeit, wahr oder falsch zu sein, ist durch ihn eröffnet.

9.4 Interpretationsfragen zum *Schematismus*

In der umfangreichen Literatur werden vor allem folgende drei Fragen kontrovers diskutiert:

1. Ist das Schematismus-Kapitel – angesichts der Resultate der transzendentalen Deduktion – überflüssig?

2. Sind die transzendentalen Schemata Vorstellungen *begrifflicher* oder *anschaulicher* Natur?

3. Wie rechtfertigt Kant die Verbindung zwischen den Kategorien und den Schemata?

Zu 1.: Die erste Frage wurde u. a. von Adickes (1989, 171, Anm. 1); Curtius (1916, 363–65); Prichard (1909, 246 f.) und Warnock (1949, 77–82) positiv beantwortet. Eine negative Antwort gaben hingegen Heidegger (1929 [³1965], 105) und Allison (1983, 175 f.).

Nach unserer oben gegebenen Analyse kann die transzendentale Deduktion das Schematismus-Kapitel keineswegs überflüssig machen. Denn in letzterem versucht Kant zum ersten Mal in der *Kritik* konkret zu zeigen, wie die verschiedenen Kategorien auf empirische Daten angewandt werden. Umgekehrt aber läßt sich mit guten Gründen die These vertreten, daß eine überzeugende Lösung des Anwendungsproblems die transzendentale Deduktion überflüssig machen würde (vgl. Seel 1990).

Zu 2: Der strittige Punkt entspricht den eingangs analysierten Konzeptionen 2a) und 2b). Der prominenteste Vertreter der ersten ist Guyer (1987, Ch. 6), Vertreter der letzten sind Gram (1968, 128 f.) und Allison (1983, 180–85). Pendlebury (1995, 786 f.) vertritt eine dritte Position. Nach ihm sind Schemata Typen von Synthesis-Prozessen, deren sich das Subjekt *nicht* bewußt ist. Wir haben oben bereits die Gründe dargelegt, die nach unserer Auffassung für die erstgenannte Auffassung sprechen.

Zu 3: Fast alle Interpreten sind der Meinung, daß die Verbindung zwischen den Kategorien und den Schemata auf synthetischen Prinzipien a priori beruhen muß (vgl. Allison 1983, 186–88). Für diese Prinzipien müßte Kant eine transzendentale Deduktion liefern, die sich aber – so wird kritisch bemerkt (Allison 1983, 188) – explizit im Text nicht findet. Dazu sei bemerkt, daß der § 26 der *B-Deduktion* – zwar nicht für jede einzelne Kategorie, aber doch im allgemeinen – eine solche Rechtfertigung zu liefern beansprucht.

Literatur

Adickes, Erich 1889: Kants Kritik der reinen Vernunft, Berlin.
Allison, Henry E. 1983: Kant's Transcendental Idealism. An Interpretation and Defense, New Haven/London.
Birrer, Mathias 2017: Kant und die Heterogenität der Erkenntnisquellen, Berlin/Boston.
Caimi, Mario 2012: „The Logical Structure of Time according to the Chapter on the Schematism". In: Kant-Studien 103, 415–428.
Curtius, Ernst Robert 1914: „Das Schematismuskapitel in der Kritik der reinen Vernunft", in: Kant-Studien 19, 338–366.

Düsing, Klaus 2013: „Schema und Einbildungskraft in Kants ‚Kritik der reinen Vernunft'". In: Ders. Immanuel Kant: Klassiker der Aufklärung. Untersuchungen zur kritischen Philosophie in Erkenntnistheorie, Ethik, Ästhetik und Metaphysik, Hildesheim/Zürich/New York 2013, 17–40.

Flach, Werner 2001: „Kants Lehre von der Gesetzmäßigkeit der Empirie. Zur Argumentation der Kantischen Schematismuslehre", in: Kant-Studien 92, 464–473.

Gasperoni, Lidia 2016: Versinnlichung. Kants transzendentaler Schematismus und seine Revision in der Nachfolge, Berlin/Boston.

Gram, Moltke S. 1968: Kant, Ontology, and the Apriori, Evanston, I ll.

Guyer, Paul 1987: Kant and the Claims of Knowledge, Cambridge.

Heidegger, Martin 1929: Kant und das Problem der Metaphysik, Tübingen (^{3}1965 Franfurt/M.).

Koriako, Darius 2001: „Kants Schematismuslehre und ihre Relevanz für die Philosophie der Mathematik", in: Archiv für Geschichte der Philosophie 83, 286–307.

Pendlebury, Michael 1995: „Making Sense of Kant's Schematism", in: Philosophy and Phenomenological Research 55, 777–797.

Prichard, H. A. 1909: Kant's Theory of Knowledge, Oxford.

Onof, Christian 2008: „Understanding Schematism and the Nature of Schemata". In: Recht und Frieden in der Philosophie Kants. Akten des X. Internationalen Kant-Kongresses, Berlin, 539–550.

Schäfer, Rainer 2019: „Die Zeit der Einbildungskraft. Die Rolle des Schematismus in Kants Erkenntnistheorie", in: Kant-Studien 110, 437–462.

Seel, Gerhard 1990: „Was sind und wozu braucht man Kategorien?", in: D. Koch/K. Bort (Hgg.), Kategorie und Kategorialität, Würzburg, 421–437.

Warnock, G. J. 1949: „Concepts and Schematism", in: Analysis 8, 77–82.

Heiner F. Klemme

10 Die Axiome der Anschauung und die Antizipationen der Wahrnehmung

(A158/B197–A176/B218)

10.1 Stellung und Funktion der *Axiome* und *Antizipationen* in der *Kritik*

Im sogenannten Grundsatzkapitel versucht Kant dem Anspruch nach synthetische Grundsätze a priori des Verstandes zu beweisen, die „als Hebel der Erfahrung" (Cohen 1871 [³1918], 518) die Bedingungen der Möglichkeit der apodiktisch gewissen Mathematik und der mathematisch verfaßten Naturwissenschaft darstellen. Aus dem Gesichtspunkt einer erkenntniskritischen Metaphysik der Natur ist damit der entscheidende Schritt getan: Die reinen Verstandesbegriffe werden durch ihren Bezug auf die Schemate der Sinnlichkeit nicht allein realisiert, sondern zugleich in ihrem Gebrauch restringiert. Kant hat damit sowohl den Gedanken einer streng apriorisch gefaßten notwendigen Einheit der Erfahrung gegenüber der Humeschen Skepsis gerechtfertigt als auch die überzogenen Erkenntnisansprüche des Rationalismus zurückgewiesen. Die für das gesamte Projekt der *Kritik* leitende Dichotomie von Rezeptivität und Spontaneität prägt auch den Beweisgang des Grundsatzkapitels, resultieren diese synthetischen Grundsätze doch gerade aus der Anwendung der Kategorien auf unsere raumzeitliche Sinnlichkeit.

Der methodische Primat der *Transzendentale Ästhetik* vor der *Transzendentale Logik* wirkt sich auf den Aufbau der *Analytik der Grundsätze* aus. Denn so wie in der *Transzendentalen Ästhetik* mit den reinen Anschauungsformen Raum und Zeit zunächst diejenigen sinnlichen Voraussetzungen exponiert werden, unter denen allein Kategorien objektive Gültigkeit haben, expliziert Kant mit dem Schematismus der reinen Verstandesbegriffe zuerst diejenigen transzendentalästhetischen Bedingungen, unter Rückgriff auf welche in Abschnitt 3 des zweiten Hauptstücks die Grundsätze am Leitfaden der Kategorientafel bewiesen werden. Bevor dies jedoch erfolgen kann, wird in Abschnitt 2 der oberste Grundsatz aller synthetischen Urteile dargestellt, der vom obersten Grundsatz aller analytischen Urteile (Abschnitt 1) zu unterscheiden ist. In Abgrenzung zu einer mit den Namen von Leibniz und Christian Wolff – aber auch von Hume (vgl. IV 272 f.) – verknüpften Tradition betont Kant, daß der Satz vom Widerspruch nur ein negatives Wahrheitskriterium darstellt und keinesfalls für die Aufklärung speziell der Möglichkeit synthetischer Urteile a priori hinreichend ist. Der oberste Grundsatz aller synthetischen Urteile gehört nämlich nicht zur allgemeinen, sondern muß im Rahmen der transzendentalen Logik entwickelt werden, die der Schulmetaphysik in dieser Form nicht vertraut war. Unter Rückgriff auf die „subjektiven Quellen der Möglichkeit einer Erkenntnis des Gegenstandes überhaupt" (A149/B188) gibt Kant dem gesuchten obersten Grundsatz eine Fassung, die den Grundgedanken des Principiums der *Transzendentalen Deduktion* in § 14 aufnimmt. So wie nämlich die Kategorien als oberste Bedingungen a priori der Möglichkeit der Erfahrung zu verstehen sind, führt das oberste Prinzip aller synthetischen Sätze auf den Gedanken, daß „die Bedingungen der *Möglichkeit der Erfahrung* überhaupt [...] zugleich Bedingungen der *Möglichkeit der Gegenstände der Erfahrung*" (A158/B197) sind. Das Beweisziel von Abschnitt 3 besteht somit in der Entwicklung eines vollständigen Systems apriorischer Grundsätze des Verstandes als notwendigen Bedingungen der Möglichkeit einer einheitlichen Erfahrung. Diese Grundsätze stellen die höchsten, nicht weiter ableitbaren Regeln a priori dar, denen die transzendentale Urteilskraft bei der Anwendung der Kategorien auf Erscheinungen folgt. Als „transzendentale Grundsätze des Verstandesgebrauchs" (A148/B188) sind sie gleichermaßen den zahlreichen Axiomen, Prinzipien und Gesetzen der Mathematik und der Naturwissenschaft legitimatorisch vorrangig. – Gegenstand der nachfolgenden Ausführungen sind die einleitenden Partien von Abschnitt 3 (*Systematische Vorstellung*) sowie die *Axiome* und *Antizipationen.*

10.2 Inhalt und Aufbau der *Systematischen Vorstellung*, der *Axiome* und der *Antizipationen* im Überblick

In den einleitenden Passagen von Abschnitt 3 (A158/B197–A162/B202) bestimmt Kant zunächst den reinen Verstand als alleinige Quelle von synthetischen Grundsätzen a priori, die sachlich gegenüber den eigentlichen Naturgesetzen sowie den bloß empirischen und den apriorischen mathematischen Grundsätzen abgegrenzt werden. Da die aus der Anwendung der Kategorien auf eine mögliche Erfahrung resultierende Synthesis entweder eine mathematische, die sich auf irgendeine Anschauung bezieht, oder aber eine dynamische ist, die sich auf das Dasein einer Erscheinung richtet, sind zwei verschiedene Typen von Grundsätzen zu unterscheiden. In der „Tafel der Grundsätze", die sich an der durch die Kategorientafel vorgegebenen Abfolge von Quantität und Qualität, Relation und Modalität orientiert, bezeichnen die „Axiome der Anschauung" und die „Antizipationen der Wahrnehmung" mathematische, die „Analogien der Erfahrung" und die „Postulate des empirischen Denkens" (vgl. A161/B200) dynamische Grundsätze a priori des reinen Verstandes. Im

Anschluß hieran erfolgt in zwei separaten Gedankengängen der Beweis der mathematischen Grundsätze (A162/B202–A176/B218). Der größere textliche Umfang des zweiten Grundsatzes ist vor allem dem Umstand geschuldet, daß Kant hier die Eigenschaft *aller* Größen, quanta continua zu sein, im Zusammenhang erörtert (vgl. A169/B211–A175/B216).

Nach dem Text der mathematischen Grundsätze in der *KrV B*, den Kant gegenüber der Fassung von 1781 jeweils um einen neuen Beweis ergänzt hat, soll gezeigt werden, daß alle Anschauungen in Raum und Zeit extensive Größe *sind* und daß das Reale, welches den Empfindungen korrespondiert, eine intensive Größe *hat*. Dabei werden die *Axiome* und die *Antizipationen* unter Bezug auf ein für sie jeweils spezifisches „Princip" (B202; 1781 wird von einem „Grundsatz" gesprochen, A162) bewiesen, welches den Gesichtspunkt der Einheitlichkeit und Vollständigkeit zum Ausdruck bringt (vgl. A81 f./B107 f.). Spricht Kant von „Axiomen" und „Antizipationen" im Plural, dann bezieht er sich auf diejenigen Urteile a priori, die bei vorausgesetzter Gültigkeit des betreffenden Prinzips unter gegebenen sinnlichen Umständen formuliert werden können (vgl. Guyer 1987, 184, 190, 196 f.). Seine Ausdrucksweise darf nicht so verstanden werden, als würde die Philosophie selbst, die eine „Vernunfterkenntnis nach Begriffen" (A732/B760) darstellt, Axiome und Antizipationen umfassen. Die mathematischen Grundsätze werden innerhalb der Transzendentalphilosophie deduziert (die methodisch nicht mehr *more geometrico* verfährt; vgl. dazu Wolff-Metternich 1995); das Prinzip der *Axiome* ist also selbst kein Axiom, sondern vielmehr ein „Grundsatz aus Begriffen" (A733/B761).

Bei der Exposition der beiden mathematischen Grundsätze läßt sich Kant von dem Gedanken leiten, daß alle Erscheinungen ein formales und ein materiales Moment umfassen. Während der formale Aspekt zunächst dadurch zum Ausdruck kommt, daß alle Erscheinungen Anschauungen enthalten, die als extensive Größen im Raum (Gestalt) und in der Zeit (Dauer) existieren, dokumentiert sich ihr materialer Aspekt darin, daß das Reale, welches der Empfindung korrespondiert, einen Grad, also eine intensive Größe hat. Entsprechend beziehen sich die „Axiome" auf extensive Größen (Quantitäten), die Teile umfassen, die „Antizipationen" auf intensive Größen (Qualitäten). Da letztere einen Grad haben, also ebenfalls quantitativ meßbar sind, erweist sich die Quantität für beide mathematische Grundsätze als zentral. Der besondere Status, den die Zeit für beide Grundsätze hat, kommt dadurch zum Ausdruck, daß die Arithmetik „ihre Zahlbegriffe durch successive Hinzusetzung der Einheiten in der Zeit zu Stande" (IV 283) bringt.

Bei der Ausrichtung der beiden mathematischen Grundsätze an der Quantität orientiert sich Kant an Ausführungen, wie sie sich beispielsweise in Alexander Gottlieb Baumgartens *Metaphysica* finden, in der die Qualität in folgender Weise bestimmt wird: „Quantitas qualitatis est *Gradus* (quantitas virtutis)" (§ 246, XVII 80; vgl. Wolff, *Philosophia prima*, §§ 747, 555; vgl. auch XXVIII 425, XXIX 834).

Ist nun die Mathematik diejenige Wissenschaft, die sich allgemein mit Größen („scientia quantitatis", vgl. Wolff, *Mathematisches Lexicon*, Sp. 863) beschäftigt, die sich vergrößern oder verkleinern lassen, und gelingt Kant der Nachweis, daß die formalen und inhaltlichen Komponenten aller Erscheinungen als extensive und intensive Größen zu beschreiben sind, wäre bewiesen, daß es zwei Anwendungsweisen der reinen Mathematik auf unsere Erfahrung gibt. In Aufnahme sachlicher und terminologischer Unterscheidungen der Schulmetaphysik, die ihrerseits auf spätantike und vor allem mittelalterliche Vorarbeiten zurückgreift (vgl. Maier 1968), spricht Kant auch von einer mathesis extensorum und einer mathesis intensorum (vgl. IV 307). Eine besondere Schwierigkeit ist mit den „unausgedehnte(n) Grössen" (Baumgarten, *Metaphysica*, § 249, XVII 81) verbunden: Wie ist es möglich, daß das gerade durch seine Kontingenz ausgezeichnete Materiale unserer Erfahrung in Gestalt eines synthetischen Grundsatzes a priori antizipiert werden kann? Welcher Zusammenhang besteht zwischen der Kategorie der Quantität und der intensiven Qualität?

10.3 Textkommentar

10.3.1 Die Tafel der Grundsätze (A158/B197–A162/B202)

Der reine Verstand allein ist als Quelle von Grundsätzen und damit als das Vermögen von Regeln anzusehen, unter denen das Mannigfaltige der Erkenntnis steht. Notwendig geltende Naturgesetze liegen nämlich nur dort vor, wo die apriorischen Verstandesgrundsätze auf Erscheinungen angewandt werden. Diese Grundsätze sind nicht, wie Kant betont, mit den synthetischen Grundsätzen a priori der Mathematik zu verwechseln, die aus reinen Anschauungen (nicht Begriffen) gewonnen werden, in legitimatorischer Hinsicht aber die Grundsätze des Verstandes voraussetzen (vgl. A159 f./B199 f.).

Für die reinen Verstandesgrundsätze ist also ein bestimmtes Verfahren eigentümlich, welches in der Anwendung der Kategorien auf mögliche Erfahrung besteht. Wie bereits erwähnt, drücken die Kategorien der Quantität und der Qualität eine mathematische, die Kategorien der Relation und der Modalität eine dynamische Synthesis aus (vgl. B110; A160/B199). Die mathematischen Grundsätze beziehen sich danach bloß auf Erscheinungen, insofern diese Anschauungen und Empfindungen sind, die dynamischen aber auf das Dasein des Mannigfaltigen unserer Sinnlichkeit. Sind Raum und Zeit reine Anschauungsformen, dann sind alle diesbezüglichen Grundsätze hinsichtlich einer möglichen Erfahrung auch notwendig. Beziehen sich die Grundsätze jedoch auf ein in Raum und Zeit gegebenes

Dasein, liegt eine empirische Anschauung vor, die aufgrund ihres empirischen Charakters nur zufällig sein kann.

Kant verwendet einige Mühe darauf, den unterschiedlichen Geltungsmodus von mathematischen und dynamischen Grundsätzen zu klären. Mit der Hervorhebung des apodiktischen Charakters der ersteren will er keinesfalls den apriorischen Status der dynamischen Grundsätze in Frage stellen. Er möchte vielmehr betonen, daß die dynamische Synthesis von Vorstellungen eine a priori notwendige Verknüpfung von empirischen, also kontingent gegebenen Gehalten unserer Erfahrung darstellt. Während die mathematischen Grundsätze aufgrund ihres konstruktiven Charakters einer intuitiven Gewißheit fähig sind, kann hinsichtlich der dynamischen nur von einer diskursiven (also rein begrifflichen) Gewißheit gesprochen werden (vgl. A162/B201, A717/B745–A719/B747). Die Beweisführung speziell für die *Analogien* ist aus diesem Grunde mit der Schwierigkeit konfrontiert, einen apriorischen Grundsatz zu beweisen, der notwendige Beziehungen zwischen, wie wir sagen können, empirisch zufälligen Ereignissen oder Zuständen erklärlich macht. Offenbar hat Kant mit Blick auf den weiteren Gedankengang einen zusätzlichen Klärungsbedarf hinsichtlich der zwei möglichen Arten von Synthesis gesehen. In einer der B-Auflage hinzugefügten Anmerkung erläutert er nämlich den Begriff der Verbindung (conjunctio), die entweder eine Zusammensetzung (compositio) oder eine Verknüpfung (nexus) darstellt (B201). Unter der *ersteren* versteht er die Synthesis eines Mannigfaltigen, welches „*nicht notwendig zu einander* gehört" (B202), nämlich die mathematische Synthesis des Gleichartigen. Eine solche bezieht sich entweder auf extensive oder auf intensive Größen (Aggregation und Koalition). Ordnete Kant in A161/B201 etwas unglücklich nur die Kategorien der Quantität der Größe zu, werden jetzt sachlich zutreffend auch die Qualitätskategorien als solche der Größe verstanden. Demgegenüber stellt die *zweite* Art der Synthesis eine Verknüpfung (nexus) des Ungleichartigen dar, „so fern es *notwendig zu einander* gehört" (B201). Diese auf das „*Dasein* des Mannigfaltigen" (ebd.) gerichtete dynamische Verbindung des Ungleichartigen ist entweder eine physische der Erscheinungen (Kategorien der Relation) oder eine metaphysische ihrer Verbindung im Erkenntnisvermögen a priori (Kategorien der Modalität). Kant benutzt hier den Begriff der Notwendigkeit in einem neuen Zusammenhang. Notwendig nämlich ist die Verbindung des Ungleichartigen insofern, als allein die Kategorien der Relation und der Modalität sogenannte „Korrelate" (B110) haben: Bezeichnen wir einen Gegenstand der Erfahrung als „Ursache", gibt es immer auch eine „Wirkung"; nennen wir einen Gegenstand „möglich", kann er unter anderen Umständen „unmöglich" sein (vgl. A80/B106).

Die mathematischen und dynamischen Grundsätze stellen Bedingungen der Möglichkeit der notwendig gewissen Mathematik und physikalischen Dynamik dar, mit denen ganz allgemein das Verhältnis von Verstand und innerem Sinn als bestimmt gedacht wird. Aber so wie die dynamischen nur unter Voraussetzung der mathematischen Grundsätze ein Ganzes apriorischer Grundsätze des reinen Verstandes ausmachen, ist die physische Dynamik nur bei vorausgesetztem Nachweis der Axiome und Antizipationen möglich. Die Mathematik ist unabhängig von jeglicher Naturwissenschaft begründbar. Die mathematischen Grundsätze berechtigen zur Anwendung von Geometrie und Arithmetik auf bloß mögliche Erscheinungen und werden konstitutive Grundsätze genannt, weil sie Regeln darstellen, wie Erscheinungen ihrer Anschauung und dem Realen ihrer Wahrnehmung nach durch eine „mathematische Synthesis erzeugt" (A178/B221) werden können. Die dynamischen Grundsätze sind dagegen bloß regulative Prinzipien, weil man das Dasein der Erscheinungen nicht a priori erkennen kann (vgl. A178 f./B221 f.). Dies sollte jedoch nicht falsch verstanden werden, stellen diese Grundsätze nach Kant doch gerade die „eigentlichen Naturgesetze" (IV 307) dar, die, wie es dann in den *MAN* von 1786 heißt, sehr wohl „apodiktisch" (IV 468) gewiß sind. Nur in den Fällen sprechen wir von einer „*(e)igentliche(n)* Wissenschaft" (ebd.), wo die Mathematik auf ein Dasein angewandt wird (vgl. IV 468–73). Der auch mögliche nicht-mathematische Bezug von empirischen Prinzipien auf ein Dasein – wie in der Chemie und Psychologie (vgl. dazu Nayak/ Sotnak 1995) – konstituiert dagegen noch keine Wissenschaft im hier gemeinten Sinne des Wortes.

In R LXIV im Handexemplar der *Kritik* trägt Kant eine etwas anders gelagerte Interpretation der „Tafel der Grundsätze" vor. Danach gehören die Axiome und Antizipationen zwar auch zur Mathematik; die Analogien und die Postulate werden aber von vornherein der Physiologie zugeordnet (vgl. XXIII 28). Bemerkenswert ist in diesem Zusammenhang auch die entsprechende Tafel in den *Prolegomena*, die den Titel „*Reine physiologische Tafel* allgemeiner Grundsätze der Naturwissenschaft" (IV 303) trägt. In dieser Schrift versteht Kant *alle* Grundsätze als allgemeine Gesetze der Natur, mit denen die Frage beantwortet wird „*Wie ist reine Naturwissenschaft möglich?*" (IV 306). Im Unterschied zur *Kritik der reinen Vernunft* werden hier also auch die mathematischen Grundsätze von Anfang an hinsichtlich der Frage nach der Möglichkeit der Naturwissenschaft interpretiert.

10.3.2 Die *Axiome der Anschauung* (A162/B202–A166/B207)

Der Grundsatz der *Axiome* lautet: „Alle Erscheinungen sind ihrer Anschauung nach *extensive* Größen" (A162). Was versteht Kant unter einer extensiven Größe, und warum sind wir berechtigt, von Erscheinungen als ihrer Anschauung nach extensiven Größen zu sprechen? In der *Transzendentalen Ästhetik* wurde bewiesen, daß verschiedene Räume und Zeiten nur als Teile eines „einigen" (A25/B39) Raumes und „derselben Zeit" (A32/B47) vorgestellt werden können. Werden alle Erscheinungen in den reinen Anschauungsformen gegeben, dann sind sie ihrem Anschauungsgehalt nach auch extensive Größen. Aufgrund ihrer Eigenschaft, ursprüngliche Größen zu sein, kann von bestimmten Raum- und Zeitgrößen nur insofern die Rede sein, als ihre ursprüngliche Anschauung durch einen synthetischen Akt des Verstandes kategorial bestimmt und damit zugleich eingeschränkt wird. Genau diesen Gedanken nimmt Kant auf, wenn er betont, daß wir mittels der produktiven Einbildungskraft beispielsweise die Vorstellung einer Linie und die einer bestimmten Zeitgröße durch einen Akt der sukzessiven Synthesis selbst erzeugen. Setzt jede „sukzessive Synthesis (von Teil zu Teil)" (A163/B204) ein sinnliches Mannigfaltiges voraus, dann werden Erscheinungen in der Tat als Aggregate angeschaut. Der Beweis des ersten mathematischen Grundsatzes ist damit bereits abgeschlossen. Ohne daß Kant diesen Zusammenhang expressis verbis herstellen würde, ist hiermit auch der Einsicht des *Schematismus* Genüge getan, nach der die Zahl dasjenige Schema der Quantitätskategorien ist, welches „die sukzessive Addition von Einem zu Einem (gleichartigen) zusammenbefaßt" (A142/B182) und auf die Zeitreihe (vgl. B15, A145/B184, A240/B299) gerichtet ist. Die Arithmetik erweist sich damit als eine von der Geometrie vorausgesetzte Disziplin. Sie erzeugt ihre Zahlbegriffe zwar sukzessiv in der Zeit (vgl. Parsons 1969, Friedman 1990, 229), ohne dabei jedoch paradoxerweise zugleich Zeitbestimmungen vorzunehmen (was etwas Beharrliches im Raum voraussetzt; vgl. A182 f./B225 f.). Wäre dies nämlich der Fall, würden wir geometrische Gestalten als zeitlich bestimmte Erfahrungsgegenstände konstituieren. Die Kantische Konzeption der Arithmetik nimmt innerhalb der Tradition eine Sonderstellung ein: Sie ist nicht rein begrifflicher Natur, weil selbst die sukzessive Konstruktion der Zahlgrößen im inneren Sinn erfolgt (vgl. Maier 1930, 70). Kant vermeidet deshalb eine strenge Parallelisierung von Arithmetik und Geometrie; die der Mathematik der ausgedehnten Größen analoge Zeitwissenschaft ist die reine Mechanik, die in diesem Zusammenhang jedoch nicht erwähnt wird, weil sie auf ein Dasein gerichtet ist (vgl. II 397, IV 283; dazu Kitcher 1975, 33 f., Friedman 1990, 241 ff.).

Kant wendet sich sodann derjenigen Wissenschaft zu, in der wir auch tatsächlich Axiome der Anschauung vorfinden. Die Geometrie, die „Mathematik der Ausdehnung" (A163/B204), beruht mit ihren euklidischen Axiomen auf der oben bezeichneten sukzessiven Synthesis der produktiven Einbildungskraft. Der Gedanke, daß alle Erscheinungen extensive Größen sind, tritt hier gegenüber der Thematisierung der reinen Anschauungen in den Hintergrund. Nur in der Geometrie, so lautet Kants These, finden wir im eigentlichen Sinne so zu nennende Axiome, die synthetische Sätze a priori darstellen und in ihrer Allgemeinheit nur Größen (quanta) als solche betreffen. Auch wenn sich unter denjenigen Sätzen oder Urteilen, die sich auf Größen im Sinne einer Quantitas beziehen, ebenfalls synthetische Sätze finden, sind diese nach Kant doch keine Axiome. Selbst in der Arithmetik (die Algebra wird nicht erwähnt; vgl. jedoch A717/B745) finden wir keine

Axiome, sondern vielmehr bloße Zahlformeln, die zwar synthetische Sätze a priori darstellen, im Gegensatz zu den allgemeinen Sätzen der Geometrie aber nur einzelne Sätze sind (vgl. A164/B205). Während beispielsweise ein gleichschenkliges Dreieck in der Anschauung auf unterschiedliche Art und Weise konstruiert werden kann, ist nach Ansicht von Kant die synthetische Operation 7 + 5 = 12 im inneren Sinn nur auf eine einzige Weise möglich. Die Synthesis kann „hier nur auf eine einzige Art geschehen, wiewohl der *Gebrauch* dieser Zahlen nachher allgemein ist" (A164/B205). Im Gegensatz zur Geometrie läßt sich die Arithmetik mit ihren Postulaten (vgl. X 555 f.) also auf Größen aller Art beziehen (vgl. Friedman 1990, 228), was ein klares Indiz für die Abhängigkeit der Geometrie von der Arithmetik ist.

Worin besteht demnach der Unterschied zwischen Quantum und Quantitas? Für die Geometrie ist der Begriff des Quantums spezifisch, da Raum und Zeit die ursprünglichen Quanta unserer Anschauung sind (vgl. A411/B438). Die Axiome der Geometrie stellen synthetische Sätze a priori dar, wobei sich der Verstand mit seinen Quantitätskategorien synthetisch auf diese ursprünglichen Quanta unserer Anschauung bezieht; die Axiome sind allgemeine Sätze, die für alle Räume gültig sind. Bei der Quantitas fragen wir hingegen, wie groß etwas ist. Die reine Arithmetik bezieht sich nicht auf ein Quantum, sondern auf die bloße Größe, den Begriff der Quantitas (vgl. A717 f./B745 f.). (1) Die konstruierten Zahlformeln stellen zwar synthetische Sätze a priori dar, sind im Gegensatz zu den Axiomen der Geometrie aber nicht allgemein, weil die Synthesis der Zahlen nur auf eine einzige Art und Weise möglich ist. (2) Wird dagegen ein mathematischer Vergleich zwischen zwei beliebigen Größen angestellt, die zuvor als quanta discreta bestimmt worden sind, liegt ein analytischer Satz vor (vgl. A164 f./B204 f.).

Nach diesen Klärungen wendet sich Kant abschließend der Frage zu, inwiefern dieser „transzendentale Grundsatz der Mathematik der Erscheinungen [...] unserem Erkenntnis a priori große Erweiterung" (A165/B206) gibt. Seiner Einschätzung nach besteht diese „Erweiterung" in der Aufklärung der Problematik, *wie* es möglich ist, die Mathematik auf Gegenstände unserer Erfahrung anzuwenden. Er behauptet also nicht, durch seine Ausführungen überhaupt erst bewiesen zu haben, *daß* die Mathematik auf unsere Erfahrung appliziert werden kann. Einen derartigen Beweis hat die reine Mathematik, wie Kant besonders seit der Publikation der *Prolegomena* immer wieder betont, überhaupt nicht nötig, da die Wirklichkeit dieser Wissenschaft außer Frage steht (vgl. A149/B189, B20, 41, 128, IV 275, 280, 327).

Der erste mathematische Grundsatz klärt die Frage nach dem *Wie* unter Rückgriff auf den vor dem Hintergrund der Distinktion zwischen Ding an sich und Erscheinung entfalteten Zusammenhang von reiner und empirischer Anschauung: Ist die reine Anschauung grundlegend für die empirische, dann gelten die in der Geometrie angewandten Konstruktionsregeln auch für alle Gegenstände unserer empirischen Anschauung. Nur durch die sukzessive Synthesis der Räume und Zeiten allein ist auch die Apprehension der Erscheinungen und damit äußere Erfahrung möglich. Nach der Einschätzung von Kant ist damit bewiesen, daß „die Ausflüchte, als wenn Gegenstände der Sinne nicht den Regeln der Konstruktion im Raume (z. E. der unendlichen Teilbarkeit der Linien und Winkel) gemäß sein dürfen", (A165/B206) wegfallen. Mit der Konzeption der unendlichen Teilbarkeit von extensiven Größen grenzt sich Kant beispielsweise von David Hume ab, der die Ansicht vertrat, daß kein priesterliches Dogma den *common sense* mehr schockiert hat, „than the doctrine of the infinite divisibility of extension, with its consequences; as they are pompously displayed by all geometricians and metaphysicians, with a kind of triumph and exultation" (Hume, *Enquiry*, 12.2, 156; vgl. IV 503–508).

Der Fassung der *Axiome* in der zweiten Auflage der *Kritik* hat Kant einen neuen Beweis vorangestellt. Sein Prinzip lautet:

„*Alle Anschauungen sind extensive Größen*" (B202). Wenn er von „alle[n] Anschauungen" spricht, dann sind hiermit gleichermaßen die empirischen und die reinen Anschauungen gemeint. Während die Formulierung von 1781 den Grundsatz auf den Bereich der Erscheinungen einschränkt (vgl. Böhme 1974, 241) und damit dem Mißverständnis Vorschub leistet, daß ausschließlich Erscheinungen ihrer Anschauung nach extensive Größen sind, betont er nunmehr, daß neben den empirischen natürlich auch die reinen Anschauungen als derartige Größen zu verstehen sind.

Der neue Beweis selbst wird in der schulmäßigen Form eines Syllogismus präsentiert. In der Major erinnert Kant daran, daß Raum und Zeit apriorische Formen unserer Anschauung sind, die allen Erscheinungen zum Grunde liegen. Hiermit verknüpft wird die Einsicht der transzendentalen Deduktion, nach der die Apprehension der Erscheinungen immer in Akten der Synthesis erfolgt (vgl. B160). Raum- und Zeitbestimmungen beruhen auf der Synthesis eines Gleichartigen. Das Bewußtsein dieses Gleichartigen in der Anschauung, durch die die Vorstellung eines Objekts möglich wird, so die Minor, ist nichts anderes als „der Begriff einer Größe (Quanti)" (B203). Daraus folgt in der Konklusion, daß Erscheinungen deshalb extensive Größen sind, „weil sie als Anschauungen im Raume oder der Zeit durch dieselbe Synthesis vorgestellt werden müssen, als wodurch Raum und Zeit überhaupt bestimmt werden" (ebd.).

10.3.3 Die *Antizipationen der Wahrnehmung* (A166/B207– A176/B218)

Der Grundsatz der Antizipationen lautet: „In allen Erscheinungen hat die Empfindung, und das *Reale*, welches ihr an dem Gegenstande entspricht, (realitas phaenomenon) eine *intensive Größe*, d. i. einen Grad" (A166).

Was bedeutet es überhaupt, im Bereich der Empfindungen von einer Antizipation zu sprechen? Kant verweist einleitend auf den von Epikur – dem „vornehmste[n] Philosoph[en] der Sinnlichkeit" (A853/B881) – verwendeten Ausdruck „prolepsis", der von Cicero als „anticipatio" übersetzt wurde (vgl. dazu Krug, *Allgemeines Handwörterbuch*, 147). Nach Kant können wir unter einer Antizipation die apriorische Erkenntnis und Bestimmung dessen verstehen, was zur empirischen Erkenntnis gehört (vgl. A166/B208). Natürlich ist diese Definition erläuterungsbedürftig, da sie auf den ersten Blick widersprüchlich zu sein scheint. Wenn es nämlich die Empfindung ist, welche den Unterschied zwischen der reinen und der empirischen Erkenntnis bezeichnet, wie kann dann an der Empfindung als der „Materie der Wahrnehmung" (A167/B209) überhaupt etwas a priori erkannt werden? Können wir aber tatsächlich ein Element oder einen Aspekt anführen, welcher der Empfindung als solcher a priori zukommt, würden wir den Ausdruck „Antizipation", wie sich Kant ausdrückt, „im ausnehmenden Verstande" (ebd.) verwenden.

Die Empfindung umfaßt nun als etwas, was wir an der Erscheinung finden, keine Teile, beruht als solche auf keiner sukzessiven Synthesis und kann somit auch nicht als eine extensive Größe begriffen werden. In einer empirischen Anschauung korrespondiert ihrem Empfindungsgehalt jedoch eine Realität (realitas phaenomenon) (A168/B209), die sowohl ab- und zunehmen als auch gänzlich verschwinden kann. Im letzteren Fall spricht Kant von der „Negation = 0" (ebd.), d.h. mit der Negation des Empfindungsgehaltes hört die empirische Anschauung auf, eine empirische zu sein (vgl. XXVIII 426). Die für den zweiten mathematischen Grundsatz entscheidende Qualitätskategorie ist also die der Realität, die ein Sein anzeigt und deren Negation ein Nichtsein vorstellt (vgl. A143/B182; zur Limitation siehe Cohen 1907, 83f., Maier 1930, 55f.). Besteht nun zwischen der Realität in der Erscheinung und ihrer Negation ein kontinuierlicher Zusammenhang, dann hat „das Reale in der Erscheinung [...] jederzeit eine Größe, welche aber nicht in der Apprehension angetroffen wird, indem diese vermittelst der bloßen Empfindung in einem Augenblicke und nicht durch sukzessive Synthesis vieler Empfindungen geschieht, und also nicht von den Teilen zum Ganzen geht; es hat also zwar eine Größe, aber keine extensive" (A168/B210). Mit anderen Worten: Das Reale in der Erscheinung erzeugen wir nicht durch einen Synthesisakt, sondern es wird uns in der Apprehension „augenblicklich" (A169/B210; vgl. Zedler, *Universal Lexicon*, Sp. 479f.) gegeben. An einer Stelle der *Kritik* wird dieses Reale der Empfindung auch als „die transzendentale Materie aller Gegenstände, als Dinge an sich (die Sachheit, Realität)" (A143/B182) bezeichnet. Das Schema der Kategorien der Qualität bezieht sich nicht wie das der Quantität auf eine Zeitreihe, sondern auf den Zeitinhalt (vgl. A145/B184). Die Vielheit, die im Begriff einer intensiven Größe gedacht ist, wird im Gegensatz zu den extensiven Größen nicht als Summe von Teilen, sondern von Graden verstanden, die aber „nur durch Annäherung zur Negation = 0 vorgestellt werden" (A168/B210) können. Ist dies richtig, dann erkennen wir an dem Realen unserer Wahrnehmung a priori, daß diese Qualität eine intensive Quantität (Grade) *hat* (vgl. A176/B218), aber eben keine intensive Größe *ist.*

In einer längeren Textpassage erläutert Kant die Konzeption der kontinuierlichen Größen, nach der „an ihnen kein Teil der kleinstmögliche (kein Teil einfach) ist" (A169/B211). Raum und Zeit, extensive wie intensive Größen, sind „quanta continua, weil kein Teil derselben gegeben werden kann, ohne ihn zwischen Grenzen (Punkten und Augenblicken) einzuschließen, mithin nur so, daß dieser Teil selbst wiederum ein Raum, oder eine Zeit ist" (ebd.). Dies besagt konkret, daß alle extensiven Größen unendlich teilbar sind, und daß es bei intensiven Größen keinen kleinsten Grad geben kann. Gerade bei intensiven Größen scheint die Kontinuitätsthese aber alles andere als überzeugend zu sein. Auf der einen Seite soll zwischen der Realität und der Negation ein kontinuierlicher Zusammenhang bestehen; auf der anderen Seite wird betont, daß der Grad einer intensiven Größe „niemals der kleinste ist" (ebd.). Abgesehen von der Frage, wie die Kategorie der Negation überhaupt angewandt werden kann, wo doch Kategorien nur dann Sinn und Bedeutung haben, wenn sie auf ein Mannigfaltiges der Sinnlichkeit bezogen werden (vgl. Maier 1930, 68), scheint es unter diesen Voraussetzungen Empfindungen zu geben, bei denen ganz unklar bleibt, wie ihre intensive Größe überhaupt jemals den Wert 0 erreichen kann. Eine Empfindung kann grundsätzlich nur dann diesen Wert haben, wenn das Reale, welches ihr korrespondiert, die Sinnlichkeit nicht mehr affiziert. Werden wir aber beispielsweise von einem äußeren Gegenstand affiziert, dann nimmt seine Lichtintensität mit zunehmender Entfernung von uns zwar ab (vgl. Zedler, *Universal Lexicon*, Sp. 484); aber unter der trivialen Voraussetzung, daß er beispielsweise durch keinen anderen Gegenstand verdeckt oder wie möglicherweise die Seele aufgrund nachlassender Kräfte – wie Kant gegenüber Mendelssohn geltend macht – „in nichts verwandelt" (B414) wird, erreicht seine intensive Größe doch niemals den Wert 0. Unabhängig also von seiner Entfernung hätten demnach Erfahrungsgegenstände für uns so lange eine intensive Größe, wie sie uns irgendwie affizieren. Dies ist selbst dann zutreffend, wenn wir uns dieser intensiven Größe nicht oder nicht mehr bewußt sind. In welcher Relation jedoch Kants andernorts vollzogene Distinktion zwischen bewußten und unbewußten Erkenntnissen zur Konzeption kontinuierlicher Größen steht, kann hier nicht weiter verfolgt werden (vgl. u. a. IV 307; dazu Klemme 1996, 188–90). Daß sie jedoch sachlich von Bedeutung ist, wird nicht zuletzt dadurch deutlich, daß Kant in der *Kritik* von Antizipationen der *Wahrnehmung* spricht, also von Erscheinungen, die mit (empirischem) Bewußtsein verbunden sind (vgl. A120, B160, 207). Sollte also der Übergang von der Realität zur Negation in einigen Fällen durch den Übergang vom Bewußten zum Nicht-Bewußten markiert sein?

Kant selbst zeigt sich in der *Kritik* an anderen Konsequenzen seiner Theorie kontinuierlicher Größen interessiert. Seines Erachtens könnte die These, „daß auch alle Veränderung (Übergang eines Dinges aus einem Zustande in den anderen) kontinuierlich [ist], leicht und mit mathematischer Evidenz hier bewiesen werden [...], wenn nicht die Kausalität einer Veränderung überhaupt ganz außerhalb den Grenzen einer Transzendental-Philosophie läge, und empirische Prinzipien voraussetzte" (A171/B212 f.). Diese Thematik gehört in den Bereich der „allgemeinen Naturwissenschaft" (A171/B213), der an dieser Stelle aber nicht vorgegriffen werden kann. Allerdings macht Kant auf eine weitere Konsequenz aufmerksam. Kann die Realität in der Wahrnehmung einen immer kleineren Grad annehmen, ist keine Wahrnehmung und damit auch keine Erfahrung möglich, die einen gänzlichen Mangel alles Realen in der Erscheinung beweist. Der leere Raum und die leere Zeit sind mit Erfahrungsgründen nicht zu beweisen. Um diese These zu erläutern, führt Kant ein Beispiel an: Die Naturlehrer nehmen einen großen Unterschied der Quantität der Materie von verschiedener Art bei gleichem Volumen wahr. Daraus schließen sie, daß dieses Volumen (extensive Größe) in allen Materien – wenn auch in unterschiedlichem Maße – leer sein muß. Dieser Schluß beruht aber, wie jetzt deutlich wird, auf einer „metaphysische[n] Voraussetzung, welche sie doch so sehr zu vermeiden vorgeben" (A173/B215). Es wird nämlich fälschlich supponiert, daß das Reale im Raum „*allerwärts einerlei* sei, und sich nur der extensiven Größe d. i. der Menge nach unterscheiden könne" (ebd.). Dem setzt Kant einen „transzendentalen Beweis" (A173 f./B215) entgegen, der diese metaphysische Hypothese vermeidet. Mit seinem eigenen Beweis vermag zwar auch Kant den Unterschied in der Erfüllung der Räume nicht zu erklären. Aber mit ihm wird die vorgebliche Notwendigkeit aufgehoben, „gedachten Unterschied nicht anders, als durch anzunehmende leere Räume, erklären zu können [...], und das Verdienst hat, den Verstand wenigstens in Freiheit zu versetzen, sich diese Verschiedenheit auch auf andere Art zu denken, wenn die Naturerklärung hierzu irgend eine Hypothese notwendig machen sollte" (A174/B215 f.). Ohne Verminderung der extensiven Größe kann das Reale bei derselben Qualität also durchaus einen unterschiedlichen Grad annehmen (vgl. IV 523–35). Der entscheidende Gedanke Kants ist dabei, daß das Reale der Erscheinung nicht, wie behauptet wird, dem Grade nach gleich ist (und nur die Aggregation und extensive Größe sich ändert).

Gemäß dem in B eingefügten Text lautet das Prinzip der Antizipationen: „*In allen Erscheinungen hat das Reale, was ein Gegenstand der Empfindung ist, eine intensive Größe, d. i.* einen Grad" (B207). Kant korrigiert hiermit seine mißverständliche Formulierung von 1781, wonach „die Empfindung, und das *Reale*, welches ihr an dem Gegenstande entspricht," (A166) eine intensive Größe hat. Diese Formulierung ist deshalb mißverständlich, weil sie die Ansicht nahelegt, „als hätte zuerst die Empfindung einen Grad und dann auch das ihr entsprechende, von ihr dinghaft verschiedene und dahinter stehende Reale" (Heidegger 1962, 170; vgl. bereits Cohen 1871 [³1918], 553, sowie Böhme 1974, 244 ff.; anders dagegen Nayak/Sotnak 1995, 134 f.).

Der neue Beweis setzt mit einer Bestimmung der Wahrnehmung als eines empirischen Bewußtseins ein, wonach die Erscheinungen nicht nur eine Anschauung (vgl. B160 f. Anm.) enthalten, sondern auch „die Materien zu irgend einem Objekte überhaupt (wodurch etwas Existierendes im Raume oder der Zeit vorgestellt wird), d. i. das Reale der Empfindung, als bloß subjektiver Vorstellung" (B207). Vom empirischen zum reinen Bewußtsein ist eine „stufenartige Veränderung möglich, da das Reale desselben ganz verschwindet, und ein bloß formales Bewußtsein (a priori) des Mannigfaltigen im Raum und Zeit übrig bleibt: also auch eine Synthesis der Größenerzeugung einer Empfindung, von ihrem Anfange, der reinen Anschauung = 0, an, bis zu einer beliebigen Größe derselben" (B208). Das Reale eines empirischen Bewußtseins kann also durchaus verschwinden. Handelt es sich bei der Empfindung als solcher deshalb nicht um eine objektive Vorstellung, weil in ihr keine Anschauung von Raum und Zeit angetroffen wird, kann es sich bei ihrer Größe nicht um eine extensive handeln. Aufgrund der Apprehension der Erscheinungen einerseits und der Affektion durch das Reale der Empfindung, derer wir uns bewußt sind, andererseits, ist aber klar, daß Empfindungen eine intensive Größe haben. Dementsprechend kommt allen Objekten unserer Wahrnehmung, die eine Empfindung enthalten, auch eine intensive Größe zu.

Kant setzt in seinem neuen Beweis mit dem Begriff des empirischen Bewußtseins ein (vgl. B202), der im Text von 1781 nicht ein einziges Mal erwähnt wird. Bemerkenswert ist insbesondere sein Hinweis darauf, daß Empfindungen an sich betrachtet keine objektiven Vorstellungen sind. Damit stellt er diesen Beweis in einen engen sachlichen Zusammenhang mit dem notorischen Problem der sogenannten Meinigkeit von Vorstellungen (vgl. Klemme 1996, 180–214), welches in der *B-Deduktion* thematisiert wird. Die Neufassung des Prinzips der Antizipationen und der sich anschließende Beweis haben aber darüber hinaus auch eine vorbereitende Funktion für die neue *Widerlegung des Idealismus* (B274–279), die an den Begriff des Selbstbewußtseins anknüpft. Wird nämlich von vornherein das Reale der Empfindung als dasjenige bezeichnet, welches eine intensive Größe hat, dann ist sichergestellt, daß wir unseren Empfindungen auch nur insofern einen Grad zusprechen können, als unser Bewußtsein von etwas „affiziert" (B207; vgl. A19 f./B34) wird. Die Empfindung ist zwar „an sich gar keine objektive Vorstellung" (B208), von der wir eine raumzeitliche Anschauung haben; aber die bloße Tatsache, daß sie einen Grad, eine intensive Größe hat, belegt eine sozusagen extramentale Realität, die in einem zweiten Schritt raumzeitlich zu bestimmen ist und in ein Erkenntnisurteil überführt werden kann. Mit den bloßen Anschauungsformen Raum und Zeit jedenfalls ist dem Verstand noch nichts Wirkliches gegeben (vgl. Cohen 1871 [³1918], 541, Böhme 1974, 241).

Im Übrigen hat Kant mit der These, daß ein empirisches Bewußtsein immer die Gegebenheit von Empfindungen voraussetzt, die Konzeption eines selbstbewußten Ich-Subjekts ausgeschlossen, welches in der Lage wäre, in einer Welt ohne es affizierende äußere Gegenstände *nur* Geometrie zu betreiben. Weil bekanntlich von den Anschauungs*formen* keine Affektion ausgeht, wäre eine Form von Selbstbewußtsein benannt, mit der das Idealismusproblem nicht gelöst werden könnte.

An dieser Stelle drängt sich die Frage auf, ob Empfindungen ihrer intensiven Größe nach nicht mathematisch erwogen werden können, ohne dazu überhaupt auf ein Beharrliches im Raum Bezug nehmen zu müssen. Wenden wir uns zunächst der Unterscheidung zwischen der „eigentlichen" und der „angebrachten" Mathematik zu, wie sie sich in Zedlers *Universal Lexicon* (Sp. 2046) findet. Während die eigentliche Mathematik Arithmetik, Geometrie und Algebra umfaßt, zerfällt die „angebrachte" in zwei Hauptbereiche: In der „Cosmick" (Astronomie, Chronologie, Astrologie, Geographie) und Phoronomie (Statik, Mechanik) wird die „Quantität der Cörper", in der Optik und in der Musik (oder Harmonie) dagegen die „Quantität der cörperl. Qualitäten" thematisiert (ebd., Sp. 2047). Damit sind die entscheidenden Stichworte genannt, da auch Kant die mathematischen Verhältnisse zwischen Farben (Gesichtssinn) einerseits und Tönen (Gehör) andererseits in eine Analogie setzt (vgl. V 324, XXV 1135f.). So wie in der Optik mathematisch bestimmt werden kann, daß sich der „Grad der Empfindungen des Sonnenlichts aus etwa 200 000 Erleuchtungen durch den Mond zusammensetzen" (A179/B221) läßt, ist ein Ton durch eine bestimmte Anzahl von Schwingungen definiert. Das Gehör, heißt es in einer frühen Anthropologienachschrift, ist „die wahre Arithmetic unsrer Seele" (XXV 54). In den *Antizipationen* selbst wird beispielhaft auf den „Geschmack" (A175/B217) verwiesen. Die Empfindungen können für sich im inneren Sinn mathematisch bestimmt werden, indem von „der extensiven Größe der Erscheinung gänzlich abstrahier[t]" (A176/B217f.) wird. Auch hier kommt zum Ausdruck, daß Kant alle Empfindungen auf die Affektion durch ein Reales zurückführt. Dies schließt jedoch nicht die mathematische Bestimmung beispielsweise allein der harmonischen Verhältnisse zwischen Tönen aus (die im übrigen Voraussetzung des ästhetischen Wohlgefallens in der Musik ist, die zu den schönen Künsten gehört; vgl. *KU*, V 328–330; Butts 1993; Giordanetti 1995). Derartige Urteile sind jedoch nicht als Erkenntnisurteile im eigentlichen Sinne zu verstehen, weil sie keine Zeitbestimmungen beinhalten, die ausschließlich auf der Grundlage eines im äußeren Sinn gegebenen Beharrlichen möglich sind. Nur dann also, wenn die Arithmetik auf Gegenstände angewandt wird, die als Quanta *auch* geometrisch erwogen werden können, sind nach Kant zeitliche Bestimmungen möglich (vgl. X 556 f.).

10.4 Interpretationsfragen

10.4.1 In der Regel werden die *Axiome* in der Literatur im Rahmen von teilweise umfangreichen Untersuchungen zu Kants Raumtheorie und seiner Konzeption der Geometrie erörtert; zur Arithmetik haben beispielsweise Parsons (1983), Kitcher (1975) und Friedman (1990, 1992) detaillierte Ausführungen mit unterschiedlichen exegetischen und systematischen Ausrichtungen vorgelegt. Eine konzise, Kant-kritische Diskussion der *Axiome* und *Antizipationen* findet sich bei Guyer (1987). Eine Rekonstruktion der *Axiome* nimmt Schliemann (2010) vor; lesenswert ist immer noch Cohen (1871 [³1918], 527–58). Hilfreich für das Verständnis speziell der *Antizipationen* ist die historisch ausgerichtete Arbeit von Maier (1930; vgl. auch Böhme 1974, Böhme 1979, Uehling 1981). Eine umfassende Darstellung und Würdigung des Verhältnisses von Arithmetik und intensiven Größen einerseits, ihrem Status und ihrer Funktion im Ganzen der Kantischen Philosophie andererseits gehört allerdings zu den Desideraten der Forschung. Hier wäre insbesondere die Anwendung der Arithmetik auf die diversen Bereiche der intensiven Größen in der eigentlichen Naturwissenschaft, aber auch in der empirischen Psychologie und Chemie sowie in Teilen der schönen Künste (dem *„schönen Spiel der Empfindungen* [...] in *Musik* und *Farbenkunst"*, V 324) im Zusammenhang zu klären.

Literatur

Böhme, Gernot 1974: „Über Kants Unterscheidung von extensiven und intensiven Größen", in: Kant-Studien 65, 239–258.
Böhme, Gernot 1979: „Quantifizierung als Kategorie der Gegenstandskonstitution. Zur Rekonstruktion der Kantischen Erkenntnistheorie", in: Kant-Studien 70, 1–16.
Butts, Robert E. 1993: „Kant's Theory of Musical Sound. An Early Exercise in Cognitive Science", in: Dialogue 32, 3–24.
Cohen, Hermann 1871: Kants Theorie der Erfahrung, Berlin (²1885, ³1918) (= Werke. Bd. 1.1., Hildesheim/Zürich/New York 1987).
Cohen, Hermann 1907: Kommentar zu Immanuel Kants Kritik der reinen Vernunft, Leipzig.
Friedman, Michael 1990: „Kant on Concepts and Intuitions in the Mathematical Sciences", in: Synthese 84, 213–257.
Friedman, Michael 1992: Kant and the Exact Sciences, Cambridge/Mass.
Guyer, Paul 1987: Kant and the Claims of Knowledge, Cambridge.
Heidegger, Martin 1962: Die Frage nach dem Ding. Zu Kants Lehre von den transzendentalen Grundsätzen, Tübingen.
Kitcher, Philip 1975: „Kant and the Foundations of Mathematics", in: Philosophical Review 84, 23–50.
Klemme, Heiner F. 1996: Kants Philosophie des Subjekts. Systematische und entwicklungsgeschichtliche Untersuchungen zum Verhältnis von Selbstbewußtsein und Selbsterkenntnis, Hamburg.
Maier, Anneliese 1930: Kants Qualitätskategorien. Berlin.

Maier, Anneliese 1968: Zwei Grundprobleme der scholastischen Naturphilosophie. Das Problem der intensiven Größen. Die Impetustheorie, Rom (= 3. Aufl.).

Nayak, Abhaya C./Sotnak, Eric 1995: „Kant on the Impossibility of the ‚Soft Sciences'", in: Philosophy and Phenomenological Research 55, 133–154.

Parsons, Charles 1969: „Kant's Philosophy of Arithmetic", in: S. Morgenbesser/
P. Suppes/M. White (Hgg.), Philosophy, Science and Method. Essays in Honor of Ernest Nagel, New York, 568–594 (wieder abgedruckt in: Charles Parsons, Mathematics in Philosophy. Selected Essays, Ithaca 1983, 110–149).

Schliemann, Oliver 2010: Die Axiome der Anschauung in Kants „Kritik der reinen Vernunft", Berlin/New York.

Schüssler, Ingeborg 1979: Philosophie und Wissenschaftspositivismus. Die mathematischen Grundsätze in Kants Kritik der reinen Vernunft und die Verselbständigung der Wissenschaften, Frankfurt/M.

Uehling, Theodore E., Jr. 1981: „The Forgotten Principle: Kant's Anticipations of Perception", in: Gerhard Funke (Hg.), Akten des 5. Internationalen Kant-Kongresses Mainz, Teil I.1, Bonn, 376–383.

Wolff-Metternich, Brigitta-Sophia von 1995: Die Überwindung des mathematischen Erkenntnisideals. Kants Grenzbestimmung von Mathematik und Philosophie, Berlin/New York.

Bernhard Thöle
11 Die Analogien der Erfahrung

(A176/B218–A218/B265)

11.1 Stellung und Funktion der *Analogien der Erfahrung* in der *Kritik*

Die *Analogien der Erfahrung* bilden das Herzstück des *Systems der Grundsätze*. Sie sind, wie Kant in den *Prolegomena* sagt, die „eigentlichen Naturgesetze" (IV 307). Unter ihnen hat vor allem die zweite *Analogie* besondere Beachtung gefunden, nicht zuletzt, weil hierin Kants Antwort auf Humes Skeptizismus bezüglich der Geltung des Kausalprinzips gesehen worden ist.

Bereits in der *Transzendentalen Deduktion* hatte Kant behauptet, daß alle Gegenstände der Erfahrung unter Kategorien stehen, und daß die Kategorien Begriffe sind, „welche den Erscheinungen [...] Gesetze a priori vorschreiben" (B163). Aber erst im *System der Grundsätze* werden diese a priori erkennbaren Naturgesetze systematisch vorgetragen und „mit ihren genugtuenden Beweisen versehen" (B xix).

Der Text der zweiten Auflage unterscheidet sich von dem der ersten Auflage neben kleineren Änderungen vor allem darin, daß die ursprünglichen Formulierungen der Grundsätze durch neue ersetzt, und – um dem „vermeintlichen Mangel einer genügsamen Evidenz in den Beweisen der Grundsätze" abzuhelfen (B xxxviii) – für das Prinzip wie für die einzelnen Analogien jeweils neue Beweise hinzugefügt worden sind.

11.2 Inhalt und Aufbau der *Analogien* im Überblick

Die Analogien der Erfahrung sind den Relationskategorien (Substanz-Akzidens, Ursache-Wirkung und Wechselwirkung) zugeordnet. Anders als bei den *Axiomen* und *Antizipationen* formuliert Kant nicht nur ein allgemeines Prinzip, sondern ordnet jeder der drei Relationskategorien einen eigenen Grundsatz zu. Die erste Analogie besagt, daß allem Wechsel der Erscheinungen eine beharrliche Substanz zugrundeliegt; die zweite Analogie formuliert ein allgemeines Kausalprinzip, wonach jede Veränderung gesetzmäßig von einer Ursache abhängt; und der dritten Analogie zufolge stehen alle Substanzen in durchgängiger Wechselwirkung.

Der Text ist von Kant in fünf Teile gegliedert. Der erste, einleitende Teil stellt das „Prinzip" bzw. den „allgemeinen Grundsatz" der Analogien vor. Die drei folgenden Teile (A–C) behandeln die drei Analogien. Das letzte, durch Sternchen abgetrennte, kurze Textstück (A215/B262–A218/B265) enthält allgemeine Bemerkungen zu den drei Analogien.

Die folgende Kommentierung beschränkt sich im wesentlichen auf die Erläuterung der Beweise. Auf einzelne Absätze innerhalb der fünf Teile wird mit arabischen Zahlen in runden Klammern verwiesen. Dazu werden die Absätze jedes Teils gesondert durchnumeriert, wobei der Text der zweiten Auflage zugrundegelegt wird.

11.3 Textkommentar

11.3.1 Das „Prinzip" der Analogien der Erfahrung

Der sich an das „Prinzip" der Analogien anschließende Text besteht aus sieben Absätzen. (1) enthält den für die 2. Auflage neu verfaßten Beweis. In (2) unterscheidet Kant drei „modi der Zeit" (A176/B219) und ordnet diesen die drei Analogien zu. (3) gibt den Beweis der ersten Auflage. (4)–(7) enthalten Erläuterungen zum Status der Analogien, zum Begriff „Analogie" und zur „Beweisart".

11.3.1.1 *Der „allgemeine Grundsatz"* (A176 f.) *und das „Prinzip"* (B218) *der Analogien.* – Eine Analogie der Erfahrung ist eine Regel, „nach welcher aus Wahrnehmungen Einheit der Erfahrung (nicht wie Wahrnehmung selbst, als empirische Anschauung überhaupt) entspringen soll" (A180/B222). Hier spricht Kant einen ersten wichtigen Punkt an: *Erfahrungserkenntnis ist mehr als bloße Wahrnehmung.* Das naive Bild, wonach Erfahrung lediglich im passiven Registrieren und Vergleichen von Wahrnehmungen besteht, korrigiert Kant in zwei Hinsichten: Erstens ist die Wahrnehmung selbst kein bloß passives Aufnehmen von Eindrücken, sondern setzt voraus, daß das gegebene Mannigfaltige zu einer einheitlichen Anschauung synthetisiert wird. Zweitens aber liefert die dafür erforderliche Synthesis der Apprehension allein noch keine Erfahrungserkenntnis. Denn die einzelnen Wahrnehmungen müssen *untereinander* so verbunden werden, daß ein einheitliches Bild einer *objektiven* Erfahrungswirklichkeit entsteht. Erst dadurch werden sie zu Wahrnehmungen von *Gegenständen.* Die Analogien sollen nun solche Regeln sein, durch die aus Wahrnehmungen *Erfahrung von Gegenständen* wird.

Da die Analogien Regeln *a priori* sein sollen, müssen sie sich auf solche Aspekte der Erfahrung beziehen, die unabhängig von den empirischen Zufälligkeiten für *jede* mögliche Erfahrung gelten. Damit kommt ein zweiter zentraler Gesichtspunkt ins Spiel: *die Zeitlichkeit der Erfahrung.* Da alle Erscheinungen „der Zeit unterworfen" sind, müssen „sie insgesamt [in der Zeit] geordnet, verknüpft und in Verhältnisse gebracht werden" (A99). Erfahrungserkenntnis ist Erkenntnis des Mannigfaltigen der Erscheinungen „wie es *objektiv* [Herv. B. T.] in der Zeit ist" (B219). Kant will nun zeigen, daß die drei Analogien deshalb notwendig von allen Gegenständen der Erfahrung gelten, weil ohne sie eine objektive Bestimmung der Zeit*verhältnisse* der Erscheinungen nicht möglich ist (vgl. A178/B220, A179/B222). Die „drei Analogien der Erfahrung [...] sind nichts andres, als Grundsätze der Bestimmung des Daseins der Erscheinungen in der Zeit", d.h. Prinzipien, ohne die den Erscheinungen keine bestimmte „Stelle in der Zeit" zugeordnet werden kann (A215/B262).

Die beiden Formulierungen des Prinzips der Analogien ergänzen einander wechselseitig. In der ersten Auflage hebt Kant den Aspekt der objektiven Zeitbestimmung deutlicher hervor: Die Analogien sind Regeln a priori, ohne die das Verhältnis der Erscheinungen in einer einheitlichen (objektiven) Zeit nicht bestimmt werden kann. Dagegen macht die Formulierung der zweiten Auflage den Kontrast zwischen Wahrnehmung und Erfahrung explizit: Erfahrung ist nur möglich, wenn die Wahrnehmungsgehalte als *notwendig* miteinander verknüpft gedacht werden.

11.3.1.2 *Der Beweis in B* (Abs. 1) liefert kaum mehr als eine Skizze der allgemeinen Beweisidee, die erst später (in den Beweisen der einzelnen Analogien) ausgeführt wird.

In einem *ersten Schritt* soll gezeigt werden, daß objektive Zeitbestimmung nicht durch bloße Wahrnehmung möglich ist. Der *zweite Schritt* dient dem Nachweis, daß die Bestimmung der objektiven Zeitverhältnisse nur möglich ist, wenn die Wahrnehmungen als *notwendig* miteinander verknüpft gedacht werden.

Der *erste Beweisschritt* beruht auf drei Behauptungen: (a) Erfahrung ist Erkenntnis von Objekten auf der Grundlage von Wahrnehmungen. Erkenntnis von Objekten setzt aber eine *Synthesis* der Wahrnehmungen voraus (vgl. § 17 der *B-Deduktion*). Daher können die *einzelnen* Wahrnehmungen noch nicht als Erfahrungserkenntnis gelten. (b) Durch die Synthesis der Apprehension werden die Wahrnehmungen zwar miteinander verbunden. Aber diese Synthesis liefert nur eine von zufälligen Bedingungen abhängige „Zusammenstellung" des gegebenen Mannigfaltigen, so daß dadurch nicht garantiert ist, daß es so, „wie es objektiv in der Zeit ist", verbunden wird (vgl. B219). (c) Die objektive Bestimmung der Zeitverhältnisse kann aber auch nicht direkt durch Wahrnehmung der objektiven Zeitstellen der gegebenen Erscheinungen erfolgen, da die Zeit selber nicht wahrnehmbar ist.

Damit soll gezeigt sein, daß die objektive Zeitbestimmung nicht durch bloße Wahrnehmung möglich ist. Allerdings wird insbesondere die Behauptung (b) an dieser Stelle nicht näher begründet. Zwar hatte Kant bereits im § 18 der *B-Deduktion* behauptet, daß die „empirische Einheit des Bewußtseins [...] ganz zufällig ist" und „nur subjektive Gültigkeit" besitzt (B139 f.). Aber auch dort sucht man vergeblich nach einer Begründung. Erst im Rahmen der zweiten Analogie wird diese Behauptung gerechtfertigt. Kant verweist dazu (A190/B235) auf das Beispiel der sukzessiven Wahrnehmung der Teile eines Hauses. Objektiv existieren diese Teile gleichzeitig, aber die zeitliche Ordnung der *Wahrnehmungen* hängt von den besonderen, „zufälligen", Umständen der Wahrnehmungssituation ab.

Auch der *zweite Beweisschritt* ist kaum mehr als eine bloße Behauptung. Da die objektive Bestimmung der Zeitverhältnisse nicht durch Wahrnehmung allein möglich ist, kann „die Bestimmung der Existenz der Objekte in der Zeit nur durch ihre Verbindung in der Zeit überhaupt, mithin nur durch a priori verknüpfende Begriffe, geschehen", die „jederzeit zugleich Notwendigkeit bei sich führen" (B219).

Vermutlich steht die folgende Überlegung dahinter: Da die objektiven Zeitverhältnisse der Erscheinungen nicht durch bloße Wahrnehmung erkannt werden können, bleibt nur die Möglichkeit, die Regeln der objektiven Zeitbestimmung aus der Idee der Zeitbestimmung *als solcher* herzuleiten. Daraus soll folgen, daß zur objektiven Zeitbestimmung „a priori verknüpfende Begriffe" erforderlich sind. Diese Behauptung stützt sich auf drei Thesen, die Kant im § 26 der *B-Deduktion* entwickelt hat. Erstens soll die Zeit selber – als „formale Anschauung" – bereits Einheit besitzen (B160 f.), und zweitens muß dieser Einheit „alles, was [in] der Zeit bestimmt [d.h. objektiv; B. T.] vorgestellt werden soll, gemäß sein" (B161). Da drittens die Einheit der Zeit mit der Einheit, die in den Kategorien gedacht wird, identisch sein soll (vgl. B161), folgert Kant, daß die objektive Zeitbestimmung der Erscheinungen nur durch die Kategorien, „also durch a priori verknüpfende Begriffe geschehen" kann (B219). Da Begriffe a priori aber „jederzeit Notwendigkeit bei sich führen", soll „Erfahrung nur durch die notwendige Verknüpfung der Wahrnehmungen möglich" sein (ebd.).

Dies ist ein ziemlich abstraktes Argument, das in concreto schwer nachvollziehbar ist, da Kant nicht angibt, worin die Einheit der Zeit eigentlich bestehen soll. Es ist auch fraglich, ob Kant an dieser Stelle bereits behaupten kann, daß die objektive Zeitbestimmung nur durch Begriffe *von notwendigen Verknüpfungen* möglich ist. Denn selbst wenn man zugesteht, daß die Zeit selber Einheit besitzt, die nur durch Kategorien gedacht werden kann, folgt nicht, daß die objektive Zeitbestimmung nur durch die Vorstellung einer *notwendigen* Verknüpfung möglich ist. In der Anmerkung zu B201 weist Kant selbst darauf hin, daß nicht alle Kategorien Begriffe von notwendigen Verknüpfungen sind: dies gilt nur für die dynamischen Kategorien.

11.3.1.3 *Der Beweis in A* (Abs. 3) beruht auf einer ganz ähnlichen Überlegung. Es soll (i) gezeigt werden, daß sich aus der notwendigen Einheit der Apperzeption nicht nur ergibt, daß alle meine Vorstellungen in ein einheitliches Selbstbewußtsein integrierbar sei müssen, sondern auch, daß alle Erscheinungen *ihrem Zeitverhältnis nach* miteinander verbunden werden müssen. (ii) soll nachgewiesen werden, daß diese empirische Zeitbestimmung „unter Regeln der allgemeinen Zeitbestimmung" (A178/B220), also unter Regeln a priori, steht.

Der Nachweis von (i) erfolgt in vier Schritten: Da (a) die Einheit der Apperzeption sich auf alles mögliche empirische Bewußtsein bezieht, das zu jeder beliebigen Zeit auftreten kann, bezieht sie sich auf den inneren Sinn, als „den Inbegriff aller Vorstellungen" (A177/B220). Da (b) die Einheit der Apperzeption aber *a priori* zugrunde liegt, bezieht sie sich a priori auf die *Form* des inneren Sinns, denn nur diese ist a priori gegeben (vgl. B150). Da (c) die Form des inneren Sinnes aber „das Verhältnis des mannigfaltigen empirischen Bewußtseins in der Zeit" ist (A177/B220), folgert Kant, daß (d) „dieses Mannigfaltige, seinen Zeitverhältnissen nach, vereinigt werden" muß (ebd.).

Der Nachweis von (ii) greift auf die Theorie der transzendentalen Synthesis der Einbildungskraft zurück. In der transzendentalen Deduktion hatte Kant die reine Synthesis, die sich auf das Mannigfaltige der *reinen* Anschauung richtet, von der empirischen Synthesis der Einbildungskraft unterschieden (vgl. A99 f., A101, A118 u. B151 f.). Die reine Synthesis der Einbildungskraft richtet sich auf die Anschauungsformen und bringt dadurch erst die einheitlichen „formalen" Anschauungen von Raum und Zeit hervor (vgl. § 26 der *B-Deduktion*, insb. Anm. zu B160). Angewandt auf die Zeitanschauung bedeutet dies, daß die „*synthetische Einheit* in dem Zeitverhältnisse aller Wahrnehmungen [...] *a priori bestimmt ist*" (A177/B220). Denn die Einheit der Zeit beruht auf einer Synthesis *a priori* durch die transzendentale Einbildungskraft (vgl. A118; B151 f.; B153 f.). Da alles, was in der Zeit objektiv vorgestellt werden soll, dieser Einheit der Zeit „gemäß" sein muß (B161), unterliegt die empirische Synthesis „Regeln der allgemeinen Zeitbestimmung" (A178/B220), d.h. die empirische Zeitbestimmung ist an Bedingungen gebunden, die sich a priori aus der Einheit der Zeit, als formale Anschauung betrachtet, ergeben.

Kants Idee scheint zu sein: Wir können a priori erkennen, daß die Zeit gewisse formale Struktureigenschaften aufweist, denen alles, was objektiv in der Zeit vorgestellt wird, entsprechen muß. Daher können wir auch *a priori* bestimmte Bedingungen angeben, denen die empirische Zeitbestimmung unterliegt. Da wir aber auch an dieser Stelle nichts näheres über diese Struktureigenschaften erfahren, bleibt das Argument ebenso abstrakt wie sein Pendant in B. (vgl. aber unten S. 287 f.)

11.3.1.4 *Die drei Modi der Zeit* (Abs. 2). – In (2) unterscheidet Kant drei „modi der Zeit" (Beharrlichkeit, Folge und Zugleichsein) und ordnet diesen die drei Analogien zu.

Diese kurze Passage hat zu einer Reihe von Verwirrungen geführt. Wenig später (A183/B226) bestreitet Kant nämlich explizit, daß das Zugleichsein ein Modus der Zeit *selbst* ist. Diese Schwierigkeit läßt sich aber leicht auflösen, wenn man unter einem Modus der Zeit nicht eine Eigenschaft der Zeit selbst versteht, sondern eine

Eigenschaft, die etwas, sofern es *in* der Zeit existiert, haben kann. Genauer: alles, was in der Zeit existiert, steht *als solches* in bestimmten Zeitverhältnissen, und zwar einerseits in einem Verhältnis *zur Zeit selbst* und andererseits in Verhältnissen *zu anderem, das in der Zeit existiert.* Das Verhältnis *zur Zeit selbst* ist die Dauer (vgl. A215/ B262), und alles, was in der Zeit existiert, existiert entweder zu jeder Zeit (d. h. es ist beharrlich) oder nur zu bestimmten Zeiten (d. h. es ist „wandelbar"). Was in der Zeit existiert, steht *untereinander* dagegen im Verhältnis entweder des Zugleichseins oder der Aufeinanderfolge.

Ein anderes Mißverständnis könnte sich leicht aus der Zuordnung der drei Modi zu den drei Analogien ergeben. In der zweiten und dritten Analogie geht es jeweils um die Ermittlung der Bedingungen, unter denen objektive Aufeinanderfolge bzw. objektives Zugleichsein der Erscheinungen erkannt werden kann. Man könnte daher vermuten, es gehe in der erste Analogie um die Frage, unter welchen Bedingungen wir erkennen können, daß etwas beharrlich existiert. Dies ist aber offenkundig nicht der Fall. Kant will in der ersten Analogie vielmehr umgekehrt nachweisen, daß die Annahme der Beharrlichkeit der Substanz eine allgemeine *Voraussetzung* dafür ist, den Erscheinungen objektive Zeitstellen zuzuordnen.

11.3.1.5 *Zum Status der Analogien und zum Begriff „Analogie"* (Abs. (4)–(6)). – In (4)–(6) grenzt Kant die Analogien von den zuvor besprochenen mathematischen Grundsätzen ab. Die mathematischen Grundsätze sind *konstitutiv*, da sie von *Größen* handeln, die a priori konstruierbar sind. Demgegenüber sollen die Analogien bloß *regulativ e* Prinzipien sein, da sie nur angeben, in *welchem Verhältnis* gegebene Erscheinungen zu anderen, in der Erfahrung erst zu suchenden, Erscheinungen stehen. (So soll es nach der zweiten Analogie zu jeder Veränderung ein Ursacheereignis geben. *Welches* Ereignis die Ursache einer gegebenen Veränderung ist, läßt sich aber nicht a priori erkennen. Die Analogie gibt nur eine Regel, das Ursacheereignis „in der Erfahrung zu suchen, und ein Merkmal, es in derselben aufzufinden" (A180/B222). Ein bestimmtes Ereignis ist dann die Ursache einer gegebenen Veränderung, wenn auf Ereignisse desselben Typs regelmäßig Veränderungen der gegebenen Art folgen.)

Dies ist auch der Grund, weshalb Kant die Bezeichnung „Analogien" verwendet. Analogien sind Aussagen über die Gleichheit zweier Verhältnisse. Kant unterscheidet zwischen einer mathematischen und einer philosophischen Verwendungsweise dieses Ausdrucks. Mathematische Analogien sagen die Gleichheit zweier *Größen*verhältnisse aus. (Der mathematische Begriff der Analogie ist gleichbedeutend mit dem Begriff der Proportion; vgl. Chr. Wolff, *Mathematisches Lexicon*, 51). Solche Analogien sind konstitutiv, da sich aus drei gegebenen Gliedern einer Proportion das vierte Glied berechnen läßt. Dagegen handeln „philosophische" Analogien von der Gleichheit *qualitativer* Verhältnisse. Sie sagen, daß sich ein unbekanntes x zu einem gegebenen c so verhält, wie sich a zu b verhält. (So besagt z. B.

die 2. Analogie, daß es zu jeder gegebenen Veränderung ein vorausliegendes Ereignis gibt, das sich zu dieser Veränderung so verhält, wie eine Ursache zu ihrer Wirkung. Dabei gibt das Schema der Kategorie das Merkmal an, anhand dessen die Ursache in der Erfahrung aufzufinden ist: Ein Ereignis ist die Ursache einer gegebenen Veränderung, wenn auf Ereignisse desselben Typs regelmäßig Veränderungen der gegebenen Art folgen.)

11.3.2 Die erste Analogie

11.3.2.1 *Der Grundsatz.* – Der Grundsatz besagt, daß allem, was in der Zeit wechselt, eine beharrliche Substanz zugrundeliegt. Daß die Substanz beharrlich ist, bedeutet, daß sie weder vergeht noch entsteht, also immer existiert. Die A-Formulierung ist insofern präziser, als sie explizit macht, daß das Wandelbare *als bloße Bestimmung* der beharrlichen Substanz existiert, d. h. daß alles, was nicht beharrlich existiert, nur ein vorübergehender *Zustand* einer beharrlichen Substanz ist (vgl. A187/B230).

Was als beharrliche Substanz gelten kann, wird – entsprechend dem regulativen Charakter des Grundsatzes – offen gelassen. Dies kann nur durch Erfahrung ermittelt werden. Das Beharrliche muß allerdings etwas „Reales", also im Prinzip Wahrnehmbares, sein (vgl. B225; A144/B183). Dies ist aber nicht so zu verstehen, daß bei jeder Wahrnehmung einer Veränderung zugleich etwas Gleichbleibendes *wahrgenommen* wird. Dieselbe Substanz kann zu verschiedenen Zeiten ganz unterschiedlich erscheinen, wie Kants Beispiel vom Verbrennen des Holzes in (4) zeigt: Ich kann diesen Vorgang wahrnehmen, ohne *dabei* wahrzunehmen, daß z. B. die Materiemenge konstant bleibt. Ich muß lediglich *unterstellen*, daß etwas im Prinzip Wahrnehmbares bei jedem wahrgenommen objektiven Wechsel gleichbleibt (vgl. B xli Anm.). Das Beispiel zeigt darüber hinaus, daß die meisten Gegenstände unserer Wahrnehmung, wie Bäume, Menschen und Kugelschreiber, nicht Substanzen in Kants Sinn sind, da sie vergehen und entstehen können. In B behauptet Kant zusätzlich, daß das *Quantum* der Substanz weder vermehrt noch vermindert wird. Diese Behauptung läßt zwei unterschiedliche Deutungen zu. Zum einen kann gemeint sein, daß die *Anzahl* der Substanzen immer dieselbe bleibt (dies würde unmittelbar aus der Beharrlichkeit der Substanzen folgen). Zum anderen könnte aber auch gemeint sein, daß es eine quantifizierbare Größe (z. B. die Masse) gibt, die bei aller Veränderung einer Substanz erhalten bleibt. Kants lapidare Begründung (letzter Satz von (1)) spricht eher für die erste Deutung. (Dafür spricht auch, daß Kant in den *Metaphysischen Anfangsgründen* für seinen Beweis der Erhaltung der Materiegröße zwar auf die erste Analogie zurückgreift, dabei aber lediglich voraussetzt, daß die Anzahl der Substanzen gleich bleibt; vgl. IV 541 f.).

11.3.2.2 *Der Beweis in B* (Abs. 1). – Der Beweis geht von dem Problem der objektiven Zeitbestimmung aus. (a) Jeder Erscheinung soll eine eindeutig bestimmte Stelle in einer einheitlichen, objektiven Zeit zugeordnet werden. (b) Da die Zeit selbst aber nicht wahrgenommen werden kann (Satz 3), kann – wie Kant später formuliert – diese „Bestimmung der Stelle [...] nicht von dem Verhältnis der Erscheinungen gegen die absolute Zeit entlehnt werden" (A200/B245). (c) Daher muß es etwas *Wahrnehmbares* geben, das anstelle der nicht wahrnehmbaren Zeit die Rolle eines empirischen Bezugssystems übernimmt, relativ zu dem alle Erscheinungen objektiv datiert werden können (Satz 4). Es muß also etwas geben, „welches [(i)] die Zeit überhaupt vorstellt, und an dem [(ii)] aller Wechsel oder Zugleichsein durch das Verhältnis der Erscheinungen zu demselben in der Apprehension wahrgenommen werden kann" (B225). (d) Um Bedingung (i) zu erfüllen, muß es sich dabei um etwas Beharrliches handeln. Denn die Zeit selber „bleibt und wechselt nicht" (B225) – sie ist die „beharrliche [...] Form der inneren Anschauung" (B224, Satz 1–2). Also muß auch das, was anstelle der Zeit die Funktion eines empirischen Bezugssystems übernimmt, beharrlich sein (Satz 4 u. 6). (vgl. auch A144/B183 sowie A183/B226). (e) Insofern dieses Beharrliche die Bedingung (ii) erfüllt, wird es von Kant als das „Substrat" (das Zugrundeliegende) aller Zeitbestimmung bezeichnet: indem es als Bezugssystem fungiert, dient es als Grundlage der objektiven Zeitbestimmung. (f) Da „aber das Substrat alles Realen" (B225) die Substanz sein soll (Satz 5), „ist das Beharrliche, womit in Verhältnis alle Zeitverhältnisse der Erscheinungen allein bestimmt werden können, die Substanz in der Erscheinung" (Satz 6) (ebd.). Damit glaubt Kant gezeigt zu haben, daß alle wechselnden Erscheinungen nur vorübergehende Zustände (Bestimmungen) einer beharrlichen Substanz sind.

Gegen diesen Beweis lassen sich die folgenden Einwände vorbringen:

1. In (c) wird behauptet, daß wir etwas Wahrnehmbares brauchen, das anstelle der nicht wahrnehmbaren Zeit als Grundlage der Zeitbestimmung dienen soll. Kant scheint hier davon auszugehen, daß objektive Zeitbestimmung nur möglich ist, wenn die Erscheinungen *zur Zeit selbst* in ein eindeutiges Verhältnis gebracht werden. Da die Zeit selbst aber nicht wahrnehmbar sei, müsse es einen wahrnehmbaren „Ersatz" für die absolute Zeit geben. Aber wieso reicht es nicht aus, den Erscheinungen dadurch eine bestimmte Stelle in der Zeit zuzuordnen, daß man ihr Zeitverhältnis *relativ zu allen anderen Erscheinungen* bestimmt? Es mag sein, daß diese relative Zeitbestimmung nur möglich ist, wenn gewisse Prinzipien a priori vorausgesetzt werden. (In den beiden folgenden Analogien will Kant ja eben dies zeigen: das Kausalprinzip soll notwendig sein, um die objektive Aufeinanderfolge zu erkennen, und das Wechselwirkungsprinzip soll erforderlich sein, um objektive Gleichzeitigkeit erkennen zu können.) Aber wenn eine solche relative Zeitbestimmung ausreicht, ist nicht ersichtlich, wieso wir etwas brauchen, das „die Zeit überhaupt vorstellt" (B225).

2. Ebensowenig leuchtet Kants Begründung für die *Beharrlichkeit* des empirischen Bezugssystems in (d) ein. Diese soll sich daraus ergeben, daß nur etwas Beharrliches die Zeit selbst vorstellen kann, da diese *selber* beharrlich sein soll. Letzteres soll daraus folgen, daß die Zeit nicht „wechseln" kann, da man sich andernfalls „noch eine andere Zeit denken" müßte, in der jene wechselt (vgl. A183/B226). Aber aus demselben Grund macht es auch keinen Sinn, die Zeit als *beharrlich* zu bezeichnen: denn auch was beharrlich ist, ist *in* der Zeit (vgl. Broad 1978, 160).

Zudem ist auch keineswegs evident, daß die Gegenstände, die ein empirisches Bezugssystem bilden, relativ zu dem die wechselnden Erscheinungen datiert werden können, deshalb *beharrlich* sein müssen. Es mag sein, daß es immer etwas geben muß, relativ zu dem anderes datierbar ist, aber das bedeutet nicht, daß es etwas geben muß, das immer existiert. Um Ereignisse zu datieren, brauche ich jederzeit etwas, das die Funktion einer Uhr erfüllt. Aber daraus folgt nicht, daß es eine Uhr geben muß, die immer existiert.

3. Der Schritt von (e) nach (f) schließlich scheint auf einer unberechtigten Gleichsetzung verschiedener Bedeutungen des Ausdrucks „Substrat" zu beruhen. Wenn Kant das Beharrliche als das „Substratum aller Zeitbestimmung" (A183/B226) bezeichnet, so ist dies insofern berechtigt, als das Beharrliche ja aller Zeitbestimmung *zugrunde liegen* soll, da nur relativ zu ihm die wechselnden Erscheinung datierbar sein sollen. Andererseits ist es auch durchaus legitim, die Substanz als Substrat zu bezeichnen, da sie allen ihren Eigenschaften und Zuständen insofern zugrunde liegt, als sie der „Träger" dieser Eigenschaften ist. Aber dies berechtigt Kant nicht, im 6. Satz das Beharrliche als die Substanz in der Erscheinung zu bezeichnen. Daß das Beharrliche insofern Substrat ist, als es der objektiven Zeitbestimmung zugrunde liegt, bedeutet nicht, daß es Substrat im Sinne eines Trägers von Eigenschaften ist. Wenn ich das Krähen des Hahnes relativ zum Stand der Sonne datiere, sage ich nicht, daß in Wirklichkeit die Sonne gekräht hat (vgl. auch Guyer 1987, 220 f.).

All diese Einwände gehen von der Annahme aus, daß das Beharrliche insofern als Substrat der Zeitbestimmung dienen soll, als es gleichsam die Funktion einer Uhr erfüllt, relativ zu der gegebene Erscheinungen datiert werden können. Man kann Kants These, daß ein Beharrliches als Substrat der Zeitbestimmung vorausgesetzt werden muß, aber auch anders verstehen. Im A-Beweis (Abs. 2) begründet Kant die Notwendigkeit eines Beharrlichen mit dem Hinweis darauf, daß wir ohne diese Voraussetzung nicht entscheiden könnten, ob nacheinander *wahrgenommene* Zustände *objektiv* aufeinanderfolgen oder gleichzeitig existieren. Man kann hinter dieser – nicht weiter begründeten Behauptung – die folgende Überlegung vermuten (vgl. auch A188/B232): Um ein gegebenes Ereignis E eindeutig zu datieren, muß ich es mit einem früheren Ereignis D, das *vorher* existierte, und einem späteren Ereignis F, das *nachher* existiert, verknüpfen. Nur so können dem Ereignis E eindeutig bestimmte Anfangs- und Endpunkte zugeordnet werden. Dazu reicht es aber nicht aus, daß ich erst D, dann E und schließlich F *wahrnehme*. Denn dies ist damit vereinbar, daß E (unwahrgenommen) existiert, während D und F wahrgenommen werden. Ich kann aber nur dann sicher sein, daß E noch nicht existierte, als D wahrgenommen wurde, wenn ich annehme, daß beide Ereignisse *an demselben Gegenstand* auftreten. Wenn ich zu t_1 eine gefüllte Kaffeetasse sehe, und zu t_2 eine halbleere, kann ich nur dann schließen, daß die Tasse zu t_1 noch nicht halbleer war, wenn ich voraussetze, daß es sich in beiden Fällen um *dieselbe* Tasse handelt. Ich kann also nur dann den Anfangs- und Endpunkt eines bestimmten (vorübergehenden) Ereignisses eindeutig bestimmen, wenn ich unterstelle, daß es sich um ein Ereignis an einem *bleibenden* Gegenstand handelt, der zuvor in einem anderen Zustand gewesen ist und später in einen dritten Zustand übergeht. Da diese Überlegung sich sowohl auf den früheren wie den späteren Zustand erneut anwenden läßt, ergibt sich, daß der zugrundeliegende Gegenstand beharrlich sein muß (vgl. Guyer 1987, 224 ff.).

Dieses Argument ist zwar nicht den oben angeführten Einwänden ausgesetzt – es setzt aber die starke Annahme voraus, daß ich *nur* dann wissen kann, daß ein Ereignis E erst zu einem bestimmten Zeitpunkt eingetreten ist, wenn ich weiß, daß zuvor ein mit E unverträglicher Zustand *desselben Gegenstandes* existierte. Man kann sich fragen, ob nicht die schwächere Annahme ausreicht, daß E an *derselben Raumstelle*, an der es zu einem bestimmten Zeitpunkt aufgetreten ist, zuvor nicht anzutreffen war. (Um die Raumstelle identifizieren zu können, mag zwar ein relativ beharrliches empirisches Bezugssystem erforderlich sein. Aber ebensowenig wie in dem anfangs diskutierten Argument folgt daraus, daß die Erscheinungen, die relativ zu diesem Bezugssystem lokalisiert werden, deshalb auch als wechselnde Zustände dieses Bezugssystems angesehen werden müssen).

An demselben Punkt ist auch das Argument angreifbar, mit dem Kant in (7) zu zeigen versucht, daß „das Entstehen und Vergehen schlechthin […] gar keine möglich Wahrnehmung sein" könne (A188/B231): Wenn X entsteht, müsse es einen früheren Zeitpunkt geben, zu dem X nicht existierte. Da aber die „leere Zeit […] kein Gegenstand der Wahrnehmung" sein könne, müsse es ein Y geben, das vorher existierte. Dann aber sei X eben nur ein neuer Zustand von Y. Der letzte Schritt dieses Arguments geht von der unbegründeten Voraussetzung aus, daß X nur dann relativ zu Y datierbar ist, wenn es sich um Zustände derselben Substanz handelt.

11.3.2.3 *Der Beweis in A* (Abs. 2). – Der Beweis der ersten Auflage bringt der Sache nach kaum neue Gesichtspunkte ins Spiel und ist zudem nicht besonders klar strukturiert. Ich beschränke mich daher im wesentlichen auf einige erläuternde Bemerkungen zur Struktur der Argumentation. Diese läßt sich leichter verstehen, wenn man auf eine spätere Passage vorgreift. Dort unterscheidet Kant zwischen dem Verhältnis der Erscheinungen *zur Zeit selbst*, als einer Größe (der Dauer), und den Verhältnissen der Erscheinungen *in der Zeit* (Folge und Zugleichsein) (A215/

B262). Der Beweis orientiert sich an dieser Unterscheidung. In einem *ersten Schritt* soll gezeigt werden, daß ohne die Voraussetzung eines Beharrlichen das Verhältnis der Erscheinungen *in der Zeit* nicht bestimmt werden kann (Satz 1–3). Daran schließt sich ein *zweiter Schritt* an, in dem Kant zu begründen versucht, daß die Beharrlichkeit die Zeit überhaupt ausdrückt (Satz 4–6). Im *dritten Schritt* (Satz 7–8) soll gezeigt werden, daß das Beharrliche auch das Substrat der Bestimmung des Verhältnisses der Erscheinungen *zur Zeit* ist. Daher folgert Kant in Satz 9, daß ohne dieses Beharrliche *kein* Zeitverhältnis (weder *zur* Zeit noch *in* der Zeit) möglich ist. Im abschließenden *vierten Schritt* (Satz 10–11) wird das Beharrliche mit der Substanz identifiziert, wobei Kant – wie schon im B-Beweis – die Mehrdeutigkeit im Begriff des Substrats auszunutzen scheint.

Der Beweis ist in mindestens zwei Hinsichten unglücklich aufgebaut. Zum einen wird die Funktion des zweiten Beweisschrittes nicht erkennbar. Zum anderen ist der Hinweis auf die Nichtwahrnehmbarkeit der Zeit (erster Teil von Satz 10) insofern schlecht plaziert, als die Folgerung, zu deren Begründung er beitragen soll, bereits zuvor (Satz 2) gezogen worden ist.

Im Vergleich zum B-Beweis bringt der Text nur mit dem dritten Schritt einen zusätzlichen Gesichtspunkt ins Spiel, der der Sache nach aber kaum weiterhilft. Danach soll ohne etwas Beharrliches keine Vorstellung von Dauer möglich sein, weil „in der bloßen Folge allein [...] das Dasein immer verschwindend und anhebend [ist], und [...] niemals die mindeste Größe" hat (A183/B226). Möglicherweise meint Kant mit dieser reichlich kryptischen Bemerkung, daß das Bewußtsein von Dauer nur möglich ist, wenn die aufeinander folgenden Vorstellungen reproduziert und in einem Bewußtsein zusammengefaßt werden, und daß dies nur möglich ist, wenn ich sie im Begriff eines dauernden Gegenstandes verbinde (vgl. *A-Deduktion* insbes. A102 f.). Wieso dieser Gegenstand allerdings *beharrlich* sein muß, ist nicht recht nachvollziehbar.

11.3.3 Die zweite Analogie

Der der zweiten Analogie gewidmete Text kann in zwei Hauptteile gegliedert werden: Der *erste Teil* (1)–(16) ist dem Beweis des Kausalprinzips gewidmet. (1) und (2) sind Hinzufügungen der zweiten Auflage. (1) faßt das Ergebnis der ersten Analogie zusammen; (2) gibt den B-Beweis. Der A-Beweis umfaßt (3)–(16). (3)–(8) enthalten einen ersten Beweisgang (3)–(6), dessen Ergebnis in (7) in der Form eines indirekten Beweises bestätigt und in (8) zusammengefaßt wird. (9) formuliert einen Einwand, auf den ein zweiter Beweisgang (10)–(15) reagiert. (16) gibt eine abschließende Zusammenfassung. Der *zweite Teil* (17)–(28) enthält verschiedene erläuternde Anmerkungen zu den folgenden Themen: Gleichzeitigkeit von Ursache und Wirkung (17)–(18); Zusammenhang der Begriffe „Kausalität", „Handlung", „Kraft" und „Substanz" (19)–(20); „Gesetz der Kontinuität" (22)–(28).

11.3.3.1 *Der Grundsatz*. – Die zweite Analogie formuliert ein allgemeines Kausalprinzip, wonach jede Veränderung eine Ursache voraussetzt, auf die sie nach einer allgemeinen Regel folgt. Durch die Kausalitätskategorie werden Erscheinungen als *notwendig* und *gesetzmäßig* miteinander verknüpft gedacht. Das allgemeine Kausal*prinzip* ist von einzelnen, nur empirisch erkennbaren Kausal*gesetzen* zu unterscheiden. Es sagt nur aus, daß es zu jeder Veränderung eine Ursache gibt, von der jene gesetzmäßig abhängt. *Was* die Ursache einer gegebenen Veränderung ist, und welches Kausalgesetz in einem gegebenen Fall vorliegt, kann nur durch Erfahrung erkannt werden (vgl. z. B. A127 f.; B165; A216/B263).

In den *Prolegomena* berichtet Kant, daß er durch Humes skeptische Kausalitätstheorie aus seinem „dogmatischen Schlummer" gerissen wurde (IV 260). Kant stimmt mit Hume darin überein, daß notwendige Zusammenhänge weder durch Vernunft noch durch Wahrnehmung entdeckt werden können. Aber er zieht daraus nicht Humes skeptische Konsequenz, wonach die objektive Notwendigkeit, die im Begriff der Kausalität gedacht wird, „angedichtet" und ein bloßer Schein ist (vgl. IV 311), der sich aus einer „subjektiven Notwendigkeit" der gewohnheitsmäßigen Assoziation von Vorstellungen ergibt (B5). Kant versucht in der zweiten Analogie vielmehr zu zeigen, daß wir die Geltung notwendiger, gesetzmäßiger Verknüpfungen in der Erfahrungswelt voraussetzen müssen, wenn wir auf der Grundlage unserer Wahrnehmungen objektive Veränderungen erkennen wollen. Dies ist aber nicht so zu verstehen (wie z. B. Schopenhauer unterstellt), daß zwei Zustände (z. B. Tag und Nacht) nur dann objektiv aufeinanderfolgen können, wenn der frühere Zustand die Ursache des späteren ist. Kant behauptet nur, daß jeder objektive Zustandswechsel (also z. B. der Übergang vom Tag zur Nacht) als kausal bedingt, d. h. als Wirkung einer vorausliegenden Ursache (der Erdrotation) angesehen werden muß. Im folgenden sollen die objektiven Zustände durch Großbuchstaben, die entsprechenden Wahrnehmungen durch kleine Buchstaben bezeichnet werden. (AB) soll bedeuten, daß der Zustand A objektiv dem Zustand B vorausgeht; (ab) bedeutet, daß die *Wahrnehmung* von A der *Wahrnehmung* von B vorausgeht.

11.3.3.2 *Der B-Beweis* (Abs. 2). – Der Beweis folgt dem Schema, das bereits dem B-Beweis des Prinzips der Analogien zugrundelag, und wendet es auf den Spezialfall der Erkenntnis objektiver Veränderungen an. *Erstens* soll gezeigt werden, daß „durch die bloße Wahrnehmung das *objektive Verhältnis* der einanderfolgenden Erscheinungen unbestimmt" bleibt (B234). *Zweitens* wird behauptet, daß die Erkenntnis objektiver Veränderungen nur dadurch möglich ist, daß wir „alle Veränderung dem Gesetze der Kausalität unterwerfen" (B234).

Zum ersten Schritt: Die Wahrnehmung einer objektiven Veränderung setzt voraus, daß zwei Zustände nacheinander wahrgenommen werden. Dies ist nach Kant nur aufgrund einer Synthesis der Einbildungskraft möglich. *Die These von der objektiven Unbestimmtheit der Wahrnehmungssynthesis* soll nun darauf beruhen, daß (i) die Einbildungskraft die Wahrnehmungen in unterschiedlicher Reihenfolge ((ab) oder (ba)) verbinden kann, und (ii) die Zeit selbst nicht wahrgenommen werden kann. Daher sei die Wahrnehmungsfolge als solche „bloß subjektiv" (A194/B239), ja „ganz „beliebig" (A193/B238).

Der zweite Schritt beruht im wesentlichen auf der Behauptung, daß das objektive Zeitverhältnis nur erkannt werden könne, wenn ich mir denke, daß die Zustände *mit Notwendigkeit* aufeinander folgen.

In dieser knappen Form kann Kants Beweis kaum überzeugen. Zum einen scheint die Begründung der Unbestimmtheitsthese auf der unplausibel starken Behauptung zu beruhen, daß die Abfolge der Wahrnehmungen dem Belieben meiner Einbildungskraft anheim steht. Bereits Schopenhauer hat sich über diese Behauptung lustig gemacht: Wenn ich aus dem Haus trete, und darauf ein vom Dach fallender Ziegel meinen Kopf trifft, so sei die Abfolge meiner Wahrnehmungen „objektiv bestimmt und nicht subjektiv durch meine Willkür, die sonst wohl die Succession umgekehrt haben würde" (*Über die vierfache Wurzel*, § 23). Zum anderen wird die für den zweiten Schritt zentrale Behauptung, daß ich mir das Zeitverhältnis der wahrgenommenen Zustände als notwendig bestimmt denken muß, nicht eigens begründet.

Zur Verteidigung von Kants Argument ist geltend gemacht worden, daß die These von der Beliebigkeit der Wahrnehmungssynthesis unnötig stark sei (vgl. z. B. Beck 1978, 144). Für Kants Zwecke reiche die schwächere Annahme, daß aus der bloßen Abfolge der Wahrnehmungen nicht automatisch auf das Vorliegen einer objektiven Folge geschlossen werden könne, da es auch möglich sei, objektiv *gleichzeitige* Zustände *nacheinander* wahrzunehmen. Diese schwächere These sei aber – wie Kants Beispiel von der sukzessiven Apprehension der gleichzeitig existierenden Teile eines Hauses zeige (vgl. A190/B235) – unbestreitbar. (Kant müsse dazu auch nicht auf seine – ebenfalls nicht sonderlich plausible – Annahme zurückgreifen, wonach die Synthesis der Apprehension „jederzeit" sukzessiv sei, A189/B234 und A192/B237. Es reiche, daß es sich bei einer Wahrnehmungsfolge immer um die Wahrnehmung gleichzeitiger Zustände handeln *könnte*.)

Diese schwache Version von Kants Unbestimmtheitsthese ist sicherlich akzeptabel. Das heißt aber nicht, daß auch Kants Behauptung, das Unbestimmtheitsproblem könne nur gelöst werden, wenn die Geltung des Kausalprinzips unterstellt werde, richtig ist. Es ist angenommen worden, daß Kant diese Behauptung später (vgl. Abs.(4)–(6)) durch die folgende Überlegung zu begründen versucht: (a) um zu entscheiden, ob es sich bei einer gegebenen Wahrnehmungsfolge um die Wahrnehmung einer objektiven Folge oder um die Wahrnehmung gleichzeitig existierender Zustände handelt, muß ich untersuchen, wodurch sich Wahrnehmungsfolgen, die sich auf objektive Veränderungen beziehen, von Wahrnehmungsfolgen, die gleichzeitige Zustände repräsentieren, unterscheiden. (b) Für Wahrnehmungen objektiver Veränderungen ist es aber charakteristisch, daß die Reihenfolge der Wahrnehmungen *festgelegt*, „bestimmt", ist (A192/B237). Die gleichzeitig existierenden Teile des Hauses hätte ich hingegen genausogut in umgekehrter Reihenfolge wahrnehmen können. (c) Eine Wahrnehmungsfolge, die eine objektive Folge repräsentiert, unterscheidet sich daher von einer Wahrnehmungsfolge, die sich auf gleichzeitig existierende Zustände bezieht, dadurch, daß im ersten Fall „die Ordnung der einander folgenden Wahrnehmungen [...] *notwendig*" ist (A193/B238). (d) Daher kann ich nur dann eine Wahrnehmungsfolge als Wahrnehmung einer objektiven Veränderung auffassen, wenn ich annehme, daß die wahrgenommenen Zustände notwendig aufeinander folgen, also kausal bedingt sind.

Wäre dies Kants Argument, dann hätte Strawson recht, wenn er Kant einen eklatanten Fehlschluß vorwirft (vgl. Strawson 1966, 137 f.) Denn offenkundig folgt aus dem Umstand, daß die *Wahrnehmungen* aufeinanderfolgender Zustände nicht in umgekehrter Reihenfolge hätten auftreten können, nicht, daß die Abfolge der *wahrgenommenen Zustände* notwendig bestimmt ist. Denn auch wenn die objektiven Ereignisse zufällig aufeinanderfolgten, wäre die Abfolge der Wahrnehmungen festgelegt.

Man muß Kant indes nicht diesen groben Fehlschluß unterstellen. So ist vorgeschlagen worden, Kants Argument als ein „epistemologisches" Argument zu verstehen (vgl. z. B. Beck 1978, 130–155; Dryer 1966, Chap. 9; Dryer 1984; Guyer 1978, Chap. 10). Die Grundidee dieser (im einzelnen recht unterschiedlichen) Rekonstruktionsversuche besteht darin, daß in der Annahme der kausalen Bedingtheit der objektiven Folge der *Rechtfertigungsgrund* für Urteile über objektive Veränderungen gesehen wird. Da aus der bloßen *Abfolge* der Wahrnehmungen nicht auf das objektive Zeitverhältnis geschlossen werden könne, bleibe nur die Möglichkeit, dies dem *Inhalt* der Wahrnehmungen zu entnehmen. Wenn ich weiß, daß ein bestimmter Ereignistyp B nur *nach* einem Ereignistyp A eintreten *kann*, kann ich aus dem Auftreten der Wahrnehmungen a und b schließen, daß die objektive Veränderung (AB) vorliegt. Dies setzt aber voraus, daß die objektiven Zustände untereinander in gesetzmäßigen Beziehungen stehen, aus denen sich ihr Zeitverhältnis ableiten läßt.

Auch diese Strategie hat ihre Schwierigkeiten. Zum einen bleibt unklar, ob das Unbestimmtheitsproblem *nur* unter der Annahme *gesetzmäßiger* Beziehungen lösbar ist. Wenn ich das Schiff erst vor und dann hinter der Brücke wahrnehme, weiß ich, daß es sich nicht um die sukzessive Wahrnehmung gleichzeitiger Zustände handelt, da sich das Schiff nicht gleichzeitig an verschiedenen Orten befinden kann. Dazu ist es nicht nötig, auf *Kausalgesetze* zurückzugreifen. (Dies wäre allenfalls dann erforderlich, wenn man die *starke* Version der Unbestimmtheitsthese voraussetzt, wonach die Abfolge der Wahrnehmungen ganz beliebig ist.)

Ein zweiter Einwand ergibt sich, wenn man sich klar macht, daß die Annahme der Geltung des Kausal*prinzips* allein gar nicht ausreicht, um das Unbestimmtheitsproblem zu lösen. Dazu genügt es nicht, zu wissen, daß jede Veränderung eine Ursache besitzt. Ich muß darüber hinaus sowohl das für den gegebenen Fall einschlägige *empirische Kausalgesetz* kennen, als auch wissen, daß im gegebenen Fall die entsprechende Ursache eingetreten ist. Aber wie sollen empirische Kausalgesetze erkannt werden, wenn nicht auf der Grundlage beobachteter Regularitäten *objektiver* Zustände? Damit wird das ganze Verfahren jedoch zirkular: Um zu erkennen, daß sich das Schiff z.B. vorwärts bewegt hat, müßte ich erstens wissen, daß im gegebenen Fall ein bestimmtes Ursacheereignis vorlag und zweitens ein empirisches Kausalgesetz kennen, aus dem sich ergibt, daß sich das Schiff bei Vorliegen dieses Ursacheereignisses vorwärts bewegen muß. Andererseits kann ich aber dieses empirische Kausalgesetz nur erkennen, indem ich feststelle, daß sich in allen Fällen, in denen das betreffende Ursacheereignis vorliegt, Schiffe vorwärts bewegen.

Zudem erscheint es wenig plausibel, daß ich nur dann vom Vorliegen einer bestimmten objektiven Veränderung wissen können soll, wenn ich sowohl die Ursache wie das einschlägige empirische Kausalgesetze kenne.

11.3.3.3 *Der A-Beweis: 1. Beweisgang* (Abs. 3–6). – (3) Der Beweis beginnt mit der Einführung des Unbestimmtheitsproblems: Da die „Apprehension des Mannigfaltigen der Erscheinung [...] jederzeit sukzessiv" ist, stellt sich die Frage, ob die wahrgenommenen Zustände sich deshalb „auch im Gegenstande folgen" (A189/B234), was – wie Kant mit dem Hinweis auf die sukzessive Apprehension der Teile eines Hauses erläutert – „freilich niemand zugeben wird" (A190/B235). Da die Wahrnehmung einer objektiven Veränderung voraussetzt, daß verschiedene Zustände nacheinander wahrgenommen werden, aber umgekehrt nicht jede Sukzession von Wahrnehmungen die Wahrnehmung einer objektiven Folge ist, stellt sich bei einer gegebenen Wahrnehmungsfolge die Frage, „was dem Mannigfaltigen an den Erscheinungen selbst für eine Verbindung in der Zeit zukomme" (A190/B235). Bevor Kant sich an die Auflösung dieser Aufgabe macht, wendet er sich dem grundlegenderen Problem zu, was „unter der Frage: wie das Mannigfaltige in der Erscheinung selbst [... also: objektiv (B.T.)] verbunden sein möge?" eigentlich zu verstehen sei (A191/B236).

Zwei Möglichkeiten scheiden für Kant von vornherein aus: Das Erfahrungsobjekt kann weder mit den apprehendierten Vorstellungen, noch mit den Dingen an sich identifiziert werden. Die erste Möglichkeit entfällt, weil es sich ja gerade um das von meinen subjektiven Vorstellungszuständen „unterschiedene Objekt derselben" (A191/B236) handeln soll. Die zweite Möglichkeit scheidet aber ebenfalls aus, denn wären mit den Erfahrungsgegenständen die Dinge an sich gemeint, wäre die Frage nach ihrem Zeitverhältnis unbeantwortbar. Da uns nur unsere Vorstellungen gegeben sind, können wir nicht erkennen, wie die Dinge an sich (d. h. unabhängig davon, wie sie uns erscheinen) beschaffen sind. Wenn aber weder die gegebenen Vorstellungszustände noch die Dinge an sich mit den Erfahrungsobjekten identifiziert werden können, was ist dann unter dem Erfahrungsgegenstand zu verstehen?

Um diese Schwierigkeit zu lösen, greift Kant auf seine Ausführungen zum Begriff des Objekts zurück, die er in der *A-Deduktion* (vgl. v. a. A104–110) entwickelt hat. Im gegenwärtigen Zusammenhang sind vor allem zwei Thesen wichtig: (a) Der Gegenstand unserer Vorstellungen kann nur *indirekt* charakterisiert werden: Er ist das, „was dawider ist, daß unsere Erkenntnisse nicht aufs Geratewohl, oder beliebig" zueinanderkommen (A104). Er wird als das gedacht, was „uns nötigt, diese Ordnung der Wahrnehmungen vielmehr als eine andere zu beobachten" (A196/B242). (b) Die Einheit unter unseren Vorstellungen, die wir dem Gegenstand zuschreiben, ist in Wirklichkeit „nichts anders [...], als die formale Einheit des Bewußtseins in der Synthesis des Mannigfaltigen der Vorstellungen. [...] wir erkennen den Gegenstand, wenn *wir* [Herv. B. T.] in dem Mannigfaltigen der Anschauung synthetische Einheit bewirkt haben" (A105). Der Zusammenhang unserer Wahrnehmungen, den wir in der „naiven" Einstellung auf die Einwirkung unabhängig von uns existierender Dinge zurückführen, erweist sich, „so bald ich meine Begriffe von einem Gegenstande bis zur transzendentalen Bedeutung steigere", als vom erkennenden Subjekt nach Regeln hervorgebracht (A190 f./B236 f.).

Unter diesen – nicht unproblematischen – Voraussetzungen kann Kant nun folgern, daß etwas nur dann als der von unseren Vorstellungen unterschiedene Gegenstand vorgestellt werden kann, wenn die Apprehension der Vorstellungen „unter einer Regel steht, welche sie von jeder andern Apprehension unterscheidet, und eine Art der Verbindung des Mannigfaltigen notwendig macht" (A191/B236; vgl. A197/B242 f.). Der empirische Gegenstand ist nur ein Etwas, das ich mir als Grund einer bestimmten synthetischen Einheit denke, die nach einer Regel von mir hervorgebracht worden ist.

Wenn Kant sagt, die Erscheinung (der Erfahrungsgegenstand) sei „nichts weiter als ein Inbegriff" gegebener Vorstellungen (A191/B236), so will er damit nicht – wie gelegentlich behauptet wird – einen ontologischen Phänomenalismus vertreten, wonach die Erfahrungsgegenstände lediglich Aggregate von Vorstellungen sind. Es geht ihm ja gerade um die Differenz zwischen den Vorstellungen der Apprehension und dem von diesen *unterschiedenen* Gegenstand (vgl. auch Allison 1983, 226). Kant will mit dieser – nicht besonders glücklichen – Formulierung lediglich zum Ausdruck bringen, daß der Gegenstand ein gedankliches Konstrukt ist, das wir uns als Grund einer nach Regeln bewirkten synthetischen Einheit gegebener Vorstellungen denken. Er ist das, was ich mir als den Grund, als „Bedingung", dafür denke, daß das gegebene Mannigfaltige auf eine bestimmte Weise (nach einer bestimmten Regel) verbunden werden muß (A191/B236; vgl. A105, A106, A109).

Daraus ergibt sich, daß eine Vorstellungsverbindung genau dann die Vorstellung einer *objektiven* Verbindung eines bestimmten Typs (z.B. einer objektiven Veränderung) ist, wenn diese Verbindung auf einer für diesen Typ *charakteristischen* Regel beruht, d.h. einer Regel, die sich von allen anderen Regeln (also z.B. der für gleichzeitig existierende Zustände) unterscheidet. Angewandt auf das Problem der Erkenntnis objektiver Veränderungen bedeutet dies, daß eine Wahrnehmungsfolge nur dann als Wahrnehmung einer objektiven Veränderung angesehen werden kann, wenn die Wahrnehmungsfolge auf einer Regel beruht, die charakteristisch für Wahrnehmungen objektiver Veränderungen ist.

In (4) versucht Kant nun durch eine Analyse der Wahrnehmung einer objektiven Veränderung diese charakteristische Regel zu ermitteln. Die Wahrnehmung einer objektiven Veränderung muß erstens aus der Abfolge zweier Wahrnehmungen bestehen. Da dies aber auch für die Apprehension gleichzeitig existierender Zustände gelten kann, unterscheidet sich dadurch die Apprehension einer Veränderung nicht von anderen Apprehensionen. Erst die zweite Bedingung ist charakteristisch für die Apprehension objektiver Veränderungen: hier ist die Reihenfolge der Wahrnehmungen „bestimmt" (A192/B237) – wir sind *genötigt*, die Wahrnehmungen in einer festgelegten Reihenfolge zu apprehendieren (vgl. A196f./B242), während die verschiedenen Teile des Hauses genausogut in umgekehrter Reihenfolge hätten wahrgenommen werden können. Damit ist die gesuchte, für Wahrnehmungen objektiver Veränderungen charakteristische, Regel gefunden.

In (5) wird dieses Ergebnis mit den in (3) vorgetragenen Überlegungen zum Begriff des Erfahrungsobjekts zusammengebracht: Die subjektive Folge meiner Vorstellungen kann nur dann als Wahrnehmung einer objektiven Folge angesehen werden, wenn sie als in der objektiven Folge begründet angesehen wird. Andernfalls wäre sie „ganz beliebig". Aber die „Nötigung", die wir dem Gegenstand zuschreiben, beruht in Wirklichkeit darauf, daß die Wahrnehmungen einer Regel der Synthesis der Apprehension unterworfen sind.

(6) Nun bedarf jede Regel einer Anwendungsbedingung. Diese Anwendungsbedingung muß selber etwas Wahrnehmbares sein, da die Regel andernfalls nicht angewandt werden kann. Die Regel hat also die Form: wenn die Anwendungsbedingung c gegeben ist, sollen die Wahrnehmungen a und b in der Reihenfolge (ab) verbunden werden. Daraus folgt, daß immer dann, wenn c gegeben ist, a und b gemäß der Regel in der Reihenfolge (ab) apprehendiert werden müssen. Aber das bedeutet, daß immer dann, wenn c vorliegt, die Abfolge der Wahrnehmungen (ab) durch eine Regel *festgelegt* ist. Dann haben wir es aber (nach der in (3) skizzierten Theorie des Objekts) mit einer *objektiven* Folge der Zustände A und B in der Reihenfolge (AB) zu tun. Das heißt: Immer dann, wenn c auftritt, tritt auch eine ob-

jektive Folge von Zuständen (AB) auf. Daher kann der der Wahrnehmung c korrespondierende Zustand C als die Ursache von (AB) aufgefaßt werden. Da eine Regel der angegebenen Form aber „bei der Wahrnehmung von dem, was geschieht, jederzeit anzutreffen" ist (A193/B238), ergibt sich, daß alles, was geschieht, etwas voraussetzt, worauf es nach einer Regel folgt.

Anders als in dem von Strawson kritisierten Argument (s. o. S. 281 f.) schließt Kant hier nicht *unmittelbar* von der Bestimmtheit der Wahrnehmungsfolge auf die kausale Bestimmtheit der Zustandsfolge, indem er beide einfach identifiziert. Der Übergang ergibt sich erst unter der zusätzlichen Voraussetzung, daß die Bestimmtheit der Wahrnehmungsfolge nicht kausal von den wahrgenommenen Gegenständen abhängt, sondern auf einer Regel meiner Einbildungskraft beruht, die eine bestimmte Form haben muß. Kants Argument enthält damit nicht den von Strawson diagnostizierten Fehlschluß. Es beruht allerdings auf der massiven Voraussetzung, daß wir selbst die Ordnung und Regelmäßigkeit in die Natur hineinbringen, indem wir die gegebenen Vorstellungen nach Regeln synthetisieren. Dies klingt – wie Kant in der *A-Deduktion* selber zugesteht – „sehr widersinnig und befremdlich" (A114), und es ist eher fraglich, ob diese Behauptung gleichwohl „richtig, und dem Gegenstande [...] angemessen" ist (A127).

11.3.3.4 *Der A-Beweis: 2. Beweisgang* (Abs. 10–15). – Nachdem Kant den ersten Beweisgang in (7) in der Form eines indirekten Beweises bestätigt und sein Ergebnis in (8) zusammengefaßt hat, formuliert er in (9) einen empiristisch inspirierten Einwand, auf den der 2. Beweisgang (10)–(15) antwortet. Der Einwand geht davon aus, daß der Begriff der Kausalität aus der Erfahrung von wahrgenommenen Regularitäten abgeleitet ist. In diesem Fall würde aber „die Regel, die er verschafft, daß alles, was geschieht, eine Ursache habe, [...] ebenso zufällig sein, als die Erfahrung selbst: seine Allgemeinheit und Notwendigkeit wären alsdann nur angedichtet, und hätten keine wahre allgemeine Gültigkeit, weil sie nicht a priori, sondern nur auf Induktion gegründet wären" (A196/B241). Dies ist eben die Konsequenz, die Hume tatsächlich gezogen hat. Da Kant selber in seinem ersten Beweisgang die Regel, durch die sich Wahrnehmungen objektiver Veränderungen von anderen Wahrnemungsabfolgen unterscheiden, nur mit dem Hinweis auf Beispiele aus der Erfahrung eingeführt hat (vgl. Abs. (4)), sieht er sich nun genötigt, seine Betrachtungen grundsätzlicher anzulegen.

Es soll nun gezeigt werden, daß die Notwendigkeit, die im Begriff der kausalen Verknüpfung gedacht wird, in der Struktur der Zeit selber fundiert ist: Wenn wir die Ereignisse kausal verknüpft denken, folgen wir nicht bloß einer auf Gewohnheit beruhenden Assoziation – vielmehr soll sich die Notwendigkeit einer solchen kausalen Verknüpfung (und damit die Notwendigkeit, unsere Vorstellungen auf Objekte zu beziehen) daraus ergeben, daß ohne sie ein einheitliches Zeitbewußtsein gar nicht möglich ist. Dazu greift Kant in (13)–(14) auf seine oben (S. 273) bereits angedeutete Strategie zurück, wonach die Zeit eine formale Einheit besitzt, die auf der reinen Synthesis der transzendentalen Einbildungskraft beruht. Kant behauptet nun, zu dieser formalen Einheit gehöre, „daß die vorige Zeit die folgende notwendig bestimmt (indem ich zur folgenden nicht anders gelangen kann, als durch die vorhergehende)" (A199/B244). Da aber alles, was in der Zeit bestimmt (also objektiv) vorgestellt werden soll, der formalen Einheit der Zeit gemäß sein muß (vgl. B161 sowie B162 f.), weil es sonst „nicht mit der Zeit selbst [...] übereinkommen würde" (A199 f./B245), ist „es auch ein unentbehrliches *Gesetz der empirischen Vorstellung* der Zeitreihe, daß die Erscheinungen der vergangenen Zeit jedes Dasein in der folgenden bestimmen [...], d. i. nach einer Regel festsetzen" (A199/B244).

Dieses Argument provoziert zwei kritische Nachfragen: 1. Reduziert sich die These von der notwendigen Ordnung der Zeit nicht auf die analytische Trivialität, daß es *begrifflich* notwendig ist, daß die frühere Zeit der späteren vorhergeht? Aus dieser *analytischen* Notwendigkeit kann aber kaum auf eine *kausale* Notwendigkeit geschlossen werden (vgl. Broad 1978, 175).

2. Gilt Kants Behauptung, daß ich zur folgenden Zeit „nicht anders gelangen kann, als durch die vorhergehende", nicht auch für das *subjektive* Zeitbewußtsein? Wenn sich aber aus der notwendigen Ordnung der Zeit ergeben soll, daß das, was in der Zeit vorgestellt wird, kausal festgelegt ist, müßte dies auch für die *subjektive* Abfolge der Wahrnehmungen gelten. (Für Rekonstruktion und Kritik des Argumentes vgl. Broad 1978, 173 ff., und Thöle 1991, 205 ff.)

11.3.4 Die dritte Analogie

(1) enthält den B-Beweis. (2)–(4) geben den bereits in der ersten Auflage enthaltenen Beweis. (5)–(6) enthalten Erläuterungen und Ergänzungen.

11.3.4.1 *Der Grundsatz*. – Der Grundsatz besagt, daß alle Substanzen in durchgängiger Wechselwirkung miteinander stehen. Die Formulierung in B scheint insofern schwächer zu sein, als die Behauptung auf Substanzen *im Raum* eingeschränkt wird. Das Motiv für diese Einschränkung ist vermutlich darin zu sehen, daß sich nach Kant die Substantialität der Seele nicht beweisen läßt.

Der Grundsatz soll wiederum als Bedingung der Möglichkeit objektiver Erfahrung bewiesen werden, wobei die durchgängige Wechselwirkung eine Bedingung für die Erkenntnis objektiver *Gleichzeitigkeit* sein soll. Es geht dabei aber nicht, wie die Formulierungen des Grundsatzes nahelegen, um die Frage, ob die *Substanzen* gleichzeitig existieren. Dies ergibt sich bereits aus ihrer Beharrlichkeit. Vielmehr geht es darum, unter welchen Bedingungen die Gleichzeitigkeit der wechselnden

Zustände verschiedener Substanzen erkannt werden kann (vgl. dazu die Formulierung des Schemas in A144/B183f.).

Wie aus späteren Bemerkungen hervorgeht (A212f./B259), ist der Grundsatz nicht so zu verstehen, daß jede Substanz mit jeder anderen Substanz in *unmittelbarer* Wechselwirkung stehen muß. Es genügt, wenn die Wechselwirkung „mittelbar" ist. (A steht z.B. in mittelbarer Wechselwirkung mit B, wenn sowohl A als auch B mit C in unmittelbarer Wechselwirkung stehen.)

11.3.4.2 *Der B-Beweis* (Abs. 1). – Der Beweis folgt zwar oberflächlich betrachtet dem gewohnten Schema, ist aber in den Einzelheiten ziemlich verwirrend. Er besteht aus sechs Schritten. (a) Zunächst formuliert Kant das Kriterium für objektive Gleichzeitigkeit (vgl. auch A211/B258): Wenn die Wahrnehmung des einen Zustandes auf die Wahrnehmung des anderen wechselseitig folgen kann, „sage ich, sie existieren zugleich" (B257) (Satz 1–2). (b) Da die Zeit selbst aber nicht wahrnehmbar ist, kann die Möglichkeit der wechselseitigen Folge der Wahrnehmungen nicht dadurch erkannt werden, daß wir wahrnehmen, daß die beiden Zustände „in derselben Zeit gesetzt sind" (B257) (Satz 4). (c) Der Synthesis der Apprehension ist aber lediglich zu entnehmen, daß die Wahrnehmungen abwechselnd aufeinander folgen, nicht aber, daß die wahrgenommenen Zustände objektiv zugleich existieren (Satz 5). (d) Nur wenn die wechselseitige Folge der Wahrnehmungen als „im Objekte gegründet" (B257) vorgestellt wird, kann auf die objektive Gleichzeitigkeit geschlossen werden. (e) Um mir aber die wechselseitige Folge der Wahrnehmungen als im Objekte gegründet vorstellen zu können, benötige ich einen Verstandesbegriff (einen Objektbegriff) von der wechselseitigen Folge der Zustände (Satz 6). Dies ist der Begriff der Wechselwirkung (Satz 7). (f) Also kann das objektive Zugleichsein nur unter Voraussetzung einer Wechselwirkung in der Erfahrung erkannt werden (Satz 8).

Der Beweis wirft die folgenden Probleme auf:

1. Wie kann Kant im ersten Satz sagen, daß Dinge dann zugleich existieren, wenn die Wahrnehmung des einen auf die des anderen „*wechselseitig*" folgen kann, und zugleich im fünften Satz behaupten, daß daraus, daß die Wahrnehmungen „wechselweise" aufeinander folgen, *nicht* geschlossen werden kann, daß „die Objekte zugleich seien" (B257)?

Dieser scheinbare Widerspruch löst sich auf, wenn man zwischen der *Möglichkeit der wechselseitigen Folge*, die als Kriterium der objektiven Gleichzeitigkeit dient, und der *faktisch abwechselnden Folge* der apprehendierten Wahrnehmungen unterscheidet. Daß die Wahrnehmungen wechselseitig aufeinander folgen *können*, besagt, daß *anstelle* einer gegebenen Wahrnehmungsfolge (ab) genausogut die umgekehrte Folge (ba) *hätte auftreten können*. Dies läßt sich aber nicht daraus schließen, daß *faktisch* z.B. die Wahrnehmungsfolge (ababab) aufgetreten ist.

2. Die naheliegende Möglichkeit, die Gleichzeitigkeit verschiedener Zustände dadurch festzustellen, daß sie gleichzeitig wahrgenommen werden, wird von Kant erst gar nicht in Betracht gezogen – wohl deshalb, weil er auch hier implizit davon ausgeht, daß die Wahrnehmung eines Mannigfaltigen *immer* sukzessiv ist.

3. Der Schritt (e) scheint auf einer Doppeldeutigkeit im Begriff der wechselseitigen Folge zu beruhen. Wenn von der wechselseitigen Folge *der Wahrnehmungen* die Rede ist, ist die wechselnde *zeitliche Aufeinanderfolge* gemeint. Aber wenn Kant von der wechselseitigen Folge der Bestimmungen der Dinge spricht, meint er – wie aus dem 7. Satz klar hervorgeht – die wechselseitige *kausale Abhängigkeit* der objektiven Zustände.

Guyer (1987) und Melnick (1973) haben eine Rekonstruktion von Kants Argument vorgeschlagen, die nicht auf dieser Verwechslung beruht. Sie läßt sich in drei Schritten zusammenfassen:

1. Aus der Abfolge von Wahrnehmungen (ababab) folgt bestenfalls, daß die wahrgenommenen Zustände dann existieren, wenn sie wahrgenommen werden, nicht aber, daß z.B. A (unwahrgenommen) existiert, während B wahrgenommen wird.

2. Um auf der Basis meiner Wahrnehmungen die objektive Gleichzeitigkeit der wahrgenommenen Zustände erkennen zu können, benötige ich ein Prinzip, das mir erlaubt, auf die Existenz von A zu schließen, während ich B wahrnehme und umgekehrt.

3. Dies ist aber nur möglich, wenn ich annehme, daß zwischen A und B ein gesetzmäßiger Zusammenhang besteht, und das beinhaltet, daß A und B (mittelbar oder unmittelbar) kausal voneinander abhängig sind.

Der schwache Punkt in diesem Argument ist die dritte Behauptung. Zwar kann man zugestehen, daß gesetzmäßige Zusammenhänge erforderlich sind, um auf die Existenz nichtwahrgenommener Zustände schließen zu können. Aber wieso muß ich dazu einen gesetzmäßigen Zusammenhang *zwischen A und B* unterstellen? Genügt es nicht, einen gesetzmäßigen Zusammenhang zu unterstellen, der mir erlaubt, aus meiner *früheren* Wahrnehmung von A zu schließen, daß A auch weiterhin existiert? Dies entspräche auch besser unserem tatsächlichen Vorgehen. Niemand, der sein Auto an der Stelle wieder vorfindet, an der er es vorher abgestellt hat, gründet seine Annahme, daß es auch in der Zwischenzeit an diesem Ort (unwahrgenommen) existiert hat, darauf, daß es mit den in der Zwischenzeit wahrgenommenen Gegenständen in Wechselwirkung stand.

11.4 Interpretationsfragen

Man wird kaum behaupten können, daß Kant seine Analogien wirklich mit „genugtuenden Beweisen" versehen hat. Das ändert nichts daran, daß er mit dem Problem der objektiven Zeitbestimmung ein grundlegendes erkenntnistheoretisches Problem in die Diskussion eingeführt hat. Zur Konstruktion einer objektiven Erfahrungswirklichkeit, in der allen Gegenständen eine eindeutig bestimmte Stelle zugewiesen werden kann, reicht die bloße Wahrnehmung nicht aus. Ebenso einleuchtend ist auch Kants Grundidee, daß dieses Problem nur lösbar ist, wenn die Gegenstände der Erfahrung in gesetzmäßigen Zusammenhängen stehen. Weniger klar ist, ob sich a priori Genaueres über die Art dieser gesetzmäßigen Zusammenhänge ausmachen läßt. Und es ist eher zweifelhaft, daß ohne die extrem starken Behauptungen, die Kant in den *Analogien* aufstellt, objektive Erfahrungserkenntnis nicht möglich ist.

Die Literatur insbesondere zur zweiten Analogie ist außerordentlich umfangreich und enthält eine stattliche Anzahl, z.T. recht unterschiedlicher Interpretationen und Beurteilungen von Kants Argumentation (eine knappe aber nützliche Übersicht über die angelsächsische Diskussion zur zweiten Analogie geben Harper/Meerbote 1984, 5ff.; vgl. auch Van Cleve 1973). So ist umstritten, ob und in welcher Form Kants Beweise auf seinem transzendentalen Idealismus beruhen; welche Rolle die These von der Unumkehrbarkeit der Wahrnehmungsfolge in Kants Beweis der zweiten Analogie spielt (vgl. Dryer 1984); ob Kants Argumente „psychologisch" oder „epistemologisch" zu verstehen ist; wie sie sich zur *Widerlegung des Idealismus* verhalten (vgl. Guyer 1987); welche Rolle die Analogien für das Problem der Unterscheidung zwischen Schein und Wirklichkeit spielen (vgl. Walsh 1975, §§ 24–26); wie sich die Argumentation der Analogien zur transzendentalen Deduktion verhält (vgl. Thöle 1991) und ob die Analogien als Prinzipien der Möglichkeit der Erfahrung im allgemeinen, oder als Grundvoraussetzungen *wissenschaftlicher* Erfahrung anzusehen sind (vgl. z.B. Friedmann 1994). Damit hängt auch die Frage zusammen, ob und in welchem Umfang Kants Überlegungen durch seine Absicht beeinflußt sind, die Grundprinzipien der Newtonischen Mechanik a priori zu begründen, und inwieweit sein Programm durch spätere Entwicklungen in der Physik (vor allem durch den Indeterminismus der Quantenmechanik) als widerlegt angesehen werden muß (vgl. v. Weizsäcker 1964 und Beck 1978, 156–64).

Literatur

Allison, Henry E. 1983: Kant's Transcendental Idealism. An Interpretation and Defense, New Haven/London.
Beck, Lewis W. 1978: Essays on Kant and Hume, New Haven.
Broad, C. D. 1978: Kant. An Introduction, Cambridge.
Dryer, Douglas P. 1966: Kant's Solution for Verification in Metaphysics, London.
Dryer, Douglas P. 1984: „The Second Analogy", in: W. Harper/R. Meerbote (Hg.), Kant on Causality, Freedom, and Objectivity, Minneapolis, 58–65.
Friedman, Michael 1994: „Kant and the Twentieth Century", in P. Parrini (Hg.), Kant and Contemporary Epistemology, Dordrecht/Boston/London, 27–46.
Guyer, Paul 1987: Kant and the Claims of Knowledge, Cambridge.
Melnick, Arthur 1973: Kant's Analogies of Experience, Chicago.
Strawson, Peter 1966: The Bounds of Sense. An Essay on Kant's Critique of Pure Reason, London.
Strawson, Peter 1997: „Kant on Substance", in: ders., Entity and Identity, Oxford, 268–279.
Thöle, Bernhard 1991: Kant und das Problem der Gesetzmäßigkeit der Natur, Berlin.
Van Cleve, James 1973: „Four Recent Interpretations of Kant's Second Analogy", in: Kant-Studien 64, 71–87.
Walsh, W. H. 1975: Kant's Criticism of Metaphysics, Edinburgh.
Weizsäcker, Carl Friedrich von 1964: „Kants ‚Erste Analogie der Erfahrung' und die Erhaltungssätze der Physik", in: H. Delius/G. Patzig, Argumentationen. Festschrift für Josef König, Göttingen, 256–275 (wieder abgedruckt in: G. Prauss (Hg.), Kant. Zur Deutung seiner Theorie von Erkennen und Handeln, Köln 1973, 151–66).

Paul Guyer

12 The Postulates of Empirical Thinking in General and the Refutation of Idealism

(A218/B265–A235/B294)

12.1 The position and function of the *Postulates* in the *Critique*

The section of the *Critique of Pure Reason* entitled *The Postulates of empirical thinking in general* (A218–235/B265–288), the fourth and final section of the *System of all principles of pure understanding*, might seem of relatively little importance: Kant begins the section by saying that the categories of modality which it discusses "have this peculiarity: as a determination of the object they do not augment the concept to which they are ascribed in the least, but rather only express the relation to the faculty of cognition" (A219/B266). Thus the section promises no addition to the catalogue of the conditions of the possibility of experience which the *Transcendental Aesthetic* and *Transcendental Analytic* have thus far provided. Nevertheless, this section is of great importance, for it is here that Kant begins to show how the theory of the necessary conditions of the possibility of experience thus far expounded entails the critique of traditional metaphysics that he will expound in the subsequent *Transcendental Dialectic*. This critique in turn prepares the way for Kant's grand argument, begun in the *Canon of Pure Reason* of the *Doctrine of Method* and carried to completion in the subsequent *Critique of Practical Reason* and *Critique of Judgment*, that human reason has its real rather than merely logical use only in the form of practical reason, and that the transcendent ideas of traditional metaphysics have a legitimate use only as the foundations for a metaphysics of morals – the central claims of which are labeled *Postulates of pure practical reason* to indicate that they are the only possible complement to the *Postulates of empirical thinking* – combined with a strictly regulative teleology of nature.

12.2 The Content and Structure of the *Postulates*

Kant's argument has two parts. First, in the chapter as originally published in the first edition of the *Critique*, Kant provides "definitions of the concepts of possibility, actuality and necessity in their empirical use," but also insists upon the *restric-*

tion "of all categories to merely empirical use" (A219/B266). In particular, he argues that the concepts of *possibility* and *necessity* have no use apart from their connection to the conditions of *actual* experience. Kant thus undermines any possibility of a *transcendent* use of the concepts of possibility and necessity, that is, their use to claim knowledge of objects lying beyond the limits of possible experience, although it is precisely the transcendent use of two of these concepts that was the foundation of traditional metaphysical arguments, above all the arguments for the existence of God to be exploded by Kant in the *Transcendental Dialectic*. Second, in the *Refutation of Idealism* inserted in the chapter in the second edition of the *Critique*, as well as in the *General Remark* appended to it at the same time, Kant defends the *actuality* of our experience by arguing that the very possibility of empirical self-consciousness presupposes that we interpret our representations of objects in space to represent objects that exist independently of our representations of them – even though, according to the doctrine of transcendental idealism that Kant does not surrender, the spatiality by means of which we represent the fact that such objects exist independently of our representations of them is not itself a property those objects possess independently of our representing them. Kant tries to convey the subtlety of this conclusion by calling his own idealism "critical" (IV 294) and "formal" (IV 337) as well as "transcendental". The subtlety of Kant's final position, however, has not merely confused generations of readers, but may also have masked a fundamental problem in his transcendental idealism from Kant himself.

The brief section on the *Postulates of empirical thinking* thus reveals Kant's greatest philosophical ambitions as well as one of the deepest problems in his philosophy.

12.3 Textual Commentary

12.3.1 The *Postulates*

This section will consider Kant's "definitions of the concepts of possibility, actuality and necessity in their empirical use" and the arguments he explicitly provides and implicitly suggests, not so much in behalf of these definitions but rather on the basis of them. (On Kant's treatment of modality see Stang 2016 and Abacı 2019.) The character of Kant's procedure in this section differs from that of the preceding sections of the *System of all principles*. In those sections Kant does not devote much effort to *defining* his key concepts – the concepts of extensive and intensive magnitude, and of substance, causation, and interaction – but rather, presupposing that those concepts have been successfully associated with the pure concepts of quantity, quality and relation by means of the schematism, he argues for the *objective validity* of those concepts. Those sections culminate Kant's exposition of the synthetic *a priori* principles of the possibility of experience by arguing that all objects of human experience possess extensive and intensive magnitude and are subject to the universal principles of conservation, causation, and interaction. In the *Postulates*, on the contrary, Kant seems merely to define empirically applicable concepts of possibility, actuality, and necessity. However, on the basis of these definitions Kant both asserts and suggests the arguments that are the foundation for his critique of traditional metaphysics. In what follows, then, we must first consider Kant's definitions of empirically applicable forms of the modal concepts, and then consider the arguments he builds upon them.

Kant's definitions of the empirically applicable or "schematized" forms of the modal concepts are straightforward if considered in isolation, but stand in a puzzling relation to the criteria for possibility, actuality, and necessity that he previously supplied in the *Schematism*.

(i) By the *possibility* of an object of a concept, Kant means not merely that the concept is free of internal contradiction, or possesses what he calls "logical possibility", but rather that it has "real possibility", or "agrees with the formal conditions of experience (in accordance with intuitions and concepts)" (A218/B265). This means that for an object designated by a concept to be considered possible, it must be something that we could represent as being given in space and time, as the forms of all human intuition, and in accordance with the categories, as the forms of understanding, and finally with the system of principles, including the conservation of substance and universal causation and interaction, as the forms of all human experience. Thus the concept of an object that could be in two unrelated places at once or change its state without any cause might be free of any logical contradiction, but would not represent a real possibility that could ever be experienced by human beings.

(ii) An *actual* object, according to Kant, is one that "is connected with the material conditions of experience (of sensation)" (A218/B266). That is, an actual object is not merely one whose concept is consistent with the forms of intuition and thought, but also one whose existence is evidenced by empirical intuition, a spatio-temporal presentation by means of sensation (see A20/B34). Kant states that the existence of an actual object is never given by its concept alone, but always requires empirical intuition or perception, "which yields the material for the concept" (A225/B272). Judgments of actual existence can therefore never be purely *a priori*, although the existence of an object can be known "comparatively *a priori*" when it is not *directly* presented by empirical intuition but is connected to something that is so given by means of a causal hypothesis. For example, the presence of a magnetic field is not directly perceived but is inferred from a pattern of iron filings that is directly perceived, through the causal hypothesis that only such a field could produce such a pattern (A225–6/B273). If we assume a general causal theory of perception, however, according to which the existence of external objects is always in principle the subject of a causal inference from the contents of our own sensations, this distinction between objects that are directly given by perception and those that are inferred indirectly may not be philosophically significant; in either case, the actual existence of objects must not only satisfy the logical, intuitional, and conceptual conditions of both logical and real possibility but also be evidenced by some sort of perception.

(iii) Finally, Kant defines *necessity* in terms of necessary existence, which is in turn attributed to "that whose connection with the actual is determined in accordance with general conditions of experience" (A218/B266). Kant says that this characterization "pertains to material necessity in existence, not the merely formal and logical necessity in the connection of concepts" (A226/B279). Here there might seem to be a problem in distinguishing this conception of necessity from that form of actuality which is known "comparatively *a priori*"; indeed Kant himself says that

> Since no existence of objects of the senses can be cognized fully *a priori*, but always only comparatively *a priori* relative to another already given existence, but since nevertheless even then we can only arrive at an existence that must be contained somewhere in the nexus of experience of which the given perception is a part, thus the necessity of existence can never be cognized from concepts but rather always only from the connection with that which is perceived, in accordance with general laws of experience. (A226–7/B279)

But this is not a problem; instead, it is exactly the conclusion Kant wants us to draw, namely, that what is necessary is simply what is actual when it is regarded as necessitated by causal laws. Thus the extension of the empirically usable concept of necessity, or "material necessity", is no greater than that of the concept of actuality. In Kant's words, "there is no existence which could be cognized as necessary under the condition of other given appearances except the existence of effects from given causes in accordance with laws of causality" (A227/B279). This will become a crucial premise for Kant's critique of traditional metaphysics.

We will return to this point, but first we need to consider something that may seem like more of a problem for Kant's characterization of the empirical or "material" form of the three modal categories (see Abacı 2019, 174–9). This is that when Kant first schematizes the pure concepts of modality in the *Schematism*, the schemata he offers are not identical with or even entailed by the three definitions he gives in the *Postulates*. In the *Schematism*, Kant says that

The schema of possibility is the agreement of the synthesis of various representations with the conditions of time in general (e.g., since opposites cannot exist in one thing at the same time, they can only exist one after another), thus the determination of the representation of a thing to some time.
The schema of actuality is existence at a determinate time.
The schema of necessity is the existence of an object at all times (A144–5/B184).

Kant clearly had some difficulty in deciding how to best schematize the modal concepts. (For an alternative approach, see R 5763, XVIII 347.)

Unlike the definitions in the *Postulates*, these schemata provide only *temporal* criteria for the application of the modal concepts, and these criteria do not seem congruent with Kant's later definitions. Thus, the schema for possibility seems to require more than the later definition does, for the requirement of consistency with the intuitional and conceptual conditions of experience implies only that a thing *could* exist at some point in time, while the identification of possibility with existence at some time or other requires that a possible thing *does* exist at some time. And the schema of necessity as existence at all times is actually inconsistent with its definition as connection to the actual by means of universal conditions of experience; for by the latter Kant intends connection in accordance with causal laws, which connect states of things with other states – "it is not the existence of things (substances) but of their state of which alone we can cognize the necessity" (A227/B279) (contrary to Watkins 2005) – and states of affairs standing in causal connection are impermanent – because successive – rather than permanent. Further, although substance itself is, by the first Analogy of Experience, permanent, Kant never suggests that the existence of substance rather than its being in some particular state can be called necessary.

So what should we say about the difference between the postulates of empirical thinking and the schemata of modality? Perhaps the latter are best ignored as products of an unduly narrow conception of the schematism itself. Kant initially defines the schematism of the pure understanding as dealing "with the sensible conditions under which alone pure concepts of the understanding can be employed" (A136/B175), which would suggest that the schemata are the conditions under which the pure categories can be applied to representations of objects given in time *and* space; but he then proceeds as if all the schemata must be temporal forms alone, thus as if each category, thus each modal category, must be associated with a distinct "transcendental time-determination" (A138/B178). But the idea that the "sensible condition" under which each of the categories can be employed is a distinct form of temporality is not only false; it is also clearly belied by Kant's own principles of empirical thinking. Thus, for example, the extensive magnitude which is the schema of the category of quantity can be either spatial or temporal (A142–3/B182), and the concept of interaction which is the schema of the concept of community clearly contains both a temporal component – simultaneity – and a spatial one – the separate spatial positions of the two interacting entities (B257).

Kant's attempt to characterize the schemata in purely temporal terms is not, of course, entirely unmotivated: it is motivated by the recognition that while only representations of outer objects have spatial form, *all* representations, whether of inner states or outer objects, are located in time; thus temporality is a more universal form of intuition than spatiality (A138–9/B177–8; for discussion, see Bader 2017). But Kant nowhere argues that every category must be applicable to every one of our representations considered in isolation from all others, which would be a necessary premise for any conclusion that each category must have a strictly temporal schema. Instead, in the *Refutation of Idealism* and the *General Remark* added to the chapter in the second edition, he will argue that judgments about the temporal relationships of states of objects in general and states of empirical self-consciousness in particular can only be made in conjunction with judgments about the existence and motions of objects in space. This undermines any idea that the "sensible conditions" for the employment of the categories need to be or can be found in temporal relations alone. Thus the definitions of the empirical or "material" forms of the modal concepts given in the *Postulates*, which involve both spatial and temporal form, the laws of the understanding, actual perception, and in the case of the concept of necessity subjection to particular causal laws, are preferable to the schematization of these concepts in temporal terms alone (see Bird 1962, 178–9).

We can now turn from the definitions of the three postulates to the arguments that Kant makes about them. As suggested earlier, Kant does not do much in the way of arguing for his definitions of the postulates, but rather uses them as the launching-pad for his arguments against traditional metaphysics. This suggests that the validity of the postulates is intended to be obvious from the argument of the *Critique* to this point, which is that human cognition is possible only as the synthesis of pure or empirical intuitions, given in the *a priori* forms of space and time, in accordance with the *a priori* concepts of the understanding. But it also suggests that the validity of this whole conception of human knowledge itself will be vindicated as much by the persuasiveness of its critique of traditional metaphysics as by its own deduction from unimpeachable premises. At least in the case of the postulates, the proof of the pudding seems to lie more in the eating than in the recipe that precedes them.

The two chief conclusions that Kant wants to draw from the postulates are that we cannot make genuine knowledge-claims about the possibility of any objects other than those that can be given to us in space and time, and that we cannot make any (non-analytic) claims to knowledge of necessity except about the necessity of one state of an object of experience relative to other such states, thus that we cannot make any theoretically conclusive judgments about the necessary existence of any being outside of experience or its states. Kant's argument for the first claim is more explicit and extended than his argument for the second, although the latter is more central to his ensuing critique of metaphysics.

Kant starts his critical questions by asking "Whether the field of possibility is greater than the field that contains everything actual, and whether the latter is in turn greater than the set of that which is necessary" (A230/B282). His answer to the first question is confusing, and he does not explicitly answer the second at all. So we need first to clarify his answer to the question about the relation between the domains of the concepts of the possible and the actual, and then to return to the suggestions he has in fact already given concerning the relation of the domains of the actual and the necessary.

Kant's discussion of the question about possibility and actuality is confused by the reformulation with which he follows the simple question just cited: he says that this question means,

> roughly, to ask whether all things, as appearances, belong together in the sum total and the context of a single experience, of which each given perception is a part which therefore could not be combined with any other appearances, or whether my perceptions could belong to more than one possible experience (in their general connection). (A230/B282-3)

If one ignores the final parenthetical phrase, it might seem as if Kant's question is whether more than one determinate sequence of experienced objects and their states is possible, i.e., whether any actual experiences plus the laws of nature so fully determine all other states of the experienced world that no alternative states of affairs are even possible or conceivable as possible. The question might therefore seem to concern the issue of determinism. But Kant's parenthetical reference to the general connection of perceptions and the remarks by which he follows the sentence just cited make it clear that he is not asking a question about the possibility of any alternatives to the *particular* objects and events that we may experience, but rather a question about whether we can informatively conceive of any alternative to the *kind* of experience that we have: thus he goes on that

> Even were they possible, we could still not conceive of and make comprehensible other forms of intuition (than space and time) or other forms of understanding (than the discursive form of thinking, or that of cognition through concepts); and even if we could, they would still not belong to experience, as the sole cognition in which objects are given to us. (A230/B283)

The point of Kant's question, in other words, is not to ask whether we can imagine alternatives to the particular objects that we encounter in space and time or to the particular states in which we find them – to which the answer is of course "yes" – but rather to ask whether we can conceive of the experience of objects not given in space and time and thus not subject to the principles of empirical thinking at all – to which the answer is a resounding "no". By this means the gateway to traditional metaphysics, which depends upon the assumption that we *can* informatively conceive of the possibility of kinds of objects that we could never experience, such as a God free of all spatial and temporal properties, is to be slammed shut.

Thus far, Kant seems simply to assert that we cannot conceive of other forms of intuition than the space and time with which we are familiar, thus to begin his whole critique of metaphysics with a mere assertion. In what follows, he apparently attempts to argue for this claim. He claims that from the innocuous propositions "Everything actual is possible" and "Something possible is actual" it would seem to follow that "Much is possible that is not actual," in which case something would have to be added to the actual that is missing from the merely possible. The only thing that could be added, however, would be "the impossible": thus he infers that the domain of the possible is not in fact any greater than that of the actual, because "that which would have to be added to the possible would be impossible" (A231/B284). This is a not a good argument. Let's not worry about the fact that the first lemma, there must be something possible which is not actual, follows from the previous premises only by conversational implicature, not formally; the more serious problem is that the argument confuses one thing that it might be natural to contrast to the general concept of the possible, namely, that which is impossible, with what would have to be added to the concept of a particular thing as possible in order for it to be actual. But to the latter concept, as Kant himself immediately points out, there is something that can be added, "namely connection with some perception or other." Thus the extension of the general concept of what is possible can be conceived to be greater than that of the actual precisely because we can conceive of things that are consistent with both the forms of intuition and even the known laws of nature but for which we lack any perceptual evidence. At the level of particular concepts, then, what has to be added to the possible is not the impossible, but perception; thus at this level the sphere of the possible can be greater than that of the actual, since we can form logically and really possible concepts of objects for which we nevertheless lack empirical evidence in the form of perception. This conclusion does not seem to bear at all on Kant's original question, namely, whether we can conceive of possible things of a wholly different kind from those we perceive in space and time and subject to the laws of pure and empirical thinking. Kant's negative answer to this seems to depend not on anything adduced in the present passage, but rather on his previous arguments in the *Transcendental Aesthetic* for the uniqueness of space and time as the human forms of intuition. At the same time, however, the objection that we can distinguish between the possible and the actual by the absence or presence of perception within the framework constituted by our forms of intuition and thought itself confirms Kant's general point, that we can informatively conceive of possible objects only within this framework, not outside of it. So perhaps Kant proves his point after all.

We can now turn to Kant's second question, whether the sphere of the actual is greater than that of what is necessary. As noted before, once he has formulated this question Kant does not explicitly answer it. But if the question is whether the extension of the concept of the empirically actual is greater than that of the concept of the empirically necessary, then the answer has already been given in what precedes: namely, in Kant's claim that the concept of necessity "concerns only the relations of appearances in accordance with the dynamical law of causality, and the possibility grounded upon it of inferring *a priori* from some given existence (a cause) to another existence (the effect)" (A227–8/B281). We can use the concept of necessity to indicate that one state of affairs of the kind that we can experience is entailed by another, or to say that one state of affairs is actual because another is actual and connected to it by causal law. But since, by the *Analogy*, *all* of our experience is subject to the universal law of causation, which must in turn be applied through particular causal laws, there is in fact nothing that we can experience as actual that we cannot also experience as necessary – that is, empirically necessary relative to some prior state of affairs and some relevant causal law or laws, although not absolutely necessary. Thus, although in some particular situation we may regard one state of affairs (which we perceive) as actual and another as necessary relative to it, in fact everything that we can perceive as actual we can also conceive as necessary. This is an inevitable consequence of the universal principle of causation. The concepts of empirical or material actuality and necessity are thus at least potentially coextensive: there is certainly nothing that we experience as actual that we cannot also judge to be necessary by means of its causal connection to some other state of affairs; and there is nothing that we can judge to exist necessarily for which we could not in principle also give perceptual evidence (see A226/B273). The concepts of the actual and the necessary do not subtend two different domains of objects or states of affairs, but rather bring out two different aspects of our experience as Kant conceives of it: our experience consists of perceptions, on the one hand, which are always subject to causal laws, on the other. This being so, the concept of necessity has no useful employment outside of the domain of experience, the limits of which are determined by the limits of the perception that is possible for us.

Again, of course, there is no direct argument for this claim except the whole exposition of the theory of experience that has preceded it and the whole critique of metaphysics that follows. Perhaps this is why Kant does not even pause to make the answer to his own question about the relative scope of actuality and necessity explicit – the prospect of making a short and simple answer to this question is foreclosed. The answer to this question is nothing less than the critical philosophy itself.

12.3.2 *The Refutation of Idealism*

In the second edition of the *Critique*, Kant inserts a *Refutation of Idealism* into his discussion of the postulate of actuality. Historically, his motivation for this addition was to distance himself from the charge that his "transcendental idealism" was merely a form of "subjective idealism", the charge that had been made in the infamous Garve-Feder review published in the *Göttinger gelehrte Anzeigen* in 1782 (Sassen 2000, 53–77) and to which Kant had already begun to reply in the *Prolegomena* in 1783. Philosophically, Kant's motivation for inserting this addition in the *Postulates* rather than elsewhere in the *Critique* can be understood as an attempt to complement the arguments already considered: on the one hand, the section on the postulates is intended to argue that the categories of possibility and necessity have no gainful employment outside the sphere of experience; on the other hand, Kant will now argue that our experience of the actual itself is an experience of the existence of objects other than our own representations that can be secured from the threats of skepticism and traditional idealism.

The proposition that Kant proposes to prove is that "The mere, but empirically determined, consciousness of my own existence proves the existence of objects in space outside me" (B275). Each term of this proposition requires interpretation. First, we must ask just what Kant means by "the mere, but empirically determined, consciousness of my own existence"; second, we must ask what he means by "the existence of objects in space outside me"; and finally, we must ask how the former is supposed to prove the latter. We can begin our discussion by asking what Kant means by "objects in space outside me", which is another way of asking just what the *Refutation* is supposed to prove.

This question is crucial, because in his chief discussion of traditional idealism in the first edition of the *Critique*, in the *Paralogism of Pure Reason*, Kant had specifically asserted that the "expression *outside us* carries with it an unavoidable ambiguity, since it sometimes signifies something which, *as a thing in itself*, exists distinct from us and sometimes merely something which belongs to outer *appearance*" or is "*to be encountered in space*", that is, simply appears to have spatial properties (A373). Kant calls the first sense of "outside us" "transcendental externality" (though he should have said "transcendent"), and the second sense "empirical" externality (*ibid.*). Moreover, Kant claimed that recognition of this ambiguity would suffice to resolve the problem of idealism. He defined traditional idealism (which in the second edition he will call "problematic idealism"; B274) as the position of those "who do not admit that [the existence of external objects of sense] is cognized through immediate perception and [infer] from this that we can never be fully certain of their reality from any possible experience" (A368–9). He then argues that such idealism arises from thinking that we have to infer from some aspects of our experience the existence of objects that are transcendently outside us, or which exist "distinct" from ourselves, an inference that must always rest on the underdetermined and indemonstrable causal hypothesis that our representations are caused by something that resembles them; whereas, he claims, if we confine ourselves to the merely empirical sense of externality, we can immediately recognize that among our own representations there are some with the form of spatiality, and we do not have to make any problematic causal inference at all.

Does the new *Refutation of Idealism* mean to prove merely that we have spatial *representations*, which was apparently the first edition's answer to the threat of problematic idealism, or does it mean to prove that we have knowledge of the existence of objects that exist *independently* of ourselves and our representations? The phrase "the existence of objects in space outside us" cannot by itself resolve this question, since as we just saw Kant has previously said that the words "outside us" are ambiguous. However, there are several other considerations that can be taken to suggest that in his new *Refutation* Kant does mean to prove precisely what he earlier – at least apparently – denied, namely, that by means of our empirical consciousness of our own existence – and the conditions of its possibility – we can in fact be sure of the existence of objects that exist independently of ourselves and our representations. These considerations include the language that Kant uses to characterize the thesis of the *Refutation* as well as the implications of the argument that Kant ultimately constructs for his refutation of idealism, which turns precisely on the claim that we need to posit the existence of objects other than our own representations in order to have that knowledge of an empirical self that is constituted by a determinate ordering of our own representations. This conclusion, of course, will then raise a question about the compatibility of Kant's position in the *Refutation of Idealism* with that in the fourth *Paralogism*, or more generally, a question about the compatibility of the *Refutation of Idealism* with Kant's own "transcendental idealism". (For arguments that by things outside us Kant means empirically determined objects rather than mere representations, but not things in themselves, see Emundts 2010 and Chignell 2017.)

Our first task, then, is to show that Kant really did mean the *Refutation* to prove the existence of objects ontologically independent from our own representations. This can be confirmed by Kant's language as well as by an analysis of his actual argument in the *Refutation*.

As we saw, Kant's statement that the empirically determined consciousness of my own existence "proves the existence of objects in space outside me" may not make clear that the *Refutation* is intended to prove anything more than that we have among our representations some that are spatial in form, the empirical sense of "outside me" recognized in the fourth *Paralogism*. But Kant uses other expressions that suggest that he intends the *Refutation* to prove that we have genuine knowledge of the existence of things that cannot be reduced to any form of our own representations at all, or which are indeed "outside us" in the transcendent sense. In the exposition of the proof that follows the statement of its theorem, Kant says that (i) "I am conscious of my existence as determined in time," (ii) "All time-determination presupposes something *persistent* in perception", and (iii) "This persistent thing cannot be something in me, since my own existence in time can be determined only through this persistent thing." From this he infers that "the perception of this persistent thing is possible only through a *thing* outside me and not through the mere *representation* of a thing outside me" (B275). This contrast between a mere representation and a thing certainly seems to reject the suggestion of the *Paralogism* that the issue of idealism could be sidestepped simply by pointing out that "external things – namely, matter in all its forms and alterations – are nothing but mere representations" (A371–2).

Kant was clearly dissatisfied with the brief proof just expounded, however, and in the preface to the second edition of the *Critique* he already included an extensive restatement of it. This restatement tries not only to amplify the method of proof, but also to state more clearly just what is being proved. Here Kant uses further language that again draws a strong contrast between his present goal of proving that the "consciousness of my existence in time is thus bound up identically with the consciousness of a relation to something outside me" (B xl) and his previous strategy of reducing things outside me to a species of my own representations: thus he says that it is "experience and not fiction, sense and not imagination, which inseparably joins this outer something with my inner sense; for outer sense is already in itself a relationship of intuition to something actual outside me" (*ibid.*) Even clearer is this statement:

> The representation of something *persisting* is not the same as a *persisting representation*; for that can be very transitory and changeable, as all our representations are, even the representation of matter, while still being related to something that persists, which must therefore be a thing distinct from all my representations and external. (B xli)

This passage will ultimately clarify not only what the *Refutation* is supposed to prove but how the argument actually works, for it introduces the crucial premise that representations as such are always "transitory and changeable". This implies that anything that must be thought of as persisting cannot at the same time be thought of as a mere representation at all. The next question, then, is why Kant supposes "conscious[ness] of my own existence as determined in time" does require knowledge of something enduring, which by this premise cannot be any mere representation.

The main exposition of the *Refutation*, as we saw, turns on the two assertions that "All time-determination presupposes something *persistent* in perception" and that this thing "cannot be something in me, since my own existence in time can first be determined only through this persistent thing" (B275). The first of these premises seems to refer the reader back to the argument of the *Analogy of Experience*, of which it is supposed to be the conclusion. But it is unclear whether this *Analogy* proves anything adequate for the purposes of the *Refutation* (Strawson 1966, 126 and Allison 1983, 298 believe that the *Refutation* can rely on the *Analogy*; Bennett 1966, 202–3, believes that the *Refutation* must not rely on the earlier argument. Emundts 2010 also argues that the *Refutation* adds nothing to the earlier *Analogy*, especially the first Analogy.)

The *Analogy* suggests three separate arguments for the thesis that "time-determination" – judgments of temporal position and duration – requires something enduring. First, Kant argues that because time itself cannot be perceived, its own persistence can only be represented by the persistence of something in it, as a "substratum" of time (A182–3/B225–6). Second, Kant appeals to an analysis of the concept of "alteration", as opposed to change in general, to argue that an alteration is always a change in the states of a substance, which must therefore endure through this change; and if all changes are in fact alterations, then while there can be plenty of such alterations, there can be nothing that counts as a substance coming into existence or being annihilated (A187/B230–1). Finally, Kant argues that the existence of persisting substance is a condition of the possibility of the *perception* of change: since nothing can be perceived in an empty time, neither the being nor the non-being of any particular state of affairs, the only way to judge that a state of affairs has come to be at a particular time, and thus represents a change from a prior time, is to regard it as a change in the state of a substance which was in a different state at that earlier time (A188/B231).

But none of these arguments, whatever their force (see Guyer 1987, ch. 9) seems sufficient to establish that time-determination requires anything other than an enduring *self* (see Gram 1982, 141, and Chignell 2010 and 2017). The first argument leaves the nature of the substratum of time completely unspecified, so leaves open the possibility that this substratum which represents the persistence of time is nothing other than an enduring self. The second argument, which in any case appears to be nothing more than an analysis of the concept of alteration which cannot by itself establish the existence of anything, would seem to require nothing more than that different subjective states be regarded as successive states of an enduring self in order to constitute an alteration in the state of that self. The third argument, finally, would appear to require only that in order for a subjective state to be perceived as a change it has to be perceived as an alteration in the state of a continuously existing self.

To overcome these problems, Kant adopts a twofold strategy. First, he treats the empirical self as a construct out of a determinate ordering of representations or subjective states, thus arguing that what is the product of such an ordering cannot itself be appealed to in the generation of this order (thus, Chignell's documentation that Kant does allow that the empirical self can be known "through" our representations is beside the point; Chignell 2017, 140–4). Second, Kant tries to show why this order of representations can only be constructed by an appeal to something other than representations altogether, thus to objects which must be conceived not only as spatial but also as independent from the self that is constructed out of representations.

The first of these assumptions was already suggested in the main text of the *Refutation* when Kant followed his bare assertion that "All time-determination presupposes something *persistent* in perception" with the further claim that "This persistent thing, however, cannot be something in me, since my own existence in time can first be determined only through this persistent thing" (B275). It is expanded upon in the revision of the *Refutation* in the second-edition preface, when Kant writes that the sentence just cited should be replaced with the following:

> But this persisting element cannot be an intuition in me. For all the determining grounds of my existence which can be met with in me are representations, and as such they themselves need something persisting distinct from them, in relation to which their change, and thus my existence in the time in which they change, can be determined. (B xxix)

This makes it clear that however I might talk of an enduring, empirical self, all of my judgments about it must be grounded in my particular representations. Thus I can ground my judgments "about my existence in the time in which they change" only on judgments about the change and thus the time-determination of those representations. Their change must therefore be judged with reference to something distinct from both them and from my empirical self as a whole, my knowledge of which is nothing but my knowledge of these representations and their temporal order. There is no antecedent knowledge of the empirical self that could be used to determine the temporal order of its representations; the latter must be known in order to know the former.

This emendation clarifies Kant's intentions at least to the extent of showing why it cannot be an enduring empirical self that plays any of the roles of substance appealed to in the *Analogy.* It may still not seem to show why empirical consciousness of the change of my representations and thus of the empirical self or existence which the latter constitute should depend upon reference to the existence of anything other than the representations themselves in the first place. This problem is pressing, because both the first and the second analogies in fact seem to be concerned with the necessary conditions for making determinate judgments about the temporal position of *objective* states of affairs: that is, they seem to *assume* that we have direct and unmediated awareness of change in our representations as such, and to ask only what further conditions are necessary for us to interpret mere change in our representations as change in objects beyond our representations. This is suggested, for instance, when Kant poses the problem of the *Analogy* by writing: "The apprehension of the manifold of appearance is always successive. The representations of the parts succeed one another. Whether they also succeed *in the object* is a second point for reflection, which is not contained in the first" (A189/B234). This implies that the succession, and thus the change, of our representations as such is given *without* any additional conditions, and that additional conditions, such as causal laws, are necessary only to distinguish between mere changes of representations as such and changes in the objects they may represent.

This might suggest that the *Refutation* should not appeal to a connection between our representations and things that are not representations in order to ground our empirical consciousness of the mere change of our representations, but to ground something further, some determinate judgment about that change. What that further determination is – thus what Kant means by the "mere but empirically determined consciousness of my own existence" – has not been made clear in either the main text of the *Refutation* or its emendation in the preface. However, Kant's further comments, both in several places in the second edition, including the *Transcendental Deduction*, the remarks immediately following the *Refutation*, and the *General Remark* following the whole "System of Principles", as well as in a series of further drafts of the *Refutation* that Kant wrote even after the publication of the second edition of the *Critique* in 1787 (see Tufts 1896, Guyer 1983 and 1987, and Förster 1985), suggest several further strategies that Kant may have had in mind to establish his crucial premise that the time-determination of representations requires our knowledge of something other than representations.

On one strategy, Kant tries to show that there are features of the temporal determinations that we make about our own representations that are possible only if we also possess representations of *space*, and that our possession of the latter – what was taken for granted as a brute fact in the *Paralogism* in the first edition – can only be explained if we are acted upon by something other than ourselves. On another approach, Kant tries to show that temporal determinacy about our own representations is possible only if our representations are correlated with something *other than representations*, and then invokes space merely as the form in which we represent that which is other than our own representations.

In its simplest form, the first strategy holds that time or particular determinations of time, such as the passage of a particular period of time, can only be represented by spatial figures or motions in space, and then maintains that the representation of space itself is one we can have only if we are acted upon by entities other than ourselves. In one version of the argument, Kant claims that since we never have more than one moment of time (the present) before us, the passage of time itself can only be represented by drawing a line in space, which is as it were a visual record of the several moments at which it has been synthesized. Thus in the *Deduction* he writes "we cannot even represent time without attending merely to the action of the synthesis of the manifold through which we successively determine the inner sense, and thereby attending to the succession of this determination in inner sense, in the *drawing* of a straight line (which is to be the external figurative representation of time)" (B154), and in the *General Remark on the System of Principles*, the whole point of which is to remind the reader "that to understand the possibility of things in accordance with the categories, and thus to establish the *objective reality* of the latter, we do not need merely intuitions, but even always *outer intuitions*" (B291), he writes that "we must make time, as the form of inner sense, graspable figuratively through a line, and make inner alteration graspable through the drawing of this line" (B292). In the second Note on the *Refutation* itself, he says more obscurely that we can "perceive all time-determination only through the change in outer relationships (motion) in regard to that which persists in space (e.g., the motion of the sun in regard to objects on earth)" (B278); this may be an allusion to the claim that "we must always derive the determinations of length of time or also of positions in time for all inner positions from that which presents external things to us as something alterable" (B156), which in turn suggests that the duration of periods of time can only be measured by reference to recurrent motions of objects in space, e.g., the orbits of heavenly bodies. But in either case, whether a spatial figure such as a line is necessary to represent the passage of time itself or a spatial motion is necessary to make the duration of any period of time determinate, Kant's next step is then to claim that our very possession of the representation of space itself is proof that we have been acted upon by an external agent, because a representation of space is not the kind of thing we can give ourselves unaided. This claim is asserted in the commentary to the *Refutation* itself: "in order for us even to imagine something as external, i.e., to exhibit it to sense in intuition, we must already have an outer sense, and by this means immediately distinguish the mere receptivity of an outer intuition from the spontaneity that characterizes every imagining" (B276–7 n.; see also Note 3 at B278–9).

Thus Kant's argument is that in order to represent time-determination, even of our own states of consciousness as mere inner sense, we need a form of representation that can only be explained by the existence of external objects acting upon us.

Each of the claims of this kind of argument is open to objection: at the very least, the claim that time can only be represented by figures or motions in space needs more elaboration; more glaringly, the claim that the representation of space is not one that we can give ourselves seems to be just the kind of shaky causal hypothesis that Kant claimed produces problematic idealism in the first place. Kant frequently reiterated both claims in his afterthoughts on the *Refutation* (e.g., R 5653, XVIII, 322, R 6312–14, XVIII 612ff.), but without making them noticeably more convincing (see Allison 1983, 300–2; Guyer 1987, 317–23). However, several of his comments in the *Critique* itself suggest that he already may have had a more promising basis for at least the first of his claims, namely an argument that space is necessary not to represent particular time-determinations so much as the very possibility of *change in our subjective state* at all. As Kant himself does in the *Analogy*, we ordinarily take our consciousness of change at least in our own subjective states completely for granted; but in fact our very awareness of change itself may require a fixed background against which change can be perceived – something that is not given to us by our fleeting and transitory representations as such, but that can be given to us by an awareness of the motion of some objects in space against the fixed background of others not perceived to be moving. Thus in the *General Note* Kant writes that "In order to exhibit *alteration* ... we must take motion, as alteration in space, as our example, indeed only by that means can we make alterations, the possibility of which cannot be comprehended by any pure understanding, intuitive" (B291). Again, this argument obviously needs further development.

Primarily in his afterthoughts on the *Refutation*, however, Kant suggests an alternative strategy to what we have just considered. On this strategy, Kant suggests that the determination of the actual sequence of our inner states, and thus the construction of an empirical self, depends upon a correlation between representations as inner states and successive states of an external object that is posited to endure precisely in the way that representations as such, as transitory and changeable, cannot (this is what Jonathan Bennett calls the "realism argument"; see Bennett 1966, §51); spatiality is then introduced simply as the form by means of which we represent that which we conceive of as other than our own representations, even though we may at the same time suppose that spatiality itself is *nothing but* our form for sensibly representing that which we conceive of as distinct from our representations and the empirical self they constitute, not a property that objects that are ontologically distinct from our representations have independently of our representation of them. The key premise of such an argument would be the idea that although we might not seem to need any correlation between inner states and states of enduring outer objects merely to recognize that our representations undergo change – that might remain a brute given, as assumed in the *Analogies* – we do need to correlate our representations to successive states of external objects in order to determine the actual sequence of their change. The reason for this would be that since we cannot actually have a sequence of representations before us at one moment, but only what appears to be a present recollection of prior representations, there is nothing that can force us to interpret that present state of mind as itself a recollection of prior states of mind except a correlation of its contents with the successive states of an enduring and law-governed external object that could have caused us to be in our present representational state by causing us to have undergone the determinate sequence of experiences that we now recollect, and only that sequence. In other words, we can assign a determinate sequence to our own representations only by correlating them with a determinate sequence of the states of an enduring object or objects.

Kant's fullest exploration of this idea comes in notes from 1790 (e.g., R 6313, XVIII 613f.; see Guyer 1987, 305–16). However, he may at least hint at this argument in a remark in the *Transcendental Deduction*, when he says that "we must order the determinations of inner sense as appearances in time in just the same way as we order those of outer sense in space" (B156). It is also only in those afterthoughts that Kant makes explicit the second step of this argument, the premise that the intuition of space is simply the form in which we represent the fact that an object is distinct from us and our own representations – as it were, outerness represents otherness (see R 6315, XVIII 618ff., R 6317, XVIII 623ff.; see Bennett 1966, 204). Kant may have taken this to be obvious from the outset of the *Critique*, from the very definition of space as the form of outer sense, and to have felt that all he needed to discomfit idealists is the proof that we really must represent some objects as existing independently from our own representations. After all, except perhaps for Berkeley, no one seriously doubted whether we possess a spatial form of representation, but only whether we could reasonably interpret it to represent objects that exist independently of our representation of them. That is what Kant takes himself to have proven by showing the necessity of non-representational objects for any form of time-determination, even the determination of temporal relations in inner sense.

12.4 Questions of Interpretation and Assessment

The details of Kant's arguments in the *Postulates* that only one form of intuition is possible for us, and that the only application of the concept of the concept of necessity is to the sphere of the actual, have drawn little commentary. And only after my original article on the *Refutation* (Guyer 1983) has there been extensive discussion of just how the argument is supposed to work (e.g., Förster 1985; Guyer 1987, Part IV; Vogel 1993; Dicker 2004, 194–211, and Dicker 2008; Chignell 2010 and 2017; Emundts 2010).

One main question that was long discussed and has continued to be is the obvious one: How is the conclusion of the *Refutation* that we have knowledge of the existence of objects that are independent of our own representations of them – a position that Kant himself at least once calls *dualism* (R 5653, XVIII 306) – to be reconciled with Kant's transcendental idealism in general, and in particular with his treatment of idealism in the *Paralogism* by precisely the sort of reduction of objects in space to a mere species of our own representations that he rejects in the *Refutation?* (See Kemp Smith 1918 [²1923], 308–321 for the positions of older commentators on this issue.)

Many authors assume that the statement of transcendental idealism in the fourth *Paralogism* is authoritative, and that all of Kant's subsequent arguments must be interpreted in its light (e.g., Paton 1936, II, 380; Walker 1978, 111; Hymers 1991). However, Kant himself repeatedly stresses that we can regard the spatiality of external objects as a subjectively valid feature of our way of representing them without regarding the *objects themselves* as mere representations. In fact, he had clearly stated this position as early as the *Prolegomena*, where he first replied to the charge that he was just another subjective idealist:

> Idealism consists in the assertion that there are none but thinking beings, the other things which we believe are perceived in intuition being nothing but representations in the thinking beings, to which no object external to them in fact corresponds. I, on the contrary, say that things as objects of our senses existing outside us are given, only we know nothing of what they may be in themselves, and rather know only their appearances, i.e., the representations that they effect in us by affecting our senses. Thus I certainly admit that there are bodies outside us, i.e., things that we know through the representations which their influence on our sensibility produces, although what they may be in themselves is entirely unknown to us [...]. Can this be called idealism? It is the very opposite of it. (IV 288–9)

Kant conceives of ordinary idealism as consisting precisely in the reduction of external objects to mere representations; his own transcendental idealism, or what he now proposes to call "critical" idealism, reduces the *spatiality* of things to a feature of our representation of them, but does not reduce the *things themselves* to mere representations: "My so-called idealism concerned not the existence of things [*Sachen*] (doubting which is what properly constitutes idealism in its received sense), for doubting this never occurred to me, but only the sensible representation of things [...] hence I have only shown of all *appearances* that they are not things (but mere forms of representation), thus not determinations belonging to the things in themselves" (IV 293). Thus, it seems that Kant had long meant to maintain the position for which he argued in the *Refutation of Idealism:* we can make determinate judgments about the temporal order of our own representations only if we regard them as representations of something other than representations, even though we must at the same time regard the very feature *by which* we represent the independence of such objects as itself merely a feature of our representation of them. It is a subtle position, but not an incoherent one.

But can we rest content with the conclusion that Kant simply rejected the reduction of objects in space to a species of our own representation in the *Paralogism* just two years after he published it? Or is there a way to reconcile the apparent reductionism of that chapter – the resolve "to regard all perceptions, whether they are called inner or outer, merely as a consciousness of something that depends on our sensibility, and to regard their external objects not as things in themselves but only as representations, of which we can become immediately conscious like any other representation" (A378) – with the view that Kant seems to have held in the *Prolegomena* and the *Refutation?* (For a similar question, see Strawson 1966, 198–9.)

One way to resolve this issue would be that taken by Emundts 2010 and Chignell 2017: that the *Refutation* is only intended to confirm the contrast between unsynthesized, non-time-determined representations as states of inner sense, and determined *empirical* objects that can be used to determine the temporal order of the former; thus the *Refutation* does not raise any claims about how things might be in themselves at all. However, this solution does not seem to do justice to Kant's vehement rejection of Berkeleianism in the *Prolegomena*, to his insistence upon the contrast between mere representations and "something outside me" in the Preface to the second edition of the *Critique of Pure Reason* (Bxl), or to his use of terminology like "*Sache an sich*" in the 1790 versions of the *Refutation.*

Another way to reconcile the two texts would be this: the fourth *Paralogism* diagnoses the skeptical idealist as attempting to infer the independent reality *of space and time*, and the independent *spatiality and temporality* of objects existing in that real space and time, *from* the spatiality and temporality of our representations, and then as failing to do so because of the underdetermination of any causal inference from properties of our representations to properties of objects independent of them, all the while overlooking that the indubitable spatiality and temporality of our own representation of the world and its objects is sufficient for all our quotidian and scientific purposes of time-determination. On Kant's own account, however, the very need for such an inference to the spatiality and/or temporality of things as they are in themselves is obviated precisely by our immediate rather than inferential acquaintance with the spatiality and temporality of our representations. Such a reading may be suggested by Kant's initial contrast between "transcendental idealism" and "transcendental realism":

> I understand by the *transcendental idealism* of all appearances the doctrine that they are all together to be regarded as mere representations and not as things in themselves, and accordingly that space and time are only sensible forms of our intuition, but not determinations given for themselves or conditions of objects as things in themselves. To this idealism is opposed *transcendental realism*, which regards space and time as something given in themselves (independent of our sensibility). (A369)

The error of transcendental realism is to suppose that *space and time* are "given in themselves", thus that *things in themselves* have spatial and temporal properties, something that cannot be unequivocally inferred from any properties of our representations themselves. But if the issue is the possibility of our knowledge of space and time and the spatial and temporal properties of empirical objects, and we realize that this is immediately secured by our acquaintance with the properties of our own representations, then there is no need for a causal inference to the properties of things in themselves. And this conclusion is compatible with that of the *Refutation of Idealism*, which maintains that we do have sufficient reason to presuppose the *existence* of things that exist in themselves, independently of our representations of them, but never says that the *spatiality* by means of which we represent this independence is anything other than a feature of our own representations.

By means of these considerations, then, it seems that the argument of the *Refutation of Idealism* can be reconciled with Kant's transcendental idealism in the fourth *Paralogism.* Or is this all too neat? In fact, there is a difficulty in Kant's position that may be concealed by his focus on the case of *space* in his exposition of transcendental idealism. Kant argues that we need things outside of our representations precisely because only they can have the kind of duration, indeed absolute permanence (see Emundts 2010) that our representations themselves do not have – that is at least a necessary if not a sufficient condition for using them for time-determination. But transcendental idealism says that both spatiality and temporality are features only of how we represent things, *not* of things as they are in themselves. And while it may be at least coherent to suppose that spatial form or spatial location is a feature of our own representations that we use to represent the independence of outer objects but is not actually a feature of those objects as they are in themselves, it seems harder to say the same about *time* or duration. The Berlin philosophers Johann Heinrich Lambert, Moses Mendelssohn, and Johann Georg Sulzer already made that objection to Kant's first statement of transcendental idealism (not yet under that name) in his inaugural dissertation in 1770 (see Falkenstein 1995, ch. 11.) They argued that we could not but consider the temporality of our own representations as real; the objection here would be that we have to regard the temporal duration of external objects as real if we are to use it for the time-determination of our own representations, but cannot do so if we regard those external objects as things in themselves. Kant's argument in the *Refutation* ultimately turned out to be that we can determine the order and duration of our sequences of otherwise transitory and changeable representations by correlating them with successive states of genuinely enduring objects other than themselves, but if he denies that these objects really do endure or that our representations do not, then his whole argument collapses. External objects cannot play the role assigned to them in the epistemology of the *Refutation* and in Kant's whole theory of the principles of empirical knowledge if they are stripped of genuine temporal duration. So even if the *Refutation* is compatible with the transcendental ideality of space, it is not compatible with the transcendental ideality of time.

One answer to this objection would be that the *Refutation* is actually a better argument than Kant's main argument for transcendental idealism itself, or than any of his arguments for that doctrine. Transcendental idealism, understood as the outright denial that things as they are in themselves are really spatial and temporal (see A26/B42, A32–3/B49–50), was obviously of tremendous importance to Kant, the basis for his conviction that we have synthetic *a priori* knowledge of the structure of space and time and of his defense of the possibility of freedom of the will. But I have argued elsewhere (Guyer 1987, Part V; Guyer 2017) that Kant's arguments for it are just not very compelling. If we do think that there is a compelling argument to be found in the *Refutation*, perhaps we can accept that without worrying whether it is compatible with transcendental idealism.

More interesting objections have been made to my account of the inner workings of the *Refutation* rather than of its relation to transcendental idealism. Georges Dicker (Dicker 2008) accepts my interpretation that Kant is arguing that we need to correlate states of enduring external objects to our representations of them in order to assign a determinate temporal order to them, but argues that this can apply only to our reconstruction in memory of the order of our past representations, not to the sequence of our present representations, because that we know immediately (and Chignell 2010 endorses this aspect of Dicker's approach). I think this is a distinction without a difference, because as soon as we reflect upon any of our representations to ask what there actual order is, they are already past. So yes, we are always asking about the past, but that is because the present is fleeting and transitory, itself always turning into the past.

Chignell makes two deeper objections to my "causal" approach. One, already mentioned, is that appeal to the empirical self might suffice for time-determination of its states. I have already argued that since the empirical self is only the sequence of our inner states, we have no knowledge of the former antecedent to knowledge of the latter. But a further claim that Chignell makes, and thinks I have not considered, is that there can be causal laws relating one kind of inner state to another, of the form that whenever I think of some x I then think of some y, and that those might be used to determine the actual sequence of inner states. Actually, I already considered this possibility in 1983, and would put my point now by saying that while there may be some inner causal laws like that for any of us, we cannot think of our minds as operating solely by such laws, because they would then be non-responsive to what might actually be going on around us – unless, like Leibniz, we just assume that there is a pre-established harmony between the order of our representations and the order of event in the world around us, a thoroughly non-Kantian assumption.

Chignell's other objection is that my interpretation of the *Refutation* depends on my interpretation of Kant's claim that we not perceive time itself to mean that we have nothing like an internal clock measuring the duration and passage of time, so cannot use that to determine the sequence of our representations, and must therefore turn to something functioning as an external clock instead. His objection is that this fact, is if it a fact, is something contingent, known only empirically, and therefore renders Kant's argument dependent upon a contingent assumption, which surely cannot be Kant's intention (Chignell 2010, 509–11). My first response to this is that Kant's line between what is necessary and what is contingent among the conditions of the possibility of our knowledge is not as clear as he often pretends; in the second-edition Transcendental Deduction of the first *Critique* he famously says that we can have no explanation of why we have just the two forms of intuition and the twelve categories that we do (B146), even though these are surely the best candidates for genuinely *a priori* knowledge in his system (see Guyer 1987, Afterword). But I might also argue that even if we did have something that *appears* to be an internal clock, we would still have to appeal to an *external* clock to confirm that the internal one really was reliable. This response would obviously require more discussion that I can provide here.

In any case, my bottom line might remain that Kant's *Refutation* might actually be a more compelling argument than some of Kant's own most treasured doctrines about synthetic *a priori* knowledge and transcendental idealism, and so should be considered on its own merits.

Literature

Abacı, Uygar 2019: Kant's Revolutionary Theory of Modality, Oxford.
Bader, Ralf M. 2017: "Inner Sense and Time," in Gomes and Stephenson 2017, 124–37.
Bennett, Jonathan 1966: Kant's Analytic, Cambridge.

Bird, Graham 1962: Kant's Theory of Knowledge: An Outline of One Central Argument in the Critique of Pure Reason, London.

Chignell, Andrew 2010: "Causal Refutations of Idealism" Philosophical Quarterly 60 (2010): 487–507.

Chignell, Andrew 2017: "Can't Kant Cognize Himself? Or, a Problem for (Almost) Every Interpretation of the Refutation of Idealism," in Gomes and Stephenson 2017, 138–57.

Dicker, Georges 2004: Kant's Theory of Knowledge: An Analytical Introduction, New York.

Dicker, Georges 2008: "Kant's Refutation of Idealism," Nous 42 (2008): 80–108.

Emundts, Dina 2010: "The Refutation of Idealism and the Distinction between Phenomena and Noumena," in Paul Guyer, ed., 2010: The Cambridge Companion to the Critique of Pure Reason, Cambridge, 168–89.

Falkenstein, Lorne 1995: Kant's Intuitionism. Toronto.

Förster, Eckart 1985: "Kant's Refutation of Idealism", in: A. J. Holland (ed.), Philosophy, Its History and Historiography, Dordrecht, 295–311.

Gomes, Anil / Stephenson, Andrew (ed.) 2017: Kant and the Philosophy of Mind: Perception, Reason, and the Self, Oxford.

Gram, Moltke S. 1982: "What Kant Really Did to Idealism", in: J. N. Mohanty/R. W. Shahan (eds.), Essays on Kant's Critique of Pure Reason, Norman, 127–56.

Guyer, Paul 1983: "Kant's Intentions in the Refutation of Idealism", in: Philosophical Review 92 (1983), 329–83.

Guyer, Paul 1987: Kant and the Claims of Knowledge, Cambridge.

Guyer, Paul, 2017: "Transcendental Idealism: What and Why?" in Matthew C. Altman, ed., 2017, The Palgrave Kant Handbook, London, 71–90.

Hymers, Michael 1991: "The Role of Kant's Refutation of Idealism", in: Southern Journal of Philosophy 29, 51–67.

Kemp Smith, Norman 1918: A Commentary to Kant's "Critique of Pure Reason", London (^{2}1923).

Paton, Herbert James 1936: Kant's Metaphysic of Experience, 2 vols., London.

Sassen, Brigitte, ed., 2000: Kant's Early Critics: The Empiricist Critique of the Theoretical Philosophy, Cambridge.

Stang, Nicholas F. 2016: Kant's Modal Metaphysics, Oxford.

Strawson, Peter F. 1966: The Bounds of Sense: An Essay on Kant's Critique of Pure Reason, London.

Tufts, James H. 1896: "Refutations of Idealism in the Lose Blätter", in: Philosophical Review 5, 51–8.

Vogel, Jonathan 1993: "The Problem of Self-Knowledge in Kant's 'Refutation of Idealism': Two Recent Views", in: Philosophy and Phenomenological Research 53, 875–87.

Walker, Ralph 1978: Kant, London.

Watkins, Eric 2005: Kant and the Metaphysics of Causality, Cambridge.

Translations of the *Critique of Pure Reason* are from: Kant, Immanuel: Critique of Pure Reason. Edited and translated by Paul Guyer and Allen W. Wood. Cambridge 1998. Translations from the *Prolegomena* are by the author.

Marcus Willaschek
13 Phaenomena/Noumena und die Amphibolie der Reflexionsbegriffe

(A235/B294–A292/B349)

13.1 Stellung und Funktion von *Phaenomena/Noumena* und der *Amphibolie der Reflexionsbegriffe* in der *Kritik*

Die Abschnitte *Phaenomena/Noumena* und *Amphibolie der Reflexionsbegriffe* bilden den Abschluß der *Transzendentalen Analytik*. Obwohl Kant bereits hier, wie in der *Transzendentalen Dialektik*, Irrtümer der traditionellen Metaphysik kritisiert, gehören die beiden Abschnitte auch inhaltlich in die *Analytik:* Erstens geht es noch nicht um die Aufdeckung eines unvermeidlichen „transzendentalen" Scheins, sondern um die Kritik an vermeidbaren Fehlern; und zweitens handelt es sich um eine unmittelbare Konsequenz aus der *Transzendentalen Analytik* für die Möglichkeit einer Ontologie (*metaphysica generalis*), während es in der *Dialektik* um die mittelbaren Auswirkungen auf die *metaphysica specialis* geht (vgl. dazu die Beiträge von Renaut, Kreimendahl und Höffe). Daß Kant in der *Amphibolie der Reflexionsbegriffe* dennoch, ähnlich wie in der *Transzendentalen Dialektik* (vgl. A338/B396), von einer „Kritik der Schlüsse" spricht (A278/B334), scheint Ausdruck einer früheren Phase seines Denkens zu sein, in der er die Amphibolie der Reflexionsbegriffe noch mit den Paralogismen in Verbindung gebracht hatte (vgl. R 5552, XVII 218f.).

Kant bezeichnet die Amphibolie der Reflexionsbegriffe als „Anhang", ohne kenntlich zu machen, zu welchem Teil der *Kritik* sie als Anhang gehört. Entgegen der äußerlichen Parallele zum „Anhang" der *Transzendentalen Dialektik* weisen die (allerdings nicht sehr verläßlichen) Kopfzeilen der Originalausgaben die *Amphibolie* als Anhang zum zweiten Buch der *Transzendentalen Analytik* aus. Für diese Zuordnung sprechen auch thematische Gemeinsamkeiten der *Amphibolie* mit den drei Hauptstücken des zweiten Buches der *Transzendentalen Analytik* (Urteilsbildung, Grundsätze, Ontologie).

Während die *Amphibolie* trotz einiger Redundanzen praktisch unverändert in die B-Auflage übernommen wurde, hat Kant am Text von *Phaenomena/Noumena* neben kleineren Kürzungen (A241f.; A244–246) auch sachlich bedeutsame Änderungen vorgenommen (B305–309 gegenüber A248–253; s. u.).

13.2 Inhalt und Aufbau von *Phaenomena/Noumena* und der *Amphibolie der Reflexionsbegriffe* im Überblick

13.2.1 *Phaenomena/Noumena*

Der Abschnitt gliedert sich thematisch in zwei etwa gleichlange Teile: Die erste Hälfte (A236/B294–A248/B305) faßt die bereits bekannten erkenntnisbegrenzenden Resultate der *Transzendentalen Analytik* zusammen, die zweite Hälfte (A248/B305– A260/B315) zieht daraus die ontologischen Konsequenzen. Der gesamte Abschnitt läßt sich thesenartig folgendermaßen zusammenfassen:
(1) Der Bereich möglicher Erfahrung gleicht einer Insel, die von einem Ozean des Scheins umschlossen ist (A235 f./B294 f.). (2) Die Begriffe und Grundsätze des reinen Verstandes gelten nur für den Bereich möglicher Erfahrung; der „Vorteil" dieses negativen Ergebnisses ist der einer klaren Grenzbestimmung (A236/B295–A238/B297). (3) „Objektive Gültigkeit" hat nur der „empirische", nicht der „transzendentale Gebrauch" eines Verstandesbegriffs (A238–240/B297–299). (4) Das gilt auch für die Kategorien. Wie Kant im einzelnen zeigt, kann man ihren sachlichen Gehalt nur unter Bezugnahme auf Bedingungen der Sinnlichkeit explizieren (A240–246/B302; vgl. dazu A142/B182–A145/184). (5) Das „wichtige Resultat" der Analytik lautet: Die Begriffe und Grundsätze des Verstandes gelten nur für Gegenstände der Erfahrung, nicht für Gegenstände überhaupt; an die Stelle einer Ontologie tritt die Analytik des Verstandes (A246–247/B303). Die reinen Kategorien haben zwar „transzendentale Bedeutung", aber keinen „transzendentalen Gebrauch" (A247 f./B304 f.). – Dies leitet über zum eigentlichen Thema von *Phaenomena/Noumena:* (6 A) Die *Transzendentale Ästhetik* scheint zu zeigen, daß die Gegenstände der Erfahrung („Phaenomena") bloße Erscheinungen von nur dem Verstand erkennbaren „Noumena" sind (A248–50). Tatsächlich handelt es sich aber bei dem „Etwas = x", das erscheint, um das für alle Erscheinungen identische „transzendentale Objekt", das *kein* Noumenon ist (A250–253). – An die Stelle des Textes von A248–253 treten in B fünf Absätze (B305–309) folgenden Inhalts: (6B) Es liegt im Begriff des Phaenomenon, daß man ihm ein Noumenon gegenüberstellt. Es fragt sich deshalb, ob die reinen Kategorien nicht zu Erkenntnissen über Noumena führen können (B305 f.). Aber man muß zwischen Noumena in „negativer" und in „positiver Bedeutung" unterscheiden (Dingen, sofern sie nicht Gegenstand sinnlichen Anschauung sind, und Gegenständen einer nicht-sinnlichen Anschauung); auf erstere können wir reine Kategorien nicht anwenden, weil ein sinnliches „Schema" fehlt, auf letztere nicht, weil wir über eine nicht-sinnliche Anschauung nicht verfügen (B306–309). (7) Die reinen Kategorien

eröffnen uns also keinen neuen Bereich von Gegenständen (über den der Erfahrung hinaus); der Begriff des Noumenon ist bloß „problematisch", ein „Grenzbegriff" (A253/B309–A255/B311). (8) Die ontologische Einteilung der Gegenstände in Phaenomena und Noumena ist daher (B: „in positiver Bedeutung") unzulässig. Der Begriff des Noumenon hat nur erkenntnisbegrenzende, keine ontologische Bedeutung (A255f./B311f.). (9) Es ist irreführend, den Bereich der unter Naturgesetzen gedachten Erscheinungen als „*mundus intelligibilis*" zu bezeichnen, weil unser Zugang zu dieser „Welt" nicht *rein* verstandesmäßig ist (A256/B312–A258/B314). (10) Synthetische Grundsätze a priori gelten nur für Gegenstände möglicher Erfahrung, nicht für „intelligible Gegenstände", deren Begriff allein dazu dient, „die empirischen Grundsätze einzuschränken" (A258/B314–A260/B315).

13.2.2 Die *Amphibolie der Reflexionsbegriffe*

Der „Anhang" über die Amphibolie (Zweideutigkeit) der Reflexionsbegriffe gehört zu den dunkleren Abschnitten der *Kritik*. Er besteht aus dem kurzen Haupttext und einer längeren „Anmerkung", die in drei typographisch deutlich getrennte Teile zerfällt. Thesenartig läßt sich der Abschnitt folgendermaßen zusammenfassen:

Haupttext. (1) Um verschiedene Vorstellungen in einem Urteil auf einen Gegenstand beziehen zu können, müssen sie zunächst untereinander *verglichen* werden, und zwar anhand der vier Paare von „Reflexionsbegriffen" (Einerleiheit/Verschiedenheit, Einstimmung/Widerstreit, Inneres/Äußeres, Materie/Form). Betrifft der Vergleich nur die *Form* der Vorstellungen, handelt es sich um eine „*logische* Reflexion", werden ihre *Inhalte* verglichen, um eine „objektive Komparation". Die Feststellung, ob es sich bei den verglichenen Vorstellungen um solche der Sinnlichkeit oder des reinen Verstandes handelt, ist dagegen Aufgabe einer „*transzendentalen* Reflexion" (A260/B316–A263/B319). (2) Letztere ist erforderlich, weil die Reflexionsbegriffe zweideutig sind: (i) was für den Verstand (rein begrifflich) „einerlei" ist, kann dennoch verschieden sein, wenn es unterschiedliche Raum-Zeit-Stellen einnimmt; (ii) ein „realer Widerstreit" unter Gegenständen des Verstandes ist nicht möglich, wohl aber unter Erscheinungen, weil deren Wirkungen sich aufheben können; (iii) nur ein Gegenstand des reinen Verstandes kann innere Bestimmungen haben, nicht aber ein Gegenstand der Sinne (als „Inbegriff aus lauter Relationen"); (iv) für den reinen Verstand geht die Materie der Form vorher, während bei den Gegenständen sinnlicher Anschauung die Form (Raum und Zeit) der Materie (Empfindung) vorhergeht (A263/B319–A268/B324).

„Anmerkung". (1) Eine „transzendentale Topik" würde es erlauben, jeden Begriff entweder der Sinnlichkeit oder dem Verstand zuzuordnen und so festzulegen, in welcher Hinsicht er mit anderen Vorstellungen „verglichen" werden muß (A268/

B324–A270/B326). (2) Locke und Leibniz ließen sich beide durch die Amphibolie der Reflexionsbegriffe in die Irre führen, weil sie zwischen Verstand und Sinnlichkeit nicht deutlich unterschieden (A270 f./B326 f.). (3) Die falschen *Grundsätze* der Leibnizschen Philosophie lassen sich so im einzelnen auf die Amphibolie zurückführen (A270/B326–A276/B332). (4) Die „Klagen: *Wir sehen das Innere der Dinge gar nicht ein*" sind entweder sinnlos (in bezug auf Dinge an sich) oder unberechtigt (in bezug auf Erscheinungen) (A276/B332–A278/B334). (5) Die „Vorstellung eines Gegenstandes, als Dinges überhaupt", welches *weder* sinnlich *noch* intellektuell „angeschaut" werden kann, ist widersprüchlich (A278/B334–A280/B336). (6) Leibniz ließ sich durch die Amphibolie täuschen, weil er sich auf eine fehlerhafte Variante des „dictum de omni et nullo" stützte. Die Auswirkungen dieses Fehlers auf die Leibnizsche Metaphysik belegt Kant anhand der vier Paare von Reflexionsbegriffen (A280/ B336–A286/B342). (7) Der Begriff des Noumenon hat bloß erkenntnisbegrenzende Funktion und eröffnet kein „neues Feld von Gegenständen" (A286/B342–A289/B346; vgl. A254/B309– A256/B312). (8) Ein hypothetisch angenommener Gegenstand kann sich auf genau vier verschiedene Weisen als *Nichts* (d.h. als nicht existent) herausstellen: (i) weil sein Begriff leer ist (z. B. Einhorn), (ii) weil er in einem „Mangel" besteht (z. B. Kälte als „Mangel" an Wärme), (iii) weil er „bloße Form der Anschauung, ohne Substanz" ist (Raum und Zeit), oder (iv) weil sein Begriff widersprüchlich ist (z. B. rundes Viereck) (A290/ B346–A292/B349).

13.3 Textkommentar

13.3.1 *Phaenomena/Noumena*

Die ontologische Thematik des Abschnitts kündigt sich bereits in der Überschrift an, denn Ausdrücke wie „Gegenstand überhaupt" bezeichnen seit Wolff terminologisch das Gebiet der Ontologie (vgl. Chr. Wolff, *Deutsche Metaphysik*, §§ 10 ff.; J. H. Lambert, *Neues Organon*, Bd.1, 48; vgl. A247/B303; A845/B873). Die ontologische Unterscheidung zwischen Phaenomena und Noumena geht bis auf Platon zurück, der den Dingen, die den Sinnen auf die eine oder andere Weise „erscheinen" (gr. *phainomai*), jene gegenüberstellte, die nur dem Verstand (gr. *nous*) zugänglich sind. Kant spricht auch von „Sinnen"- und „Gedankendingen", „sensiblen" und „intelligiblen" Gegenständen und von einem *mundus sensibilis* und *intelligibilis* („Sinnen"- und „Verstandeswelt"). Traditionell wurde dem Sensiblen wegen der Subjektivität sinnlicher Wahrnehmung ein „geringerer" ontologischer Status zuerkannt als dem Intelligiblen, das häufig mit den Gegenständen des göttlichen Geistes identifiziert wurde. Noch Leibniz und Wolff zufolge waren die Gegenstände der (prinzipiell unzulänglichen, weil „verworrenen") Sinnesvorstellungen bloße „Phänomene" einer „intelligiblen" Welt.

Kant hatte in *De mundi* (1770) das Verhältnis von Sinnen- und Verstandeswelt dadurch bestimmen wollen, „daß das sinnlich Gedachte in Vorstellungen der Dinge besteht, *wie sie erscheinen*, das Intellektuelle aber, *wie sie sind*" (§ 4, II 392). Dies läßt er nun, aufgrund der neuen Einsicht in die sinnlichen Bedingungen des Verstandesgebrauchs, nur noch in „empirischer", nicht aber in „transzendentaler Bedeutung" gelten: Obwohl „Verstand und Sinnlichkeit [...] in Verbindung" die Erfahrungsgegenstände erkennen können, wie sie (empirisch) *sind*, handelt es sich bei diesen Gegenständen in transzendentaler Hinsicht um bloße Erscheinungen (A258/B313 f.). In *Phaenomena/Noumena* will Kant vor allem zeigen, daß die tradierte Unterscheidung zwischen Phaenomena und Noumena nur so weit berechtigt ist, wie sie sich mit der „kritischen" Unterscheidung zwischen Erscheinungen und transzendentalem Gegenstand (B: „Noumenon in negativer Bedeutung") identifizieren läßt. Der im Titel angekündigte „Grund" dieser Unterscheidung liegt demnach nicht in der „ontologischen" Verschiedenheit zweier Seinsbereiche, sondern in der Begrenztheit des menschlichen Erkenntnisvermögens.

13.3.1.1 *Grenzen der Erkenntnis* (A236/B294–A248/B305). – Kant beginnt mit dem Bild von der „Insel" der Erfahrung, die von einem trügerischen „Ozean" des reinen Vernunftgebrauchs begrenzt wird. Dieses geographische Bild verknüpft Kant dann in der Rede von Rechtstiteln und Landbesitz mit der die *Kritik* dominierenden juridischen Metaphorik (vgl. A236/B295). Es handelt sich um ein Echo jener Formulierung, mit der Kant von Anfang an die Zielsetzung einer „Kritik der reinen Vernunft" umschrieben hatte: die „*Grenzen* der Sinnlichkeit und der Vernunft" zu bestimmen, um so sicheres Wissen in der Metaphysik möglich zu machen (vgl. die Briefe an M. Herz vom 7.6.1771 und 21.2.1772, X 123, 129). Vor allem geht es Kant um die Reichweite apriorischer Erkenntnis.

Nun hatte sich in der *Analytik der Begriffe* herausgestellt, daß die einzigen Begriffe a priori, durch die der menschliche Verstand Gegenstände erkennen kann, die zwölf Kategorien (A80/B106) und die davon abgeleiteten „Prädikabilien" sind (A82/B108). Die Frage nach den Grenzen apriorischer Erkenntnis wird so zur Frage nach den Grenzen des Kategoriengebrauchs. Kant unterscheidet nun zwischen dem „transzendentalen" und dem „empirischen" Gebrauch eines Begriffs, je nachdem, ob er auf „Dinge *überhaupt* und *an sich selbst*" oder auf „*Erscheinungen*, d. i. Gegenstände einer möglichen *Erfahrung*" angewandt wird (A238 f./B297 f.; vgl. A56/B81). Auch apriorische Begriffe haben einen empirischen Gebrauch, der sogar ihre Verwendung in synthetischen Urteilen a priori umfaßt, solange diese Urteile auf den Bereich (möglicher oder wirklicher) Erfahrungsgegenstände beschränkt sind. Im transzendentalen Gebrauch dagegen werden Begriffe ohne Einschränkung des Gegenstandsbereichs, also auf „Dinge überhaupt", angewandt (vgl. auch A720/B748). (Kant unterscheidet in der *Einleitung in die Transzendentale Dialektik* zwischen „transzendental" und „transzendent": Während beim *transzendentalen* Gebrauch eines Begriffs die Unterscheidung zwischen Dingen an sich und Erscheinungen *nicht beachtet* wird, beanspruchen *transzendente* Grundsätze ausdrücklich, für Dinge an sich zu gelten; vgl. A296/B352).

Ein transzendentaler Begriffsgebrauch ist Kant zufolge aus zwei Gründen unzulässig: (1) *Alle Begriffe*, einschließlich der Kategorien, beziehen sich nur in Verbindung mit (empirischer) Anschauung auf „angebliche" (= angebbare) Gegenstände und erhalten erst dadurch *„objektive Gültigkeit"* (A239/B298; vgl. A51/B75, A128 ff., B165 ff.). Ein Begriff ist *objektiv gültig*, wenn es mindestens einen Gegenstand gibt, auf den er „sich bezieht" (d. h. korrekt anwendbar ist). Kant spricht gleichbedeutend auch von „realer Möglichkeit" (B xxvi; B302), „objektiver Realität" (vgl. A109; A242) sowie davon, ein Begriff habe „Sinn" oder „Bedeutung" (vgl. A241/B300). Ein Begriff ohne objektive Gültigkeit ist „leer" (vgl. A239/B298). – (2) Besonders für *Kategorien* gilt, daß sie nur vermittels eines „transzendentalen Schemas" auf Gegenstände anwendbar sind (A137/B176 ff.; vgl. A245). Kant verknüpft dies in *Phaenomena/Noumena* mit der These, daß eine „Realdefinition" der Kategorien (die es erlauben würde, sie auf ihre „objektive Realität" hin zu prüfen) nur unter Rekurs auf sinnliche Anwendungsbedingungen möglich ist. Ohne ein raum-zeitliches Schema sind die Kategorien „leere" Gedankenformen, denen wir keinen Inhalt geben können (A240/B300–A246/B302; zur Frage der Definierbarkeit der Kategorien vgl. auch A83/B109).

Allerdings macht Kant unterschiedliche Äußerungen über die Unzulänglichkeiten eines transzendentalen Gebrauchs der Kategorien: Ist ein solcher Gebrauch „an sich selbst unmöglich" (A248/B305; vgl. B308) und deshalb eigentlich „gar kein Gebrauch" (A247/B304; vgl. A403)? Oder ist es zwar ein „Gebrauch", aber eben ein „Mißbrauch" (A296/B352)? Oder ist es nur „kein Gebrauch, um etwas zu erkennen" (Kants handschriftlicher Zusatz zu A247, XXIII 48)? Dem entsprechen unterschiedliche Äußerungen Kants über die „Bedeutung" der reinen, „unschematisierten" Kategorien: Haben sie „bloß transzendentale Bedeutung", aber keinen „transzendentalen Gebrauch" (A248/B305)? Oder hört ohne Schema „selbst alle Bedeutung der Kategorien völlig auf" (B308; vgl. A239/B298)? – Sicherlich ist Kant der Auffassung, daß der transzendentale Gebrauch der Kategorien nicht zu *Erkenntnissen* führen kann und, sofern man solche erwartet, einen „Mißbrauch" darstellt. Klar ist auch, daß es Kant zufolge noch nicht einmal gelingen kann, unschematisierte Kategorien überhaupt auf wirkliche Gegenstände anzuwenden. Das scheint Kant zu meinen, wenn er ihren transzendentalen Gebrauch für unmöglich und Kategorien ohne Schema für bedeutungslos erklärt. In einem weiteren Sinn jedoch haben die reinen Kategorien sehr wohl eine „Bedeutung", denn auch „leere" Begriffe (d. h. solche ohne Gegenstandsbezug) können „logische Funktionen enthalten" (A239/B298). Im Fall der

Kategorien wird dann „kein Objekt bestimmt, sondern nur das Denken eines Objekts überhaupt [...] ausgedrückt" (A247/B304). Die reinen Kategorien haben also nur insofern eine „transzendentale Bedeutung", als sie die allgemeine Struktur von „Gegenständlichkeit" zu denken erlauben: Ein Gegenstand (im weitesten Sinne) zu sein heißt, über eine bestimmte Quantität und über Eigenschaften mit bestimmter Intensität zu verfügen, eine Substanz mit Akzidenzien zu sein, eine Ursache und Wirkungen zu haben, mit anderen Dingen in Wechselwirkung zu stehen und entweder möglich, wirklich oder notwendig zu sein. Doch diese allgemeine Struktur läßt sich nur dann auf wirkliche Gegenstände anwenden, wenn bekannt ist, was es *heißt*, eine Größe zu haben oder eine Substanz sein. Das aber wissen *wir* (Menschen) nur von raumzeitlich wahrnehmbaren Gegenständen. In dieser Beschränkung sinnvoller Urteile auf den Bereich der „Gegenstände der Erfahrung" sieht Kant das „wichtige Resultat" der transzendentalen Analytik. Diese tritt damit an die Stelle der traditionellen Ontologie, in der man noch glaubte, Aussagen über „Gegenstände überhaupt" machen zu können (A246/B303f.).

13.3.1.2 *Die verschiedenen Gegenstandsbegriffe* (A248/B305–A260/B315). – Damit kommen wir zu den ontologischen Konsequenzen aus der *Transzendentalen Analytik*. Kant unterscheidet in *Phaenomena/Noumena* eine Reihe unterschiedlicher Gegenstandsbegriffe. (Er verwendet dabei die Ausdrücke „Ding", „Gegenstand" und „Objekt" allem Anschein nach gleichbedeutend.) Da ist zunächst, als Oberbegriff, der Begriff des „*Gegenstandes überhaupt*", der alle irgendwie denkbaren Gegenstände umfaßt. (Dazu gehören selbst „Dinge", deren Begriff einen Widerspruch involviert, wie etwa ein rundes Dreieck, vgl. A290/B346ff.).

Mit diesem Oberbegriff hängt der schwierige und vieldiskutierte Begriff des „*transzendentalen Gegenstandes*" eng zusammen, den Kant hier ganz nebenbei einführt: „Das Denken ist die Handlung, gegebene Anschauung auf einen Gegenstand zu beziehen. Ist die Art dieser Anschauung auf keinerlei Weise gegeben, *so ist der Gegenstand bloß transzendental*" (A247/B304). (Der Gebrauch der Kategorien ist dann ebenfalls bloß „transzendental" und drückt nur „das Denken eines Objekts überhaupt" aus; ebd.). Da sich die unschematisierten Kategorien nicht auf Gegenstände beziehen, kann es sich hier nicht um den Begriff von einem bestimmten *Gegenstand* handeln, sondern nur um die allgemeine begriffliche *Struktur*, die allen Gegenständen gemeinsam ist. Tatsächlich geht Kant so weit, Begriff und Gegenstand zu identifizieren, indem er das „transzendentale Objekt" als den „*Begriff*" von etwas überhaupt" (A251) und als „gänzlich unbestimmte[n] *Gedanke[n]* von Etwas überhaupt" bezeichnet (A253, H. v. m.; vgl. A289/B345f.; R 5554, XVIII 230). Mit dem Ausdruck „transzendentales Objekt" in diesem Sinn meint Kant also gar keinen *Gegenstand*, sondern den Inhalt des *transzendentalen* Kategoriengebrauchs: die begriffliche Struktur von *Gegenständen überhaupt*.

Allerdings verwendet Kant den Ausdruck „transzendentaler Gegenstand" und seine Varianten auf mindestens zwei weitere Weisen: Zum einen spricht Kant vom transzendentalen Gegenstand als demjenigen „Etwas = x", auf das der Verstand die Erscheinungen „bezieht" (A250; A252), das selbst keine Erscheinung ist (A251), sondern den Erscheinungen „Beziehung auf einen Gegenstand" verleiht (A109) und das „für alle Erscheinungen einerlei" ist (A252; vgl. A109). In anderen Zusammenhängen verwendet Kant den Ausdruck aber auch für den uns „unbekannten Grund der Erscheinungen" (A380), deren transzendentale „Ursache" (A393), den „wahre[n] (transzendentale[n]) Gegenstand" der Sinne (A390), der nicht für alle Erscheinungen „einerlei" ist, sondern gerade insofern „unbekannt", wie er für eine bestimmte Erscheinung spezifisch ist und *ihren* transzendentalen „Grund" oder ihre Ursache darstellt (vgl. z. B. A190 f./B236; A358; A478/B506).

Wir müssen also *drei* Bedeutungen von „transzendentaler Gegenstand" unterscheiden: (1) die durch die *reinen* (unschematisierten) Kategorien bestimmte Struktur eines „Gegenstandes *überhaupt*", (2) das für alle *Erscheinungen* identische „Etwas = x" und (3) den für unterschiedliche Erscheinungen jeweils spezifischen, uns aber unbekannten transzendentalen „*Grund*". Alle drei Bedeutung hängen eng miteinander zusammen: Wir gelangen von (1) zu (2), indem wir zunächst den „Begriff von etwas überhaupt" (1) durch das „Mannigfaltige der Anschauung" inhaltlich „bestimmen" (A251). Auf diese Weise erkennen wir einen empirischen Gegenstand. Doch nun abstrahieren wir von allen Eigenschaften dieses Gegenstandes, die sich unserer besonderen Art der Sinnlichkeit verdanken (also von seinen räumlichen, zeitlichen und qualitativen Eigenschaften). Was bleibt, ist (2) die „Vorstellung der Erscheinungen, unter dem Begriffe eines Gegenstandes überhaupt" (A252). Sie ist für alle Erscheinungen „einerlei", weil wir mit Raum und Zeit von allem abstrahiert haben, woran wir Gegenstände der Erfahrung (sei es anschaulich oder durch Begriffe) voneinander unterscheiden können. Dieses „transzendentale Objekt" ist seinem Begriff zufolge von unseren Vorstellungen unabhängig, da wir von allen seinen vorstellungsabhängigen Eigenschaften *absehen*. Dennoch läßt es „sich gar nicht von den sinnlichen Datis *absondern*" (A250), denn es gehört ebenso zu seinem Begriff, ein „Gegenstand der sinnlichen *Anschauung*" zu sein (ebd.). Anders verhält es sich mit einem der transzendentalen Gegenstände in der dritten Bedeutung (Kant spricht häufig auch von „intelligiblen" Gegenständen), die für die besondere Beschaffenheit einzelner Erscheinungen verantwortlich sein mögen und von denen wir Kant zufolge nicht einmal wissen können, ob es sie gibt oder nicht. Ihr Begriff beruht nicht nur darauf, daß wir von unserem sinnlich bedingten Zugang zu den Gegenständen unserer Erfahrung abstrahieren, sondern auf der weitergehenden Unterstellung, daß von einem Erfahrungsgegenstand auch nach dieser Abstraktion noch etwas „übrigbleibt": etwas, das zwar nicht für uns, aber vielleicht für einen anderen Geist als den unseren erkennbar ist und das der Erscheinung als dasjenige, was erscheint, zugrunde liegt. Es lag für Kant nahe, auch diese Dinge als transzendentale Gegenstände zu bezeichnen, weil wir nicht mehr von ihnen sagen können, als daß sie *Gegenstände überhaupt* (mit der entsprechenden begrifflichen Struktur) sein würden, wenn es sie denn geben sollte (vgl. A254/B309).

Halten wir uns zunächst an die A-Auflage, so folgt nun die Unterscheidung zwischen *Phaenomena* und *Noumena*. „Erscheinung", so hatte Kant definiert, ist der „unbestimmte Gegenstand einer empirischen Anschauung" (B34). Werden solche Erscheinungen nun „als Gegenstände nach der Einheit der Kategorien gedacht" (A249) und damit „bestimmt", dann handelt es sich um „*Phaenomena*" (ebd.). Diese sind also nichts anderes als die Gegenstände unserer Erfahrung, bei denen es sich ja Kant zufolge tatsächlich um „Erscheinungen" und damit um „bloße Vorstellungen" handelt. (Wie diese These genau zu verstehen ist, ist in der Kant-Literatur umstritten: Will Kant wirklich raum-zeitliche Gegenstände wie einen Tisch oder ein Pferd mit psychischen Vorkommnissen identifizieren? Oder will er lediglich behaupten, daß es sich um eine Art von Gegenständen handelt, zu deren Begriff es gehört, sinnlich vorstellbar zu sein? Vergleicht man die Definition von „Phaenomenon" A249 mit der B306, so scheint die A-Fassung eher für die erste, die B-Fassung mehr für die zweite Variante zu sprechen.)

Noumena dagegen würden gemäß der A-Fassung (A249) Gegenstände sein, die nicht für eine sinnliche, sondern nur für eine „nichtsinnliche" („intellektuelle") Anschauung erkennbar wären (oder, was dasselbe ist, für einen anschauenden Verstand). Darunter muß man sich einen Geist vorstellen, für den Denken und Anschauen, das begriffliche Erfassen des Allgemeinen und der anschauliche Bezug auf konkrete Dinge, zusammenfallen. Traditionell hatte man Gott einen solchen Geist zugeschrieben. Da wir uns von einer solchen intellektuellen Anschauung aber nur einen rein „negativen" Begriff machen können und keine theoretischen Anhaltspunkte dafür haben, ob es sie wirklich gibt oder auch nur geben könnte (vgl. A256/B311), hält Kant es für prinzipiell unentscheidbar, ob es Noumena gibt oder nicht. Daher ist es unzulässig, aus der Feststellung, daß die uns bekannten Gegenstände *Erscheinungen* sind, zu folgern, daß ihnen *Noumena* zugrunde liegen müssen (als dasjenige, *was* erscheint). Zwar müssen wir unsere Vorstellungen auf ein von ihnen unabhängiges Objekt „beziehen" (das also selbst keine Erscheinung ist), doch handelt es sich dabei um das „transzendentale Objekt" (in der zweiten der oben unterschiedenen Bedeutungen) (A250–2). Ob diesem Gegenstand auch noch Eigenschaften zukommen, die nur einer intellektuellen Anschauung zugänglich sind, es sich also um ein Noumenon handelt, können wir nicht wissen.

In der A-Ausgabe macht Kant es dem Leser nun nicht gerade leicht, wenn er den Begriff dieses transzendentalen Objekts einerseits den eines „Noumenon" nennt, „der aber gar nicht positiv" ist (A252), andererseits aber sagt, der transzendentale Gegenstand könne „nicht das *Noumenon* heißen" (A253). Erst in der B-Fassung unterscheidet Kant ausdrücklich zwischen dem Begriff des Noumenon in „positiver" und in „negativer Bedeutung" (B307) als zwei Weisen, wie man sich eine „Vorstellung von einem Gegenstande an sich selbst" (B306) (einem „Ding an sich") machen kann: Ein *Noumenon in negativer Bedeutung* ist ein Gegenstand unserer Erfahrung, bei dem wir aber „von unserer Anschauungsart desselben abstrahieren" und der *insofern* „nicht Objekt unserer sinnlichen Anschauung" ist (B307) – genauer: nicht als solcher „betrachtet" wird. Ein *Noumenon in positiver Bedeutung* wäre dagegen „ein Objekt einer nichtsinnlichen Anschauung" (ebd.). Noumena in negativer Bedeutung sind also keine anderen Gegenstände als die der Erfahrung, sondern *dieselben* Gegenstände unter einem anderen *Begriff* – dem eines Gegenstandes unter Absehung von allen für uns erkennbaren Eigenschaften. Aber auch Noumena in positiver Bedeutung wären, wenn es sie geben sollte, nicht unbedingt andere Gegenstände als die der Erfahrung, denn es ist möglich, daß diese über Eigenschaften verfügen, die nur ein Wesen mit einer intellektuellen Anschauung erkennen kann. Erfahrungsgegenstände hätten dann sozusagen zwei „Seiten", eine „sensible", die uns bekannt ist, und eine „intelligible", von der wir aber selbst dann, wenn es sie geben sollte, nichts wissen können (vgl. A538/B566, B xxvi–xxviii). Allerdings könnten unter den Begriff des Noumenon in positiver Bedeutung auch solche Dinge fallen, die für uns völlig unerkennbar sind und die, wenn es sie geben sollte, *nur* eine „intelligible Seite" haben würden (z. B. Gott und die Seelen der Menschen).

Beide Arten von Noumena bezeichnet Kant als „Dinge an sich selbst". Auch mit diesem Ausdruck ist also keine klar spezifizierte Art von Dingen gemeint (etwa eine metaphysische „Hinterwelt"). Der Begriff eines Dinges an sich ist nichts anderes als der Oberbegriff zur Unterscheidung zwischen Noumena in negativer und in positiver Bedeutung: der Begriff eines „Gegenstandes überhaupt", bei dem wir davon absehen, *ob* und, wenn ja, *wie* er uns „erscheint".

Es ist nicht ganz leicht, die Terminologie der beiden Auflagen in Beziehung zueinander zu setzen. Das ist jedoch notwendig, da der neue Text der B-Fassung in B309 endet, Kant aber (außer in B311) weiter von „Noumena" ohne erläuternden Zusatz spricht. Die Tatsache, daß Kant den Begriff des Noumenon „problematisch" nennt (d. h. nicht widersprüchlich, aber für uns leer; A354/B310) und als „Grenzbegriff" bezeichnet, der „nur von negativem Gebrauche" sei (A255/B311f.), hat manche Interpreten bewogen, darin das Noumenon in negativer Bedeutung zu sehen. Doch Kant scheint unter „Noumenon" hier (wie in A249) vielmehr den Gegenstand eines „reinen", aber anschauenden Verstandes zu verstehen (A254/B310). Nur so handelt es sich ja um einen „Grenzbegriff", der daran erinnert, daß unsere Art der Sinnlichkeit nicht die einzig denkbare ist, unsere Erkenntnis also Grenzen hat. Dem „Noumenon" (A) entspricht also das „Noumenon in positiver Bedeutung" (B). (Dies gilt selbst für eine Stelle in der *Amphibolie der Reflexionsbegriffe*, an der Kant bereits in der A-Fassung von „Noumena in dieser bloß *negativen* Bedeutung" spricht, darunter aber „Gegenstände einer nichtsinnlichen Anschauung" versteht; A286/B342f.).

Den Ausdruck „transzendentaler Gegenstand" und seine Varianten verwendet Kant in den neu geschriebenen Passagen der B-Auflage nicht mehr. In der dritten der oben unterschiedenen Bedeutungen (die sich nicht in *Phaenomena/Noumena*, sondern v. a. in den *A-Paralogismen* findet), handelt es sich bei einem „transzendentalen Gegenstand" um dasselbe, was Kant auch „Noumenon" (A) und „Noumenon in positiver Bedeutung" (B) nennt. Man könnte nun vermuten, daß der „transzendentale Gegenstand" in der zweiten Bedeutung mit dem „Noumenon in negativer Bedeutung" (B) identisch ist, da sich beide Begriffe auf Gegenstände der Erfahrung beziehen und eine Abstraktion von unserer Art der Sinnlichkeit beinhalten. Doch bei diesem „transzendentalen Gegenstand" handelt es sich ja nicht um ein *bestimmtes* Objekt, sondern gleichsam um *den* Gegenstand der Erfahrung im allgemeinen, der „für alle Erscheinungen einerlei" ist. Dagegen spricht Kant von „den Noumenen im negativen Verstande" (B307) auch im Plural. Eine genaue Abbildung ist also trotz der Verwandtschaft der beiden Begriffe nicht möglich.

Kants Hauptanliegen im Abschnitt *Phaenomena/Noumena* ist sicherlich die nun folgende Einschränkung der Unterscheidungen zwischen Phaenomena und Noumena und zwischen *mundus sensibilis* und *intelligibilis* auf eine rein negative Funktion (A254/B309–A260/B315): Sie eignen sich lediglich zur Erinnerung daran, daß die Gegenstände unserer Erfahrung *keine* Noumena in positiver Bedeutung sind und ihr Inbegriff *keine* intelligible Welt ist. Einen positiven ontologischen Sinn haben diese Unterscheidungen nicht.

Wem Kants Kritik am „Gebrauch der Ausdrücke eines mundi sensibilis und intelligibilis" (A256f./B312f.) gilt, ist nicht klar. Es könnte sich um Lambert handeln, der allerdings von „Intellektualwelt" (*Neues Organon*, Bd. 2, 82) und „Gedankenreich" spricht (ebd. 255, 283). (Vgl. auch XXIX 850, wonach Kant selbst noch 1783 den Ausdruck auf die kritisierte Weise zu verstehen scheint.)

Es bietet sich an, an dieser Stelle auf eine Passage in der *Amphibolie der Reflexionsbegriffe* vorzugreifen, die sich thematisch mit *Phaenomena/Noumena* überschneidet (A286/B343). Dort schreibt Kant, der Verstand denke sich „einen Gegenstand an sich selbst, aber nur als transzendentales Objekt, das die Ursache der Erscheinung (mithin selbst nicht Erscheinung) ist und weder als Größe, noch als Realität, noch als Substanz etc. gedacht werden kann" (A288/B344f.). Nun ist der Begriff der Ursache, wie die Begriffe der Größe, Realität und Substanz, eine Kategorie – er wäre unter „etc." der nächste in der Reihe gewesen. Die seit F. H. Jacobi (in der „Beilage" zu *David Hume über den Glauben*) immer wieder gestellte Frage lautet deshalb, wie Kant behaupten kann, „Gegenstände an sich selbst" affizierten unsere Sinnlichkeit und seien „*Ursache* der Erscheinung", ohne damit die in der *Kritik* gezogenen Grenzen der Erkenntnis zu überschreiten.

Diese Frage läßt sich beantworten, wenn man Kants differenzierte Haltung zum „transzendentalen Gebrauch" der Kategorien beachtet (s. o. S. 330 f.): Ohne sinnliche Bedingungen sind uns weder Erkenntnis noch Gegenstandsbezug möglich. Übrig bleibt uns nur der Gedanke an „etwas überhaupt", der lediglich die „logische Form" der Kategorien enthält (vgl. A289/B346). Diese Form ist beim Begriff der Verursachung das Verhältnis von *Grund* und *Folge*. Wir können Kant zufolge also durchaus den abstrakten Gedanken fassen, daß ein „Ding an sich" unsere Sinnlichkeit „affiziert". Der passive Charakter unserer Sinnlichkeit stellt sogar einen hinreichenden Grund dar, diesen Gedanken für wahr zu halten: Ein „allgemeine[r] und in abstracto vorgestellte[r] Gegenstand" (A298/B346) muß demnach auf eine nicht näher angebbare Weise „Grund" der Erscheinungen sein. Versuchen wir aber, uns diesen Vorgang „in concreto" vorzustellen (etwa, indem wir fragen, *welches* „Ding an sich" dieser oder jener Erscheinung zugrundeliegt), so stellen wir Kant zufolge keine aus erkenntnistheoretischen Gründen *unbeantwortbare*, sondern eine *sinnlose* Frage: Unabhängig von sinnlichen Anwendungsbedingungen beziehen sich Kategorien nicht auf bestimmte konkrete Gegenstände, sondern definieren nur die begriffliche Struktur von „Gegenständen überhaupt".

13.3.2 Die *Amphibolie der Reflexionsbegriffe*

13.3.2.1 *Logische und transzendentale Reflexion*. – Die ersten beiden Sätze der *Amphibolie der Reflexionsbegriffe* bringen eine Erläuterung des Begriffs „Überlegung (reflexio)", die jedoch ganz auf die „transzendentale Reflexion" zugeschnitten ist (vgl. die Definition von „transzendental", A11/B25) und auf die „logische Reflexion" nicht zutrifft. An anderer Stelle hat Kant jedoch eine Formulierung gewählt, die für seine Zwecke in der *Amphibolie der Reflexionsbegriffe* weit genug ist: „*Reflectiren* (Überlegen) aber ist: gegebene Vorstellungen entweder mit anderen [sc. Vorstellungen; M. W.], oder mit seinem Erkenntnißvermögen, in Beziehung auf einen dadurch möglichen Begriff, zu vergleichen und zusammen zu halten" (XX 211). Die Reflexion in dieser weiten Bedeutung ist also eine Form der „*Vergleichung (comparatio)*" (A262/B318) von Vorstellungen, entweder untereinander oder mit „dem Erkenntnisvermögen". Sie spielt auf zwei unterschiedlichen Ebenen eine Rolle: zum einen bei der empirischen Begriffsbildung (vgl. IX 93 ff.), zum andern im Urteilen (vgl. VII 141). In der *Amphibolie* geht es um die zweite Funktion: *Jedes* Urteil welche Funktion (Subjekt, so Kant, bedarf der Überlegung. (Vgl. dazu sowie zur Gegenüberstellung von „Überlegung (reflexio)" und „Untersuchung", XXIV 161, 424, 547, 641. Kant verwendet den Ausdruck „Reflexion" in anderen Zusammenhängen außerdem als Oberbegriff für die Tätigkeiten des Verstandes, vgl. z. B. A310/B367 und VII 134, sowie für die Tätigkeit der

„reflektierenden Urteilskraft", einen allgemeinen Begriff oder ein Gesetz zu einem gegebenen Besonderen zu suchen, vgl. V 179 f.)

Kant unterscheidet zwischen einer „logischen Reflexion", die verschiedene Vorstellungen untereinander vergleicht, und einer „transzendentalen Reflexion", die Vorstellungen „mit dem Erkenntnisvermögen vergleicht" und so feststellt, ob sie aus der Sinnlichkeit oder dem reinen Verstand stammen (A262 f./B318 f.). Die logische Reflexion abstrahiert davon, zu welcher „Erkenntniskraft" die verglichenen Vorstellungen „gehören" (ebd.) und welchen Inhalt sie haben (vgl. Kants Unterscheidung zwischen „allgemeiner" und „transzendentaler Logik", A54/B78 ff.). Die transzendentale Reflexion dagegen zielt letztlich darauf ab, daß die vorgestellten Gegenstände selbst miteinander verglichen werden (A263/B319; vgl. A269/B325). Diesen *inhaltlichen* Vergleich bezeichnet Kant, im Gegensatz zur logischen Reflexion, als „objektive Komparation" (A263/B319). (Allerdings klingt es manchmal, als umfasse die transzendentale Reflexion auch die objektive Komparation; vgl. z. B. A262/B318.)

Der Begriff der transzendentalen Reflexion gehört zu den wenigen Begriffen der *Kritik*, in denen es ausdrücklich um einen (wenn auch sehr speziellen) Aspekt der transzendentalphilosophischen Methode geht. Da synthetische Urteile a priori der *Amphibolie der Reflexionsbegriffe* zufolge eine transzendentale Reflexion voraussetzen, scheint es sich um einen integralen, wenn auch nicht ausgeführten Teil der transzendentalen Begründung apriorischen Wissens zu handeln. In systematischer Hinsicht würde er sogar der Unterscheidung zwischen *Transzendentaler Ästhetik* und *Transzendentaler Logik* vorausgehen, da die Zuordnung von Raum und Zeit zur Sinnlichkeit und der Kategorien zum Verstand bereits einen Akt der transzendentalen Reflexion voraussetzt. Andererseits hat Kant aber weder die transzendentale Reflexion noch die objektive Komparation, die doch zur Vorgeschichte eines jeden „objektiven" Urteils gehören müßten (A262/B317), irgendwo sonst in seinen Werken auch nur erwähnt. Ihre genaue Funktion und ihr Verhältnis zu anderen „Vorstufen" eines Erfahrungsurteils (z. B. zu den Stufen der Synthesis nach A97 ff. oder den „Wahrnehmungsurteilen" nach IV 298) bleiben unklar. Da die Unterscheidung zwischen „logischer Reflexion" und „objektiver Komparation" in der Sache derjenigen zwischen „*usus logicus*" und „*usus realis*" in *De mundi* (§ 5, II 393) entspricht, kann man in der Konzeption des Vorstellungsvergleichs in der *Amphibolie der Reflexionsbegriffe* ein Überbleibsel aus „vorkritischer" Zeit vermuten, das sich nicht ohne weiteres in die „kritische" Urteilstheorie der *Kritik* einfügt.

Die transzendentale Reflexion soll vor „allen objektiven Urteilen" die Frage beantworten, „in welchem Erkenntnisvermögen" unsere Vorstellungen „zusammengehören": „Ist es der Verstand, oder sind es die Sinne [...]?" (A260/B316). An dieser Aufgabenstellung ist zweierlei problematisch: Erstens erklärt Kant nicht, woran man eigentlich *feststellen* kann, in welchem „Erkenntnisvermögen" Vorstellungen „zusammengehören" (bzw. zu welcher „Erkenntniskraft" eine Vorstellung

„gehört"). Zweitens trifft die in der *Amphibolie der Reflexionsbegriffe* mehrfach wiederholte und an *De mundi* (§ 3, II 392) erinnernde Alternative „Sinnlichkeit *oder* Verstand" (A261/BB317; A269/B325 u. ö.) nur auf reine Anschauungen a priori und reine Verstandesbegriffe zu, nicht aber auf „Erscheinungen". Den durch die Amphibolie drohenden Fehler sieht Kant jedoch gerade in der „Verwechslung des reinen Verstandesobjekts mit der Erscheinung" (A270/B326). Diese Unstimmigkeit tritt besonders in Kants Gegenüberstellung von Leibniz und Locke zutage: Jener „intellektualisierte die Erscheinungen", dieser „sensifizirt" die Verstandesbegriffe in einem „System der *Noogonie*" (d. h. Abstammung des Verstandes von der Sinnlichkeit) (A271/B327; die dort erwähnten „Reflexionsbegriffe" sind nicht die Kantischen, sondern Lockes *„ideas of reflection"*; vgl. *Essay* II, vi). Den analogen Fehlern Lockes und Leibniz' stellt Kant die Auffassung entgegen, Sinnlichkeit und Verstand seien „zwei ganz verschiedene Quellen von Vorstellungen", die aber „nur in Verknüpfung objektivgültig von Dingen urteilen" können (ebd.). Die transzendentale Reflexion hätte demnach also festzustellen, ob eine Vorstellung zur Sinnlichkeit, zum Verstand, oder (als Erscheinung) zu beiden zugleich „gehört". Tatsächlich geht Kant im folgenden stillschweigend zur Alternative „Erscheinung/reine Verstandesvorstellung" über. (Die Möglichkeit rein *sinnlicher* Erkenntnis ist für die Leibniz-Kritik der *Amphibolie der Reflexionsbegriffe* nicht weiter relevant.) Dennoch behält Kant verbal auch die Alternative „Sinnlichkeit/(reiner) Verstand" bei und spricht wie in *De mundi* (§ 3, II 392) von „Phaenomena" als Objekten der Sinnlichkeit (A269/B325). – Diese Anklänge an *De mundi* können vielleicht auch erklären, warum Kant mehrmals davon spricht, daß *„Begriffe"* dem Verstand *oder* der Sinnlichkeit zugeordnet werden sollen (z. B. A268/B324 f.), obwohl doch A19/B33 zufolge *alle* Begriffe dem *Verstand* entstammen: In *De mundi* unterscheidet Kant noch nicht scharf zwischen „Vorstellung" und „Begriff" (*idea, conceptus, notio*; vgl. etwa § 14, II 398 ff.).

13.3.2.2 *Die Reflexionsbegriffe.* – Ohne Herleitung führt Kant die vier Paare von *Reflexionsbegriffen* ein (A262/B317). Sie geben die Hinsichten an, in denen Vorstellungen, entweder in der „logischen Reflexion" oder in der „objektiven Komparation", *untereinander* verglichen werden. Die *transzendentale* Reflexion verwendet also nicht selbst die Reflexionsbegriffe, sondern dient nur zur Vorbereitung ihrer Anwendung auf den *Inhalt* gegebener Vorstellungen („objektive Komparation"). Ohne diese Vorbereitung drohen schwerwiegende Irrtümer, da die Reflexionsbegriffe in dieser „objektiven" (inhaltsbezogenen) Verwendung zweideutig sind: Angewandt auf Erscheinungen bedeuten „Einerleiheit", „Einstimmung" usw. etwas anderes, als sie in Anwendung auf Dinge an sich bedeuten würden. Diese „Amphibolie" macht sich besonders bei synthetischen Urteilen a priori bemerkbar (vgl. A263/B319), denn bei diesen ist die Versuchung groß, sie auch als gültig für Dinge an sich zu betrachten.

(Von einer allerdings nur entfernt verwandten „Amphibolie der *moralischen* Reflexionsbegriffe" spricht Kant in der *MdS*, VI 442.)

Kant erklärt nicht, wie er zu seiner Liste von zwei mal vier Reflexionsbegriffen gelangt. Zwar knüpft er terminologisch wie inhaltlich an seine Vorgänger an (v. a. Baumgarten, Meier, Reimarus, Crusius, Lambert), doch ist die genaue Liste in der *Amphibolie der Reflexionsbegriffe* wohl Kants eigene Entwicklung. (Vorstadien der Theorie der Reflexionsbegriffe in der *KrV* finden sich u. a. in den Reflexionen R 2865, XVI 552; R 4072, XVI 404; R 4476, XVII 656 f; R 5051, XVIII 73; R 5552, XVIII 218 ff.; R 5554, XVIII 229 f.).

Kant deutet einen Zusammenhang zwischen Reflexionsbegriffen und Urteilsformen an (A262/B318; vgl. A70/B95), nennt aber nur die Entsprechung der ersten vier Reflexionsbegriffe mit allgemeinen, besonderen, bejahenden und verneinenden Urteilen. Worin der Zusammenhang mit einzelnen, unendlichen, relationalen und modalen Urteilen bestehen soll, sagt Kant nicht. In den *Prolegomena* behauptet er auch eine Übereinstimmung der Reflexionsbegriffe mit den vier Titeln der Kategorientafel, ebenfalls ohne dies näher auszuführen (IV 326).

Bei dem von Kant besonders hervorgehobenen Paar „Materie/Form" (vgl. A266/B322) handelt es sich um Schlüsselbegriffe der gesamten *Kritik*. Dennoch gibt Kant auch in der *Amphibolie der Reflexionsbegriffe* keine Erläuterung oder gar Rechtfertigung ihrer transzendentalphilosophischen Verwendung, sondern beruft sich auf die Logiker von „ehedem" (ebd.). Seine Diskussion des Begriffspaars changiert zwischen Urteilslogik, Metaphysik und Transzendentalphilosophie. Die *Amphibolie der Reflexionsbegriffe* trägt deshalb zur Klärung der Funktion dieser Begriffe in der *Transzendentalen Ästhetik* und der *Transzendentalen Analytik* kaum etwas bei, sondern setzt ihre dortige Verwendung als bekannt und unproblematisch voraus.

Obwohl es sich auch bei den Reflexionsbegriffen um Begriffe a priori handeln muß, unterscheiden sie sich doch von den Kategorien durch ihre rein „subjektive", das Verhältnis von Vorstellungen untereinander betreffende Funktion (A269/B325; vgl. IV 326). Auch in der „objektiven Komparation" geht es ja noch nicht um das Fällen objektiver Urteile, sondern um den Vergleich der Inhalte *subjektiver* Vorstellungen. Eine „transzendentale Deduktion" der Reflexionsbegriffe ist deshalb nicht erforderlich.

13.3.2.3 *Transzendentale Topik*. – Zu Beginn der „Anmerkung" kommt Kant auf ein Projekt zu sprechen, das in Analogie zur *Topik* des Aristoteles konzipiert ist. Diese ist eine Sammlung von Anweisungen, wie man auch ohne sicheres Wissen überzeugend argumentiert. Dazu unterscheidet Aristoteles eine Vielzahl von „Örtern" (gr. *topoi*), allgemeinen Merkmalen von Diskussionsthemen, die er den vier Titeln „Proprium", „Definition", „Genus" und „Akzidenz" zuordnet (*Topik* I 4,101b). In lockerer Anlehnung daran schlägt Kant eine „transzendentale Topik" vor: Sie enthält

(a) die „Anweisung nach Regeln", wie man jeder Vorstellung ihren „transzendentalen Ort" zuweist (anders als bei Aristoteles gibt es nur *zwei* „Örter", nämlich Sinnlichkeit und Verstand; A268/B324) sowie (b) die vier „Titel" der Reflexionsbegriffe, um die Vorstellungen untereinander zu vergleichen (A269/B325). An welche „Regeln" Kant gedacht haben könnte, bleibt allerdings unklar. Er hat diese Idee nicht weiterverfolgt.

13.3.2.4 *Die Leibniz-Kritik.* – Nachdem Kant sie im ersten Durchgang durch die Amphibolie der Reflexionsbegriffe (A263/B319 ff.) bereits zum Teil vorweggenommen hatte, wird die Leibniz-Kritik in der „Anmerkung" nun zum Hauptthema. Sie zielt nicht nur auf Leibniz allein, sondern auf die gesamte „Leibniz-Wolffische Philosophie", in der Kant selbst ausgebildet worden war und nach deren Lehrbüchern er Vorlesungen hielt.

Stark vereinfachend kann man die hier relevanten Aspekte der Leibnizschen Metaphysik auf den Satz zurückführen, daß alle Wahrheiten insofern analytisch sind, als das Prädikat in einer wahren Aussage nur das expliziert, was im Subjektbegriff bereits enthalten ist. Daraus folgt unmittelbar, daß alle Erkenntnis *begrifflicher* Natur ist. Auch unsere Sinne, so Leibniz (aus Sicht Kants), vermitteln uns analytische Wahrheiten, die sie allerdings nur „verworren" wiedergeben. Allein durch den Verstand gelangen wir zu „klarem und deutlichem" Wissen. Auf dieser Grundlage entwickelt Leibniz ein metaphysisches System, in dessen Mittelpunkt die Lehre von den Monaden steht: einfachen und unteilbaren Substanzen, deren gesamte Existenz darin besteht, mehr oder weniger deutliche „Vorstellungen" (Perzeptionen) von allen übrigen Monaden zu haben. Die uns vertraute raumzeitliche Wirklichkeit ist demnach nichts weiter als die Art, wie einem Menschen (der als „Geistwesen" auch eine Monade ist) die Welt der Monaden erscheint.

Es ist deshalb aus Kants Sicht verständlich, wenn er von einem „intellektuelle[n] System der Welt" spricht, das „auf nichts, als einem Mißverstande, beruhete" (A270/B326) und er Leibniz vorwirft, daß er die Erscheinungen „intellektualisierte" (A271/B327). Leibniz sah nicht, daß Sinnlichkeit und Verstand nur „in Verknüpfung" Erkenntnisse hervorbringen, sondern vertraute ganz auf den reinen Verstand. Da ein solcher „transzendentaler Verstandesgebrauch" (vgl. den Titel der *Amphibolie*) ohne Beziehung zu Gegenständen bleiben muß (s. o. S. 329), ist das Leibnizsche System also im Kantischen Sinn „leer" (ohne Gegenstandsbezug).

Inwiefern ist Leibniz nun „einer transzendentalen Amphibolie" erlegen, die er durch eine transzendentale Reflexion hätte vermeiden können? Kant zufolge handelt es sich bei Erscheinungen im Sinne Leibniz' um verworren vorgestellte „Gegenstände des reinen Verstandes" (A264/B320; vgl. A270/B327f.). Nach Leibniz, so Kant, sind also alle Dinge *intelligibilia*. Er „verglich" deshalb alle Vorstellungen, als seien sie Begriffe. Da die „objektive Komparation" zweier Vorstellungen (gemäß den Reflexionsbegriffen) unterschiedlich ausfällt, je nachdem, ob es sich um reine Begriffe oder anschaulich vermittelte Vorstellungen handelt, kommt Leibniz mit Blick auf (Kantische) Erscheinungen zu falschen Ergebnissen: Er hält für einerlei, was verschieden ist, für einstimmend, was sich widerstreitet, für Inneres, was äußerlich und für Materie, was Form ist.

Will man nun mit Kant sagen, daß ein Akt der transzendentalen Reflexion Leibniz vor diesen Fehlern bewahrt hätte, so reicht es nicht aus, darunter die bloße *Feststellung* zu verstehen, ob man sinnlich vermittelte oder rein begriffliche Vorstellungen miteinander vergleicht. Das würde nämlich voraussetzen, daß man darin bereits eine relevante Unterscheidung sieht. Gerade das tat Leibniz Kant zufolge aber nicht. Eine transzendentale Reflexion hätte ihn also nur dann vor Fehlern bewahrt, wenn sie zugleich auf die prinzipielle Differenz zwischen Anschauung und Begriff *aufmerksam* machen würde. Kants Äußerungen über die transzendentale Reflexion weisen allerdings nicht darauf hin, daß er ihr eine solche Rolle zuschreiben wollte. Leibniz' *fundamentaler* „Mißverstand" liegt deshalb wohl nicht, wie Kant in der *Amphibolie* nahezulegen scheint, in einer durch Mangel an transzendentaler Reflexion verursachten „Verwechslung" von Ding an sich und Erscheinung. Diese ist vielmehr nur eine *Folge* der mangelnden Unterscheidung beider Arten von Gegenständen und der entsprechenden Vorstellungen. Aus Kantischer Sicht bestand Leibniz' Grundfehler darin, daß er den eigenständigen und irreduziblen Beitrag der Sinnlichkeit zu aller menschlichen Erkenntnis übersah und deshalb nicht bemerkte, daß wir *nur* von Erscheinungen Erkenntnis haben können, nicht aber von Dingen an sich.

Daß dies (und nicht die fehlende transzendentale Reflexion) tatsächlich der entscheidende Punkt ist, zeigt sich auch an der (insgesamt dreifach vorgetragenen) Kritik der vier amphibolischen Fehler: Nur an zwei Stellen, und auch dort nur nebenbei, bringt Kant die kritisierten Auffassungen in der Sache mit einem Mangel an transzendentaler Reflexion in Zusammenhang (A254/B320 und A272/B328). Ansonsten beschränkt er sich auf die Feststellung, daß die fehlerhaften Thesen oder Prinzipien zwar für eine rein begrifflich erkennbare Wirklichkeit gültig sein würden, nicht aber für den Bereich der (Kantischen) Erscheinungen. Eine Kritik ist das aber erst vor dem Hintergrund der *Transzendentalen Analytik*, wonach wir *nur* Erscheinungen und *keine* reinen Verstandesdinge erkennen können. Vor den von Kant kritisierten Fehlern hätte Leibniz deshalb vermutlich auch eine transzendentale Reflexion nicht bewahrt (er wußte schließlich, daß er reine Begriffe „verglich"), sondern nur die Lektüre der *Kritik der reinen Vernunft*.

Problematisch ist auch Kants Annahme, Leibniz habe seinem System eine ungültige Version des *dictum de omni et nullo* zugrundegelegt. Dieses besagt: Was von den Gegenständen gilt, die unter einen allgemeinen Begriff fallen (z. B. *Alle* Vögel *haben Federn*), das gilt auch von allen Gegenständen, die unter einen darunter enthaltenen Begriff fallen (z. B. *Alle* Tauben *haben Federn*):

(D1) ∀x (((Vx → Fx) & (Tx → Vx)) → (Tx → Fx))

Stattdessen habe Leibniz angenommen: „was in einem allgemeinen Begriffe nicht enthalten ist, das ist auch in den besonderen nicht enthalten, die unter demselben stehen" (A281/B337):

(D2) ∀x ((¬ (Vx → Fx) & (Tx → Vx)) → ¬ (Tx → Fx)).

Danach könnte man z. B. schließen: Nicht alle Vögel können fliegen (z. B. Pinguine). Alle Tauben sind Vögel. Also: Nicht alle Tauben können fliegen. Doch dieser Schluß ist natürlich ungültig. Kant begründet diesen Vorwurf nicht, sondern wiederholt nur, daß laut Leibniz alle Prädikate eines Dinges in seinem Begriff enthalten sind (vgl. A281/B337). Das legt Leibniz allerdings nur dann auf das fragliche Prinzip fest, wenn es sich bei den „allgemeineren" Begriffen nicht, wie Kant annimmt (ebd.), um inhaltsärmere, sondern um inhaltsreichere Begriffe handelt – insbesondere um die von Leibniz so genannten *„notiones completae"*, die *einen* Gegenstand *vollständig* charakterisieren. Mit Blick auf solche Begriffe wäre das von Kant kritisierte Prinzip (D2) tatsächlich *gültig*. Kant setzt hier jedoch offenbar voraus, daß es *notiones completae* nicht geben kann. Schließlich hatte er unmittelbar zuvor ausführlich gezeigt, daß reale Gegenstände sich rein begrifflich *niemals* vollständig charakterisieren lassen. Damit beruht auch die Kritik an der falschen Verwendung des *dictum de omni et nullo* letztlich auf der These vom irreduziblen Beitrag der Sinnlichkeit zur Erkenntnis.

Nun in aller Kürze zu den vier kritisierten Prinzipien im einzelnen:

(i) Das *principium identitatis indiscernibilium* besagt zunächst nur, daß keine zwei Gegenstände *alle* Eigenschaften miteinander gemeinsam haben. Erst in Verbindung mit Leibniz' weiteren Thesen, daß Raum und Zeit in Relationen bestehen und alle Relationen auf nicht-relationale Eigenschaften zurückführbar sind, ergibt sich, daß es keine zwei Gegenstände gibt, die sich nur in ihrer raum-zeitlichen Position unterscheiden (vgl. *Nouveaux Essais*, II, xxvii; *Briefwechsel mit Clarke*, 4. Brief; dort auch das Beispiel der Wassertropfen). Dagegen wendet sich Kant mit dem Argument, daß zwei Dinge sehr wohl in allen nicht-relationalen Eigenschaften („innern Bestimmungen") übereinstimmen und doch verschieden sein können, wenn sie nur unterschiedliche Raum-Stellen einnehmen. Dabei stützt sich Kant auf die Raum-Zeit-Lehre der *Transzendentalen Ästhetik* sowie implizit auf sein zuerst 1768 vorgestelltes Argument der sog. „inkongruenten Gegenstücke" (z. B. rechte und linke Hand), das er in *De mundi* für den Nachweis verwendet, daß räumliche Eigenschaften nicht rein begrifflich, sondern nur anschaulich erfaßbar sind (vgl. II 402 f.; II 377–383; IV 285 f.; IV 483 f.).

(ii) Den „Grundsatz: daß Realitäten (als bloße Bejahungen) einander niemals logisch widerstreiten" (A272/B328), vertritt Leibniz, wie Kant zugesteht, nicht ausdrücklich, doch stützt er sich implizit auf ihn z. B. in der *Theodizee* (I, § 29 f.). Bei den „Nachfolgern", die diesen Satz „in ihre Leibniz-Wolffianische Lehrgebäude" eintrugen, dürfte Kant u. a. an Baumgarten gedacht haben (vgl. *Metaphysica* §§ 135 ff., § 807). Auch hier greift Kant auf ein Argument aus früheren Arbeiten zurück: die Lehre von der „Realrepugnanz", die Kant zuerst in seinem Aufsatz über die „negativen Größen" (1763) entwickelt hatte (II 165–204). Danach können zwei physische oder psychische Kräfte einander „real widerstreiten", d. h. sich so zueinander verhalten, daß ihre Wirkungen sich ganz oder teilweise aufheben.

(iii) Die Grundzüge seiner Monadenlehre hat Leibniz in der 1720 postum veröffentlichen *Monadologie* zusammengefaßt. Leibniz folgert aus der Einfachheit und Unteilbarkeit der Monaden, daß diese nicht aufeinander einwirken können. Um sicherzustellen, daß ihre Repräsentationen dennoch adäquat sind, muß Leibniz daher annehmen, daß Gott sie in einer „prästabilierten Harmonie" aufeinander abgestimmt hat. Nach Kant folgt nun die Subjektartigkeit der Monaden (und damit die Notwendigkeit einer prästabilierten Harmonie) daraus, daß sie Leibniz zufolge als Substanzen nur *innere* Bestimmungen haben können. Das ergebe sich jedoch nur, so Kant, wenn man die Innen-Außen-Unterscheidung rein begrifflich und damit „absolut" versteht. Tatsächlich aber kennen wir „nichts Schlechthin-, sondern lauter Komparativ-Innerliches" (A277/B333; vgl. A285/B341). (Es ist schwer zu beurteilen, ob Kant hier klar zwischen dem Inneren im *räumlichen* Sinn, im Sinn der *subjektiven* Privatheit von Vorstellungen und im Sinn *begrifflichen* Enthaltenseins unterscheidet.)

(iv) Leibniz entwickelt seinen relationalen „Lehrbegriff" von Raum und Zeit ausführlich in seinem *Briefwechsel mit Clarke*. Danach handelt es sich bei Raum und Zeit um ein System von „äußerlichen" Relationen, das vollständig auf „innere" Bestimmungen der Monaden zurückführbar ist. Kant sieht darin einen Vorrang der „Materie" (des „Bestimmbaren") vor der „Form" (der „Bestimmung") und setzt dem seine eigene Auffassung von Raum und Zeit als Anschauungsformen entgegen, die der Materie (der Empfindung) vorausgehen.

13.3.2.5 *Die Tafel der „Einteilung des Begriffs des Nichts"* (A290–292/B346–349; vgl. R 5552) knüpft in zweierlei Hinsicht an das Vorhergehende an: Zum einen setzt sie die ontologische Thematik von *Phaenomena/Noumena* und der *Amphibolie der Reflexionsbegriffe* fort, zum anderen stehen alle vier Titel mit den Reflexionsbegriffen und ihrer Amphibolie in Zusammenhang: (1) Wer meint, reine Verstandesdinge miteinander zu vergleichen, bezieht sich in Wirklichkeit auf ein bloßes *„ens ra-*

tionis" und damit auf nichts. (2) Leibniz betrachtete jeden „realen Widerstreit" als bloßen Mangel und damit als *„nihil privativum"*. (3) Raum und Zeit sind als Formen, die der Materie vorhergehen, bloße *entia imaginaria*. (4) Leibniz ließ Widerstreit nur als rein begrifflichen Widerspruch zu; Gegenstand eines widersprüchlichen Begriffs ist ein *nihil negativum*.

13.4 Interpretationsfragen

Der Abschnitt *Phaenomena/Noumena* spielt eine wichtige Rolle in der Kontroverse zwischen sog. „Zwei-Aspekte"- und „Zwei-Welten"-Interpretationen des transzendentalen Idealismus: Handelt es sich bei Dingen an sich und Erscheinungen um zwei „Seiten" oder „Aspekte" *derselben* Dinge (so u. a. Prauss 1974, Allison 2004) oder um *unterschiedliche* Dinge (so z. B. Guyer 1987)? (Vgl. dazu auch den Beitrag von Watkins in diesem Band sowie Rosefeldt 2007, Schulting/Verburgt 2011 und Allais 2015). Wie sich oben gezeigt hat, unterscheidet Kant auf differenzierte Weise zwischen einer ganzen Reihe von Gegenstandsbegriffen. Einige von ihnen (z. B. „Phaenomena" und „Noumena in negativer Bedeutung") unterscheiden sich voneinander ausschließlich im Begriffs*inhalt*, erfassen also verschiedene Aspekte *derselben* Dinge, nämlich der Gegenstände der Erfahrung. Andere Begriffe hingegen (z. B. „Noumena in positiver Bedeutung") haben möglicherweise auch einen anderen Begriffs*umfang*, können also auch auf Dinge zutreffen, die *keine* Erfahrungsgegenstände sind. Da Kant sowohl Noumena in negativer als auch Noumena in positiver Bedeutung als „Dinge an sich" bezeichnet, scheint die Alternative „Zwei-Welten/Zwei-Aspekte" zur Deutung des Verhältnisses von Dingen an sich und Erscheinungen also zu kurz zu greifen (vgl. Willaschek 2001). – Strittig ist auch, wie sich die Ausdrücke „transzendentaler Gegenstand", „Noumenon" und „Ding an sich" zu einander verhalten (dazu Allison 1968, Prauss 1974, Allison 1978, Aquila 1979, Allison 2004).

Mit Blick auf die *Amphibolie der Reflexionsbegriffe* besteht aufgrund der schmalen Textbasis bereits keine Einigkeit, was unter transzendentaler Reflexion überhaupt zu verstehen ist und wie sie sich zur logischen Reflexion verhält (vgl. dazu Malter 1982 sowie Reuter 1989 für einen Überblick über die Vorgeschichte des Kantischen Reflexionsbegriffs und die einschlägige Literatur). Manche Interpreten sehen in der *Amphibolie der Reflexionsbegriffe* dennoch ein Lehrstück, in dem Kant den Grund für seine eigene transzendentale Methode legt (vgl. Paton 1969, Schnädelbach 1977, Schönrich 1981, Leitner 1994; zum Verhältnis zwischen transzendentaler Deduktion und transzendentaler Reflexion vgl. Henrich 1989). Andererseits deutet vieles in der *Amphibolie der Reflexionsbegriffe* auf einen vorkritischen Ursprung hin (vgl. dazu die dort aber z.T. überinterpretierten Belege in Zilsel 1913). Zur spezifischen Form des philosophischen Irrtums, den Kant im *Amphibolie*-Kapitel aufdeckt, vgl. Grier 2001, Kap. 3, und Birken-Bertsch 2006.

Die wenigen Andeutungen Kants aufgreifend, ist seine Lehre von den Reflexionsbegriffen auch für das Verständnis der Urteils- und Kategorientafel (z. B. Longuenesse 1993) und den Nachweis ihrer Vollständigkeit (Reich 1932) fruchtbar gemacht worden. – Bereits Kants Zeitgenossen, allen voran J. A. Eberhard, haben Leibniz gegen Kants Kritik zu verteidigen versucht (dazu Allison 1973; Gawlina 1996). Auch unter den neueren Interpreten ist die Berechtigung der Kantischen Kritik umstritten (vgl. Paton 1969, Parkinson 1981, Reuter 1989, Jauernig 2008, Hamann 2009).

Literatur

Allison, Henry E. 1968: „Kant's Concept of the Transcendental Object", in: Kant-Studien 59, 165–186.
Allison, Henry E. (Hg.) 1973: The Kant-Eberhard Controversy, Baltimore.
Allison, Henry E. 1978: „Things in Themselves, Noumena, and the Transcendental Object", in: Dialectica 32, 1978, 41–76.
Allison, Henry E. 2004: Kant's Transcendental Idealism. An Interpretation and Defense (Second Edition), New Haven: Yale University Press.
Ameriks, Karl 1992: „Kantian Idealism Today", in: History of Philosophy Quarterly 9, 329–342.
Aquila, Richard E. 1979: „Things in Themselves and Appearances: Intentionality and Reality in Kant", in: Archiv für Geschichte der Philosophie 61, 293–307.
Birken-Bertsch, Hanno 2006: Subreption und Dialektik bei Kant. Der Begriff des Fehlers der Erschleichung in der Philosophie des 18. Jahrhunderts, Stuttgart-Bad Cannstatt.
Gawlina, Manfred 1996: Das Medusenhaupt der Kritik, Berlin/New York.
Grier, Michelle 2001: Kant's Doctrine of Transcendental Illusion, Cambridge.
Guyer, Paul 1987: Kant and the Claims of Knowledge, Cambridge.
Hahmann, Andree 2009: Kritische Metaphysik der Substanz – Kant im Widerspruch zu Leibniz, Berlin/New York.
Henrich, Dieter 1989: Kant's Notion of a Deduction and the Methodological Background of the First *Critique*, in: Eckart Förster (Hg.), Kant's Transcendental Deductions, Stanford, 29–46.
Jauernig, Anja 2008: „Kant's Critique of the Leibnizian Philosophy: Contra the Leibnizians, but Pro Leibniz", in: Garber, Daniel/Longuenesse, Béatrice (Hgg.): Kant and the Early Moderns, Princeton, 41–63.
Leitner, Heinrich 1994: Systematische Topik. Methode und Argumentation in Kants kritischer Philosophie, Würzburg.
Longuenesse, Béatrice 1993: Kant et le pouvoir de juger. Sensibilité et discursivité dans l'Analytique transcendantale de la Critique de la raison pure, Paris (engl. Übers.: Kant and the Capacity to Judge. Sensibility and Discursivity in the Transcendental Analytic of the Critique of Pure Reason, Princeton 1998).
Malter, Rudolf 1982: „Reflexionsbegriffe", in: Philosophia Naturalis 19, 125–150.
Paton, Herbert J. 1969: „Kant on the Errors of Leibniz", in: Lewis W. Beck (Hg.), Kant Studies Today, La Salle, 72–87.

Parkinson, G. H. R. 1981: „Kant as a Critic of Leibniz. The Amphiboly of Concepts of Reflection", in: Revue Internationale de Philosophie 35, 302–314.
Prauss, Gerold 1974: Kant und das Problem der Dinge an sich, Bonn.
Reich, Klaus 1932: Die Vollständigkeit der Kantischen Urteilstafel, Berlin (^{2}1948, ^{3}1986 Hamburg).
Reuter, Peter 1989: Kants Theorie der Reflexionsbegriffe, Würzburg.
Schnädelbach, Herbert 1977: Reflexion und Diskurs, Frankfurt/M.
Schönrich, Gerhard 1981: Kategorien und transzendentale Argumentation, Frankfurt/M.
Schulting, Dennis/Verburgt, Jacco (Hgg.) 2011: Kant's Idealism. New Interpretations of a Controversial Doctrine, Dordrecht/London/Heidelberg/New York.
Willaschek, Marcus 2001: „Die Mehrdeutigkeit der kantischen Unterscheidung zwischen Dingen an sich und Erscheinungen. Zur Debatte um Zwei-Aspekte- und Zwei-Welten-Interpretation des transzendentalen Idealismus", in: Gerhard, V./Horstmann, R. P./Schumacher R. (Hgg.): Akten des IX. Internationalen Kant-Kongresses. Bd. 2, Berlin/New York, 679–690.
Zilsel, Edgar 1913: „Bemerkungen zur Abfassungszeit und Methode der Amphibolie der Reflexionsbegriffe", in: Archiv für Geschichte der Philosophie, 26, 431–448.

Alain Renaut

14 Transzendentale Dialektik, Einleitung und Buch I

(A293/B349–A338/B396)

14.1 Stellung und Funktion des Textabschnitts in der *Kritik*

Die kurzen und dichten Seiten der Einleitung und des ersten Buchs der *transzendentalen Dialektik* sind von Kant-Kommentatoren häufig stiefmütterlich behandelt worden. Ihr Interesse konzentriert sich auf das spektakuläre und ausladende zweite Buch, in dem bloßgelegt wird, mit welch trügerischen und fehlerhaften Überlegungen die dogmatische Metaphysik ein Wissen des Absoluten beansprucht. Bei aller Nüchternheit, ja Strenge, spielt die Einleitung zur *transzendentalen Dialektik* dennoch eine wichtige Rolle im Gesamtaufbau der *Kritik.* Hier wird die These vertreten, die Kants dekonstruktiver Kritik der Metaphysik insgesamt zugrunde liegt: daß die Illusionen, welche die rationale Psychologie, Kosmologie und Theologie hervorgebracht haben, in der Struktur der Vernunft selbst wurzeln. Genauer: auf diesen Seiten wird aufgezeigt, daß zwischen der formalen Logik und der Metaphysik ein subtiler Übergang stattfindet, bei dem die Illusion aus einer bestimmten Kombination von Vernunftschluß und ontologischem Argument entsteht. Als Logik des Scheins besteht die dogmatische Metaphysik darin, ein rein *logisches* Prinzip in eine *Existenz*behauptung zu verwandeln. So legitim und fruchtbar es auch ist, aus methodischen und regulativen Gründen von der Forderung auszugehen, zur bedingten Erkenntnis des Verstandes stets das Unbedingte aufzufinden, das dessen Einheit herstellt, so anmaßend ist die Behauptung, das Unbedingte sei mit dem Bedingten auch schon gegeben, existiere also. Um von der bloßen *Idee* des Unbedingten (die, wie unten gezeigt wird, unter Rückgriff auf einen rein formalen hypothetischen Schluß erreicht wird) auf die *Existenz* des Gegenstands dieser Idee zu schließen, müßte man nämlich a) die Idee des Unbedingten aus der des Bedingten analytisch deduzieren sowie b) von dieser Idee synthetisch (mithin auf eine formallogisch illegitime Weise) auf die tatsächliche Existenz des Unbedingten schließen. An eben diesem Punkt kommt – heimlich, wie man betonen muß – über den Umweg des Begriffs der causa sui das ontologische Argument ins Spiel: die Idee eines Unbedingten oder einer letzten Bedingung ist die einer Bedingung, deren Definition bereits (insofern, als eine *erste*

Bedingung gleichbedeutend ist mit einer causa sui) die Existenz zu implizieren scheint.

In der Einleitung zur *transzendentalen Dialektik* wird aufgedeckt, wie der allgemeine Mechanismus dieser Verknüpfung von formaler Logik und Metaphysik und damit der ungerechtfertigte Übergang vom *logischen* zum *realen* (= objektive Gültigkeit beanspruchenden) Gebrauch des hypothetischen Vernunftschlusses funktioniert. In Buch I wird diese Verknüpfung dann unter Zugrundelegung der drei Kategorien der Relation spezifiziert, woraus sich die folgenden drei Ideen ergeben: Seele, Welt, Gott. Die tragende Struktur des metaphysischen Diskurses beruht jedoch in allen drei Fällen auf derselben Verknüpfung.

Auf den ersten Blick läuft eine solche Konstruktion weit mehr Gefahr, einen leeren Formalismus oder eine veraltete Scholastik auf den Plan zu rufen, als die zeitgenössischen Denkfiguren. Es gibt jedoch zwei Aspekte, welche dazu auffordern, die Kantische Genealogie der Metaphysik aufmerksamer zu betrachten:

1. Kant leitet die Metaphysik zum Teil aus der Struktur der Kategorien ab, welche wiederum der formalen Logik entstammt, wie in der *Analytik der Begriffe* gezeigt wurde. Er hat damit als erster die so tiefe Einsicht formuliert (die Nietzsche und Heidegger, jeder auf seine Weise, aufgreifen werden), derzufolge die „Grammatik" (formale Logik und kategoriale Struktur) ihrem Wesen nach darauf angelegt ist, Metaphysik hervorzubringen. So zeigt etwa – in Verlängerung dieser Genealogie der Metaphysik – das Kapitel über die Paralogismen, daß die Illusion eines sich selbst transparenten Subjekts seine letzte Wurzel in der bloßen „Philologie" besitzt, von der sie niemals hätte abweichen dürfen. In einem noch tieferen Sinne: räumt man ein, daß die kategoriale Struktur selbst nicht nur Struktur des Diskurses, sondern zugleich auch ontologische Struktur ist (da die Kategorien die Objektivität des Gegenstands konstituieren), so bringt diese logisch-ontologische Struktur über eine vom Vernunftprinzip erforderte unendliche Anwendung den transzendentalen Schein hervor. Mit anderen Worten: die Ontologie oder allgemeine Metaphysik erzeugt die spezielle Metaphysik gemäß einer Genealogie, die man also zunächst auf alle ihre Konsequenzen hin zu untersuchen hätte, bevor man sie als formal oder veraltet bezeichnet.

2. Eine dieser Konsequenzen läßt sich bereits an dieser Stelle skizzieren. Auch sie trägt dazu bei, die Bedeutung der Kantischen Dekonstruktion der Metaphysik deutlich sichtbar werden zu lassen: Indem sie Ontologie (die Kategorien der Relation), formale Logik und spezielle Metaphysik verbindet, schreibt diese Genealogie der Illusion die Metaphysik selbst in den Horizont der Wissenschaft ein. Da die kategoriale Struktur das Objektivitätskriterium eines jeden Objekts liefert, betrifft sie die wissenschaftliche Tätigkeit, welche per definitionem von den Kategorien Gebrauch macht, in ihrem Kern. Nichts ist einer solchen Tätigkeit im übrigen weniger fremd als die wiederholte Anwendung des Vernunftprinzips. Dabei wird sich allerdings noch

zeigen, welche Rolle es auch bei der Verkettung der Syllogismen spielt, die zu den drei tragenden Ideen des metaphysischen Projekts führt. Kurz, wenn die logisch-ontologische Struktur die transzendentale Illusion erzeugt, so muß man auch erkennen, daß die Matrix der Metaphysik vor allem auch innerhalb der wissenschaftlichen Tätigkeit selbst wirksam ist.

Dabei darf diese Sichtweise natürlich nicht so verstanden werden, als impliziere sie, Wissenschaft sei per se metaphysisch und als zöge infolgedessen die Kritik der Metaphysik eine Kritik der Wissenschaft als solcher nach sich. Subtiler, im Geist des Kritizismus gedacht, bildet die Metaphysik vielmehr den Horizont der wissenschaftlichen Tätigkeit, eine Möglichkeit, die ihr eingeschrieben ist, oder besser: eine Virtualität, deren Konkretisierungsweisen Kants Analyse klar herausarbeitet. Daß der Elan des wissenschaftlichen Denkens, weit davon entfernt, den traditionellen Illusionen des menschlichen Geistes ein Ende zu bereiten, sie im Gegenteil immer wieder in neuer Gestalt hervorruft, ist paradox genug, um auch heute noch das Interesse an einer Genealogie der Illusion zu rechtfertigen, die mit einer zweifellos unübertroffenen Präzision das Metaphysisch-Werden der Wissenschaft erhellt.

14.2 Inhalt und Aufbau des Textabschnitts im Überblick

Eine solche Genealogie der Illusion entwickelt Kant in einem Gedankengang, der drei Hauptmomente aufweist:

1. *Von der Vernunft zu den Vernunftschlüssen* (A298/B355–A302/B359): Um die Genealogie der Metaphysik nachzuzeichnen, muß zunächst aufgezeigt werden, wie die Struktur der Vernunft notwendig dialektische Vernunftschlüsse hervorbringt, zu denen die Paralogismen, Antinomien und Gottesbeweise gehören. Diese dialektischen Vernunftschlüsse entstehen aufgrund der Art und Weise, in der die Vernunft, als „Vermögen der Prinzipien", das „Unbedingte" zu erfassen sucht.

2. *Vom logischen zum realen Vernunftgebrauch* (A303/B359–A309/B366): Zugunsten dieser Ausrichtung auf das Unbedingte und entsprechend der Art und Weise, in der die Suche nach dem Unbedingten unternommen wird, geht der metaphysische Schein aus der Substantialisierung einer rein logischen Forderung hervor, die, was die Vernunft vergißt, nichts anderes zum Ausdruck bringt als ihre eigene (subjektive) Dynamik. Dieses Vergessen und die korrelative Vergegenständlichung der Erscheinungsformen des Unbedingten sind verantwortlich für das Auftauchen metaphysischer Gegenstände.

3. *Die Deduktion der drei Ideen* (A310/B366–A338/B396): Seele, Welt und Gott stellen in Wirklichkeit nichts anderes dar als fetischisierte Produkte der Hyposta-

sierung des Unbedingten, dessen drei logisch mögliche Erscheinungsformen in vergegenständlichter Form den drei transzendentalen Ideen entsprechen, um die die Metaphysik stets kreiste. Insofern geht es darum aufzuzeigen, daß der Gehalt der transzendentalen Illusion ebensowenig kontingent ist wie die Tatsache der Illusion selbst.

14.3 Textkommentar

14.3.1 Die Seiten, die in der Einleitung zur *transzendentalen Dialektik* der „Vernunft überhaupt" gewidmet sind, sollen die Vernunft, das „Vermögen der Prinzipien", in Abhebung vom Verstand, dem „Vermögen der Regeln" charakterisieren. Regeln des Verstandes sind Regeln, die die Assoziationen oder Synthesen bestimmen, welche, ausgehend von einem in einer zumindest möglichen Erfahrung Gegebenen, Objektivität hervorbringen. Im Gegenzug dazu beanspruchen die Prinzipien, Erkenntnis des Besonderen im Allgemeinen durch Begriffe herzustellen. Es kann nützlich sein, diese Unterscheidung anhand eines Beispiels zu erläutern: Betrachte ich die Regel des Verstandes, der zufolge jedem Ereignis eine Ursache entspricht, so besteht ihre Anwendung auf das Besondere (in Form des Urteils: jedes Ereignis besitzt eine Ursache, A ist ein Ereignis, folglich besitzt A eine Ursache) zwar darin, das Besondere (A) im Allgemeinen zu denken (da es unter das Allgemeine subsumiert wird), doch geschieht dies nicht durch Begriffe. Die Regeln des Verstandes, die für sich genommen leer sind, gelangen nicht mit Hilfe von Begriffen vom Allgemeinen zum Besonderen, sondern über Vermittlung einer Anschauung (im vorliegenden Fall diejenige, durch die das Ereignis A gegeben ist). Im Gegensatz dazu beansprucht die Vernunft, ausgehend von rein begrifflichen Prinzipien zu Schlüssen zu gelangen. Da sie vom Allgemeinen zum Besonderen durch bloße Begriffe gelangen will, entspricht es also ihrem Wesen, über ihre Vernunftschlüsse von der Logik zum Dasein überzugehen – ein Punkt, auf dessen Bedeutung wir unten noch zurückkommen werden.

Präzisieren wir zunächst, wie diese Vernunftschlüsse funktionieren. Solche Schlüsse, welche je unterschiedliche Versuche darstellen, das Besondere unter dem Allgemeinen durch Begriffe zu denken, haben zur Möglichkeitsbedingung, was Kant „Ideen" nennt. Um zu verstehen, was diese Ideen sind, muß man die einzelnen Etappen jeglichen Schließens unterscheiden und das jeweils erforderte Vermögen benennen (*Logik* § 56 ff., IX 120 ff.):
- Der *Obersatz*, der durch den Verstand gesetzt wird, artikuliert eine Regel („Jedes Ereignis besitzt eine Ursache").
- Der Untersatz („A ist ein Ereignis") liefert die Anwendungsbedingung der Regel; als Ergebnis einer Subsumtion ist sie Produkt der Urteilskraft.

– Die Schlußfolgerung, welche das eigentliche Werk der Vernunft darstellt, ist „der Satz, welcher das Prädicat der Regel von der subsumirten Erkenntniß bejaht oder verneint" (*Logik* § 58, IX 120). Anders ausgedrückt: indem sie den Untersatz durch die Regel bestimmt, fügt sie dem unter die Regel (Obersatz) subsumierten Besonderen (Untersatz) deren Prädikat hinzu (oder spricht es, im Falle eines negativen Urteils, ab). Im betrachteten Beispiel: dem Ereignis A wird das Prädikat „besitzt eine Ursache" hinzugefügt.

Dieser allgemeinen Struktur zufolge gibt es also drei mögliche Arten von Vernunftschlüssen, denen die drei Ideen entsprechen werden:
– Der kategorische Vernunftschluß ist derjenige, dessen Schlußsatz die Form annimmt: „Also: A ist (bzw. ist nicht) B".
– Die Conclusio des hypothetischen Vernunftschlusses ist eine Aussage des Typs: „Wenn etwas gesetzt ist (oder nicht gesetzt ist), so ist etwas anderes gesetzt (oder nicht gesetzt)".
– Der disjunktive Vernunftschluß schließt mit einer Disjunktion: „A ist entweder B oder C".

Es gibt also nichts Banaleres und Geläufigeres als die Art und Weise, in der die Vernunft – die hier eingreift, um die Schlußfolgerung aus den drei Typen von Vernunftschlüssen zu ziehen – das Besondere (das den Untersatz bildet) unter das Allgemeine (das dem Obersatz entspricht) zu subsumieren versucht. Problematisch erscheint diese Intervention der Vernunft erst dort, wo der Obersatz dieser Syllogismen auf einer höheren Ebene selbst wiederum Gegenstand eines ähnlichen Vernunftschlusses wird, als dessen Konklusion er betrachtet wird – weshalb man offensichtlich (als neuen Obersatz) eine noch allgemeinere Regel setzen muß, von der er abgeleitet werden kann. Indem sie so die Forderung iteriert, die ihr Wesen ausmacht und die zur Konklusion des ersten Syllogismus geführt hatte, tendiert die Vernunft dazu, immerfort vom Besonderen zum Allgemeinen aufzusteigen, bis hin zu einer Aussage, die, als absolut universelle, als der letzte Obersatz erscheint, der sich nicht mehr von irgendeiner ihr übergeordneten Bedingung ableiten läßt. Insofern ist die Vernunft, welche das Vermögen darstellt, den Schluß aus einem Syllogismus zu ziehen, auch das Vermögen, über die Totalität einer Reihe das Unbedingte zu erfassen, in Form einer absolut ersten Aussage, von der sich alles Besondere logisch, d.h. mit Hilfe von Begriffen, ableiten ließe. Nun wird gerade in Verfolgung dieses Ziels, bedingt durch die Art und Weise, in der die Suche nach dem Unbedingten durchgeführt wird, die für die Metaphysik konstitutive Illusion erzeugt.

14.3.2 Diese für die Vernunft konstitutive Forderung, das Unbedingte aufzufinden, führt zu zwei sehr unterschiedlichen Formen des Vernunftgebrauchs. Ein erster

Gebrauch, der von Kant „logisch" genannt wird (vgl. A307/B364), ist völlig legitim: Er besteht in dem rein analytischen Urteil, eine jede beliebige Aussage lasse sich als durch eine übergeordnete bestimmt betrachten, welche ihre Bedingung darstellt, und also in der „logischen Maxime" oder Methode, immer nach der Bedingung des Bedingten zu forschen, indem man den Abschluß einer Reihe von Bedingungen, ein Unbedingtes also, zu finden versucht (vgl. ebd.). Diese Maxime bringt im Grunde nichts anderes als das innere Gesetz der Vernunft zum Ausdruck, ohne im geringsten den Anspruch zu erheben, etwas über die Struktur der Objektivität, d.h. mit Bezug auf die Existenz, oder, a fortiori, mit Bezug auf die Natur des Unbedingten auszusagen. Im Gegensatz dazu vergegenständlicht oder substantialisiert der Übergang von dieser rein subjektiven Maxime zu einer Aussage über die Wirklichkeit selbst („wenn das Bedingte gegeben ist, ist auch das Unbedingte gegeben", mithin existiere also das Unbedingte) eine bloße Forderung des menschlichen Geistes, durch einen Übergang vom Möglichen zum Dasein, was eine synthetische, nicht eine analytische, Aussage erforderte. Fügt man hinzu, daß es keine wirkliche, noch auch nur mögliche Erfahrung irgendeiner letzten, die Totalität einer Reihe von Bedingungen einigenden Bedingung gibt (da, der Formel in § 40 der *Prolegomena* zufolge, „das absolute Ganze aller möglichen Erfahrung [...] aber selbst keine Erfahrung" ist; IV 328), so kann es nur die Vernunft selbst sein, die sich das Recht herausnimmt, aus sich selbst, und d.h. also durch einfache Begriffe, eine Existenzbehauptung hinsichtlich irgendeines Unbedingten zu treffen. So kann Kant auch im weiteren Verlauf der *Kritik* (A498/B526) mit vollkommener Klarheit angeben, an welcher Stelle sich der Punkt befindet, wo Wissenschaft und Metaphysik auseinandertreten:

Auf seiten der Wissenschaft findet sich die Aussage: „[W]enn das Bedingte gegeben ist, [ist] uns eben dadurch ein Regressus in der Reihe aller Bedingungen zu demselben *aufgegeben* " (A497f./B526). In der Tat impliziert bereits der Begriff des Bedingten, daß der betrachtete Terminus „auf eine Bedingung, und, wenn diese wiederum bedingt ist, auf eine entferntere Bedingung, und so durch alle Glieder der Reihe, bezogen wird" (ebd.). Als „ungezweifelt gewisse" (da analytisch) ist die betreffende Aussage demnach „über alle Furcht vor einer transzendentalen Kritik" erhaben und entspricht im Gegenteil sogar einem „logische[n] Postulat der Vernunft" (ebd.), dessen Nutzen für die wissenschaftliche Forschung offensichtlich ist, denn die „Verknüpfung eines Begriffs mit den Bedingungen durch den Verstand zu verfolgen" und dies „so weit als möglich fortzusetzen" – das ist die Maxime, die am besten dazu befähigt, die Arbeit des Verstandes unaufhörlich anzutreiben, und zwar indem sie alle seine Regeln und Erkenntnisse auf einen Punkt hin konvergieren läßt, der, obgleich er nichts weiter ist als ein *focus imaginarius*, nichtsdestoweniger dazu dient, „ihnen die größte Einheit neben der größten Ausbreitung zu verschaffen" (A644/B672).

Im Gegensatz dazu wird das Argument „sophistisch", wenn es die Form annimmt, die ihm die dogmatische Metaphysik gibt: Wenn das Bedingte gegeben ist, so ist die Bedingung „dadurch wirklich schon mit *gegeben*". In dieser Form hat es die Konsequenz, daß, insofern dasselbe Argument für alle Glieder dieser Reihe gälte, „die vollständige Reihe der Bedingungen, mithin auch das Unbedingte, dadurch zugleich gegeben oder vielmehr vorausgesetzt [wäre], daß das Bedingte, welches nur durch jene Reihe möglich war, gegeben ist" (A498/B526).

So zeichnet sich bereits mit der Einleitung zur *Dialektik* ab, was die hauptsächliche Errungenschaft der Kantischen Dekonstruktion der Metaphysik darstellen wird, eine Errungenschaft, die in den Dekonstruktionen Nietzsches und Heideggers – aus gutem Grund – keine Entsprechung finden wird: die Definition der Forderung, aus welcher die Metaphysik hervorgeht, ist nicht rein negativ – in dem Sinne, in dem diese Forderung, wie auch, was noch gezeigt werden wird, die Ideen, die daraus erwachsen, auch den „notwendigen Begriffen" der Vernunft (*Prolegomena* § 40, IV 327 f.) entsprechen, und dies im doppelten Sinn von Notwendigkeit:

Auf der einen Seite sind diese Ideen unvermeidlich, insofern sie, wie wir gerade gesehen haben, bereits der Struktur des menschlichen Geistes als Erkenntnisvermögen eingeschrieben sind. Die Vernunft ist in diesem Sinne nicht eine monströse Auswucherung des Verstandes; ebensowenig stellt sie, wie das bei Heidegger der Fall sein wird, „den erbittertsten Feind des Denkens" dar, sondern sie ist als immer weiter vorangetriebene Suche nach der Einheit des Mannigfaltigen der Natur des Geistes selbst inhärent.

Auf der anderen Seite sind die Ideen auch insofern notwendige Begriffe, als sie (befreit von den Illusionen, die dem realen Vernunftgebrauch inhärent sind) unabdingbare regulative Prinzipien der Tätigkeit und des Fortschritts der Erkenntnis sind, die den Geist dazu bewegen, über das bereits erreichte Wissen immer wieder hinauszugehen.

Geht man von dieser Sichtweise aus (die im weiteren Verlauf der *Kritik* expliziert wird), so kann man den Übergang vom logischen zum realen Vernunftgebrauch nur klären (sowie, nach der Dekonstruktion, den Weg zurück vom realen zum logischen Vernunftgebrauch gehen), wenn man verständlich gemacht hat, wie die Substantialisierung des Unbedingten möglich ist. Dies ist zweifellos der Punkt, zu dem Kant sich am wenigsten explizit geäußert hat und an dem der Kommentar der Interpretation weichen muß.

Dieses Problem läßt sich allerdings nicht lösen, wenn nicht hervorgehoben wird, wie stark sich bereits hier die entscheidende Rolle des ontologischen Arguments im metaphysischen Diskurs manifestiert. Wie läßt sich das Prinzip begründen, das Unbedingte sei gegeben, wenn das Bedingte gegeben ist? Keinesfalls mit Verweis auf eine reale Erfahrung, die das Unbedingte niemals enthalten kann. Daher kann die Behauptung, es gebe ein Bedingtes, mit Bezug worauf die Vernunft sich nicht mehr damit begnügt, formal Verstandeserkenntnisse abzuleiten, sondern vorgibt, selbst Erkenntnisse hervorzubringen, nur eine Aussage a priori sein. Eine solche Aussage a priori könnte allerdings nicht in einem analytischen Urteil bestehen, denn „das Bedingte bezieht sich analytisch zwar auf irgend eine Bedingung, aber nicht aufs Unbedingte" (A308/B364). Es bleibt also nur die Möglichkeit, daß es sich dabei um ein synthetisches Urteil a priori handelt. Auch muß sofort angefügt werden, daß die Einheit des Unbedingten selbst die einer jeden möglichen Erfahrung übersteigt. Es gibt demnach also keine Anschauung a priori, die die Materie für die Aussagen über das Unbedingte liefern könnte und es also erlaubte, hier von einem synthetischen Urteil *a priori* zu sprechen, das den Status einer wissenschaftlichen Aussage besäße. Folglich kann nur die Vernunft selbst sich imstande glauben, aus dem Begriff des Unbedingten die Existenz seines Gegenstands abzuleiten – eine Illusion, die so zur Wurzel aller weiteren Illusionen wird und einen impliziten Rekurs auf eine Art ontologisches Proto-Argument voraussetzt. Schon bevor die rationale Theologie explizit auf diesen Typ von Vernunftschlüssen rekurrieren könnte, kommt das ontologische Argument heimlich bereits ins Spiel, um die Vernunft zu der Annahme zu verleiten, der Begriff des Unbedingten könne, als letzte Bedingung, welche in sich die Reihe aller Bedingungen enthält, nicht anders gedacht werden denn als *causa sui*, und impliziere somit unmittelbar dessen Existenz. Das ist eine wichtige Feststellung, da sie in Betracht zu ziehen erlaubt, daß die berühmte Zurückweisung des ontologischen Arguments in dem Kapitel, das der rationalen Theologie gewidmet ist (A592/B620– A602/B630), auf diese Weise für den Gesamtaufbau der *Kritik* ein doppeltes Gewicht besitzt. Zum einen stellt sie natürlich den Gottesbeweis direkt in Frage, der Kant zufolge in allen Beweisen am Werk ist, die sich für die objektive Realität des Begriffs eines absolut notwendigen Wesens anführen lassen. Zum anderen wirkt sich die Widerlegung dieses Beweises auch dort aus, wo der transzendentale Schein sozusagen seine letzte Zuflucht sucht, also nicht allein in der rationalen Theologie, sondern genauso in der rationalen Kosmologie und Psychologie – insofern, als – das Unbedingte mag die Gestalt Gottes, der Seele oder der Welt annehmen – der Prozeß der Substantialisierung, ohne den die Vernunft sich nicht für fähig halten könnte, selbst Erkenntnisse zu produzieren, unter Bezug auf eine rein subjektive Forderung immer als ein illegitimer Übergang vom Begriff einer letzten unbedingten Bedingung zur Existenz des Gegenstands dieses Begriffs anzusehen ist. Kurz, gesteht man zu, daß Kant zu seiner Unterscheidung von logischem und realem Vernunftgebrauch und seiner Ablehnung des letzteren als Ursache des transzendentalen Scheins über den Aufweis eines ersten, der rationalen Theologie vorausliegenden Wirkens des ontologischen Arguments gelangt, so muß man auch und vor allem zugeben, daß Kant seine Dekonstruktion der Metaphysik bereits in der Einleitung zur *Dialektik* auf die Behauptung einer irreduziblen „ontologischen Differenz" zwischen Begriff und Dasein stützt und so jeder Versuchung einer „Identitätsphilosophie" von vornherein entgegentritt. Da das ontologische Argument, im Übergang vom logischen zum realen Vernunftgebrauch, den Mechanismus darstellt, der den transzendentalen

Schein überhaupt (und nicht nur in seiner theologischen Spielart) hervorbringt, beruht die ganze Kantische Dekonstruktion letztlich auf einer generalisierten Kritik des ontologischen Arguments, indem dasjenige getrennt wird, was von der Metaphysik zusammengefügt oder durcheinandergeworfen wird: der Begriff und das Sein (die Existenz), oder, wenn man so will: das Rationale und das Reale.

14.3.3 Diese allgemeine Theorie des Scheins, mit der Kant seine *Dialektik* eröffnet, wäre allerdings nicht vollständig, wenn die *Kritik* nach dem Aufweis, daß das ontologische Argument dem transzendentalen Schein im allgemeinen zugrundeliegt, die Tragweite des Scheins nicht auch spezifizierte. Dies tut sie, indem sie zeigt, wie die Hypostasierung des Unbedingten auf drei Grundfiguren zurückgeführt werden kann, die den drei transzendentalen Ideen entsprechen, um die sich der metaphysische Diskurs im Lauf der Geschichte gedreht hat. Auf diese Weise erscheint nicht bloß die Tatsache der Illusion in ihrer Notwendigkeit, sondern ebenso der Gehalt dieser Illusion.

Der Deduktion der transzendentalen Ideen geht ein kurzer Abschnitt über die Ideen im allgemeinen voraus (A312/B368–A320/B377), der nicht so dicht ist und häufiger angeführt wird und uns daher nicht so lange zu beschäftigen braucht. Zwei Punkte verdienen allerdings hervorgehoben zu werden.

Zunächst die Definition der Ideen. Was Kant als „Idee" im eigentlichen Sinne versteht, legt er unter Verweis auf eine allgemeine Klassifikation der „Vorstellungen" (A320/B376 f.) dar. Er versteht darunter denjenigen Typus von Vorstellung, der die Möglichkeit der Erfahrung am radikalsten überschreitet. Bei dieser Definition geht es in Wirklichkeit darum, die Dialektik, als Theorie der Ideen, mit Bezug auf die Ästhetik und deren wichtigste Errungenschaften zu situieren. Aufgrund dieser Errungenschaften müssen tatsächlich klarerweise drei geistige Operationen sorgfältig unterschieden werden (wie Kant dies in seiner *Logik* präzisiert): die Anschauung als „einzelne Vorstellung", welche die Dinge in ihrer Individuation erfaßt; der Begriff, als „allgemeine Vorstellung", unter die die Einzeldinge, die in der Anschauung gegeben sind, subsumiert werden können, derart, daß sie, indem sie so erst „gedacht" werden, zum Gegenstand der Erkenntnis werden; schließlich die Idee, die auf die in Wirklichkeit unmögliche Operation verweist, Einzelnes durch bloße Begriffe und nicht mit Hilfe von Anschauungen zu erkennen. Im Klartext: Stellte die Idee eine Operation dar, durch welche ein Gegenstand tatsächlich erkannt werden könnte, so entspräche sie einem Begriff, aus dessen Gehalt sich bereits seine Extension deduzieren ließe, oder, wenn man so will, einer allgemeinen oder generischen Bestimmung, deren Definition es bereits erlaubte, die Mannigfaltigkeit derjenigen, auf die sie sich bezieht, direkt (d. h. durch bloße Begriffe) zu erfassen. Da Begriffe – wie man aus der Ästhetik weiß – ohne Anschauungen leer sind, und da – wie die Kritik des ontologischen Arguments zeigen wird – das Sein (oder die Existenz) kein „reales

Prädikat" (d. h. eine Bestimmung, die zur Definition eines Gegenstands gehört) ist, ist die Handlung der Vernunft, die die Idee sein will, als Versuch, das Einzelding durch das bloße Denken zu erfassen, in ihrem Anspruch auf Wahrheit zum Scheitern verurteilt und also dazu verdammt, einen Quell von Illusionen zu bilden. Insofern schließt die Definition der Idee als „Begriff, der die Möglichkeit der Erfahrung übersteigt", aus, daß diese Art von Vorstellung überhaupt in irgendeiner Relation zur Wirklichkeit stehen könnte.

Nichtsdestoweniger gilt – und dies ist der zweite Punkt, der bei Kants Definition der „Ideen überhaupt" hervorgehoben werden muß –, daß solche Vorstellungen, als bloße Vorstellungen, durchaus möglich sind. Nichts verbietet es dem endlichen Subjekt, sich den Standpunkt vorzustellen, den es der Welt gegenüber einnehmen würde, wenn es tatsächlich das Besondere durch bloße Begriffe denken und aus dieser oder jener Definition die Dinge ableiten könnte, auf die sie sich bezieht. Ohne Zweifel gibt es hier einen Standpunkt, den wir als endliche Wesen nicht wirklich *einnehmen* können (und zwar genau deshalb nicht, weil für uns endliche Wesen die Begriffe ohne Anschauungen leer sind) und von dem wir uns keinerlei wahre Einsicht versprechen können, den wir aber dennoch *denken* und *imaginieren* können (weshalb die Idee für Kant einen *focus imaginarius* darstellt). Dieser der Idee korrespondierende Standpunkt ist auch tatsächlich derjenige, den ein allwissendes Wesen der Welt gegenüber einnehmen könnte, ein Wesen, das – da es alles wüßte und in keinerlei Hinsicht auf Unterstützung durch die Anschauung angewiesen wäre – dazu in der Lage wäre, Existenz bereits durch bloße Begriffe zu erfassen. Es ist unsere Pflicht, zu versuchen, diesen Standpunkt, der offensichtlich dem Gottes entspricht, aber ebensosehr dem einer vollendeten Wissenschaft, zu erreichen, selbst im Wissen, daß dies eine unabschließbare Aufgabe darstellt. Denn der Wunsch, uns ihm anzunähern, läßt uns eine Absolutheit ins Auge fassen, die, ähnlich wie das bloß imaginierte Gemeinwesen in Platons *Staat*, ein Modell bereitstellt, dessen Vollkommenheit sich niemals der endlichen Wirklichkeit einschreibt, als utopisches Bild aber einen starken Antriebsfaktor für unser Streben und unseren Fortschritt darstellt. Daher kann Kant im Rahmen seiner Ausführungen über die Ideen überhaupt den Gedanken nahelegen, die Beseitigung der Illusion (der Erkenntnis), die vom Standpunkt der Idee aus immer wieder droht, zerstöre nicht den „Einfluß der reinen Vernunft und den Wert derselben" (A319/B376), sondern ermögliche ganz im Gegenteil, diesen „gehörig [zu] schätzen" (ebd.), da er die Vernunft so wieder als die Instanz erscheinen läßt, die zwar nicht die höchste Erkenntnis, aber einen Hinweis darauf liefert, „was ich tun soll". Bereits hier läßt sich also erahnen, daß durch die Desubstantialisierung der Idee und Restitution in ihrem legitimen Status als „Modell" oder Ideal die Vernunft nicht so sehr zerstört, als transformiert wird, und damit dazu beigetragen wird, „den Boden zu jenen majestätischen sittlichen Gebäuden eben und baufest zu machen" (A319/B376 f.).

Die erste Kritik ist noch nicht gänzlich in der Lage, eine solche Perspektive auf die Transformation der Vernunft in praktische Vernunft zu entwickeln. Ausgehend von dem, was über den Status der Idee gesagt worden ist, ist Kant aber vollkommen dazu imstande, die wichtigsten Teile des ersten Buches der *Dialektik* einer staunenerregenden Genese a priori der Abteilungen der dogmatischen Metaphysik zu widmen, d. h. einer Genese, die diese Untergliederungen in Abteilungen in der Struktur der Vernunft selbst verwurzelt. Versteht man unter „Ideen", und spezifischer unter „transzendentalen Ideen", die letzten Vorstellungen, die eine vollständige Totalisierung der Reihe der Bedingungen denkbar machen, so ist unschwer zu sehen, daß bei den Vernunftschlüssen, die von einer Bedingung zur nächsten und so zu einem ersten unbedingten Terminus aufsteigen, dieser Terminus selbst (also die damit bezeichnete Idee) eine spezifische Bedeutung erhält. Wir haben oben gesehen, daß die Vernunft logisch betrachtet das Vermögen darstellt, Syllogismen zu produzieren, die voneinander durch die Art der Relation zwischen Subjekt und Prädikat des betreffenden Urteils unterschieden werden. Folglich gilt:

– In einem kategorischen Vernunftschluß, bei dem die Relation von Subjekt und Prädikat in den ihn konstituierenden Urteilen der Kategorie der Substanz entspricht (z. B.: A ist E), interveniert die Vernunft, um diese Proposition als Schluß aus zwei vorausliegenden Propositionen abzuleiten: A ist D, D ist E. Sie kann aber nun, in einem Schritt, den Kant „prosyllogistisch" nennt, den Obersatz (A ist D) dieses Syllogismus als Schlußfolgerung eines vorausliegenden Syllogismus ansehen (A ist C, C ist D, also: A ist D). Sie kann dann weiter von Syllogismus zu Syllogismus in Richtung auf eine erste Aussage aufsteigen, dessen Subjekt auf diese Weise das Substrat oder die Substanz aller möglichen Prädikate darstellte (A ist B, B ist C, also: A ist C). Die Bedingung aller Bedingungen, das so ins Auge gefaßte Unbedingte also, wäre sozusagen die Substanz aller Dinge, das absolute Subjekt, das alle denkbaren Bestimmungen unter sich faßte. Aus Gründen, die im Kapitel über die Paralogismen abgehandelt werden, identifiziert Kant diese erste Erscheinungsform des Unbedingten mit dem Prinzip der rationalen Psychologie, d. h. mit der Idee der Seele.

– Entsprechend führt der prosyllogistische Aufstieg im Fall der hypothetischen Vernunftschlüsse (die der Kategorie der Kausalität korrespondieren) zu einem ersten Syllogismus, dessen Obersatz (Wenn A, dann B) den Ausgangspunkt für eine notwendige Verkettung der ganzen Reihe möglicher Folgen darstellte: Diese letzte Voraussetzung, die nichts weiter als sich selbst voraussetzt, und die in sich die ganze Reihe der Ursache-Wirkungs-Relationen enthält, wird also der Idee der Welt gleichgesetzt, so, daß die Welt für die rationale Kosmologie zur vollständigen Reihe der voneinander abhängigen Phänomene wird.

– Schließlich führt eine Regression derselben Art, wenn sie auf disjunktive Vernunftschlüsse angewandt wird (bei der die Urteile der Relation der Wechselwirkung entsprechen), zur rationalen Theologie und zur Idee Gottes. Geht die

Vernunft von einem Schluß des Typs „A ist B oder C" aus, so wäre der letzte Terminus im Aufstieg zu einem ersten Syllogismus durch einen Obersatz konstituiert, der von einem Terminus aussagte, er könne alles Mögliche sein (x ist entweder A oder B oder C oder D etc.). Dies ist die dritte Idee eines reinen Unbedingten, die Kant mit dem Gott der rationalen Theologie gleichsetzt, genauer: mit dem Gott von Leibniz – als Artikulation der Totalität aller Möglichkeiten.

Auf diese Weise ließen sich die Bereiche, durch die der Gehalt der dogmatischen Metaphysik hindurchscheint, mit Hilfe einer Art Philosophiegeschichte a priori gewinnen, aus der Art und Weise nämlich, in der sich die möglichen Formen des Vernunftschlusses auf die drei Kategorien der Relation verteilen. Ist die globale Struktur, die der Metaphysik bisher zugrun- delag, erst einmal aus der Funktionsweise der Vernunft abgeleitet, so bleibt es dem zweiten Buch der *Dialektik* überlassen, die Dekonstruktion mit Bezug auf jede der drei Ideen noch fortzusetzen und die unterschiedlichen Schlüsse abzuleiten, zu denen eine jede der Erscheinungsformen des Unbedingten führt. Paralogismen, Antinomien und Gottesbeweise vervollständigen somit diese Herleitung des Gehalts der Metaphysik aus der Form der Vernunft, deren Gesamtgestalt und Reichweite bereits das erste Buch auszumachen erlaubt.

14.4 Interpretationsfragen

Man hätte die wesentliche Leistung dieser Kantischen Genealogie der Metaphysik verfehlt, sähe man darin eine rein formale, sozusagen künstliche, Übung. Wie anfangs bereits gesagt, ortet Kant den Keim der Metaphysik im Herzen der Kategorien-Struktur an, und zwar, wie wir gesehen haben, bei den Kategorien der Relation. Fügt man hinzu, daß die Suche nach dem Unbedingten in den drei Richtungen, auf die hin sich die Kategorien der Relation öffnen, durch die bloße Forderung der Ableitung angetrieben wird (insofern es sich darum handelt, stets den Obersatz eines Syllogismus abzuleiten, die diesem logisch vorausliegt), so erkennt man besser, weshalb die Annahme zu Beginn dieser Analyse unmöglich erschien, Kant etabliere eine grundlegende Kontinuität zwischen Wissenschaft und Metaphysik. Am Ende des Wegs ist die Frage erlaubt, ob die Behauptung einer solchen Kontinuität, so reich und suggestiv sie unzweifelhaft ist, nicht auch gefährlich zu werden droht, und zwar nicht nur für die metaphysische Vernunft, sondern für die Rationalität im allgemeinen, insbesondere die wissenschaftliche.

Nach Kant haben uns die zeitgenössischen Unternehmungen einer Dekonstruktion der Rationalität im Gefolge Nietzsches oder Heideggers häufig dazu aufgefordert, in der möglichen Kontinuität zwischen der wissenschaftlichen Erzeugung von Wahrheit und der metaphysischen Erzeugung des Scheins ein Argument gegen die Wissenschaft zu sehen. Wenn der Kantische Gestus, so streng er sich auch gegen die Verirrungen der Vernunft richtet, dennoch nicht an der Rationalität als solcher rührt, so liegt dies tatsächlich an der äußerst subtilen Art, in der die Kontinuität zwischen Wissenschaft und Metaphysik gezeichnet wird. Aus der Reflexion auf die Genese des transzendentalen Scheins, welche die Dialektik eröffnet, folgt in der Tat, daß alle Wissenschaft zu Metaphysik werden kann, genau dann nämlich, wenn sie, den trügerischen Vorspiegelungen des ontologischen Arguments folgend, den logischen Gebrauch einer Idee mit der Existenz des Gegenstandes dieser Idee verwechselt. Es läßt sich daraus aber auch eine Methode ableiten, diese Verwechslung, wenn nicht auf ewig zu vermeiden, so doch zumindest auf ihr mögliches Wiederauftauchen aufmerksam zu werden. Eine Wissenschaft tendiert besonders dann zur Metaphysik, wenn sie auf ihre Vollendung spekuliert: Der Standpunkt der vollendeten Wissenschaft und der der Idee decken sich tatsächlich vollständig – wir haben gesehen, warum. Daher ist es, wenn nicht unvermeidlich, so doch zumindest wahrscheinlich, daß eine Wissenschaft, wenn sie sich, etwa durch ihre Erfolge dazu ermutigt, vollendet glaubt, intellektuelle Konfigurationen schafft, die dem metaphysischen Schein nahekommen. Es ließen sich leicht zahlreiche und grausame Beispiele eines solchen Prozesses anführen, darunter – angesichts des ausgehenden Jahrhunderts – die Illusion einer Wissenschaft der politischen Ökonomie, die ihre Vollendung im Auffinden historischer Gesetzmäßigkeiten begreift, oder bestimmter, quasi antinomischer, Auseinandersetzungen unter Genetikern über Fragen von Vererbung und sozialem Umfeld. Insofern ist es weder unmöglich zu sagen, unter welchen Bedingungen und unter welchen Formen eine wissenschaftliche Disziplin sich aufgrund eben ihrer Erfolge dazu aufgerufen sieht, die Illusion einer totalen Erklärung der Wirklichkeit wachzurufen, noch auch, solchen Versuchungen zuvorzukommen: Das kritische Vorgehen, das darin besteht, präsent zu behalten, daß die Existenz sich niemals aus dem Begriff ableiten läßt und die Idee des Unbedingten, auch wenn sie uns notwendig ist, gerade nichts anderes ist als eine Idee, bleibt ohne Zweifel in dieser Hinsicht das fruchtbarste, will man die beiden Klippen umschiffen, die bereits von Pascal geortet worden sind: „die Vernunft ausschließen, nichts zulassen als Vernunft" (*Pensées*, § 183/253).

Aus dem Französischen von Dunja Jaber

Literatur

Alquié, Ferdinand 1968: La critique kantienne de la métaphysique, Paris 1968.
Cassirer, Ernst/Heidegger, Martin 1929: Davoser Disputation zwischen Ernst Cassirer und Martin Heidegger, in: M. Heidegger, Gesammelte Werke, Bd. 3, Frankfurt/Main 1991.

Heidegger, Martin 1929: Kant und das Problem der Metaphysik, Bonn (wieder abgedruckt in: ders., Gesammelte Werke, Bd. 3, Frankfurt/M. 1991).
Lebrun, Gérard 1970: Kant et la fin de la métaphysique, Paris.
Marty, P. François 1980: La naissance de la métaphysique chez Kant, Paris.
Philonenko, Alexis 1975: L'œuvre de Kant, Bd. 1, Paris.
Renaut, Alain 1997: Kant aujourd'hui, Paris.
Rivelaygue, Jacques 1992: Leçons de métaphysique allemande, Bd. 2, Paris.
Vaihinger, Hans, 1881/1892: Commentar zu Kants Kritik der reinen Vernunft, 2 Bände, Bd. 1 Stuttgart 1881, Bd. 2 Stuttgart/Berlin/Leipzig 1892 (Neuaufl. hg. v. Raymund Schmidt 1922, Nachdruck Aalen 1970).

Karl Ameriks

15 The Paralogisms of Pure Reason in the First Edition

(A338/B396–A347/B406; A348–380)

15.1 The Position and Function of the *Paralogisms**

While Kant's *Critique of Pure Reason* attempts in its first major part, the *Transcendental Analytic*, to make positive arguments concerning the *a priori* structure of experience, its second major part, the *Transcendental Dialectic*, presents what is largely a negative treatment of traditional metaphysical arguments for *a priori* theoretical claims that go beyond human experience and hence are mere Ideas. The first substantive section of the *Transcendental Dialectic*, the *Paralogisms*, presents a critique of rational psychology and of traditional arguments for its central Idea, immortality (B395n), whereas the next major sections, the *Antinomy* and the *Ideal*, are devoted to the arguments of rational cosmology and speculative theology, and criticize, among other claims, all theoretical proofs concerning the Ideas of freedom and God. The pattern common to arguments in these three spheres is one of reason concluding, via a categorical, hypothetical, or disjunctive syllogism, to an "unconditioned" entity which is required to ground particular conditioned items, such as a thinking subject, a series of appearances, or the determinable thought of a thing as such (A340/B398, cf. A323/B379 f., A397 f.). Thus, to infer a soul that has thoughts as predicates but itself cannot be the predicate of anything, would be to infer to an absolutely unconditioned first term of a categorical syllogism, a term corresponding to the Idea of an unconditioned soul that is the topic of rational psychology.

Kant claims the basic arguments of rational psychology take the form of a "transcendental paralogism" because of a "transcendental ground constraining us to draw a formally invalid conclusion" (A341/B399). The invalidity that makes a particular syllogism "paralogistic" is said to be due to an ambiguous middle term (A402), which allows one to move beyond a mere formal and transcendental

---

* In what follows, "paralogism(s)" refers to the syllogisms criticized by Kant, "*Paralogism(s)*" to the section of the *KrV* and its parts.

definition of a characteristic of the self in the major premise. The ground of the fallacy is thus "transcendental" and "constraining" because the argument rests on illicitly but naturally trading on the ambiguity of transcendental and non-transcendental aspects of what Kant contends is the "sole text" of rational psychology, the representation "I think" (A343/B401). Kant himself allows that the "I think" can be considered not as a particular empirical claim but as a "transcendental concept," and as not simply one transcendental concept among others but rather a "vehicle" or "judgment" that is unique because it "serves to introduce all our thought, as belonging to consciousness" (A341/B399). It does not follow though, that such an "I" reveals what rational psychology seeks in the self, namelys an "unconditioned subject" that must transcend experience altogether.

15.2 The Content and Structure of the A-Paralogisms

The text of the *Paralogisms* in the first edition (*A-Paralogisms*) can be arranged in three sections. First, an introductory discussion (preserved in B) reviews the "dialectical inferences of pure reason" in general (A338/B396) and then gives a preview of the "rational doctrine of the soul" (A341/B399–A348/B406). Second, in the core of the text, the four paralogisms of substantiality, simplicity, personality and ideality are expounded and criticized in turn (A348–380). Finally, there is a concluding "Consideration of Pure Psychology as Whole," which itself falls into three parts. The first pages (A381–384) point to the crucial general lesson of the *Paralogisms*: they fail to provide us with a "science" of psychology, and yet they "secure our thinking self against the danger of materialism" (A383). Kant then adds a discussion of topics having to do with the soul's "communion" with the body, which leads into a Critical alternative to the options of the traditional schools on the general problem of interaction (A384–396). A separate concluding discussion is devoted to a diagnosis of the "transcendental and yet natural illusion" underlying the paralogisms in general (A396–405).

The structure of the *Paralogisms* derives from both the topic list of Baumgarten's *Metaphysica*, which was the basis for many of Kant's lectures (Ameriks and Naragon 1997), and Kant's application of his own table of categories to the concept of the subject. Kant constructs and criticizes four syllogisms of rational psychology which are said to correspond to the categorial headings of relation, quality, quantity and modality. The first two syllogisms, about substantiality and simplicity, correspond to the main section in Baumgarten's "Rational Psychology", which is about the nature of the soul itself. The last two syllogisms, about personality and ideality, correspond to sections that follow in Baumgarten and concern the soul's interaction with the body, its origin, its immortality and status after death, and the ways in which the human soul compares with non-human souls.

Rather than trying to reformulate as paralogisms the arguments in Baumgarten that come with the discussion of interaction and later topics, Kant simply appends a section (A384–396) on them. This is striking because there are, of course, more than four categories, and in his own lectures Kant did some significant reshuffling of topics in order to come to his final list (Ameriks 1982, 195). He arrived at his four topics only by bracketing his long-term interest in the category of interaction (including the interaction of minds) and by excluding here the central category of causality, i.e., an argument from the "I" of thinking to the existence of an absolute spontaneity within us (cf. B132). Although during his crucial "silent decade" of the 1770s (Ameriks 1982; cf. Carl 1989; Klemme 1996) Kant was extremely interested in a traditional argument, with a form just like the other paralogisms, that concludes to our spontaneity, the *Critique* itself remarkably contains neither a clearly endorsed version of such an argument nor a paralogism exposing it to direct criticism.

15.3 Textual Commentary

15.3.1 Preliminary Analysis of the Arguments

In the critiques of the four arguments that conclude to our substantiality, simplicity, personality and ideality, Kant sets out a syllogism of this form:
1. Whatever is X (i.e., "cannot be employed as determination," or "can never be regarded as the concurrence of several things," or "is conscious of the numerical identity of itself at different times," or "can only be inferred as a cause") is Y (i.e., substance, or simple, or person, or "in merely doubtful relation" to us).
2. I ("as a thinking being" or "the soul," or, in the fourth paralogism, "outer appearance") am X.
3. Therefore, I am Y (substance, simple, person; in the fourth paralogism the conclusion is that "outer appearance is merely doubtful," but this can be transposed into a claim about us, that we are in a "merely possible" epistemic relation to what is outside).

It is striking that these reconstructed arguments surely appear to have the valid form: if X as such is Y, and I am X, then I am Y. It is also worth bearing in mind that Kant generally does not deny their conclusions, and in other places he even clearly affirms some of them, although usually not on purely theoretical grounds (see e.g., A383). Moreover, in each case Kant himself explicitly affirms something that at least sounds very much like the actual conclusion. He says: "The proposition, 'The Soul is substance', may, however, quite well be allowed to stand" (A350); "The simplicity of myself (as soul) [...] is already involved in every thought" (A354); "we may still retain the concept of personality – just as we have retained the concept of substance and the simple – in so far as it is merely transcendental, that is, concerns the unity of the subject otherwise unknown to us" (A365). In the critique of the fourth paralogism, however, which has several peculiarities distinguishing it from the others (and was most radically revised in the B edition), Kant directly denies the conclusion and minor premise, saying that in fact we "immediately" perceive outer appearances, although not things in themselves (A375).

A striking feature of the first two *Paralogisms* is that Kant goes on not directly to dispute the literal conclusion under discussion but rather to ask "what use am I to make" of the concept just established (A349; cf. A357: "the assertion of the simple nature of the soul is of value only in so far as [...]"). The problem he *emphasizes* with the first paralogisms here is thus not that they move directly beyond experience but rather that they exhibit the fallacy of moving from what might be proper transcendental claims to improper empirical specifications. His main point is that even if, transcendentally speaking, a thinker were a substance, this would not establish that it has the specific empirical substantial nature (A399, "if I am to declare a thing a substance in the field of appearance") of being a permanent thing, and so it could not satisfy the ultimate goal of a proof of immortality. Similarly, he stresses that even if it were true, transcendentally speaking, that a thinker is a simple being, this still would not establish that it has the "useful" feature of being completely unlike "objects of outer experience" (A361): "even granting the human soul to be simple in nature, such simplicity by no means suffices to distinguish it from matter, in respect of the substratum of the latter" (A359).

Kant's assault on the last two paralogisms is more aggressive. The third paralogism is diagnosed as "tautological" (A366); although a "logical" identity in a subject must be assumed between any two thoughts of different times that this subject refers to as its own, it does not follow that, "from the standpoint of an outside observer" (A364) at those different times, there really is a continuing being rather than a flux of beings. This means that for Kant the minor premise of the argument is not literally correct; the soul may be conscious of an intentional "unity" (hence the formulation of A365 cited above) of temporal selfrepresentations, but this is not the same thing as certain awareness of any "numerical identity," i.e., real persistence over time. With respect to the fourth paralogism he goes even further in directly denying its minor premise, for he says outer *appearances* are not "only inferred" but rather are given in outer sense. This means that the paralogism's conclusion is also to be denied, for it is not "objects of the outer *senses*" (A367) that are doubtful as such; rather, if (only if) we assume that "outer" designates items *completely beyond* our senses, then it is merely such outer items that are "only inferred." Although the fourth paralogism is in many ways unlike the others, the ambiguity of the term "outer" (A373) at least allows Kant to manufacture a "transcendental" ground of illusion in this case as well, for the paralogism does rest on an illicit metaphysical projection of a non-empirical feature (the non-immediate externality and hence dubitability of things beyond our senses) onto an empirical one (the "immediate" externality of sensed spatial things).

This preliminary review of the individual *Paralogisms* already indicates some of the complexity of Kant's relation to rationalism, especially in the first two *Paralogisms*. For example, the challenge Kant stresses against *a priori* attempts to assert our *empirical* substantiality and simplicity obviously does not defeat a traditional rationalist, who would rather insist that it is precisely our *non*-empirical substantiality and simplicity that is at issue. Similarly, a typical rationalist need not be bothered by the claim of the *Second Paralogism* that the nature of our apparently simple subject still is not distinguished from matter "in respect of the *substratum* of the latter." Kant's argument here (A359; cf., A370) rests explicitly on the point that the ideality of matter, proven in other parts of his system, entails a nonmaterial substratum for it, one which, he stresses, could be (for all that we know) of a like nature with the substratum of our self. In this way there is a far-fetched sense in which we may be said to be "like" something that has something to do with matter. But, as Kant also makes clear, this "likeness" with matter does not at all mean that the self, characterized from either an empirical or a non-empirical perspective, could be literally material. Hence one traditional rationalist interest in arguing for our simplicity – namely to show our ultimate non-materiality – is affirmed rather than denied by the *Paralogisms*. Kant himself draws attention to the fact that this is an important result when he claims his philosophy completely "secures" us against materialism (A383).

To show how the second paralogism is limited nonetheless, Kant relies primarily on shifting the reader's attention from the issue of materialism to that of incorruptibility – the concept he surprisingly links at the beginning to simplicity rather than substance, while he links substance, rather than simplicity, to immateriality (A345/B403). He notes that to accept that the soul is "simple in concept," and even in inner intuition, would still not be to know "that it is a part of *outer* intuitions which cannot itself be divided into parts," i.e., that it is a "simple part of matter," which then supposedly would be indestructible, and hence possibly immortal (A400 f.). In this way Kant succeeds in countering at least one kind of rationalist, although not the kind that may first come to mind, viz., the *immaterialist* monadologist who obviously would not worry about being unable to prove that one is a simple *part of matter.* The object of Kant's attack here is rather a Wolffian school of rationalism very close to Kant's own background, which did try to use a "physical monadology" to secure our eternal status as well (Ameriks 1982, 49).

Despite the limits of the first paralogisms, and Kant's well-taken reminders that they do not establish our continuance as beings at all, let alone our permanence as mental beings, it is striking how much the *major* portions of Kant's own discussions are not devoted to showing precisely what is wrong with taking a typical rationalist's arguments to establish that we are "merely" substantial and simple, as well as non-immaterial, even if this is allegedly not of much "use." Similarly, in his *Fourth Paralogism*, Kant tries to present what is to look like a balanced conclusion by speaking against both materialism and spiritualism – and yet it turns out that the brand of spiritualism he excludes here is only an odd hybrid that at the level of things in themselves "admits only thinking beings (that is, beings with the *form of our inner sense*)" (A380). For all that this says, as long as one is more consistent at this level and purifies the self of *all* sensible qualities (since, as the form of inner sense, time is sensible and only ideal for Kant), one could still retain a typical rationalist notion of the self, a timeless spiritualism. In the end Kant's position here is not genuinely balanced, for whereas he insists that materialism is definitely *false*, his objection to traditional spiritualism – which does not require his hybrid combination of intelligible mentality and sensible temporality but rather holds simply that the mind's existence is not dependent on anything finite external to it – would be only that it *lacks a theoretical proof* for our necessary continuance. Furthermore, if one means – as one often does – by "spiritualism" merely the even weaker claim that the mind is not existentially dependent on the *body* as such, it turns out that Kant even *endorses* such a claim, since he argues (A358, A385) that what is corporeal (though not its intelligible substrate) is sensible, and so, given the transcendental ideality of our forms of sensibility, is rather dependent on mind.

15.3.2 Detailed Analysis of the Arguments of the Individual *Paralogisms*

a) In the *First Paralogism* Kant does more than attack inferring our permanence from an illegitimate empirical use of the thought of ourselves as substance; he adds: "yet there is no other use to which I can put the concept of the substantiality of my thinking subject" (A349). He also says, "we cannot have any knowledge whatsoever of [...] the real subject in which thought inheres" (A350). How is this to be squared with the fact that on his own account such strong claims are not needed for his basic purpose, viz., the undermining of the rationalist arguments for immortality? How is it to be squared with Kant's (A379: "the thinking I is given as substance in appearance in inner sense") and our own frequent reference to ourselves as thinking things? Above all, how are these negative remarks to be squared with the syllogism for our substantiality that Kant actually presents?

Recall that in the paralogism Kant constructs here the major premise states that a substance is that whose representation "*cannot* be employed as a determination of another thing," (A348; emphasis mine) and the minor premise states that the representation of the thinking I meets precisely this condition: it "cannot be employed as predicate of any other thing" (A348; Kant makes an additional statement in both premises about an "absolute subject" that I take as merely a positive way of putting these negative claims; a subject that has determinations but still can be a determination itself would not be an "absolute" subject). A relevant refutation of this argument would challenge one of the premises, and especially the minor premise, which is a direct target in other *Paralogisms.*

Astonishingly, it is difficult to find a direct challenge to these premises in the A text. What his A discussion emphasizes is rather that all the rationalist's argument shows is that we truly are substance "in concept" or "in idea" (A351). Here Kant has not indicated, however, how something could turn out to be contrary to what it truly is "in concept" or "idea." Generally, our intuitions fill in our true concept of a thing and do not violate and overturn it, as would be the case here if we discovered the thinking subject to be a determination. And the A argument cannot mean simply that *sometimes* we represent our thinking selves as a substance, for the whole point of its minor premise is rather that this representation can be used *in no other way* (A349).

An apparently more promising objection that Kant adds is that the argument lacks a determining intuition (A350: "the least trace of intuition *distinguishing* the I"; cf. A381f., A398), and this is supposedly needed for any characterization of the "constitution" of a thing. Yet this can hardly mean that there is no sort of intuition here, for Kant also observes, "this proposition, which expresses the *perception* of the self, contains an inner experience" (A342/B400). That it is not an intuition of anything "abiding" (A350, A381) is decisive only if it is *already presupposed*, contrary to the undisputed major premise, that it is observed permanence that is always required for substantiality. Moreover, given his own philosophic claims, it is hardly easy for Kant to insist on a general principle of requiring specific intuitions for the most fundamental claims about subjectivity; consider, for example, his principle of the synthetic unity of apperception, or his thesis that "all combination" (B129) is due to the subject and not to what is given.

A different kind of counterargument that *might* appear to be present here is that the pure concept of substance cannot be applied to the self in particular because *in general* such a concept is too empty by itself to be applied to anything.

Kant does remark, for example, that without intuition "pure categories in themselves have no objective meaning," (A348) and "of any and every thing" one might say it is a substance (A349). The notion of substance thus does not *by itself* determine a particular kind of thing, nor, obviously, which "things" actually are substances. Nonetheless, this does not entail that the pure category is literally without meaning, for surely it still has at least the meaning that Kant reminds us of here: "the sense that I distinguish it from mere predicates and determinations of things" (A349).

Kant has a way of seeming to ignore this point and of overstating his position by suggesting that pure concepts without schematizations are objectively meaningless, e.g., at A399: "In the absence of an underlying intuition, the category by itself cannot yield a concept of an object." But he cannot mean what we might at first think here, for what the pure category of substance provides is, as was just noted, precisely *the concept of an object*; what Kant means to deny – as the text goes on to make clear – is simply once again that the category *alone* cannot let us know *which* items are objects and which are not (and what they are specifically like). So all Kant really means to say is that a pure concept such as substance does not of itself give us *knowledge* of a *particular* object under that concept. A pure category does indicate an *objective concept* as such, though, for it tells us, for example, that a thing as substance is not the same as the determination of a thing; and this is a meaningful objective general claim (even if it amounts to no warranted determination of a particular thing), that is, it is about possible objects and determinations and not merely about sentences and predicates and judgments.

There is an excellent textual basis for saying Kant quite properly comprehends all these distinctions even if some of his sentences, such as the one just cited from A399, might cause some temporary confusion. The very first paragraph of the *Paralogisms* consists of three sentences that make what at first may seem to be three inconsistent claims about purely transcendental ideas: that we have "no concept" of them; that we merely have no concept of them "that allows of being exhibited," i.e., known via intuition; and that we are "less likely to be misunderstood" if we say we do have a concept of them, a "problematic" concept (A338f./B396f.). Kant is not really inconsistent here; he is simply revealing that he has a shorthand way of speaking such that sometimes he may say that we have "no concept," or, similarly, no "meaning," or no "objective meaning" for a term, when all that he is really committed to is that *the term by itself yields no specific knowledge*; it is "problematic" in that it may or may not have items falling under it. (This is how one could approach, e.g., A403, "a merely transcendental use, thus no use whatsoever.")

What all this implies for the analysis of the *First Paralogism* is that we need not take Kant's critique here as resting on a dubious notion that the pure notion of substance is wholly without any meaning or use. In fact, he clearly knows that it has a very definite meaning, precisely the "transcendental" meaning (i. e., a meaning that isn't restricted to, or excluded from, empirical domains) laid out in the paralogism's major premise. There is no reason given why this very meaning *could not* ever hold for real things, including subjects that we know – whether or not we can also determine specifically that they are permanent substances. The real problem that remains, and that Kant does not make entirely clear here, is simply one of *how* we can *know* that our self actually is something that falls under this transcendental meaning. Although the minor premise of the first paralogism does not make a claim merely on the basis of a pure category, it does make a strong and controversial claim, viz., the flat claim that the thinking I cannot ever be a determination. The crucial problem with the premise is merely something very much like the problem of the emperor's new clothes: no story is given about how we might know it, for the premise is simply presented and restated (A349 repeats: "this 'I' cannot be employed as the determination of a thing") *while no evidence at all is given for it.* The only thing close to a "supporting" observation made in the text is that "the 'I' is indeed *in* all thoughts" (A350), but this obviously does not explain why anyone would hold that *therefore* it could never be represented as a determination. To know that all our thoughts inhere in a thinking subject is not yet to know that it in turn does not inhere in something else; for all we know, a psychological subject need not be an "absolute" metaphysical subject.

Despite the problems with justifying the minor premise, Kant does not himself explicitly say that the premise as stated in this paralogism is false, and it is even possible to read the A text as not denying the claim that "the soul is substance," for that claim is at least repeated, albeit with worries about "further" steps (A350). Even more clearly, Kant here endorses the claim that there is some "substratum" (A350) which underlies the I in our experience, so even if he is not committed to taking a thinking being to be substantial as such, he does appear to believe that our thinking, like any other real quality, reveals that there is something substantial "in" us. In this sense the considerations of the first paralogism still license a conclusion from one's thinking to substantiality, even if this does not entail, as Leibniz claimed, that the ultimate substrata are thinking things as such.

Kant's own final diagnosis of the first paralogism in A does not take any of this back but it does continue to add complications to the main issue. At the end of the *Paralogisms* Kant claims, "the minor premise and the conclusion, in dealing with the soul that has been subsumed under this [transcendental condition] use the same category empirically. Thus for example, in the paralogism of substantiality [...]" (A402). Now, it is true that it would be a mistake to infer from a thing's meeting the transcendental condition of substance, viz., that it be a subject and never a determination, that it also meets the empirical specification of substance, namely that it be permanent, and so Kant is correct to say that there has been no argument given at all to establish the self's empirical substantiality. What makes this final analysis remarkable, however, is that it does not touch the idea that the self is a substance in some non-empirical sense; and, more strikingly, it totally ignores the fact just noted that the explicit statement of the paralogism itself, and in particular its minor premise, simply does not involve an empirical proposition such as Kant suggests. The actual minor premise that the I "as subject of all my *possible* judgments [...] *cannot* be employed as the predicate of any other thing" is obviously making a necessary contention that goes beyond any particular empirical observation.

b) The *Second Paralogism*, on our simplicity, reveals similar complications upon closer examination. The compressed syllogistic formulation of the argument states nothing more than a major premise that "that the action of which can never be regarded as the concurrence of several things" is simple, and a minor premise that the thinking I "is such a being" (A352). A longer elucidatory paragraph introduces a relevant "action" of the subject, namely a unified complex thought, such as a verse: "representations (for instance the single words of a verse), distributed among different beings never make up a whole thought (a verse) [...] [such a verse] is therefore possible only in a single substance" (A352).

Kant's critique of the argument never directly challenges the syllogism's mere assertion that there is *some* action of ours which requires simplicity, but it does question *how* we can conclude that the specific example of the verse requires the "absolute unity of the thinking subject" (A352). It is not clear, however, that the rationalist has to have an explanation available here. If we all cannot imagine that such a thought comes from anything but a simple substance, that can make for a fairly strong case even if we can't explain exactly how we are sure of this (e. g., by concept or intuition; cf., A352–354).

Kant's main criticism consists in offering the hypothesis that the simplicity we cannot imagine away here is a "merely logical unity" (A355): "the simplicity of the representation of a subject is not *eo ipso* knowledge of the simplicity of the subject itself" (A355). This is a fair enough diagnosis *if only* the rationalist were arguing *merely* from a representation's "simplicity." The English term "simple" here does not quite capture the connotation of the German term "Einfachheit." This term always draws attention to the unity ("ein-") of a representation; a whole verse representation actually is complex rather than sheerly simple, but what is crucial is that the complex representation is unified nonetheless. What the argument is drawing attention to is thus not the simplicity of just any representation, but the remarkable unity that is achieved despite a complexity of components.

Kant's initial diagnosis does not do full justice to the difficulty of accounting for the specific phenomenon that the rationalist is trying to explain. The rationalist argument notes that if we simply suppose a composite of thinking beings, there are cases in which we all would grant that such a composite would not form a unified thought even if all the materials for the thought were found within the beings, and perhaps even within each of the beings (A352). Moreover, Kant himself believes that the unity of the thought cannot be explained – contrary to what most contemporary theorists would no doubt suppose – through the physical action of a multiplicity of *corporeal* beings, since his transcendental philosophy entails that these non-simple beings are merely ideal and "neither are nor contain thoughts" (A357f.). Hence Kant shifts to discussing the *substrate* of matter, and thus of our own body, in order to emphasize that it could be like that of our mind, "so that we should have to fall back on the common expression that men think" (A359f.). What this means for him is really nothing "common" but rather the peculiar idea "that the very same being which, as outer appearance, is extended, is (in itself) internally a subject, and *is not composite*, but is simple" (A359f., emphasis mine). Remarkably, Kant thus concludes not with insisting that all we know is "logical" unity, nor with proposing a concrete way of imagining how our unified thought arises after all from a real complex of beings. Rather, he has actually introduced *more* simple beings than were initially supposed, in arguing, "though we may still profess to know that the thinking 'I', the soul, is simple," this does not suffice to establish something "specific and distinctive in the nature of the self," namely, that we are ultimately *unlike simple beings that underlie* matter (A360f.).

The direct counter-hypothesis that Kant could rather have mentioned here is that of a *complex* of *non*-material beings that are ultimately responsible for the "simple" product of complex unified thought. He could also have pointed out that the reason we might have difficulty imagining how such an effect would come about is simply that, as the argument's elucidation reminds us, we are familiar with the idea of *some* complexes, e.g., thousands of people arranging signs in a certain way, which (presumably) would *not* be said to be having one totally unified thought. The relevant point here is that *this* sort of non-unified complexity is not decisive, for what we should rather imagine is the possibility of some intricate complex of non-material but also *pre*-apperceptive beings who are such that, when they are combined, a unity of thought can arise after all. Once again, Kant does not state outright what is the most direct consideration against the rationalist argument that is actually presented.

c) The details of the *Third Paralogism* relate in a quite different way to Kant's rationalist background because the very topic of this paralogism excludes a possible focus on a pure category. Since the paralogism concerns the claim that one is identical "at different times" (A361), its very question precludes a completely non-empirical answer. Kant's elaboration of the crucial minor premise reveals an argument that is quite dependent on the peculiarities of the terminology of his own philosophy. The paralogist is said to reason: "all time is merely the form of inner sense [...] consequently in the whole time in which I am conscious of myself, I am conscious of this time as belonging to the unity of myself; and it comes to the same whether I say that this whole time is in me, or that I am to be found as numerically identical in all this time" (A362). There is a "transcendental" equivocation here, for the fact that time is continuous "in me," qua my inner form of sensibility (which is a general transcendental form), really is not equivalent to the claim that the "me in time," as a particular empirical self, must have an objective temporal continuity (A362). The weakness of the inference here is made especially evident in a famous footnote (A363n.) where, unlike in the first *Paralogisms*, Kant sets out in some detail a scenario in which precisely the opposite of the minor premise holds: if we imagine a series of substances "communicating" all their representations and consciousness to succeeding substances, just as one ball might communicate motion to another, then one would have a subject that has a compelling but false appearance to itself of the numerical identity of itself over time. If, for all we know, such a scenario could always be the case, then the minor premise could never be correct. This point serves to temper presumptions that in other parts of the *Critique* such as the *Transcendental Deduction* (A107), Kant could really have been committed to any naive belief that the mere notion of apperception reveals that we must have a continuing consciousness, and not merely a representation of continuity (Ameriks 1982 128 ff.; Powell 1990).

There are extremely important issues here that lie just beyond the edge of the explicit text. The topic of this paralogism is closely related to central issues such as idealism, for if it were the case that the soul could know anything of its continuing identity merely by reflection upon itself, then this would be a serious challenge to Kant's general doctrine that empirical knowledge requires reference to spatial objects. At this point Kant simply insists that by relying on mere inner awareness I can give "none but tautological answers to all questions," for I am supposedly limited to "the mere concept of the identical self" (A366). It may be understandable that here again Kant foists a very limited strategy on his presumed rationalist opponent, but obviously Kant should, and to some extent does, consider in more detail elsewhere (*Refutation of Idealism*) whether there could be another strategy available, such that by relying on *particular* inner representations one might after all be able to argue for some basic temporal features of the self.

d) Many of the striking peculiarities of the first edition *Fourth Paralogism* have already been noted. This *Paralogism* alone was revised radically in B, with a clearer and more appropriate focus on the metaphysical issue of the mind's possible independence from the body, as opposed to the epistemological issue of whether from the perspective of the subject the existence of bodies is immediate or rather inferred and hence "merely doubtful" (cf. *Refutation of Idealism*). The initial reception of his work generated the suspicion that in the *Fourth Paralogism* Kant was reconfirming rather than refuting skepticism concerning the external world (Schulz, *Exposition*, Appendices). A resolution of this issue would require a re-examination of the role of the doctrine of transcendental idealism throughout the *Critique*. We will touch on only a few points that are typical of the special concerns of the *Paralogisms*. Within his discussion here Kant is not aiming to establish his transcendental idealism concerning space but is rather assuming it (A370, A378) and using it as a tool to explain why other philosophers might falsely think that "objects of the outer senses" are doubtful. He is obviously right that if one is a transcendental realist who takes such objects to be "things in themselves which exist independently of ourselves and of our sensibility" (A369), then it is not clear how one could say that they are immediately perceived. The difficult question that remains is whether Kant's alternative of transcendental idealism avoids this problem and saves the immediate perception of outer objects only at the cost of undercutting their reality, and so of falling prey to skepticism after all.

The difficulty is exacerbated by Kant's notorious statement that on his account "External objects (bodies) [...] are mere appearances, and are therefore nothing but a species of my representations" (A370). If such objects are simply "my representations," then they understandably need not be "inferred"; the minor premise of the paralogism can be denied, and the objects can turn out not to be doubtful. At the same time, precisely because they are said to be simply "my representations," it can appear that they are not outer in a significant sense, and their existence would seem to collapse into a mere habitation of one's mind.

Kant has something of an answer to this worry, one that – like the fallacy of the paralogism itself – can be explained in terms of the conflation of empirical and non-empirical perspectives that he sees as central to all the paralogisms. While the paralogism's *fallacy* rests on the ambiguity of two senses of "outer" (qua spatial, or empirical, and qua thing in itself, which here is actually a transcendent rather than transcendental notion), the *answer* to the worry about Kant's own position involves a different kind of ambiguity of two senses of "inner," namely empirical and transcendental internality. If an outer object were simply a "species of my representations" in a sense in which "in me" means "within my particular *empirical* self," then the existence of such objects would obviously be of little solace to someone worried about traditional skepticism. But Kant's position surely takes "in me" in a transcendental sense, so that to say representations even of outer objects are a species "in me" is only to say that they are relative to human empirical knowledge in general (and include e.g., magnetic relations of iron filings smaller than we can see, A226/B273), and do not concern things in themselves considered as completely inaccessible through sensation.

Kant does not leave the issue at this point but goes on to insist without detailed explanation that the "immediate perception" of the objects of outer sense "is at the same time a sufficient proof of their reality" (A371). In fact, on Kant's own view, not every externally "perceived" object is real, and so he needs to, and does, go on to indicate at least the rudiments of a theory of error (A376). Such a theory inevitably employs something that we may call inferences, viz., "empirical laws" connected with perception, but Kant's main point can still stand, namely that this does not require anything like an in principle dubious inference to a realm of characteristics wholly beyond what is within our experience – at least as long as we do not fall back into transcendental realism.

e) The final substantive section of the *Paralogisms* treats the topics left over from Baumgarten concerning the soul's possible communion with bodies during, before, and after life. Just as we might expect now, the common thread of Kant's approach here is one which relies heavily on his anti-materialism. Once it is allowed that "matter does not mean a kind of substance [...] but only the distinctive nature of [outer] appearances" (A385), all the "usual systems" – physical influence, predetermined harmony, and supernatural intervention – are open to a new Critical evaluation (A390). Kant notes that on his philosophy we need not deny "physical influence" in an *extended* meaning (and in fact he always favors some version of it as a kind of "common sense" view), but can simply say that while matter, given its ideality, cannot be the ultimate cause of our states (even if our outer representations might fit with certain empirical laws for our inner representations, providing a kind of phenomenal "interaction"), there is no known impossibility in the substrate of matter having an effect on us (A390–392). While literal "physical" influence is thus not metaphysically available, there is also no ultimate mind-body heterogeneity to block belief in some kind of ultimately real interaction. This Critical solution undercuts the other two schools, which Kant sees as arising only from the false belief that if literal physical influence does not hold, finite interaction of ultimately distinct things must be given up (Ameriks 1992, Laywine 1993, Watkins 1995a). His affirmative common sense position on interaction during life does not spill over, however, into positive doctrines concerning our pre- and post-mundane existence. Kant is content to remind us that, for all that speculative philosophy can show, we may or may not exist then and be related to something like bodies (A394).

15.4 Assessment

Like much of the *Transcendental Dialectic*, for a long time the *Paralogisms* received relatively little notice. Discussion in English, from an analytic and broadly empiricist perspective, started in the 1960s, with Strawson (1966), Sellars (1970) and Bennett (1974) giving brief but sympathetic attention to Kant's negative treatment of rational psychology. Later, Ameriks (1982) presented a more detailed and historical approach to the chapter, one drawing for the first time extensively on material from Kant's metaphysics lectures. Soon thereafter, important new versions of these lectures were uncovered (cf. *Akademie-Ausgabe*, XXVIII–XXIX) which bore out their significance and the hypothesis of a long-term fascination on Kant's part with traditional rationalist positions (Ameriks 1992, 1995; Ameriks and Naragon 1997). In Germany, Henrich (1976, 1988), Carl (1989), Frank (1991), Sturma (1985), and Mohr (1991, 1995) enriched the tradition of shedding light on the *Paralogisms* mainly from the perspective of Kant's positive concept of apperception. Inspired primarily by Strawson and an interest in the general features of the syntheses involved in empirical knowledge, a new wave of North American interpreters – Powell (1990), Brook (1994) – offered book-length analytic treatments of the *Paralogisms*. Helpful studies on issues of a more historical nature can be found in Satura (1971), Kalter (1975), Stark and Zelazny (1987), Brandt (1994), Thiel (1996), and Dyck (2014). Rosas (1996) takes a close look at Kant's immaterialistic tendencies, and Klemme (1996) draws on material available only recently from Kant's lectures on empirical psychology (*Akademie-Ausgabe*, XXV). Fine overviews of the secondary literature can be found in Zöller (1993) and Watkins (1995b). More recent work by Ameriks (2003), Melnick (2009), Kitcher (2011), Wuerth (2014), and Longuenesse (2017) puts Kant's *Paralogisms* in the broader context of his general discussion of the subject.

Literature

Ameriks, Karl 1982: Kant's Theory of Mind. An Analysis of the Paralogisms of Pure Reason, Oxford. Expanded edition, 2000.
Ameriks, Karl 1992: "The Critique of Metaphysics: Kant and Traditional Ontology", in: P. Guyer (ed.), The Cambridge Companion to Kant, Cambridge, 249–279.
Ameriks, Karl/Naragon, Steve 1997: "Introduction", in: K. Ameriks/S. Naragon (ed.), Kant's Lectures on Metaphysics, Cambridge, xiii–xliii.
Ameriks, Karl 2003: "Apperzeption und Subjekt: Kant's Lehre vom Ich heute", in: D. Heidemann/K. Engelhard (ed.), Warum Kant heute? Berlin, 76–99.
Bennett, Jonathan 1974: Kant's Dialectic, Cambridge. Second edition, 2016, with Preface by Karl Ameriks.
Brandt, Reinhard 1994: "Rousseau und Kants 'Ich denke'", in: Kant-Forschungen 5, 1–18.
Brook, Andrew 1994: Kant and the Mind, Cambridge.
Carl, Wolfgang 1989: Der schweigende Kant. Die Entwürfe zu einer Deduktion der Kategorien vor 1781, Göttingen.
Dyck, Corey W. 2014: Kant and Rational Psychology, Oxford.

Frank, Manfred 1991: "Fragmente zu einer Geschichte der Selbstbewußtseinstheorien von Kant bis Sartre", in: M. Frank (ed.), Selbstbewußtseinstheorien von Fichte bis Sartre, Frankfurt/M, 415–599.
Henrich, Dieter 1976: Identität und Objektivität. Eine Untersuchung über Kants transzendentale Deduktion, Heidelberg.
Henrich, Dieter 1988: "Die Identität des Subjekts in der transzendentalen Deduktion", in: H. Oberer/G. Seel (eds.), Kant. Analysen–Probleme–Kritik, Würzburg, 39–70.
Kalter, Alfons 1975: Kants vierter Paralogismus. Eine entwicklungsgeschichtliche Untersuchung zum Paralogismuskapitel der ersten Ausgabe der Kritik der reinen Vernunft, Meisenheim/Glan.
Kitcher, Patricia 2011: Kant's Thinker, Oxford.
Klemme, Heiner F. 1996: Kants Philosophie des Subjekts. Systematische und entwicklungsgeschichtliche Untersuchungen zum Verhältnis von Selbstbewußtsein und Selbsterkenntnis, Hamburg.
Laywine, Alison 1993: Kant's Early Metaphysics and the Origins of the Critical Philosophy, North American Kant Society Studies in Philosophy 3, Atascadero.
Longuenesse, Béatrice 2017: I, Me, Mine. Back to Kant and Back Again, Oxford.
Melnick, Arthur 2009: Kant's Theory of the Self, New York.
Mohr, Georg 1991: Das sinnliche Ich. Innerer Sinn und Bewußtsein bei Kant, Würzburg.
Mohr, Georg 1995: "Freedom and the Self: From Introspection to Intersubjectivity", in: K. Ameriks/D. Sturma (eds.), The Modern Subject, Albany, 31–45.
Powell, C. Thomas 1990: Kant's Theory of Self-Consciousness, Oxford.
Proops, Ian 2010: "Kant's First Paralogism," in: Philosophical Review 119, 449–495.
Rosas, Alejandro 1996: Kants Idealistische Reduktion. Das Mentale und das Materielle im transzendentalen Idealismus, Würzburg.
Satura, Vladimir 1971: Kants Erkenntnispsychologie in den Nachschriften seiner Vorlesungen über empirische Psychologie, Bonn.
Sellars, Wilfrid 1970: "'... this I or he or it (the thing) which thinks ...' Immanuel Kant, Critique of Pure Reason (A346/B404)", in: Proceedings and Addresses of the American Philosophical Association 44, 5–31 (repr. in: W. Sellars, Essays in Philosophy and Its History, Dordrecht 1974).
Stark, Werner/Zelazny, Miroslaw 1987: "Zu Krzysztof Celestyn Mrongovius und seinen Kolleghéften nach Kants Vorlesungen", in: Kant-Forschungen 1, 279–292.
Strawson, Peter 1966: The Bounds of Sense. An Essay on Kant's Critique of Pure Reason, London.
Sturma, Dieter 1985: Kant über Selbstbewußtsein. Zum Zusammenhang von Erkenntniskritik und Theorie des Selbstbewußtseins, Hildesheim/Zürich/New York.
Thiel, Udo 1996: "Between Wolff and Kant: Merian's Theory of Apperception", in: Journal of the History of Philosophy 34, 213–232.
Watkins, Eric (1995a): "Kant's Doctrine of Physical Influx", in: Archiv für Geschichte der Philosophie 77, 285–324.
Watkins, Eric (1995b): "Recent Developments in Kant Scholarship: Kant's Philosophy of Mind", in: Eidos 12, 83–107.
Wuerth, Julian 2014: Kant on Mind, Action, and Ethics, Oxford.
Zöller, Günter 1993: "Main Developments in Scholarship in the Critique of Pure Reason", in: Philosophy and Phenomenological Research 53, 445–466.

Translations of passages from *KrV* are from *Critique of Pure Reason*, transl. by Norman Kemp-Smith, London 1929, ²1933, with occasional changes by the author.

Dieter Sturma
16 Die Paralogismen der reinen Vernunft in der zweiten Auflage

(B399–432; A341–347)
Kritik des Subjekts

16.1 Stellung und Funktion der *B-Paralogismen* in der *Kritik*

Das erkenntniskritische Projekt Kants überschneidet sich thematisch und begrifflich mit der Psychologie der deutschen Schulphilosophie. Das gilt vor allem für die systematische Auseinandersetzung mit dem Phänomen des Selbstbewußtseins, bei der sich die methodische Überlegenheit der Erkenntniskritik konkret zu erweisen hat. Diese Ausgangssituation tritt im Paralogismuskapitel der zweiten Auflage der *Kritik der reinen Vernunft* deutlich zutage.

Kants Stellung zur Seelenlehre der deutschen Schulphilosophie, die neben einer rationalen auch eine empirische Psychologie umfaßt, ist nicht durch einfache Ablehnungen gekennzeichnet, sondern wird gleichermaßen von terminologischen Übernahmen und grundsätzlichen Zurückweisungen bestimmt. Die Differenz von empirischer und rationaler Psychologie drückt sich bei Kant darin aus, daß sich in der *Transzendentalen Deduktion* seine Erkenntnistheorie im Kontext von Bestimmungsstükken der empirischen Psychologie entfaltet und im Paralogismuskapitel die Kritik der Grundlagen der rationalen Psychologie erfolgt. Die empirische Psychologie spielt darüber hinaus eine wichtige Rolle bei der Herausbildung von Kants Anthropologie.

Unangesehen des kritischen Ansatzes enthalten die *B-Paralogismen* wie keine andere Passage der *Transzendentalen Dialektik* semantische Ergänzungen und konzeptionelle Erweiterungen, die immer vor dem Hintergrund der systematischen Kernstücke der *Transzendentalen Ästhetik* und *Transzendentalen Analytik* betrachtet werden müssen. Der Versuch, konstruktive und kritische Argumentationen in eins zu entwickeln, macht die *B-Paralogismen* zum exemplarischen Anwendungsfall einer Analyse, die nicht nur nach den Bedingungen der Möglichkeit ihres Gegenstandes, sondern vor allem auch nach ihren eigenen Bedingungen der Möglichkeit fragt.

Kant hat die Überarbeitungen in der zweiten Auflage der *Kritik* lediglich als „Abänderungen der Darstellungsart" (B xxxix) bezeichnet. Nur die neue Widerlegung des psychologischen Idealismus, deren Ort von den *A-Paralogismen* in die *Postulate des empirischen Denkens* verlagert worden ist, könne zumindest als „Vermehrung [...] in der Beweisart" (B xxxix Anm.) gelten. Mit diesem Hinweis scheint nahegelegt zu sein, daß bei der Differenz zwischen *A-* und *B-Paralogismen* lediglich von stilistischen Korrekturen auszugehen ist. Diese Sichtweise ist aber schon deshalb unbefriedigend, weil die *B-Paralogismen* bei aller hinzugewonnenen Prägnanz nach wie vor eine Reihe von Redundanzen und Unübersichtlichkeiten aufweisen, die als Indiz dafür genommen werden können, daß den Abänderungen der Darstellungsart noch andere Motive zugrunde gelegen haben. Schaut man auf das Ganze der *B-Paralogismen*, so drängt sich doch der Eindruck auf, daß auch hier die Beweisart verändert worden ist.

Die äußerlich auffälligen Veränderungen der B-Fassung bestehen in dem Fortfall der Kritik am vierten Paralogismus, der Engführung der Kritik auf einen Substantialitäts-Paralogismus sowie der Erweiterung der Subjektkritik um eine moralphilosophische Perspektive. Sachlich ist Kants Neufassung der Paralogismuskritik weder eine Korrektur seiner erkenntniskritischen Programmatik noch eine bloße Verbesserung der Darstellungsart. Vielmehr finden sich in ihr eine Reihe von Modifikationen, mit der wichtige semantische und methodische Präzisierungen einhergehen. Sie betreffen die Kritik der rationalen Psychologie, die methodische Differenz zwischen analytischer und synthetischer Verfahrensweise, die Semantik des Ausdrucks „Ich denke" sowie Überlegungen zum praktischen Gebrauch der Vernunftbegriffe. Es sind dies Themen, die auch in Schriften aus der Periode zwischen den beiden Auflagen der *Kritik* – den *Prolegomena*, der *Grundlegung* und den *Metaphysischen Anfangsgründen* – berührt werden. Die *B-Paralogismen* vermitteln denn auch in weiten Teilen den Eindruck, als sei Kant immer noch mit konzeptionellen Klärungen beschäftigt. Dieser Eindruck wird dadurch bestärkt, daß sich die Korrekturen in der zweiten Auflage der *Kritik* auf systematische Passagen konzentrieren und das Paralogismuskapitel neben der *Transzendentalen Deduktion* die weitestgehenden Umänderungen erfährt. Die Klärungsversuche haben sich Kant nicht zuletzt auch durch Fehldeutungen in den frühen Rezeptionen der ersten Auflage der *Kritik* aufgedrängt (vgl. Ulrich 1785).

In der Kant-Forschung ist der Stellenwert der Abänderungen des Paralogismuskapitels umstritten geblieben. Obwohl sich eine Tendenz ausmachen läßt, die *B-Paralogismen* als systematisch modifiziert und verbessert anzusehen (Ameriks 1982, Allison 1983, Sturma 1985, Mohr 1991, Horstmann 1993), finden sich auch Annahmen, daß das Paralogismuskapitel in A die inhaltsreichere Passage sei und die B-Fassung im Wesentlichen als argumentative Verkürzung betrachtet werden müsse (Bennett 1974, Kitcher 1982, Powell 1990, Brook 1994). Darüber hinaus gehen einige Interpretationen neben den systematischen Modifikationen auch von inhaltlichen Verschiebungen in den *B-Paralogismen* aus (Horstmann 1993, Klemme 1996). Unstrittig ist der enge Zusammenhang zwischen dem gesamten argumentativen Umfeld der *Transzendentalen Deduktion* und den *Paralogismen*. In den *B-Paralogismen* wirken sich dementsprechend auch die systematischen Umänderungen in den vorhergehenden Abschnitten aus. Sie führen zu Klärungen des Verhältnisses von Selbstbewußtsein und Selbsterkenntnis sowie von transzendentaler Konstitutionstheorie, Erkenntniskritik und Theorie des Selbstbewußtseins.

16.2 Inhalt und Aufbau der *B-Paralogismen*

16.2.1 *Von den dialektischen Schlüssen der reinen Vernunft* (A338/B396–A340/B398). – Kant unterscheidet kategorische, hypothetische und disjunktive Vernunftschlüsse (B361). Die Unterscheidung folgt der Urteilsgruppe der Relation, die alle Verhältnisse des Denkens als die des Prädikats zum Subjekt, des Grundes zur Folge und der gesammelten Glieder der Einteilung untereinander bestimmt (A73/B98). Vernunftschlüsse verfügen Kant zufolge über keine empirischen Prämissen und schließen auf die Realität von etwas, zu dem kein rechtfertigungsfähiger Begriff gebildet werden kann. Solche Folgerungen können auch als „vernünftelnde Schlüsse" aufgefaßt werden, weil sie nicht willkürlich zustande kommen, sondern zumindest *formaliter* aus der Natur der Vernunft entspringen und insofern eine ideelle Zwangsläufigkeit aufweisen. Kant nennt den Schluß vom transzendentalen Begriff des Subjekts auf die absolute Einheit dieses Subjekts einen „transzendentalen Paralogismus", den Widerspruch zwischen der synthetischen Einheit einer Reihe von Bedingungen einerseits und der denkbaren gegensätzlichen Einheit andererseits die „Antinomie der reinen Vernunft" sowie den Schluß von der Totalität aller Bedingungen auf die absolute synthetische Einheit aller Bedingungen das „Ideal der reinen Vernunft".

16.2.2 *Von den Paralogismen der reinen Vernunft* (A341/B399–A347/B406). – Als Paralogismus wird von Kant der Vernunftschluß bezeichnet, der unangesehen seines Inhalts der Form nach falsch ist. Der Paralogismus der rationalen Psychologie nimmt seinen Ausgang von dem Satz „Ich denke", auf dem sie ein System von Grundsätzen der Seelenlehre erbaut. Dabei wird aber verkannt, daß der Satz „Ich denke" allein eine logische bzw. erkenntnistheoretische Funktion erfüllt und nicht geeignet ist, etwas zu den inhaltlichen Bestimmungen des Subjekts des Denkens beizutragen.

Nachdem der Satz „Ich denke" als alleiniger Text der rationalen Psychologie ausgewiesen worden ist, stellt Kant, dem Leitfaden der Kategorien folgend, eine Topik auf, aus der alle Grundbestimmungen der rationalen Seelenlehre entspringen sollen: „Immaterialität", „Inkorruptibilität", „Personalität", „Spiritualität" sowie das „Kommerzium" von Physischem und Psychischem, mit dem unmittelbar die Unsterblichkeitsproblematik verknüpft ist. An die Exposition der Widerlegung der rationalen Psychologie schließt sich die argumentative Durchführung der Kritik an, die in der zweiten Auflage der *Kritik der reinen Vernunft* eine völlige Neubearbeitung erfährt.

16.2.3 *Die neue Darstellung der Paralogismuskritik* (B406–426). – Kant ist offenbar der Meinung gewesen, daß die erste Fassung des Paralogismuskapitels in weiten Teilen eine Ausführlichkeit aufweist, die zu Lasten der systematischen Prägnanz geht. Er entschließt sich deshalb, „um der Kürze willen ihre Prüfung in einem ununterbrochenen Zusammenhange fortgehen zu lassen" (B406). Während in der ersten Fassung des Paralogismuskapitels eine starke formale Ausrichtung an der aus der Kategorientafel abgeleiteten Topik vorherrscht, treten in der zweiten Fassung die erkenntnistheoretischen Hintergründe der Fehlschlüsse stärker hervor. Äußerlich gliedert sich die Bearbeitung in eine Kritik an der dogmatischen Verwendungsweise des Satzes „Ich denke", einen Exkurs zur Widerlegung des Mendelssohnschen Beweises der Beharrlichkeit der Seele, einen Beschluß und eine Überleitung zur Kritik der rationalen Kosmologie.

Gegenüber der ersten Version des Paralogismuskapitels wird die Darstellung der Neufassung deutlich verkürzt. Kant orientiert sich nicht länger an den aus Lehrgebäuden der rationalen Psychologie abgezogenen Fehlschlüssen, sondern setzt sich direkt mit den Begriffen der Substantialität, Singularität und Identität sowie mit dem Problem der Bestimmbarkeit des ontologischen Ortes des Subjekts auseinander. Die im vierten Paralogismus der ersten Auflage der *Kritik* abgehandelte Idealismuskritik findet ihre Darstellung nicht mehr in der Neufassung, sondern erfolgt in der *Widerlegung des Idealismus*, die dem *System der Grundsätze des reinen Verstandes* eingefügt wird.

Kant kritisiert an dem Schluß vom logischen Subjekt des Denkens auf dessen Existenz als Substanz in formaler Hinsicht, daß ihm ein „Sophisma figurae dictionis" (B411), eine äquivoke Verwendung der Begriffe in den Prämissen, zugrunde liege. Während er diesen Fehler in der ersten Auflage der *Kritik* noch an vier Paralogismen einzeln vorführt, beläßt er es nunmehr bei einer exemplarischen Demonstration. In inhaltlicher Hinsicht bemängelt er, daß dem Unterschied zwischen dem Begriff der logisch qualitativen Einheit des Selbstbewußtseins und den objektiven Bedingungen des Begriffs nicht Rechnung getragen wird.

16.2.4 *Widerlegung des Mendelssohnschen Beweises der Beharrlichkeit der Seele* (B413–415). – Um seinen kritischen Kerngedanken, daß von der logischen Einheit des Selbstbewußtseins nicht rechtfertigungsfähig auf die Beharrlichkeit als Substanz geschlossen werden könne, näher zu erläutern, widmet sich Kant dem Beweis der Beharrlichkeit der Seele im *Phädon* von Moses Mendelssohn, den er für den avanciertesten Vertreter der dogmatischen Metaphysik hält. Mendelssohn legt seinen Beweis nicht auf eine für die rationale Psychologie typische Weise an, sondern entwickelt ein Argument, dem zufolge die Seele als intensive Größe nicht durch Zerteilung aufhören könne zu existieren (Mendelssohn, *Phädon*, 1767, 202 ff.). In der Widerlegung des Beweises differenziert Kant im Rückgriff auf die *Axiome der Anschauung* und *Antizipationen der Wahrnehmung* zwischen extensiven und intensiven Größen und skizziert dabei ein deskriptives Konzept für die bewußtseinsphilosophische Einbettung seiner erkenntnistheoretischen Grundbegriffe. Er stellt heraus, daß die Seele als intensive Größe sehr wohl ‚durch allmähliche Nachlassung ihrer Kräfte in nichts verwandelt werden könne.' Dem korrespondiert der deskriptive Befund, daß Bewußtseinszustände viele graduelle Abstufungen aufweisen, die bis zum gänzlichen Verschwinden des Bewußtseins reichen. Einfachheit kann demnach nicht mit zeitloser Fortdauer gleichgesetzt werden.

Im Anschluß an diesen Exkurs setzt Kant die Paralogismuskritik fort und erörtert noch einmal den Unterschied zwischen synthetischer und analytischer Vorgehensweise anhand der Kernsätze des Systems der rationalen Psychologie, dessen formales Konstruktionsprinzip aus der Kategorientafel entnommen wird. Im Rahmen der Kritik dieser Sätze wendet sich Kant gleichermaßen gegen materialistische wie spiritualistische Standpunkte, weil beide auf eigene Art das zustande bringen wollen, was der Paralogismuskritik zufolge unter keinen Umständen gelingen kann, nämlich die Erkenntnis der Beschaffenheit unserer Seele. In diesem Zusammenhang legt er auch dar, daß der Satz „Ich denke" bzw. „Ich existiere denkend" ein empirischer Satz sei. Nachdem die rationale Psychologie als Doktrin verworfen worden ist, wird eingeräumt, daß sie als Disziplin wider den „seelenlosen Materialismus" und den „grundlos herumschwärmenden Spiritualismus" tauge, denn sie könne immerhin noch als Aufforderung verstanden werden, die Grenzen der Selbsterkenntnis praktisch zu überschreiten.

16.2.5 Beschluß der Auflösung des psychologischen Paralogisms (B426–428). – Im Beschluß wird noch einmal pointiert auf den Unterschied zwischen erkenntnistheoretisch zulässiger Abstraktion und ungerechtfertigten Mutmaßungen über eine von körperlichen Eigenschaften „abgesonderte" Existenz hingewiesen. In diesem Zusammenhang berührt Kant auch das Leib-Seele-Problem, das aber deswegen kein wesentlicher Gegenstand bei der Auseinandersetzung mit der rationalen Psychologie sei, weil es dieser nicht auf den Zusammenhang von Leib und Seele ankomme, sondern nur auf die nicht-empirische Subsistenz der Seele.

16.2.6 Allgemeine Anmerkung, den Übergang von der rationalen Psychologie zur Kosmologie betreffend (B428–432). – Zum Abschluß des Kapitels geht Kant erneut auf die grundsätzliche These seiner neuen Darstellung der Paralogismuskritik ein, daß der Satz „Ich denke" bzw. „Ich existiere denkend" ein empirischer Satz sei und entwickelt Überlegungen zum praktischen Vernunftgebrauch, durch den es sehr wohl möglich sein soll, unser Dasein unabhängig von jeder Anschauung zu bestimmen.

16.3 Textkommentar

Kants erkenntnistheoretische Position teilt wichtige bewußtseinsphilosophische Begriffe und Überzeugungen mit der rationalen Psychologie: den Grundsatz „Ich denke" und die darauf aufbauende philosophische Terminologie sowie die systematische Sonderstellung des Selbstbewußtseins. Darüber hinaus greift die rationale Psychologie bei ihrer kognitiven Überschreitung des Bereichs möglicher Erfahrung auf einen Sachverhalt zurück – das Phänomen des Selbstbewußtseins –, den Kant für den aussichtsreichsten Kandidaten eines derartigen Unterfangens gehalten haben dürfte. Hierin können wichtige Anlässe für den Umstand gesehen werden, daß der Satz „Ich denke", dessen ursprünglicher systematischer Ort die *Transzendentale Deduktion* ist, auch in der Paralogismuskritik im Mittelpunkt steht.

Die verbesserte systematische Stringenz im Paralogismuskapitel der zweiten Auflage ist an der Abfolge von kritischen und konstruktiven Grundsätzen ablesbar, die sich aus zentralen Passagen und Formulierungen des kantischen Textes rekonstruieren lassen. Die rekonstruierten Sätze betreffen die Widerlegung der Grundannahmen der rationalen Psychologie (1. Grundsatz), die Funktion des transzendentalen Subjekts (2. Grundsatz), die Identität des Selbstbewußtseins (3. Grundsatz) sowie die kontextuelle Einbettung des Selbstbewußtseins bzw. des Satzes „Ich denke" (4. Grundsatz). Während der erste Grundsatz eine negativ-kritische Funktion erfüllt, haben die übrigen Grundsätze eine positiv-konstruktive Bedeutung. In dem Verhältnis der Grundsätze bildet sich auch die systematische Aufwertung der neuen Fassung der Paralogismuskritik ab.

16.3.1 *Erster Grundsatz: Der Satz „Ich denke" ist der alleinige Text der rationalen Psychologie.* – Nach Kant haben Erkenntnistheorie und philosophische Psychologie den Satz „Ich denke" als ihre systematische Grundlage anzuerkennen. In der B-Deduktion wird in dem Satz „Ich denke" das Lehrstück von der synthetischen Einheit der Apperzeption als oberstem Prinzip allen Verstandesgebrauchs zusammengefaßt (vgl. B138). Wenn die rationale Psychologie von dem Satz „Ich denke" ihren Ausgang nimmt, hat sie insofern noch nicht den sicheren erkenntnistheoretischen Boden verlassen. Ihr Fehler besteht vielmehr darin, daß sie die Unmöglichkeit, über diesen Satz auf rechtfertigungsfähige Weise kognitiv hinauszukommen, nicht erkennt.

Wie in der Version der ersten Auflage verzichtet Kant, mit Ausnahme der Diskussion von Mendelssohns Beweis für die Unsterblichkeit der Seele, auch in der Neufassung auf konkrete Verweise. Die Kritik wendet sich grundsätzlich gegen das

Projekt einer rationalen Psychologie, deren zumindest implizites Selbstverständnis darin bestehen soll, eine Wissenschaft von dem sein zu wollen, was wir vor jeder Erfahrung inhaltlich und dispositional von unserer Seele wissen können.

Kant rechnet der rationalen Psychologie vor, daß sie als „angebliche Wissenschaft" auftrete, die auf dem einzigen Satze „Ich denke" aufbaue (A342/B400). Ihr Dilemma bestehe darin, daß sie vom Ansatz her den systematischen Rückgriff auf empirische Bestimmungen zu vermeiden habe, wenn sie nicht den Anspruch auf den Titel „rational" verlieren wolle. Die empirischen Bestimmungen, durch die Selbstzuschreibungen von Zuständen und Eigenschaften erst zustande kommen können, müssen die „rationale Reinigkeit" (A343/B401) aber zwangsläufig verderben. Wird dagegen auf empirische Bestimmungen verzichtet, fällt Selbsterkenntnis in eine leere Selbstbeziehung zusammen. Das sachliche Gewicht der knappen Feststellung „*Ich denke*, ist also der alleinige Text der rationalen Psychologie, aus welchem sie ihre ganze Weisheit auswickeln soll" (A344/B401) liegt daher eindeutig auf dem Ausdruck „der alleinige Text".

Die Kritik an der textuellen Armut der rationalen Psychologie wird aus einem methodischen und einem erkenntnistheoretischen Blickwinkel formuliert: Zum einen schließen sich methodische Apriorität sowie Erkenntnis von Eigenschaften eines Dings – und sei es auch ein denkendes Ding – aus. Zum anderen ist das, was die rationale Psychologie für den Gegenstand ihrer erfahrungsunabhängigen Seelenlehre hält, kein mögliches intentionales Korrelat von propositionalen Einstellungen, sondern fungiert als Konstitutionsbestimmung aller propositionalen Einstellungen.

An dieser Stelle ist nicht darüber zu entscheiden, ob Kants rigorose semantische Ausgrenzung der rationalen Psychologie in allen Punkten gerecht wird. Es ist davon auszugehen, daß der Text der rationalen Psychologie ‚länger' ist als Kant in diesem Zusammenhang unterstellt. Sowohl bei Wolff als auch bei Baumgarten wird die rationale Psychologie, die prinzipiell über Natur und Eigenschaften der Seele befinden soll, von einer empirischen Psychologie begleitet, die sich mit dem Faktum des Bewußtseins beschäftigt und über eigene Begründungsverfahren verfügt. Beide gehen von engen Entsprechungsverhältnissen zwischen rationaler und empirischer Psychologie bzw. erfahrungsunabhängigen Komponenten des Selbstbewußtseins und introspektiven Selbstzuschreibungen aus. Die empirische Psychologie bleibt denn auch unabhängig von Kants Rhetorik der Kritik eng mit der Entfaltung seiner eigenen erkenntniskritischen Position verknüpft (siehe Ameriks 1982, 193 ff., 234 ff.; Carl 1989; Guyer 1989; Hatfield 1992; Klemme 1996, 83 ff.).

Gleichwohl kann die rationale Psychologie durchaus so verstanden werden, daß ihre Grundlagen letztlich auf der Annahme beruhen, man könne mehr oder weniger umstandslos aus den Tatsachen des Selbstbewußtseins die Existenz und postmortale Fortdauer der Seele folgern. Es ist die Ausdeutung und Kritik dieser Unterstellung, gegen die sich Kant im Paralogismuskapitel vor allem wendet. Seine Erkenntniskritik müßte von vornherein als fehlgeschlagen gelten, wenn in der philosophischen Psychologie der Bereich der Gegenstände möglicher Erfahrung rechtfertigungsfähig übersprungen werden könnte. Die kritische Formel vom „Ich denke" als alleinigem Text der rationalen Psychologie ist formal und inhaltlich die Antwort auf diese Herausforderung. Kant beläßt es aber keineswegs nur bei der entschiedenen Kritik an der Umgangsweise mit dem Satz „Ich denke", sondern weist darüber hinaus nach, daß aus dem „Ich denke" unter *keinen* Umständen inhaltliche Elemente der Selbsterkenntnis herauspräpariert werden können: Inhaltliche Bestimmungen sind an eine kategoriale Synthesis gebunden, und der Einsatz der Kategorien hat wiederum ein in der Anschauung Gegebenes zur Voraussetzung, weshalb sie auf das „Ich denke" gar nicht angewandt werden können.

16.3.2 Zweiter Grundsatz: Das Ich, das denkt, ist ein transzendentales Subjekt der Gedanken. – Kant stellt nicht den Subjektcharakter des „Ich, das denkt" in Frage. Es wird nur grundsätzlich in Abrede gestellt, daß sich der Subjektcharakter des „Ich denke" in eine Substanzbestimmung transformieren läßt. Die Kluft zwischen Subjekt und Substanz hat einen erkenntniskritischen und einen bewußtseinsphilosophischen Aspekt: Sie zeigt an, daß das „Ich denke" die notwendige Bedingung aller Erfahrungszustände und Selbstbewußtsein keine propositionale Einstellung im herkömmlichen Sinne ist. Die Voraussetzung, daß Selbstbewußtsein keine inhaltlichen Bestimmungen enthält, ist die cartesische Basis der Erkenntniskritik.

Kant hat das „Ich denke" zwar nicht in der Liste der transzendentalen Begriffe aufgeführt, er geht aber davon aus, daß es „dennoch dazu gezählt werden" müsse, denn „das Urteil: *Ich denke*" sei nichts anderes als „das Vehikel aller Begriffe überhaupt" (A341/B399). Deshalb brauche an der Kategorientafel auch nichts geändert zu werden, weil das Urteil „Ich denke" als integraler Bestandteil aller Begriffe, einschließlich der transzendentalen Begriffe, „unter diesen jederzeit mit begriffen werde" (A341/B399).

Der erkenntnistheoretische Grundsatz „Ich denke" ist mit einer Reihe von Zirkularitätsproblemen belastet. Kant macht mehrfach darauf aufmerksam, daß das Ich sich selbst nicht durch die Kategorien erfassen kann, weil es alle Gegenstände durch die Einheit seines Selbstbewußtseins und „mithin *durch sich selbst* erkennt" (A402). Der transzendentalphilosophischen Zirkularitätsproblematik hat sich Kant in konstruktiver und kritischer Perspektive zugewandt. Das ist exemplarisch an der exponierten Passage B404 ablesbar: Kant zufolge begleitet das „Ich denke" immer schon mein Denken und kann insofern selbst nicht wiederum der intentionale Gegenstand eines Erfahrungs- oder Erkenntnisakts sein. Weil die rationale Psychologie den begrifflichen und erkenntnistheoretischen Stellenwert des „Ich denke" verkennt und das transzendentale Subjekt des Denkens mit einem Gegenstand möglicher Erfahrung identifiziert, übersieht sie, daß ihr bei dem Schluß auf die Substantialität des Ich fehlerhafte Hypostasierungen und Zirkel unterlaufen. Die fehlerhafte Hypostasierung vollzieht sich in der Transformation der logischen Einheit des Denkens in den Begriff einer einfachen Substanz. Darüber hinaus weist Kant mit großem Nachdruck darauf hin, daß der Begriff der Substanz nur als kategoriale Bestimmung, die „jederzeit gegebene *Anschauung* voraussetzt" (B422), rechtfertigungsfähig verwandt werden könne. Der vitiöse Zirkel der rationalen Psychologie besteht entsprechend darin, daß sie eine Reflexionsbestimmung, die in jedem Denkakt bereits enthalten ist, als eine Erweiterung der Selbsterkenntnis ausgibt.

Die Passage B404 ist aber auch gegen Kants eigenen Ansatz gewendet worden. Sie ist der Bezugspunkt von Dieter Henrichs grundsätzlicher Kritik an den Beweisfehlern der sogenannten Reflexionstheorie des Selbstbewußtseins, deren Hauptvertreter Kant sein soll. Als Reflexionstheorie des Selbstbewußtseins bezeichnet Henrich ein Modell, nach dem sich das Subjekt des Denkens dadurch selbst zum Objekt macht, daß es die „Tätigkeit des Vorstellens, die ursprünglich auf Gegenstände bezogen ist, in sich selbst zurückwendet" (Henrich 1966, 192). Henrich kann nun zeigen, daß auf der Basis dieses Modells der internen Logik der Reflexion bereits das vorausgesetzt wird, was durch sie erst zustande kommen soll, nämlich Selbstbewußtsein im Sinne der Bekanntschaft mit sich selbst. Deshalb muß sich die Reflexion entweder in unendlichen Iterationsschritten verlieren oder in einem vitiösen Zirkel eingeschlossen bleiben. Die Kritik an der Reflexionstheorie des Selbstbewußtseins ist insgesamt berechtigt. Es ist jedoch unberechtigt, Kant eine derartig verfaßte Theorie zu unterstellen. Seine Kritik des Subjekts unterstellt weder ein Subjekt-Objekt-Modell noch ein Reflexionsmodell des Zustandekommens von Selbstbewußtsein, und das läßt sich gerade an der Passage B404 zeigen, die von Henrich zur Untermauerung seiner Einwände herangezogen wird (siehe Sturma 1985, 118 ff., Ameriks 1995).

Wenn Kant von dem beständigen Zirkel spricht, um den wir uns bei dem Versuch, uns direkt auf unser Ich zu beziehen, zwangsläufig drehen müssen, dann spricht er damit die konstruktive Verstellung des Ich an. Die konstruktive Verstellung hat epistemische und epistemologische Implikationen. Epistemisch kann der Zirkel nicht durchbrochen werden, weil die Reflexion mit ihren eigenen Mitteln – mit explizitem Bewußtsein – nicht von sich absehen kann. Der epistemologische Hintergrund der unvermeidlichen Zirkularität hängt direkt mit dem besonderen Zuschnitt der kantischen Erkenntnistheorie zusammen. Weil das „Ich denke" in allen meinen Erfahrungszuständen enthalten ist, kann ich von ihm in meinen Reflexionsprozessen „abgesondert niemals den mindesten Begriff haben". Die Begründungslast des „Ich denke" wird von der Konzeption kategorialer Synthesis getragen – der Formel nach von dem Ausdruck „denken" (Sellars 1970) –, die das Subjekt des Denkens unauflöslich in die formale bzw. kategoriale Verfassung seiner Erfahrungszustände einbindet. Die reflexive Erfassung des Selbst kann demnach gar nicht scheitern, weil es für ein derartiges Unterfangen weder einen epistemologischen noch einen bewußtseinsphilosophischen Ort gibt.

Kant unterscheidet sehr genau zwischen formalen Subjektbestimmungen – wie dem „Ich denke, das alle meine Vorstellungen begleiten können muß" – und faktischen Zuständen des Selbstbewußtseins und der Selbsterkenntnis. Den erkenntniskritischen Ausdifferenzierungen zufolge dürfen die konstitutiven Formen der Selbstreferenz des Bewußtseins nicht mit tatsächlichen Erfahrungs- oder Erkenntniszuständen verwechselt werden. Es ist geradezu der Sinn der Paralogismuskritik, der rationalen Psychologie vorzurechnen, daß ihr eine solche Verwechslung zugrunde liege.

Die Pointe von Kants Zirkelmetapher besteht nicht in dem ungewollten Eingeständnis begründungstheoretischer Unzulänglichkeiten, sondern in der erkenntniskritischen Offenlegung des Sachverhalts, daß selbst unter der Voraussetzung des unbezweifelbaren Faktums des Selbstbewußtseins vom Ich jenseits seiner epistemischen und epistemologischen Funktionen nichts ausgesagt werden kann. Inhaltlich verbleibt das Ich immer auf der Stufe der Formel „Ich = x". Insofern wird schon von Kant der Abstieg vom „Ich" zum „ich" vollzogen und die systematische Flüchtigkeit des Subjekts des Denkens aufgedeckt. Auf diese Weise werden wesentliche Kritikpunkte der sprachanalytischen Philosophie des Selbstbewußtseins vorweggenommen (siehe Ryle 1949, Tugendhat 1979). Vitiöse Zirkularitätsprobleme entstehen der rationalen Psychologie oder einfachen reflexionstheoretischen Subjekt-Objekt-Modellen von Selbstbewußtsein, nicht aber der Erkenntniskritik Kants.

Die erkenntnistheoretische Konzeption, aus der die These „Das Ich, das denkt, ist ein transzendentales Subjekt der Gedanken, von dem inhaltlich nur "= x„ ausgesagt werden kann" hervorgeht, hat die Eigentümlichkeit, Reflexionszirkel und konstruktive Verstellungen zu erzeugen, die ihren Grund in irreflexiven Bestimmungsverhältnissen haben. Diese methodischen Unbequemlichkeiten hängen unmittelbar mit Kants transzendentalphilosophischer Frage nach den Bedingungen der Möglichkeit der Erfahrung zusammen. Ein wichtiges Ergebnis bei der Beantwortung dieser Frage besteht darin, daß zu unterscheiden ist zwischen zirkulären Bestimmungsverhältnissen, die immer dann auftreten, wenn Reflexionsprozesse bzw. Bewußtseinsstrukturen zweiter Ordnung thematisiert werden, und den vitiösen Zirkeln, die aus fehlerhaften Begründungsmodellen hervorgehen, so wie sie von Henrich zu Recht kritisiert werden.

16.3.3 *Dritter Grundsatz: Der Satz der Identität des Selbstbewußtseins ist ein analytischer Satz.* – In der zweiten Fassung der *Transzendentalen Deduktion* hat Kant eine erkenntniskritische Konzeption vorgelegt, der zufolge kognitives Bewußtsein und die Identität des Selbstbewußtseins über die Zeit hinweg nur aufgrund einer prozessualen Selbstreferenz möglich sind, die die in der Anschauung gegebenen mannigfaltigen Daten zu einem einheitlichen Erfahrungszusammenhang synthetisiert. Die ursprünglich-synthetische Einheit des Selbstbewußtseins darf nun aber nicht als eine Erweiterung der Selbsterkenntnis, sondern nur im konstitutiven Sinne verstanden werden. Die synthetische Leistung des Selbstbewußtseins ist Erfahrungsprozessen immanent und verbindet mannigfaltige Daten mentaler Akte, ohne selbst ein Datum zu sein. Deshalb muß die Feststellung der synthetischen Leistungen des Selbstbewußtseins als analytische Aussage behandelt werden: „Der Satz der Identität meiner selbst bei allem Mannigfaltigen, dessen ich mir bewußt bin, ist ein ebenso wohl in den Begriffen selbst liegender, mithin analytischer Satz" (B408). Die Identität des Selbstbewußtseins ist die formale Bedingung von Erlebnissen und Erfahrungen, nicht etwa ein faktischer Bewußtseinszustand. Sie sagt nichts über denjenigen aus, der sich in Bezug auf eine Mannigfaltigkeit von gegebenen Anschauungen seiner selbst bewußt wird. Identitätsbedingungen selbstbewußter Personen können erst in einem weiteren Reflexionsschritt angesprochen werden, der ihre in Raum und Zeit bestimmten Eigenschaften und Dispositionen miteinbezieht.

Die Unterscheidung zwischen Identität des Selbstbewußtseins und Identität der Person verläuft zwischen Erkenntnistheorie und Ontologie der Person. Während sich in der Identität des Selbstbewußtseins selbstreferentielle Strukturen von Erlebnissen und Erfahrungen manifestieren, können die Subsistenzbedingungen, die mit dem Subjekt des Denkens als Person zu verbinden sind, nur in synthetischen Urteilen, „welche sich auf die gegebene Anschauung gründen" (B409), angesprochen werden. Fragen nach der Beschaffenheit der *res cogitans* sind nicht unabhängig von faktischen Erfahrungszuständen zu beantworten, und daß zu deren Erklärung auf nichtempirische Bestimmungen zurückgegriffen werden muß, darf nicht zum Anlaß genommen werden, analytische Sätze, die den erkenntnistheoretischen Status von Bedingungen der Möglichkeit faktischer Erfahrungsprozesse haben, als synthetische Erweiterungen der Selbsterkenntnis auszugeben.

Kant stellt nicht die Möglichkeit einer subsistierenden Identität der Person in Abrede. Es wird lediglich hervorgehoben, daß die Identität des Selbstbewußtseins mir „nichts über die Art meines Daseins eröffnet" (B412 Anm.). Die Art meines Daseins ist ein Sachverhalt, der nicht analytisch aus dem „Ich denke" gefolgert werden kann, wie die rationale Psychologie fälschlicherweise unterstellt. Der sich im „Ich denke" ausdrückende Identitätssinn ist gänzlich anders verfaßt als derjenige, der in der Ontologie der Person Anwendung findet – wobei von der Person als empirischem Subjekt die Rede ist, die moralphilosophische Bestimmung aus der *Grundlegung zur Metaphysik der Sitten* kommt in diesem Zusammenhang noch nicht zur Anwendung.

Die Feststellung, daß die Identität des Selbstbewußtseins ein analytischer Satz ist, richtet sich gegen zwei Arten von Fehlschlüssen. Der eine Fehlschluß ist der der rationalen Psychologie: „Die logische Erörterung des Denkens überhaupt wird fälschlich für eine metaphysische Bestimmung des Objekts gehalten" (B409). Das Verkennen der Analytizität muß aber nicht zwangsläufig in einer metaphysischen Gestalt auftreten, sondern kann sich auch als empiristischer Fehlschluß äußern, wenn die Identität des Selbstbewußtseins wie eine inhaltliche Bestimmung faktischer Erfahrungsprozesse behandelt wird. Aus dem Umstand, daß die Identität des Selbstbewußtseins über die Zeit hinweg als notwendige Bedingung kohärenter Erfahrungsprozesse anzusehen ist, folgt nicht, daß diese Identität mir als inhaltliche Bestimmung faktischer Bewußtseinszustände explizit bewußt sein muß. Dieser Unterschied ist bekanntlich David Hume verborgen geblieben.

16.3.4 *Vierter Grundsatz: „Ich denke" ist ein empirischer Satz.* – Der Übergang von dem analytischen Satz der Identität des Selbstbewußtseins zum empirischen Satz „Ich denke" ist der Übergang von der Erkenntnistheorie zur philosophischen Psychologie. Wird diese Transformation der Theorieperspektive nicht beachtet, müssen die Grundsätze 3 und 4 als einander widersprechend erscheinen. Den Anschein der Widersprüchlichkeit räumt Kant mit einer erkenntniskritischen Interpretation von Descartes' *cogito*-Argument aus.

Auch Descartes ist nicht davon ausgegangen, daß die Formel *cogito ergo sum* als ein Schluß im üblichen Sinne verstanden werden kann, und in den *Meditationen* wird diese Formel nicht einmal verwandt. Kant macht aber darüber hinaus auf einen Sachverhalt aufmerksam, der von der Frage nach dem logischen Stellenwert des Satzes „Ich denke" nur mittelbar berührt wird: Wie im Fall des ontologischen Gottesbeweises muß nämlich auch bei dem Satz „Ich denke" beachtet werden, daß Existenz kein Prädikat ist. Es kann zwar davon ausgegangen werden, daß alles, was denkt, auch existiert, doch kann diese Unterstellung nicht die Form eines analytischen Urteils annehmen. „Ich kann [...] nicht sagen: alles, was denkt, existiert; denn da würde die Eigenschaft des Denkens alle Wesen, die sie besitzen, zu notwendigen Wesen machen" (B422 Anm.).

Die Konvergenz von Denken und Existenz im Selbstbewußtsein beruht auf der Bestimmbarkeit meines Daseins in der Zeit. Aus diesem Grund nennt Kant den Satz „Ich denke" einen empirischen Satz, denn er schließt im Fall des Selbstbewußtseins einer in Raum und Zeit bestimmten Person den Satz „Ich existiere" unmittelbar mit ein. Die faktische Einheit von Denken und Existenz im Selbstbewußtsein wird von Kant in der empirischen Formel „Ich existiere denkend" (B420) zusammengezogen: „Der Satz, Ich denke, oder, ich existiere denkend, ist ein empirischer Satz" (B428).

Kant leugnet nicht die Qualität der Selbstgewißheit des „Ich denke", er bestreitet nur, daß sie ontologisch selbstgenügsam ist. Die empirische Bedingtheit des mentalen Akts des Selbstbewußtseins zieht eigentümliche Referenzprobleme nach sich, die in aller Schärfe erst in der neueren Philosophie des Selbstbewußtseins zutage getreten sind. Die Virulenz der Referenzproblematik ist Kant aber ersichtlich gegenwärtig gewesen. Er nennt das, was im Selbstbewußtsein hervortritt, eine „unbestimmte empirische Anschauung" (B422 Anm.). Dieser Bestimmung zufolge ist das, was im Selbstbewußtsein gedacht wird, kein herkömmlicher Gegenstand kognitiven Bewußtseins, aber auch nicht nichts. Insofern kann in diesem Zusammenhang von einem Quasi-Objekt des Selbstbewußtseins gesprochen werden, das für seine eigentümliche Referenz einsteht, ohne die das „Ich denke" eine leere Selbstbeziehung wäre und gar nicht gedacht werden könnte (Sturma 1985, 90 ff.; Horstmann 1993, 424 f.).

Die logische Klärung des Unterschieds zwischen analytischen Implikationen und synthetischen Leerstellen des Satzes „Ich denke" geht mit einer bewußtseinsphilosophischen Ausdifferenzierung und Kontextualisierung einher. Weil der Gehalt von Erfahrungsprozessen nur durch die kategoriale Synthesis der in der Anschauung gegebenen Mannigfaltigkeit von Daten zustande kommt, hat von Selbstzuschreibungen zu gelten, daß ich mich nicht dadurch erkenne, „daß ich mir meiner als denkend bewußt bin, sondern wenn ich mir der Anschauung meiner selbst, als in Ansehung der Funktion des Denkens bestimmt, bewußt bin" (B406). Das intentionale Korrelat von Selbstzuschreibungen erzwingt eine Referenzstruktur, die sich der empirischen Bestimmbarkeit immer schon öffnen muß: „Nicht das Bewußtsein des *Bestimmenden*, sondern nur das des *bestimmbaren* Selbst, d. i. meiner inneren Anschauung (so fern ihr Mannigfaltiges der allgemeinen Bedingung der Einheit der Apperzeption im Denken gemäß verbunden werden kann), ist das *Objekt*" (B407). Nur unter der Voraussetzung, daß Bestimmendes und Bestimmbares in Erfahrungsprozessen immer schon aufeinander bezogen sind, können Selbstbewußtsein und Selbsterkenntnis überhaupt ineinander übergehen.

Damit der Zustand des Selbstbewußtseins aber überhaupt ein Gedanke sein kann, muß das logische Subjekt eine interne Verbindung zum Bereich der Eigenschaften und Dispositionen desjenigen haben, der sich in einem Zustand des Selbstbewußtseins befindet. Allerdings darf der Zustand des Selbstbewußtseins, der Gedanke, daß ich denke und existiere, noch nicht für einen ausdrücklichen Zustand von Selbsterkenntnis gehalten werden. Um den Übergang zur Selbsterkenntnis, zur inhaltlichen Auskleidung des bestimmbaren Selbst vollziehen zu können, muß – wie im Fall personaler Identität – noch eine weitere Bedingung erfüllt sein, die im Fall logischen Selbstbewußtseins noch nicht zur Anwendung kommt.

Wie jeder Erfahrungszustand ist auch Selbsterkenntnis eine empirisch bedingte synthetische Einheit. Zwar ist Selbstbewußtsein von Selbsterkenntnis unterschieden und beruht nicht auf der kategorialen Synthesis eines in der Anschauung Gegebenen, es entkommt aber dennoch nicht der empirischen Bedingtheit aller Erfahrungszustände. Selbstbewußtsein ist ein Aktus des Denkens und bedarf deshalb irgendeiner empirischen Vorstellung, die den Stoff zum Denken abgibt. In diesem Sinne ist das Empirische „die Bedingung der Anwendung, oder des Gebrauchs des reinen intellektuellen Vermögens" (B423 Anm.).

Mit der Formel „Ich existiere denkend" und der Erläuterung, daß der Satz „Ich denke" als empirischer Satz aufgefaßt werden müsse, versucht Kant, die verwickelten Bestimmungsverhältnisse durchsichtig zu machen, die aus der grundlegenden Funktion der systematischen Ausdeutung des Phänomens des Selbstbewußtseins für seine Erkenntnistheorie und seine Überlegungen zur philosophischen Psychologie entspringen. Ungeachtet der epistemologischen Strenge der Kritik der B-Fassung zeigen sich dabei auch schon die Freiräume, die Kant für die praktische Vernunft ausgespart hat (B431f.; Sturma 2018).

Der Weg, den Kants Kritik des Subjekts in der zweiten Auflage der *Kritik* einschlägt, führt von der Zurückweisung der aus dem Selbstbewußtsein abgezogenen Spekulationen der rationalen Psychologie (1. Grundsatz) über die Darlegung der erkenntnistheoretischen Konsequenzen des Selbstbewußtseins (2. und 3. Grundsatz) zur bewußtseinsphilosophischen Kontextualisierung der Selbstgewißheit (4. Grundsatz). Der Versuch Kants, in seinen Analysen einen durchgängigen Zusammenhang von systematischer Rekonstruktion und Kritik zu wahren, muß nicht zuletzt auch als Warnung verstanden werden, daß in Erkenntnistheorie und philosophischer Psychologie rechtfertigungsfähige und ungerechtfertigte Schlüsse aus dem Selbstbewußtsein nahe beieinander liegen.

16.4 Ausblick auf die gegenwärtige Theorie des Selbstbewußtseins

Kants Paralogismuskritik erschließt sich in einer arbeitsteiligen Doppelperspektive: Die in die Vergangenheit gerichtete Betrachtungsweise philosophiehistorischer Untersuchungen legt eine vielfach übersehene Abhängigkeit von den psychologischen Ansätzen der deutschen Schulphilosophie offen. Dagegen zeigt die systematische Rekonstruktion, daß Kants philosophische Psychologie methodisches und semantisches Potential bereithält, das seine ganze Virulenz erst in der gegenwärtigen Problemsituation zu entfalten scheint. Unter den Bedingungen einer solchen Doppelperspektive kann kaum vermieden werden, daß eine Perspektive zu Lasten der anderen betrieben wird. In der Forschungsliteratur haben denn auch beide Verfahrensweisen eine beträchtliche Eigendynamik entwickelt, die Mißverständnisse hinsichtlich des historischen und systematischen Stellenwerts des kantischen Textes stark begünstigen.

Aus heutiger Sicht hat es den Anschein, als könne die Auseinandersetzung mit der rationalen Psychologie – einer Theorie, von der Kant sich den Großteil seiner psychologischen Terminologie vorgeben lassen mußte – allenfalls historisches Interesse für sich beanspruchen, zumal Theorien von der Art der rationalen Psychologie in der neueren Philosophie nicht mehr vertreten werden. An diesem Umstand dürfte Kants entschiedene und insgesamt überzeugende Paralogismuskritik nicht unbeteiligt gewesen sein. Allerdings tauchen in vielen kritischen Einlassungen des Neostrukturalismus und des Neopragmatismus vergleichbare Theoriemodelle auf, die als methodische Sackgassen oder Absurditäten traditioneller Philosophie vorgestellt werden. Der Bezugspunkt ist aber keineswegs die rationale Psychologie, die jenseits des philosophiegeschichtlichen Wahrnehmungshorizonts dieser Ansätze verbleibt, sondern die klassische Subjektivitätsphilosophie von Kant bis Hegel. Durch solche verzerrenden Identifizierungen erlangt die Paralogismuskritik auch unabhängig von ihren systematischen Implikationen theoretische Bedeutung. Aus ihr ist deutlich der Unterschied zwischen dogmatischer Seelenlehre und kritischer Philosophie des Selbstbewußtseins zu entnehmen. Sie gibt zudem klare argumentative Hinweise darauf, daß der von dem Großteil der gegenwärtigen Philosophie favorisierte gegenläufige Ansatz einer materialistischen bzw. physikalistischen Philosophie der Psychologie keine aussichtsreiche Alternative ist, und verweist auf einen Argumentationsweg jenseits von metaphysischem Dogmatismus einerseits und sowie materialistischem und funktionalistischem Eliminativismus andererseits.

Aus der Auseinandersetzung mit der rationalen Psychologie tritt eine subjektivitätsphilosophische Theorieperspektive hervor, die keineswegs nur von historischem Interesse ist. Sie verbindet eine erkenntniskritische Methodik, die nach den Bedingungen der Möglichkeit der Erfahrung fragt, mit Strukturanalysen faktischer Bewußtseins- und Selbstbewußtseinszustände. Aufgrund ihres kritischen Potentials darf sie gerade in der analytisch dominierten Theorielandschaft Aufmerksamkeit beanspruchen, in der es offenbar beträchtliche Schwierigkeiten bereitet, Subjektivitätsanalysen mit wissenschaftstheoretisch vorherrschenden physikalistischen und funktionalistischen Methoden in Einklang zu bringen (Sturma 1995).

Schließlich können Kants Widerlegung der dogmatischen Seelenlehre und die Kontextualisierung des „Ich denke" durchaus so aufgefaßt werden, daß die Paralogismuskritik bereits den von der sprachanalytischen Philosophie des Selbstbewußtseins angemahnten Abstieg vom „Ich" zum „ich" (Tugendhat 1979, 68 ff.) vollzieht und in diesem Sinne eine *Philosophie ohne Seele* ist, ohne deswegen eliminativ verfahren zu müssen. Kann darüber hinaus gezeigt werden, daß Kant Einsichten zur Verfügung gestanden haben, die Fehlentwicklungen gegenwärtiger Ansätze entgegenwirken können, dann ergibt sich eine neue philosophiegeschichtliche Konstellation. Aus kantischer Sicht kann nämlich die Frage aufgeworfen werden, ob die gegenwärtigen Reduzierungen des Phänomens des Selbstbewußtseins zwangsläufige Konsequenzen des Abstiegs vom „Ich" zum „ich" sind. Die in der Widerlegung der Paralogismen der rationalen Psychologie entfaltete Kritik des Subjekts widerspricht dem und hält eine theoretische Option bereit, die Kritik und systematische Rekonstruktion als gleichermaßen unverzichtbare Elemente der philosophischen Aufklärung menschlicher Selbstverhältnisse bestimmt.

Literatur

Allison, Henry E. 1983: Kant's Transcendental Idealism. An Interpretation and Defense, New Haven/London.
Ameriks, Karl 1982: Kant's Theory of Mind. Analysis of the Paralogisms of Pure Reason, Oxford.
Ameriks, Karl 1995: „From Kant to Frank", in: K. Ameriks/D. Sturma (Hgg.), The Modern Subject. Conceptions of the Self in Classical German Philosophy, Albany.
Ameriks, Karl 2003: „Apperzeption und Subjekt: Kant's Lehre vom Ich heute", in: D. Heidemann/K. Engelhard (Hgg.), Warum Kant heute? Berlin, 76–99.
Bennett, Jonathan 1974: Kant's Dialectic, Cambridge.
Brook, Andrew 1994: Kant and the Mind, Cambridge.
Carl, Wolfgang 1989: Der schweigende Kant. Die Entwürfe zu einer Deduktion der Kategorien vor 1781, Göttingen.
Guyer, Paul 1989: „Psychology and the Transcendental Deduction", in: E. Förster (Hg.), Kant's Transcendental Deductions. The Three ‚Critiques' and the ‚Opus postumum', Stanford.
Hatfield, Gary 1992: „Empirical, rational, and transcendental psychology. Psychology as science and as philosophy", in: P. Guyer (Hg.): The Cambridge Companion to Kant, Cambridge, 200–227.
Henrich, Dieter 1966: „Fichtes ursprüngliche Einsicht", in: D. Henrich/H. Wagner (Hgg.), Subjektivität und Metaphysik, Frankfurt/M, 188–232.
Henrich, Dieter 1970: „Selbstbewußtsein. Kritische Einleitung in eine Theorie", in: R. Bubner/K. Cramer/R. Wiehl (Hgg.), Hermeneutik und Dialektik, Tübingen, 257–284.
Henrich, Dieter 1976: Identität und Objektivität. Eine Untersuchung über Kants transzendentale Deduktion, Heidelberg.
Horstmann, Rolf-Peter 1993, „Kants Paralogismen", in: Kant-Studien 83, 408–425.
Klemme, Heiner F. 1996: Kants Philosophie des Subjekts. Systematische und entwicklungsgeschichtliche Untersuchungen zum Verhältnis von Selbstbewußtsein und Selbsterkenntnis, Hamburg.
Kitcher, Patricia 1990: Kant's Transcendental Psychology, Oxford.
Kitcher, Patricia 2011: Kant's Thinker, Oxford.
Longuenesse, Béatrice 2017: I, Me, Mine. Back to Kant and Back Again, Oxford.
Melnick, Arthur 2009: Kant's Theory of the Self, New York.
Mohr, Georg 1991: Das sinnliche Ich. Innerer Sinn und Bewußtsein bei Kant, Würzburg.
Powell, C. Thomas 1990: Kant's Theory of Self-Consciousness, Oxford.
Sellars, Wilfrid 1970: „‚... this I or he or it (the thing) which thinks ...' Immanuel Kant, Critique of Pure Reason (A346/B404)", in: Proceedings and Addresses of the American Philosophical Association 44, 5–31 (wieder abgedruckt in: ders., Essays in Philosophy and Its History, Dordrecht 1974).
Strawson, Peter F. 1987: „Kant's Paralogisms: Self-Consciousness and the 'Outside Observer'", in: K. Cramer u. a. (Hgg.), Theorie der Subjektivität, Frankfurt/ M., 203–219.
Sturma, Dieter 1985: Kant über Selbstbewußtsein. Zum Zusammenhang von Erkenntniskritik und Theorie des Selbstbewußtseins, Hildesheim/Zürich/New York.
Sturma, Dieter 1995: „Self-Consciousness and the Philosophy of Mind", in: H. Robinson (Hg.), Proceedings of the Eighth International Kant Congress, Memphis 1995, Milwaukee, Vol. I, 661–674.
Sturma, Dieter 2018: The Practice of Self-Consciousness: Kant on Nature, Freedom, and Morality, in: E. Watkins (Hg.), Kant on Persons and Agency, Cambridge.

Lothar Kreimendahl

17 Die Antinomie der reinen Vernunft, 1. und 2. Abschnitt

(A405/B432–A461/B489)

17.1 Stellung und Funktion der *Antinomie der reinen Vernunft* in der Kritik

In der zweiten, der ersten gegenüber bei weitem umfangreicheren Abteilung der *Transzendentalen Logik* behandelt Kant unter der Überschrift „Transzendentale Dialektik" die Irrtümer der bisherigen Metaphysik. Die *Transzendentale Dialektik* darf deshalb, nachdem Kant in der *Transzendentalen Ästhetik* und der *Transzendentalen Analytik* zuvor seine eigene Wahrheitslehre vorgetragen hat, als seine Irrtumslehre angesprochen werden. Die spezielle Metaphysik war nun traditionell in die drei Gebiete der rationalen Psychologie, Kosmologie und Theologie eingeteilt. Dementsprechend handelt Kant die in ihr begangenen Fehlschlüsse hier nacheinander ab. Das geschieht unter den Überschriften *Von den Paralogismen der reinen Vernunft* (rationale Psychologie, 1. Hauptstück), *Die Antinomie der reinen Vernunft* (rationale Kosmologie, 2. Hauptstück), *Das Ideal der reinen Vernunft* (rationale Theologie, 3. Hauptstück). Dabei ist es ihm jeweils nicht nur darum zu tun, die auf diesen Feldern begangenen Irrtümer systematisch zu erfassen; vielmehr beansprucht er darüber hinaus, mit seinen Diagnosen die hier überhaupt nur möglichen Fehlschlüsse vollständig zu registrieren und das notwendige Scheitern aller vorgeblich reinen Vernunfteinsichten in Fragen der speziellen Metaphysik zu beweisen.

Die Enttarnung der Fehlschlüsse, die der Vernunft auf dem Felde der rationalen Kosmologie unterlaufen, wenn sie versucht, über das Weltganze zu inhaltsreichen Erkenntnissen zu gelangen, nimmt Kant also unter der Überschrift der Antinomie vor. Dieser Textteil ist mit 162 Seiten der längste innerhalb der *Kritik* und stellt so etwas wie ein Buch im Buche dar. Ihn als Ganzes zu kommentieren, würde seinerseits einen eigenen Band beanspruchen; tatsächlich liegen solche monographischen Studien bereits vor (u. a. Erhardt 1888, Heimsoeth 1967, Nitzschke 1924, Rauschenberger 1923, Richter 1863, Schmukker 1969, Schmucker 1990, Wike 1982, Woolmann 1987), die gleichwohl mitunter nur Teilaspekte des Themas (so z.B. AlAzm 1972, Ishikawa 1990, Kawamura 1996, Rathschlag 1936) oder gar nur einzelne der vier Antinomienpaare näher beleuchten (vgl. etwa Gunkel 1989, Höselbarth 1983, Hofmann 1961, Stockhammer 1961). Aus der Revision, die Kant für die zweite Auflage der *Kritik* von 1787 vornahm, ist der Abschnitt über die Antinomie ohne nennenswerte Veränderung hervorgegangen. Kant empfand – wie übrigens bei der sich anschließenden Kritik der Gottesbeweise auch – deshalb kein Bedürfnis nach einschneidenden textlichen Veränderungen, weil diese beiden Abschnitte, anders als der über die Paralogismen, den er radikal umarbeitete, sehr weit in seine denkerische Entwicklung zurückreichen und die Erörterung der Antinomieproblematik im Jahre 1781 deshalb bereits auf eine lange Behandlungszeit, in der sie vielfältige Umarbeitungen erfahren hatte, zurückblicken konnte. Diese Etappen der Problementwicklung sind in den Bänden XVII und XVIII der Akademie-Ausgabe seiner Schriften dokumentiert, welche die Reflexionen zur Metaphysik enthalten (vgl. dazu Kreimendahl 1990, Schmucker 1990).

Aber der Antinomieabschnitt ist nicht nur der längste Textblock innerhalb der *Kritik*, er ist auch Kants eigenen Aussagen zufolge für die kritische Philosophie von besonderer Bedeutung, und das unter zumindest zwei Gesichtspunkten. Zum einen stellt die Antinomieproblematik *entwicklungsgeschichtlich* zusammen mit dem von David Hume ausgehenden Impuls (*Prolegomena*, IV 260) das zur Ausarbeitung der Transzendentalphilosophie führende denkerische Movens dar. Stellvertretend für andere gleichlautende Zeugnisse sei hier nur die bekannteste der Stellen zitiert, an denen Kant dieser Einschätzung Ausdruck verleiht: „Nicht die Untersuchung vom Daseyn Gottes, der Unsterblichkeit etc. ist der Punct gewesen von dem ich ausgegangen bin, sondern die Antinomie der r[einen] V[ernunft]: ‚Die Welt hat einen Anfang – : sie hat keinen Anfang etc. bis zur vierten: Es ist Freyheit im Menschen, – gegen den: es ist keine Freyheit, sondern alles ist in ihm Naturnothwendigkeit'; diese war es welche mich aus dem dogmatischen Schlummer zuerst aufweckte und zur Critik der Vernunft selbst hintrieb, um das Scandal des scheinbaren Widerspruchs der Vernunft mit ihr selbst zu heben" (Brief an Chr. Garve vom 21. 9. 1798, XII 257 f.).

Zum anderen aber kommt der Behandlung der Antinomieproblematik *systematisch* für das Schicksal der Transzendentalphilosophie herausragende Bedeutung zu. Denn, so Kants Behauptung, im Felde kosmologischer Fragen „thut sich ein nicht vermutheter Widerstreit hervor, der niemals auf dem gewöhnlichen, dogmatischen Wege beigelegt werden kann, weil sowohl Satz als Gegensatz durch gleich einleuchtende klare und unwiderstehliche Beweise dargethan werden können – denn für die Richtigkeit aller dieser Beweise verbürge ich mich –, und die Vernunft sich also mit sich selbst entzweit sieht" (*Prolegomena*, IV 340). Einzig die Transzendentalphilosophie kann diesen Zustand überwinden, „über den der Sceptiker frohlockt" (*Prolegomena*, IV 340), weil er nämlich das Eingeständnis der Insuffizienz der Vernunft und den völligen Stillstand derselben nach sich zieht. Näherhin ist es, wie in Abschnitt VI unter der Überschrift „Der transzendentale Idealism, als der Schlüssel zu [sic!] Auflösung der kosmologischen Dialektik" (A490/B518) dann ausführlich gezeigt wird, die in der *Transzendentalen Ästhetik* entwickelte neue Lehre von Raum und Zeit und allein sie, durch welche die Vernunft aus dem toten Punkt der Antinomie herausgeholt werden kann. Umgekehrt heißt das – und Kant stellt dies A506/B534 ausdrücklich heraus –, daß hier im Abschnitt über die Antinomie mit dem Nachweis der Überwindbarkeit der Antinomie durch den zuvor entwickelten Anschauungsidealismus ein weiterer, und zwar „indirekter" Beweis für die Richtigkeit desselben geliefert wird.

Die Bewertung des transzendentalen Idealismus und damit die Akzeptabilität der kritischen Philosophie Kants überhaupt hängt hiernach also im wesentlichen von den folgenden zwei Punkten ab. Kant muß – erstens – zeigen, daß und wie allein die neue Raum-Zeit-Lehre die Antinomie überwindet und den vermuteten „Widerspruch der Vernunft mit ihr selbst" (A740/B768) als einen nur scheinbaren enttarnt, der sich jedoch auf der Stufe der dogmatischen, d.h. der vorkritischen Metaphysik „unvermeidlich" (A497/B525) einstellt. Dazu aber ist – zweitens – zunächst der Nachweis erforderlich, daß sich die nicht transzendental geläuterte Vernunft wirklich in Antinomien verstrickt. Das geschieht durch den Nachweis, daß die Vernunft tatsächlich in der Lage ist, bei den vier Satzpaaren jeden der zwei jeweils einander entgegengesetzten Sätze, die Kant als „Thesis" und „Antithesis" bezeichnet, mit gleich guten Gründen überzeugend zu beweisen. Sollten sich also bei der Analyse dieser Beweise Defekte derart herausstellen, daß Thesis oder Antithesis eines Satzpaares oder gar mehrerer Satzpaare besser begründet wären als der entgegengesetzte Satz, so daß sich für eine der beiden Positionen erfolgreich argumentieren ließe, dann würde dies auf eine zumindest partielle Rehabilitierung der dogmatischen Metaphysik hinauslaufen und in eben dem Maße das Kantische Programm der Transzendentalphilosophie obsolet werden lassen, durch die jene ja überwunden werden sollte. Kant muß also jeweils für Thesis wie Antithesis nicht nur gleichgute, sondern auch überzeugende, d.h. einwandfreie Beweise liefern, die erst dadurch in Mißkredit geraten, daß sie, obwohl sie ihren Ausgang jeweils von einem „allgemein zugestandnen Grundsatz" (*Prolegomena*, IV 340) nehmen, dennoch zu einander widersprechenden Thesen führen, was die Vernunft eben veranlaßt, „über den Ursprung dieser Veruneinigung [...] mit sich selbst nachzusinnen" (A464/B492).

Genau darin liegt der Grund, weshalb die Antinomie der reinen Vernunft als das „neue" (A407/B433), das „merkwürdigste" und das „seltsamste Phänomen der menschlichen Vernunft" (*Prolegomena*, IV 338f.) gleichwohl hochwillkommen ist, ja sie ist die „wohlthätigste Verirrung [...], in die die menschliche Vernunft je hat gerathen können", weil „sie uns zuletzt antreibt, den Schlüssel zu suchen, aus diesem Labyrinthe herauszukommen" (*KpV*, V 107). Ohne die Antinomie bliebe der dialektische Schein, welcher der Vernunft Scheineinsichten vorgaukelt, wenn sie die Verstandesgrundsätze in transzendenter Absicht anwendet, „auf ewig verborgen" (*Prolegomena*, IV 340). Kant meint deshalb, die Natur selbst scheine die Antinomie aufgestellt zu haben, um die Vernunft angesichts ihrer „dreisten Anmaßungen" (*Prolegomena*, IV 341 Anm.) zu zwingen, über sich selbst nachzudenken. Die Antinomie ist also „nicht willkürlich erdacht"; vielmehr wird die Vernunft „im kontinuierlichen Fortgange der empirischen Synthesis notwendig [auf sie] geführt" (A462/B490); die Antinomie ist in diesem Sinne unvermeidlich. Aber Kants Selbsteinschätzung zufolge war es ihm vorbehalten, die Antinomie nicht allein als erster durch die vier kosmologischen Satzpaare hindurch aufzustellen, was „allein schon ein beträchtliches Verdienst um die Kenntniß der menschlichen Vernunft sein würde" (*Prolegomena*, IV 347), sondern sie durch die Entwicklung der neuen Lehre von Raum und Zeit auch aufzulösen.

Doch obschon die Vernunft in ihrem Verlangen, Totalität zu denken, notwendig auf die vierfache Vernunftantinomie stößt, ist diese doch nicht nur ein spekulatives Vernunftprodukt. Vielmehr finden sich die in Thesis wie Antithesis der vier Antinomien formulierten kosmologischen Positionen historisch sämtlich instantiiert. Kant drückt diesen Sachverhalt mit aller wünschenswerten Klarheit aus: Die Antinomie präsentiert „acht Sätze, deren zwei und zwei immer einander widerstreiten, jeder aber nothwendig zur Metaphysik gehört, die ihn entweder annehmen oder widerlegen muß (wiewohl kein einziger derselben ist, der nicht zu seiner Zeit von irgend einem Philosophen wäre angenommen worden)" *(Prolegomena*, IV 379). Diese Behauptung Kants wird von den Interpreten nicht immer ernst genommen; nicht wenige meinen, Kant baue mit den Antinomien aus systemimmanenten Gründen nur Strohmänner auf, mit denen er leichtes Spiel habe. Diese Einschätzung hängt vermutlich damit zusammen, daß Kant bei keinem der acht Sätze nebst Beweisen aus einem Autor zitiert und auch nur wenige, zudem sehr vage Hinweise auf die Debatten gibt, die ihm vor Augen stehen. Solche Auskünfte sind freilich auch gar nicht zu erwarten, denn Kant beabsichtigt mit der *Kritik der reinen Vernunft* insgesamt ja „nicht eine Kritik der Bücher und Systeme, sondern die des Vernunftvermögens überhaupt" (A xii), und eine solche bietet er hier im Abschnitt über die Antinomie ebenso wie er beispielsweise im folgenden Abschnitt die aus reiner Vernunft überhaupt möglichen Gottesbeweise systematisiert und rekonstruierend präsentiert. Gleichwohl sind historische Anknüpfungspunkte für alle vier Antinomien identifizierbar (vgl. Heimsoeth 1961 [zur. 1. Antinomie], 1966 [zur 3. Antinomie], 1970 [zur 2. und 4. Antinomie], ferner Al-Azm 1972, Hinske 1972, 1993, Kawamura 1996, Kreimendahl 1990).

Kant erhebt also für die Präsentation der Antinomieproblematik Originalitätsansprüche. Daß es Widersprüche zwischen den Systemen – beispielsweise der Rationalisten und Empiristen – gab, war altbekannt; auch, daß sich die verschiedenen Erkenntnisvermögen bisweilen widersprachen. So geben die Sinne beispielsweise andere Auskunft über die Größe der Sonne als die mathematisch operierende Vernunft. Aber Kant geht darüber hinaus und konstatiert einen Widerspruch in der Vernunft selbst, der sich auf der Stufe der vorkritischen Metaphysik ebenso natürlich wie unvermeidlich einstelle. Dadurch trägt er die radikalste Kritik an der bisherigen Metaphysik vor, die es gab. Wenn Kant also recht hat, dann mußte jede vorkritische Metaphysik zwangsläufig scheitern, eben weil sie den erst durch die Transzendentalphilosophie offenkundig gewordenen Kapitalfehler beging, Erscheinungen für Dinge an sich zu halten. Damit hat sich Kant ein Instrument geschaffen, das es ihm erlaubt, unabhängig von der Prüfung der einzelnen Lehren die Falschheit jeder bisherigen Metaphysik zu konstatieren. Es stimmt daher mit Kants Einschätzung überein, wenn man den Abschnitt über die Antinomie als „the boldest, most provocative and most original in the whole of the first *Critique*" bezeichnet (Walsh 1975, 196).

Es geht im Abschnitt über die Antinomie also nicht nur um spezielle Erkenntnisansprüche der Vernunft, wie es in den Abschnitten über die Paralogismen und das Ideal der reinen Vernunft der Fall ist, sondern darüber hinaus um die Möglichkeit einer „wissenschaftlichen" Metaphysik überhaupt. Entsprechend dieser Bedeutung, die er dem Antinomiekapitel damit über dessen Binnenrelevanz bezüglich der Auseinandersetzung mit der rationalen Kosmologie für die Akzeptabilität der Transzendentalphilosophie überhaupt zuspricht, legt Kant wiederholt großes Gewicht auf die Feststellung der Schlüssigkeit der hier gebotenen Beweise. Er „verbürg[t]" sich für sie (*Prolegomena*, IV 340), ja er macht sich „anheischig", jeden der gebotenen Beweise „zu verantworten" (ebd. 341 Anm.). Die Kritiker Kants nehmen diesen Anspruch nicht immer gebührend ernst; die meisten derjenigen, welche die Transzendentalphilosophie auszuhebeln trachten, setzen mit ihrer Kritik an anderer Stelle – vorzugsweise bei Lehrstücken der *Transzendentalen Ästhetik* und *Transzendentalen Analytik* – an. Aber hier, im Abschnitt über die Antinomie, entscheidet sich Kants eigener Einschätzung zufolge das Schicksal der Transzendentalphilosophie.

17.2 Inhalt und Aufbau der *Antinomie* bis zum Ende des zweiten Abschnitts

Die hier zu kommentierende Textpartie A405/B432–A461/B489 eröffnet den Abschnitt über die „Antinomie der reinen Vernunft". Kant stellt eine Art Einleitung an den Anfang (A405/B432–A408/B435), in der er in Anknüpfung an die Darlegungen aus der Einleitung zur *Transzendentalen Dialektik* die Einteilung derselben in die drei „Hauptstücke" über die Paralogismen, die Antinomie und das Ideal der reinen Vernunft wiederholt. Die Reduktion der Fehlschlüsse auf die drei relationalen Urteile (kategorisch, hypothetisch, disjunktiv; A70/B95) erlaubt es, die dialektischen Schlüsse der Vernunft vollständig zu erfassen. In Vorwegnahme der Ergebnisse seiner Untersuchung bestimmt Kant die Antithetik bereits hier wie folgt. Sie ist – erstens – „ein neues Phänomen der menschlichen Vernunft" (A407/B433). Kant erhebt also hier in der *Kritik* wie auch in den *Prolegomena* und an anderen Stellen seines Werks Originalitätsansprüche für diese Entdeckung. Zweitens ist sie „ganz natürlich" in dem Sinne, daß die Vernunft „von selbst" und „unvermeidlich" in ihre Schlingen gerät (A407/B433 f.). Dadurch wird – drittens – die Vernunft zwar „vor dem Schlummer einer eingebildeten Überzeugung" bewahrt, wie sie sich bei dem transzendentalen Paralogismus einstellte, den ein einseitiger Schein umgab, aber eben dadurch auch in Versuchung geführt, sich entweder einer „skeptischen Hoffnungslosigkeit zu überlassen", weil nämlich Thesis wie Antithesis gleich gut begründet sind, oder aber mit „dogmatische[m] Trotz" gewisse Behauptungen aufzustellen, die jedoch nicht besser begründet sind als deren Gegenteil. Beides wäre „der Tod einer gesunden Philosophie" (ebd.). Das heißt, wenn es nicht gelingt, den transzendentalen Schein in der Kosmologie zu beheben, ist es mit aller Philosophie vorbei. Damit unterstreicht Kant abermals die immense Bedeutung, die der Antinomie und mehr noch ihrer Lösung für die Philosophie überhaupt zukommt.

Anschließend kündigt Kant das weitere Vorgehen an. Bevor er, gleichsam wie auf einer Bühne, die „Auftritte des Zwiespalts und der Zerrüttungen", welche die Antinomie veranlaßt, zur Darstellung bringt, will er „gewisse Erörterungen" vorausschicken, „welche die Methode erläutern und rechtfertigen können" (ebd.). Diese gibt er nicht hier, sondern in den folgenden beiden Abschnitten bis zur Präsentation der vier Satzpaare. Gegenwärtig ist es ihm nur noch darum zu tun, die Zugehörigkeit der vierten Antinomie, in der es um die Abhängigkeit des Weltganzen von einer Ursache geht, zur rationalen Kosmologie zu erweisen. Die Frage fällt nämlich nicht, wie man meinen könnte, in das Gebiet der rationalen Theologie, obschon sie „darauf in Beziehung steht" und tatsächlich auch die Überleitung zum dritten Hauptstück der *Transzendentalen Dialektik* darstellt (A566 ff./B595 ff.). Das geschieht mittels der Definition von „Weltbegriff". Darunter versteht Kant diejenigen transzendentalen Ideen, die auf die „absolute Totalität in der Synthesis der Erscheinungen" aus sind (A407/B434). Zwar hat die Vernunft den Hang, alles Bedingte auf etwas Unbedingtes zurückzuführen, und sie gibt nicht eher Ruhe, bis sie dieses Ziel erreicht hat (A326/B382 f.). Aber indem Kant unter Rückgriff auf die A340/B398 gebotene Begründung für die Einteilung der Transzendentalen Dialektik in die drei genannten Hauptstücke die in der rationalen Kosmologie angestrebte „absolute Totalität" der Synthesis auf eine solche der *Erscheinungen* beschränkt, ist Raum geschaffen für eine zweite „absolute Totalität", die auf die Synthesis der Bedingungen aller möglichen Dinge überhaupt abzielt. Diese ist Gegenstand des folgenden Hauptstücks *Das Ideal der reinen Vernunft*. In ihm behandelt er die Gottesbeweise, darunter auch den kosmologischen, der in großer Nähe zum Gegenstand der vierten Antinomie steht. Es bleibt indes festzustellen, daß Kants Begründung, weshalb die vierte Antinomie noch zur Kosmologie zu zählen ist, immer schon als wenig überzeugend empfunden worden ist. Vermutlich sind architektonische Gesichtspunkte für seine Entscheidung ausschlaggebend gewesen.

Zum Abschluß stellt Kant in aller wünschenswerten Deutlichkeit die Binnenabsicht heraus, die er mit dem Abschnitt über die Antinomie verfolgt. Es soll der Scheincharakter aller angeblichen Vernunfterkenntnis auf dem Felde kosmologischer Fragen aufgedeckt, nicht etwa eine eigene rationale Lehre vom Weltganzen präsentiert werden.

Der erste Abschnitt trägt die Überschrift *System der kosmologischen Ideen*. Hier wird zunächst aufgewiesen, wie es überhaupt zur Antinomie kommt. Die Vernunft verlangt nämlich angesichts eines jeden Bedingten absolute Totalität der Bedingungen. Sie verfährt nach dem Grundsatz „wenn das Bedingte gegeben ist, so ist auch die ganze Summe der Bedingungen, mithin das schlechthin Unbedingte gegeben" (A409/B436). Das ist der Ursprung der Antinomie. Der Anspruch, die kosmologischen Ideen „nach einem Prinzip mit systematischer Präzision" und somit vollständig zu erfassen (A408/B435), ist einlösbar, denn die transzendentalen Ideen sind nichts anderes als über allen Erfahrungsgebrauch erweiterte reine Verstandesbegriffe, die ihrerseits in der Kategorientafel lückenlos zusammengestellt sind. Nun werden nicht alle Kategorien von der Vernunft zu transzendentalen Ideen umgemünzt, sondern nur solche, die dazu „taugen". Das sind diejenigen, in denen die Synthesis eine Reihe der einander untergeordneten Bedingungen zu einem Bedingten bildet. Denn Totalität der Bedingungen fordert die Vernunft nur in der regressiven Synthesis, die „in antecedentia" (A411/B438), d.h. auf die einem Ereignis zeitlich vorausliegenden Bedingungen geht, nicht aber in der progressiven Synthesis, die „in consequentia" (ebd.), d.h. auf die zukünftigen Folgen eines Ereignisses sieht. Zur Erklärung eines gegebenen Ereignisses ist es nämlich bedeutungslos zu wissen, welche Folgen sich künftig noch aus ihm ergeben mögen und ob die Reihe derselben irgendwo endet oder offen ist.

A411/B438 beginnt Kant mit der systematischen Aufstellung der kosmologischen Ideen im Ausgang einer Durchmusterung der Kategorientafel. In vier sehr unterschiedlich langen Absätzen filtert er aus den vier Kategoriengruppen jeweils eine Kategorie heraus, welche die Anforderung, eine Reihe generieren zu können, erfüllt. Denn das ist die Bedingung, der die gesuchte Kategorie genügen muß, nachdem Kant herausgestellt hat, daß es die kosmologischen Ideen mit der Totalität der regressiven Synthesis zu tun haben. Diese Darlegungen sind nicht eben leicht verständlich, und Kant stellt auch nur für den dritten und vierten Titel einen ausdrücklichen Bezug zur Kategorientafel her.

Die Herausarbeitung dieser vier Kategorien mündet in die Aufstellung einer Antinomientafel, in der die kosmologischen Ideen mit dem Anspruch der nunmehr aufgewiesenen Vollständigkeit zusammengestellt sind (A415/B443; vgl. *Prolegomena*, IV 339). Die Erläuterung der Tafel führt auf die in den vier Antinomien behandelten

Probleme, ob die Welt einen zeitlichen Anfang hat und räumlich begrenzt ist (1. Antinomie), ob es das schlechthin Einfache angesichts eines gegebenen zusammengesetzten Ganzen gibt (2. Antinomie), ob außer der Naturkausalität noch eine Kausalität aus Freiheit anzunehmen ist (3. Antinomie) und ob zur Welt ein schlechthin notwendiges Wesen als ihre Ursache gehört (4. Antinomie).

Damit hat sich Kant den zu verhandelnden Inhalten der rationalen Kosmologie schon sehr genähert. Doch bevor er die Satzpaare präsentiert, trägt er im zweiten Abschnitt unter der Überschrift *Antithetik der reinen Vernunft* zunächst die oben (A407/B434) angekündigten Erörterungen zur Methode vor. Zwei Punkte stehen im Vordergrund. Zum einen macht Kant klar, daß es in der Antithetik nicht um die Auseinandersetzung mit Lehrinhalten geht, die anderen entgegengesetzt wären, sondern um den Widerstreit selbst, der entsteht, wenn vorgeblich dogmatische Lehren derart aufeinanderprallen, daß die eine keinen Vorzug vor der anderen beanspruchen kann. Die Antithetik der reinen Vernunft ist also zumindest nicht primär an den Inhalten der widerstreitenden kosmologischen Positionen interessiert, vielmehr betrachtet sie den Widerstreit der vorgeblichen Vernunfterkenntnisse selbst, der sich auf diesem Feld einstellt; sie ist eine „Untersuchung über die Antinomie der reinen Vernunft, die Ursachen und das Resultat derselben" (A421/B448). Die Antinomie selbst ist deshalb definiert als ein „Zustand der Vernunft" (A340/B398). Deswegen spricht Kant konsequent und fast durchgängig von der Antinomie im Singular; daneben findet sich aber auch schon gelegentlich die plurale Verwendung (etwa *Prolegomena*, IV 341) und die Redeweise von der ersten, zweiten usf. Antinomie (so etwa A521/B549 Anm., A566/B594).

Zum anderen streicht Kant den Nutzen der „skeptische[n] Methode" (A424/B451) für die Enttarnung vorgeblicher Vernunfteinsichten heraus. Sie sieht dem Streit der Meinungen nicht nur zu, sondern sie veranlaßt denselben sogar, indem sie beide Positionen so stark wie möglich macht, also versucht, „Satze [sic!] zu beweisen und ihr Gegentheil" (R 5037; XVIII 69). Sie will nicht eine der beiden Positionen als zutreffend erweisen, sondern sucht herauszufinden, ob der Gegenstand, um den es im Streit geht, nicht vielleicht „ein bloßes Blendwerk" (A423/B451) ist. Die skeptische Methode ist somit ein wesentliches Arbeitsinstrument der Transzendentalphilosophie. In anderen Disziplinen wie der Mathematik oder auch den Naturwissenschaften kann auf sie verzichtet werden, weil es dort jeweils fachspezifische Verifikationskriterien gibt. Da wir über solche aber bei transzendentalen Fragen nicht verfügen, bleibt hier als einziger „Probierstein [...] de[r] Versuch der Vereinigung" (A425/B453) der Behauptungen der spekulativen Vernunft. Dazu müssen sie aber zuvor in einen „freien und ungehinderten Wettstreit" treten dürfen (ebd.), den die skeptische Methode inszeniert.

Die Vorstellung eben dieses Streits steht im Zentrum des Abschnitts über die Antinomie der reinen Vernunft (A426/B454–A461/B489). Kant präsentiert zunächst auf der linken Seite jeweils die Thesis, gefolgt von ihrem „Beweis" und einer „Anmerkung". Auf der rechten Seite folgt dasselbe für die entsprechende Antithesis. Diese Anordnung des Druckbildes geht auf Kant selbst zurück; er wollte dem Leser damit einen bequemen Vergleich der Argumentationen ermöglichen (A xxii). Gelegentlich fügt Kant, teils zu den Beweisen, teils zu seinen Anmerkungen, noch Fußnoten hinzu. Dabei ist zu beachten, daß beide, sowohl die Anmerkungen wie auch die Fußnoten, nicht von einem einheitlichen Gesichtspunkt aus geschrieben sind; manchmal ist es der zugehörige dogmatische Standpunkt, von dem aus Erläuterungen zum Beweis gegeben werden, manchmal aber ist es auch bereits der transzendentalphilosophische Gesichtspunkt, unter dem das Vorgetragene erörtert wird. Die Auswertung dieses „dialektische[n] Spiel[s] der kosmologischen Ideen" (A462/B490) beginnt mit Abschnitt III.

17.3 Textkommentar zu den vier Antinomien

Obschon Kant selbst die vier Satzpaare in, wie er sagt, „trockenen Formeln" frei von aller Ausschmückung und historischem Beiwerk vorstellt, um damit ihre „rechtlichen Ansprüche" (A462 f./B490 f.) möglichst deutlich hervortreten zu lassen, gestatten seine Beweise dennoch eine weitere Reduzierung auf ihren argumentativen Gehalt. Wir wollen eine solche für alle vorgetragenen Beweise versuchen und die einzelnen Beweisschritte im Sinne der Dezimalnotation mit Ziffern versehen, um so die Abhängigkeit der einzelnen Sätze voneinander und ihren Status innerhalb des Beweises zu kennzeichnen.

17.3.1 Erste Antinomie (A426/B454–A433/B461)

a) *Thesis:* „Die Welt hat einen Anfang in der Zeit, und ist dem Raum nach auch in Grenzen eingeschlossen" (A426/B454).

Hier sind also zwei Beweise zu führen. Kant beginnt mit dem Nachweis, daß die Welt einen Anfang in der Zeit hat. Das geschieht dadurch, daß er die entgegenstehende Auffassung als unmöglich richtig erweist. Er bedient sich damit – wie auch in allen anderen Beweisen mit Ausnahme desjenigen für die Thesis der vierten Antinomie – eines apagogischen Beweisverfahrens: Durch Falsifikation ihres Gegenteils ist die in Frage stehende Annahme selbst verifiziert. – Beweise:
1. Wenn man annimmt, die Welt hätte keinen Anfang in der Zeit, so folgt:
2. Bis zu einem jeden gegebenen Zeitpunkt ist eine Ewigkeit abgelaufen.
    2.1. „Ewigkeit" bedeutet eine unendliche Reihe aufeinander folgender Zustände.

2.1.1. Die Unendlichkeit einer Reihe besteht aber darin, daß sie durch sukzessive Synthesis niemals vollendet werden kann.
3. Nun kann aber nach Satz 2. diese Synthesis in einem jeden beliebigen Zeitpunkt als abgeschlossen angesehen werden.
4. Folglich ist eine unendlich verflossene Weltreihe unmöglich.
5. Folglich hat die Welt einen Anfang in der Zeit.

Hinsichtlich des Nachweises der räumlichen Begrenztheit der Welt verfährt Kant analog:
1. Wenn man annimmt, die Welt wäre nicht räumlich begrenzt, so folgt:
2. Die Welt ist ein unendliches gegebenes Ganzes von zugleich existierenden Dingen.
    2.1. Ein Ganzes, das nicht innerhalb gewisser Grenzen jeder Anschauung gegeben ist, können wir in seiner Totalität nur durch die vollendete sukzessive Synthesis seiner Teile denken.
        2.1.1. Die Totalität einer solchen Synthesis ist aber nur in einer unendlichen Zeit erreichbar.
3. Folglich müßten wir, um die Welt als ein unendlich gegebenes Ganzes von zugleich existierenden Dingen (Satz 2.) denken zu können, annehmen, daß die sukzessive Synthesis der Teile in einer unendlichen Zeit bereits abgeschlossen ist, was jedoch unmöglich ist.
4. Folglich kann die Welt nicht als ein unendlich gegebenes Ganzes von zugleich existierenden Dingen angesehen werden.
5. Folglich ist die Welt räumlich begrenzt.

In der *Anmerkung* hierzu betont Kant – dem Beweis der Antithesis vorgreifend – zunächst, daß es sich bei diesen Beweisen für Thesis und Antithesis nicht um „Advokatenbeweis[e]" handele; vielmehr sei jeder „aus der Sache Natur gezogen" und von den zufälligen Schwächen der Beweise der Dogmatiker befreit (A430/B458). Sodann begründet er unter Rückgriff auf Überlegungen, die er schon in der Dissertation von 1770 (*De mundi* § 1, Anm.; II 388) vorgetragen hatte, warum er den Beweis nicht im Ausgang von dem Unendlichkeitsbegriff geführt hat, den die Dogmatiker gewöhnlich verwenden. Das nämlich wäre zwangsläufig auf einen Scheinbeweis, wie Kant ihn gerade nicht führen will, hinausgelaufen, weil die Dogmatiker eben nicht über den „wahre[n] (transzendentale[n]) Begriff der Unendlichkeit" verfügen (A432/B460). Diesem zufolge kann die „sukzessive Synthesis der Einheit in Durchmessung eines Quantum niemals vollendet sein" (ebd.). Zu dieser Definition läßt sich manches sagen, vornehmlich aber ist hervorzuheben, daß Kant damit zu erkennen gibt, daß er ein Lehrstück der Transzendentalphilosophie bei der Rekonstruktion einer Position der dogmatischen Metaphysik verwendet hat, und das ist aus den oben dargelegten

Gründen beweistheoretisch außerordentlich mißlich. Mit dieser – wie Schmucker es nennt – „transzendentalen Verstellung" wird Kants Beweis also schon aus argumentationsstrategischen Gründen kritikanfällig. Auf derartige transzendentalphilosophische Implantate stößt der aufmerksame Leser auch in anderen Beweisen innerhalb der Antinomienlehre. Manche Interpreten halten diese transzendentalen Verstellungen für so gravierend, daß sie allein aufgrund der damit verbundenen Verzerrungen vorkritischer Metaphysik Kants Beweisabsicht ohne nähere Prüfung seiner Argumentationen selbst als gescheitert einstufen.

b) *Antithesis:* „Die Welt hat keinen Anfang, und keine Grenzen im Raume, sondern ist, sowohl in Ansehung der Zeit, als des Raums, unendlich" (A427/B455). – Beweis:
1. Wenn man annimmt, die Welt hätte einen Anfang in der Zeit, so folgt:
2. Es muß eine Zeit gewesen sein, als die Welt noch nicht da war, denn der Anfang ist der Beginn eines Daseins, vor dem das fragliche Ding noch nicht war.
   - 2.1. Eine solche Zeit wäre eine leere Zeit.
     - 2.1.1. In einer leeren Zeit aber ist das Entstehen eines Dings unmöglich, weil kein Teil dieser Zeit irgendeine sich von anderen Teilen der Zeit unterscheidende Bedingung im Hinblick auf Dasein oder Nichtsein eines Dings in sich trägt.
3. Folglich kann in der Welt manche Reihe von Dingen anfangen, die Welt selbst aber kann keinen Anfang haben.
4. Folglich ist die Welt hinsichtlich der vergangenen Zeit unendlich.

Hinsichtlich des Nachweises der räumlichen Unbegrenztheit der Welt lautet die Argumentation wie folgt:
1. Wenn man annimmt, die Welt wäre räumlich endlich und begrenzt, so folgt:
2. Die Welt befindet sich in einem leeren, unbegrenzten Raum.
   - 2.1. Es gäbe also ein Verhältnis der Welt zum Raum.
     - 2.1.1. Da die Welt ein absolutes Ganzes ist, außerhalb dessen kein Gegenstand der Anschauung gegeben sein kann, wäre das ein Verhältnis eines Gegenstandes (Welt) zu keinem Gegenstand (leerer Raum).
3. Ein solches Verhältnis aber und damit auch die Begrenzung der Welt durch den leeren Raum ist nichts.
4. Folglich ist die Welt räumlich unbegrenzt.

Kant bringt eine Fußnote zum letzten Satz an, in der er den Begriff des Raumes im Sinne der Transzendentalen Ästhetik erläutert. Er zeigt auf, welche unsinnigen kosmologischen Bestimmungen sich ergeben, wenn man den Raum, der „bloß die Form der äußeren Anschauung" (A429 Anm./B457 Anm.) ist, als wirklichen äußeren

Gegenstand nimmt. Allein Kant macht dadurch auch klar, daß diese transzendentalphilosophische Konzeption des Raumes bereits Eingang in die Darstellung des Beweises der Antithesis gefunden hat. Folglich ist auch er wie derjenige der Thesis transzendentalphilosophisch infiziert und repräsentiert nicht den vorkritischen Argumentationsstand.

In der *Anmerkung zur Antithesis* stellt Kant den Kern der Beweise für die Unendlichkeit der Welt der Zeit und dem Raum nach noch einmal klar heraus. Im entgegengesetzten Fall wäre eine leere Zeit bzw. ein leerer Raum die Weltgrenze, was ein Unding ist. Gegen diese Konsequenz werden von den Vertretern besagter Positionen „Ausflüchte" (A431/B459) gesucht, die Kant nicht unbekannt sind, die er letztlich jedoch nicht akzeptieren kann. Er spricht näherhin von der „Leibnitzischen Schule" (ebd.). Diese Philosophen betrachteten den Raum nicht als eine objektive Realität, sondern als Ordnungsgefüge der Dinge. Diese Auffassung ist mit der transzendentalphilosophischen Position zwar weithin vereinbar, allein sie vermeidet die oben dargestellte Konsequenz nicht, einen leeren Raum und eine leere Zeit vor der Welt annehmen zu müssen. Auch der „Ausweg" (A433/B461), statt eines ersten Anfangs ein voraussetzungsloses Dasein und statt Grenzen der Ausdehnung Schranken des Weltganzen anzunehmen, führt nicht zum Ziel. Er läuft darauf hinaus, daß man „der Zeit und dem Raume aus dem Wege geht" (ebd.), und zwar dadurch, daß man sich rein intellektueller Bestimmungen bedient, die man vor dem Hintergrund einer wie auch immer näher gedachten intelligiblen Welt trifft. Hier aber ist von der Sinnenwelt und ihren raumzeitlichen Grenzen die Rede, so daß jener Ausweg in eine Sackgasse mündet.

c) *Kritik:* Neben den oben bereits angesprochenen Implantaten der kritischen Philosophie Kants, die sowohl die Thesis über den transzendentalen Begriff der Unendlichkeit als auch die Antithesis über die dort verwendete Raumkonzeption transzendentalphilosophisch infizieren, läßt sich mit Blick auf die Thesis feststellen, daß deren zweiter Beweisschritt, in dem die räumliche Begrenztheit der Welt erwiesen wird, auf dem vorausgeschickten analogen Zeitargument beruht (Bröcker 1970, 113). Scheitert dieses, dann hängt also auch jener Beweis in der Luft. Daß das Zeitargument nun tatsächlich nicht trägt, ist für einige Interpreten aus einem ganz handgreiflichen Fehler ersichtlich, den Kant begangen habe. Sein Argument beruhe „on the superficially attractive but fundamentally silly assumption that an infinite series can never be completed". Kant übersehe nämlich „the obvious objection that an infinite series need only be open *at one end.* It cannot be completed at both ends but can certainly be completed at one end" (Wilkerson 1976, 121 [Hervorh. im Orig.]). Was die Antithesis betrifft, so setze Kant einmal den leeren Raum als einen Begriff an, der sinnvollerweise verwendet werden könne, insofern sich sagen lasse, die Welt liege im leeren Raum (Satz 2), dann aber heiße es (Satz 3), ein Verhältnis der

Welt zum leeren Raum sei nichts (Wilkerson 1976, 121; vgl. die Kritik von Strawson 1966, 182).

17.3.2 Zweite Antinomie (A434/B462–A443/B471)

a) *Thesis:* „Eine jede zusammengesetzte Substanz in der Welt besteht aus einfachen Teilen, und es existiert überall nichts als das Einfache, oder das, was aus diesem zusammengesetzt ist" (A434/B462). – Beweis:
1. Wenn man annimmt, die zusammengesetzten Substanzen bestünden nicht aus einfachen Teilen, so folgt bei gedanklicher Aufhebung des Zusammengesetzten:
    1.1. Es gibt keinen zusammengesetzten Teil mehr.
    1.2. Da es der Voraussetzung nach auch keine einfachen Teile gibt, würde nichts übrig bleiben, mithin wäre gar keine Substanz gegeben worden.
2. Entweder also ist eine gedankliche Aufhebung alles Zusammengesetzten unmöglich, oder es muß nach erfolgter Aufhebung etwas Einfaches übrigbleiben.
    2.1. Die erste Alternative scheidet aus, weil dabei das Zusammengesetzte so gedacht wird, daß es nicht aus Substanzen besteht, was der Voraussetzung widerspricht.
    2.2. Folglich ist die zweite Alternative wahr: Das substantielle Zusammengesetzte besteht aus einfachen Teilen.
3. Hieraus folgt, daß die Dinge der Welt insgesamt einfache Wesen sind, die zwar Zusammensetzungen bilden; aber diese Zusammensetzungen sind ihnen nur äußerlich.

Dieser Beweis reicht weit in Kants Vergangenheit zurück, tatsächlich hat er ihn selbst eine Zeitlang vertreten (*Monadologia,* I 477; vgl. auch *Deutlichkeit,* II 286). Die „Anmerkung" zur Thesis grenzt den Totalitätsbegriff „Welt" von der Totalitätsvorstellung „Raum" ab. Dazu dient Kant die terminologische Unterscheidung von „Compositum" (Welt) und „Totum" (Raum) (A438/B466). Denn nur hinsichtlich der Welt läßt sich eigentlich von Teilen sprechen. Der Raum ist zwar auch teilbar, aber nur in homogene Teilräume. Er besteht nämlich gemäß den Resultaten der *Transzendentalen Ästhetik* nicht aus diskreten Einheiten wie die materiellen Körper. Folglich tritt die Teilungsantinomie nur bei körperlichen Dingen auf, nicht aber bei Raum und Zeit. Daraus ergibt sich eine Kritik an denjenigen Philosophen, die das Gegensatzpaar Kompositum-Simplex nicht nur auf „für sich selbst bestehende Dinge", sondern darüber hinaus unterschiedslos auf alles Zusammengesetzte angewendet haben. Der Schluß dieser „Anmerkung" gilt einer im 18. Jahrhundert bedeutsamen Interpretation der Leibnizschen Monadenlehre im Sinne der Thesis-Position. Hier ist deutlich zu sehen, daß Kant an konkrete Lehrmeinungen und Debatten denkt (Heimsoeth

1960, 1970; Höselbarth 1983; Vogel 1975), die er gleichwohl in systematischem Gewand diskutiert. Kant wendet sich gegen jene Interpretation, indem er einen Unterschied anmeldet zwischen dem Einfach-Seienden, so wie es einem jeden im Selbstbewußtsein unmittelbar erfahrbar ist, und dem Einfach-Seienden, in das sich das Materiale der Welt auflösen läßt. Leibniz selbst, so vermutet Kant, wollte mit dem Ausdruck „Monas" lediglich das Einfache des Selbstbewußtseins bezeichnet wissen. Insofern nimmt Kant ihn vor denjenigen seiner Schüler in Schutz, die Leibnizens Lehre seiner Ansicht nach unstatthafterweise zu einer physikalischen Theorie ausbauten.

b) *Antithesis:* „Kein zusammengesetztes Ding in der Welt besteht aus einfachen Teilen, und es existiert überall nichts Einfaches in derselben" (A435/B463). – Beweis:
1. Wenn man annimmt, ein zusammengesetztes Ding bestünde (als Substanz) aus einfachen Teilen, so folgt:
    1.1. Alle Zusammensetzung aus Substanzen ist nur im Raume möglich.
2. Daher muß der jeweils eingenommene Raum aus ebenso vielen Teilen bestehen wie das Zusammengesetzte.
    2.1. Der Raum besteht aber nicht aus einfachen Teilen, sondern aus Räumen.
3. Folglich muß jeder Teil des Zusammengesetzten einen Raum einnehmen.
4. Da die ersten Teile alles Zusammengesetzten einfach sind, nimmt das Einfache folglich einen Raum ein.
5. Diese Konsequenz aber trifft nicht zu. Denn:
    5.1. Alles Reale, das einen Raum einnimmt, faßt ein außerhalb einander befindliches Mannigfaltiges in sich, ist mithin ein substantielles Zusammengesetztes.
6. Folglich wäre das Einfache ein substantielles Zusammengesetztes, was widersprüchlich ist.

Dieser Beweis läuft also darauf hinaus, daß das Einfache im Raum gegeben sein muß, alles im Raum Gegebene aber eine Mannigfaltigkeit in sich schließt. Der zweite Absatz des Beweises gehört im Grunde schon zur Anmerkung, denn Kant erläutert hier, was der zweite Teilsatz der Antithesis besagen soll, wonach in der Welt gar nichts Einfaches existiert. Damit ist gemeint, daß die Existenz des absolut Einfachen in keiner Erfahrung oder Wahrnehmung aufgezeigt werden kann, daß also das Einfache eine bloße Idee der Vernunft ist, die keinerlei Anwendung auf einen möglichen Gegenstand der Erfahrung hat noch haben kann. Daß dies ausgeschlossen ist, ist schon aus der Definition von „Idee" nach A327/B383 klar. Sie lautet: „Ich verstehe unter der Idee einen notwendigen Vernunftbegriff, dem kein kongruierender Gegenstand in den Sinnen gegeben werden kann." Hier nun führt Kant für den behaupteten Sachverhalt, der weit über die Aussage des ersten Teilsatzes der Antithesis hinausgeht, weil er das Einfache „aus der ganzen Natur wegschafft", einen ebenfalls apagogischen Beweis:

1. Ließe sich für die transzendentale Idee des Einfachen ein Erfahrungsgegenstand finden, so folgte:
   1.1. Es müßte die empirische Anschauung eines Gegenstandes als eine solche erkannt werden, die schlechthin nichts Mannigfaltiges enthält, das zur Einheit verbunden wäre.
2. Das aber ist nicht möglich, weil daraus, daß man sich eines solchen zur Einheit verbundenen Mannigfaltigen introspektiv nicht bewußt ist, nicht geschlossen werden kann, daß es in der jeweiligen Anschauung kein Mannigfaltiges gibt.
3. Folglich kann die absolute Simplizität aus keiner Wahrnehmung erschlossen werden.
4. Da die Sinnenwelt nun der Inbegriff aller möglichen Erfahrung ist und in keiner möglichen Erfahrung das schlechthin Einfache gegeben sein kann, so ist folglich das Einfache nirgendwo in der Erfahrungswelt anzutreffen.

In der *Anmerkung zur Antithesis* geht Kant im ersten Absatz auf Einwände ein, welche die „Monadisten" (A439/B467), also die Leibnizianer, gegen den Satz von der unendlichen Teilung der Materie vorbringen. Sie machen sich jedoch gleich dadurch „verdächtig" (ebd.), daß in ihnen die Ergebnisse der Transzendentalen Ästhetik nicht gebührend berücksichtigt sind. Wollte man diesen Philosophen glauben, so müßte man außer dem mathematischen Punkt, der einfach ist und den Raum begrenzt, aber selbst keinen Teil des Raumes ausmacht, noch physische Punkte annehmen, die zwar auch einfach sind, aber als Teile des Raumes durch ihre Aggregation denselben zu erfüllen vermögen. Kant verzichtet darauf, die „in Menge" vorliegenden „gemeinen und klaren Widerlegungen dieser Ungereimtheit" vor dem Leser auszubreiten (ebd.). Er begnügt sich vielmehr mit dem Hinweis darauf, daß es bei der vorliegenden Frage um Erscheinungen und deren Bedingungen und nicht um ein Ganzes aus Substanzen geht, das durch den reinen Verstand gedacht wird. Deshalb reicht es hier nicht aus, dem reinen Verstandesbegriff des Zusammengesetzten den Begriff des Einfachen zu substruieren, sondern man muß zur Anschauung des Zusammengesetzten, d.h. der Materie, die Anschauung des Einfachen finden. Das aber ist, wie oben in Satz 4 gezeigt, völlig unmöglich. Kein Teil eines Zusammengesetzten der Anschauung ist einfach, weil empirische Anschauung an den Raum gebunden ist und kein Teil des Raumes einfach ist. Diese Schwierigkeit haben die Leibnizianer dadurch umgehen wollen, daß sie nicht den Raum als Bedingung der Anschauung äußerer Gegenstände auffaßten, sondern umgekehrt diese als die Möglichkeit des Raumes annahmen. Das aber ist schlechterdings falsch, wie Kant unter ausdrücklichem Verweis auf die Ergebnisse der Transzendentalen Ästhetik betont und damit seine eingangs dieses Absatzes erhobene Beschuldigung rechtfertigt.

Der zweite Absatz der Anmerkung nimmt ausdrücklich auf den zweiten Teilsatz der Antithesis Bezug und versucht, dem Einwand zu begegnen, es gebe nichtkörperhafte einfache Substanzen in der Welt, nämlich das denkende Ich. Kant kann sich hier kurz fassen, weil er sich zum Thema der Simplizität der Seelensubstanz bereits im Abschnitt über die Paralogismen geäußert hatte. Er führt gegen diese Ansicht deshalb jetzt nur an, daß freilich dort nichts Zusammengesetztes wahrgenommen werden kann, wo etwas lediglich als Objekt ohne Hinzufügung der synthetischen Bestimmungen seiner Anschauung gedacht wird, wie es bei der bloßen Vorstellung des Ich geschieht. Das Problem ergibt sich hier, weil ein Subjekt, das denkt, sich selbst zum Objekt macht. Wenn aber dieses Subjekt als Gegenstand der Anschauung genommen wird – wie es stets betrachtet werden muß, wenn man die Frage nach seiner Einfachheit entscheiden will –, dann erweist es sich in der Erscheinung als ebenfalls zusammengesetzt.

c) *Kritik:* Der Beweis der Antithesis ist sehr stark von transzendentalphilosophischen Überlegungen geprägt: Kant spricht von der „Sinnenwelt" im Sinne der kritischen Philosophie und bezieht sich in der Anmerkung ausdrücklich auf den zuvor entwickelten Anschauungsidealismus. Ferner klassifiziert er den Begriff des Einfachen gleich als eine „transzendentale Idee", womit die Frage, ob das Einfache Erfahrungsgegenstand werden kann, bereits entschieden ist. Derartige Beobachtungen haben Anlaß zu dem Vorwurf gegeben, Kant nehme durch seine Definitionen der Begriffe dasjenige bereits vorweg, was er durch die Beweise zu begründen vorgebe (Kemp Smith 1918, 489). Kemp Smith ist überdies der Auffassung, daß Kant hier gar keine wirkliche Antinomie präsentiere, weil das Satzpaar kein identisches Referenzobjekt aufweise. Die Thesis spreche von „things in themselves conceived by pure understanding", in der Antithesis nehme Kant jedoch Bezug „to the sensuous" (ebd., 490f.). Die Sätze sprächen also über unterschiedliche „realities", und damit entspringe kein Widerspruch, wie es für eine Antinomie unabdingbar erforderlich sei.

17.3.3 Dritte Antinomie (A444/B472–A451/B479)

a) *Thesis:* „Die Kausalität nach Gesetzen der Natur ist nicht die einzige, aus welcher die Erscheinungen der Welt insgesamt abgeleitet werden können. Es ist noch eine Kausalität durch Freiheit zu Erklärung derselben anzunehmen notwendig" (A444/B472). – Beweis:
1. Wenn man annimmt, es gäbe keine andere Kausalität als eine solche nach Naturgesetzen, so folgt:
    1.1. Alles, was geschieht, setzt einen vorherigen Zustand voraus, aus dem es notwendig folgt.
2. Dieser vorherige Zustand muß aber selbst aus einem ihm wiederum zeitlich vorausliegenden hervorgegangen sein.

2.1. Denn, wenn er immer schon gewesen wäre, wäre auch seine Folge nicht in der Zeit entstanden, sondern immer schon gewesen.
3. Folglich ist die Kausalität der Ursache, durch die etwas geschieht, selbst etwas Geschehenes, das nach dem Gesetz einer durchgängigen Naturkausalität seinerseits einen vorhergehenden Zustand voraussetzt, der seinerseits wiederum einen noch älteren Zustand voraussetzt usf.
   3.1. Die Vollständigkeit der Reihe der voneinander abhängenden Ursachen ist also nie erreichbar.
4. Nun geschieht dem Gesetz der Natur zufolge nichts ohne hinreichend a priori bestimmte Ursache.
5. Folglich widerspricht sich das Kausalitätsprinzip als Naturgesetz in seiner unbeschränkten Allgemeinheit selbst.
6. Folglich muß noch eine andere Kausalität angenommen werden.

In der *Anmerkung zur Thesis* handelt Kant näher von jener absoluten Spontaneität der Ursachen, die er mit dem Namen der transzendentalen Freiheit bezeichnet. Sie wird als „Idee" (A448/B476) klassifiziert. Die transzendentale Freiheit, auf der die Möglichkeit der praktischen Freiheit beruht, ist der Grund dafür, daß es überhaupt eine Zurechenbarkeit (Imputabilität) von Handlungen auf vernünftige Subjekte gibt. Sie ist der „eigentliche Stein des Anstoßes für die Philosophie" (ebd.). Denn die seit je eifrig diskutierte Frage nach der Willensfreiheit läuft im eigentlichen auf die Frage hinaus, ob man berechtigt oder vielmehr genötigt sei, eine besondere Kausalität als Vermögen spontaner Ereignisstiftung anzunehmen. Der Beweis, daß dies in der Tat der Fall ist, darf nunmehr als geführt gelten; wie aber eine Kausalität aus Freiheit möglich ist, können wir ebensowenig einsehen, wie wir die Naturkausalität begreifen können. Da nun die Notwendigkeit einer solchen Annahme zur Erklärung des Ursprungs der Welt bewiesen ist, ist es auch „erlaubt", diese Idee der transzendentalen Freiheit auf andere Substanzen zu übertragen und Kausalreihen in der Welt aus Freiheit beginnen zu lassen. Dem steht nicht entgegen, daß es zu jedem innerweltlichen Ereignis ein zeitlich früheres gibt. Hier geht es nämlich nicht um den ersten Anfang einer Handlung der Zeit, sondern der Kausalität nach. Kant erläutert das am Beispiel des willkürlichen Aufstehens vom Stuhl. Der Zeit nach ist die Handlung des Aufstehens nur die Fortsetzung einer ihr vorausliegenden Ereignisreihe. Gleichwohl wird mit dieser Handlung samt ihren Folgen eine neue Ereignisreihe gestiftet. Deshalb darf der Akt der Spontaneität zwar nicht unter dem Gesichtspunkt der Zeitlichkeit, wohl aber unter dem Gesichtspunkt der Kausalität als ein schlechthin erster Anfang einer neuen Reihe von Ereignissen bezeichnet werden.

Der zweite Absatz ist als historischer Beleg gemeint. Schon die antiken Philosophen – mit Ausnahme der Epikureer – sahen sich gezwungen, zur Erklärung des ersten Ursprungs der Welt einen ersten Beweger anzunehmen. Das zeigt, so Kant, das große Bedürfnis nach der Annahme von Kausalität aus Freiheit, das die Vernunft schon immer verspürt hat. Diese Bemerkung Kants zeigt aber auch, daß nicht nur die vierte, sondern auch die dritte Antinomie rationaltheologische Implikationen hat.

b) *Antithesis:* „Es ist keine Freiheit, sondern alles in der Welt geschieht lediglich nach Gesetzen der Natur" (A445/B473). – Beweis:
1. Wenn man annimmt, es gebe transzendentale Freiheit als das Vermögen, spontan Ereignisreihen zu stiften, so folgt:
    1.1. Durch eine derartige Spontaneität wird nicht nur eine Reihe beginnen, sondern die Bestimmung dieser Spontaneität selbst, d. h. die Kausalität, wird schlechthin anfangen, so daß es nichts Vorhergehendes gibt, aus dem jene erfolgte spontane Handlung gesetzmäßig abzuleiten wäre.
2. Ein jeder Anfang setzt aber einen Zustand der noch nicht handelnden Ursache voraus, und ein dynamisch erster Anfang der Handlung einen Zustand, der mit dem vorhergehenden Zustand eben derselben Ursache in keinem Zusammenhang der Kausalität steht.
3. Also ist die transzendentale Freiheit dem Kausalgesetz entgegen.
4. Und da die transzendentale Freiheit keine Einheit in der Erfahrung ermöglicht und auch in keiner möglichen Erfahrung angetroffen werden kann, ist sie „ein leeres Gedankending" (A447/B475).

Der zweite Absatz des Beweises, der eigentlich schon als Anmerkung zu ihm zu verstehen ist, führt die Gefahr vor Augen, die in der Annahme einer derartigen Spontaneität besteht. Sie würde die Einheit der Erfahrung behindern, Gesetzlosigkeit bedeuten, durch Verheißung einer „ersten" Ursache die weitere Forschung erlahmen und den Leitfaden kausaler Ursachenforschung, durch dessen Verfolgung wir unsere Erfahrungserkenntnis erweitern, abreißen lassen.

In der *Anmerkung zur Antithesis* läßt Kant einen Vertreter der „Allvermögenheit der Natur" (A449/B477) gegen die Verteidiger der transzendentalen Freiheit folgendermaßen argumentieren: Es bestehe keine Notwendigkeit, ein dynamisch Erstes der Kausalität nach zu suchen, wenn man kein mathematisch Erstes der Zeit annehme. Man könne behaupten, daß die Welt keinen Anfang in der Zeit und auch keinen dynamischen Anfang ihrer ersten Ursache nach habe. Die Einheit der Erfahrung zwinge nämlich zur Annahme, die Substanzen der Welt seien ewig; und es bereite keinerlei Schwierigkeiten, auch die Veränderungen derselben als ewig anzunehmen, so daß die Frage nach einem ersten mathematischen oder dynamischen Anfang obsolet werde. Diese Position der „transzendentale[n] Physiokratie" (ebd.), die Kant in den *Prolegomena* als die des „Naturalismus" bezeichnet (IV 363; vgl. Heimsoeth 1967, 245), erweist sich also – moderner Sprechweise nach – als identisch mit der des philosophischen Materialismus; und damit ist klar, daß Kant hier keinesfalls für sich selbst spricht. Zwar könne man nicht begreifen, so fährt die Argumentation fort, wie eine solche „unendliche Abstammung, ohne ein erstes Glied" möglich sei (A449/B477), aber das stelle keinen Grund dar, die materialistische Hypothese selbst zu verwerfen. Denn dann müßte man vieles verwerfen, was man ebenfalls nicht begreifen könne, wie z. B. die Möglichkeit von Veränderung überhaupt.

Damit endet dieses Plädoyer. Der zweite Absatz legt nun dar, warum die transzendentale Freiheit, wenn man aus kosmologischen Gründen nicht von ihr lassen will, jedenfalls nicht den innerweltlichen Substanzen beigelegt werden darf, sondern allenfalls extramundan zu verorten ist. Zwar ist und bleibt die Annahme eines Gegenstandes außerhalb der Welt und damit außerhalb jedes für uns möglichen Wahrnehmungsfeldes eine „kühne Anmaßung" (A449/B479), doch stellt sie sozusagen immer noch das kleinere der beiden Übel dar. Denn wenn man den intramundanen Substanzen das Vermögen transzendentaler Freiheit beilegt, so wird der systematische Erfahrungszusammenhang, den wir „Natur" nennen, aufgehoben, und infolgedessen wird es kein Kriterium empirischer Wahrheit mehr geben, so daß es mit aller Wissenschaft und Philosophie vorbei wäre. Damit werden noch einmal die verheerenden Folgen für die Einheit der Erfahrung und die Möglichkeit von Wissenschaft herausgestellt, die eine Zubilligung von Kausalität aus Freiheit an innerweltliche Substanzen bedeuten würde.

c) *Kritik:* Die dritte Antinomie hat nicht zuletzt wegen ihrer moralphilosophischen Relevanz besondere Aufmerksamkeit in der Forschung gefunden. Entsprechend umfangreich ist die Literatur, die ihr gewidmet ist (vgl. u. a. Allison 1982; Dimpker/Kraft/Schönecker 1996; Greenwood 1990; Harris 1894; Heimsoeth 1966; Kalin 1978; Kawamura 1996; Röttges 1974; Stockhammer, 1961; Wagner 1993; Zumbach 1981). Wir wollen nur folgende häufig geäußerte Kritikpunkte herausheben. Kant ist der Auffassung, ohne Freiheit gebe es keine Moral. Deswegen verknüpft er das kosmologische Problem der Kausalität mit dem moralphilosophischen Problem der Freiheit. Letzteres steht hier, wo es doch um die rationale Kosmologie gehen soll, sogar im Vordergrund der Darlegungen, und zwar sowohl quantitativ wie qualitativ. Gleichwohl ist die von Kant vorgenommene Verquickung alles andere als notwendig; man kann – und muß vielleicht sogar – die kosmologische Freiheitsproblematik von der Frage der Willens- und Handlungsfreiheit abtrennen (Bröcker 1970, 117). Im Zentrum des Beweises der Thesis steht der Gedanke einer „hinreichend a priori bestimmte[n] Ursache", den Kant leider jedoch nicht expliziert und dem, so resümiert Bennett (1974, 184–187), keine der von den Interpreten bislang vorgetragenen Auslegungen einen mit Blick auf das Beweisziel stringenten Sinn zu verleihen vermochte. Ferner läßt Kant im Beweis der Antithesis die Annahme transzendentaler Freiheit an dem Grundsatz einer durchgängigen Naturkausalität zerschellen. Das könnte als Willkür erscheinen. Kant räumt dem Kausalgesetz aus zwei Gründen die Priorität ein; einmal wegen der andernfalls nicht herzustellenden „Einheit der Erfahrung", womit abermals ein transzendentalphilosophisches Lehrstück im Beweis Verwendung findet, und sodann wegen der behaupteten Unmöglichkeit, Kausalität aus Freiheit könne jemals in der Erfahrung angetroffen werden. Letzteres steht im Verdacht, eine bloße Behauptung dessen zu sein, was allererst bewiesen werden müßte (vgl. Kemp Smith 1918, 495). Schließlich wird auch Kants Argumentationsstrategie moniert. Das apagogische Beweisverfahren, das Kant an späterer Stelle (A789 ff./B817 ff.) eigens thematisiert, verlangt neben der vollständigen Disjunktion der aufgeführten Alternativen, daß diese in einem kontradiktorischen Widerspruchsverhältnis zueinander stehen. Das aber sei bei Thesis und Antithesis der 3. Antinomie – wie schon der eingangs genannte Kritikpunkt verdeutlichen kann – nicht der Fall, so daß die Falsifikation der einen nicht eo ipso die Verifikation der anderen bedeute (Gunkel 1989, 64).

17.3.4 Vierte Antinomie (A452/B480–A461/B489)

a) *Thesis:* „Zu der Welt gehört etwas, das, entweder als ihr Teil, oder ihre Ursache, ein schlechthin notwendiges Wesen ist" (A452/B480). – Beweis:
1. Die Sinnenwelt, die das Ganze aller Erscheinungen ist, enthält zugleich eine Reihe von Veränderungen.
    1.1. Denn ohne diese Veränderungen wäre selbst die Vorstellung der Zeitreihe nicht gegeben, die eine Bedingung der Möglichkeit der Sinnenwelt ist.
2. Eine jede Veränderung steht aber unter einer Bedingung, die ihr zeitlich vorausliegt und nach der sie mit Notwendigkeit folgt.
    2.1. Jedes Bedingte nun setzt hinsichtlich seiner Existenz eine vollständige Reihe von Bedingungen bis zum schlechthin Unbedingten voraus, das allein absolutnotwendig ist.
3. Also muß etwas Absolutnotwendiges existieren.
4. Dieses Absolutnotwendige gehört zur Sinnenwelt.

Dieser erste Teil des Beweises ist ostensiv geführt. Der nun folgende Beweis von Satz 4 verfährt wiederum apagogisch:
1. Wenn man annimmt, das Absolutnotwendige läge außerhalb der Sinnenwelt, so folgt:
    1.1. Von dem Absolutnotwendigen leitet sich die Reihe der Veränderungen in der Welt ab, ohne daß diese absolutnotwendige Ursache selbst zur Sinnenwelt gehörte. Das aber ist unmöglich, denn:
2. Der Anfang ist ein Dasein, dem eine Zeit vorhergeht, in der dasjenige, was zu existieren beginnt, noch nicht war.

2.1. Deshalb kann der Anfang einer Zeitreihe nur durch dasjenige bestimmt werden, was ihm der Zeit nach vorhergeht.
3. Folglich muß die oberste Bedingung des Anfangs einer Reihe von Veränderungen in der Zeit liegen.
4. Also gehört die Kausalität der notwendigen Ursache der Veränderungen und somit auch die Ursache selbst zur Zeit, folglich zur Erscheinung und folglich mit zur Sinnenwelt.
5. Also ist in der Welt selbst das Schlechthinnotwendige enthalten, sei es die ganze Weltreihe selbst, sei es eins ihrer Teile.

In der *Anmerkung zur Thesis* grenzt Kant zunächst die hier vorgetragene kosmologische Argumentation, die vom „Bedingten in der Erscheinung zum Unbedingten im Begriffe aufsteigt" (A456/B484), deutlich von der im nächsten Hauptstück zu betrachtenden theologischen ab, die versucht, das Dasein eines notwendigen Wesens „aus der bloßen Idee eines obersten aller Wesen überhaupt" zu erweisen (ebd.). Sodann begründet der Philosoph, warum der kosmologische Beweis offen lassen muß, ob das notwendig existierende Wesen die Welt selbst oder etwas von ihr Unterschiedenes ist (Satz 5). Denn um dies zu entscheiden, werden Grundsätze erfordert, die nicht mehr in das Gebiet der Kosmologie fallen. Im folgenden mahnt Kant eine konsequente Verfolgung des einmal eingeschlagenen Weges kosmologischen Räsonierens an. Der empirische Regreß nach Gesetzen der Kausalität darf nicht zugunsten eines Sprungs zu einer ersten Ursache verlassen werden, die außerhalb der Zeitlichkeit und damit außerhalb der Erscheinungswirklichkeit liegt. Gleichwohl hat man diesen Sprung von der aufsteigenden Reihe empirischer Bedingungen zu einer schlechthin notwendigen transzendenten ersten Ursache oft getan. Aber dieses Verfahren ist, wie abschließend aufgezeigt wird, tatsächlich unstatthaft.

   b) *Antithesis:* „Es existiert überall kein schlechthinnotwendiges Wesen, weder in der Welt, noch außer der Welt, als ihre Ursache" (A453/B481). – Beweis:
1. Wenn man annimmt, *die Welt selbst* wäre (1. Alternative) oder *in ihr* läge (2. Alternative) ein notwendiges Wesen, so folgt entweder:
   1.1. (Zur 2. Alternative:) In der Reihe der Veränderungen der Welt ist ein unbedingt notwendiger Anfang, der selbst also ohne Ursache ist. Das widerspricht dem dynamischen Gesetz der Bestimmung aller Erscheinungen in der Zeit. Oder:
   1.2. (Zur 1. Alternative:) Die Reihe der Veränderungen selbst ist ohne jeden Anfang, und, obgleich in all ihren Teilen zufällig und bedingt, im ganzen dennoch schlechthin notwendig und unbedingt, was sich widerspricht.
      1.2.1. Denn das Dasein einer Menge kann nicht notwendig sein, wenn keinem ihrer Elemente notwendige Existenz zukommt.

2. Wenn man annimmt, es gäbe eine schlechthin notwendige Weltursache *außerhalb* der Welt (3. Alternative), so folgt:
   2.1. Diese bewirkt als oberstes Glied in der Reihe der Ursachen der Weltveränderungen deren Dasein und läßt die ganze Reihe beginnen.
   2.2. Dazu müßte sie aber zu handeln beginnen, und somit Kausalität zeitigen, die aber nur in der Zeit und damit innerhalb der Erscheinungswirklichkeit, d.h. in der Sinnenwelt anzutreffen ist.
3. Folglich würde sie in die Welt gehören, was der Voraussetzung widerspricht.
4. Folglich gibt es weder in der Welt noch außerhalb derselben ein schlechthin notwendiges Wesen, das mit der Welt in kausaler Verbindung stände.

Auch die *Anmerkung zur Antithesis* macht zunächst auf den Unterschied zwischen den im Zusammenhang kosmologischen Fragens auftretenden Gedanken einer schlechthin notwendigen obersten Ursache und dem Begriff eines „ens necessarium" aufmerksam, wie er in der transzendentalen Theologie des nächsten Hauptstücks auftreten wird. Kant stellt heraus, daß Schwierigkeiten sowohl den kosmologischen wie den rationaltheologischen Begriff umgeben, und zwar aus je eigenen kosmologischen bzw. ontologischen Gründen. Damit unterstreicht er noch einmal die Selbständigkeit des kosmologischen Zuganges angesichts des naheliegenden Einwandes, er habe eine genuin rationaltheologische Frage aus architektonischen Gründen des Systembaus auf kosmologisches Gebiet gezogen.

Der zweite Absatz geht auf die Sonderstellung dieser Antinomie ein. Denn Thesis und Antithesis schließen hier aus demselben Beweisgrund. Die Thesis schloß: Es gibt ein notwendiges Wesen, weil die vergangene Zeit die Reihe aller Bedingungen und also auch ihren Anfang als das Unbedingte in sich schließt. Die Antithesis schloß: Eben weil die ganze verflossene Zeit die Reihe aller Bedingungen in sich schließt und diese selbst wiederum bedingt ist, kann es kein notwendiges Wesen geben. Der Grund der Antinomie liegt in einer unterschiedlichen Sichtweise des gleichen Sachverhaltes. Die Thesis blickt auf die absolute Totalität der Reihe der Bedingungen, zu der eben ein schlechthin Unbedingtes gehört. Die Antithesis blickt auf das Zufällige alles dessen, was in der Zeitreihe aufeinander folgt und jeweils bedingt ist, so daß ihr alles angeblich Notwendige als nur ein Glied erscheint, das seinerseits kontingent ist.

c) *Kritik:* Der Haupteinwand, der gegen die vierte Antinomie erhoben wird, lautet, daß sie in Wahrheit gar keine sei: „There is some truth in the cynical view, that the fourth Antinomy is only there to complete the quartet, that Kant felt obliged to manufacture an Antinomy to correspond to the last group of categories" (Wilkerson 1976, 133). Die vierte Antinomie helfe, das nächste Stück der *Transzendentalen Dialektik* einzuführen, d.h. die Gottesbeweiskritik. Schon Schopenhauer vermochte keinen wesentlichen Unterschied zwischen der dritten und der vierten Antinomie zu entdecken (*Die Welt als Wille und Vorstellung*, 603); die in der Thesis jeweils geführten Beweise schienen ihm im wesentlichen die gleichen zu sein. Neuere Autoren wie Kemp Smith teilen diese Einschätzung und weisen darauf hin, daß wegen dieser Gleichheit in der Sache, wenngleich nicht in den Worten, die Einwände, die gegen die dritte Antinomie erhoben wurden, auch gegen die vierte durchschlagen (Kemp Smith 1918, 495–498). Darüber hinaus fand ebenfalls bereits Schopenhauer, daß Kants Behauptung, alles Bedingte setze eine vollständige Reihe der Bedingungen voraus und damit eine Reihe, die mit dem Unbedingten ende, ein „sehr feines Sophisma" sei und zurückgewiesen werden müsse. Denn ein jedes bedingte Ereignis setze als solches nichts weiter voraus als seine Bedingung. Daß diese Bedingung ihrerseits bedingt ist, werfe eine neue Frage auf, die aber nicht direkt in der ersten Frage enthalten sei (*Die Welt als Wille und Vorstellung*, 590). Ferner stößt man auch hier auf transzendentalphilosophische Formulierungen, so z. B. zu Beginn des Beweises der Antithesis, wo Kant einen Widerspruch gegen das „dynamische Gesetz der Bestimmung aller Erscheinungen in der Zeit" konstruiert (A453/B481), oder in der Anmerkung zur Thesis, wo Kant im Sinne seiner Lehre von der „reine[n] Kategorie" und einer „bloß intelligibele[n] Reihe" spricht (A458/B486). Eben wegen der großen thematischen Nähe dieser Antinomie zum kosmologischen Gottesbeweis lassen sich Einwände geltend machen, wie sie aus der Gottesbeweiskritik bekannt sind. So hat man beispielsweise eingewendet, ein „schlechthin notwendiges Wesen" lasse sich nicht denken, weil wir uns alles, was existiert, widerspruchsfrei als nichtexistent denken können. Insofern brauche man die Beweise der vierten Antinomie im einzelnen gar nicht zu prüfen, weil ihr ein Scheinbegriff zugrundeliege und sie also gar kein echtes philosophisches Problem repräsentiere.

17.4 Interpretationsfragen und Forschungskontroversen

Es war Benno Erdmann, der vor mehr als einem Jahrhundert auf die entwicklungsgeschichtliche Bedeutung der Antinomie für Kants Denken als erster nachdrücklich hingewiesen hat (Erdmann 1884). Gleichwohl herrscht in der Forschung immer noch Dissens über den Zusammenhang des von der Antinomie ausgehenden Impulses mit dem sich von Hume herleitenden werkgenetischen Anstoß sowie über die Frage nach dem Zeitpunkt, zu dem sich die Antinomie in Kants Denken mit ihrer aufrüttelnden Macht bemerkbar machte und über die Art und Weise, wie ihre Entdeckung Kants Denken auf dem Weg zur *Kritik* geprägt hat (Forschungsüberblick: Kreimendahl 1990, 15–82). Uneinigkeit herrscht auch über ihre systematische Funktion innerhalb des Systems der Transzendentalphilosophie. Hier reicht die Palette der Meinungen von ungeteilter Zustimmung zu Kants Einschätzung ihrer Rolle bis hin zu völliger Zurückweisung. So meint etwa Baumanns, der der Hauptsache nach Kants Argumente übernimmt und – so gerüstet – gegen die werkgenetische Interpretation Schmuckers Stellung bezieht, daß sich „der Gedanke des gegebenen Weltbedingten und Weltunendlichen in einer vierfachen Antinomie [...] mit systematischer Notwendigkeit entfaltet" (Baumanns 1988,185). Derartige treue Gefolgschaft ist jedoch eher selten anzutreffen; die Mehrzahl der Interpreten betrachtet die Antinomie in unterschiedlichem Grade kritisch. Bennett hält den Abschnitt über die Antinomie für „in fact a medley, and the several sorts of unity claimed for it are all spurious". Der angebliche Widerstreit der Gesetze der reinen Vernunft sei „a mirage" (Bennett 1974, 114, 115). Ihm war Kemp Smith mit der Diagnose vorangegangen, die Beweise für die Thesen wie Antithesen seien „in all cases inconclusive" und „unsound" (Kemp Smith 1918, 483). Für andere Interpreten sind die Antinomien „bloß scheinbare" und beruhen „auf verschiedenen Äquivokationen und einem Mangel an Unterscheidungen" (Seifert 1989, 165). Wilkerson schätzt insbesondere Kants Argumente für die ersten zwei Antinomien als so schlecht ein, daß „there is little profit in examining the argument in detail" (Wilkerson 1976, 132).

Aber auch eine gemäßigtere – und sachlich wohl angemessenere – Kritik nimmt an einzelnen Punkten der Antinomienlehre nicht ohne Grund Anstoß. Die bei der Aufstellung der Antinomientafel vorgenommene Orientierung an der Tafel der Kategorien sowie jene selbst empfanden schon die ersten Leser als wenig plausibel. Fraglich erscheint auch, ob die Positionen von Thesis und Antithesis jeweils die Auffassungen von Dogmatismus (Thesis) und Empirismus (Antithesis; A465f./B493f.) widerspiegeln bzw. ob sie, wie Kant wenig später sagt, auf den Gegensatz zwischen Epikureismus und Platonismus zurückzuführen sind (A471/B499). Dies sind Schwierigkeiten, die mit der internen Problemlage der Vernunftkritik und ihrer Architektonik zusammenhängen. Die Mehrzahl der Kritiker jedoch löst die Beweise aus ihrem transzendentalphilosophischen Kontext heraus, prüft sie als für sich stehende Argumentationen und stuft sie aus Gründen, von denen wir oben einige angeführt haben, als mehr oder weniger kritikanfällig ein. Diese Kritik zieht eine von ihrer Massivität abhängige Einschätzung der Antinomienlehre als ganzer und über diese wiederum der Transzendentalphilosophie insgesamt nach sich. Nicht immer freilich werden in der Auseinandersetzung Kants Ausführungen gebührend berücksichtigt. Das ist z.B. dann nicht der Fall, wenn die moderne Naturwissenschaft gegen Kants Behandlung des Weltthemas ausgespielt wird (Wilkerson 1976, 120). Es ist nämlich eine zwar naheliegende, aber doch verfehlte Hoffnung, von den empirisch verfahrenden Naturwissenschaften Auskunft über die kosmologischen Fragen zu erwarten, wie Kant auch deutlich herausstellt (*Prolegomena*, IV 340). Denn das Weltganze ist ein strukturell offener Begriff, und deshalb kann es niemals Gegenstand einer möglichen Erfahrung werden. Ebensowenig läßt sich beispielsweise durch eine noch so weite Expansion des astronomischen Blicks in die Tiefen des Universums eine Antwort auf die Frage nach dessen raumzeitlichen Grenzen finden. Denn die dergestalt feststellbaren Grenzen sind immer nur *relative* und können durch Verfeinerung entsprechender Meßinstrumente und Teleskope immer wieder weiter zurückgeschoben werden. Eine *absolute* raumzeitliche Positionierung des Weltganzen ist also auf empirischem Wege a limine ausgeschlossen, so daß sich die Vernunft hier auf sich allein gestellt sieht und Kant zuzustimmen ist, wenn er die kosmologischen Fragen als Probleme der Vernunft anspricht. Leider aber erwies sich diese Instanz auf der Stufe der dogmatischen Metaphysik bei der Beantwortung jener Fragen als überfordert.

Literatur

Al-Azm, Sadik J. 1972: The Origins of Kant's Arguments in the Antinomies, Oxford.
Allison, Henry E. 1982: „Practical and Transcendental Freedom in the Critique of Pure Reason", in: Kant-Studien 73, 271–290.
Baumanns, Peter 1988: „Kants vierte Antinomie und das Ideal der reinen Vernunft", in: Kant-Studien 79, 183–200.
Bennett, Jonathan 1974: Kant's Dialectic, Cambridge.
Bröcker, Walter 1970: Kant über Metaphysik und Erfahrung, Frankfurt/M.
Dimpker, Henning/Kraft, Bernd/Schönecker, Dieter 1996: „Torsionen der dritten Antinomie. Zum Widerstreit ihrer Beweise und Anmerkungen", in: H. Oberer (Hg.), Kant. Analysen – Probleme – Kritik, Bd. II., Würzburg, 175–237.
Engelhard, Kristina 2005: Dass Einfache und die Materie. Untersuchungen zu Kants Antinomie der Teilung, Berlin.
Erdmann, Benno 1884: „Die Entwicklungsperioden von Kants theoretischer Philosophie", in: B. Erdmann (Hg.), Reflexionen Kants zur Kritik der reinen Vernunft. Aus Kants handschriftlichen Aufzeichnungen (= Reflexionen Kants zur kritischen Philosophie Bd. II). Leipzig, XIII–LX.
Erhardt, Franz 1888: Kritik der Kantischen Antinomielehre, Diss. phil. Jena, Cöthen.
Ertl, Wolfgang 1998: Kants Auflösung der „dritten Antinomie". Zur Bedeutung des Schöpfungskonzepts für die Freiheitslehre. Freiburg/München.
Greenwood, John D. 1990: „Kant's Third Antinomy: agency and causal explanation", in: International Philosophical Quarterly 30, 43–57.
Gunkel, Andreas 1989: Spontaneität und moralische Autonomie. Kants Philosophie der Freiheit, Bern/Stuttgart.
Harris, W. T. 1894: „Kant's Third Antinomy and His Fallacy Regarding the First Cause", in: Philosophical Review 3, 1–13.
Heimsoeth, Heinz 1960: „Problemverflechtungen in der zweiten Antinomie und die Bedeutung der Thematik für Kants Werdegang", in: Zeitschrift für philosophische Forschung 14, 3–15.
Heimsoeth, Heinz 1961: „Zeitliche Weltunendlichkeit und das Problem des Anfangs. Eine Studie zur Vorgeschichte von Kants Erster Antinomie", in: H. Heimsoeth, Studien zur Philosophiegeschichte, Köln, 269–292.

Heimsoeth, Heinz 1966: „Zum kosmotheologischen Ursprung der Kantischen Freiheitsantinomie", in: Kant-Studien 57, 206–229.
Heimsoeth, Heinz 1967: Transzendentale Dialektik. Ein Kommentar zu Kants Kritik der reinen Vernunft. Zweiter Teil: Vierfache Vernunftantinomie; Natur und Freiheit; intelligibler und empirischer Charakter, Berlin/New York.
Heimsoeth, Heinz 1970: „Atom, Seele, Monade. Historische Ursprünge und Hintergründe von Kants Antinomie der Teilung", in: ders., Studien zur Philosophie Immanuel Kants II. Methodenbegriffe der Erfahrungswissenschaften und Gegensätzlichkeiten spekulativer Weltkonzeption, Bonn, 133–247.
Heimsoeth, Heinz 1970: „Metaphysische Gehalte in Kants vierter Antinomie", in: ders., Studien zur Philosophie Immanuel Kants II. Methodenbegriffe der Erfahrungswissenschaften und Gegensätzlichkeiten spekulativer Weltkonzeption, Bonn, 271–280.
Hinske, Norbert 1972: „Kants Begriff der Antithetik und seine Herkunft aus der protestantischen Kontroverstheologie des 17. und 18. Jahrhunderts", in: Archiv für Begriffsgeschichte 16, 48–59.
Hinske, Norbert 1993: „Georg Friedrich Meier und das Grundvorurteil der Erfahrungserkenntnis. Noch eine unbemerkt gebliebene Quelle der Kantschen Antinomienlehre", in: Claudio Cesa/Norbert Hinske (Hgg.), Kant und sein Jahrhundert. Gedenkschrift für Giorgio Tonelli, Frankfurt/Berlin/Bern u. a., 103–121.
Höselbarth, Frank 1983: Raum und Körper in der zweiten Antinomie der Kritik der reinen Vernunft Kants, Frankfurt/Bern/New York.
Hofmann, Franz 1961: Kants erste Antinomie und ihre Stellung als indirekter Beweis des transzendentalen Idealismus. Diss. phil. Mainz.
Ishikawa, Fumiyasu 1990: Kants Denken von einem Dritten. Das Gerichtsmodell und das unendliche Urteil in der Antinomienlehre, Frankfurt/M.
Kalin, Martin G. 1978: „Idealism and Realism in Kant's Third Antinomy", in: Kant-Studien 69, 160–169.
Kawamura, Katsutoshi 1996: Spontaneität und Willkür. Der Freiheitsbegriff in Kants Antinomienlehre und seine historischen Wurzeln, Stuttgart-Bad Cannstatt.
Kemp Smith, Norman 1918: A Commentary to Kant's „Critique of Pure Reason", London.
Kreimendahl, Lothar 1990: Kant – Der Durchbruch von 1769, Köln.
Malzkorn, Wolfgang 1999: Kants-Kosmologie-Kritik. Eine formale Analyse der Antinomienlehre. Berlin/New York.
Nitzschke, K. 1924: Das Antinomieproblem im Kantischen Denken. Seine Entwicklung und systematische Bedeutung. Diss. phil. Gießen.
Rathschlag, Hans 1936: Die Bedeutung der Antinomien für den Kritizismus, Berlin.
Rauschenberger, Walther 1923: Die Antinomien Kants, Berlin.
Richter, Jakob 1863: Die Kantischen Antinomien oder von den Widersprüchen des menschlichen Verstandes, Mannheim.
Röttges, Heinz 1974: „Kants Auflösung der Freiheitsantinomie", in: Kant-Studien 65, 33–49.
Schmaucke, Stephan 2002: „Wohlthätigste Verirrung". Kants kosmologische Antinomien, Würzburg.
Schmucker, Josef 1969: Das Problem der Kontingenz der Welt. Versuch einer positiven Aufarbeitung der Kritik am kosmologischen Argument, Freiburg/Basel/Wien.
Schmucker, Josef 1976: „Was entzündete in Kant das große Licht von 1769?", in: Archiv für Geschichte der Philosophie 58, 393–434.
Schmucker, Josef 1990: Das Weltproblem in Kants Kritik der reinen Vernunft. Kommentar und Strukturanalyse des ersten Buches und des 2. Hauptstückes des zweiten Buches der transzendentalen Dialektik, Bonn.

Seifert, Josef 1989: „Das Antinomienproblem als ein Grundproblem aller Metaphysik: Kritik der ‚Kritik der reinen Vernunft'", in: Prima Philosophia 2, 143–168.
Seifert, Josef 2001: Überwindung des Skandals der reinen Vernunft. Die Widerspruchsfreiheit der Wirklichkeit – trotz Kant, Freiburg/Münster.
Stockhammer, Morris 1961: Kants Zurechnungsidee und Freiheitsantinomie, Köln.
Strawson, Peter 1966: The Bounds of Sense. An Essay on Kant's Critique of Pure Reason, London.
Vogel, Karl 1975: Kant und die Paradoxien der Vielheit. Die Monadenlehre in Kants philosophischer Entwicklung bis zum Antinomiekapitel der Kritik der reinen Vernunft, Meisenheim/Glan.
Wagner, Hans 1993: „Kants ergänzende Überlegungen zur Möglichkeit von Freiheit im Rahmen der Auflösung der dritten Antinomie (Kr. d. r. V., AA III 366–377)", in: P. Baumanns (Hg.), Realität und Begriff. Festschrift für Jakob Barion zum 95. Geburtstag, Würzburg, 225–235.
Walsh, W. H. 1975: Kant's Criticism of Metaphysics, Edinburgh 1975.
Wike, Victoria S. 1982: Kant's Antinomies of Reason. Their origin and their resolution, Washington.
Wilkerson, T. E. 1976: Kant's Critique of Pure Reason. A commentary for students, Oxford.
Woolmann, M. 1987: The Kantian Antinomies Revisited, Michigan.
Zumbach, Clark 1981: „Das Thesenargument der dritten Antinomie – eine Anmerkung", in: Ratio 23, 115–123.

Eric Watkins

18 The Antinomy of Pure Reason, Sections 3–8

(A462/B490–A515/B543)

18.1 Position and Function of *Antinomy*, Sections 3–8

Within the *Antinomy* chapter, sections 1 and 2 introduce and then present the four antinomies, whereas section 9 develops a detailed resolution of each. Sections 3 through 8 link these two endeavors by a) explaining reason's role in generating the antinomies and its interest in the theses and antitheses, b) arguing that reason cannot plead ignorance, but must rather be able to decide these issues, and c) showing how the adoption of "a skeptical representation" (A485/B513) of the antinomies suggests that they are grounded on an "empty" representation of how reason's ideas are given to us. Given this fundamental reorientation, Kant d) presents transcendental idealism, e) shows in a general way how this doctrine can reveal the faulty inferences involved in each thesis and antithesis argument, and f) reassigns to reason a positive, albeit merely regulative (as opposed to constitutive) role in our cognition of the world.

18.2 Structure and Main Claims of Sections 3–8

18.2.1 *Section 3*. – (1) Kant claims that the four antinomies presented in Section 2 arise from theoretical reason because reason necessarily seeks cognition of the "unconditioned totality" (A462/B490) of conditions for whatever conditioned objects are given in experience. However, because everything given in experience is conditioned, its search for cognition of conditions that are themselves unconditioned forces it to go beyond what is given in experience and to create ideas, i.e., representations to which no adequate object can be given in experience (cf. A311/B367).

(2) Since reason itself leads to the antinomies (by seeking theoretical cognition of the unconditioned totality of conditions of objects given in experience), it can neither treat them with indifference nor simply command peace. Accordingly, reason should reflect on whether the conflict might not arise from a misunderstand-

ing or false assumption that derives from reason itself. Kant takes up this issue again in Sections 5 and 7.

(3) Kant considers reason's interests that support each side of the antinomies. Dogmatism, in the form of the thesis, draws support from the practical interests of morality and religion as well as various speculative interests and, in addition, enjoys considerable popularity at the level of common sense. Empiricism, in the guise of the antithesis, carries with it neither practical interest nor popularity, but has an important advantage insofar as it tries (though sometimes fails) to stick closely to what is given in experience.

18.2.2 *Section 4.* – (1) Kant first asks whether one can expect reason (or transcendental philosophy) to be able to answer all of the questions that it poses. Since God and the soul are, unlike the world, not empirically given objects, and since reason must be able to answer any question it poses concerning an empirically given object, only cosmological questions (and not those that arise in rational psychology or theology) must be answerable.

(2) Kant supports his contention that reason should be able to answer all the questions it raises in cosmology by suggesting that two other pure rational sciences, namely mathematics and ethics, are in a position to answer all questions that reason raises. The same does not hold for the natural sciences because they make suppositions that cannot be cognized with certainty.

18.2.3 *Section 5.* – (1) Kant suggests that rather than offering dogmatic answers to the cosmological questions, as occurs in the thesis and antithesis, one should form a "skeptical representation" of the issues by setting aside the grounds for and against each claim and instead considering whether the claims themselves are problematic because they rest on some kind of "groundless presupposition" (A485/B513).

(2) Kant first illustrates how reason's representation of the world (i. e., the cosmological idea) is either too large or too small to fit what we can experience. The idea is too small in the case of each thesis and too large in the case of each antithesis (except for the *Fourth Antinomy*, in which case the situation is reversed).

(3) Kant then argues that reason is to be blamed for the mismatch between it and possible experience. Possible experience is not at fault, since it and it alone can show how any given representation relates to an object.

18.2.4 *Section 6.* – (1) The main purpose of this section is to present transcendental idealism and contrast it with transcendental realism, empirical idealism, and a certain kind of phenomenalism, so that in the following sections he can show how transcendental idealism is the key to solving the antinomies.

(2) In addition Kant addresses one obvious objection that one might raise against transcendental idealism.

18.2.5 *Section 7* – (1) Kant first analyzes the fallacious inference made on both the thesis and the antithesis sides of the antinomies. The crucial premise is: "If the conditioned is given, then the entire series of all its conditions is also given" (cf. A409/B436). It fits into the antinomies insofar as (a) we do have experience of sensible objects that are conditioned, (b) reason infers that the conditions of these sensible objects must also be given, and (c) the conclusion asserts the existence of something unconditioned. However, this inference does not hold for appearances; if the conditioned object that is given in intuition is sensible (as it must be for human beings), the series of its conditions is not thereby given in intuition, but must instead be sought in an empirical regress.

(2) This analysis shows only that the arguments presented for each thesis and antithesis are fallacious, not that the claim each one makes must be false. At this point, one might think that either the thesis or the antithesis claim must be true since the one seems to deny what the other affirms. Kant avoids this conclusion by arguing that the thesis and antithesis claims are not really contradictory. Rather, they are what he calls a dialectical contradiction insofar as they rest on a common assumption, which I interpret as the claim that the world is completely determinate, that is, has determinate properties (e.g., size, composition). For only if the world has some determinate property can one infer that it must be either finite or infinite in that respect. Thus, to prevent either the thesis or the antithesis claim from being true, it must be the case that the world is not determinate in the relevant respect. However, things in themselves must be fully determinate and thus do constitute a fully determinate whole. Therefore, the world we experience cannot be a thing in itself, but rather must be merely an appearance. It is by means of this line of argument that Kant thinks that he is able "to prove indirectly the transcendental ideality of appearances" (A506/B534).

18.2.6 *Section 8.* – (1) Kant first explains how reason's search for the unconditioned is a regulative, not a constitutive principle for experience. That is, it does not generate cognition of the object (e.g., by being a condition of the possibility of experience), but rather determines what one ought to do with respect to the object, namely search for its conditions (by directing the understanding to have cognitions of as many of its conditions as it can).

(2) Kant then distinguishes two different ways in which this regulative principle of reason can relate to experience. Reason must search for the conditions of a given object in either a *"progressus in infinitum"* (A510/B538) or a *"progressus in indefinitum"* (A511/B539). In other words, reason demands that one search for con-

ditions either to infinity or indefinitely, depending on whether the whole object is given in intuition or not. The former is the case for the *Second Antinomy*.

18.3 Textual Commentary

18.3.1 *Section 3*. – In the first paragraph of this section (A462/B490) Kant first argues that reason is naturally and inevitably led to the difficulties expressed in the antinomies. For it necessarily seeks cognition of the conditions for conditioned objects and cannot stop until it cognizes all of those conditions and thus the unconditioned. At the same time, all objects that are given to us in intuition are conditioned. This fundamental tension between reason's demand for cognition of the unconditioned and the conditioned nature of all objects of cognition (along with the finitude of our cognition) is what gives rise to the antinomies. The one requirement demands cognition of the completeness of conditions, while the other requirement prohibits it. Kant also claims (A462/B490) that reason (insofar as it is concerned with cosmological ideas, i.e., ideas that concern the world as a whole) generates exactly four antinomies. He justifies this claim by asserting that there are only four series of synthetic presuppositions that impose a priori limitations on empirical syntheses. Kant's most explicit justification for this claim occurs in Section 1.

In the second and third paragraphs of this section Kant emphasizes that philosophy's dignity far surpasses that of other sciences because it is concerned with the "highest and most important ends of humanity" (A463–4/B491–2). For this reason, it is fully compromised by the contradictions expressed in the antinomies and cannot respond to them either by withdrawing to a safe distance and viewing them with indifference (a stance he likens to shadowboxing, a "*Spielgefechte*") or by simply commanding peace. Kant suggests that one should instead reflect on the "origin of this disunity of reason with itself" (A464/B492) in the hope that one can identify some mistaken assumption made on both sides of the arguments of the antinomies.

In the remaining paragraphs of this section (A465–76/B493–504), rather than immediately engaging in this project of reflection (which happens in Sections 5, 6, and 7), Kant describes the different interests that support each side of the dispute, abstracting entirely from objective considerations (e.g., "the logical criterion of truth" (A465/B493)). Kant first discusses dogmatism's interests as expressed in the theses, which posit something unconditioned in the form of a terminal member of a series of conditions (A466f./B494f.). Dogmatism displays a *practical interest* insofar as its commitments (to the beginning of the world, the simplicity and freedom of the soul, and the existence of an original being as the source of the order of the world) are conducive to the foundations of morality and religion. It has a *speculative interest* insofar as its grasp of the whole chain of conditions allows one to start with "a self-sufficient thing as an unconditioned original being" (A467/B495) and then to derive the conditioned from it, which gives it a stability and support that empiricists lack because their answers are necessarily incomplete insofar as they must appeal to (a series of) conditioned objects, which, qua conditioned, always stand in need of further explanation. Finally, dogmatism "has the merit of **popularity**" (A467/B495), since the concept of a first or unconditioned entity provides comfort and a fixed point to hold onto during reason's "restless climb from the conditioned to the condition" (A467/B495).

Kant then turns to empiricism as expressed in the antitheses, which deny the existence of a terminal member of the series of conditions, asserting instead an infinite series of conditions, which would itself be unconditioned (A468/B496). Although empiricism's denial of a free and simple soul and of a creator of the world curries no favor with morality and religion and thus has no practical interest on its side, it does enjoy important speculative advantages over dogmatism insofar as it finds itself on proper ground when it sticks to what is given in experience. In fact, Kant expresses considerable sympathy for empiricism, complaining that it goes awry primarily insofar as it does not merely urge epistemic caution but rather becomes itself dogmatic by denying the existence of an unconditioned object that would lie beyond experience. (Presumably, empiricism is also mistaken insofar as it lays claim to cognition of something unconditioned.) Finally, empiricism "runs completely contrary to everything popular" (A472/B500), though Kant thinks this fact quite strange and explains at length why common understanding is not attracted by empiricism's sober modesty. Kant concludes his assessment of empiricism by noting an important difficulty, namely that its essential open-endedness does not allow for the possibility of cognition of the completeness of the systematic nature of our cognition, that is, that it is inconsistent with "the architectonic interest of reason" (A475/B503). Kant concludes this section (A475/B503) by noting that if one were to consider only the theoretical grounds that support the assertions of reason, one would vacillate back and forth between dogmatism and empiricism, and it would be little consolation to know that as soon as one had to act in the world, "this play of merely speculative reason would disappear like the phantom images of a dream [*wie Schattenbilder eines Traums*]" (A475/B503).

18.3.2 *Section 4*. – In this section Kant explicitly addresses one response that one might have toward the antinomies, namely that of excusing oneself from the debate on the grounds that reason has asked a question it is incapable of answering due to insufficient resources or due to the fact that the problem underlying the antinomies is too deep, too impenetrable, or simply unfathomable for reason. Kant rejects this response for any cosmological question because "the same concept that puts us in a position to ask this question must also make us capable of answering it" (A477/B505). Kant's point is that it is reason itself that creates the idea of the world on the basis of empirically given objects. Given that reason starts with an empirically given object and then creates an idea that is supposed to correspond to it, it is clear that reason must be able to decide whether the idea it creates really does correspond to the object experienced.

Kant holds this claim only for the antinomies and not for the paralogisms and the transcendental ideal (A478/B506). His justification for this restriction lies in a difference in the way in which reason's idea is formed in each case. For the antinomies reason starts with an empirically given object, our spatio-temporal world (taking "world" in a loose, non-technical sense), and then asks whether the world would have a particular property if one continued the series of empirical syntheses to completion (i.e., until the absolute totality of conditions was attained as reason demands). Accordingly, reason forms an idea of what the world would be like if all of its conditions were given (if we had a complete explanation of it). In the case of the paralogisms and the transcendental ideal, reason does not start from an empirically given object and thus does not compare such an object to the idea that it creates for itself (the idea of the soul or that of God).

One might attempt to avoid the difficulties posed by such cosmological questions by arguing that the fault lies with experience insofar as the information it provides about the world is not sufficient to answer all of the questions reason poses. However, Kant rejects such an attempt because the antinomies would arise even if one were to suppose that "nature is completely spread out before us; that nothing is concealed from our senses or our consciousness of everything that is presented to our intuition" (A482/B510). For even in such a case we still could not have an object that corresponds exactly to the idea reason creates for itself, given that one would need "a completed synthesis and the consciousness of its absolute totality, but that is not possible through any empirical cognition" (A482-3/B510-1). In short, even if possible experience were given in its fullest form, there can be no exact correspondence between possible experience, which "always remain caught up among **conditions**, whether in space or in time" (A483/B511), and reason's ideas, which are always of something unconditioned, and therefore possible experience could neither solve nor be blamed for the problems that arise for reason's ideas.

In the course of articulating his arguments for the claim that reason must be able to answer cosmological questions, Kant makes several noteworthy remarks about the concept of the world. In his metaphysics lectures he defines the world generically as a substantial whole that is not part of another or as a series of substances that stand in real connection with another. In his Critical period he then differentiates this generic concept into that of the intelligible and the sensible world. Towards the end of this section of the *Antinomy* chapter Kant seems to be making a similar distinction between an "empirical" and a rational concept of the world. The empirical concept of the sensible world (as a "whole") is always comparative, never absolute, whereas the rational concept of the world concerns the absolute totality of objects and their conditions (A483/B511). Given this explanation, one can provide a diagnosis of the conflict leading to the antinomies (as Kant does explicitly in the Mrongovius lectures on metaphysics, XXIX 849), according to which the antinomies arise when we conflate our sensible and rational concepts of world.

As we saw above, Kant thinks that the structure of the antinomies is different from that of either the paralogisms or the transcendental ideal (especially insofar as only the antinomies provide an indirect proof of transcendental idealism). Further, this difference seems to support Kant's claim that reason must be able to answer all the cosmological questions it poses. At the same time, it is not obvious how all of Kant's explanations of the special status of the cosmological questions can be rendered coherent. For example, Kant boldly states that "among all speculative cognition, transcendental philosophy has the special property [*"dieses Eigentümliche"*] that there is no question at all dealing with an object given by pure reason that is insoluble by this very same human reason [...] since the object is not encountered at all outside the concept" (A477/B505). Such a claim, if true, would require questions about God and the soul to be answerable as well. Nor is this an isolated claim. Kant also remarks that "the question is not about what can be given *in concreto* in some experience, but rather about what lies in the idea" (A479/B507). Again, such a remark would lead one to expect that all questions in rational psychology and natural theology must be answerable by reason. The situation is not helped by taking into consideration Kant's most detailed explanation of the special status of cosmological questions, namely that reason's idea of the world stems from an empirically given object (A478/B506). For it is not clear why having an empirically given object, which forms the starting point for reason's formation of an idea of something else (the world as a totality), would put reason in a position to answer any questions about either the idea in question or its relation to an empirically given object. Rather, the converse might seem to be more likely; since cosmological questions cannot focus merely on reason's idea, but rather must compare it to an external empirical object (which may not always cooperate, given that it is independent of reason), such questions might be even more difficult for reason to answer than questions focusing only on its own ideas.

18.3.3 *Section 5.* – In this section Kant's strategy is to show that instead of proceeding dogmatically (by first asserting and then arguing for the thesis or antithesis claim), which makes it impossible to avoid the contradictions established by the antinomies, one should adopt a "skeptical" approach, according to which one considers the foundation on which cognition asserted in each case would have to rest. In particular, he asks us to consider the relation between the unconditioned objects, which are represented by the ideas of reason, and the concepts of the understanding, which are conditions for cognizing an object. If it turns out to be impossible for our concepts of the understanding to conform to the unconditioned objects reason is interested in, then it will be clear that we cannot have cognition and that reason's idea is "completely empty and without meaning" (A486/B514) which for Kant means not that the simple idea can have no referent, but rather that one cannot show either how the idea refers or what its referent is. Kant also describes the problem in such a case as arising from the fact that such an idea "may perhaps be grounded on an empty and merely imagined concept of the way in which the object of these ideas is given to us" (A490/B518). Again the difficulty here is not with the object per se, but rather with the fact that we cannot explain how that object could be given to us in such a way that it would conform to our concept of it.

By adopting this approach to the cosmological questions at issue in the antinomies, Kant shows that regardless of which object reason takes the unconditioned to be, it cannot conform to our concepts of the understanding because the unconditioned will "**be** either **too big** or **too small**" (A486/B514) for our concepts. If the world is thought to consist in an infinite series of conditions (the totality of which is unconditioned), then the concepts of the understanding cannot conform to it because at any moment in time, we can cognize only a finite series that would always fall short of such a totality; the object (the infinite totality of conditions) is, so to speak, too big for our concept. If, by contrast, the world is thought to be finite and the series of conditions terminates in something unconditioned, then the concepts of the understanding do not conform to it because every object that our understanding can cognize is conditioned, not unconditioned, and thus stands in need of explanation in terms of yet further conditions; the finite series that terminates in something that is supposed to be unconditioned is thus too small for our concepts of the understanding. Kant then applies this abstractly formulated thought to the subject matter of each of the four antinomies, albeit in highly abbreviated form. In this way, he shows that his "skeptical" approach can reveal that the cosmological ideas are "grounded on an empty and merely imagined concept of the way in which the object of these ideas is given to us" (A490/B518).

Toward the end of this section (A489/B517) Kant argues that reason and not possible experience is to be faulted for the lack of fit between its (cosmological) idea and possible experience (but cf. Avii). Whenever there is a mismatch between two things, A and B, one can in principle say that either A is too large for B or B is too small for A. If a ball cannot fit through a hole, the reason for the lack of fit can be expressed in such a way that either the ball is too large for the hole or the hole is too small for the ball. However, Kant sees an important disanalogy in this case insofar as reason relies on possible experience and not vice versa, because in theoretical contexts only possible experience can establish that our representations refer to objects.

18.3.4 *Section 6.* – Kant first presents his doctrine of transcendental idealism, whose main theses I summarize as follows:
a) The distinction thesis: There is a distinction between things in themselves and appearances. (See *Phaenomena/Noumena*, A235/B294 ff.)
b) The ideality thesis: appearances are in some sense ideal, i.e., subject-dependent, whereas things in themselves are not. (Appearances "have no existence outside our thoughts that is grounded in itself [*außer unseren Gedanken keine an sich gegründete Existenz*]", A491/B519.)
c) The grounding thesis: Things in themselves "ground" and/or "affect" appearances. (A19/B33 or, more clearly, in the *GMS*, IV 451)
d) The spatio-temporal thesis: All spatiotemporal objects (all objects of possible experience) are appearances. ("Everything intuited in space or time and therefore all objects of any experience possible for us are nothing but appearances", A490 f./B518 f.)
e) The thesis of the non-spatio-temporal nature of things in themselves: Things in themselves are not in space and time. (A thing in itself qua non-sensible cause of appearances "would have to be represented in neither space nor time", A494/B522.)
f) The restriction thesis: We can have synthetic (or substantive) cognition of appearances, but not of things in themselves, which can only be thought. ("The non-sensible cause of these representations is completely unknown to us [*uns gänzlich unbekannt*]", A494/B522.)

According to this doctrine, a transcendental realist denies the distinction between appearances and things in themselves by treating subject-dependent objects (or "mere representations", A491/B519) as if they were subject-independent entities. Although Kant presents a more detailed explanation of the error underlying the antinomies in Sections 7 and 9, one can note here that the antinomies make a transcendental realistic presupposition insofar as they assume that objects given as part of the sensible world, i.e., subject-dependent objects, are taken to constitute the intelligible world, which is subject-independent.

According to Kant, the empirical idealist either denies (Berkeley) or doubts (Descartes) the existence of spatial objects (A491/B519). Transcendental idealism is distinct from empirical idealism, since for Kant spatial objects do exist and we can cognize them, even if they are ideal (i.e., have no independent existence outside our thoughts). Also, according to Kant, empirical idealism has difficulty distinguishing between dreams and veridical experience (since both are mere collections of representations), whereas transcendental idealism avoids such a difficulty insofar as it requires that veridical experience cohere internally according to empirical laws (A492/B520). Kant presents a more detailed argument against empirical idealism in his *Refutation of Idealism* (see Guyer's contribution above).

Kant also addresses the obvious objection that objects may exist which have never in fact been perceived (A492/B521). Such an objection rests on a misunderstanding, according to Kant, because transcendental idealism does not require that an object actually be perceived in order to exist. Rather, what this doctrine requires is that there be an appropriate connection between a possible perception of the object and a current perception. Accordingly, even if I am not currently perceiving whether the moon is inhabited, I could have such perceptions, if I were to proceed in appropriate fashion from my current perception of the book in front of me to a future perception of the moon. Kant employs the same kind of response to concerns about objects that existed prior to one's own existence. Such objects "mean nothing other than the possibility of extending the chain of experience from the present perception up to the conditions that determine it in time" (A495/B523). In other words, we can cognize such objects insofar as we can reveal them to be, e.g., causal conditions for what we are currently experiencing.

18.3.5 *Section 7.* – In this section Kant provides an analysis of the fallacious nature of the basic inference underlying each thesis and antithesis argument in terms of reason's search for cognition of the unconditioned. Kant first presents the main argumentative structure of all of the thesis and antithesis arguments (A497/B525). The first premise is: If the conditioned is given, then the entire series of all its conditions is likewise given. The second premise is: Objects of the senses are given as conditioned. The conclusion seems to follow immediately: Therefore, the entire series of the conditions of such objects is likewise given.

Kant argues that distinguishing between things in themselves and appearances allows one to see how this argument is fallacious. Regarding the first premise, it is clear that insofar as things in themselves are at issue, "given" must mean "exists", and then it is true that if something conditioned exists, then so must all of its conditions (insofar as being conditioned involves metaphysical dependence). However, insofar as appearances are at issue, "given" could be taken to mean "exists in intuition", and then it is not true that if something conditioned is given in intuition, then all of its conditions must also be given in intuition. (Kant clearly states that the search for these conditions is given to us as a task ["*aufgegeben*"].) For the fact that an object is given to me in intuition does not imply that all of the conditions for that object are also given to me in intuition; depending on what I have experienced so far, I might well have to search for its conditions. Moreover, the fact that we cognize a conditioned object does not imply that we *cognize* what its conditions are even if we can *infer that* the object must have some condition(s), for if it did not, it would not be a conditioned object.

Given this analysis of the major and minor premises of the argument underlying both the theses and antitheses, Kant proceeds to explain in different ways how the major and minor premises combine to form a fallacious argument (A499 f./B527 f.). Kant first suggests that the major premise takes the givenness of the conditioned in its transcendental meaning in the sense of a pure category (through which we can think things in themselves), whereas the minor premise takes the givenness of the conditioned in its empirical meaning insofar as the categories are applied to appearances. Since the givenness of the conditioned does not have a univocal meaning in the major and minor premises, it is fallacious, an instance of what Kant calls a *sophisma figurae dictionis*.

At this point Kant explains that his previous analysis of what is fallacious in the thesis and antithesis arguments does not completely resolve the problem represented by the antinomies (A501/B529). For this analysis shows only that the *arguments* given in support of each claim are invalid, not that the *claims* of each must both be false (as is the case for the *First Antinomy*). In fact, one might think that one of the claims must be true, since each one seems to deny what the other one asserts. Accordingly, Kant claims that the dispute can be resolved only if both sides come to see "that a certain transcendental illusion has painted [*vorgemalt*] them a reality where none is to be found" (A501/B529). Kant first notes that there are two different kinds of oppositions: dialectical and analytical (A503/B531). An opposition is dialectical either if the opposites do not exhaust the possible options (i.e., there is a third option beyond those expressed by the opposites) or if they do not in fact conflict (e.g., if they could both be true). For example, "all bodies have either a good smell or a smell that is not good" is a dialectical opposition, because some bodies may have no smell at all. By contrast, an opposition is analytical if one of the opposites must be true. For example, "all bodies are either good-smelling or not good-smelling" contains an analytical opposition since one of the two predicates must be true given that bodies with no smell at all fall under the predicate "not good-smelling". The first and second antinomies involve dialectical opposition because they do not exhaust the possible options, while the third and fourth antinomies involve dialectical opposition because they do not in fact conflict.

Given this distinction, Kant then claims that "the world is either finite or infinite" represents an analytical opposition if "the world" is taken to be a thing in itself, whereas it represents a dialectical opposition if "the world" is taken to be an appearance (A504/B532). Kant justifies this claim by noting that if the world is a thing in itself, then it must be completely given and determinate with respect to its conditions (and the claim of either the thesis or the antithesis of each antinomy would in fact have to be true.) However, if the world is an appearance, then it exists only through the empirical regress of synthesis and since this regress is never complete (i.e., one has never discovered all the conditions for a given conditioned), the world is essentially indeterminate and thus neither finite nor infinite. But how can the world be indeterminate? Though Kant is not fully explicit about the details of his answer, it is tempting to think that the world can be indeterminate if *we* must *determine* it with respect to its properties, i.e., if it is subject-dependent or ideal. Accordingly, the problem posed by the antinomies can be resolved if transcendental idealism is true, i.e., if one takes the world as an appearance, thereby transforming an analytical opposition into a dialectical one.

Kant concludes (A506f./B534f.) by summarizing the indirect argument for transcendental idealism as follows: If the world is a whole existing in itself, then (because it must be determinate) it is either finite or infinite. However, the spatio-temporal or sensible world (because it is indeterminate) can be neither finite nor infinite (as the thesis and antithesis arguments have shown). Therefore (by modus tollens), the sensible world is not a whole existing in itself, but rather an appearance.

18.3.6 *Section 8.* – Since the antinomies and their general resolution as presented in the previous sections have established that the totality of conditions for any sensible object cannot be cognized, reason must consider sensible objects differently from how it views things in themselves. Accordingly, for appearances reason gives rise to a regulative principle, which states that one ought to seek cognition of the conditions that one has not yet cognized so as to come closer to satisfying reason's demand for the totality of conditions. Note: this requirement does not determine what the object and its properties are; it is not constitutive of the objects. Rather, it specifies how one should carry out the empirical regress of searching for conditions; it is thus regulative for experience (A509/B537). (See Horstmann's discussion of the regulative use of ideas below.)

As was established above in section 3, theoretical reason can never in fact cognize all of the conditions of the conditioned objects given to us in intuition. (Practical reason, which Kant does not discuss at length in the Antinomies, faces different issues and arrives at a different result.) Thus, theoretical reason can never finish its task and fully discharge its obligation. It must continuously undertake a regress in the series of conditions for whatever conditioned objects are given to it. Kant characterizes this regress in two ways, namely as a *progressus in infinitum* and as a *progressus in indefinitum*, that is, as an infinite and an indefinite advance (A511/B539). The former entails that one must proceed to infinity, whereas the latter states that one may proceed as long as one pleases. Also, since reason is concerned with cognizing only the conditions for what is conditioned, one can (but need not) proceed indefinitely in looking for further conditioned objects for any given condition. Kant's example of following the descendants of a given pair of parents illustrates this point. The real question concerns the proper characterization of regresses that seek the conditions for whatever conditioned objects are given. Kant argues that such a regress must proceed indefinitely unless the whole object is given in intuition (A512/B540). Kant justifies this distinction by noting that if the whole object is given in intuition, then so are all its conditions and therefore nothing is lacking in terms of what is given in intuition. However, if the whole object is not given in intuition, i.e., if only some members of the series of conditions are given, then one must proceed in the regress indefinitely, because one must search for further conditions in additional intuitions, with no guarantee that intuition will ever reveal a relevant condition, i.e., the search is indefinite (even if there must be a condition for every conditioned object). In both cases, the regress will never be complete and one will therefore never completely cognize sensible objects and their conditions.

18.4 Questions of Interpretation

Considerable debate has arisen about the exact nature of transcendental idealism. The above summary – comprised of theses (a) through (f), cf. 18.3.4 – attempts to state the essential claims of transcendental idealism without prejudicing the outcome of this debate. (See also Stang 2016.) While each and every thesis stated above has been discussed at great length, the majority of debate has focused on the distinction thesis, the ideality thesis, and the grounding thesis.

The distinction between things in themselves and appearances has been understood in a variety of ways. Traditionally, it was thought that things in themselves and appearances must constitute two numerically distinct classes of objects, or two distinct worlds. More recently, it has been argued (Prauss 1974, Allison 1983) that things in themselves and appearances do not constitute two numerically distinct classes of objects, but rather two different ways of considering one reality. According to this latter view, appearances are things as they appear to us, whereas things in themselves are those very same things considered apart from how they appear to us. Another debate about the distinction between things in themselves and appearances focuses on whether the distinction is an ontological one or whether it is primarily epistemological or methodological. According to the ontological version (Ameriks 1992), the distinction concerns the metaphysical status of objects, whereas according to the epistemological or methodological version (Allison 1983) the distinction pertains to our epistemic access to reality or how we conceive of the object, abstracting from the question of whether the object has such properties independently of such a conception. More recently, a number of interpreters (Langton 1998, Allais 2007 and 2015, and Rosefeldt 2007) have argued that although transcendental idealism is a metaphysical doctrine, it does not require asserting the existence of two worlds or non-identical sets of objects. Instead, there is just one object, with two different kinds of properties (e.g., intrinsic versus relational for Langton, response-independent versus response-dependent for Allais and Rosefeldt).

Debate has also focused on the ideality thesis primarily because one can conceive of the sense in which appearances are ideal or subject-dependent in a number of ways. One might think (Broad 1978) that appearances are simply collections of possible perceptions and thus that Kant is a kind of phenomenalist. Alternatively, one might think that appearances depend on the human mind for their existence, but still deny that appearances are collections of possible perceptions. One version of such a view (Aquila 1979) claims that appearances are intentional objects like numbers whose existence does not depend on actually being thought. Another version of such a view (though not incompatible with the previous version) (Ameriks 1982) claims that appearances depend not on actual human beings, but rather on (the very idea of) an epistemic subject that has sensible forms of intuition (such as space and time) and the categories as discursive forms of thought.

The grounding thesis has also been discussed at considerable length. It has sometimes been objected that the grounding thesis is incompatible with Kant's claim that the category of causality can be applied only within the realm of appearances. One might respond by noting that the unschematized categories can be used to think things in themselves and thus the unschematized category of causality can be used to think the relationship between things in themselves and appearances. Problems are also thought to arise insofar as one attempts to think specific instances of the grounding relationship. E.g., one might ask "Is there one thing in itself for each appearance?" Whether or not Kant can remain agnostic about such specifics is a difficult issue.

Another concern about Kant's transcendental idealism stems from his "indirect" argument for transcendental idealism in the *Antinomy* chapter. As we saw above, the argument assumes that an object is indeterminate if all its conditions have not been (or even cannot be) given. Such an assumption may well be legitimate if it is taken to imply only that there is some part of the world that is indeterminate (namely that part which would contain conditions of the object that have not yet been given in intuition, e.g., the outermost object in space). However, it is questionable if it is taken to imply something stronger, namely that every object is indeterminate (including those that are not outermost in space). For from the fact that the table in front of me has conditions that I have not yet discovered, it does not follow that the table itself is indeterminate (even if it may follow that something in the world, namely some causal ancestor of the table, along with the table's relation to it, is indeterminate). However, Kant can seem to need the stronger claim insofar as he needs *all* of the objects constituting the sensible world to be indeterminate, if the subject-dependency (or transcendental ideality) of objects is to be established through their indeterminacy. An additional problem can be seen to arise by considering that the *Antinomy*, even if it is completely successful, would seem to show only that *some* properties, namely those properties discussed in each antinomy (e.g., the magnitude of the world, the division of the world), are transcendentally ideal, but not that *all* properties in the sensible world are transcendentally ideal. Kant would seem to need a further argument to establish the stronger claim that the entire sensible world (including all appearances) is transcendentally ideal.

More recently, scholars have begun to focus on Kant's understanding of what a "condition" is and how it figures in the basic argument of the Antinomies, especially as discussed in section 7. For though it is tempting to think that Kant understands a condition to be either a necessary or a sufficient condition, neither of these notions is a perfect match for his use of the term (Willaschek 2018 and Watkins 2019). This issue turns out to be fundamental to much that goes on in the Transcendental Dialectic, since it affects how one analyzes what is fallacious in the arguments of antinomies as well as in how one should understand transcendental illusion.

Literature

Allais, Lucy 2007: "Kant's Idealism and the Secondary Quality Analogy", *Journal of the History of Philosophy*, 45: 459–484.
Allais, Lucy 2015: *Manifest Reality: Kant's Idealism and his Realism*, Oxford.
Allison, Henry E. 1983: Kant's Transcendental Idealism. An Interpretation and Defense, New Haven/London.
Ameriks, Karl 1982: Kant's Theory of Mind. Analysis of the Paralogisms of Pure Reason, Oxford.
Ameriks, Karl 1992: "Kantian Idealism Today", in: History of Philosophy Quarterly 9, 329–342.
Aquila, Richard E. 1979: "Things in Themselves and Appearances: Intentionality and Reality in Kant", in: Archiv für Geschichte der Philosophie 61, 293–307.
Broad, C. D. 1978: Kant. An Introduction, Cambridge.
Langton, Rae 1998: Kantian Humility, Oxford.
Prauss, Gerold 1974: Kant und das Problem der Dinge an sich, Bonn.

Rosefeldt, Tobias 2007: "Dinge an sich und sekundäre Qualitäten", in: J. Stolzenberg (ed.), *Kant in der Gegenwart*, Berlin, New York: Walter de Gruyter, 167–209.
Watkins, Eric 2019: "Kant on Real Conditions," in: *Proceedings of the 12. International Kant Congress Nature and Freedom*, (eds.) Violette L. Waibel & Margit Ruffing, Berlin, pp. 1133–40.
Willaschek, Marcus 2018: Kant on the Sources of Metaphysics, Cambridge.

Translations from the *KrV* are my own.

Henry Allison
19 The Antinomy of Pure Reason, Section 9

(A515/B543–A567/B595)

19.1 Position and Function of *Antinomy*, Section 9

Section nine, entitled "The Empirical Employment of the Regulative Principle of Reason, in Respect of all Cosmological Ideas", is the last and lengthiest of the divisions of the chapter on the Antinomy of Pure Reason. Its function is to spell out the positive implications of the resolution of the antinomy that arises from the application to the sensible world of the illusory principle of reason: "*if the conditioned is given, the entire sum of conditions, and consequently the absolutely unconditioned* (through which alone the conditioned has been possible) *is also given*" (A409/B436). In previous sections, Kant had argued that, in its application to the sensible world, this principle yields a four-fold antinomy, based on the four "cosmological ideas," each of which is an idea of the totality of appearances considered with respect to certain categories: the totality of events in time and objects in space; of the parts of any given composite substance; of causes for any given event; and of contingent beings. He also claimed to have shown that in each case it is possible to provide equally compelling proofs for the antithetical propositions that this totality requires some unconditioned first member (the thesis) and that it must be thought as an infinite series, only the totality of which is unconditioned (the antithesis). In other words, they correspond to two distinct and incompatible ways in which reason thinks the totality of conditions.

Kant's generic solution to this antinomial conflict turns on an appeal to transcendental idealism. He argues that with this doctrine in place, it is possible to resolve the antinomy by showing that it rests on the misunderstanding (attributed to the opposing transcendental realism) that the sensible world exists as a thing in itself. Operating on the basis of this misunderstanding and proceeding according to the above-mentioned principle of reason, the transcendental realist inevitably falls prey to the illusion that the totality of these conditions is already given, which entails that for each of the four ideas there must be either some first, unconditioned condition or an infinite series of conditions. By contrast, the transcendental idealist, having rejected this conception of the sensible world, is also able both to reject this conclusion and to reinterpret reason's demand to seek the conditions for any given conditioned as a regulative rather than a constitutive principle. So construed, the requirement to seek conditions is still in place, but without the transcendentally realistic assumption that the totality of conditions is already given prior to the search and therefore needs merely to be made manifest. As Kant succinctly puts it, this thought that the conditions must be regarded as given [*gegeben*] prior to the search for them is replaced by the critical principle that this search is set as a task [*aufgegeben*] (A498/B526).

19.2 Structure and Content of Section 9

Given this result, the official concern of section nine is to determine the significance for the investigation of nature of this principle of reason, regulatively construed as a demand to seek the totality of conditions for any given condition. The claim is that the investigation of nature in light of this requirement, which amounts to a quest for explanatory completeness or closure, enables one to attain the legitimate end of reason in the theoretical domain, namely the securing of the widest possible *empirical* employment of the understanding (A517/B545), and to do so without succumbing to dialectical illusion.

Kant's discussion of the first two cosmological ideas closely follows this line of thought and consists essentially in the further development of the conclusions that are already affirmed in section eight. The first of these ideas has to do with what Kant terms the "totality of the composition of the appearances of a cosmic whole" (A517/B545), that is, the age and size of the world. Appealing to the results of his initial analysis of the conflict (the first antinomy), Kant reaffirms that the world can be assigned neither a first beginning in time nor an outermost limit in space, but that this does not entail that it is infinite in these respects. Instead, he claims that the empirical regress through which the magnitude of the world is determined must be thought as continuable indefinitely (*ad indefinitum*) (A518/B546).

The second idea concerns the composition of substances in the world, that is, the "totality of division of a whole given in intuition" (A523/B551). Since, as the analysis of the antinomy has shown, the parts of which such substances are thought to be composed do not exist in themselves prior to and independently of the empirical regress through which they are determined (the division), they cannot be said to be either finite or infinite in number. Although this is in substantial agreement with the treatment of the first cosmological idea, for reasons to be considered later, Kant also insists that here the regress is to be thought as continuing to infinity (*ad infinitum*) rather than merely indefinitely, even though one cannot posit an (actual) infinite number of parts (*ibid.*).

In spite of this difference, both analyses presuppose and build upon what, up until this point, would appear to be the basis of Kant's analysis of the antinomy in all of its forms; viz., that in each case the conflict is resolved by showing that rather than being contradictory opposites, the thesis and antithesis are simply contraries and are both false. But immediately upon completing this analysis, Kant greatly complicates matters by adding a lengthy concluding remark [*Schlussanmerkung*] in which he introduces the distinction between the "mathematical" and the "dynamical," which he had previously applied to both the categories and principles (A528/B556–A532/B560). In the case of the principles, which are defined as rules for the objective employment of the categories (A161/B200), those designated "mathematical" are concerned with appearances qua intuited, that is, with the manner in which appearances must be given in space and time if they are to conform to the conditions of apperception (as extensive and intensive magnitudes). By contrast, the "dynamical" principles concern the existence of appearances in space and time, and, as such, are conditions of experience as opposed to mere intuition (see A160/B199–A162/B202). For present purposes, however, what is important about this latter set of principles (which includes that of causality and modality) is that, even though their scope is limited to objects of possible experience, they refer to what is *thought* rather than intuited. In short, they are concerned with the rules for the empirical thought of an object or an objective state of affairs.

Since the cosmological ideas (like the principles) are based on the categories, it is not surprising that Kant thought that a similar distinction would apply to them as well. What is perhaps surprising, as well as central to his entire account, is that he took this distinction to require a radically different treatment of the two species of antinomy. Thus, we now learn that the solution sketched above, which asserts that the antinomy is resolved because thesis and antithesis are both seen to be false, holds only for the antinomies arising from the first two or "mathematical" ideas, and that in the case of the last two, or dynamical ideas, the conflict is resolved in a radically different manner, indeed, one which establishes the compatibility rather than the falsity of thesis and antithesis.

This difference stems from a difference in the nature of the items thought together or "synthesized" in the respective ideas of totality. In the case of the mathematical ideas, all of the items are necessarily homogeneous in the sense of being intuitable spatiotemporal entities and occurrences. Consequently, the rejection of the transcendentally realistic assumption that the world or the elements of which it is composed exist in themselves leads naturally in each case to the rejection of both the thesis and antithesis. By contrast, in the case of the dynamical ideas, which concern the kind of causality operative in the world and the question of whether the contingency in the world requires grounding in a being that exists necessarily, the conditions combined together in the idea of totality may be heterogeneous in the sense that they need not all be regarded as sensibly given, that is, they include those that are merely *thought* as well as those that are *intuited*. Accordingly, both the theses, which affirm an unconditioned, "free" causality and the existence of a necessary being, and the antitheses, which deny any such causality or a necessarily existing being, may be true. At least there is no conflict between them, since the former refer to an "intelligible" (merely thinkable) ground that cannot be met with in experience, while the latter limit themselves to what can be an object of possible experience.

19.3 Textual Commentary

19.3.1 Kant begins his solution to the first cosmological idea by noting that here, as in the other cosmological questions, the regulative principle for the empirical employment of reason (always seek conditions) is grounded in the proposition that "in the empirical regress we can have *no experience of an absolute limit*, that is, no experience of any condition as being one that *empirically* is absolutely unconditioned" (A517/B545). This is because any such experience would, by definition, have to contain a limitation of appearance by nothing or the void, which is empirically impossible. And since the present concern is solely with reason in its *empirical* employment, empirical impossibility is sufficient to exclude such a limitation altogether.

Moreover, Kant continues, the fact that any condition reachable in an empirical regress must itself be regarded as empirically conditioned of itself yields the rule that, however far we may advance in the series of conditions, we must always search for still higher members of the series, which may or may not be cognizable empirically (A518/B546). In other words, while there is no point at which the search for conditions must in principle be terminated, there is also no guarantee that further conditions will be empirically accessible. In light of this, Kant suggests that the operative question is whether the regress must continue to infinity (*ad infinitum*) or merely that no limit can be specified, that it continues indefinitely (*ad indefinitum*). The bulk of the discussion is devoted to an argument for the latter alternative, which is, of course, already implicit in the denial of any guarantee that the further conditions for which we are required to search are even in principle accessible to empirical inquiry.

Kant's analysis turns largely on his idealistic or "constructivist" principle that the magnitude of the world is to be determined by the magnitude of the empirical regress rather than vice versa (A519/B547). In other words, since the world or "cosmic whole" is never given to us in intuition to be inspected as a discrete object, we cannot determine its magnitude (age or size) independently of the regress from conditioned to condition (from present to more remote past states or from nearby to distant objects in space). But the only claim we are entitled to make about this regress is that for every given member of the series of conditions we are required to seek out higher and more remote conditions (A519/B547). This follows directly from the rule stated above, which is itself an expression of the regulative demand of reason to seek the condition for every conditioned. As Kant notes, however, it entails that, "[W]e cannot [...] say anything at all in regard to the magnitude of the world, not even that there is in it a regress *in infinitum*"(A519/B547). The latter is presumably ruled out on the grounds that to affirm an infinite regress is to assume that the world has an infinite magnitude (A520/B548), and this has already been precluded by the rejection of any determinate claim regarding the magnitude of the world. By elimination, then, we are left with the regressus *in indefinitum*, which, Kant suggests, is clearly distinct from the *regressus in infinitum*, since it determines no magnitude in the object (A520/B548).

Considered in light of the actual arguments of the first antinomy, perhaps the most interesting feature of this result is that the claim of the antithesis regarding the infinity of the world in space and time (together with its variant affirming an infinite regress) turns out to be as much in conflict with the conditions of experience as the claim of the thesis regarding first beginnings and absolute limits. Both involve claims whose validation is empirically impossible, and, since we are dealing with the magnitude of the *sensible* world, this makes them both also absolutely impossible. As Kant points out in what he terms "the first and negative answer to the cosmological problem regarding the magnitude of the world" (A520/B548), the thesis position is rejected on the grounds that an absolute limit, which would require the perception of a limitation by absolutely empty time or space, could never be an object of possible experience. But precisely the same may be said of the infinitistic doctrine of the antithesis, since it rests on the dogmatic assumption that the magnitude of the world is determinable (as infinite) independently of the regress.

Kant underscores the latter point in an important footnote added to his critique of the finitistic position, in which he endeavors to distinguish this critique from the superficially similar argument of the antithesis. There we learn that although both Kant and the dogmatic infinitist reject the finitistic thesis of absolute limits on the essentially verificationist grounds that such limits could never become objects of possible experience, the latter mistakenly regards the sensible world "as a thing given in itself, in its totality, prior to any regress" (A521/B549n). And from this the dogmatist infers that the world must be infinite (occupy all times and places) if it is to have any determinate location in space and time. But since such a claim is based on the conception of the world as a pre-given totality (indeed, an infinite one), it is as dogmatic and as unverifiable as the contrary doctrine of absolute limits.

The second and affirmative aspect of the critical solution, which follows directly from the preceding, is that the regress in the series of appearances in the determination of the magnitude of the world proceeds *in indefinitum* (A521/B549). But rather than reiterating the argument already advanced in support of this claim,

Kant simply notes its equivalence to the complex proposition that, even though no absolute magnitude may be assigned to the sensible world, the empirical regress [through which alone its magnitude can be determined] is subject to the rule that it must always advance from a conditioned member of the series to one more remote. And, as he points out, all of this is for the sake of the possible empirical employment of the understanding, which, as already noted, is the proper concern of reason in its theoretical use (A522/B550).

Kant also takes pains, however, to obviate a possible misunderstanding of this rule of empirical progression. Thus, he remarks that the rule does not prescribe a regress without end with respect to a determinate kind of appearance. For example, it does not entail that in tracing the generations of living beings we shall never arrive at a first pair, or in the series of cosmic bodies an outermost sun. All that it requires is that the advance be "from appearances to appearances," that is, from and to objects of possible experience (A522/B550). Thus, it is only this respect that the advance must proceed *in indefinitum.*

19.3.2 In sharp contrast to the preceding, Kant begins his discussion of the solution of the second cosmological idea by declaring that here the regress from conditioned to condition does proceed *in infinitum* and not merely *in indefinitum*. The difference is that in this case, unlike the previous one, we are presented with a given whole, so that we can also think the parts as already given together with the whole. Consequently, the principle that the parts are given only through the regress no longer applies. Instead, what is not given independently of the regress, is the totality of the *division* of the parts, that is, the decomposition. Moreover, Kant maintains that this precludes us from claiming either that the composite is composed ultimately of simple parts or that, if infinitely divisible, it must consist of infinitely many parts.

Since, as we have just seen, in the resolution of the first antinomy Kant explicitly rejects the option of an infinite regress on the grounds that it entails an actual infinite magnitude, it might seem surprising to find him now claiming that infinite divisibility does *not* entail an infinite number of parts in the composition. The difference seems to be that we are now dealing with a *successive* infinite, which, as such, can never be viewed as a whole (A524/B552). Thus, the question of whether the regress from conditioned to condition is infinite or merely indefinite turns on the issue of what may be assumed to be "given" as a whole. If, as in the case of the first regress, nothing is so given (since the magnitude of the world is determined only in and through the regress), the regress can only be said to continue indefinitely; but if, as in the case of the second regress, a whole is given in intuition and the regress is to the parts of which this whole is composed, then it proceeds *ad infinitum.* As before, however, both the finitistic claim of the thesis (that the composite is composed ultimately of simples) and the infinitistic claim of the antithesis (that it is composed of an infinite number of parts) are ruled out on the grounds that they are incompatible with the conditions of an empirical regress.

In the remainder of this section Kant discusses the scope of this general principle concerning the divisibility of the composite. Moreover, in so doing, he both indicates its close connection with the doctrine of the infinite divisibility of space and expresses his opposition to various aspects of the Leibnizian position. To begin with, he maintains that it applies to delimited portions of space (Kant does not mention time), which are all infinitely divisible "wholes" without being composed of an infinite number of parts. This reflects the view, affirmed in the observation on the thesis of the second antinomy, that space should be viewed as a *totum*, rather than a *compositum*, since the parts are possible only in the whole and not the whole in the parts (A438/B466). And since it applies to space, Kant concludes that it applies also to that which occupies space, namely body, which is likewise then held to be infinitely divisible without being composed of an infinite number of parts.

It is this move from the infinite divisibility of space to that of things in space that brings Kant into direct conflict with the Leibnizian position. As Kant here reconstructs this position, it attempts to block this move by means of an appeal to its conception of substance. Since matter or the composite is composed of substances, which, as the ultimate subjects of composition, must persist throughout all decomposition, it follows (according to the Leibnizians) that matter or body, in contrast to the space which it occupies, cannot be thought to be infinitely divisible. If it were, it would mean that nothing would remain if all composition were removed (in thought), and this conflicts with the conception of substance as persisting.

As he does elsewhere in similar contexts, Kant admits that this objection would hold if bodies were things in themselves, that is, objects thought merely through pure concepts of the understanding, without any reference to sensibility and its conditions. At the same time, however, he denies that it applies to substance in appearance or matter, "For this latter is not an absolute subject, but only an abiding image [*beharrliches Bild*] of sensibility; it is nothing at all save as an intuition in which unconditionedness is never met with" (A525f./B553f.). In spite of its subjectivistic tone, Kant may here be taken as expressing the standard critical view that insofar as we are dealing with appearances (in the transcendental sense), that is, with objects considered as they appear, we cannot leave out the formal conditions of their intuition (space and time), from which it follows that we cannot posit any "absolute subject" or simple substance, since such a subject, although in a sense required by thought, is incompatible with these conditions. (For a further development of this line of thought, see *MAN*, IV 505f.)

In the final paragraph of this section, Kant denies that the infinite divisibility thesis is applicable to organic matter, which again brings him into direct conflict with

Leibniz, who held that the organization of matter and, therefore, "life" proceeds to infinity. Kant denies that such a pan vitalism is a "thinkable hypothesis" on the grounds that it presupposes that matter is divided, prior to the regress, into a determinate, yet infinite, number of parts (discrete quantities). In other words, since, *ex hypothesi*, we are here dealing with discreet quantities (determinate organic beings), the thesis of infinite divisibility would entail an actual infinite number of such beings or parts. This leads, however, to the self-contradictory idea of a series which, as infinite, must be viewed as not completable, but which, as composed of discreet quantities or determinate things, must nevertheless be assigned a determinate number (A527/B555). Thus, much as in the critique of the infinitistic position in the thesis of the first antinomy, Kant rejects this doctrine on the grounds that it rests on the incoherent idea of a completed infinite series. (On the latter issue, see Allison 1983, 42 f.)

19.3.3 Kant's treatment of the latter two cosmological ideas is separated from his discussion of the first two by the previously mentioned remark in which he distinguishes between the "mathematical and the dynamical transcendental ideas and their corresponding antinomies. The analysis of the first of these dynamical ideas, which shall be the main focus of our concern, provides the occasion for Kant to apply the general results of the third antinomy to the free will problem. Since the antinomy itself was concerned with the properly cosmological question of whether reason must admit an unconditioned first cause or posit an infinite chain of conditioned causes, its relevance to the latter problem is far from obvious at first glance, and Kant takes great pains to spell out the connection. He first calls attention to it in the observation on the thesis of the antinomy, where he notes that the transcendental idea of freedom, equated with absolute spontaneity, is both an essential ingredient in and the problematic aspect of the ordinary "psychological concept" of freedom (A448/B476). This conception of freedom of the will as involving absolute spontaneity (now characterized as "practical freedom") and the problem of its compatibility with the causality of nature then becomes the central issue in the discussion of the idea in section nine.

The importance that Kant himself places on the discussion is reflected in the comparative length and complexity of his analysis. In contrast to the fairly cursory treatment given to the other three ideas, Kant provides an initial six paragraph overview of the problem, arguing that it is transcendental rather than empirical and, as such, cannot be solved without appealing to the transcendental distinction between appearances and things in themselves (A532/B560–A537/B565). This is then followed by a schematic statement of the solution provided by transcendental idealism in terms of the distinction between an empirical and an intelligible character under the heading: "Possibility of Causality through Freedom, in Harmony with the

Universal Law of Natural Necessity" (A538/B566–A541/B569). And, in a lengthy final section, entitled "Explanation of the Cosmological Idea of Freedom in its Connection with Universal Natural Necessity," he applies the general principles laid out in the solution to the particular case of the human will and its agency (A542/B570–A558/B586).

Kant introduces the problem by noting that there are only two conceivable kinds of efficient causality: according to *nature* and from *freedom*. The former is the conception affirmed in the second analogy, according to which a state follows from a preceding state in accordance with a universal rule. For present purposes, the relevant feature of such causality is that, as subject to the conditions of time, the "causality of the cause" [*Kausalität der Ursache*] (A532/B560), that is, its actual productive power or efficacy, must have itself come into being in time (otherwise its effect would have always existed), which entails that this causality must have had an antecedent cause etc. By contrast, freedom, in the cosmological sense affirmed in the third antinomy, is defined as the power of beginning a state *spontaneously* [*von selbst*] (A533/B561). Kant points out that freedom, so construed, is a pure transcendental idea, the object of which cannot be given in any possible experience. Its cosmological function, as affirmed in the thesis of the antinomy, is to provide the closure or thought of absolute totality, which is demanded by reason and which cannot be provided by the former kind of causality.

Then, returning to the point already made at A448/B476, Kant claims that the practical concept of freedom, that is, the ordinary idea of free will, is based on this transcendental idea (A533/B561). We are also told that this is both the source of the difficulty in the traditional problem of freedom and the reason why it is a genuinely transcendental rather than a merely empirical problem. For Kant, this means that it is an essentially conceptual issue, which, as such, cannot be resolved by appealing to say psychological or physiological considerations.

The key to its transcendental nature lies in Kant's underlying conception of rational agency. He maintains that while the human will shares with the animal will (*arbitrium brutum*) the property of being sensuously affected, that is, moved by sensuous impulses, it is also the case that these impulses are not sufficient to determine the human will or, more generally, the will of a finite rational agent. Such agents have (or take themselves to have) a power of self-determination, which, Kant suggests, can only be conceived in terms of the idea of spontaneity or transcendental freedom. Moreover, this self-determination is specifically manifest in action based on the recognition of an *ought*. As he puts it in the decisive passage defining the problem: "[P]ractical freedom presupposes that although something has not happened, it *ought* to have happened, and that its cause, [as found] in the [field] of appearance, is not, therefore, so determining that it excludes a causality of our will – a causality which, independently of these natural causes, and even contrary to their force and influence, can produce something that is determined in the time-order in accordance with empirical laws, and which can begin a series of events entirely of itself" (A534/B562).

Kant's point is that to regard oneself as a rational agent is to take oneself as having the capacity to determine oneself to act on the basis of the recognition that something ought to be the case, and that this capacity presupposes an independence from complete determination by natural causality. Thus, insofar as we take ourselves as rational agents, we also take ourselves as genuine self-determiners, whose choices and actions are not simply the causal consequences of antecedent conditions. And this means that we attribute to ourselves a contracausal capacity for "absolute beginnings" that is modeled on the transcendental idea, which was initially at home in the cosmological domain.

Given this analysis of rational agency and its conditions, the problem is to conceive how freedom, so construed, could be compatible with the natural necessity that governs human behavior, considered as a series of events in the phenomenal world. As is already clear from the previously discussed remark preceding the analysis of the dynamical ideas, the key to the answer lies in transcendental idealism. An appeal to such idealism is necessary in order to solve the problem because it provides the only vehicle for the creation of the conceptual space required for the thought of an "intelligible" (non-empirical) ground of appearance that could serve as a condition of appearance, without itself being an empirically conditioned member of the series of appearances. Thus, Kant points out that if appearances were things in themselves, there would be no room for freedom, since nature would provide the complete and sufficient determining ground of every event (A536/B564). This is no longer the case, however, if we take appearances for no more than they really are: "representations, connected according to empirical laws," for then, "they must themselves have grounds which are not appearances" (A537/B565). Under this assumption, the effects of such a putative "intelligible causality" would be appearances and, as such, subject to the causality of nature, whereas this intelligible causality itself would not be so subject.

Although the outcome of this initial formulation of the problem is essentially negative, namely the demonstration of the incapacity of the common standpoint of transcendental realism, which regards appearances as things in themselves, to deal with the problem of freedom, it is also positive to the extent that it shows that what is required is an account of how the intelligible causality of freedom can be thought as the ground of the empirical causality of nature. The underlying assumption is that only if the relation between the two species of causality can be conceived in this way can they be conjoined in the determination of a given action. On any other view of their relation, either the merely intelligible, i. e. non-empirical, causality of freedom would have to be regarded as redundant, since the sufficient conditions of the explanation of the action would be provided by the series of natural causes, or it would be necessary to assume a break in the causal order of nature, which would conflict with the conditions of experience as set forth in the *Analogies of Experience*.

Kant attempts to deal with this problem by introducing the conception of character [*Charakter*] and the distinction between an empirical and an intelligible character. In the first *Critique*, Kant uses the term to designate both a kind of cause and a causal agent. Every efficient cause, he tells us, "must have a character, that is, a law of its causality without which it would not be a cause" (A539/B567). The empirical character of a cause or causal agent is just its *modus operandi*, that is, its disposition or tendency to behave in certain ways under given conditions. As such, an empirical character is something that is inferred rather than directly observed. Nevertheless, it is fully empirical, since it is inferred from the manifest behavior of the agent in question and it functions as the ground of the empirical explanation of this behavior.

Appealing to a kind of *via negativa*, Kant introduces the problematic conception of an intelligible character by contrasting it with the familiar empirical variety. As purely intelligible, it cannot be inferred from experience and, by definition, it does not conform to the conditions of possible experience. In fact, since time is the universal condition of possible experience, such a character "would not...stand under the conditions of time" (A539/B567). This, in turn, means that we could not speak of something happening in or to this character, or of its being determined by antecedent conditions. Indeed, its sole conceivable function would be to serve as the intelligible ground of the empirical character, and, as such, it is only accessible (if it can regarded as accessible at all) in and through that character. Accordingly, it stands in a complex relationship with the empirical character: serving as its transcendental ground or cause (its *ratio essendi*), while the latter is its sensible sign or indicator (its *ratio cognoscendi*). (For more on this point, see Willaschek 1992, 118–142.)

This conception of intelligible character remains completely problematic, since there is no way to determine whether an entity possessing it is even possible. Nevertheless, its mere conceivability allows Kant to suggest that if, in fact, there were some being in the sensible world to which such a character could be ascribed, then its causality (and the being itself) would have to be viewed from two points of view. As Kant puts it, "We should ... have to form both an empirical and an intelligible concept of the faculty of such a subject, and to regard both as referring to one and the same effect" (A538/B566). And, of course, the aim is to suggest that humans, as rational agents, are precisely such beings.

To begin with, Kant regards it as unproblematic that human beings, like everything else in nature, have an empirical character (A546/B574), and he describes the human will in its empirical character as "nothing but a certain causality of reason, so far as that causality exhibits, in its effects in the [field of] appearance, a rule from which we may gather what, in their kind and degree, are the actions of reason and the grounds thereof, and so may form an estimate concerning the subjective principles of his will" (A549/B577). Although it may appear strange to find the will in its *empirical* character described as a causality of *reason*, Kant's point is that, even at the empirical or phenomenal level, the intentional actions of human beings exhibit a "character" that is distinct from that of merely physical or mechanical causes, namely they reflect a set of underlying intentions. These intentions constitute the "subjective principles of the will;" they are empirical insofar as they can be inferred from overt behavior and, as such, they can be used to explain past actions and to predict future ones.

The notion of an empirical character therefore involves an explicitly deterministic (although not reductionistic) picture of human agency, and it is this picture to which we appeal when "we are simply *observing*, and in the manner of anthropology seeking to institute a physiological investigation into the motive causes of his actions" (A550/B578). In this sense, then, one might claim that the conception of an empirical character functions as a presupposition of the causal explanation of human actions. To explain such an action is just to show that it follows from the character of the agent, together with the relevant set of background conditions.

What is crucial for Kant, however, is that this is not the only point of view from which we can consider human actions. As he proceeds to point out, they can also be considered normatively in relation to practical reason, that is, "reason insofar as it is itself the cause producing them" (A550/B578). So considered, actions are evaluated in terms of rational norms which proclaim what *ought* or *ought not to have occurred*, quite independently of what did in fact occur. Although the issue is controversial, it seems reasonable to take Kant to be making a general claim about rational norms, which include but are not limited to moral norms. Thus, Kant states that reason imposes imperatives in "all practical matters" [*in allem Praktischen*] (A547/B575), which presumably includes prudential as well as moral matters, and that "the *'ought'* pronounced by reason" is operative "whether what is willed be an object of mere sensibility (the pleasant) or pure reason (the good)" (A548/B576). In either case, Kant suggests, "Reason does not ... follow the order of things as they present themselves in appearance, but forms for itself with perfect spontaneity an order of its own according to ideas" (*ibid.*).

So construed, the spontaneity of reason provides the key to both the Kantian conception of intelligible character and its relation to the empirical character of the will of rational agents. Kant's view is that both understanding and reason are spontaneous in the sense that they express the epistemic activity of the subject in organizing and unifying the data passively received through sensibility. But considered merely as cognitive faculties they do not exercise a causal power in the proper sense and, therefore, cannot constitute a character. Such power can, however, be attributed to reason considered as practical, that is, insofar as it prescribes oughts regarding action. As already indicated, Kant's position is that to take oneself as acting on the basis of norms (oughts) is to attribute to oneself a power to act that is not determined by antecedent conditions (including ones own antecedent state). And this means that insofar as we deliberate about what we ought to do, we, implicitly at least, attribute such a power to ourselves. To be sure, we may be deceived in so doing; but this would mean that we are deceived with regard to our rational agency, since the attribution of such a power is inseparable from the conception of ourselves as agents governed by rational norms.

Thus, to conceive the intelligible character of reason as the ground of the empirical character of the will is to regard it as the source of its subjective principles, the maxims on which the agent acts; and this is also the basis for the imputation to rational agents of actions based on these principles. The underlying idea is that the principles on which an agent acts are themselves freely chosen. In other words, rational agents do not simply *have* maxims, like animals (or chemical substances for that matter) have dispositions to behave in certain ways under given conditions. Rather, they choose maxims for themselves, with this choice being attributed to an act of spontaneity of the subject. Correlatively, to say that the empirical character serves as a sign or indication of the intelligible character is just to say that the subjective principles on which a rational agent acts reflect (albeit ambiguously) that agents fundamental choices and values.

Although for the most part Kant's account is first-person based, since it concerns how we are rationally constrained to conceive ourselves, insofar as we take ourselves as agents subject to rational norms, its connection with imputation makes it applicable to third-person accounts as well. Indeed, Kant attempts to clarify the third-person, imputational side of the story by means of the notorious example of a malicious lie, which is intended "to illustrate this regulative principle of reason [an unconditioned, spontaneous causality] by an example of its empirical employment" (A554/B582).

Faced with such an action, Kant suggests, we first enquire into its motive causes [*Bewegursachen*] and then seek to determine the degree to which the action and its consequences may be imputed to the agent. In considering the former question, which concerns the empirical character of the action and the agent, we appeal to explanatory factors such as "defective education, bad company … the viciousness of a natural disposition insensitive to shame … levity and thoughtlessness" as well as other "occasional causes that may have intervened" (A554/B582). In short, it is assumed that the action can be fully explained in terms of a combination of environmental factors and character traits; but, in spite of this, we still blame the agent.

Moreover, we do so not because of his bad disposition or even his previous way of life, but rather because "we presuppose that we can leave out of consideration what his way of life may have been, that we can regard the past series of conditions as not having occurred and the act as being completely unconditioned by any preceding state, just as if the agent in and by himself began in this action an entirely new series of consequences" (A555/B583).

The clear implication of this extremely controversial passage is that when we impute an action to an agent we also view it, implicitly at least, as a new beginning, as it were. In spite of Kant's language, we need not take him to be making the totally implausible claim that in imputing an action we leave out of consideration the agent's past history and character, as if these were completely irrelevant. The point is rather that we do not view these factors as in themselves causally sufficient to account for the action, since that would rule out the possibility that the agent could have acted otherwise. In the terms Kant uses in his preliminary discussion, we assume that the set of empirical causes appealed to in the explanation of the action, "is ... not so determining that it excludes a causality of our will," with this latter causality being thought of as initiating a new series of events "entirely of itself [ganz *von selbst*]" (A534/B562).

In a set of important *Reflexionen* that are closely related to this discussion of freedom (see Heimsoeth 1967a, 1967b), Kant makes essentially the same point by stating that actions are to a large extent "induced [*veranlasst*] but not entirely determined by sensibility; for reason must provide a complement of sufficiency [*ein complement der zulänglichkeit*]" (R 5611, XVIII 252); and in the same context he speaks of reason as using but not being determined by the natural condition of the subject (R 5612, XVIII 253). In these, and many other passages Kant is claiming that we necessarily appeal to the idea of a spontaneous, unconditioned causality as a model or regulative principle in the contexts of both rational deliberation and imputation. For unless we do so, we cannot subject these actions to rational norms (whether moral or prudential).

It is crucial to keep in mind, however, that Kant does not infer from this analysis that we can *know* that we are spontaneous agents, possessed of an intelligible character, and capable of initiating new series. It is rather that we are required to attribute such a character to our agency insofar as we take ourselves as rational agents. Accordingly, Kant casts the entire analysis in an explicitly hypothetical form, indicating that the claims about intelligible causality apply only if reason has "causality with respect to appearances" (A557/B582; see also A545/B573, A547/B575, A548/B576). As already noted, to deny that reason has such causality would be to deny that we are genuine rational agents or self-determiners, even though we take ourselves to be such, and nothing that Kant says here undermines that possibility. This is precisely why he remarks at the end of the analysis that his intention has not been to establish the reality or even the (real) possibility of freedom, but merely to show that the alleged antinomy between freedom and causal determinism is illusory, since "causality through freedom is at least *not incompatible with* nature" (A558/B586).

In fact, for Kant the reality of freedom can be established only from the practical point of view as a necessary presupposition of our agency. Moreover, this is precisely what he attempted to do in his writings on moral philosophy, beginning with the well known claim in the *Groundwork* that "to every rational being possessed of a will we must also lend the idea of freedom as the only one under which he can act" (IV 448). This makes the assumption of freedom practically necessary, but leaves in place the epistemic possibility that we are not really agents. (On this point, see Allison 1990, 217–224, 245–249.)

19.3.4 Whereas the third cosmological conflict concerns the regress from conditioned to unconditioned causality, the fourth deals with the move from the conditioned or contingent to the unconditioned or necessary existence of substance. The dispute is thus conducted in terms of the modal contrast: necessity-contingency, rather than the causal relation, and it concerns the ground of the existence of substance rather than of its states. At issue is whether it is legitimate to posit a necessarily existing being (substance) as the ground of the contingent beings (substances) in the world in order to provide the unconditioned which reason seeks or, alternatively, whether the concept of such a being is to be rejected on the grounds that everything encounterable in experience has merely a contingent existence.

As was the case in the third conflict, Kant maintains that if appearances were things in themselves, or, equivalently, if everything were appearance, the thesis position could not be maintained, that is, there could be no necessarily existing being, just as there could be no free causality, since everything encounterable in space and time is conditioned, with respect to its existence as well as its causality (A559–560/B587f.). And he likewise again insists that, given the transcendental distinction between things as they appear and as they are in themselves, and the dynamical nature of the series of existing substances, it is possible to maintain that both thesis and antithesis may be true. Thus, it becomes possible to grant a regulative function within experience to the principle (affirmed in the antithesis) that everything in the sensible world has a merely conditioned existence, without foreclosing the possibility of positing (in accordance with the thesis) a necessarily existing being that serves as condition of the series as a whole (A560/B588).

Moreover, Kant is once again careful to point out that this does not suffice to establish the actuality or even the real possibility of such a being, but merely the compatibility of its assumption with the conditioned nature of everything in the sensible world. Thus, the regulative principle that everything in the sensible world has an empirically conditioned existence is preserved (A561/B589), while a conceptual space is opened for the "arbitrary [*willkürlichen*] presupposition of a necessary, though purely intelligible, condition" (A562/B590).

Interestingly enough, this result is connected with what may be characterized as a two-fold limitation of reason. On the one hand, "we limit reason, lest in leaving the guiding thread of the empirical conditions it should go straying into the transcendent" (A562/B590). On the other hand, "we limit the law of the purely empirical employment of the understanding, lest it should presume to decide as to the possibility of things in general, and should declare the intelligible to be *impossible*, merely on the ground that it is not of any use in explaining appearances" (A562/B590). This may appropriately be described as a twofold limitation of reason rather than, as Kant's language suggests, of reason and the understanding, since the extension of the law of the empirical employment of the understanding from appearances to things in general is motivated by the previously noted illusory principle of reason, underlying the antinomy as a whole, that "if the conditioned is given, the entire sum of conditions, and consequently the absolutely unconditioned ... is also given" (A409/B436). Accordingly, appealing to the contrast between Plato and Epicurus, whom Kant uses as paradigmatic representatives of the thesis and antithesis standpoints respectively (see A470 f./B498 f., A853 f./B881 f.), it may be claimed that former limits Platonic and the latter Epicurean reason.

Up to this point, Kant's discussion of the fourth conflict closely parallels that of the third. But there are at least two significant respects in which his treatment of the latter differs from that of the former. The first is the decidedly more critical stance Kant takes toward the idea of a necessarily existing being than toward that of a causality of freedom. In the latter case, as we have seen, he provided an elaborate analysis of the ineliminable regulative function of the idea of freedom in the conception of ourselves as rational agents. By contrast, he now remarks that an absolutely necessary being, as product of the understanding [*Verstandeswesen*], may in itself be impossible, even though this impossibility cannot be established in the manner of the antithesis, by reasoning from the contingency and dependence of everything in the sensible world (A562 f./B590 f.). Moreover, in the *Ideal of Pure Reason*, Kant does reject as incoherent the idea of a necessarily existing being on the grounds that any particular being, including the *ens realissimum*, may be thought without contradiction as non-existent (see A613–616/B641–644). And from this we may infer that, in sharp contrast to the third conflict, Kant's quarrel with the antithesis of the fourth lies essentially with its mode of argumentation rather than its negative claim.

A second major difference between the treatment of the third and fourth conflicts, which Kant himself emphasizes, concerns the ontological location of the entities to which these ideas supposedly refer. In the case of unconditioned causality, the causal agent was itself a member of the empirical world (and hence so far appearance) and only its causality was thought as "intelligible." In the case of necessary existence, however, Kant suggests that, "the necessary being must be thought as entirely outside the series of the sensible world (as *ens extramundanum*), and as purely intelligible" (A561/B589). In other words, in the one case an intelligible character is assigned to something with a phenomenal side (a human being), while in the other a distinct intelligible existence is assigned to a transcendent being.

Although this formulation of the difference reflects the account of freedom just considered, where Kant is concerned with the relevance of the transcendental idea for the thought of human agency, it misrepresents the discussion in the actual antinomy. For there, it will be recalled, Kant was concerned with transcendental freedom as a *cosmological* idea, that is, as an idea thought necessary to ground the totality of appearances. And in this context the idea of an innerworldly or immanent free causality was introduced largely as an afterthought in the observation on the thesis (see A450/B478). Nevertheless, there remains some justification for Kant's distinction between the two dynamical ideas, since the idea of a necessarily existing being is certainly distinct from that of an unconditioned causality, and since the former (but not the latter) can be thought *only* as a transcendent being.

Kant further develops this latter point in a final paragraph characterized as a "Concluding Note on the whole Antinomy of Pure Reason," which actually serves as a transition from the cosmological concerns of the latter to the properly theological concerns of the Ideal. Recalling the important distinction between the transcendental and the transcendent drawn early in the *Dialectic* (A296/B352), Kant remarks that the cosmological transcendental ideas, which concern the unconditioned in the *sensible* world, become transcendent when this unconditioned is posited outside the sensible world. At that point reason ceases to be concerned with the unconditioned or closure with respect to the phenomenal as such, and is instead concerned with the intelligible ground of merely intelligible objects, that is, objects thought through pure concepts in complete independence of the conditions of sensibility. Moreover, Kant insists that the cosmological idea that gives rise to the fourth antinomy compels us to take this step, precisely because of the transcendent nature of the intelligible object in which contingency terminates (A566/B594). Accordingly, reason is led to the thought of an absolutely necessary being, from which it then attempts to derive the concept of contingent things considered as merely intelligible objects (what he usually terms "things in general"). It is this project with which the *The Ideal of Pure Reason* is concerned.

19.4 Questions of Interpretation

Although there is a good deal of discussion in the secondary literature of the mathematical antinomies, very little of it focuses directly on the issues raised in section nine. An exception is Norman Kemp Smith, who criticizes as ungrounded both Kant's contrast between a progress *in indefinitum* and a progress *in infinitum* and his sharp distinction between the mode of resolution of the mathematical and the dynamical antinomies (Kemp Smith 1918 [²1923], 508–521). In the case of the third antinomy, however, (the fourth being largely ignored) the situation is reversed, with most of the attention being devoted to the discussion of freedom of the will in section 9 rather than to the antinomy itself. In spite of the relative modesty of Kant's conclusions, that is, the fact that he claims to have established merely the conceivability of freedom rather than its reality or even real possibility, his account has been subjected to frequent and sometimes harsh criticism. The basic difficulty that critics have continually found in this account was already well expressed by Kant's contemporary Hermann Andreas Pistorius, who in his review of the *Critique of Practical Reason* wrote: "I readily confess that this double character of man, these two I's in a single subject, are for me, in spite of all the explanations which Kant himself and his students have given of it, particularly with respect to the resolution of the well known antinomy of freedom, the most obscure and incomprehensible in the entire critical philosophy" (Bittner and Cramer 1975, 175).

Similar sentiments have also been expressed by contemporary critics such as P. F. Strawson (Strawson 1966) and Jonathan Bennett (Bennett 1974, esp. 187–211), as well as by many whose reading of Kant has been influenced by them and who therefore reject the Kantian account as deeply incoherent. A favorite target for such critics is the conception of timeless agency that seems to be entailed by Kant's account of an intelligible character. How, it is often asked, can a temporal being act outside of time, and, in particular, how can one make sense of a timeless choice of one's empirical character?

More generally, these critics share a deep distrust, if not an outright rejection of transcendental idealism, as well as a sense that the very problem which Kant attempts to solve by means of this idealism is not genuine, since a perfectly adequate account of agency can be given in naturalistic terms that do not require an appeal to anything like transcendental freedom. The latter amounts to an updated version of Humean naturalistic compatibilism, according to which "free" actions are those with a particular kind of natural cause, namely beliefs and desires, or, in many cases the neurophysiological events that are thought to stand in a relation of token-token identity with them, rather than a mysterious non-natural, noumenal cause. Ironically, apart from the identification of beliefs and desires with their neurophysiological correlates, this preferred contemporary view of agency is basically equivalent to Kant's own account of agency in its *empirical* character. Accordingly, the dispute between Kant and these critics may be said to turn largely on the question of the adequacy of an account of agency that appeals solely to empirical factors such as beliefs and desires, without any appeal to the idea of spontaneity.

Another group of philosophers are basically sympathetic to the general outlines of Kant's approach, but highly critical of some of the details of his account of freedom, particularly the doctrine that a person may be said to have acted freely and, therefore, be held responsible for an action, even though an adequate causal explanation of the action is available. Foremost among these are Lewis White Beck and Richard Körner, who argue that Kant's resolution of the third antinomy in the first *Critique* needs to be revised in terms of the resolution of the antinomy of teleological judgment in the third. As a result of such a revision, the Kantian view would be that free and natural causality do not conflict because they are merely regulative principles, each of which is operative from a certain "standpoint:" the former from the standpoint of the "actor" and the latter from that of the "spectator." This prevents conflict because the choice between them is based on pragmatic considerations, concerning which type of explanation (in terms of reasons or causes) is more appropriate in a given instance, and it can never be the case that both are required for one and the same action/event. (See Körner 1967, Beck 1975 and 1987, and for a critique of this approach Allison 1990, 71–76.) Unlike the former, these critics take seriously Kant's idealism and its relevance to the problem of freedom, but they share the view that the underlying concern of the Kantian project, namely to show how one and the same occurrence may be seen as both causally necessitated and free in an indeterminist sense, is deeply misguided.

Still a third group of philosophers, while critical of certain aspects and formulations of Kant's account, attempt in quite different ways to defend its main outlines against many of the objections noted above. These include Ralf Meerbote, who in a number of papers maintains that Kant's theory of freedom is best understood in terms of Donald Davidson's anomalous monism (Meerbote 1984a and 1984b; for a criticism of this approach see Allison 1990, 76–82), and Allen Wood, who defends, at least tentatively, a Kantian conception of timeless agency against charges of fatalism and incoherence (Wood 1984).

Finally, both sympathetic and systematic accounts of Kant's theory of freedom have been developed in recent years by Bernard Carnois (1973 [1987]), Henry Allison (1990, 1996), and Marcus Willaschek (1992). Only the latter two of these, however, seriously engage the secondary literature and attempt to assess the viability of Kant's views from a contemporary perspective. And although they share a good deal of common ground and arrive at a generally positive assessment of the Kantian views, they differ in the basic thrust of their interpretations: Allison, focusing on the conceptual nature of Kant's claims regarding intelligible character and the like, emphasizes the necessity of the *idea* of spontaneity for the *conception* of oneself as a rational agent, while Willaschek, affirming a genuinely causal dimension to Kant's account of intelligible character, attempts to relate this account directly to contemporary work in action theory.

Literature

Allison, Henry E. 1983: Kant's Transcendental Idealism. An Interpretation and Defense, New Haven/London.
Allison, Henry E. 1990: Kant's Theory of Freedom, Cambridge/New York
Allison, Henry E. 1996: Idealism and Freedom, Essays on Kant's Theoretical and Practical Philosophy, Cambridge.
Beck, Lewis White 1975: The Actor and the Spectator, New Haven/London.
Beck, Lewis W. 1987: "Five Concepts of Freedom in Kant", in: J. T. J. Srzednick (ed.), Philosophical Analysis and Reconstruction, a Festschrift to Stephan Körner, Dordrecht, 35–51.
Bennett, Jonathan 1974: Kant's Dialectic, Cambridge.
Bittner, Rüdiger/Cramer, Konrad (Hg.) 1975: Materialen zu Kants "Kritik der praktischen Vernunft", Frankfurt/M.
Carnois, Bernard 1973: La Cohérence de la doctrine Kantienne de la liberté. Paris; (engl. transl.: The Coherence of Kant's Doctrine of Freedom, trans. by David Booth, Chicago/London 1987.
Heimsoeth, Heinz 1967a: Transzendentale Dialektik. Ein Kommentar zu Kants Kritik der reinen Vernunft. Zweiter Teil: Vierfache Vernunftantinomie; Natur und Freiheit; intelligibler und empirischer Charakter, Berlin/New York.
Heimsoeth, Heinz 1967b: "Freiheit und Charakter nach den Kant Reflexionen Nr. 5611–5620," in: Wilhelm Arnold/Hermann Zeltner (Hg.), Tradition und Kritik, Festschrift für Rudolf Zocher zum 80. Geburtstag, Stuttgart 1967, 123–44.
Kemp Smith, Norman 1918: A Commentary to Kant's "Critique of Pure Reason", London (^{2}1923).
Körner, Stephan 1967: "Kant's Conception of Freedom", in: Proceedings of the British Academy 53, 193–217.
Meerbote, Ralf 1982: "Wille and Willkür in Kant's Theory of Action," in: M. S. Gram (ed.), Interpreting Kant, Iowa, 69–89.
Meerbote, Ralf 1984a: "Kant on Freedom and the Rational and Morally Good Will," in: A. W. Wood (ed.), Self and Nature in Kant's Philosophy, Ithaca and London, 57–72.
Meerbote, Ralf 1984b: "Kant on the Nondeterminate Character of Human Actions," in: W. A. Harper and R. Meerbote (eds.), Kant on Causality, Freedom and Objectivity, Minneapolis, 138–63.
Ortwein, Birger 1983: Kants problematische Freiheitslehre, Bonn.
Röttges, Heinz 1974: "Kants Auflösung der Freiheitsantinomie", in: Kant-Studien 65, 33–49.
Strawson, Peter 1966: The Bounds of Sense. An Essay on Kant's Critique of Pure Reason, London.
Willaschek, Marcus 1992: Praktische Vernunft, Handlungstheorie und Moralbegründung bei Kant, Stuttgart/Weimar.

Wood, Allen 1984: "Kant's Compatibilism," in: A. W. Wood (ed.), Self and Nature in Kant's Philosophy, Ithaca, 73–101.

Translations from the *KrV* are Kemp-Smith's (*Critique of Pure Reason*, transl. by Norman Kemp-Smith, London 1929, ²1933).

Jean Ferrari

20 Das Ideal der reinen Vernunft

(A567/B595–A642/B670)

20.1 Stellung und Funktion des *Ideals* in der *Kritik*

Man kann das *Ideal*, so wie es in der ersten und zweiten Auflage der *Kritik der reinen Vernunft* dargestellt wird, in seiner verwirrenden Eigenart nicht verstehen, wenn man es nicht auf das bezieht, was ihm vorausgeht – die *Antinomie* –, und auf das, was ihm folgt – der *Anhang zur transzendentalen Dialektik*. Nach der Dekonstruktion der großen Thesen der herkömmlichen Metaphysik im zweiten Kapitel des zweiten Buches der *Transzendentalen Dialektik*, insbesondere der unerbittlichen Demonstration der Unmöglichkeit eines Gottesbeweises über die vierte kosmologische Antinomie der reinen Vernunft, mag es verwunderlich erscheinen, daß Kant im dritten Kapitel desselben Buches ein Problem in seinem vollen Umfang wiederaufgreift, von dem man meinen könnte, es sei durch die Lösung der Antinomie bereits bewältigt. Kant hatte in der Tat gezeigt, daß die Idee Gottes, zusammen mit der der Seele und der der Welt, uns keinerlei Erkenntnis verschaffe, und daß die Existenz ihres Gegenstandes nicht bewiesen werden könne. Nun erhält ebendiese Idee, nachdem sie in ihrem unerschütterlichen Existenzanspruch zurückgewiesen worden ist, durch die Bezeichnung „Ideal der reinen Vernunft" gewissermaßen eine neue Dignität. Unter diesem allgemeinen Titel, der nur den Analysen im zweiten Abschnitt korrespondiert, findet jedoch eine erneute kritische Untersuchung aller Gottesbeweise statt, die als Folge des unvermeidlichen Gangs der Vernunft dargestellt wird, sobald diese die existierenden Gegenstände in ihrer Einheit und Zweckmäßigkeit zu denken versucht.

Es handelt sich also um eine Rekonstruktion der unterschiedlichen Versuche der reinen Vernunft, jenseits der durchweg bedingten phänomenalen Welt das Unbedingte zu erfassen, d.h. eine notwendige und einzige Ursache, die höchste Wirklichkeit. So wird der Gegenstand einer Idee, zu der die Vernunft unweigerlich gelangt, hypostasiert. Das Scheitern dieser Versuche ist so offenkundig, daß der Nutzen des *Ideals*, wie der der *Kritik*, zunächst als rein negativ und völlig reduktiv erscheint, was dieses Streben der Vernunft hin zu einem Jenseitigen der Sinneserkenntnis anbelangt.

Sollte man der platonischen Taube nicht die Flügel stutzen, um sie zu zwingen, auf dem bescheidenen Boden der Erfahrung zu bleiben? Zwar wird ein gewisser Ausblick auf einen positiven Nutzen einer solchen Idee im Bereich der praktischen

Vernunft eröffnet, doch wird ihr spekulativer Nutzen kaum angedeutet. Erst im *Anhang zur transzendentalen Dialektik* werden, mit unvergleichlicher Klarheit und Strenge, Rolle und Bedeutung der Idee eines höchsten Wesens herausgestellt, als „regulative[s] Prinzip der systematischen Einheit der Welt, aber nur vermittelst eines Schema derselben, nämlich einer obersten Intelligenz, die nach weisen Absichten Ursache derselben sei" (A697/B725). So unterdrückt das *Ideal*, indem es die Entstehung der Idee eines höchsten Wesens analysiert und die unterschiedlichen Gottesbeweise widerlegt, jede Anwandlung der Vernunft, aus dieser Idee einen Gegenstand zu machen, eröffnet aber einen Weg, sie im spekulativen (*Anhang zur transzendentalen Dialektik*) und praktischen Bereich (*Kritik der praktischen Vernunft*) zu verwenden.

20.2 Inhalt und Aufbau des *Ideals* im Überblick

(I) Auf ungefähr fünfzig noch einmal in sieben Abschnitte untergliederten Seiten beschreibt Kant unter dem übergreifenden Titel des *Ideals* die Suche nach einer absoluten Bedingung aller Gegenstände überhaupt, die die Vernunft mit der Idee des höchsten Wesens gleichsetzt, dessen Existenz sie vergeblich mit Hilfe unterschiedlicher Argumente zu beweisen versucht. Im ersten und zweiten Abschnitt wird in Absetzung vom Begriff und der Idee definiert, was man unter dem Ideal (erster Abschnitt) und dem Ideal der reinen Vernunft (zweiter Abschnitt) zu verstehen hat.

(II) Der zweite Abschnitt beschäftigt sich vor allem damit, die Genese der Idee Gottes in uns aufzuzeigen, da das Ideal der reinen Vernunft sowohl die Idee selbst ist als auch der dialektische Beweisgang, der zu ihr führt. Es handelt sich hierbei um eine notwendige Idee, die einer natürlichen Forderung der Vernunft entspricht und als „absolute Totalität, in der Synthesis der Bedingung aller möglichen Dinge überhaupt" (B434/A408) die Bedingung darstellt, ohne die nichts gedacht werden und ohne die kein Gegenstand der Welt bestimmt werden könnte. Sie ist der „Inbegriff aller Möglichkeiten" und der absolute „Grund" der Bestimmbarkeit eines jeden Objekts. Der dialektische Schein entsteht, wenn die Vernunft dieses Ideal hypostasiert und personifiziert, um die Existenz Gottes zu behaupten.

An diesem Punkt tritt die kritische Vernunft auf den Plan, um ein weiteres Mal die Vergeblichkeit eines solchen Unterfangens zu zeigen. Nach der *transzendentalen Analytik* besteht für solche Versuche tatsächlich wenig Hoffnung. Sie lehrt, daß alles, was wir erkennen können, durch den empirischen Gebrauch unserer Vernunft bestimmt ist und uns daher nur eine unendliche Reihe von einander bedingenden Phänomenen gegeben ist, ohne daß wir jemals zu einer ersten Bedingung gelangen könnten, die selbst nicht bedingt wäre und so ein Fundament böte.

(III) Im dritten Abschnitt beschreibt Kant das natürliche Vorgehen der menschlichen Vernunft, die ausgehend von der Existenz kontingenter Gegenstände versucht, eine absolut notwendige Ursache aufzufinden, bei der sie ausruhen könnte. Von der Notwendigkeit eines absolut notwendigen Wesens überzeugt, glaubt sie, es im Begriff eines Wesens von der höchsten Realität (ens realissimum) zu finden, ein Wesen, das alle Realität enthält und das sie mit dem höchsten Wesen als „Urgrund aller Dinge" gleichsetzt (A587/B615). Dieses Argument, das in spekulativer Hinsicht nicht überzeugt, kann dennoch nützlich werden, dann nämlich, wenn ein praktisches Gesetz dazu zwingt, sich für oder gegen die Existenz eines höchsten Wesens zu entscheiden.

Dieser Beweis, der einfachste und verbreitetste, verdankt sich nicht tiefreichender Spekulation, sondern der Beobachtung der Dinge, wie sie sind, kontingent und unvollkommen, und führt uns auf ganz natürliche Weise zum vollkommenen Wesen, das Ursache ihres Daseins ist. Infolgedessen unterscheidet Kant, indem er die durch spekulative Vernunft entwickelten Beweise zusammenfaßt, drei verschiedene Arten von Gottesbeweisen, deren Prüfung und Widerlegung den Gegenstand der folgenden Abschnitte bilden werden. Er beginnt mit dem Typus von Gottesbeweis, der an letzter Stelle zu stehen scheint, den die anderen in Wirklichkeit aber zur Voraussetzung haben: das ontologische Argument.

(IV) Im vierten Abschnitt wird der sogenannte cartesianische Gottesbeweis widerlegt, der Kant zufolge den Anspruch erhebt, durch reine Begriffsanalyse aus der Idee eines vollkommen notwendigen Wesens auf die notwendige Existenz desselben zu schließen. Doch ist einerseits die „unbedingte Notwendigkeit der Urteile [...] nicht eine absolute Notwendigkeit der Sachen" (A593/B621), andererseits kann das Dasein kein Wesensattribut sein, da es der Definition eines Gegenstands nichts hinzufügt. „Und so enthält das Wirkliche nichts mehr als das bloß Mögliche" (A599/B627).

(V) Dem völlig willkürlichen Charakter des ontologischen Arguments stellt Kant (im fünften Abschnitt) den natürlichen Weg gegenüber, den der kosmologische Gottesbeweis oder Beweis aus der Kontingenz der Welt einschlägt, aber nur, um diese „List" der Vernunft (A606/B634) besser entlarven zu können, die hinter ihrem Appell an die Idee der Erfahrung überhaupt den unvermeidlichen Rekurs auf das ontologische Argument verbirgt. Wenn der Beweis sich nämlich, in einem ersten Schritt, von der Idee der natürlichen Kontingenz zu der der Notwendigkeit erhebt, dank einer im übrigen ungerechtfertigten Inanspruchnahme des Kausalitätsprinzips, so geht sie in einem zweiten Schritt von der Behauptung einer notwendigen Ursache zu der eines vollkommenen Wesens – Gott – über. Zu Beginn dieses fünften Abschnitts führt Kant die zwei Beweise auf, die als transzendental bezeichnet werden – zu Recht, da sie ihren Ausgangspunkt in der reinen Vernunft haben –, um deren dialektischen Schein zu erklären, und legt am Ende nahe, das Ideal der reinen Vernunft könne dennoch die Rolle eines regulativen Prinzips spielen – bei der Suche nach der systematischen Einheit aller unserer Erfahrungen.

(VI) Der sechste Abschnitt ist dem letzten der Gottesbeweise gewidmet, dem sogenannten physikotheologischen. Aber noch vor dessen Untersuchung beteuert Kant, wie wenig beweiskräftig er angesichts des unendlichen Abstands zwischen der sinnlichen und der intelligiblen Welt sei. Tatsächlich beruht dieses Argument auf einer – zweifellos fragwürdigen – Gleichsetzung der Natur mit einem Kunstwerk. Es erlaubte allenfalls den Schluß von der im Universum zu bewundernden Ordnung und Schönheit auf einen geschickten, die Welt befehligenden Baumeister, nicht aber auf einen Schöpfergott. Letztere Schlußfolgerung würde von der kontingenten Beschaffenheit der Welt ausgehen, um zu einem notwendigen Wesen aufsteigen, was bereits der kosmologische Beweis beansprucht, der selbst wiederum das ontologische Argument voraussetzt. Das ontologische Argument stellte also, wäre es zwingend, das einzig mögliche Argument zugunsten der Existenz Gottes dar.

(VII) Infolgedessen – und das ist die Schlußfolgerung des *Ideals* in seinem siebten Abschnitt – sind alle Versuche der Vernunft, die Existenz Gottes zu beweisen, zum Scheitern verurteilt. Doch bietet die transzendentale Theologie den Vorteil, für den praktischen Gebrauch der Vernunft einen von allem Anthropomorphismus und jeglicher pantheistischen Versuchung geläuterten Begriff des höchsten Wesens bereitgestellt zu haben.

20.3 Textkommentar

20.3.1 Erster Abschnitt: *Von dem Ideal überhaupt*

H. Heimsoeth hat 1966 zu Beginn seines meisterhaften Kommentars zur *Transzendentalen Dialektik* zu Recht bemerkt, daß dieser Teil der *Kritik der reinen Vernunft* noch wenig Kant-Forscher gereizt habe. Doch muß man sehen, daß das *Ideal* eine Ausnahme darstellt. Zahlreich sind die Philosophen, die sich, vor allem in den letzten Jahrzehnten, mit diesem schwierigen Text befaßt haben, in dem man durch die Kritik der philosophischen Theologie hindurch die Abrechnung mit aller spekulativen Metaphysik erkennen kann, die Bestätigung der Endlichkeit der menschlichen Erkenntnis wie auch, in seiner höchsten Idee verdichtet, das Ideal der Vernunft, nicht auf die Suche nach der größten Einheit der Erkenntnis verzichten kann. Im *Ideal* finden sich alle großen Themen der *Kritik der reinen Vernunft* versammelt, allerdings in besonderer Weise verknüpft.

Auch die Philosophie ist in ihren letzten Zielen angesprochen, weniger mit Bezug auf ihre eigene Geschichte, auch wenn hier und da einige Hinweise fallen, als vielmehr auf die der Vernunft, die unvermeidlich zum transzendentalen Schein verdammt ist, den nur eine radikale Kritik aufzulösen erlaubt. Aber diese die Anmaßungen der Vernunft zurechtstutzende Kritik ist keine negierende – sie führt nicht zum Skeptizismus, sondern erlaubt es im Gegenteil, ihm zu entkommen, indem sie den Vernunftideen, insbesondere der Gottes, die Aufgabe zuweist, eine Einheit des Wissens herzustellen. Sie eröffnet den Weg zu einem anderen Erkenntnistyp: die durch die nötigenden Imperative der praktischen Vernunft geforderte moralische Erkenntnis.

Aber man begreift, daß der Einsatz hoch ist, insofern es um die Frage nach Gott geht, die kein Philosoph umgehen kann: Im *Ideal* muß man also zuerst das Wesen und den Gebrauch der Idee Gottes im Kantischen System suchen, allerdings anhand dessen, was zunächst wie eine Beschreibung ihrer Genese und eine Widerlegung der Beweise für die Existenz ihres Gegenstandes aussieht.

Der Ausdruck „Ideal" ist zu vage, als daß Kant nicht das Bedürfnis verspürt hätte, ihn selbst zu definieren, und dies mit Bezug auf die Objektivität der Erfahrung als deren höchsten Punkt in unserem Geiste. Die Bedingungen der Realität, so, wie sie in der *Transzendentalen Ästhetik* und der *Transzendentalen Analytik* definiert worden sind, erlauben eine klare Unterscheidung zwischen dem *Begriff* oder der *Kategorie*, der bzw. die ohne Anschauung leer bleibt (A51/B75), auf eine solche aber angewandt werden kann, woraus sich das Phänomen ergibt; der *Idee*, die auf eine Einheit abzielt, die in der Erfahrung nicht gefunden werden kann, für die Errichtung eines Systems jedoch unabdingbar ist; und dem *Ideal*, das von Kant als Idee definiert wird, deren Gegenstand einem einzelnen Ding in individuo entspricht. Das Ideal, so heißt es in § 17 der *Kritik der Urteilskraft*, ist „die Vorstellung eines einzelnen als einer Idee adäquaten Wesens" (V 232). Die Vernunft enthält so Ideale, die man den platonischen Ideen vergleichen kann und die stets eine Vollkommenheit in ihrer Art bezeichnen. Das sokratische „Erkenne dich selbst" muß als Einladung interpretiert werden, die eigenen Handlungen mit der Idee der vollkommenen Menschheit zu vergleichen, die in jedem Menschen vorhanden ist, und danach zu streben, ihr gleich zu werden. Denn etwas Unvollkommenes kann niemals zum Maßstab dienen, ganz gleich, wofür. So stellt auch der stoische Weise in seiner unerreichbaren Vollkommenheit ein Modell oder ein Ideal (ein „Urbild") dar, mit dem verglichen alle weisen Menschen nichts weiter sind als unvollkommene Kopien („Nachbilder"). Der Gebrauch des *Ideals* ist also zunächst ein praktischer, er betrifft die Wirksamkeit unserer Handlungen, denen er zum Modell und zum Maßstab dient, im Unterschied zu den Idealen der Einbildungskraft – sie sind zufällige Geschöpfe unseres Geistes, die weder das eine noch das andere darstellen.

Indem er hier das Ideal als Grundlage der „Möglichkeit der Vollkommenheit gewisser *Handlungen*" (A569/B597) definiert, setzt Kant, wie Descartes, den Begriff der Vollkommenheit an erste Stelle. Mit Bezug auf ihn läßt sich der unvollkommene

Charakter der empirischen Gegenstände messen: Die Erfahrung entspricht weder der Vollständigkeitsforderung der Idee noch der Vollkommenheit, auf die das Ideal abzielt. Doch während Kant in diesem ersten Abschnitt Ideal und Vollkommenheit eng verknüpft, indem er ersterem einen moralischen Charakter zuspricht, wird er bei der Definition des Ideals der reinen Vernunft, das einen rein spekulativen Charakter besitzt, einen anderen Weg einschlagen.

20.3.2 Zweiter Abschnitt: *Von dem transzendentalen Ideal (Prototypon transscendentale)*

Der zweite Abschnitt stellt einen schwierigen, besonders abstrakten Text dar, dessen Verlauf man sehr genau folgen muß, wenn man nachvollziehen will, was Kant unter dem Ideal der reinen Vernunft versteht. Die sukzessiv vorgeschlagenen Definitionen des Ideals und die Beschreibung seiner Genese haben zu fragwürdigen Interpretationen Anlaß gegeben, die häufig einer nachlässigen Lektüre entspringen. Es lassen sich drei Perspektiven unterscheiden, die drei verschiedenen Verfahren der Vernunft entsprechen: logisch, transzendental, ontologisch. In allen drei Fällen handelt es sich um apriorische Verfahren, die keinerlei vorgängige Erfahrung oder auch nur irgendeinen Zusammenhang mit einer möglichen Erfahrung voraussetzen. Sie sind der Vernunft, die sie durchführt, inhärent. Nun erscheinen an verschiedenen Stellen im Text wiederholt die Ausdrücke „Existierendes", „Seiendes", „Realität", „Datum", die den Leser irreführen könnten. Man muß auf die erste Definition achthaben, die Kant von der Realität (Sachheit) gibt: Sie ist die „transzendentale Bejahung" (A574/B602; transzendental, insofern sie einen Inhalt betrifft, im Gegensatz zur logischen Bejahung, die rein formal ist), eine Bejahung, die „ein Etwas ist, dessen Begriff an sich selbst schon ein Sein ausdrückt" (ebd.). Die transzendentale Bejahung schafft sozusagen einen Raum der Realitäten, aus dem der Begriff eines jeden Gegenstandes, in dem Maße, indem er positiv definiert ist, seine eigene „Realität" bezieht.

Wir werden nun den Verstand und die Vernunft am Werk sehen, wo sie apriorische Erkenntnis beanspruchen können, und, wo sie Illusorisches behaupten. Der Begriff eines Gegenstandes erwächst aus zwei Grundsätzen. Da ist zunächst der Grundsatz der Bestimmbarkeit, der selbst wiederum den Satz des Widerspruchs voraussetzt: Zwei einander kontradiktorisch entgegengesetzte Prädikate können nicht gleichzeitig demselben Begriff zugeschrieben werden. Sodann der Grundsatz der durchgängigen Bestimmung, wenn man den Gegenstand selbst und nicht mehr den Begriff betrachtet: Dieser setzt die Kenntnis aller möglichen Prädikate voraus, die dem Gegenstand zugesprochen werden können. Die logische Form steht hier dem Inhalt in zweifacher Weise nach, mit Bezug auf die Gesamtheit aller möglichen

Prädikate, die Kant Allheit (Universitas) nennt (A572/B600), und, im Inneren dieses Ganzen, mit Bezug auf diejenigen Prädikate, die sich a priori als diesem besonderen Gegenstand zugehörig bestimmen lassen.

Der existierende Gegenstand ist also derjenige, dem keine widersprüchlichen Prädikate zugeschrieben werden (logischer Standpunkt), und der mit Bezug auf die Gesamtheit (Inbegriff) aller möglichen Prädikate bestimmt ist (transzendentaler Standpunkt), so daß man weiß, welche derselben ihm entsprechen und welche nicht. Da diese Operation in ihrer Gesamtheit niemals „in concreto" durchgeführt werden kann, kann es sich nur um eine Forderung der Vernunft selbst handeln.

Der Übergang zum Ideal der reinen Vernunft wird auf subtile Weise im nächsten Absatz vollzogen. Wie kann man die Gesamtheit (Inbegriff) aller möglichen Prädikate kennen, die die Möglichkeitsbedingung der vollständigen Bestimmung eines jeden Gegenstandes darstellt? Man muß diese Gesamtheit, auch wenn der Leibnizsche Ausdruck nicht auftaucht, als Inbegriff der „Kompossiblen" verstehen, da aus ihm diejenigen Attribute ausgeschlossen sind, die miteinander in Widerspruch stehen. Der Begriff einer solchen Gesamtheit ist also identisch mit dem Begriff einer durch die reine Vernunft bestimmten einzigartigen Gesamtheit von Kompossiblen. Auf diese Weise individualisiert er sich gewissermaßen: Er ist also weder Begriff, noch Idee im eigentlichen Sinne. Kant zufolge handelt es sich um „ein *Ideal* der reinen Vernunft" (A574/B602).

Der transzendentale Standpunkt ist hier vom logischen darin unterschieden, daß er den Inhalt betrifft, das heißt dasjenige, was vom Gegenstand a priori gedacht werden kann. Nun ist dieser Inhalt nicht durch Verneinung bestimmt, sondern durch eine transzendentale Bejahung, die auf die „Realität" des Gegenstandes verweist. In Übereinstimmung mit der philosophischen Tradition betrachtet Kant die Bejahung als primär und die Verneinung, die nichts als die Feststellung eines Mangels darstellt, als stets abgeleitet; „die Realitäten enthalten die Data" (A575/B603).

Nachdem Kant die Gesamtheit der möglichen Attribute als „Inbegriff aller Möglichkeiten oder Allheit" bestimmt und diesem die Singularität eines Ideals zugesprochen hat, führt Kant den Begriff des transzendentalen Substrats ein, der, wie er sagt, nichts weiter ist als „die Idee von einem All der Realität (omnitudo realitatis)" (A575 f./B603 f.), wobei die Verneinungen lediglich dessen Schranken bezeichnen (ebd.).

Die Idee des Substrats verweist hier auf die eines Dinges an sich selbst, welche die eines Alls der Realität wäre. Ist es in seiner Eigenschaft als Ideal bereits als einzeln charakterisiert, so kann es nun „ens realissimum" genannt werden – der erste Ausdruck im Text, der einem der Begriffe entspricht, derer sich die Tradition bedient hat, um Gott zu bezeichnen. Bisher wird sie aber noch ausschließlich dem transzendentalen Ideal zugesprochen, als „oberste und vollständige materiale Bedingung" der Bestimmung alles Existierenden (A576/B604). Auf diese Weise verfährt die Vernunft jedoch in ihrem legitimen Gebrauch, um zur dritten Idee der reinen Vernunft zu gelangen. Hierher führt der disjunktive Vernunftschluß, der dem Urteil der Wechselwirkung entspricht (Synthese aus Substanz und Kausalität). Aber diese Idee, zu der die Vernunft notwendig gelangt, impliziert in keiner Weise die Existenz ihres Gegenstandes. Sie sieht darin nur das *Prototypon*, mit Bezug auf das die existierenden Dinge nicht anders erscheinen können als abgeleitet und mangelhaft.

Damit führt Kant eine Erläuterung der Art der Beziehung ein, die sich zwischen dem All der Realität und den davon abhängigen Dingen denken läßt. Der Begriff der Ableitung, den er verwendet, ist in zweierlei Hinsicht erhellend: zum einen mit Bezug auf dasjenige, aus dem der Gegenstand sich ableitet, zum anderen mit Bezug auf das, was abgeleitet wird. So wie die verneinenden Urteile aus vorgängigen Bejahungen abgeleitet sind, ist die Möglichkeit der Dinge durch Einschränkung dieser ursprünglichen Realität abgeleitet, da „alle Figuren nur als verschiedene Arten, den unendlichen Raum einzuschränken, möglich sind" (A578/B606).

Hier stellt sich das heikelste Problem des Textes. Einerseits scheint dieser Vergleich mit dem Raum zu suggerieren, die mögliche Bestimmung eines Gegenstandes hebe sich sozusagen von der Gesamtheit aller Möglichkeiten ab wie ein Teil vom Ganzen. Aber indem er erneut die Begriffe des ens originarium, ens summum und ens entium anspricht, um dieses Ganze den traditionellen Begriffen für einen transzendenten Gott zuzuordnen, scheint er diese Interpretation zu dementieren, selbst in dem restriktiven Sinn, den er ihnen, im Gegensatz zur Tradition, gibt: „Alles dieses [die genannten Begriffe] aber bedeutet nicht das objektive Verhältnis eines wirklichen Gegenstandes zu andern Dingen, sondern der *Idee zu Begriffen*" (A579/B607).

Diese klare Zurückweisung jeder realistischen Konzeption, noch vor den Verbesserungen, die folgen werden, scheint mir jede Interpretation dieses Textes im Sinne Spinozas auszuschließen. Selbst der gelegentlich erfolgende Hinweis auf den Text der *Fortschritte*, in dem Kant unter dem Titel einer „transzendenten Theologie" schreibt, daß in der Welt, wie sie der Dogmatismus konzipiert, „dieser *metaphysische Gott* (das realissimum) gleichwohl sehr in den Verdacht kommt, daß er mit der Welt, (unerachtet aller Protestationen wider den Spinozism) als einem All existirender Wesen, einerley sey" (XX 302), kann sie nur erschweren, da das kritische Vorgehen dadurch, daß es die transzendentale Realität von Raum und Zeit bestreitet und sich als transzendentaler Idealismus definiert, allen Dogmatismen entgegengesetzt ist.

Aber auch, wenn Kant selbst nicht zum Spinozismus neigt, so scheint er die Gefahr einer solchen Interpretation doch zu spüren, da er im folgenden Absatz einen plötzlichen Perspektivenwechsel unternimmt, der ihn dazu führt, die Art der Darstellung des Ideals der reinen Vernunft in ihrem Bezug auf die mögliche Bestimmung der Gegenstände tiefgreifend zu modifizieren. Er gesteht zu, daß die Ausdrücke „Inbegriff" und „Einschränkung", die er in seinem „ersten rohen Schattenrisse" (A579/

B607) verwendet hat, an die Teilung eines Aggregats denken lassen könnten, was der Idee, die man sich von der höchsten Realität machen soll, widerspricht, und er ersetzt den Ausdruck „Inbegriff" durch den des „Grundes". Auf einem losen Blatt findet sich auch der Hinweis: „von Bestimung des Begrifs von Gott nicht als Inbegrif sondern Grund aller realitaet sonst ist es Anthropomorphism" (XX 342). Warum hat Kant mit einem „groben Schattenriß" begonnen? Zweifellos genau deshalb, weil er dem Gang der reinen Vernunft im progressiven Aufbau ihres Ideals folgen wollte, der bei dieser Idee des ursprünglichen Wesens endet, dem Fundament und dem Gegenstand der transzendentalen Theologie, die ihn als „einiges, einfaches, allgenugsames, ewiges etc." (A580/B608) Wesen definiert, ohne daß schon die Frage nach seiner Existenz gestellt worden wäre. Doch bereits hier überschreitet die Vernunft die Grenzen dessen, was ihr zu sagen erlaubt ist, indem sie so die Idee des „All" zu einem Grund hypostasiert: eine Fiktion, so Kant, eine Hypothese, von der sich nicht einmal die Möglichkeit beweisen läßt.

Aber wie sind wir hierher gelangt? Die Lehren der *Transzendentalen Analytik* erlauben eine Erklärung. Was für die sinnliche Erfahrung gilt, bei der jedes gegebene Objekt „den Inbegriff aller empirischen Realität" (A582/B610) zur Bedingung hat, wird auf den Bereich der Vernunft ausgeweitet, wo nichts gegeben ist, mit der Idee eines „transzendentale[n] Prinzip[s] der Möglichkeit der Dinge überhaupt" (ebd.). Dieses Prinzip wird nacheinander „realisiert", „hypostasiert" und „personifiziert", als ob diese letzte Bedingung, die dem höchsten Zweck der Vernunft entspricht, in einer erhabenen Intelligenz enthalten wäre. Das Ideal der reinen Vernunft ist hier ein dialektisches Verfahren, das als ein Köder dargestellt wird, den Kant „Subreption" (A583/B611) nennt.

Diese Genese der Idee des transzendentalen Ideals der reinen Vernunft, das Kant ein einziges Mal in diesem Abschnitt mit dem Wort „Gott" in Verbindung bringt, hat etwas Beunruhigendes. Sie entspricht keiner der erprobten traditionellen Vorgangsweisen, sie läßt sich tatsächlich nur innerhalb des Kantischen Systems mit Bezug auf die Erkenntnisprinzipien seiner Theorie beschreiben und verstehen; Kant selbst erinnert hieran am Schluß. Die Distanz zwischen dem Gott der gewöhnlichen Beweise, die im folgenden Gegenstand der Untersuchung sind, und diesem Ideal der reinen Vernunft als Idee der absoluten Einheit der Bedingung aller Gegenstände des Denkens überhaupt ist groß. Eine Verwunderung darüber entsteht erst mit dem Auftauchen der der Tradition entliehenen Ausdrücke für dieses Ideal.

In diesem Abschnitt, wie in den folgenden, erweist es sich als notwendig, innerhalb des Kantischen Diskurses genau zwischen dem zu unterscheiden, was aus der gemeinen, und dem, was aus der kritischen Vernunft herrührt, so sehr erscheinen die beiden Standpunkte vermengt und die Zuschreibung der Subjekte („ich", „man", „wir", „die Vernunft"…) willkürlich.

20.3.3 Dritter Abschnitt: *Von den Beweisgründen der spekulativen Vernunft, auf das Dasein eines höchsten Wesens zu schließen*

Nur der Schluß des Textes entspricht der Abschnittsüberschrift. Zuerst wird das Bedürfnis der Vernunft behandelt, und im Anschluß daran erläutert Kant den natürlichen Gang der Vernunft zur Befriedigung dieses Bedürfnisses.

Dieses natürliche und dringende Bedürfnis der Vernunft besteht in der Forderung nach etwas, „was dem Verstande zu der durchgängigen Bestimmung seiner Begriffe vollständig zum Grunde liegen könne" (A583/B611). Dieses Fundament, auf dem die Vernunft sich ausruhen könnte, kann nur das Unbedingte sein, aber sie kann es nicht durch eine bloße Idee, die ihr eigenes Werk ist, als wirklich erfassen. Außerdem entspricht es dem natürlichen Gang der Vernunft, von einem gegebenen Dasein auszugehen, von mir z. B., um zu einem Gegenstand aufzusteigen, der notwendigerweise existieren soll.

Die Existenz von Gegenständen, die selbst bedingt und kontingent sind, verlangt die Existenz einer unbedingten und notwendigen Ursache. Wenn ich nun versuche, dieses notwendige Wesen zu denken, indem ich a priori einen Begriff verwende, der ihm vollkommen entspricht, so werde ich zu dem „Begriff eines Wesens von der höchsten Realität" geführt (A586/B614).

Von diesem natürlichen Gang der Vernunft gibt Kant verschiedene Darstellungen (A589 f./B617 f.), die sich stets in derselben Weise zusammenfassen lassen: Es gibt einen Ausgangspunkt in der Erfahrung, bei dem mich die Frage nach dem Warum zu einer notwendigen Ursache führt, die bald mit dem allerrealsten Wesen identifiziert wird, d. h. dem höchsten Wesen, das mir als der „Urgrund aller Dinge" (A587/B615) erscheint. Es handelt sich hier um eine Form des Beweises *a contingentia mundi*, der unter dem Namen des „kosmologischen Gottesbeweises" im vierten Abschnitt erläutert wird. Hier wird er allerdings auf zweierlei Arten betrachtet. Von einem rein theoretischen Standpunkt aus stellt er in keiner Weise einen Beweis dar und kann nicht überzeugen, es sei denn, man entscheidet sich von vornherein für die Existenz einer notwendigen Ursache, dann „hat [man] vielmehr keine Wahl" (ebd.). Die günstigste Haltung ihm gegenüber ist die der Urteilsenthaltung. Aber von einem praktischen Standpunkt aus gesehen muß man ihm „eine gewisse Gründlichkeit" zugestehen (ebd.). Was objektiv unzureichend ist, kann subjektiv ausreichend sein, wenn das uns nötigende moralische Gesetz Triebfedern fordert, die an die Existenz des höchsten Wesens geknüpft sind. Es handelt sich hier um eine erste Andeutung auf einen praktischen Gebrauch der Idee des höchsten Wesens, die gegen Ende des siebten Abschnitts wieder aufgegriffen werden wird.

Man sollte noch anmerken, daß Kant dieses Argument „transzendental" nennt, obwohl es seinen Ausgangspunkt in einer konkreten Erfahrung nimmt, da diese durch die Idee der Kontingenz definiert ist, deren „innere [...] Unzulänglichkeit" (A589/B617) nur durch eine apriorische Analyse aufgezeigt werden kann. Dies gestattet es Kant, den kosmologischen Gottesbeweis ungeachtet seines Namens zu den transzendentalen Beweisen zu zählen.

Der dritte Abschnitt schließt mit einer Präsentation aller möglichen Gottesbeweise, die Kant auf drei reduziert und danach unterscheidet, wo sie ihren Ausgangspunkt nehmen: in einer bestimmten Erfahrung (der physikotheologische Beweis), in einer unbestimmten Erfahrung (der kosmologische Beweis) oder im bloßen Begriff des höchsten Wesens (das ontologische Argument). Im *Beweisgrund* von 1763 hatte er seinen eigenen hinzugefügt, von dem im *Ideal* nicht die Rede sein wird, den er dort als ontologisch bezeichnet und ihn als Umkehrung des hier kritisierten ontologischen Arguments präsentiert hatte, insofern er vom Möglichen als Folge auf die Existenz Gottes als Prinzip geschlossen hatte.

Noch bevor ihre Untersuchung überhaupt begonnen hat, werden die drei Beweise, die zur Existenz einer höchsten Ursache aller Dinge zu führen beanspruchen, zurückgewiesen, und Kant verkündet, daß er mit der Widerlegung desjenigen beginnen werde, der in seinen Augen von den anderen vorausgesetzt wird: dem ontologischen Beweis.

Man sieht daran, daß Kant keineswegs darum bemüht ist, historisch vorzugehen und eine Bestandsaufnahme der Beweise zu liefern, wie sie die Philosophen vorgebracht haben. Die Methode, die hier angewandt wird, ist diejenige, von der in der *Geschichte der reinen Vernunft* (A852/B880) Gebrauch gemacht wird, die, der Natur der reinen Vernunft entsprechend, von einem transzendentalen Standpunkt aus verfährt. Erinnern wir uns dennoch daran, daß Thomas von Aquin fünf Wege unterschied, die zu Gott führen (*Summa theologica* I, qu. II):
1) Das Argument aus der Bewegung, die zur Bejahung eines ersten unbeweglichen Bewegers führt (Aristoteles),
2) das Argument aus der Ordnung der Wirkursachen,
3) das Argument aus der Existenz der kontingenten Dinge,
4) das Argument aus den Vollkommenheitsgraden der Dinge,
5) das Argument aus der Weltordnung (gubernatione rerum oder aus der Zweckmäßigkeit).

Die Beweise des Thomas von Aquin ließen sich sicherlich unschwer mit den von Kant genannten in Beziehung setzen, allerdings schloß Thomas den ontologischen Gottesbeweis aus: „Daher muß man schlechthin sagen: Gott ist nicht das Erste, was von uns erkannt wird; man kommt vielmehr durch die Geschöpfe zur Erkenntnis Gottes" (ebd., qu. 88,3), während dieser Beweis für Kant, wenn er stichhaltig wäre, den einzig gültigen darstellte.

20.3.4 Vierter Abschnitt: *Von der Unmöglichkeit eines ontologischen Beweises vom Dasein Gottes*

Bis hierher erschien es schwierig, was Kant das Ideal der reinen Vernunft nennt, mit dem Gott der rationalen Theologie gleichzusetzen, so sehr scheint die Idee, oder vielmehr das Ideal, mit dem sich die Kantischen Analysen beschäftigen, an eine Auffassung gebunden zu sein, die sich nur aus dem kritischen System selbst heraus versteht. Bei der Untersuchung, der Kant sich nun widmet, könnte es scheinen, als sollte zumindest die Darstellung der Beweise, noch vor ihrer Kritik im eigentlichen Sinne, im tatsächlichen Kontext der philosophischen Theorien stattfinden, innerhalb derer sie formuliert worden sind. Doch nichts dergleichen geschieht. Zum einen werden Darstellung und Kritik der Beweise nicht getrennt, zum anderen kritisiert Kant die Beweise nicht so, wie diese jeweils im Einzelnen vorgelegt wurden – selbst wenn beim ersten der Name Descartes fällt –, sondern so, wie sie am Leitfaden der Natur der reinen Vernunft in ihren Irrungen rekonstruiert werden können. Vielleicht stellte dies das kürzeste und sicherste Mittel dar, die Vergeblichkeit dieser Beweise aufzuzeigen und von da aus die Dekonstruktion der Metaphysik mit Bezug darauf durchzuführen, was als ihre größte Kühnheit erscheint: der Schluß von der bloßen Idee des höchsten Wesens auf dessen Existenz. Man wird hier weder die Darstellung Anselms von Canterbury noch auch die Descartes' wiederfinden, wohl aber, wie man sagen könnte, die Idee des ontologischen Arguments als solche.

Vorbereitend auf die Darlegung der Scheinhaftigkeit des Arguments erinnert Kant an den Beweis, der von einem gegebenen Dasein auf das eines absolut notwendigen Wesens schließt, und an die Schwierigkeit, dessen Idee zu denken, die sich bereits von ihrer Definition her jenseits der Sphäre unseres Verstandes situiert (A593/B621). Kant verfährt in drei Etappen bei seiner Widerlegung des Arguments. Zunächst untersucht er das gewissermaßen ausgezeichnete Beispiel des Dreiecks, das bereits bei Descartes vorkommt, und weist dann die These vom Sonderstatus der Idee Gottes zurück, die ihm von seinen Gegnern hätte entgegengehalten werden können. Schließlich zeigt er den radikalen Unterschied zwischen der logischen und der realen Ordnung, der bloßen Möglichkeit und dem Dasein, auf, den er bereits in der *Nova dilucidatio* herausgestellt hatte.

Auf diesen wenigen Seiten geschieht tatsächlich nichts weiter, als daß im Lichte der Prinzipien des kritischen Systems eine Widerlegung wiederaufgenommen wird, die 1755 das erste Mal erscheint, im *Beweisgrund* ausführlich entwickelt wird und seinen

Nachhall in der Schrift *Was heißt: sich im Denken orientieren?* (1786) und im *Opus Postumum* findet, nicht zu reden von den *Reflexionen* aus dem Nachlaß und den *Vorlesungen*.

Kants Vorgehen ist hier durch drei berühmte Thesen gekennzeichnet:
1) „Die unbedingte Notwendigkeit der Urteile [...] ist nicht eine absolute Notwendigkeit der Sachen" (A593/B621).
2) „ein jeder Existenzialsatz [ist] synthetisch" (A598/B626).
3) „und so enthält das Wirkliche nichts mehr als das bloß Mögliche" (A599/B627).

Der erste Einwand gegen das Argument gilt für jede Idee, in der die Definition notwendig den Charakter der Gegebenheit impliziert. Es wäre logisch widersprüchlich, das Wesen eines Dreiecks ohne dessen drei Seiten zu definieren, aber das Urteil, das sie notwendig vereint, impliziert in keiner Weise, daß wirklich ein Dreieck existiert. Die notwendige Verknüpfung des Prädikats mit dem Subjekt führt nur dann zu einem Widerspruch, wenn ich das Subjekt setze und zugleich das Prädikat verneine. Verneine ich aber das Subjekt, so hebe ich mit ihm alle seine Prädikate auf und es gibt auch keinen Widerspruch mehr. Ebenso ist es mit der Idee Gottes. Kant faßt hier unverblümt die Möglichkeit ins Auge, ich könne sagen: „Gott ist nicht", damit alle seine Prädikate aufhebend. Die Idee Gottes genießt keinerlei privilegierten Status gegenüber der des Dreiecks.

Descartes hatte diesen Einwand, der bereits von Caterus geäußert wurde, vorhergesehen, und wiewohl er hinsichtlich des Dreiecks und anderer Gegenstände zugestand, daß die Notwendigkeit ihres Wesens nicht die ihrer Existenz nach sich zieht, klagte er für Gott allein die Unmöglichkeit einer Trennung von Wesen und Dasein ein (*Meditationes* V, AT IX, 1,52). Zweifellos war Kant der Text der fünften *Meditation* direkt oder indirekt seit langem bekannt, aber er geht nicht von der Idee des Vollkommenen oder Unendlichen aus, die bei Descartes und Anselm im Herzen des Arguments steht, sondern von der des allerrealsten oder absolut notwendigen Wesens, die dem Ideal der reinen Vernunft entspricht, so wie er es zuvor definiert hat. So oder so handelt es sich um die gleiche Widerlegung: Es geht darum zu zeigen, daß das Argument entweder einen begrifflichen Widerspruch enthält, indem es dem Begriff eines möglichen Gegenstandes den Begriff seiner Existenz einfügt, oder eine „elende Tautologie" (A597/B625), wenn man nämlich die Existenz des Gegenstandes der Idee bereits vorausgesetzt hat. Das hat seinen Grund darin, daß die „Realität" des Inhalts des Gegenstandes dieses Begriffs, die Existenz, ein synthetisches Urteil ist, das nicht durch logische Analyse aufgefunden werden könnte. Sie kann nicht als ein Prädikat verstanden werden, das etwas zur „Realität" des Gegenstandes, d. h. zum Inhalt des Begriffs von diesem Gegenstand, hinzufügte: „Hundert wirkliche Taler enthalten nicht das Mindeste mehr, als hundert mögliche" (A599/B627). Im Existierenden ist nichts mehr enthalten als im Möglichen.

Wie Kant im *Beweisgrund* festgestellt hatte, ist das Dasein „die absolute Position eines Dinges und unterscheidet sich dadurch auch von jeglichem Prädicate, welches als ein solches jederzeit blos beziehungsweise auf ein ander Ding gesetzt wird" (II 73). Man darf also den kopulativen Gebrauch des Verbes „sein", wenn ich sage „Gott ist allmächtig", nicht mit der Existenzbehauptung in dem Satz „Gott ist" verwechseln. Der Inhalt der Idee Gottes mitsamt allen ihren Attributen ist aber in nichts verändert, ob er nun ist oder nicht ist. Der Gedanke der höchsten Wirklichkeit läßt also die Frage nach dem Dasein eines Gegenstandes, den ich dadurch denke, offen, und seine Möglichkeit a priori, d. h. sein logisch nicht widersprüchlicher Charakter, läßt die Frage nach seiner Möglichkeit a posteriori offen, da diese nicht anders als durch die allgemeinen Prinzipien bestimmt werden kann, die die apriorischen Bedingungen einer jeden möglichen Erfahrung definieren – eine Erfahrung, die sich nur ausgehend von einem sinnlich Gegebenen konstituieren kann.

Ich verfüge also über keine Möglichkeit, die Existenz Gottes a priori zu behaupten. Zwar kann ich seine Nicht-Existenz ebensowenig behaupten, doch läßt sich die Annahme seiner Existenz in theoretischer Hinsicht nicht rechtfertigen.

Die unnachgiebige Kritik des Arguments, das Kant letztlich Descartes zuschreibt, führt im Rahmen dieses Abschnitts zu einer totalen Diskreditierung der Idee Gottes, selbst wenn er sie in einer eingeschobenen Bemerkung für sehr nützlich erklärt, ohne daß aber für diese Behauptung irgendeine Begründung angeführt würde. Die Idee des Ens realissimum, das ich weder mit dem Sein noch strenggenommen mit seiner Möglichkeit in Beziehung setzen kann, da Dasein und Möglichkeit vollständig durch die Gesetze der Erfahrung bestimmt sind, erscheint, wie er zu Beginn des folgenden Abschnitts sagt, als völlig willkürlich. Sie muß sogar für den Beweis büßen, der a priori die Existenz seines Gegenstandes beweisen sollte und der hier als „etwas ganz Unnatürliches" (B631/A603) qualifiziert wird, so wie die, die ihn vorbringen, als Toren.

Mit der Widerlegung des ontologischen Beweises wohnt man hier einer unerbittlichen und fast frohlockenden Reductio bei, so sicher ist Kant sich, gegenüber einem der grundlegenden Verfahren der traditionellen Metaphysik im Recht zu sein. Über dieses gewissermaßen ausgezeichnete Beispiel wird die Anmaßung eines jeden Dogmatismus, a priori Gesetze aufzustellen, indem logische und reale Ordnung durcheinandergeworfen werden, demontiert und ohne große Anstalten abgewiesen. Dennoch hat Kant mit dem ontologischen Argument noch lange nicht abgeschlossen, da er darin, in den folgenden Abschnitten, den geheimen Motor hinter den anderen Beweisen erblikken wird. Er wird sich 1786 in *Was heißt: sich im Denken orientieren?* in weniger böswilliger Absicht auf es beziehen, um darin zum einen ein unbezwingbares Bedürfnis der Vernunft zu sehen, selbst einen Grund aller Dinge zu finden. Zum anderen soll es dort die Nützlichkeit der subjektiven Prinzipien zeigen, wo die objektiven es bei voller Sachkenntnis nicht erlauben, eine Entscheidung zu fällen (VIII 138). Schließlich wird er im *Opus Postumum* mehrfach darauf zurückkommen, als ob das ontologische Argument, trotz der unanfechtbaren Überzeugungskraft der daran geäußerten Kritik, stets von Neuem eine Widerlegung forderte, als eine ständige und nicht zu unterdrückende Versuchung der menschlichen Vernunft.

20.3.5 Fünfter Abschnitt: *Von der Unmöglichkeit eines kosmologischen Beweises vom Dasein Gottes*

a) Verglichen mit dem so heftig kritisierten ontologischen Argument scheinen Kant die anderen Beweise, zumindest auf den ersten Blick, angemessener zu sein. Das nun untersuchte kosmologische Argument, dessen Gang er zu Beginn als Umkehrung des ontologischen Arguments darstellt, indem es von der Voraussetzung der Existenz des absolut Notwendigen zum ens realissimum fortschreitet, erscheint ihm natürlicher und die Überlegung, die die natürliche Theologie schon immer inspiriert hat, überzeugender. Es lautet Kant zufolge: „Wenn etwas existiert, so muß auch ein schlechterdingsnotwendiges Wesen existieren. Nun existiere, zum mindesten, ich selbst: also existiert ein absolutnotwendiges Wesen" (B633/A605). Der Untersatz stellt eine Daseinsbehauptung auf, hier dieselbe, die Descartes zum unbezweifelbaren Ausgangspunkt seiner Philosophie genommen hat, doch könnte es auch das Dasein irgendeines anderen Gegenstandes sein. Von hier wird, über die Anwendung des Kausalitätsprinzips, auf das Dasein des Notwendigen geschlossen. Es ist der scholastische Beweis a contingentia mundi, den Leibniz und Wolff wiederaufgegriffen haben. Zumindest in Teilen ist er der These der vierten Antinomie der reinen Vernunft vergleichbar, die behauptete: „Zu der Welt gehört etwas, das, entweder als ihr Teil, oder ihre Ursache, ein schlechthin notwendiges Wesen ist" (A452/B480). Nur die zweite Hypothese wurde hier festgehalten.

Nun benötigt der Begriff eines absolut notwendigen Wesens, um vollständig bestimmt zu sein, den des ens realissimum. Nur von hier aus kann er zu dem eines höchsten Wesens gelangen. So ist das Argument Ergebnis einer „List" der Vernunft (A606/B634), ein Ausdruck, der in der *Kritik der reinen Vernunft* nur ein einziges Mal vorkommt, dessen Schicksal aber bekannt ist: Es verbirgt, nach einem ersten Schritt in der Erfahrung, einen Gedankengang, der nur deshalb schlüssig ist, weil er heimlich vom ontologischen Argument Gebrauch macht, dessen geschickte Verkleidung er lediglich darstellt. Kant will hiermit sagen, daß der Appell an die Erfahrung künstlich ist und das kosmologische Argument, wie das ontologische Argument auch, sich an die apriorischen Begriffe hält: Wenn ich vom Begriff der absoluten Notwendigkeit auf den der Existenz eines absolut notwendigen Wesens schließe, so liegt das daran, daß „die absolute Notwendigkeit [...] ein Dasein aus bloßen Begriffen" (A607/

B635) ist, wie auch der des ens realissimum, dem er adäquat ist. Ich kann also zwar von dem einen auf den anderen schließen, aber wer sähe nicht, daß ich niemals das Dasein, sondern lediglich die „Realität" des Inhalts dieser beiden sich wechselseitig implizierenden Begriffe verbinde.

Auf diese Weise demontiert, bildet das ontologische Argument, von dem Kant zu Beginn, wie um die Kraft dieser List der Vernunft zu zeigen, gesagt hatte, er wisse nicht, ob es vernünftig oder vernünftelnd sei, „ein ganzes Nest von dialektischen Anmaßungen" (A609/B637):
1) transzendentaler Gebrauch (hier verstanden als transzendentaler Schein) des Kausalitätsprinzips jenseits der Erfahrung, auf die allein er sich bezieht,
2) Ablehnung der unendlichen Reihe kontingenter Ursachen, um eine erste unbedingte Ursache zu verlangen, in der die Vernunft ihre Ruhe zu finden glaubt,
3) schließlich und vor allem die Verwechslung der logischen Möglichkeit, die dem Satz des Widerspruchs entspringt, und der transzendentalen Möglichkeit, die nur mit Bezug auf eine mögliche Verwirklichung in der Erfahrung Sinn macht.

Zuletzt besteht der Hauptfehler des kosmologischen Beweises darin zu glauben, er sei in der Erfahrung gegründet, während der Kern seines Arguments auf der Entsprechung der beiden in der Erfahrung niemals vorhandenen Begriffe beruht: dem der absoluten Notwendigkeit und dem der höchsten Realität. Es ist weder möglich, vom ens realissimum auf die Existenz einer unbedingten Ursache zu schließen, noch von der absoluten Notwendigkeit auf das allerrealste Wesen. Wäre eines der Verfahren möglich, so wäre es auch das andere, aber das eine wie das andere überschreiten jegliche Grenzen der Erfahrung und sind somit zum Scheitern verurteilt. Durch die Kritik dieses zweiten Beweises wurde der Dogmatismus ein weiteres Mal in seinem Anspruch zurückgewiesen, vom Logischen auf das Wirkliche zu schließen, mit Bezug auf den Gegenstand, auf den es ihm am meisten ankommt (der Schluß von der Erkenntnis auf das Sein ist gültig: Descartes; die Verknüpfung der Ideen reproduziert die Verknüpfung der Dinge: Spinoza). Die Vernunft ist in einer wirklich tragischen Situation, sie, die nur im Absoluten Befriedigung findet, ist nun auf sich selbst zurückgeworfen: Dies ist „der wahre Abgrund für die menschliche Vernunft" (A613/B641), eine Tiefe, deren Grund man nicht ermessen kann, wo alles zunichte wird, angesichts derer man nur den Schwindel im Gedanken an dieses unendliche Wesen empfinden kann, von dem alles abhängt und das ich dennoch sowohl bejahen wie verneinen kann.

b) *Entdeckung und Erklärung des dialektischen Scheins in allen transzendentalen Beweisen vom Dasein eines notwendigen Wesens* – Denselben Schrecken evoziert Kant noch einmal, wenn er in einem gesonderten Teil am Ende des fünften Abschnitts den transzendentalen Schein der beiden spekulativen Gottesbeweise zu erklären versucht.

Die Ausdrücke „Abgrund", „schauderhaft", „schwindeliger Eindruck" werden von Kant häufig verwendet, um die Metaphysik, die er mit einem Ozean ohne Grund vergleicht, und die Gefühle, die sie einflößt, zu bezeichnen. Bereits im *Beweisgrund* hatte er vom Abgrund der Metaphysik im allgemeinen gesprochen, aber hier ist es die Idee Gottes selbst, die ihm diese Metaphern und Gefühle einflößt, die bei einigen rheinischflämischen Mystikern die Wahrnehmung der göttlichen Erhabenheit wachrufen könnten. Doch für Kant ist es die Vernunft in ihren Bedürfnissen selbst, die dieses Gefühl einer affektiven Ambivalenz verspürt, das für den Schwindel so charakteristisch ist; ihr innerlich und doch fremd, ist sie von dieser Idee, die ihr Ideal und ihre Vollendung darstellt, fasziniert, obwohl diese ihr doch zugleich ihre Macht und ihre Grenzen aufzeigt, weit entfernt von der Glut des Herzens, dem Eifer des Glaubens und der Demut und Anerkennung gegenüber dem Schöpfer.

Die dialektische Illusion oder der dialektische Schein besteht für die Vernunft darin zu glauben, daß sie durch diese Idee das Sein berühren könnte. Sie wird durch eine natürliche Notwendigkeit dazu genötigt, die im ontologischen Argument gut zum Ausdruck kommt: Wenn etwas existiert, so muß auch etwas Notwendiges existieren. Mit der Widerlegung des ontologischen Arguments hat die kritische Vernunft aber die Unmöglichkeit aufgezeigt, jemals auf theoretischem Wege zum Gegenstand dieser geforderten Notwendigkeit zu gelangen, wie es auch unmöglich war, seine Existenz zu bestreiten. Dennoch zeigt die kritische Vernunft die „heuristisch[e] und regulativ[e]" (A616/B644) Rolle auf, die diese Idee spielen kann, um die Erkenntnis auf die Einheit auszurichten, die ihr notwendig ist – als ein focus imaginarius, der jenseits aller Erkenntnis liegt, gegen den aber alle Erkenntnis konvergiert. So tue ich, „als ob" es für jedes Dasein ein notwendiges Dasein gäbe, obwohl ich mich in theoretischer Hinsicht diesbezüglich in der allergrößten Unwissenheit befinde. Diese Unwissenheit erlaubt es der wissenschaftlichen Forschung, sich unabhängig von der Idee einer in den Gang der Phänomene eingreifenden ersten Ursache zu entwickeln. Kant verfügt bereits über die Idee von einem methodischen Atheismus, der unerläßlich für alle wissenschaftliche Arbeit ist: „da wir denn die Erscheinungen der Welt und ihr Dasein immer getrost von anderen ableiten können, als ob es kein notwendiges Wesen gäbe" (A617/B646). Das „als ob" hat, wie man sieht, eine doppelte Bedeutung: Die Erkenntnis der Natur zwingt uns, so zu tun, als existiere Gott nicht, aber es ist uns nicht untersagt, die Totalität der bedingten Gegenstände so ins Auge zu fassen, als sei ein unbedingtes Prinzip Ursprung der Welt.

Dennoch kann dieses Prinzip nicht der Welt angehören, etwa als Materie, wie das einige antike Philosophen gedacht haben, da deren Eigenschaften empirisch bestimmt sind und man nicht den letzten Grund der Phänomene unter den Phänomenen selbst suchen kann.

Durch die hier vollzogene Annäherung der beiden spekulativen Beweise – denn der kosmologische Beweis ist, insofern er von Begriffen a priori ausgeht, ungeachtet seines Namens auch spekulativ – durch die Annäherung in ihrem Gedankengang und ihrem Scheitern erhält der ontologische Beweis zwar nicht eine Legitimität, die er nicht besitzt, aber doch eine Bedeutung wieder, die er in allen theologischen Versuchen beibehält, und er stellt eine Art Quintessenz allen metaphysischen Vorgehens dar.

20.3.6 Sechster Abschnitt: *Von der Unmöglichkeit des physikotheologischen Beweises*

Dies wird noch einmal die Untersuchung des letzten Arguments zeigen, das in der philosophischen Tradition stets mit Respekt behandelt wurde und das den Bedürfnissen des gemeinen Verstandes am besten entspricht: Die Ordnung und Harmonie des Universums erfordern einen intelligenten und allmächtigen Urheber, sie können nur von einer intentionalen Tätigkeit herrühren, deren sichtbare Wirkungen die meisten Menschen in bewunderndes Staunen versetzen. Es ist der fünfte Weg des Thomas von Aquin, und er wird sogar im 18. Jahrhundert, bei Philosophen wie Voltaire und Rousseau, aufgegriffen. Entdeckt Kant selbst in seinen kleineren Schriften zur Geschichtsphilosophie diese Finalität des Universums nicht in gewissem Sinne über seine Vorstellung einer Vorsehung der Natur?

Es geht also nicht mehr darum, wie im kosmologischen Beweis, vom Begriff einer Erfahrung überhaupt auszugehen, sondern von einer bestimmten Erfahrung, deren Grund die Existenz eines höchsten Wesens zu verlangen scheint. Scheitert dieser Versuch, so hat kein weiterer Gottesbeweis Bestand. Aber ist die Sache nicht schon entschieden? Kant läßt dies im zweiten Absatz durchblicken, und zwar aus einem völlig einleuchtenden Grund: Wie kann man sich vorstellen, daß eine Erfahrung, welche auch immer sie sei, einer Idee oder sogar einem Ideal adäquat sein könnte, nachdem Kant uns vom ersten Abschnitt an gezeigt hatte, wie weit dieses von jeglicher Erfahrung entfernt ist? Nun soll hier aber durchaus das Ideal der reinen Vernunft entdeckt werden, indem von dieser Welt zu ihm aufgestiegen wird wie von einer Wirkung zu ihrer Ursache.

Nach allem, was Kant uns bis hierher zu verstehen gegeben hat, müssen wir, noch vor jeder Prüfung, davon überzeugt sein, daß der physikotheologische Beweis nicht stichhaltig sein kann. Seine Schwächen liegen von Anfang an bloß.

Wenn das höchste Wesen Teil der Kette der Wesen wäre, so erforderte es selbst einen letzten Grund, mit dem es, als Phänomen, nicht identisch sein könnte; plaziert man es aber jenseits der Welt, wie dies in den anderen Beweisen getan wurde, so verfügen wir über keinerlei Mittel, über keinerlei Prinzip, um irgendetwas zu bestimmen, das jenseits der Phänomene liegt, da unsere Erkenntnis nur mit Bezug auf diese Objektivität besitzt. Dennoch verdient der Ausgangspunkt des Arguments Beachtung. Die Betrachtung dieser Welt, der unendlichen Vielfalt ihrer Phänomene, der Wunder, die sich uns offenbaren, wecken in uns ein „sprachloses [...] Erstaunen" (A622/B650): Könnte das geordnete Dasein der Dinge bestehen, wenn es keine letzte Ursache gäbe, die es im Sein erhält? Und es ist möglich, einen „Umriß" dieses vollkommenen Wesens, das über alle anderen erhaben ist, in einem Begriff zu bilden, der die Erfahrung durch die Ordnung und die Zweckmäßigkeit erhellt, die er erzeugen soll. Die Formulierung dieses Arguments verdient Respekt. Zum einen, weil es das klarste und der gemeinen Vernunft am meisten entsprechende ist, schließlich, weil es im Studium der Natur eine heuristische Rolle spielen kann, indem es Zwecke sichtbar macht, die durch bloße Beobachtung vielleicht nicht entdeckt worden wären. Kant gesteht diesem Beweis nicht nur eine gewisse Nützlichkeit, sondern auch eine Autorität zu, die man ihm nicht absprechen kann, solange er nicht eine bestimmte „apodiktische Gewißheit" (A624/B652) hinsichtlich der Existenz Gottes beansprucht. Denn der physikotheologische Beweis muß, wie der kosmologische auch, vom ontologischen Argument Gebrauch machen, wenn er apodiktische Gewißheit für sich in Anspruch nimmt. Auf der einen Seite behauptet der physikotheologische Beweis, der den zentralen Beweis dessen ausmacht, was Kant „natürliche Theologie" (A631/B659) nennt, daß der Welt Ordnung und Harmonie nur kontingenterweise zukommen; und so impliziert dieser Beweis also nicht allein die Allmacht, sondern auch die Weisheit einer intelligenten und freien Ursache der Welt. Diese Ursache kann auch nur eine einzige sein, worauf die empirische Feststellung der Einheit des Ganzen, das das Universum ist, hindeutet – gemäß der Analogie der menschlichen Werke mit denen des Baumeisters, die Leibniz so teuer war. Aber auf der anderen Seite zeigt der physikotheologische Beweis die Kontingenz der Form des Universums. Auch kann man von der Ordnung auf einen Urheber der Ordnung schließen wie von einem Haus auf den Baumeister, aber nicht auf die Materie des Universums, welche einen Schöpfer verlangt. Will man zur obersten Ursache nicht nur der Form, sondern auch der Materie des Universums gelangen, so muß man das kosmologische Argument heranziehen. Tatsächlich gibt uns der physikotheologische Beweis, ausgehend von rein empirischen Überlegungen, keinen vollständig bestimmten Begriff der obersten Ursache. Keine Erfahrung kann uns eine zufriedenstellende Idee der obersten Ursache geben. Das Bild der Kluft (vgl. A629/B657) taucht wieder auf, um ein weiteres Mal den Abstand zwischen Empirie und Idee vor Augen zu führen. Diese Kluft glaubt der spekulative Beweis mit einem Sprung zu überbrücken, und während der PhysikoTheologe auf den spekulativen Beweis verzichten zu können meint, den er mit einer gewissen Überheblichkeit betrachtet, muß das Argument heimlich auf den kosmologischen Gottesbeweis rekurrieren, um von der Kontingenz zur Notwendigkeit aufzusteigen, und dann auf das ontologische Argument, das zum Schluß das einzige bleibt, das, wenn dies möglich wäre, die menschliche Vernunft zum ens realissimum führen könnte.

Die Physikotheologie glaubte sich mit ihrem Argument auf dem festen Boden der Erfahrung. Sie ist demnach in doppelter Weise Opfer ihrer Annahme, insofern sie, ohne dies anerkennen zu wollen, auf die beiden spekulativen Argumente zurückgreifen mußte. Das ontologische Argument erweist sich definitiv als der einzig mögliche Weg eines Gottesbeweises, aber als Holzweg, der lediglich zur reinen Vernunft selbst, ihren Bedürfnissen, Ideen, ihrem Ideal führt.

20.3.7 Siebenter Abschnitt: *Kritik aller Theologie aus spekulativen Prinzipien der Vernunft*

In diesem siebten und letzten Abschnitt geht es nicht mehr nur um Beweise, sondern um die Möglichkeit der Rede über Gott. Wie steht es um die Theologie, um die Theologien? Kant schlägt zu Beginn eine Typologie der philosophischen Theologien vor, die seine früheren Analysen hinsichtlich der Rolle zusammenfaßt, die die Erfahrung darin spielt. Die Kosmotheologie wird mit der transzendentalen Theologie verknüpft, deren Quintessenz die Ontotheologie ist; die natürliche Theologie umfaßt hier nicht nur die Physiko-Theologie, die sich auf die Ordnung und die Harmonie des Universums stützt, sondern auch die Moraltheologie, die hier zum ersten Mal innerhalb des *Ideals* in Erscheinung tritt.

Diese Moraltheologie gründet sich entsprechend den für die Kantische Revolution charakteristischen Umkehrungen auf die Existenz eines moralischen Gesetzes in uns, das sich als „ratio cognoscendi der Freiheit" (*KpV*, V 4 Anm.) erweist: Sie „steigt [...] von dieser Welt zur höchsten Intelligenz auf, [...] als dem Prinzip [...] aller sittlichen Ordnung und Vollkommenheit" (A632/B660) und befindet sich hierin im Gegensatz zu einer überall gelehrten „theologischen Moral", die sich auf die Existenz Gottes beruft, um die ethischen Pflichten zu bestimmen.

Ein letztes Mal schickt Kant sich an, ein Licht auf die „möglichen Quellen aller dieser Versuche der Vernunft" (A633/B661) zu werfen, indem er das, was der theoretischen Vernunft entspringt – das, was ist –, von dem, was von der praktischen Vernunft abhängt – was sein soll –, streng unterscheidet. Nun wird, je nachdem, ob das, was ist oder was sein sollte, einer notwendigen oder einer kontingenten Bedingung unterworfen ist, diese im ersten Fall *postuliert* oder im zweiten als *Hypothese* unterstellt. Die Unterscheidung ist wesentlich, erlaubt sie doch die Feststellung, daß, obwohl es „doch immer nur eine und dieselbe Vernunft [ist], die, sei es in theoretischer oder praktischer Absicht, nach Principien a priori urtheilt" (V 121), der absolut notwendige Charakter des moralischen Gesetzes den seiner Möglichkeitsbedingung nach sich zieht, wenn auch nur abgeleiteter Weise unter dem Titel eines Postulats der praktischen Vernunft. So wird das, was, vom theoretischen Standpunkt aus betrachtet, nichts als eine willkürliche Hypothese darstellt, das Dasein Gottes, in der *Kritik der praktischen Vernunft* „als ein Postulat der reinen praktischen Vernunft" (V 124) gesetzt. Auf diese Weise führt der praktische Weg zu einer Moraltheologie, die zum ersten Mal in der zweiten *Kritik* entwickelt wird.

Die theoretische Vernunft geht aber, um zu demselben Gegenstand zu gelangen, anders vor, und Kant kommt zurück auf die Versuche der spekulativen Vernunft, aus der jede Möglichkeit der Erfahrung ausgeschlossen ist, und auf die der natürlichen Vernunft, die im Gegensatz dazu die Möglichkeit der Erfahrung mit einschließt. Nun beruhen beide auf einer ungerechtfertigten Inanspruchnahme des Kausalitätsprinzips, das nur für die empirische Erkenntnis Geltung besitzt. Die Verknüpfung der Phänomene, die es herstellt, kann keinesfalls über den phänomenalen Bereich, auf den sein Gebrauch strikt beschränkt ist, hinausgehen. Daher kann Kant mit einer Sicherheit, ja fast Feierlichkeit, behaupten, was zahlreiche Leser schockiert und entrüstet hat: „Ich behaupte nun, daß alle Versuche eines bloß spekulativen Gebrauchs der Vernunft in Ansehung der Theologie gänzlich fruchtlos und ihrer inneren Beschaffenheit nach null und nichtig sind" (A636/B664).

Was ihren natürlichen Gebrauch anbelangt, so kann dieser zu keiner Theologie führen, wenngleich er den Zugang dazu bereiten kann. Das läuft auf die klare Aussage hinaus, daß die menschliche Vernunft Gottes nicht fähig sei (capax Dei), da, wie dies die *Transzendentale Dialektik* herausgestellt hat, der menschliche Geist des Seins nicht fähig ist (capax entis) und die synthetischen Erkenntnisse a priori nur mit Bezug auf eine mögliche Erfahrung einen realen Gebrauch haben, was im Falle Gottes undenkbar ist. Man kann nicht von der Idee, die allein durch die Vernunft geprägt ist, zum Sein an sich gelangen: „Man sieht also hieraus wohl, daß transzendentale Fragen nur transzendentale Antworten [...] erlauben" (A637/B665). Und Kant ist bereit, die Ergebnisse der *Transzendentalen Analytik* einzuklammern – die sich ihm doch mit einer solchen Gewißheit aufdrängen, daß es ihm unvorstellbar erscheint, anders zu denken –, wenn die Verfechter des ontologischen Arguments, in dem alle Gottesbeweise zusammenfließen, den geringsten Beweis für diesen von ihnen verlangten „Sprung" des Seinsbegriffs vom Transzendentalen zum Transzendenten vorbrächten. Kant sieht hier allerdings nicht, daß etwa für Descartes die Idee Gottes nicht ein bloßer, vom menschlichen Geist geformter Begriff ist, sondern eine „wahre und unveränderliche Natur" (*Meditationes*, AT IX, 1, 51). Gerade weil sie eine ontologische Realität ist, kann sie den Beweis der Existenz Gottes leisten. Unter den Verfechtern und Gegnern des ontologischen Arguments finden sich zwei einander radikal entgegengesetzte Konzeptionen der Natur unserer Ideen. Kant verweist weder auf die Theorie der eingeborenen Ideen noch auf die der Schöpfung der ewigen Wahrheiten, die er zwar mit Sicherheit abgelehnt hätte, die es ihm aber dennoch erlaubt hätten, die Kohärenz des Cartesischen Gedankengangs besser zu verstehen.

Auf diesen letzten Seiten des *Ideals* geht es ihm um etwas anderes: Es geht darum, nach seiner radikalen Kritik jeglicher spekulativen Theologie die Idee Gottes sozusagen vor dem Schiffbruch der Metaphysik zu retten und dem Ideal der reinen Vernunft eine Daseinsberechtigung zu verschaffen. Tatsächlich ist der einzige Nutzen, den er der transzendentalen Theologie zugesteht, rein negativ, aber von großer Bedeutung: Sie soll die Erkenntnis Gottes berichtigen, die Kohärenz der Idee Gottes hinsichtlich der ihm zugeschriebenen Attribute sicherstellen und sie von den Schlacken des Aberglaubens reinigen. Der transzendentale Charakter der Idee Gottes erlaubt es ihr auf diese Weise, der Ansteckung der Sinnlichkeit und damit jeglichem Anthropomorphismus, welcher stets an den empirischen Gebrauch gebunden ist, zu entkommen.

So schafft die transzendentale Theologie aufgrund ihrer rein rationalen Forderungen diesen fehlerfreien Begriff, welcher das Ideal der reinen Vernunft ist und der in der Idee des höchsten Wesens alle Attribute versammelt, die die Vernunft für ein solches Ideal außerhalb der Welt verlangt. Aber die transzendentale Theologie weist noch einen weiteren Nutzen auf, von dem bisher im *Ideal* noch nicht die Rede war, zweifellos, weil er in der Lösung der Antinomien vorgeführt wurde: Sie zeigt die Unmöglichkeit, die Nichtexistenz Gottes oder die Widersprüchlichkeit seiner Attribute zu beweisen, da die Vernunft nicht die Macht besitzt, jenseits der Phänomene Gesetze zu erlassen. Wie er in der Vorrede zur zweiten Auflage schreibt: „Durch diese [die Kritik] kann nun allein dem *Materialism, Fatalism, Atheism*, dem freigeisterischen *Unglauben* [...] die Wurzel abgeschnitten werden" (B xxxiv).

Sofern sie sich also an die reine Idee Gottes hält, ohne auf ihren Gegenstand Anspruch zu erheben, bereitet die transzendentale Theologie, mit der Kant sich noch im *Opus Postumum* beschäftigen wird, den Weg für die Moraltheologie.

20.4 Interpretationsfragen

Man würde die Bedeutung des *Ideals* grob mißverstehen, betrachtete man es als einen Hauptteil der *Kritik der reinen Vernunft*, ohne es zum einen, mit Bezug auf den theoretischen Gebrauch der Idee Gottes, mit dem *Anhang zur transzendentalen Dialektik* und hinsichtlich seines praktischen Gebrauchs mit der *Dialektik der Kritik der praktischen Vernunft* zu verknüpfen. Seine entscheidende Erhellung erfährt das *Ideal* allerdings erst in der *Methodenlehre* der *Kritik der teleologischen Urteilskraft*, von § 85 bis zum Schluß des Textes. Keine Interpretation des *Ideals* kann die Gegenüberstellung dieser Texte umgehen, da 1790 die Gesamtheit der Gottesbeweise und Theologien erneut einer Untersuchung unterzogen werden, wobei ein Argument, das im *Ideal* nur angedeutet wurde, hier nun ausgearbeitet wird: der moralische Beweis, der, von einem praktischen Standpunkt aus betrachtet, festgehalten zu werden verdient. Dieser Beweis schreibt sich in die Gesamtheit der Kantischen Thesen ein, die den Sinn des Menschen und der Schöpfung zu eruieren versuchen. Der Mensch wird als Endzweck der Schöpfung definiert (V 434), als das einzige Wesen in der Natur, in dem sich, als moralisches Wesen, ein übersinnliches Vermögen zeigt: die Freiheit. Diese Sicht der Dinge geht von der Annahme aus, die Welt stelle ein kohärentes Ganzes dar, geordnet nach den Zwekken einer ersten, intelligenten und freien Ursache, deren Natur im Rahmen einer Moraltheologie gedacht werden kann. Diese gründet sich also auf einer Moralteleologie, die selbst wiederum auf der unbezweifelbaren Existenz der Freiheit beruht. Daß im Vorwort der *Kritik der praktischen Vernunft* die Freiheit zum „Schlußstein" (V 3) des gesamten Systems der reinen Vernunft gemacht wird, zeigt an, daß es die *Kritik der praktischen Vernunft* ist, durch die die Begriffe Gottes und der Unsterblichkeit der Seele, „welche als bloße Ideen in dieser [der spekulativen Vernunft] ohne Haltung bleiben, [...] mit ihm und durch ihn Bestand und objective Realität [bekamen], d. i. die *Möglichkeit* derselben wird dadurch *bewiesen*, daß Freiheit wirklich ist; denn diese Idee offenbart sich durchs moralische Gesetz" (V 4).

In bezug auf Gott, traditionellerweise die Grundlage der Erkenntnis wie der Moral, findet hier eine echte Umkehrung statt. Dennoch läßt sich schwer leugnen, und in der Kant-Forschung wird dies heute auch mehrheitlich so gesehen, daß hier eine Rückkehr zur Metaphysik stattfindet, nicht als Gegenstand der Erkenntnis, sondern des rationalen Glaubens. Reduziert man die Kantische Revolution auf eine Theorie wissenschaftlicher Erkenntnis, so wird man an dieser Moraltheologie allenfalls kritisieren, daß sich Kants religiöse Erziehung auch im Abenteuer der Kritik noch bemerkbar macht. Kant bleibt zweifellos gläubig, er glaubt – ähnlich wie Rousseau – an einen persönlichen Gott, den von seinen historischen Erscheinungsformen gereinigten christlichen Gott, wie er in der *Religion* erscheint. Inkonsequenz für die einen, Verrat für die anderen – die Existenz dieser Hinterwelten im Innern der kritischen Philosophie. Andere sehen darin im Gegensatz dazu die dem System selbst eingeschriebene, über den Weg der Moral geschaffene Öffnung ins Unendliche (V 162), die aus dem Menschen einen Bewohner der intelligiblen Welt macht.

Es bleibt unbestritten, daß bei Kant die Frage nach Gott von der Metaphysik nicht zu trennen ist. Von der *Theorie des Himmels* und der *Nova dilucidatio* an bis hin zu seinen im hohen Alter angestellten Reflexionen erscheint, in unterschiedlicher Gestalt, diese Verbindung mit großer Deutlichkeit, zusammen mit der zum Ausdruck gebrachten Überzeugung, daß die logische und die reale Ordnung nicht miteinander vermengt werden dürfen und es unzulässig ist, von der Idee auf das Sein zu schließen. Die Idee zeichnet eine Aufgabe vor, sie kann nicht ihren Gegenstand an die Hand geben.

Die Idee Gottes bleibt das Ideal der reinen Vernunft. Darin bestätigen sich die Grenzen und die Größe der menschlichen Vernunft: In diesem Unternehmen ist der menschliche Geist, und nicht Gott, die Grundlage der Wahrheit, ist der menschliche Geist, und nicht Gott, die Grundlage des moralischen Gesetzes. Dennoch, und hieran erkennt sie ihre Endlichkeit, kann die menschliche Vernunft nicht auf die Idee Gottes verzichten, die ihr Ideal darstellt und ihr ihre Unfähigkeit vor Augen führt, die Existenz ihres Objekts zu beweisen, das sich den Möglichkeitsbedingungen der Erfahrung entzieht. Im *Opus Postumum,* in dem der kategorische Imperativ als ein göttliches Gebot definiert wird, die Idee Gottes als Ideal der reinen Vernunft und höchstes Prinzip aller Zwecke (vgl. XX 145), schreibt Kant noch: „die Aufgabe der Transscendentalphilosophie bleibt noch immer unaufgelöst: *Ist ein Gott?"* (XXI 17). Wie alle große Philosophie, die sich mit den letzten Fragen beschäftigt, bleibt die Kants unabgeschlossen.

Diese Unabgeschlossenheit des Gesamtwerks bleibt nicht ohne Wirkung auf so umstrittene Abschnitte wie den des *Ideals*, der keinen glatten Text darstellt: Er läßt verschiedene Lesarten zu, je nachdem, wie man das Kantische Unternehmen in seiner Gesamtheit interpretiert, ob man sich an die Strenge einer unwiderruflichen Widerlegung der Gottesbeweise hält oder eine Öffnung hin zu einer Moraltheologie und einer anderen Art, Metaphysik zu betreiben, herausliest. Indem es die Spitze der speziellen Metaphysik behandelt, durfte auf der einen Seite das *Ideal*, wo es um die letzten Fragen geht, die den Menschen interessieren, nicht zu einem Skeptizismus oder einem Indifferentismus führen, den Kant seit seiner Vorrede zur ersten Auflage der *Kritik der reinen Vernunft* kritisiert hat (A x), und mußte auf der anderen Seite, in Übereinstimmung mit den Prinzipien der *Transzendentalen Analytik*, an der Unmöglichkeit eines Gottesbeweises, welcher es auch sei, festgehalten werden. Blieb noch die Idee des höchsten Wesens, die Kant bewußt von einem logischen Standpunkt aus angeht und der, den unumgehbaren Forderungen der menschlichen Vernunft entsprechend, eine Bestimmung und eine Funktion innerhalb der Kantischen Erkenntnistheorie gegeben werden mußte.

Die Wege der Forschung über einen Text, der bereits bedeutende Arbeiten veranlaßt hat, bleiben offen, ob es sich nun um die Definition des Ideals der reinen Vernunft selbst handelt, um das ontologische Argument oder um Kants Haltung gegenüber Spinoza. So stellt die kontrastreiche Art, in der Kant das ontologische Argument im *Ideal* behandelt, die entscheidende Rolle heraus, die es im metaphysischen Diskurs spielen könnte, wenn dieser möglich wäre. Der transzendentale Schein, den es birgt, stellt sozusagen den Archetyp aller unbegründeten Ansprüche der menschlichen Vernunft dar. Kants Umgang mit ihm macht es erforderlich, den illegitimen Übergang von einem logischen Gebrauch, der der Vollendung unserer Erkenntnis unentbehrlich ist, zu einem realen Gebrauch, der für Kant das Wesen der Metaphysik definiert, stets aufs neue zu analysieren.

Ein anderes Problem, dem sich die Forschung, insbesondere innerhalb Frankreichs, widmet, ist das des Verhältnisses von Kant zu Spinoza. Die wenigen Absätze des Textes, in denen das Ideal der reinen Vernunft mit der Idee eines Alls der Realität gleichgesetzt wird, haben an eine uneingestandene Verwandtschaft Kants mit Spinoza denken lassen, trotz der Kritik, die er an anderer Stelle an Spinozas Ideen der Fatalität, der Substanz und Gottes übt.

So wie man im *Ideal* einen ersten Schritt in Richtung auf eine Moraltheologie sehen kann, so kann man darin schließlich auch die Prämissen einer Theologie innerhalb der Grenzen der reinen Vernunft sehen, die zwar die Existenz Gottes einklammert, den Gebrauch der Idee Gottes aber als regulativ bestimmt, wie dies etwa im *Anhang zur transzendentalen Dialektik* mit der Rede von dem „Als ob", der Analogie und einem „subtileren Anthropomorphismus" (A700/B728) getan wird, um die Welt in ihrer Einheit denken zu können. Sicherlich müßte man noch untersuchen, auf welche Weise diese Transzendentaltheologie, einmal von der Frage nach dem Sein und der Ontotheologie befreit, ihre Behauptungen mit der Perspektive vereinbaren kann, die in der *Religion innerhalb der Grenzen der bloßen Vernunft* (1793) eingenommen wird. Damit wäre zur Genüge dargetan, daß das *Ideal* eine Reihe von Fragen aufwirft, die nicht allein einzelne Punkte betreffen, sondern das Gesamtverständnis des kritischen Unternehmens.

Aus dem Französischen von Dunja Jaber

Literatur

Albrecht, Michael 1981: „Der Deist und der Theist (*KrV* B659–661)", in: Akten des 5. Internationalen Kant-Kongresses, hg. v. Gerhard Funke, Bonn, Bd. I.1, 475–484.
Alquié, Ferdinand 1968: La critique kantienne de la métaphysique, Paris. Anderson, Svend 1983: Ideal und Singularität. Über die Funktion des Gottesbegriffs in Kants theoretischer Philosophie, Berlin/New York.
Baumanns, Peter 1988: „Kants vierte Antinomie und das Ideal der reinen Vernunft", in: Kant-Studien 79, 183–200.
Bennett, Jonathan 1974: Kant's Dialectic, Cambridge. Delbos, Victor 1968: La philosophie pratique de Kant, Paris.
Engel, S. Morris 1963/1964: „Kant's ‚Refutation' of the Ontological Argument", in: Philosophy and Phenomenological Research 24, 20–35.
Ferrari, Jean 1979: Les sources françaises de la philosophie de Kant, Paris.
Ferrari, Jean 1990a: „La Critique kantienne de la preuve ontologique, ‚dite cartésienne', de l'existence de Dieu", in: L'argumento ontologico, Archivio di filosofia 58, 247–254.
Ferrari, Jean 1990b: „L'homme et Dieu dans la dernière philosophie de Kant", in: L'homme et l'Autre, ed. Jean-Marie Paul, Nancy, 97–107.
Heimsoeth, Heinz 1958: Die sechs großen Themen der abendländischen Metaphysik, Darmstadt.

Heimsoeth, Heinz 1964: „Le contenu métaphysique de la quatrième antinomie de Kant", in: Hommage à Martial Gueroult. L'histoire de la philosophie, ses problemes, ses méthodes, Paris, 79–91.
Heimsoeth, Heinz 1969: Transzendentale Dialektik. Dritter Teil, Berlin.
Henrich, Dieter 1960: Der ontologische Gottesbeweis. Sein Problem und seine Geschichte in der Neuzeit, Tübingen (^{2}1967).
Hintikka, Jaakko 1981: „Kant on Existence, Predication, and the Ontological Argument", in: Dialectica 35, 127–146.
Höffe, Otfried 1983: „La révolution kantienne de la théologie philosophique", in: Ruedi Imbach (Hg.), Paradigmes de théologie philosophique, Fribourg, 143–164.
Klausen, Sverre 1959: Das Problem der Erkennbarkeit der Existenz Gottes bei Kant, Oslo.
Krüger, Gerhard 1931: Philosophie und Moral in der kantischen Kritik, Tübingen.
Laberge, Pierre 1973: La Théologie kantienne précritique, Ottawa.
Lebrun, Gérard 1970: Kant et la fin de la métaphysique, Paris.
Löwisch, Dieter-Jürgen 1966: „Kants gereinigter Theismus", in: Kant-Studien 56, 505–513.
Löwith, Karl 1967: Gott, Mensch und Welt in der Metaphysik von Descartes bis zu Nietzsche, Göttingen.
Malter, Rudolf 1974: „Zur Kantliteratur, 1970–1972. Neue Bücher zu Kants Rationaltheologie und Philosophie der Religion", in: Akten des 4. Internationalen Kant-Kongresses, hg.v. Gerhard Funke, Berlin/New York, Teil 1, 155–177.
Marechal, Joseph 1964: Le point de départ de la métaphysique. Cahier III: La critique de Kant, Paris.
Marty, François 1980: La naissance de la métaphysique chez Kant, Paris.
Moreau, Joseph 1969: Le Dieu des philosophes, Paris.
Philonenko, Alexis 1969: L'œuvre de Kant. Tome I, Paris.
Piché, Claude 1964: Das Ideal. Ein Problem der kantischen Ideenlehre, Bonn
Puech, Michel 1990: Kant et la causalité, Paris.
Reardon, Bernard M. G. 1988: Kant as Philosophical Theologian, Basingstoke.
Renaut, Alain 1997: Kant aujourd'hui, Paris.
Sala, Giovanni 1990, Kant und die Frage nach Gott, Berlin/New York.
Theis, Robert 1994: Gott. Untersuchungen zur Entwicklung des theologischen Diskurses in Kants Schriften, Stuttgart-Bad Cannstatt.
Theis, Robert 1997: „Kants Theologie der bloßen Vernunft in der Kritik der reinen Vernunft", in: Philosophisches Jahrbuch 104, 19–51.
Vincent, Gilbert 1982: „Ontothéologie et théologie morale selon Kant", in: Revue d'histoire et de philosophie religieuse 62, 239–250.
Wood, Allan W. 1978: Kant's Rational Theology, Ithaca/London.
Wundt, Max 1924: Kant als Metaphysiker, Stuttgart.

Rolf-Peter Horstmann

21 Der Anhang zur transzendentalen Dialektik

(A642/B670–A704/B732)
Die Idee der systematischen Einheit

21.1 Stellung und Funktion des *Anhangs zur transzendentalen Dialektik* in der *Kritik*

Der *Anhang zur transzendentalen Dialektik* mit seinen beiden Abschnitten gilt nicht zu Unrecht als ein relativ dunkler und verwirrender, wenn nicht gar verworrener Text (Kemp Smith 1923, 543 ff.; Bennett 1974, 258 ff.). In ihm geht Kant verschiedenen Fragen nach, die allesamt mit den erkenntnistheoretischen Aspekten seiner Theorie der transzendentalen Ideen verbunden sind und auf die Klärung des Problems der systematischen Einheit des Wissens zielen. Der Text nimmt insofern Themen auf, die Kant einerseits bereits in der *Einleitung* und dem 1. Buch der Erörterungen über die *Transzendentale Dialektik* (A293/B349–A338/B396) in den Blick gebracht hat und die er andererseits wieder hauptsächlich im 3. Abschnitt des 1. Hauptstücks der *Transzendentalen Methodenlehre* (A769/B797–A782/B810) zur Sprache bringen wird. Einige zum Teil gegenüber der *Kritik der reinen Vernunft* deutlich veränderte Stellungnahmen zu den zentralen Themen des *Anhangs* finden sich zum einen in den *Prolegomena* (§§ 56–60, IV 348–365) und zum anderen besonders in der *Kritik der Urteilskraft* (Einleitung III–V, V 182–186, und §§ 72–78, V 389–415).

21.2 Inhalt und Aufbau des *Anhangs zur transzendentalen Dialektik*

Die zwei Teile des *Anhangs zur transzendentalen Dialektik* nehmen ihren Ausgang von einer Schwierigkeit, in die sich Kant selbst gebracht hat, indem er das Ergebnis seiner Ausführungen zur *Transzendentalen Dialektik* in einen Zusammenhang stellt mit einer These über die zweckmäßige Beschaffenheit unserer Erkenntnisvermögen. Als Ergebnis seiner Kritik an dem dialektischen Schein, der mit dem unreflektierten Gebrauch der transzendentalen Ideen (Seele, Welt, Gott) verbunden ist, läßt sich folgendes festhalten: Einerseits sind die transzendentalen Ideen ein ebenso natürliches wie notwendiges Produkt unseres Vernunftvermögens, andererseits scheinen sie nicht nur keinen positiven Beitrag zu unserer Erkenntnis der Welt zu liefern, sondern uns vielmehr nur dazu zu verleiten, Wissensansprüche in Beziehung auf Sachverhalte zu stellen, die aus angebbaren Gründen vollständig jenseits jeder Erkenntnismöglichkeit durch uns liegen. Dieses Ergebnis hat allem Anschein nach zur Folge, daß man diesen notwendigen Produkten der Vernunft keine erkenntnisfördernde Funktion zuschreiben kann. Zugleich soll aber nach Kant gelten: „Alles, was in der Natur unserer Kräfte gegründet ist, muß zweckmäßig [...] sein" (A642/B670), was, auf den vorliegenden Fall übertragen, bedeutet, daß die Ideen „ihre gute und zweckmäßige Bestimmung in der Naturanlage unserer Vernunft haben" (A669/B697).

Die naheliegende Frage, auf die Kant eine Antwort finden muß, ist daher die: Wie kann an den Ergebnissen der *Transzendentalen Dialektik* festgehalten und dennoch den Ideen eine positive Rolle im Erkenntnisprozeß zugeschrieben werden? Mit der ihm eigenen Pünktlichkeit geht Kant an die Beantwortung dieser Frage durch die Vorstellung eines doppelten Gedankengangs. Der erste soll den Beitrag klären, den die Vernunft, verstanden als ein Erkenntnisvermögen, bei dem Zustandekommen von Erkenntnissen leistet und macht den Inhalt des 1. Abschnitts des Anhangs aus (Von dem regulativen Gebrauch der Ideen der reinen Vernunft). Der zweite Gedankengang, der Gegenstand des 2. Abschnitts des Anhangs ist (Von der Endabsicht der natürlichen Dialektik der menschlichen Vernunft), beschäftigt sich mit der spezifischen Rolle, die jeder der drei transzendentalen Ideen für die Erweiterung unserer Erkenntnis unter den Bedingungen möglicher Erfahrung zukommt.

Bei der Exposition des ersten Gedankengangs nimmt Kant die Beschreibung von Funktion und Gegenstand von Vernunft wieder auf, die er bereits zu Beginn seiner Überlegungen zur *Transzendentalen Dialektik* gegeben hat. Dort wird von der Vernunft gesagt (A325 f./B382 f.), daß sie ein Vermögen darstellt, welches keine Erkenntnisse von möglichen Gegenständen der Erfahrung liefert, sondern solche sog. Erfahrungs- oder Verstandeserkenntnisse „auf eine gewisse Einheit" hin ordnet, so daß wenigstens im Prinzip „ein absolutes Ganzes" der Erfahrungserkenntnisse möglich ist. Die für ihn durch die Vernunft ins Spiel kommende Forderung nach Einheit der Erkenntnis macht Kant im 1. Teil des *Anhangs* an dem Bedürfnis der Vernunft fest, „eine gewisse kollektive Einheit zum Ziele der Verstandeshandlungen" (A644/B672) zu setzen und d.h. die mögliche systematische Einheit der Erkenntnisse vorauszusetzen. Dieses Bedürfnis findet nach Kant seinen manifesten Ausdruck in unserer naturwissenschaftlichen Forschungspraxis und den Maximen, die dieser Praxis zugrunde liegen. Betrachten wir nämlich das Vorgehen, welches wir bei der wissenschaftlichen Erklärung von Naturphänomenen befolgen, so zeigt sich, daß wir streng reduktionistisch verfahren: Wir versuchen, die Mannigfaltigkeit der Phänomene auf einige wenige Grundphänomene zurückzuführen und Naturgesetze, deren Gültigkeit wir für bestimmte Klassen von Naturerscheinungen erwiesen haben, als Fälle von einigen wenigen allgemeinen Gesetzen zu interpretieren. Diese unsere Praxis macht allerdings nur Sinn, wenn wir Grund zu der Vermutung haben, daß es so etwas wie eine Einheit der Natur überhaupt gibt. Die Berechtigung dieser Vermutung läßt sich jedoch nicht *direkt* aus der Beschaffenheit der Natur herleiten. Diese Annahme ist vielmehr eine Einrichtung „zu Gunsten der Vernunft" (A649/B677) und ihres Strebens nach Einheit, die auf dem „spekulativen Interesse" (A666/B694) der Vernunft beruht.

Diesem Interesse der Vernunft an der „systematischen Einheit des Mannigfaltigen der empirischen Erkenntnis" (A671/B699) dienen nun primär die Vernunftideen von Seele, Welt und Gott, wie der 2. Abschnitt des *Anhangs* darlegt. Obwohl diesen Ideen – so das Ergebnis der Erörterungen der gesamten *Transzendentalen Dialektik* – keine uns epistemisch zugänglichen wirklichen Gegenstände entsprechen, fingieren sie doch Objekte, die als Prinzipien der Vereinheitlichung von empirischen Erkenntnissen fungieren können. So lassen sich alle psychologischen „Erscheinungen, Handlungen und Empfänglichkeit unseres Gemüts" (A672/B700) dadurch in einen systematischen Zusammenhang bringen, daß wir sie so interpretieren, *als ob* sie Zustände einer fiktiven Entität, Seele genannt, seien, die durch Substantialität, persönliche Identität und Beharrlichkeit in der Zeit ausgezeichnet ist. Gleiches gilt in ähnlicher Weise von den Ideen Welt und Gott: Auch sie haben *im Rahmen einer Theorie empirischer Erkenntnis* letztlich den Status heuristischer Fiktionen, die uns im Interesse der Vernunft nötigen, zum einen alle gegebenen Naturphänomene mit ihren ins Unendliche reichenden kausalen Geschichten so zu behandeln, *als ob* sie Elemente einer als Totalität unendlicher Reihen zu denkenden Welt seien, und zum anderen die Gesamtheit der Erscheinungen oder die gesamte Sinnenwelt so zu betrachten, *als ob* sie eine zweckmäßig organisierte Einheit darstelle, die ihren Grund in „einem einzigen allbefassenden Wesen, als oberster und allgenugsamer Ursache" (A686/B714) hat. Die drei Vernunftideen sind also eine Art vergegenständlichter Ausdruck des die Vernunft definierenden Interesses an systematischer Einheit der Erfahrungserkenntnis. Sie werden insofern mißverstanden, wenn man sie für Begriffe von irgendwelchen (unerkennbaren) Gegenständen nimmt: Die Dinge, für die sie zu stehen scheinen, sind nichts weiter als Schemata, in denen sich jenes Interesse der Vernunft konkretisiert. Am Ende des *Anhangs* faßt Kant daher als Ergebnis zusammen, „daß die eigentliche Bestimmung dieses obersten Erkenntnisvermögens [d. i. der Vernunft, R. P. H.] sei, sich aller Methoden und der Grundsätze derselben nur zu bedienen, um der Natur nach allen möglichen Prinzipien der Einheit [...] bis in ihr Innerstes nachzugehen, niemals aber ihre Grenze zu überfliegen, außerhalb welcher *für uns* nichts als leerer Raum ist" (A702/B730).

21.3 Textkommentar

21.3.1 *Von dem regulativen Gebrauch der Ideen*

So ingeniös und originell dieser hier zunächst im Umriß dargestellte Versuch Kants auch ist, den Vernunftideen eine notwendige und positive Funktion im Kontext empirischer Erkenntnis zuzuweisen, wenn man ihn auf seine zentralen Thesen reduziert, so bereitet es doch beträchtliche Schwierigkeiten, diesem Versuch im argumentativen Detail Rechnung zu tragen. Dies liegt nicht zuletzt daran, daß Kant sich bei der Exposition dieser Thesen immer in der vermeintlichen Gefahr befindet, in einen Konflikt mit Festlegungen zu geraten, die für andere von ihm vertretene Lehrstücke der *Kritik* essentiell sind. Eine genauere Darlegung der Kantischen Überlegungen ist daher darauf verwiesen, sich der Möglichkeiten zu vergewissern, die Ausführungen des *Anhangs* in einem möglichst konsistenten Zusammenhang mit Kants übrigen Vorstellungen zu halten.

Der Ausgangspunkt des Kantischen Gedankengangs besteht in der Angabe der Funktion, die der Vernunft unter erkenntnistheoretischen Gesichtspunkten zukommt: Herstellung systematischer Einheit der Erfahrungserkenntnis. Nun ist der Begriff der systematischen Einheit eine bloß problematische Vorstellung, die keineswegs objektiv gewiß ist, was heißt, daß es für deren Annahme für uns keine aus der Beschaffenheit der Welt selbst stammenden Evidenzen gibt. Wenn wir nun aber aus Gründen, die mit den eigentümlichen Leistungen des Vernunftvermögens zusammenhängen, die Vorstellung der systematischen Einheit als einen Grundsatz ansehen müssen, der für den Gebrauch der Vernunft in epistemischen Kontexten charakteristisch ist, dann stellt sich als erstes die Frage nach dem erkenntnistheoretischen Status dieses Vernunftprinzips. Es ist genau diese Frage, der Kant zu Beginn des 1. Abschnitts des *Anhangs* nachgeht. Er diskutiert sie in der Form der Alternative: Ist das Prinzip der systematischen Einheit ein logisches oder ein transzendentales Prinzip? Ein terminologisches Problem bereitet hier zunächst die Rede vom logischen Prinzip. Sie verweist direkt auf die Erörterungen in der *Einleitung* in die *Transzendentale Dialektik* zurück. Dort wird der Vernunft „in ihrem logischen Gebrauche" (A307/B364) attestiert, daß sie in der Verfolgung des sie charakterisierenden Geschäfts des logischen Schließens an die „logische Vorschrift" gebunden ist, „sich im Aufsteigen zu immer höhern Bedingungen, der Vollständigkeit derselben zu nähern und dadurch die höchste uns mögliche Vernunfteinheit in unsere Erkenntnis zu bringen" (A309/B365). „Logisch" heißt diese Vorschrift deshalb, weil sie gekennzeichnet werden soll als eine Regel oder ein Prinzip, die bzw. das nur in der Verfassung der Vernunft als einem Vermögen logischen Schließens begründet ist. Ein solcher in diesem Sinne logischer Grundsatz ist daher „bloß ein subjektives

Gesetz der Haushaltung mit dem Vorrate unseres Verstandes" (A306/B362), d. h. mit unseren verschiedenen Erkenntnissen; er sagt etwas über die Art aus, in der unsere Vernunft mit gegebenen Erkenntnissen umgeht. Genau diese Redeweise nimmt Kant wieder auf, wenn er am Anfang des *Anhangs* von dem logischen Prinzip der Vernunfteinheit spricht. Dies wird dadurch deutlich, daß er dieses Prinzip inhaltlich genau so faßt wie die gerade erwähnte logische Vorschrift und daß er es – ebenso wie die Vorschrift – zu einem bloß subjektiv notwendigen Grundsatz erklärt (vgl. A648/B676).

Systematische oder Vernunft-Einheit, *als logisches Prinzip betrachtet*, behauptet etwas über die Beschaffenheit und die Funktionsweise unserer Vernunft. Was behauptet man, wenn man diese Einheit als ein *transzendentales* Prinzip auffaßt? Auch hier zunächst ein Wort zum Sprachgebrauch. Was auch immer für Probleme mit dem Begriff „transzendental" verbunden sind, der Bedeutungsaspekt, auf den es hier in unserem Kontext ankommt, ist relativ leicht zu identifizieren: Ein transzendentaler Sachverhalt, sei es ein Begriff oder ein Prinzip, legt Bedingungen fest, die von einem Objekt notwendigerweise erfüllt sein müssen, wenn es denn überhaupt ein Erfahrungsgegenstand für uns sein soll. Transzendentale Sachverhalte legen das fest, was „als den Objekten selbst anhängend, a priori als notwendig angenommen wird" (A650f./B678f.). Wenn man nun Vernunfteinheit als ein transzendentales Prinzip auffassen will, dann müßte man nach Kant behaupten, daß die Vernunft apriorische (nichtempirische) Gründe für die Annahme der objektiven Notwendigkeit einer solchen Einheit bereitstellt. Man müßte also behaupten, daß es erfahrungsunabhängige Gründe dafür gibt anzunehmen, die uns im Modus der Erkenntnis zugängliche Welt der Erfahrungsgegenstände müsse von sich aus oder an sich selbst so beschaffen sein, daß sie sich systematisch unter vereinheitlichenden Gesichtspunkten ordnen lasse. Vernunfteinheit als transzendentales Prinzip auffassen, würde daher heißen, etwas über die notwendige Beschaffenheit der Welt und der Gegenstände in ihr behaupten.

Nun kann Kant aus verschiedenen Gründen nicht zulassen, daß der systematischen oder Vernunft-Einheit der Status eines transzendentalen Prinzips in dem eben erläuterten Sinne zugestanden wird. Alle diese Gründe hängen letztlich mit seiner Auffassung zusammen, daß dem Vernunftvermögen keine konstitutive Funktion für den Begriff des Objekts zukommt (vgl. A643f./B671f.), weil es – im Unterschied zum Verstand – über keine Regeln der objektiven Einheit verfügt. Die Vorstellung der systematischen Einheit muß daher als ein logisches Prinzip betrachtet werden. Kant ist in diesem Punkt hinreichend eindeutig, denn er sagt explizit, „daß die systematische oder Vernunfteinheit der mannigfaltigen Verstandeserkenntnis ein *logisches* Prinzip sei" (A648/B676). Diese im Rahmen der Kantischen Vorgaben vollständig gerechtfertigte Behauptung hat aber eine mißliche Konsequenz, die auch Kant nicht entgeht und deren Vermeidung das Gros der Überlegungen des 1. Abschnitts des *Anhangs* gewidmet ist. Die mißliche Konsequenz läßt sich in der Form einer Frage exponieren: Wenn es stimmt, daß die systematische Einheit bloß ein logisches Prinzip ist, also bloß für die Vernunft in ihrem logischen Gebrauch notwendig ist, hat dann dieses Prinzip nicht bloß den Charakter einer Hypothese, der wir zwar aufgrund der eigentümlichen Beschaffenheit unserer Vernunft verpflichtet sind, die aber kein fundamentum in re, in der uns erfahrbaren Natur also, hat? Kant konstatiert diese Konsequenz ausdrücklich: „Diese Vernunfteinheit aber [als logisches Prinzip verstanden; R. P. H.] ist bloß hypothetisch. Man behauptet nicht, daß eine solche in der Tat angetroffen werden müsse, sondern, daß man sie zu Gunsten der Vernunft [...] suchen, und [...] auf solche Weise systematische Einheit ins Erkenntnis bringen müsse" (A649f./B677f.). Dies aber heißt, daß das logische Prinzip der Vernunfteinheit „bloß ein ökonomischer Grundsatz der Vernunft", nicht aber ein „inneres Gesetz der Natur" (A650/B678) darstellt.

Diese Situation ist nun in Kants Augen deshalb mißlich, weil sie die Vorstellung, daß es so etwas wie eine objektive Einheit der Erfahrungswelt geben muß, als grundlos erscheinen läßt, obwohl wir zugleich eine ganze Anzahl überwältigend guter Gründe dafür haben, „die systematische Einheit der Natur durchaus als objektiv-gültig und notwendig" (A651/B679) anzunehmen. Zu diesen Gründen gehört zum einen die Tatsache, daß ohne diese Annahme die Möglichkeit von Erkenntnissen als Produkten des Verstandes nicht erklärt werden kann (wenigstens nicht im Rahmen Kantischer Vorgaben), und zum anderen der Umstand, daß allein schon die Möglichkeit empirischer Begriffe zur Annahme der in den Objekten selbst fundierten systematischen Einheit der Natur verpflichtet. Das Ergebnis der Analyse des epistemologischen Status des Prinzips der systematischen Einheit scheint also eine Aporie zu sein: Einerseits müssen wir die Vorstellung der systematischen Einheit als ein logisches Prinzip der Vernunft betrachten, andererseits können wir aber nicht umhin, dieser Vorstellung eine transzendentale Bedeutung in dem Sinne zuzuschreiben, daß ihr notwendigerweise „einige objektive Gültigkeit" (A664/B692) zukommt.

Aus dieser Aporie versucht sich Kant durch den Rekurs auf eine einigermaßen dunkle Denkfigur zu befreien, nämlich auf die der transzendentalen Voraussetzung. Kant führt diese Figur wie folgt ein: „In der Tat ist auch nicht abzusehen, wie ein logisches Prinzip der Vernunfteinheit der Regeln stattfinden könne, wenn nicht ein transzendentales vorausgesetzt würde, durch welches eine solche systematische Einheit, als den Objekten selbst anhängend, a priori als notwendig angenommen wird" (A650f./B678f.). Er erläutert diese Behauptung durch eine ausführliche Diskussion dessen, was, wie er es nennt: „auf eine bewunderungswürdige Weise in den Grundsätzen der Philosophen versteckt" (A651/B679) ist. Die Philosophen, so Kant, schwören mit vollem Recht auf die Gültigkeit von drei ihrem Status nach logischen (weil ihre Gültigkeit letztlich die Möglichkeit des logischen Vernunftgebrauchs, sprich:

des logischen Schließens sichert) Gesetzen, die allesamt als Fälle des Prinzips der systematischen Einheit angesehen werden müssen. Diese (logischen) Gesetze sind (1) das der Gattungen oder das „Prinzip der *Gleichartigkeit* des Mannigfaltigen unter höheren Gattungen", von Kant auch Prinzip der Homogenität der Formen genannt, (2) das der Arten oder der „Grundsatz der *Varietät* des Gleichartigen unter niederen Arten" bzw. das Prinzip der Spezifikation der Formen und (3) das „der *Affinität* aller Begriffe [...], welches einen kontinuierlichen Übergang von einer jeden Art zu jeder anderen durch stufenartiges Wachstum der Verschiedenheit gebietet", oder das Prinzip der Kontinuität der Formen (vgl. A657f./B685f.).

Diese drei Gesetze sind *notwendige* Vernunftgesetze. Dies aus dem einfachen Grunde, weil sie nichts weiter als Konkretisierungen des Vernunftprinzips der systematischen Einheit sind, das selbst ein notwendiges Prinzip ist. Wenn wir nun, so Kants Überlegung, nicht annehmen könnten, daß auch die Natur („darunter ich hier nur Gegenstände, die uns gegeben werden, verstehe", A654/B682) von sich aus notwendigerweise so beschaffen sei, daß sie die Anwendung der notwendigen Vernunftgesetze erlauben muß, dann wäre nicht auszuschließen, daß es für unseren Vernunftgebrauch keine Basis gibt, was aufgrund anderer Kantischer Vorgaben zur Folge hätte, daß uns der Begriff der Erfahrung und mit ihm der der Erfahrungserkenntnis abhanden käme. Es ist daher für uns notwendig vorauszusetzen, daß der Natur und ihren Gegenständen von sich aus oder an sich die Eigenschaften zukommen, die Bedingungen für die Anwendung der Vernunftgesetze sind. Wir müssen also *notwendigerweise* annehmen, daß die mannigfaltigen Naturgegenstände so beschaffen sein müssen, daß sie nach Gattungen und Arten geordnet und in einen kontinuierlichen Zusammenhang gebracht werden können. Da diese Annahmen gemacht werden *müssen*, sind sie notwendige Voraussetzungen. Da sie Verschiedenes bezüglich der notwendigen Beschaffenheit der Objekte postulieren, sind sie transzendentale Voraussetzungen.

Die oben angedeutete Aporie versucht Kant also dadurch aufzulösen, daß er folgendes behauptet: Systematische Einheit ist, genau erwogen, „eigentlich" ein bloß logisches (subjektives, heuristisches, hypothetisches, ökonomisches) Prinzip der Vernunft; als ein solches kann sie aber nur dann, wie Kant es nennt: „einige objektive Gültigkeit" (A664/B692) beanspruchen, wenn man mit ihr zugleich bestimmte transzendentale Voraussetzungen verbindet. Die Gesetze, die als Ausdruck dieser systematischen Einheit auftreten, sind insofern zu interpretieren als Ordnungsregeln, von denen wir annehmen müssen, daß die Objekte der Erfahrung ihnen entsprechen, die aber dennoch keinen Anspruch darauf erheben können, den Begriff des Objektes zu bestimmen (im Sinne von konstituieren). Daher wird verständlich, warum Kant sie letztendlich nur als regulative (und nicht als konstitutive) Prinzipien von unbestimmter (im Gegensatz zu bestimmter) objektiver Gültigkeit zulassen möchte, die ihre Basis in nichts anderem als einem „Interesse der Vernunft" haben. Grundsätze mit dieser Basis charakterisiert er auch als „Maximen der Vernunft" (A666/B694).

21.3.2 Von der Endabsicht der natürlichen Dialektik

Nachdem nun der Status des Prinzips der systematischen Einheit erörtert ist, beginnt Kant den 2. Abschnitt des *Anhangs* mit dem, was er eine Deduktion der Vernunftideen nennt. Ideen fangen hier deshalb an, die zentrale Rolle zu spielen, weil sie – in Aufnahme der Überlegungen aus dem 2. und 3. Abschnitt des 1. Buches der *Transzendentalen Dialektik* – aufgefaßt werden als die durch die Vernunft bereitgestellten Gesichtspunkte, unter denen Verstandeserkenntnisse systematisch vereinheitlicht werden können (vgl. A327/B383). Nun hat schon das Programm einer Deduktion der Ideen seine ihm eigentümlichen Schwierigkeiten, die weniger mit der Art der Durchführung zusammenhängen, als vielmehr mit dem Sinn dessen, was hier „Deduktion" heißen kann. Bereits im 1. Abschnitt des *Anhangs* hat ja Kant klar ausgesprochen, was implizit als Ergebnis der *Transzendentalen Dialektik* längst gesichert gewesen ist, daß nämlich eine transzendentale Deduktion der Ideen und des ihnen zugrundeliegenden Prinzips der systematischen Einheit nicht möglich ist (A663 f./B691 f.; vgl. auch A336/B393). Dies deshalb, weil – anders als z. B. mit den Kategorien – mit den Ideen, verstanden als Vernunftbegriffen, keine den Begriff eines Gegenstandes erfahrungsunabhängig konstituierenden und deshalb objektiv gültigen Vorstellungen gegeben sind. Eine transzendentale Deduktion, wie im Falle der Kategorien zu sehen, hat aber genau die Funktion, eine Vorstellung als objektiv gültig dadurch zu erweisen, daß sie sie als eine den Begriff des Objekts ermöglichende Vorstellung ausweist. Umgekehrt soll aber auch gelten, daß eine erfahrungsunabhängige (apriorische) Vorstellung, also z. B. eine Kategorie, nur dann objektive Gültigkeit hat, wenn von ihr eine (transzendentale) Deduktion möglich ist (vgl. A669 f./B697 f.).

Kant ist also im Grunde mit einem Dilemma konfrontiert: Einerseits will und kann er den Ideen nicht die Art von objektiver Gültigkeit zuschreiben, die er den Kategorien attestiert, und insofern darf es von ihnen keine „Deduktion von der Art, als die Kategorien" (A669/B697), also keine transzendentale Deduktion, geben; andererseits muß aber eine (transzendentale) Deduktion der Ideen „möglich sein, gesetzt, daß sie auch von derjenigen weit abweiche, die man mit den Kategorien vornehmen kann" (A670/B698), wenn die Ideen denn überhaupt auf irgendeine Weise als objektiv gültig betrachtet werden sollen. Kant löst dieses Dilemma dadurch, daß er einen eigentümlichen Begriff von dem einführt, was eine transzendentale Deduktion *im Falle der Ideen* bedeutet. Eine Vernunftidee, so Kant, ist eigentlich nichts weiter als ein Begriff, der als Schema fungiert, „dem direkt kein Gegenstand [...] zugegeben wird, sondern welches nur dazu dient, um andere Gegenstände [...] nach ihrer systematischen Einheit, mithin indirekt uns vorzustellen" (ebd.). Ein solches Schema repräsentiert einen „Gegenstand in der Idee" (ebd.), auf den, als auf einen imaginären Punkt, verschiedene Sachverhalte so bezogen werden können, daß sie als untereinander verknüpft (im Sinne von: systematisch zusammenhängend) betrachtet werden können. Daß ein Begriff einen Gegenstand in der Idee repräsentiert, heißt aber u. a., daß er sich nicht auf einen wirklichen Gegenstand beziehen läßt und d. h., daß ihm keine objektive Realität zuzusprechen ist. Wenn sich nun zeigen läßt, daß die Vernunftideen – trotz der Unmöglichkeit, sie auf irgendwie erfahrbare Gegenstände zu beziehen, ihnen also objektive Realität zuzubilligen – tatsächlich notwendige Bedingungen der Einheit von Erkenntnissen darstellen, indem sie uns als Schemata einen Leitfaden für deren systematische Ordnung an die Hand geben, so ist damit zugleich nachgewiesen, daß sie durchaus einen, wenn auch nur indirekten, Bezug auf das haben, was objektiv gegeben ist, und daher über eine (unbestimmte) Art von objektiver Gültigkeit verfügen. Da dieser Nachweis erbracht werden kann (und eigentlich auch schon erbracht worden ist, vgl. A333/B390–A336/B393 und A663/B691–A666/B694), besteht eben darin die transzendentale Deduktion der Ideen, allerdings, wie Kant sagt, „nicht als *konstitutiver* Prinzipien der Erweiterung unserer Erkenntnis über mehr Gegenstände, als Erfahrung geben kann, sondern als *regulativer* Prinzipien der systematischen Einheit des Mannigfaltigen der empirischen Erkenntnis überhaupt" (A671/B699).

Da nun die Vorstellungen von der Seele, der Welt und von Gott die einzigen transzendentalen Vernunftideen sind, über die wir verfügen, so sind sie auch die einzigen Kandidaten für die Gesichtspunkte, unter denen mannigfaltige Erkenntnisse geordnet werden sollen. Dies bedeutet nun nach Kant, daß wir „alle Verknüpfung der Dinge der Sinnenwelt" (A681/B709) so anzusehen haben, *als ob* sie in einer der durch die Ideen vorgestellten Sachverhalte ihren Grund haben. Diese berühmte These von der geforderten Als-Ob-Einstellung zu den Gegenständen der Erkenntnis hat nun eine leicht zu übersehende *doppelte* Basis: Zum einen ist sie in der Behauptung von der bloß unbestimmten objektiven Gültigkeit der Ideen, zum anderen in der Lehre begründet, daß Ideen sich nicht auf ihnen korrespondierende Objekte beziehen. Im Rahmen der ersten Behauptung beinhaltet sie einen Beitrag zum Thema „Einheit der Erkenntnis" und besagt, daß wir deshalb gehalten sind, *so zu tun, als ob* alle Erkenntnisse gemäß den als Einheitsprinzipien verstandenen Ideen zusammenhängen, weil eben die Einheitsvorstellung selbst, obwohl sie aus logischen Gründen notwendig ist (s. o.), kein in den Objekten selbst angelegtes Fundament findet und deshalb den Charakter einer bloßen Maxime, einer Vernunftaufgabe bzw. eines Postulats hat, dem wir bei allen unseren Erkenntnisbemühungen folgen müssen, ohne daß wir uns auf seine Ausführbarkeit verlassen können. Anders gesagt: Da wir von Kant nur wissen, daß wir so etwas wie die Möglichkeit der Vereinheitlichung unter Prinzipien allen Gegenständen der Erkenntnis unterstellen müssen (objektive Gültigkeit), wir aber mit Kant nicht wissen, in welchem Ausmaße eine solche Vereinheitlichung tatsächlich durchführbar ist in der Kantischen Sinnenwelt (unbestimmte Gültigkeit), nehmen wir einfach an, daß die Welt der uns erkennbaren Sachverhalte so geordnet ist, als ob sie den Einheitsgesichtspunkten, den Ideen also, entspräche. Im zweiten Kontext, der Lehre vom mangelnden Gegenstandsbezug der Ideen, besagt die Als-Ob-These, daß wir deshalb die Verpflichtung haben, die Mengen der gegebenen Gegenstände so zu betrachten, *als ob* sie auf die Existenz einer als einfache Substanz zu denkenden Seele, einer als Totalität aller Zustände und ihrer ins Unendliche gehenden kausalen Beziehungen aufzufassenden Welt sowie einer „einigen und allgenugsamen Ursache aller kosmologischen Reihen" (A685/B713), nämlich Gott, verweisen, weil wir keinen positiven Grund für die Annahme der Realität dieser Entitäten haben. Wenn wir also im Erkenntniszusammenhang so tun (müssen), als ob z. B. alle „Erscheinungen des inneren Sinnes" (A682/B710) Bestimmungen und Eigenschaften einer Seele seien, so nicht nur deshalb, weil wir keine Ahnung davon haben, ob wirklich jede mögliche Erscheinung des inneren Sinnes als Zustand einer als substantielle Einheit gedachten Seele aufgefaßt werden kann, sondern auch deshalb, weil wir keinen Grund dafür haben, so etwas wie eine Seele als ein reales Ding anzunehmen. Wir sind, so Kant, daher nur berechtigt, die Existenz oder Realität des durch eine Idee vorgestellten Objekts „relativ anzunehmen, [...] ohne doch befugt zu sein, es schlechthin anzunehmen" (A676/B704).

Im Zusammenhang der Diskussion, welche Funktion der Idee eines höchsten Wesens unter dem Gesichtspunkt der Herstellung von systematischer Erkenntniseinheit zukommt, führt Kant auch ein Thema ein, oder besser: spielt auf ein Thema an, welches im Zentrum seiner *Kritik der Urteilskraft* von 1790 stehen wird, nämlich das Thema der Zweckmäßigkeit der Natur (A686 ff./B714 ff.). Obwohl die Position, die Kant zu diesem Thema im hier interessierenden *Anhang* vertritt, in wichtigen Punkten von der später ausgearbeiteten Theorie der Zweckmäßigkeit abweicht, weist sie zugleich Gemeinsamkeiten in der Sache auf, die es zu beachten gilt. Dies gilt insbesondere für die Einschätzung des epistemischen Wertes teleologischer Behauptungen. Kants in Sachen Zweckmäßigkeit einschlägige Überlegung ist in unserem Kontext die folgende: Die Vorstellung der systematischen Einheit ist, wie im 1. Abschnitt des *Anhangs* gezeigt, in einem Interesse der Vernunft begründet. Die Möglichkeit dieser Einheit setzt die Annahme der zweckmäßigen Verfassung der Welt der Erscheinungen voraus. Die Annahme der Zweckmäßigkeit der Welteinrichtung aber „macht es notwendig, alle Anordnung in der Welt so anzusehen, als ob sie aus der Absicht einer allerhöchsten Vernunft entsprossen wäre" (A686/B714). Nun ist die Vorstellung einer obersten, nach Zwecken agierenden Weltursache bloß eine Idee, welche insofern nur die Funktion eines regulativen Prinzips hat. Wenn man also in der Erklärung von empirischen Sachverhalten von Erwägungen Gebrauch macht, die mit der Angabe von Zwecken arbeiten, und d. h. wenn man empirische Sachverhalte teleologisch erklärt, dann ist man dazu solange vollständig berechtigt bzw. sogar verpflichtet, wie man nicht vergißt, daß solche teleologischen Erklärungen – *wegen der Unzulässigkeit des konstitutiven bzw. der alleinigen Zulässigkeit des regulativen Gebrauchs der Vernunftidee von Gott* – keine objektiv gültigen Erkenntnisse ausmachen. Kant vertritt also der Sache nach in der *Kritik der reinen Vernunft*, was teleologische Erklärungen und das für sie zentrale Konzept der Zweckmäßigkeit betrifft, die gleiche These, die er auch knapp zehn Jahre später in der *Kritik der Urteilskraft* vertreten wird: Teleologische Erklärungen und mit ihnen die Vorstellung der Zweckmäßigkeit der Natureinrichtung haben deshalb einen epistemischen Sonderstatus, weil sie über keine kategoriale Basis verfügen. Während jedoch Kant den Sonderstatus teleologischer Urteile in der *Kritik der reinen Vernunft* durch die eigentümliche Beziehung rechtfertigt, die die Vorstellung der Zweckmäßigkeit auf das Interesse der *Vernunft* an systematischer Einheit haben soll, ist es in der späteren *Kritik der Urteilskraft* die Fundierung der Vorstellung der Zweckmäßigkeit in der reflektierenden *Urteilskraft*, die für den speziellen Status teleologischer Erklärungen herhalten soll.

Aus der Diskussion des Prinzips der systematischen Einheit und der Funktion der transzendentalen Ideen bei der Realisierung dieses Prinzips zieht Kant zwei Konsequenzen, die er in der Form der Warnung vor zwei zu vermeidenden Fehlern darstellt. Der erste dieser Fehler ist der der „faule[n] Vernunft" (A689/B717). Er besteht darin, daß man die Ideen bzw. die durch sie gekennzeichneten Sachverhalte für reale Dinge nimmt und deshalb meint, sie in Erklärungen natürlicher Phänomene in Anschlag bringen zu dürfen. Die Physikotheologie, d.h. die Naturerklärung unter Zugrundelegung göttlicher Zwecke, und der dogmatische Spiritualismus, d. i. die Erklärung psychologischer Phänomene als verschiedener Zustände einer immateriellen denkenden Substanz, sind für Kant Beispiele von Theorien, die diesen Fehler begehen. Die Empfehlung, die er zur Vermeidung dieses Fehlers ausgibt, liegt auf der Hand: Man möge auf den besonderen Vernunftcharakter der Ideen und die daraus folgende letztlich nur methodologische Funktion derselben achten. Der zweite von Kant für symptomatisch gehaltene Fehler, „der aus der Mißdeutung des [...] Prinzips der systematischen Einheit entspringt, ist der der verkehrten Vernunft" (A692/B720). Diesen Fehler begeht man dann, wenn man diese Einheit in der Natur selbst vermutet und darauf die Behauptung der Existenz eines höchsten Wesens gründet, welches für die Zwecke, die man der Natur unterstellt, kausal verantwortlich ist. Nach Kant führt dies dazu, daß „man das voraussetzt, was eigentlich hat bewiesen werden sollen" (A693/B721). Dies deshalb, weil die Vorstellung der Natureinheit gerade nicht in der Natur der Dinge angelegt ist. Auch hier ist Kants Rat, wie man diesem Fehler entgehen kann, nicht gerade überraschend: Verwechsle nie ein bloß regulatives Prinzip mit einem konstitutiven; dies tun, „heißt nur die Vernunft verwirren" (A694/B722).

Kant bringt seine Beurteilung der Rolle der Vernunftideen in Erkenntniskontexten zum Abschluß, indem er die positiven Hauptergebnisse seiner Theorie der Vernunft in die Gestalt von einigen Antworten zusammenfaßt, die er auf selbst gestellte Fragen hauptsächlich zu seinem Konzept eines höchsten Wesens gibt. Seine Botschaft ist im Kern die folgende (A695ff./B723ff.): Da es einen Grund der Erscheinungen geben muß, müssen wir annehmen, daß es ein Wesen gibt, „was den Grund der Weltordnung und ihres Zusammenhanges nach allgemeinen Gesetzen enthalte" (A696/B724). Dieses Wesen können wir allerdings nicht gegenständlich bestimmen, obwohl wir es „nach einer *Analogie* mit den Gegenständen der Erfahrung denken dürfen" (ebd.). Wegen der von uns notwendig vorausgesetzten Zweckmäßigkeit und Systematizität der uns zugänglichen Welt sind wir gehalten, dieses höchste Wesen *„nach der Analogie* mit einer Intelligenz" zu denken (A698/B726). Kant kommt also zum guten Ende der Elementarlehre der *Kritik* zu einer partiellen Rechtfertigung der Ansprüche des religiösen Glaubens, wenn er auch die Berechtigung dieser Ansprüche an die Akzeptanz bestimmter Bedingungen knüpft. Eines allerdings macht er vollständig deutlich: Das Dasein, die Existenz dieses höchsten Wesens läßt sich nicht positiv behaupten. Auf diesen Punkt insistiert er ausdrücklich, wenn er sagt: „Es ist aber, unter dieser Vorstellung, der zum Grunde gelegten Idee eines höchsten Urhebers, auch klar: daß ich nicht das Dasein und die Kenntnis eines solchen Wesens, sondern nur die Idee desselben zum Grunde lege, und also eigentlich nichts von diesem Wesen, sondern bloß von der Idee desselben, d. i. von der Natur der Dinge der Welt, nach einer solchen Idee, ableite" (A701/B729).

21.4 Interpretationsfragen

Kants Ausführungen zur systematischen Einheit und zur Relevanz der Ideen für unseren erkennenden Umgang mit der Wirklichkeit sind nun nicht zuletzt deshalb relativ wenig beachtet worden, weil sie in einigen ihrer zentralen Gedanken und in ihrem systematischen Gewicht eher undeutlich geblieben sind. Schon der Umstand, daß Kant diese Ausführungen im Rahmen eines Anhangs zur *Transzendentalen Dialektik* präsentiert und sie insofern von dem eigentlichen kritischen Gedankengang abgrenzt, kann es zweifelhaft erscheinen lassen, ob ihnen überhaupt ein größeres systematisches Gewicht zugeschrieben werden sollte. Diese Zweifel werden noch bestärkt, wenn man Kants eigene Einschätzung des philosophischen Wertes seiner im *Anhang* vorgestellten Überlegungen berücksichtigt, die er in § 60 der *Prolegomena* äußert. Dort weist Kant darauf hin, daß alle Fragen, die er im *Anhang zur transzendentalen Dialektik* diskutiert, eigentlich nicht in ein „System der Metaphysik" gehören, welches „die objektive Gültigkeit metaphysischer Urteile" zu klären versucht, sondern eher den praktischen Nutzen betreffen, der mit den Ideen als mit in der Vernunft selbst angelegten Begriffen verbunden ist. Die Untersuchung solcher Fragen, so Kant in der angeführten Passage der *Prolegomena*, sei „mißlich" und habe nur den Charakter der „Mutmaßung" („wie alles, was die ersten Zwecke der Natur betrifft"). Außerdem erklärt er, er habe mit den „beiden Scholien [gemeint sind die beiden Abschnitte des *Anhangs*, R. P. H.], welche sich durch ihre Trockenheit Liebhabern wohl schwerlich empfehlen dürften, und daher nur vor Kenner hingestellt worden", nur auf noch anzustellende Untersuchungen hingewiesen, auf Aufgaben, die er „in der Schrift selbst [gemeint ist die *Kritik*, R. P. H.] zwar als wichtig vorgestellt, aber ihre Auflösung nicht versucht" habe. Äußerungen wie diese haben einen guten Grund dafür abgegeben (und geben ihn immer noch ab), den Ausführungen des *Anhangs* mit einem gerüttelten Maß an Skepsis hinsichtlich ihrer Integrierbarkeit in das philosophische Programm zu begegnen, für das die *Kritik* steht.

Doch es sind nicht nur Probleme mit der Einschätzung des systematischen Gewichts, die den *Anhang* zu einer schwierigen und insgesamt wenig befriedigenden Lektüre werden lassen. Hinzu kommen dem Text immanente Unklarheiten, Mehrdeutigkeiten und unplausible Behauptungen. Auf zwei von ihnen sei abschließend kurz eingegangen. Da ist zunächst die für den 1. Abschnitt des *Anhangs* zentrale These, daß man den Grundsatz der systematischen Einheit als ein logisches Vernunftprinzip zu betrachten habe, das eine transzendentale Voraussetzung impliziere, und dann die den 2. Abschnitt des *Anhangs* leitende Behauptung, daß die bloß unbestimmte objektive Gültigkeit der Ideen sie zu „regulative[n] Prinzipien der systematischen Einheit des Mannigfaltigen der empirischen Erkenntnis überhaupt" (A671/B699) macht. Obwohl einigermaßen einfach verständlich ist, warum Kant diese Thesen vertritt, sind sie doch – *selbst im Rahmen Kantischer Vorgaben* – keineswegs zwingend. Um dies zu zeigen, muß man noch einmal die Hauptpunkte des Kantischen Gedankengangs, der zu diesen Thesen führt, kurz rekapitulieren. Kant möchte offensichtlich mit diesen Thesen zwei Forderungen Rechnung tragen, die sich beide aus zwei verschiedenen Lehrstücken innerhalb der *Kritik* ergeben. Das eine dieser Lehrstücke ist Kants Theorie der Vernunft, wie sie in der *Einleitung* und dem 1. Buch der Ausführungen zur *Transzendentalen Dialektik* (A293/B349–A338/B396) dargelegt worden ist. Diese Theorie ist es, die die Vernunft auf die Aufgabe festlegt, systematische Einheit der Erkenntnis herzustellen (vgl. A326/B383), und die insofern die Vorstellung der systematischen Einheit zu einem Vernunftbegriff (vgl. A681/B709) bzw. den Grundsatz der systematischen Einheit zu einem Vernunftprinzip erklärt. Gleichzeitig muß Kant aber auch daran festhalten, daß die Möglichkeit systematischer Einheit in irgendeinem Zusammenhang mit der Verfassung der Wirklichkeit steht, die uns als Erkenntnisobjekt zugänglich ist. Es muß also irgendetwas an den Objekten, verstanden als möglichen Gegenständen der Erkenntnis, selbst sein, was die Vorstellung der systematischen Einheit der Erkenntnis zu einer nicht-leeren, und das heißt hier: objektiv gültigen Vorstellung macht. Vorstellungen, die objektive

Gültigkeit beanspruchen können, sind entweder transzendentale oder empirische Vorstellungen. Diese Überzeugung bringt Kant aus dem zweiten hier relevanten Lehrstück mit, nämlich der Lehre von den erfahrungskonstituierenden Begriffen, die er im Rahmen der *Transzendentalen Analytik* entwickelt hat. Da nun die Vorstellung der systematischen Einheit, qua Vernunftbegriff, eine notwendige Vorstellung sein soll, kann sie nach Kantischen Prinzipien keine empirische Vorstellung sein, wenn ihr denn objektive Gültigkeit zukommen soll. Also, so folgert Kant allem Anschein nach, muß sie in irgendeiner Weise doch den Status einer transzendentalen Vorstellung haben, ohne allerdings tatsächlich eine zu sein. Dies deshalb, weil nur die Verstandesbegriffe, die Kategorien also, „richtige" transzendentale Vorstellungen sein können. Für die Vernunftbegriffe als transzendentaler Vorstellungen bleibt daher nur eine unbestimmte objektive Gültigkeit übrig, die sie zur Übernahme der Rolle von regulativen Prinzipien prädestiniert.

Betrachtet man zunächst nur die These, die die Notwendigkeit der Vorstellung der systematischen Einheit mit einer transzendentalen Voraussetzung in Verbindung bringt, so folgt sie aus zwei Gründen nicht zwingend aus der gerade rekapitulierten Überlegung: (1) Es ist nicht einzusehen, wieso die Notwendigkeit, die wir nach Kant dem Vernunftbegriff der systematischen Einheit zuschreiben müssen, irgendwelche transzendentalen Implikationen hat und damit einen Anspruch auf objektive Gültigkeit begründet. Es mag ja durchaus der Fall sein, daß wir aus irgendwelchen Gründen die Vorstellung der systematischen Einheit für eine notwendige Vorstellung halten müssen, doch folgt daraus nicht, daß die uns erkennbare Wirklichkeit und die in ihr anzutreffenden Gegenstände notwendigerweise bestimmte Eigenschaften haben. Denn es ist kein logischer Widerspruch, den Begriff der systematischen Einheit zwar für notwendig, aber für leer, also nicht für objektiv gültig im transzendentalen Sinne zu halten. Zwischen der Notwendigkeit einer Vorstellung und ihrer möglichen transzendentalen Funktion besteht kein direkter Zusammenhang. (2) Kants Überlegung schließt grundlos die Möglichkeit aus, daß es sich bei der Vorstellung der systematischen Einheit zwar um einen notwendigen Vernunftbegriff handelt, dessen objektive Gültigkeit allerdings nur empirisch gesichert werden kann. Für diese Möglichkeit spricht nicht nur, daß sie eine gewisse intuitive Plausibilität für sich verbuchen kann, sie würde zudem Kant von dem unglücklichen Konstrukt einer transzendentalen Voraussetzung entbinden und dennoch im Rahmen der Kantischen Vorgaben bleiben. Ihr zufolge würde die Sache sich dann so darstellen: Aus welchen Gründen auch immer wissen wir, daß für unseren Erkenntnisbegriff der Begriff der Vernunft und mit diesem der der systematischen Einheit grundlegend ist, d.h. wir wissen (und akzeptieren), daß der Begriff der systematischen Einheit ein notwendiger Vernunftbegriff ist. Nun stellen wir (erleichtert) fest, daß wir in der Lage sind, Erkenntnisse über die uns umgebende Welt zu gewinnen. Aufgrund des angegebenen Zusammenhangs zwischen Erkenntnisbegriff und Begriff der systematischen Einheit können wir daher festhalten, daß offenbar tatsächlich eine gewisse Ordnung in der Welt besteht, die systematische Einheit ermöglicht, oder anders gesagt: Wir können festhalten, daß es sich bei dem Begriff der systematischen Einheit um einen empirisch gut bestätigten Begriff handelt. Als empirisch gut ausgewiesener Begriff ist er ohne Zweifel ein objektiv gültiger Begriff, nur hat diese objektive Gültigkeit gar nichts mehr mit irgendwelchen transzendentalen Ansprüchen und Perspektiven zu tun. Auf diese Weise würde an der Notwendigkeit des Vernunftbegriffs der systematischen Einheit nicht gerüttelt, und er wäre auch dann nicht ein notwendigerweise leerer Begriff, wenn ihm keine transzendentale Bedeutung gegeben werden könnte.

Was die zweite Behauptung betrifft, die einen Zusammenhang zwischen der bloß unbestimmten objektiven Gültigkeit der Ideen und ihrer Funktion als regulativer Prinzipien herstellt, so ist auch hier nicht zu sehen, wie sie aus der angegebenen Überlegung folgt. Hier liegt das Problem hauptsächlich darin, daß Kant uns schwer begreiflich machen kann, was mit unbestimmter objektiver Gültigkeit überhaupt gemeint sein soll. Dies ist deshalb so schwierig zu erschließen, weil Kant den Begriff der unbestimmten objektiven Gültigkeit vor allem dazu benutzt, die Art der objektiven Gültigkeit der Ideen von der anderer apriorischer Vorstellungen, besonders der der Kategorien, abzugrenzen. Einem Begriff unbestimmte objektive Gültigkeit zuschreiben, heißt daher zunächst nur, ihm nicht den Status eines konstitutiven apriorischen Begriffs zubilligen, dessen Leistung eben darin besteht, den Begriff des Objekts zu bestimmen. Doch was folgt aus dieser negativen Charakterisierung des Status eines Begriffs für die Beschreibung seiner positiven Funktion in Erkenntniskontexten? Der Sache nach gar nichts. Wenn Kant daher von dem nicht-konstitutiven Status der Ideen auf ihre regulative Funktion schließt, so hat dieser Schluß seine Basis offensichtlich nicht in irgendwelchen durch ein Argument gedeckten Überlegungen, sondern in einer terminologischen Festlegung, der zufolge ein apriorischer Begriff, wenn er denn überhaupt eine Rolle in Erkenntniskontexten spielt, entweder eine konstitutive oder eine regulative Aufgabe wahrnimmt. Die These von der regulativen Funktion der Ideen ist deshalb alles andere als sachlich überzeugend.

Es nimmt daher nicht Wunder, wenn Kant das Thema „systematische Einheit" in der *Kritik der Urteilskraft* erneut aufnimmt und seine Behandlung auf eine völlig neue Basis stellt, indem er ein dem Kant der *Kritik der reinen Vernunft* noch gänzlich unbekanntes Vermögen der reflektierenden Urteilskraft einführt. Doch sind auch mit diesem neuen Ansatz eine ganze Reihe von Schwierigkeiten verbunden. Dennoch wird man sagen müssen, daß einige der Probleme, die die im *Anhang* vertretene Position belasten, im Rahmen der späteren Ausführungen zum Verschwinden gebracht worden sind. Wegen der engen Bindung, die thematisch zwischen den Teilen des *Anhangs* und der *Kritik der Urteilskraft* besteht, ist auch in der Literatur häufiger die Beziehung zwischen den beiden Texten als die Thesen des *Anhangs* allein diskutiert worden. Sind von den sich des ersten Gesichtspunkts annehmenden Arbeiten die von Bartuschat 1972, Horstmann 1997, Liedtke 1964, Mertens 1974, Peter 1992 und Schiemann 1992 zu nennen, so habe – neben den bereits anfangs erwähnten beiden Autoren – Zocher 1958, Caimi 1995 und vor allem Wartenberg 1979 und 1992 den Ausführungen des *Anhangs* für sich selbst betrachtet ihre Aufmerksamkeit gewidmet.

Literatur

Allison, Henry 2004: Kant's Transcendental Idealism, revised and expanded version, New Haven.
Bartuschat, Wolfgang 1972: Zum systematischen Ort von Kants Kritik der Urteilskraft, Frankfurt/M.
Bennett, Jonathan 1974: Kant's Dialectic, Cambridge/Mass.
Cassirer, Heinz W. 1938: A Commentary of Kant's Critique of Judgement, London.
Caimi, Mario 1995: „Über eine wenig beachtete Deduktion der regulativen Ideen", in: Kant-Studien 86, 308–320.
Düsing, Klaus 1968: Die Teleologie in Kants Weltbegriff, Bonn ²1986.
Geiger, Ido 2003: „Is the Assumption of a Systematic Whole of Empirical Concepts a Necessary Condition of Knowledge?" in: Kant-Studien 94, 273–298.
Ginsborg, Hannah 2017: „Why Must We Presuppose the Systematicity of Nature?", in: Massimi und Breitenbach (Hgg.): Kant and the Laws of Nature, Cambridge/Mass.
Godlove, Jr., Terry F. 2013: „The Objectivity of Regulative Principles in Kant's Appendix to the Dialectic", in: Ruffing, La Rocca, Ferrarin, und Bacin (Hgg.): Kant und die Philosophie in Weltbürgerlicher Absicht: Akten des Xi. Kant-Kongresses 2010. De Gruyter. 129–140.
Grier, Michelle forthcoming: „The Transcendental Dialectic", in: S. Baiasu und M. Timmons (Hgg.), The Kantian Mind, London: Routledge.
Guyer, Paul 2003: „Kant on the Systematicity of Nature: Two Puzzles". History of Philosophy Quarterly, 20, 277–95.
Guyer, Paul 2017: „Imperfect Knowledge of Nature: Kant, Hume, and Laws of Nature", in: Massimi und Breitenbach (Hgg.) Kant and the Laws of Nature, Cambridge/Mass.
Horstmann, Rolf-Peter 1997: Bausteine kritischer Philosophie. Arbeiten zu Kant, Bodenheim.
Kemp-Smith, Norman 1918: A Commentary to Kant's „Critique of Pure Reason", London (²1923).
Kraus, Katharina 2018: „The Soul as the 'Guiding Idea' of Psychology. Kant on Psychology, Systematicity, and the Idea of the Soul", in: Studies in History and Philosophy of Science 71, 77–88.
Kuypers, Karel 1972: Kants Kunsttheorie und die Einheit der Urteilskraft, Amsterdam/London.
Liedtke, Max 1964: Der Begriff der reflektierenden Urteilskraft in Kants Kritik der reinen Vernunft, Diss. phil. Hamburg.
Massimi, Michela 2017: „What is this thing called 'Scientific Knowledge?'—Kant on imaginary standpoints and the Regulative Role of reason", in: Kant Yearbook 9.
McFarland, John D. 1970: Kant's Concept of Teleology, Edinburgh.
McLaughlin, Peter 2014: „Transcendental Presuppositions and Ideas of Reasons", in: Kant-Studien 105, 554–572.
Mertens, Helga 1974: Kommentar zur ersten Einleitung in Kants Kritik der Urteilskraft, München.

Sascha, Mudd S. 2017: „The Demand for Systematicity and the Authority of Theoretical Reason in Kant", in: Kantian Review 22(1), 81–106.
Peter, Joachim 1992: Das transzendentale Prinzip der Urteilskraft. Eine Untersuchung zur Funktion und Struktur der reflektierenden Urteilskraft bei Kant, Berlin/New York.
Pickering, Mark 2011: „The Idea of the Systematic Unity of Nature as a Transcendental Illusion", in: Kantian Review 16, 429–448.
Rajiva, Suma 2006: „Is Hypothetical Reason a Precursor to Reflective Judgment?", in: Kant-Studien 97, 114–126.
Rauscher, Frederick 2010: „The Appendix to the Dialectic and the Canon of Pure Reason: The Positive Role of Reason", in Guyer, Paul (Hg.): The Cambridge Companion to Kant's Critique of Pure Reason, Cambridge/Mass.
Rohlf, Michael 2014: „The Rationality of Induction in Kant (and Hume)", in: Idealistic Studies 43, 153–169.
Rush, Fred 2000: „Reason and Regulation in Kant", in: Review of Metaphysics 53, 837–862.
Schiemann, Gregor 1992: „Totalität oder Zweckmäßigkeit? Kants Ringen mit dem Mannigfaltigen der Erfahrung im Ausgang der Vernunftkritik", in: Kant-Studien 83, 294–303.
Teufel, Thomas 2017: „Kant's Transcendental Principle of Purposiveness and the 'Maxim of the Lawfulness of Empirical Laws'", in: Massimi und Breitenbach (Hgg.) Kant and the Laws of Nature, Cambridge/Mass.
Wartenberg, Thomas E. 1979: „Order Through Reason. Kant's Transcendental Justification of Sience", in: Kant-Studien 70, 409–424.
Wartenberg, Thomas E. 1992: „Reason and Practice of Science", in: Guyer, Paul (Hg.), The Cambridge Companion to Kant, Cambridge, 228–248.
Zocher, Rudolf 1958: „Zu Kants Transzendentaler Deduktion der Ideen der reinen Vernunft", in: Zeitschrift für philosophische Forschung 12, 43–58.
Willaschek, Markus 2018: Kant on the Sources of Metaphysics: The Dialectic of Pure Reason, Cambridge University Press.
Zuckert, Rachel 2017: „Empirical Scientific Investigation and the Ideas of Reason", in: Massimi und Breitenbach (Hgg.), Kant and the Laws of Nature, Cambridge/Mass.

Peter Rohs

22 Die Disziplin der reinen Vernunft, 1. Abschnitt

(A707/B735–A738/B766)

22.1 Stellung und Funktion des 1. Abschnitts der *Disziplin* in der *Kritik*

Da Kant in dem die *Transzendentale Methodenlehre* einleitenden Textstück (A707f./ B735f.) selbst darlegt, was deren Stellung und Funktion in seinem Werk sein soll, bietet es sich an, die Ausführungen dazu mit der Kommentierung dieses Abschnittes zu verbinden (vgl. aber auch unten den Beitrag von Gerhardt). Die schulgerechte Definition lautet: „Ich verstehe also unter der transzendentalen Methodenlehre die Bestimmung der formalen Bedingungen eines vollständigen Systems der reinen Vernunft" (A707/B735). In dem ihr vorangehenden Absatz erläutert Kant dies durch eine vom Bauen hergenommene Metapher: Man könne dieses System (den „Inbegriff aller Erkenntnis der reinen und spekulativen Vernunft", ebd.) als ein Gebäude ansehen, „dazu wir wenigstens die Idee in uns haben" (ebd.). Die Aufgaben von Elementarlehre und Methodenlehre lassen sich dann so gegeneinander abgrenzen: jene soll das Bauzeug überschlagen, diese den Plan des Gebäudes entwerfen. Die *Kritik* ist also insgesamt nur mit Vorbereitungsarbeiten zu einem noch zu errichtenden System befaßt, das von ihr selbst zu unterscheiden ist. Dies entspricht ähnlichen Äußerungen Kants über die Funktion der Kritik für ein zukünftiges System, etwa in der *Vorrede A:* „Ein solches System der reinen (spekulativen) Vernunft *hoffe* ich [...] selbst zu liefern", es soll „ungleich reicheren Inhalt" haben (A xxi; Hervorhebung von mir).

Wenn die transzendentale Methodenlehre mit dem Plan eines noch zu errichtenden Systems befaßt ist, dann ist nicht selbstverständlich, daß ihre Ergebnisse auch für die Methode der Kritik selbst gelten sollen. Die bei der Musterung des Bauzeugs zu befolgende Methode sollte von dem Plan des zu errichtenden Gebäudes unterschieden sein. Über sie wäre auch zu handeln, bevor man mit der Arbeit beginnt. Auf die Frage, inwiefern die Ergebnisse der Methodenlehre für die Methode der Kritik selbst relevant sind, möchte ich zum Schluß zurückkommen.

Das Ergebnis der Überprüfung des Bauzeugs (also der Elementarlehre) faßt Kant in einem Bild zusammen, das an die biblische Geschichte vom babylonischen Turmbau erinnern soll: Für einen an den Himmel reichenden Turm langt das Material nicht, wohl aber für ein Wohnhaus, „welches zu unseren Geschäften auf der

Ebene der Erfahrung gerade geräumig und hoch genug war" (A707/B735). Das Unternehmen des Turmbaus habe zu der (für die dogmatisch-metaphysische Epoche der Philosophie charakteristischen) „Sprachverwirrung" und zur Entzweiung unter den „Arbeitern" geführt (ebd.). Dies entspricht einer Ansicht von der Geschichte der Philosophie, wie sie Kant z. B. ebenfalls in der *Vorrede A* entwickelt.

Die Einteilung der transzendentalen Methodenlehre in die vier Abschnitte *Disziplin, Kanon, Architektonik* und *Geschichte* nennt Kant, ohne sie weiter zu erläutern. Die Methodenlehre insgesamt soll „in transzendentaler Absicht" (d. h. für das vollständige System der reinen Vernunft) leisten, was die „praktische Logik" in den „Schulen" für den Verstandesgebrauch überhaupt (d. h. für beliebige Systeme) leisten sollte, aber schlecht geleistet hat (A708/B736). Für Kants Verständnis von diesem Teil der Schullogik sei auf A51 ff./B76 ff. verwiesen.

Stellung und Funktion der *Disziplin der reinen Vernunft* innerhalb der *Methodenlehre* erläutert Kant in dem sie einleitenden Textstück (A708/B736–A712/B740). „Disziplin" wird von ihm definiert als der „Zwang, wodurch der beständige Hang von gewissen Regeln abzuweichen eingeschränkt, und endlich vertilget wird" (A709/B737). Ihre pädagogische Funktion kommt in seiner Pädagogik-Vorlesung wiederholt zur Sprache: „Disziplin verhütet, daß der Mensch nicht durch seine thierischen Antriebe von seiner Bestimmung, der Menschheit, abweiche" (IX 442). Auch dort wird sie von der Kultur unterschieden (IX 449). Da ihr Beitrag hier wie dort rein negativ ist, sind für sie die negativen, den Irrtum abhaltenden Urteile wichtig. Derartige Urteile stehen, wie Kant sagt, bei der Wißbegierde der Menschen in keiner sonderlichen Achtung, weil sie unser Wissen nicht erweitern.

Der Vorstellung von dem „Gerichtshof" (A xi) der Vernunft über sich selbst entspricht es, wenn Kant nun eine Disziplin der Vernunft selbst für nötig hält, obwohl dies befremdlich zu sein scheint, weil doch eigentlich die Vernunft allen anderen Bestrebungen ihre Disziplin vorschreibt. Sie bedarf einer solchen auch weder im empirischen Gebrauch noch im mathematischen, wohl aber im „transzendentalen Gebrauch, nach bloßen Begriffen" , weil dort weder empirische noch reine Anschauung sie „in einem sichtbaren Geleise halten" (A711/B739). Wenn die Vernunft nicht durch Anschauung kontrolliert wird, wird die Gefahr von „Ausschweifung und Irrtum" unabweislich; es wird ein ganzes „System von Täuschungen und Blendwerken angetroffen" (ebd.). Es wird darum ein „System der Vorsicht und Selbstprüfung" erforderlich (ebd.), das hinsichtlich des Inhaltes der Vernunft von der Elementarlehre geliefert worden ist, hinsichtlich der „Methode der Erkenntnis aus reiner Vernunft" aber nun – als „warnende Negativlehre" – zu entwickeln ist (A712/B740).

22.2 Inhalt und Aufbau des Abschnitts *Die Disziplin der reinen Vernunft im dogmatischen Gebrauche* (A712/B740–A738/B766)

Kant möchte gegen das Vorgehen der Leibniz-Wolffschen Schulphilosophie (und vielleicht auch gegen die Ethik Spinozas) die These untermauern, daß es zwar verführerisch ist, in der Philosophie dem methodischen Vorbild der Mathematik zu folgen und den „mos geometricus" zu benutzen, daß aber beide Disziplinen so grundsätzlich verschieden sind, daß dies in Wahrheit nicht angeht. Das Ergebnis ist insofern negativ: es wird gezeigt, was die Methode der Philosophie nicht ist. Als grundlegender Unterschied zwischen Mathematik und Philosophie stellt sich heraus, daß sich jene, nicht aber diese auf reine Anschauung stützen kann. Wie Kant schon im Vorspann des Disziplin-Abschnittes bemerkt: in der Philosophie wird die Vernunft weder durch empirische noch durch reine Anschauung „in einem sichtbaren Gleise gehalten" (A711/B739). In der Mathematik, so wird sich zeigen, wird sie es nach Kant durch reine Anschauung. Dieser Unterschied ist so grundlegend, daß er die Befolgung der mathematischen Methode in der Philosophie unmöglich macht.

Man kann den Text in drei Abschnitte gliedern. Im ersten (A712/B740–A717/B745) wird die Verschiedenheit konstatiert. Im zweiten geht es um die Frage, was die Ursache für sie ist: „Was mag die Ursache dieser so verschiedenen Lage sein, darin sich zwei Vernunftkünstler befinden, deren der eine seinen Weg nach Begriffen, der andere nach Anschauungen nimmt, die er a priori den Begriffen gemäß darstellet?" (A717/B745–A726/B754). Im dritten Abschnitt schließlich möchte Kant „noch gleichsam den letzten Anker einer phantasiereichen Hoffnung wegnehmen", indem er sein Resultat zusätzlich absichert durch die Diskussion von Definitionen, Axiomen und Demonstrationen, den drei Grundelementen der mathematischen Gründlichkeit (A726/B754–A738/B766).

22.3 Textkommentar

Ich möchte im Textkommentar zunächst Kants Ausführungen über die mathematische Methode behandeln, dann die Konsequenzen, die sich daraus für die Methode der Philosophie ergeben, drittens die speziellen Fragen von Definitionen, Axiomen und Demonstrationen, und zum Schluß darauf zurückkommen, wie sich die Ergebnisse der Methodenlehre zu der von ihm selbst benutzten Methode verhalten.

22.3.1 Die Methode der Mathematik

Trotz der großen Bedeutung der Philosophie der Mathematik für das kritische Geschäft hat Kant sie im Rahmen der *Kritik* nirgendwo im geschlossenen Zusammenhang dargestellt. Ausführungen zu diesem Thema finden sich fast über das gesamte Werk verstreut. Etwas besser steht es mit den *Prolegomena*; sie enthalten in Beantwortung der Frage, wie reine Mathematik möglich ist, eine relativ umfassende und systematisch zusammenhängende Darstellung des Komplexes (IV 280 ff.). Ihr Aufbau läßt etwas erkennen, was für den vorliegenden Textabschnitt von Bedeutung ist: die ihm entsprechenden Darlegungen leiten dort die Behandlung des Themas ein. Darauf folgt erst das, was der transzendentalen Ästhetik entspricht. Dieser Umstand legt nahe, daß für Kant die Gedanken der Methodenlehre die Philosophie der Mathematik fundieren sollten (Hintikka 1969, 47). Daß sie auch in historischer Hinsicht der Ausgangspunkt für sie gewesen sein dürften, ergibt sich daraus, daß wichtige Aussagen der Methodenlehre schon in der Preisschrift über die *Deutlichkeit der Grundsätze* von 1764 vorkommen (II 273–302; vgl. die Aufstellung von Parallelen bei Beth 1959, 41 ff.).

Kants grundlegende These zur mathematischen Methode ist, daß die Mathematik auf Anschauung angewiesen ist, daß ihr aber auch eine Anschauung zur Verfügung steht. Die zweite Teilthese verbindet die Methodenlehre mit der transzendentalen Ästhetik: dort wird gezeigt, daß es reine Anschauungen gibt, die genau das sind, was die Mathematik benötigt, so daß Kant dort schließen kann: „Also macht allein unsere Erklärung die *Möglichkeit der Geometrie* als einer synthetischen Erkenntnis a priori begreiflich" (B41).

Daß die Mathematik auf Anschauung angewiesen ist, folgt für Kant aus ihrem synthetischen Charakter. Im Gegensatz zu analytischen Sätzen, die bloß einen gegebenen Begriff zergliedern, bedarf das Hinausgehen über ihn zu Eigenschaften, die nicht in ihm liegen, in jedem Fall der Anschauung (A718/B746). „Wenn man von einem Begriff synthetisch urteilen soll, so muß man aus diesem Begriff hinausgehen und zwar zur Anschauung, in welcher er gegeben ist. Denn, bliebe man bei dem stehen, was in Begriffe enthalten ist, so wäre das Urteil bloß analytisch" (A721/B749). Den Satz, daß synthetische Urteile auf Anschauung angewiesen sind, darf man als das Grundprinzip der Kantischen Methodenlehre überhaupt ansehen.

Aus heutiger Sicht scheint die Auffassung, daß die Mathematik der Anschauung bedarf, irrig zu sein. Der moderne Mathematiker untersucht in seinen Beweisen ausschließlich logische Dependenzverhältnisse zwischen Propositionen, ohne dabei auf Anschauung zu rekurrieren. Ob die Satzsysteme, die man so erhält, auf irgendwelche Gegenstände der realen Welt (oder auch in der Einbildungskraft vorgestellte Gegenstände) angewandt werden können, gilt als eine empirische, den Mathematiker nichts mehr angehende Frage. Für Friedman, dessen Ausführungen ich in diesem Abschnitt weitgehend folge, wäre eine durch diese Einstellung motivierte Kritik allerdings „unfair to Kant" (Friedman 1992, 56). Rein logische Ableitungen mathematischer Theoreme aus Axiomen sind erst seit der Entwicklung der modernen Quantorenlogik möglich geworden. Im Rahmen der aristotelischen Syllogistik, mit der die Logik für Kant „allem Ansehen nach geschlossen und vollendet zu sein" schien (B viii), war dies – vor allem wegen ihrer wesentlichen Beschränkung auf einstellige Prädikate – nicht möglich gewesen. Kants Auffassung, daß sich die mathematischen Theoreme nicht rein formal ableiten lassen, ist also zwar relativ zu dem, was er an Logik kannte, berechtigt, allerdings nicht mehr relativ zu der von Frege geschaffenen umfassenden Logik. Für Intuitionisten und Konstruktivisten sind Kants Auffassungen allerdings durchaus auch systematisch von Interesse gewesen (zum Einfluß Kants auf Brouwer vgl. Posy 1992).

Die unterschiedliche Behandlungsart der Geometrie in der vorfregeschen euklidischen Tradition im Vergleich zur heutigen, die quantorenlogischen Mittel einsetzenden Mathematik macht Friedman an zahlreichen Beispielen deutlich. Die Existenz eines Punktes, der eine bestimmte Bedingung erfüllt, ist für einen modernen Mathematiker logisch aus den Axiomen herzuleiten. Dafür werden aber u. a. Anordnungssätze benötigt, die sich nur mit quantorenlogischen Mitteln formulieren lassen. Da diese für Euklid und Kant nicht zur Verfügung gestanden haben, mußte für sie ein solcher Punkt „konstruiert" werden. Die drei grundlegenden geometrischen Konstruktionen, die den Postulaten 1–3 bei Euklid entsprechen, sind das Verbinden zweier Punkte durch eine Strecke, das Verlängern einer Strecke um ein gegebenes Stück, das Schlagen eines Kreises um einen gegebenen Punkt mit einem gegebenen Radius. Alle Konstruktionen bestehen in einer wiederholten Anwendung dieser drei Grundkonstruktionen (Friedman 1992, 61, 86). Durch sie wird die Existenz der geometrischen Gegenstände sichergestellt.

Ohne Quantorenlogik ist es nicht möglich, einen Gegenstandsbereich formal als unendlich zu charakterisieren, denn widerspruchsfreie Axiomensysteme mit ausschließlich einstelligen Prädikaten haben stets ein endliches Modell. Erst recht ist es ohne diese Mittel nicht möglich, die Struktur des Kontinuums logisch zu beschreiben oder auch nur Dichte von Stetigkeit zu unterscheiden. Kant war deswegen genötigt, stetige Größen über Bewegungsvorgänge (im Anschluß an Newtons Fluxionen) zu beschreiben (Friedman 1992, 71 ff.). Aus heutiger Sicht ist dies schon deswegen unzulänglich, weil es stetige, aber nirgends differenzierbare Kurven gibt, die nicht auf die Bewegung eines Punktes zurückgeführt werden können. Die Stetigkeit einer Linie kann also nicht durch das „Ziehen" charakterisiert werden.

Wenn die Mathematik auf Anschauung angewiesen ist, stellt sich die Frage, was genau deren Funktion sein soll. Hier stehen sich zwei Interpretationen gegenüber, die Friedman als „Russell-inspired interpretation" und „anti-Russellian interpretation" unterscheidet (Friedman 1992, 80 ff.). Nach der letzteren (z. B. Martin 1951 oder Brittan 1978) hätte die Anschauung vor allem die Wahrheit der Axiome zu garantieren, während die Herleitung der Theoreme aus den Axiomen anschauungsfrei und formal vor sich gehen soll; der ersteren zufolge geht die Anschauung in jeden Beweis ein, indem sie die Konstruktion der erforderlichen geometrischen Objekte (z. B. das Ziehen von Linien) ermöglicht. Nach der anti-Russellschen Interpretation wären z. B. auch für Kant nichteuklidische Geometrien formal möglich (Herleitungen aus entsprechenden widerspruchsfreien Axiomensystemen), nach der Russellschen Interpretation nicht, denn schon das Ziehen einer Linie muß reine Anschauung in Anspruch nehmen. Es kann also nur euklidische Geraden geben.

Friedman plädiert mit überzeugenden Gründen für die Russellsche Interpretation. Er weist u. a. darauf hin, daß Kant keinen Möglichkeitsbegriff hat, nach dem sowohl euklidische als auch nicht-euklidische Geometrie möglich sind. Nach dem ersten „Postulat des empirischen Denkens überhaupt" ist möglich das, „was mit den formalen Bedingungen der Erfahrung (der Anschauung und den Begriffen nach) übereinkommt" (A218/B265); logische Widerspruchsfreiheit ist eine notwendige, aber keine hinreichende Bedingung für Möglichkeit (A220/B267f.). Im Sinn dieses Möglichkeitsbegriffes beschreiben nichteuklidische Geometrien nichts Mögliches.

Vor allem aber sprechen die Ausführungen der Methodenlehre für die Russellsche Interpretation (während die entgegenstehende sich hauptsächlich auf B14 stützt). Die reine Anschauung wird gebraucht z. B. zur Konstruktion eines Triangels, „indem ich den diesem Begriffe entsprechenden Gegenstand, entweder durch bloße Einbildung, in der reinen, oder nach derselben auch auf dem Papier, in der empirischen Anschauung, beidemal aber völlig a priori, ohne das Muster dazu aus irgend einer Erfahrung geborgt zu haben, darstelle" (A713/B741). Die Anschauung liefert also einen einzelnen, jedoch dem Begriff genau entsprechenden Gegenstand (Kant identifiziert manchmal Anschauung und einzelnes Objekt); die als gegeben zugrundeliegenden Konstruktionsregeln garantieren die Existenz des Gegenstandes und erlauben es zugleich aufgrund ihrer Apriorität, allgemeine Aussagen über alle unter den Begriff fallenden Gegenstände (z. B. alle Triangel) zu rechtfertigen. Die mathematische Erkenntnis betrachtet „das Allgemeine im Besonderen, ja gar im Einzelnen, gleichwohl doch a priori und vermittelst der Vernunft, so daß, wie dieses Einzelne unter gewissen allgemeinen Bedingungen der Konstruktion bestimmt ist, eben so der Gegenstand des Begriffs, dem dieses Einzelne nur als sein Schema korrespondiert, allgemein bestimmt gedacht werden muß" (A714/B742). Die „gewissen allgemeinen Bedingungen der Konstruktion" bestehen in den genannten drei ursprünglichen Konstruktionen; sie ermöglichen allgemeingültige Resultate.

Kant unterscheidet in diesem Sinn Bilder und Schemata: „Dem Begriffe von einem Triangel überhaupt würde gar kein Bild desselben jemals adäquat sein. Denn es würde die Allgemeinheit des Begriffs nicht erreichen, welche macht, daß dieser für alle, recht- oder schiefwinklige etc. gilt, sondern immer nur auf einen Teil dieser

Sphäre eingeschränkt sein. Das Schema des Triangels kann niemals anderswo als in Gedanken existieren, und bedeutet eine Regel der Synthesis der Einbildungskraft, in Ansehung reiner Gestalten im Raume" (A141/B180). Das Zusammenwirken von Konstruktionsregeln, konstruktiven Operationen und reiner Anschauung führt also zu einer einzigartigen „Korrespondenz" zwischen Allgemeinem und Einzelnem, die es so weder bei empirischen Gegenständen noch (wie noch gezeigt werden soll) bei philosophischen geben kann. Darauf beruhen die Präzision und die Gewißheit der Mathematik.

Friedman weist auch mit Recht darauf hin, daß es nicht die Funktion der reinen Anschauung ist, Eigenschaften an Figuren gleichsam „abzulesen"; es gehe nicht um eine „visual inspection", wie er an einer Diskussion des Beispiels B xi–xii deutlich macht (Friedman 1992, 90 f.). Die reine Anschauung hat nicht Sachverhalte festzustellen, sondern die Gegenstände zu konstruieren, die für die Beweise benötigt werden. Ein euklidischer Beweis enthält so für Kant ein analytisches Moment (den Schluß von den Eigenschaften der zu der ursprünglichen Figur hinzukonstruierten Figur auf die Eigenschaft der ursprünglichen Figur, deren Vorliegen bewiesen werden soll), aber auch ein synthetisches, nicht syllogistisch erfaßbares Moment, das von der ursprünglich gegebenen Figur zu der neu konstruierten Figur und ihren Eigenschaften führt (ebd., 86 f.).

Die anti-Russellsche Interpretation, die die Anschauung von den geometrischen Beweisen selbst fern hält und diese als rein analytische Ableitungen versteht, ist darum von Interesse, weil sie Kants Ansichten nicht durch die späteren logischen und mathematischen Entdeckungen hinfällig werden läßt. Doch ich meine mit Friedman, daß man Kant nicht dafür tadeln sollte, daß er nicht die fregesche Quantorenlogik mit iterierten Quantoren für mehrstellige Prädikate vorweggenommen hat, sondern ihm dafür Anerkennung zollen, daß er die Mathematik relativ zu der damals bekannten Logik zutreffend gedeutet hat. Die Form der mathematischen Erkenntnis bringt es nun nach Kant mit sich, daß diese lediglich auf Quanta gehen kann, denn nur der Begriff von Größen lasse sich konstruieren (A714/B742). Begriffe von Qualitäten oder Relationen (wie der „Begriff einer Ursache", A715/B743) lassen sich nur anhand empirischer Beispiele aus der Erfahrung veranschaulichen, nicht aber in reiner Anschauung a priori darstellen. Kant schränkt den Satz, daß die mathematische Erkenntnis nur auf Quanta gehen kann, allerdings selbst ein: den Unterschied zwischen Räumen von verschiedener Dimension sieht er als einen qualitativen an und ebenso die Kontinuität als eine Qualität der Ausdehnung (ebd.).

„Die Mathematik aber konstruieret nicht bloß Größen (Quanta), wie in der Geometrie, sondern auch die bloße Größe (Quantitatem), wie in der Buchstabenrechnung" (A717/B745). Neben die Geometrie treten Arithmetik und Algebra, die es nach Kant nicht mit Quanta, sondern mit Quantität als solcher zu tun haben (zu Kants Auffassung von dem Unterschied zwischen Arithemtik und Algebra vgl.

Friedman 1992, 108–112). Auch diesen Disziplinen liegt eine Konstruktion in reiner Anschauung zugrunde, die aber von anderer Art als im Fall der Geometrie sein muß. Kant unterscheidet deswegen von der „ostensiven oder geometrischen Konstruktion", die auf quanta (wie Triangel) geht, eine „symbolische" (vgl. A717/B745) bzw. „charakteristische" (vgl. A734/B762) Konstruktion. Bei der symbolischen Konstruktion werden nicht bestimmte Gegenstände (wie Triangel) konstruiert, sondern nur Beziehungen zwischen Größen als solchen (welchen Gegenständen auch immer sie zukommen sollen). Als solche Konstruktionen werden Addition, Subtraktion und Ausziehung der Wurzel genannt. Die Mathematik „stellet [...] alle Behandlung, die durch die [muß richtig heißen: durch die die, P. R.] Größe erzeugt und verändert wird, nach gewissen allgemeinen Regeln in der Anschauung dar" (A717/B745). Ein Triangel ist ein einzelner einem Begriff entsprechender Gegenstand, eine Zahl ist dies nicht, denn jenes ist auf vielen Arten möglich, die Zahl 7 dagegen nur auf eine einzige (A165/B205). Dennoch müssen auch die Operationen mit Zahlen (wie die Addition) in der Anschauung dargestellt werden. Die ausführliche Begründung dafür findet sich in dem Brief an Johann Schultz vom 25. November 1788 (X 554–558). Die Beziehung dieser Anschauung zur Zeit wird von Kant A142 f./B182 sowie in dem Brief an Rehberg vom 25. 9. 1790 (XI 207–210) erörtert. Wenn der Begriff der unendlichen Iteration einer Operation nicht logisch gefaßt werden kann, muß diese Möglichkeit anschaulich gewährleistet werden (Friedman 1992, 121). Für diese Aufgabe benutzt Kant die reine Anschauung der Zeit. Zahlen sind also keineswegs in dem Sinn zeitliche Gegenstände, wie Dreiecke räumliche sind. Aber daß wir über jede erreichte Zahl hinaus eine weitere konstruieren können, ist doch in Zeitstrukturen begründet: „Die Zeit ist an sich selbst eine Reihe (und die formale Bedingung aller Reihen)" (A411/B438; zum Verhältnis von Arithmetik und Zeit vgl. auch Parsons 1983, 139 f., und Wolff-Metternich 1995, 79).

Arithmetik und Geometrie sind also auf reine Anschauung angewiesen. In der Geometrie ermöglicht sie die Konstruktion derjenigen Gegenstände, über deren Eigenschaften etwas mit Hilfe weiterer konstruierter Gegenstände bewiesen werden soll. In der Arithmetik haben wir es nicht mit einzelnen Gegenständen zu tun, sondern mit abstrakten Größenbestimmungen unangesehen ihrer Gegenstände (Quantität ohne Quanta). Aber auch hier ermöglicht nur die Anschauung die Operation – bei den Zahlen ist es nur eine, das Zusammenfassen von Einheiten –, durch die diese Größen erzeugt werden.

Kant betont aber verschiedentlich, daß die Rede von mathematischen Gegenständen ohnehin uneigentlich ist; es handele sich eigentlich nur um Formen von Gegenständen. Was wir konstruieren können, würde deswegen doch nur ein „Produkt der Einbildung" bleiben, wenn es nicht außerdem den Bedingungen, auf denen Gegenstände der Erfahrung beruhen, entsprechen würde (A223 f./B271;

ähnlich B147 und A239/B298). Auch die Gültigkeit der Mathematik kann also nur transzendentalphilosophisch gesichert werden (A733/B761).

22.3.2 Die Methode der Philosophie

Das methodologische Dilemma der Philosophie besteht für Kant darin, daß sie zwar ebenfalls auf Anschauung angewiesen ist, wenn sie zu synthetischen Urteilen kommen will, daß es aber keine Anschauung gibt, auf die sie sich stützen könnte. Daß synthetische Urteile direkt oder indirekt auf Anschauung zurückgehen müssen, gilt allgemein, wie die schon zitierte Stelle A721/B749 deutlich macht. Da es jedoch für die Philosophie keine Anschauung gibt, zu der man über seine Begriffe hinausgehen kann, so scheint die Konsequenz unabweisbar zu werden, daß nur eine analytische Philosophie möglich ist (wobei die gegenwärtige analytische Philosophie den großen Vorteil hätte, sich der inzwischen entwickelten Logik bedienen zu können).

Man kann sich das Problem verdeutlichen an der Gegenüberstellung der beiden Sätze:

Alle Dreiecke haben eine Winkelsumme gleich zwei Rechten.

Alle Substanzen sind unzusammengesetzt.

Den ersten Satz können wir beweisen, indem wir ein Dreieck in der reinen Anschauung nach allgemeinen Regeln konstruieren. Die Substanzen dagegen sind uns weder in der empirischen Anschauung gegeben, noch können wir sie in reiner Anschauung konstruieren. Der zweite Satz kann also nicht ausgewiesen sein, wenn er informativ sein soll und nicht nur eine Analyse des Begriffs „Substanz". Er muß zu dem „System von Täuschungen und Blendwerken" (A711/B739) gehören, das in der reinen Vernunft angetroffen wird.

Kant definiert die „philosophische Erkenntnis" als „Vernunfterkenntnis aus Begriffen" (A713/B741), sie „betrachtet also das Besondere nur im Allgemeinen" (A714/B742), was eben heißt, daß sie ohne Anschauung operiert. Es sieht nach Kant bisweilen so aus, als würde die Philosophie absichtlich auf Anschauung verzichten. Aber wenn sie verzichtet, dann gezwungenermaßen, denn außer der empirischen Anschauung, auf die sich die empirischen Wissenschaften stützen, und der reinen für die Mathematik gibt es keine weitere. Für die Philosophie bleibt keine übrig, so daß sie sich nolens volens im Allgemeinen halten muß und nicht zu einzelnen Gegenständen vorstoßen kann. Anschauung ist, wie der gesamten Kantischen Philosophie zugrundeliegt, die einzige Art, sich unmittelbar auf einzelne Gegenstände zu beziehen (A19/B33). Dieser Grundsatz wird hier erneut unterstrichen: „Alle unsere Erkenntnis bezieht sich doch zuletzt auf mögliche Anschauungen; denn durch diese allein wird ein Gegenstand gegeben" (A719/B747). Einzelnes kann nur anschaulich gegeben sein, obwohl dieses Gegebensein durchaus indirekt ausfallen kann (wie bei der „alle Körper durchdringenden magnetischen Materie", deren Dasein wir nur „aus der Wahrnehmung des gezogenen Eisenfeiligs", nicht aber durch direkte Wahrnehmung erkennen können, A226/B273).

Der wesentliche Unterschied zwischen Philosophie und Mathematik besteht also nicht darin, daß sie sich auf verschiedene Gegenstände beziehen (A714/B742), sondern in ihrer „Form": „Jene hält sich bloß an allgemeinen Begriffen" (sie muß es, weil sie nicht anders kann); diese „eilt sogleich zur Anschauung" und untersucht auf sie gestützt das Allgemeine im Einzelnen (A715/B743). Der Philosoph kann auf seine Art aus dem Begriff eines Triangels nichts Neues herausbringen; der Geometer dagegen beginnt „sofort" mit Konstruktionen und gelangt so „durch eine Kette von Schlüssen, immer von der Anschauung geleitet, zur völlig einleuchtenden und zugleich allgemeinen Auflösung der Frage" (A716 f./B744 f.).

Man sollte denken, Kant müßte sich mit der Unmöglichkeit jeder synthetischen Philosophie abfinden. Er möchte aber zeigen, daß es trotzdem eine Sorte von synthetischen Urteilen a priori gibt, die unabhängig von Anschauung möglich sind: die transzendentalen Sätze. Er definiert: „Synthetische Sätze, die auf *Dinge* überhaupt, deren Anschauung sich a priori gar nicht geben läßt, gehen, sind transzendental" (A720/B748). Derartige Sätze können aber nur unter einer bestimmten Bedingung ausgewiesen sein; die Erkenntnis kann dabei, wie Kant sagt, „nichts weiter, als die bloße Regel der Synthesis desjenigen, was die Wahrnehmung a posteriori geben mag, niemals aber die Anschauung des realen Gegenstandes a priori liefern" (ebd.). Inhaltlich geht es um die „Grundsätze des reinen Verstandes". Kant nennt sie der Reihe nach, wo er auflistet, was alles „zum Vernunfterkenntnis aus Begriffen" (A724/B752) gehören kann: „Alles was da ist (ein Ding in Raum oder der Zeit), zu erwägen, ob und wie fern es ein Quantum ist oder nicht" [Axiome der Anschauung], „daß ein Dasein in demselben oder Mangel vorgestellt werden müsse" [Antizipationen der Wahrnehmung], „wie fern dieses Etwas (welches Raum oder Zeit erfüllt) ein erstes Substratum, oder bloße Bestimmung sei" [1. Analogie der Erfahrung], „eine Beziehung seines Daseins auf etwas Anderes, als Ursache oder Wirkung, habe" [2. Analogie] „und endlich isoliert oder in wechselseitiger Abhängigkeit mit andern in Ansehung des Daseins stehe" [3. Analogie], „die Möglichkeit dieses Daseins, die Wirklichkeit und Notwendigkeit, oder die Gegenteile derselben zu erwägen" [Postulate des empirischen Denkens überhaupt] (ebd.).

Für diese Sätze gilt, daß zunächst „transzendentale Begriffe" gegeben sein müssen. Kant nennt „Realität, Substanz, Kraft" als Beispiele (A722/B750). Auch bei einem solchen Begriff kann aber „die Synthesis nicht a priori zu der Anschauung, die ihm korrespondiert, hinausgehen". Sie können deswegen völlig leer bleiben, und es kann daraus „auch kein bestimmender synthetischer Satz, sondern nur ein Grundsatz der Synthesis möglicher empirischer Anschauungen entspringen" (ebd.). Die Begriffe enthalten Regeln für die Synthesis möglicher empirischer Anschauungen, und diese Regeln können unabhängig von den Anschauungen selbst angegeben werden. Die Sätze sind deswegen aber nicht „bestimmend", sondern behandeln nur eine Möglichkeit: sie gelten nur, sofern die synthetische Einheit von Anschauungen möglich sein soll. Die Anschauungen selbst können (anders als im Fall der Mathematik) nicht a priori gegeben werden (in der Anmerkung zu A722/B750 spricht Kant von einer „Regel der Synthesis der Wahrnehmungen [...], die keine reine Anschauungen sind und sich also a priori nicht *geben* lassen").

Kant löst das methodologische Dilemma der Philosophie also wie folgt: auch ihre synthetischen Sätze sind auf Anschauungen angewiesen, ohne aber selbst welche geben zu können. Die Sätze beziehen sich daher nicht auf Wirkliches, sondern nur auf Mögliches. Wie Kant sich ausdrückt: „Der einzige Begriff, der a priori diesen empirischen Gehalt der Erscheinungen vorstellt, ist der Begriff des *Dinges* überhaupt" (A729/B748). Heute würde man vielleicht sagen: Es geht um mögliche Welten; sie sind das Einzige, das ohne jede Anschauung gegeben sein kann. Dennoch kann man aufgrund der vorausgesetzten Begriffe Regeln angeben, die dann gelten müssen, wenn – woher auch immer – Anschauungen gegeben sind. Diese Regeln würden also Bedingungen für eine bestimmte Klasse möglicher Welten darstellen. Mögliche Welten, in denen es Anschauungen gibt, müssen diese Bedingungen erfüllen.

Kant faßt dieses Resultat in den folgenden für seine Philosophie grundlegenden Satz zusammen: „Also ist ein transzendentaler Satz ein synthetisches Vernunfterkenntnis nach bloßen Begriffen, und mithin diskursiv, indem dadurch alle synthetische Einheit der empirischen Erkenntnis allererst möglich, keine Anschauung aber dadurch a priori gegeben wird" (A722/B750). Dieser Satz beschreibt sowohl, was Philosophie zu leisten vermag, als auch, was sie nicht zu leisten vermag. Sie bleibt zwar anschauungsfrei bei bloßen Begriffen und geht deswegen nicht auf Gegenstände, vermag aber dennoch etwas über mögliche Anschauungen zu sagen. Dies Argument für die Möglichkeit von Philosophie hängt ab von zwei Prämissen: daß transzendentale Begriffe gegeben sind und daß sie die Regeln für die Synthesis möglicher Anschauungen enthalten. Diese Prämissen sind innerhalb der Transzendentalphilosophie auszuweisen.

22.3.3 Definitionen, Axiome, Demonstrationen (A726/B754– A738/B766)

Die Gründlichkeit der Mathematik beruht auf diesen drei Momenten. Um auch den „letzten Anker einer phantasiereichen Hoffnung" irregeleiteter Philosophen wegzunehmen, möchte Kant zeigen, „daß keines dieser Stücke in dem Sinne, darin sie der Mathematiker nimmt, von der Philosophie könne geleistet, noch nachgeahmt werden" (A726/B754), daß sie in der Philosophie nichts als „Kartengebäude" zustande bringen würden. Der Grund hierfür liegt nach dem Gesagten auf der Hand: diese methodischen Mittel sind dann sinnvoll und fruchtbar, wenn sie mit Anschauung verbunden werden können; ohne dies bleiben sie nutzlos.

Zunächst zu den Definitionen: „Definieren soll, wie es der Ausdruck selbst gibt, eigentlich nur so viel bedeuten, als, den ausführlichen Begriff eines Dinges innerhalb seiner Grenzen ursprünglich darstellen" (A727/B755). In einer Definition müssen die „Merkmale" eines Begriffs angegeben werden, d. h. weitere Begriffe, die zusammen dem zu definierenden äquivalent sind. Die Erfordernisse dafür erläutert Kant in einer Fußnote: Die definierenden Begriffe dürfen nicht ihrerseits erläuterungsbedürftig sein; sie müssen zusammen äquivalent sein; in einer Definition dürfen keine überflüssigen Begriffe vorkommen; da sie an der Spitze aller Urteile über einen Gegenstand stehen soll, darf sie nicht selbst abgeleitet sein. (Zu Kants Definitionslehre vgl. auch A241 f. sowie *Logik*, IX 140–145).

Kant unterscheidet dann vier Typen von Begriffen: empirische, a priori gegebene, willkürlich gedachte und mathematische (vgl. dazu Wolff-Metternich 1995, 21 ff.). Nur mathematische Begriffe erlauben es, definiert zu werden, denn „den Gegenstand, den sie [die Mathematik, P. R.] denkt, stellt sie auch a priori in der Anschauung dar" (A729/B757). Hierauf beruht – wegen der dadurch gegebenen einzigartigen Korrespondenz von Allgemeinem und Einzelnem – die Möglichkeit einer strengen Definition. In den anderen drei Fällen ist eine solche nicht möglich. Bei empirischen Begriffen spricht Kant statt dessen von einer „Explikation" (vgl. A727/B755): Bei Begriffen wie „Gold" oder „Wasser" gibt man einige zum Unterscheiden ausreichende Merkmale an, ohne daß mehr als eine „Wortbedeutung" herauskommt. Bei „willkürlich gedachten Begriffen" (wie „Schiffsuhr") gibt es nur eine „Deklaration" (A729/B757): Hier kann ich zwar selbst festsetzen, was mein Begriff enthalten soll; der Gegenstand und dessen Möglichkeit wird dadurch aber noch nicht gegeben (ebd.).

Auch die a priori gegebenen Begriffe der Philosophie können im strengen Sinn nicht definiert werden; für sie ist nur eine „Exposition" möglich. Da es hier keine Anschauung gibt, läßt sich nur „analytisch durch Zergliederung (deren Vollständigkeit nicht apodiktisch gewiß ist)" vorgehen (A730/B758). Ich kann also zwar auch einen philosophischen Begriff zergliedern; der Ausführlichkeit dieser Zergliederung aber könnte ich nur dann gewiß sein, wenn ich wüßte, daß sie dem Gegenstand adäquat ist (A728/B756). Dazu aber müßte dieser in einer dem Begriff korrespondierenden Anschauung gegeben sein, was bei philosophischen Begriffen eben nicht der Fall ist.

Kant zieht hieraus zwei methodologische Konsequenzen:

In der Mathematik können die Definitionen vorangeschickt werden, in der Philosophie nicht, denn die für eine eigentliche Definition erforderliche Ausführlichkeit der Zergliederung kann bei dieser erst am Ende der Untersuchung erreicht sein. Vorher sind lediglich unvollständige Expositionen verworrener Begriffe möglich (A730/B758).

Analytische Definitionen, wie sie die Philosophie allein zu geben vermag, können auf vielfältige Art irren, und die „Philosophie wimmelt von fehlerhaften Definitionen" (A731/B759 Anm.). Man kann falsche Merkmale hereinbringen und erforderliche weglassen. Mathematische Definitionen dagegen können niemals irren (A731/B759). Daß also die Methode der Mathematik im Definieren in der Philosophie nicht nachgeahmt werden kann, liegt daran, daß diese nicht über eine entsprechende Anschauung verfügt.

Noch klarer ist dies bei den Axiomen (A732f./B760f.). Sie sind „synthetische Grundsätze a priori, so fern sie unmittelbar gewiß sind". Die Mathematik verfügt darüber, „weil sie vermittelst der Konstruktion der Begriffe in der Anschauung des Gegenstandes die Prädikate desselben a priori und unmittelbar verknüpfen kann" (ebd.). Anders die Philosophie: Weil sie „bloß die Vernunfterkenntnis nach Begriffen ist, so wird in ihr kein Grundsatz anzutreffen sein, der den Namen eines Axioms verdiene" (ebd.). Ein „synthetischer Grundsatz bloß aus Begriffen" kann – eben wegen dieses „bloß aus Begriffen" – „niemals unmittelbar gewiß sein"; er bedarf einer „Deduktion" (ebd.). Er gilt nur, wenn nachgewiesen werden kann, daß ohne ihn die synthetische Einheit der Erfahrung nicht möglich wäre; es kann aber nicht sein, daß er einfach „evident" ist.

Auch für Demonstrationen gilt, daß nur die Mathematik sie zu geben vermag, und wiederum liegt dies daran, daß nur sie sich auf Konstruktionen in reiner Anschauung stützen kann (A734ff./B762ff.). Dies ergibt sich schon aus der Definition: „Nur ein apodiktischer Beweis, so fern er intuitiv ist, kann Demonstration heißen" (dazu auch *KU* § 57, V 342 f.). Kant versteht also unter einer Demonstration nicht einen formal korrekten Beweis, sondern eine „de-monstratio", eine „Aufzeigung". Seine Analysen haben mit Logik oder Beweistheorie in unserem Sinn nichts zu tun. Statt dessen geht es ihm um eine intuitive apodiktische Gewißheit, die nur dort möglich ist, wo Einzelnes und Allgemeines in der Weise einander korrespondieren, wie das bei mathematischen Begriffen und reinen Anschauungen der Fall ist. Dies ist in der Philosophie nicht möglich: „Aus Begriffen a priori (im diskursiven Erkenntnisse) kann aber niemals anschauende Gewißheit d. i. Evidenz, entspringen, so sehr auch sonst das Urteil apodiktisch gewiß sein mag" (AA743/B762). Auch die Beweise der Philosophie – Kant möchte sie „akroamatische" (zum Hören bestimmte) Beweise nennen, „weil sie sich nur durch lauter Worte [...] führen lassen" (A735/B763) – können zu apodiktischer, allerdings niemals zu anschauender Gewißheit führen. Er will in der Methodenlehre also keineswegs die Ansprüche auf Gewißheit zurücknehmen, die er in der *Vorrede* erhoben hatte (A xv); es geht nur darum, daß „Dinge überhaupt" nicht intuitiv gegeben sein können (gegen Wolff-Metternich 1995). Hypothesen bleiben „verbotene Ware" (A xv).

Apodiktische Sätze, die rein begrifflich ausgewiesen werden können, bezeichnet Kant auch als „Dogmata"; diejenigen, deren Beweis eine Konstruktion in reiner Anschauung benutzt, als „Mathemata". Das Resultat der „Kritik der reinen Vernunft" lautet damit, daß es Dogmata nicht geben kann: „Nun enthält die ganze reine Vernunft in ihrem bloß spekulativen Gebrauche nicht ein einziges direktsynthetisches Urteil aus Begriffen" (A736/B764). Die Beweise der Grundsätze sind nicht „direkt aus Begriffen" möglich, sondern „nur indirekt durch Beziehung dieser Begriffe auf etwas ganz Zufälliges, nämlich *mögliche Erfahrung*" (A737/B765). Als Beispiel dient das Kausalprinzip: „So kann niemand den Satz: alles, was geschieht, hat seine Ursache, aus diesen gegebenen Begriffen allein gründlich einsehen" (ebd.).

In seiner Auseinandersetzung mit Eberhard ist Kant auf diesen Punkt zurückgekommen (*Über eine Entdeckung*, VIII 193 ff.). Dieser versucht, das Kausalprinzip genau so zu beweisen, wie man es von einem Philosophen erwartet, der sich ausschließlich an „bloßen Begriffen" orientiert: ohne jede Beziehung auf die Möglichkeit von Erfahrung soll durch eine bloße Zergliederung dieser Begriffe herauskommen, daß der Satz gilt. Wenn der Beweis korrekt wäre, erhielte man ein „Dogma", das ganz uneingeschränkt und nicht bedingt durch die Beziehung auf mögliche Erfahrung gilt. Doch hat Kant wenig Mühe, an diesem Beispiel zu bestätigen, was er hier allgemein behauptet: daß solche Beweise nicht möglich sind. Der Beweisversuch von Eberhard ist offenkundig mißglückt.

Synthetische Urteile a priori können also in der Philosophie nicht direkt bewiesen werden. Rein begrifflich kann dies prinzipiell nicht gehen, und eine die Synthesis stützende Anschauung gibt es nicht. Möglich sind stattdessen indirekte Beweise durch Beziehung dieser Begriffe auf mögliche Erfahrung: wenn diese vorausgesetzt wird, sind die Sätze apodiktisch gewiß, sonst nicht (A737/B765).

22.3.4 Die *Methodenlehre* und die Methode der Kritik der reinen Vernunft

Im letzten Satz unseres Abschnittes kommt Kant auf das Bild zurück, mit dem er die *Methodenlehre* eingeleitet hatte: „Von der eigentümlichen Methode einer Transzendentalphilosophie läßt sich aber hier nichts sagen, da wir es nur mit einer Kritik unserer Vermögensumstände zu tun haben, ob wir überall bauen, und wie hoch wir wohl unser Gebäude, aus dem Stoffe, den wir haben, (den reinen Begriffen a priori), aufführen können" (A738/B766). Die „Unschicklichkeit" der dem Mathematiker abgeborgten dogmatischen Methode für Philosophie schließt nicht aus, daß deren Methode dennoch „systematisch" ist, „denn unsere Vernunft (subjektiv) ist selbst ein System" (A337 f./B765 f.). Über diese für eine „gründliche Selbsterkenntnis"

(A735/B763) nötige Methode, über das bei der „Kritik unserer Vermögensumstände" einzuschlagende Verfahren sagt Kant jedoch nichts mehr.

Bei ihm begegnen dreierlei Typen philosophischer Sätze: 1. Sätze, die zur Selbsterkenntnis von Vernunft im weitesten Sinn gehören, d.h. Sätze über das „Gemüt", über dessen Vermögen und sonstige Ausstattung; 2. indirekt beweisbare Sätze über Gegenstände möglicher Erfahrung; 3. direkt synthetische Urteile aus Begriffen über „Dinge überhaupt". Daß Sätze der dritten Art, die den eigentlichen Inhalt der traditionellen Metaphysik bilden, in Wirklichkeit nicht als ausgewiesene Erkenntnisse gelten können, soll die transzendentale Elementarlehre hinsichtlich der „Baumaterialien" und die Methodenlehre unter methodologischen Gesichtspunkten nachweisen. Gleichzeitig soll aber gezeigt werden, daß damit nicht die Sätze der zweiten Klasse hinfällig werden, daß vielmehr aus Begriffen a priori unabhängig von gegebenen Anschauungen Regeln für die Synthesis möglicher Anschauungen und damit bedingte synthetische Urteile a priori hergeleitet werden können.

Gar nicht behandelt Kant die Sätze, die in die erste Klasse gehören. Er hat sie, wie vor allem einige Bemerkungen in der *Vorrede A* deutlich machen, wohl für weitgehend trivial gehalten (vgl. z.B. A xx). Es gibt danach eine „Art Erkenntnisse", die ebenfalls anschauungsfrei aus „lauter reinen Begriffen" gewonnen werden können, weil nämlich die Vernunft sich selbst durchsichtig ist. Die Möglichkeit dieser Art von Erkenntnissen gilt als unproblematisch: Ich brauche sie „nicht weit um mich suchen, weil ich sie in mir selbst antreffe" (A xiv). Problematisch waren für Kant die (vorgeblichen) apriorischen Erkenntnisse von „Dingen überhaupt", aber auch die indirekt beweisbaren, restringierten synthetischen Urteile a priori, die in den Grenzen möglicher Erfahrung gelten sollen. In beiden Fällen handelt es sich um gleichsam nach außen gehende Sätze. Kant möchte zeigen, daß hier die direkten durch die indirekten zu ersetzen sind. Die „Kritik unserer Vermögensumstände" hatte dabei nur eine propädeutische Funktion, über deren Methode nicht viel zu sagen war.

Kants Methodologie ist deswegen zahlreichen Einwänden ausgesetzt gewesen. Wenn etwa der Beweis der transzendentalen Sätze etwas „ganz Zufälliges" voraussetzen muß, scheint er nicht ohne eine empirische Prämisse möglich zu sein. Wie sollte dann aber ein davon abgeleiteter Satz noch a priori sein können?

Ein anderer Einwand ergibt sich aus Kants Formulierung, daß diese Sätze ihren „Beweisgrund, nämlich Erfahrung, selbst zuerst möglich" machen (A737/B765): es sieht so aus, als würden die Beweise auf diese Weise zirkelhaft. Heidegger spricht davon, daß die Beweise der Grundsätze „sich im Kreise bewegen"; gezeigt werde: „Die Grundsätze des reinen Verstandes sind durch dasjenige möglich, was sie selbst ermöglichen, durch das Wesen der Erfahrung" (Heidegger 1962, 187). Hossenfelder stellt die Diskussion dieses Einwandes bei Neukantianern und Ebbinghaus dar (Hossenfelder 1978, 18 ff.); er wiederholt den Einwand in verwandelter Form (ebd. 129 ff.).

Ein weiterer möglicher Einwand betrifft die „Uniqueness-Forderung": Man kann den Verdacht haben, daß kein Satz als notwendige Bedingung für Erfahrung erwiesen werden kann, weil es für jeden Substitute (womöglich unendlich viele) geben könnte, die dasselbe leisten. Beweisbar wäre dann nur eine Disjunktion „p oder q oder [...]". (Zu diesem Einwand gegen die Möglichkeit transzendentaler Deduktionen vgl. Körner 1967.)

Der wohl grundlegendste Einwand ist aber, daß nicht einzusehen ist, wie ein synthetischer Satz apodiktisch gewiß gemacht werden soll, ohne daß bei seiner „Deduktion" (A733/B761) eine synthetische Prämisse benutzt wird. Über die Möglichkeit und die logische Form von „transzendentalen Argumenten" hat es eine sehr umfangreiche Diskussion gegeben, auf die hier nicht eingegangen werden kann (vgl. Aschenberg 1982 und Niquet 1991). Angesichts der angedeuteten Einwände ist es jedoch nicht verwunderlich, daß die logische Struktur der von Kant selbst ins Auge gefaßten „Demonstrationen" ein Gegenstand von Auseinandersetzungen gewesen ist, solange überhaupt über die kritische Philosophie gestritten wird.

Auch die Weiterentwicklung der Philosophie nach Kant hat vor allem an methodologische Probleme angeknüpft. Reinhold hielt die wesentlichen Resultate Kants zwar für sachlich richtig, aber – zumal angesichts des seit etwa 1785 immer heftiger werdenden Streites um sie – für methodisch nicht einwandfrei ausgewiesen. 1790 veröffentlicht er einen Aufsatz mit dem Titel *Über die Möglichkeit der Philosophie als strenge Wissenschaft,* 1791 eine weitere Schrift *Über das Fundament des philosophischen Wissens.* Er wollte zeigen, daß eine methodisch streng ausgewiesene wissenschaftliche Philosophie eines sicheren Fundamentes bedarf. Durch das Postulat, daß dieses in einem „obersten Grundsatz" bestehen müsse, hat er die weitere Entwicklung nachhaltig beeinflußt.

Noch wirkungsvoller war, daß Gottlob Ernst Schulze in der 1792 unter dem Pseudonym „Aenesidemus" erschienenen Schrift nachdrücklich darauf hinwies, daß Aussagen über das Ich und seine Vermögen nicht methodologisch so naiv behandelt werden dürfen, wie das bei Kant geschieht. Betrachtet man diese Sätze als empirisch-psychologische Sätze, wird die Kritik insgesamt zu einer rein psychologischen Theorie, und es ist nicht zu sehen, wie in ihr noch ein synthetisches Urteil a priori bewiesen werden oder wie sie gar ein „Richtmaß" (A xv) für derartige Erkenntnisse abgeben sollte. Diese Möglichkeit, Kants Theorie als eine empirische zu deuten und weiterzuentwickeln, haben später Fries (vgl. seine *Neue Kritik*) und andere ergriffen (bis hin zu Konrad Lorenz und der Evolutionären Erkenntnistheorie). – Kant selbst betont jedoch an zahlreichen Stellen, daß die „Kritik der reinen Vernunft" eine Wissenschaft sei, auf die Erfahrung keinen Einfluß haben darf, die also keine empirischen Prämissen haben kann. Hält man alle in ihr vorkommenen Sätze über das „Ich" bzw. das „Gemüt" selbst für synthetische Urteile a priori, droht die Theorie jedoch gerade aus methodologischer Perspektive inkonsistent zu werden. Es ist nicht zu sehen, wie die zahlreichen Aussagen Kants über Anschauung, Einbildungskraft oder Verstand „aus lauter reinen Begriffen" sollten bewiesen werden. So als synthetisch a priori verstanden bedarf Kants Theorie eines systematisch weiteren Fundamentes, das auch gewisse direkte Aussagen über Subjektivität enthalten muß.

Fichte (vgl. *Grundlage* und *Zweite Einleitung*) hat deswegen in Reaktion auf Schulzes Kritik seine Konzeption einer „intellektuellen Anschauung" entwickelt. Für Kant lag das methodologische Dilemma von Philosophie darin, daß ihr – anders als der Mathematik – keine Anschauung zur Verfügung steht. Fichte bestreitet dies: Als Komponente des Selbstbewußtseins gibt es eine intellektuelle Anschauung, die methodisch den philosophischen Sätzen über das Ich zugrundeliegt. Diese Anschauung bezieht sich nicht auf „Dinge überhaupt", so daß es dabei bleibt, daß die eben in die dritte Klasse gesetzten Sätze unmöglich sind; sie gehört zum Selbstbewußtsein, ermöglicht aber Transzendentalphilosophie als synthetische und apriorische Theorie von Subjektivität. Auch Husserl hat später seiner „transzendentalen Phänomenologie" eine entsprechende apriorische Evidenz zugrundegelegt.

Kants transzendentale Methodenlehre steht letztlich im Dienst der Kritik der traditionellen Metaphysik, die sie als „System von Täuschungen und Blendwerken" (A711/B739) entlarven will. Im Hinblick auf die von dieser Kritik selbst befolgte Methode enthält sie Defizite, die Weiterentwicklungen wie die von Reinhold und Fichte verständlich erscheinen lassen.

22.4 Zur Literatur

Kants Philosophie der Mathematik ist in den letzten Jahren gründlich diskutiert worden. Angeregt vor allem durch Arbeiten Hintikkas hat man sich um eine Deutung ihrer Grundbegriffe bemüht, die dem heute erreichten Niveau der Reflexion in der Philosophie der Mathematik angemessen ist. Außer denen von Hintikka wären Arbeiten von Parsons, Thompson, Kitcher, Brittan, Friedman und anderen zu nennen. Friedman 1992 enthält eine ausführliche Bibliographie. Hingewiesen sei auch auf den von Posy 1992 herausgegebenen Sammelband, der einige „classic papers of the 1960's and 1970's" mit neueren Arbeiten vereint.

Zu Kants Methodologie der Philosophie möchte ich – wenn auch mit Vorbehalt – das Buch von Wolff-Metternich nennen, das ebenfalls eine ausführliche Bibliographie bietet. Der Vorbehalt bezieht sich darauf, daß ich die These der Verfasserin, nach Kant bleibe philosophische Erkenntnis immer zweifelhaft und könne nicht apodiktisch gewiß gemacht werden, für nicht überzeugend halte. Ihr Buch läßt sich jedoch mit Gewinn benutzen, wenn es um die Aufklärung der historischen Hintergründe der Kantischen Methodenlehre geht.

Literatur

Aschenberg, Reinhold 1982: Sprachanalyse und Transzendentalphilosophie, Stuttgart.
Beth, Evert Willem 1959: The Foundations of Mathematics, Amsterdam.
Brittan, Gordan G. 1978: Kant's Theory of Science, Princeton.
Friedman, Michael 1992: Kant and the Exact Sciences, Cambridge/Mass.
Heidegger, Martin 1962: Die Frage nach dem Ding. Zu Kants Lehre von den transzendentalen Grundsätzen, Tübingen.
Hintikka, Jaakko 1969: „On Kant's Nation of Intuition (Anschauung)", in: T. Penelhum/J. J. MacIntosh (Hgg.), The First Critique: Reflections on Kant's Critique of Pure Reason, Belmont, 38–53.
Hossenfelder, Malte 1978: Kants Konstitutionstheorie und die transzendentale Deduktion, Berlin.
Körner, Stephan 1967: „The Impossibility of Transcendental Deductions", in: The Monist 51, 317–351.
Martin, Gottfried 1951: Immanuel Kant – Ontologie und Wissenschaftstheorie, Köln.
Niquet, Marcel 1991: Transzendentale Argumente. Kant, Strawson und die Aporetik der Detranszendentalisierung, Frankfurt/M.
Parsons, Charles 1983: Mathematics in Philosophy. Selected Essays, Ithaca.
Posy, Carl J. 1992: „Kant's Mathematical Realism", in: ders. (Hg.), Kant's Philosophy of Mathematics. Modern Essays, Dordrecht, 294–313.
Wolff-Metternich, Brigitta-Sophia von 1995: Die Überwindung des mathematischen Erkenntnisideals. Kants Grenzbestimmung von Mathematik und Philosophie, Berlin/New York.

Volker Gerhardt

23 Die Disziplin der reinen Vernunft, 2. bis 4. Abschnitt

(A738/B766–A794/B822)
Die Selbstdisziplin der Vernunft

23.1 Stellung und Funktion der *Disziplin* in der *Kritik*

Man weiß aus eigener Erfahrung und bekommt es überdies, selbst von namhaften Philosophen, bestätigt: Bei der Lektüre der *Kritik* bleibt man immer wieder schon in den ersten Abschnitten stecken. Das gilt sogar für die akademische Lehre: Immer wieder gibt es Seminare über Kants Hauptwerk, die über die *Transzendentale Deduktion* nicht hinauskommen; man erzählt sogar von einer Veranstaltung, die es in acht Semestern lediglich bis zu den *Grundsätzen* gebracht hat, also in vier Jahren gerade eben ein Viertel des gesamten Buches bewältigt hat. Wer da überhaupt noch weiterliest, nimmt sich natürlich die *Dialektik* vor, insbesondere das Hauptstück über die *Antinomien,* das ja allein schon wegen seiner drucktechnischen Anordnung auf jeweils gegenüberliegenden Seiten eine bibliographische Rarität darstellt. Es dürfte nicht eben wenige Leser geben, die sich nur diesen spekulativen Leckerbissen herausgegriffen haben – ohne Kenntnis der zuvor erörterten *Paralogismen* und des nachfolgenden Ideals der Vernunft.

Deshalb ist es wohl auch keine abwegige Vermutung, daß kaum ein Leser bis zum zweiten und letzten Teil des Buches vorstößt. Bis dahin nämlich muß man schon über 700 Seiten gelesen haben. Hinzu kommt, daß auch der Titel, *Transzendentale Methodenlehre,* nicht eben aufregende Neuigkeiten verheißt. Ehe man sich den *Methodenproblemen* zuwendet, sollte man die *Elementarfragen* verstanden haben. Deshalb scheint es sogar einen guten Grund zu geben, den zweiten Teil der *Kritik* auf sich beruhen zu lassen. Die *Methodenlehre* bleibt somit den professionellen Kant-Forschern vorbehalten. Die aber schreiben in der Regel auch erst am Ende ihrer Bücher über das Ende der *Kritik*. Das ist im vorliegenden kooperativen Kommentar nicht anders. Und so wird vermutlich auch der stärkste Interpretationsaufwand nichts daran ändern, daß die *Methodenlehre* weiterhin die geringste Beachtung findet.

Für die Rezeption der Vernunftkritik war und ist dies überaus nachteilig. Wie viele unsinnige Aussagen über Kants erste Kritik hätten sich vermeiden lassen, wenn die *Methodenlehre* auch nur flüchtige Beachtung gefunden hätte! Das Bild von einer sich selbst genügenden, von menschlicher Natur, Gesellschaft und Geschichte abgetrennten Vernunft hätte eigentlich gar nicht entstehen können. Folglich wäre auch dem Vorurteil vom bloßen Rationalismus Kants, der allein auf die Vernunft gegründet sei – und auf nichts sonst –, der Boden entzogen gewesen. Und die heute ständig wiederholte These von der angeblich „monologischen" Struktur der kritischen Vernunft hätte gar keine Chance, weil in der *Methodenlehre* schon beim bloßen Lesen offenkundig wird, daß die Vernunft sich nur in der Parallelität von innerer *und* äußerer Auseinandersetzung entfaltet.

Nachdem im vorangehenden Text, den Kant als *Ersten Teil* bezeichnet und der als ganzer den Titel *Transzendentale Elementarlehre* führt, die Grundfunktionen der menschlichen Erkenntnis im Anschauen (*Sinnlichkeit*), Begreifen (*Verstand*) und Schließen (*Vernunft*) dargestellt worden sind, wird nun im *Zweiten Teil* gezeigt, wie die Vernunft *zur Wirksamkeit im menschlichen Leben* kommt. Er enthält die Beschreibung des *Weges* (gr. *methodos*), den die Vernunft nimmt (und nehmen sollte), um zu ihren Einsichten zu gelangen.

Diese Wegbeschreibung beschränkt sich aber bei Kant nicht, wie man nach dem Titel erwarten könnte, auf die Angabe eines *Verfahrens* (*Methode*), sondern sie bezieht den *realen Prozeß* mit ein, in dem sich die Vernunft als *wirksame historische Kraft* entwickelt. So kommt es zu dem paradox erscheinenden Ergebnis, daß die am Anfang so sehr auf ihre *Reinheit* bedachte Vernunft am Ende als ein treibendes *Element im empirischen Verlauf der Welt* verstanden werden muß. Was immer wir auch von ihr begreifen: Sie ist stets nur die in den tatsächlichen Lebensverhältnissen des Menschen hervortretende *Vernunft des Menschen*. Und als tatsächlich gegebene Fähigkeit zur Einsicht ist sie eine *Wirklichkeit* im Leben der Menschen.

Wie stark die Darstellung der *Methodenlehre* auf den Menschen und seine begrenzten Kräfte zugeschnitten ist, zeigt das Bild, mit dem Kant seine Darstellung eröffnet: Die Gesamtheit der reinen Vernunfterkenntnisse lasse sich wie ein „Gebäude" ansehen, zu dem in der *Elementarlehre* das „Bauzeug" geprüft worden sei. Nun komme es darauf an, den Plan für die Errichtung des Bauwerks zu entwerfen. Dabei aber sei schon klar, daß hier kein „Turm" in Frage komme, der „bis an den Himmel" reiche; sondern das kritisch geprüfte Baumaterial tauge lediglich zu einem „Wohnhause" auf der „Ebene der Erfahrung". Dieses Wohnhaus sei „gerade geräumig und hoch genug", um „unseren Geschäften", also den Aufgaben des Menschen, oder, wie es wenig später heißt, „unserem Bedürfnis angemessen" zu sein (A707/B735).

Daß dieser Bezug vornehmlich *praktisch* gemeint ist, tritt später in aller Deutlichkeit hervor. Da heißt es dann sogar, man könne darauf verzichten, im „speculativen Bauwerke" zu wohnen; denn entscheidend sei nur, auf dem „praktische[n] Feld [...] einen festeren Boden" zu gewinnen (A756/B784). Damit ist in einer das spekulative Interesse der theoretischen Vernunft geradezu beleidigenden Weise das Ziel benannt, auf das der Weg der Vernunftkritik insgesamt angelegt ist: *Die Selbstbestimmung des Menschen durch seine praktische Vernunft* (vgl. den Beitrag von Recki).

Gleichwohl verliert die Erkenntnis durch theoretische Vernunft damit nicht ihren Sinn. Sie bleibt unerläßlich, weil man ja klären muß, ob und in welchem Rahmen *Selbstbestimmung* möglich ist. Das aber hat durch *Selbstprüfung* zu geschehen, die allemal eine theoretische Aufgabe bleibt.

Diese *Selbstprüfung* ist der erste Schritt in der *Methodenlehre* der Vernunftkritik. Kant stellt ihn unter den Titel einer *Disziplin der reinen Vernunft in ihrem dogmatischen Gebrauche*, worunter er eine „gründliche Selbsterkenntniß" der Vernunft versteht, die es lernen muß, mit ihren höchst begrenzten Kräften vorsichtig umzugehen (A735/B763). Also ist die „Disziplin" vornehmlich ein „System der Vorsicht und Selbstprüfung" der Vernunft (A711/B739). Und um zu erkennen, daß hier mit „Disziplin" kein „Schulfach", kein „Teilgebiet" der Philosophie gemeint ist, genügt es, das von Kant stets mitgedachte „Selbst" zu ergänzen: Der erste Schritt auf dem Weg zur Realisierung der Selbstbestimmung, im „Gebrauch" der Vernunft, wie Kant immer wieder sagt, ist ihre *Selbst*disziplin. Die aber hat bei der Selbstbeschränkung im Umgang mit ihren theoretischen Leistungen zu beginnen, also bei dem, was sie *lehrhaft* als ihre Erkenntnis verkündet. Deshalb ist die Disziplin der Vernunft eine Selbstdisziplin in ihrem *dogmatischen* (gr. *dogma:* Lehre, Lehrgehalt) Gebrauch. In dieser Funktion hat sie sich vor „Täuschungen und Blendwerken", also vor „Irrtümern" zu bewahren, die notwendig entstehen, wenn man die Grenzen der menschlichen Erkenntnis überschreitet (vgl. A711/B739). Insofern ist sie nur eine „warnende Negativlehre" (A712/B740), mit der sich die Vernunft gegen ihre eigenen epistemischen Verführungskünste wehrt.

Auf die *Disziplin* folgen der *Kanon*, die *Architektonik* und die *Geschichte der reinen Vernunft*. Sie werden in eigenen Hauptstücken behandelt und zeigen in zunehmender Konkretion, wie der „Gebrauch" der Vernunft praktisch wird. Am Ende erweist er sich als *Teil einer menschheitlichen Geschichte*, die man nun aber mit *kritischen* Mitteln aufzuarbeiten hat, wenn sie sich im Interesse der Vernunft fortsetzen können soll. Die „Methode" ist somit ein *Prozeß tätiger Selbstaufklärung der Vernunft*. Nur durch sie läßt sich die Wirksamkeit, die der Vernunft in der Kultur, vor allem in der Entwicklung des Wissens und des Könnens, immer schon zugekommen ist, auch in Zukunft mit der vom Menschen selbst verlangten Reichweite sichern. Also beschreibt die *Methodenlehre*, wie die bislang eher naturwüchsig wirkende Vernunft zu einem ihr selbst angemessenen, d.h. *bewußten* Einfluß auf die Menschengeschichte gelangen kann und soll.

Im *Ersten Abschnitt* der *Disziplin* (A712/B740–A738/B766) wird die Verwechslung der Philosophie mit der *Mathematik* abgewehrt. Seit Platon ist die Mathematik als *Propädeutik des Philosophierens* besonders ausgezeichnet. Der neuzeitliche Rationalismus hatte ihr sogar die Funktion einer Leitwissenschaft zugesprochen; die Philosophie sollte sich, wie es im Titel von Spinozas *Ethik* heißt, *more geometrico* präsentieren. Von diesem Methodenideal, das zeitweilig ja auch im 20. Jahrhundert (etwa bei Russell, Wittgenstein und Whitehead) wieder Anhänger fand, hatte Kant sich schon in seiner vorkritischen Zeit distanziert. Nun stellt er mit begrifflicher Distinktion heraus, worin der grundlegende und letztlich unaufhebbare Unterschied zwischen mathematischer und philosophischer Methode besteht (vgl. den Beitrag von Rohs).

Der Aufwand, mit dem die Grenzlinie zwischen Mathematik und Philosophie gezogen wird, ist wirklich nötig. Denn die Präzision mathematischer Beweisverfahren zieht die Philosophen zwangsläufig an; sie möchten mit gleicher Sicherheit und Eindeutigkeit argumentieren können. Das aber ist kein abwegiger Wunsch, denn Mathematiker und Philosophen sind in vergleichbarer Lage gegenüber ihrem Gegenstand: Beide sind „Vernunftkünstler", die etwas *bloß aus eigener Einsicht*, aus der bloßen Logik der Begriffe darlegen möchten (A717/B745). Und beide haben offenbar den Anspruch, ihre Begriffe *selbst zu machen* (A730/B758). Dies wird an dieser Stelle zwar nur der Mathematik zugestanden, aber wenig später mit der starken Formel von der „Selbstgebärung unseres Verstandes" (A765/B793) als Wesensmerkmal auch der Philosophie festgehalten. Allerdings ist die Mathematik auf die „Konstruktion" der Begriffe in der „Anschauung" angewiesen; sie hat, trotz aller Abstraktion, ihren inneren Halt in der Sinnlichkeit.

Die Philosophie hingegen hat ihre „Synthesis" allein im Medium der Begriffe zu leisten; sie muß sich erst durch eine demütigende Kritik an etwas erinnern lassen, worauf die Mathematik ganz von selbst bezogen ist. So kommt es, daß die Vernunftkritik mit einem völlig neuen Grund für das methodische Ideal aufwartet: Die Mathematik kann ohne Gefahr für die Gültigkeit ihrer Aussagen, ihre Begriffe *selber machen* (A730/B758; vgl. *Prolegomena*, IV 370). Sie denkt tatsächlich ganz aus sich selbst – und bleibt dennoch in Übereinstimmung mit der Realität. Wenn aber Kant davon überzeugt ist, daß diese Leistung der Mathematik gleichwohl für die Philosophie nicht paradigmatisch ist, dann hat das letztlich mit der eigenständigen, von jeder anderen Wissenschaft eindeutig unterschiedenen *Aufgabe der Philosophie* zu tun. Die nämlich liegt, wie am Ende des *Ersten Abschnitts* noch einmal hervorgehoben wird, in der „gründliche[n] Selbsterkenntnis" der Vernunft (A735/B763). Und die läßt sich nicht zur sinnlichen Anschauung, sondern bestenfalls zur praktischen Realisierung bringen.

Also liegt eine Auszeichnung der Philosophie darin, daß sie mit der nicht-sinnlichen Eigenart ihrer Gegenstände auf ihre nicht-sinnliche Weise fertig werden muß. Nur so kann sie sich *selbst* das Gesetz geben. Sie hat also ihrem *eigenen intelligiblen Anspruch* treu zu bleiben. Die Kehrseite ist, daß sie darin stets der Verführung ausgesetzt ist – entweder durch sinnlich-empirische Ansprüche oder durch totalisierende Begriffe, die alle Sinnlichkeit überbieten. Also bleibt sie auf (Selbst-)Kritik angewiesen und kann auf ihre (Selbst-)Disziplin nicht verzichten.

23.2 Inhalt und Aufbau der Abschnitte 2–4 der *Disziplin* im Überblick

Der *Erste Abschnitt* der *Disziplin* kritisierte den gefährlichen „Hang" der reinen Vernunft, sich in ihrem „dogmatischen Gebrauche" (d.h. im *Aufstellen* metaphysischer Urteile) an der Methode der Mathematik zu orientieren. Im *Zweiten Abschnitt* (A738/B766–A769/B797) widmet Kant sich nun dem „polemischen Gebrauche" der reinen Vernunft (von gr. *polemos*, d.h. Streit, Kampf). Er besteht darin, sich gegen die dogmatische *Verneinung* metaphysischer Urteile (v.a. über Gott, Freiheit und die Unsterblichkeit der Seele) zur Wehr zu setzen. Die Vernunft hat sich in diesem Abwehrkampf vor allem vor zweierlei zu hüten: Weder darf sie ihrerseits in dogmatische Behauptungen verfallen noch (wie Kant in einem Exkurs über den Skeptizismus A758/B786 ff. ausführt) den Anspruch auf metaphysisches Wissen aufgeben. – Im *Dritten Abschnitt* (A769/797– A782/B810) geht es Kant dann um die Verwendung von *Hypothesen* in der Metaphysik: Sie dürfen, anders als in der Naturwissenschaft, niemals zu Erklärungszwecken angenommen werden, sondern können allenfalls zur Widerlegung dogmatischer Scheinbeweise, zur Abwehr „transzendenter Anmaßungen" herangezogen werden. – Der *Vierte Abschnitt* (A782/B810–A794/B822) ist schließlich den *Beweisen* „transzendentaler und synthetischer Sätze" gewidmet. Solche „transzendentalen Beweise", so Kant, müssen stets auf die „synthetische Bedingungen der Möglichkeit" desjenigen rekurrieren, was bewiesen werden soll (A787/B815). (Ein Beispiel dafür ist die transzendentale Kategoriendeduktion, vgl. A95 ff., B125 ff.) Der Gebrauch transzendentaler Beweise muß einer strengen „Disziplin der Enthaltsamkeit" (A786/B814) unterworfen werden, da sie nur unter drei Bedingungen erfolgreich sein können: (1) die Prämissen müssen argumentativ ausweisbar und für den zu beweisenden Satz hinreichend sein, (2) es darf keinen alternativen Beweis geben und (3) der Beweis muß „ostensiv" (direkt), nicht „apagogisch" (indirekt) geführt werden.

23.3 Textkommentar

23.3.1 Der polemische Gebrauch der Vernunft

Auf den ersten Blick verbleibt die Vernunftkritik im ersten Abschnitt noch gänzlich in ihren akademischen Bezügen: Die Philosophie besinnt sich auf ihre Besonderheit, so daß ihr auch von der ihr methodisch und systematisch am nächsten stehenden Wissenschaft, der Mathematik, nichts abgenommen werden kann. Doch dieser Vergleich eröffnet eine *wissenschaftsgeschichtliche Perspektive* mit einer bis in die Antike zurückreichenden Tiefendimension. Auch für die künftige Entwicklung ist damit klargestellt, daß die Philosophie durch das Wachstum der Wissenschaften nicht entlastet wird. Im Gegenteil: Mit der Vermehrung des Wissens tritt das Defizit der Selbstkenntnis des Menschen nur um so schärfer hervor. Das Wissen muß auf seinen Ausgangspunkt im Selbst des vernünftigen Wesens zurückbezogen werden können. Die Wissenschaft bedarf der Ergänzung durch die „Weltweisheit" der Philosophie, die ihren historischen wie systematischen Ursprung in dem Bemühen um Selbsterkenntnis hat. Wenn also das Wachstum des Wissens nicht nur *technisch* oder *pragmatisch* nützlich, sondern auch der *moralisch-praktischen Selbstbestimmung* des Menschen dienlich sein soll, dann hat es sich auf seinen Urheber: den sich selbst als vernünftig begreifenden *Menschen* zu beziehen. Damit steht schon der die *Disziplin* eröffnende Vergleich zwischen Mathematik und Philosophie im Erwartungshorizont einer *historischen* Selbstaufklärung des Menschen.

Dieser Zusammenhang wird im *Zweiten Abschnitt* ausdrücklich, und dabei ist weder etwas von der progressiven Geschichtsblindheit noch von der optimistischen Harmlosigkeit zu spüren, die der Aufklärung von ihren Kritikern so hartnäckig unterstellt wird. Die Vernunft wird vielmehr in ihren *historischen Gegensätzen* vorgeführt, und Kant verlangt von ihr, daß sie sich auf dem *öffentlichen Streitplatz* der Theorien *wie eine Partei* behauptet. Sie hat anzuerkennen, daß sich auch ihre Einsichten in einem *Kampf* durchsetzen müssen. Also muß sie lernen, von sich selbst einen „polemischen Gebrauch" zu machen. Thema des *Zweiten Abschnitts* ist somit die *Selbstbehauptung der Vernunft* in den von Widersprüchen und Verwerfungen geprägten Auseinandersetzungen im Entwicklungsgang der menschlichen Kultur. Dabei tritt nicht nur die zwischen Natur und Gesellschaft vermittelnde *Dynamik der Vernunft* hervor; es wird auch deutlich, *wie* die Vernunft Geschichte macht.

Das *erste* Moment der Wirksamkeit der Vernunft liegt darin, daß sie ihre *Freiheit* in Anspruch nimmt. Auf der Freiheit beruht die „Existenz der Vernunft" (A738/B766). Deshalb kommt es in allen Fragen und unter allen Umständen darauf an, die Freiheit zu behaupten und zu sichern. Da dies vornehmlich durch *Kritik* zu geschehen hat, ist offenkundig, daß die Freiheit der Vernunft am besten dadurch gewährleistet werden kann, daß man der Kritik keine Schranken setzt. Aber kann die Vernunft durch unbeschränkte Kritik nicht selbst Schaden nehmen? Kant verneint diese Frage von vornherein. Aber erst im Gang seiner Darstellung treten die Gründe hervor, die Vernunft, Freiheit und Kritik notwendig verknüpfen.

Die elementare Bindung der Vernunft an Freiheit und Kritik läßt sich nur erschließen, wenn über das *zweite* Moment ihrer Wirksamkeit Einigkeit besteht. Kant verliert darüber kaum ein Wort. Aber da diese Selbstverständlichkeit, von der er ausgehen konnte, inzwischen durch die romantische Kritik verloren ist, muß eigens hervorgehoben werden, daß die Vernunft vom Selbstbewußtsein *eigenständiger Individuen* nicht abgetrennt werden kann. Die systematische Stellung, die das „Ich denke" im transzendentalphilosophischen Argumentationsgang einnimmt, macht das von Anfang an offenkundig. Doch dabei könnte fraglich bleiben, ob es wirklich auf die Äußerung eines jeden einzelnen Menschen ankommt. Deshalb ist es aufschlußreich, daß nunmehr der Vernunft alle Befugnisse abgesprochen werden, die über die Ansprüche der Individuen hinweggehen: Sie hat „kein diktatorisches Ansehen", sondern ist in jedem „Ausspruch" auf die „Einstimmung freier Bürger" angewiesen (A738/B766).

Wer auch hier noch zweifelt, ob wirklich *jeder Einzelne* gemeint ist, braucht nur zur Kenntnis zu nehmen, wie Kant diese „Einstimmung freier Bürger" erläutert: Hier müsse „jeglicher seine Bedenklichkeiten, ja sogar sein veto, ohne Zurückhaltung [...] äußern können" (A738 f./B766 f.). Das klingt zunächst wie eine einschränkende Bedingung des Vernunftgebrauchs. Genau genommen ist damit aber nur die generelle semantische Kondition benannt, ohne die alles Reden von Freiheit und Kritik unsinnig würde. Man kann in den nachfolgenden Passagen leicht die Probe auf diese These machen: „Kampf" und „Streit" und „Gefecht", von denen hier so viel zu lesen ist, würden zu sinnlosen Vokabeln, wenn da nicht *Individuen* wären, die den Gegensatz jeweils unter Berufung auf ihre eigene Einsicht austrügen. Man könnte insbesondere auch den Gegensatz zwischen privaten und öffentlichen Gütern nicht begreifen (A749 f./B777 f.), wenn da nicht *Individuen* wären, die sich in konkurrierenden Ansprüchen voneinander unterschieden. Deshalb gilt: In der „allgemeinen Menschenvernunft" hat jeder „seine Stimme" (A752/B780).

Die Betonung der Individualität ruft natürlich sofort die komplementären Gegeninstanzen auf den Plan, vor denen sich die Einzelnen artikulieren und ohne die sie noch nicht einmal sich selbst verstehen könnten. Tatsächlich behandelt der Abschnitt vornehmlich die *allgemeinen Strukturen, in* denen und *mit* denen sich das freie, kritische Einzelwesen äußert. Sie stellen die weiteren Momente der Wirksamkeit des vernünftigen Denkens dar.

Da ist also *drittens* jene Beziehung der Individuen zueinander, die durch ihre eigene Aktivität entsteht. Kant bevorzugt in diesem Abschnitt Metaphern aus dem *politischen Raum.* Das darf man wörtlich nehmen. Denn die politischen Institutionen sind Ausdruck der Aktivität der Bürger, die etwas *für sich selber* tun, aber darin nicht erfolgreich sein können, wenn sie nicht zugleich auch *Leistungen für andere* erbringen. Schon der Zusammenhang zwischen der eigenen Tätigkeit und ihren gesellschaftlichen Folgen, die das Ganze eines Lebenszusammenhangs betreffen, ist ohne Vernunft nicht zu erschließen. Das gleiche gilt für die politischen Voraussetzungen der Fähigkeiten und Fertigkeiten einer privaten Existenz. Individuelle und politische Konstitution bedingen sich gegenseitig. Am Beispiel der Politik tritt offen zu Tage, was im Verhältnis von eigenem und öffentlichem Vernunftgebrauch offenbar nur schwer ausfindig zu machen ist.

Vielleicht liegt hier auch der Grund dafür, daß Kant die Vernunft als ganze wie einen großen *politischen Körper* darstellt. In der „allgemeinen Menschenvernunft", so wurde schon zitiert, hat „jeder seine Stimme" (A752/B780). Die muß jeder insbesondere dann „öffentlich" machen, wenn er sich mit einem Zweifel plagt, den er „sich nicht selbst auflösen kann" (ebd.). Damit nimmt er, nach Kant, ein „ursprüngliches Recht der menschlichen Vernunft" in Anspruch, nämlich: „keinen anderen Richter" über sich anzuerkennen, „als selbst wiederum die allgemeine Menschenvernunft" (vgl. ebd.). Der Einzelne wird also durch seine eigene Vernunft in die *Öffentlichkeit* gezogen, denn nur in ihr kann die von ihm selbst verlangte Prüfung seiner eigenen Fragen stattfinden. Es ist also das ernsthaft gestellte *eigene Problem*, das wie von selbst zur *öffentlichen Erörterung* führt, die aber nur dann auch wirklich eine Lösung erbringen kann, wenn der Einzelne sie von sich aus akzeptiert. Durch die von ihm selbst herbeigeführte Eröffnung des Verfahrens gibt es dazu eine gute Chance.

Dieser wechselseitige Übergang von der privaten zur politischen Perspektive ist aus den Legitimationsdebatten der Politischen Philosophie gar nicht wegzudenken. Schon Platon rechtfertigt so den Gehorsam gegenüber den Gesetzen der *Polis*, die letztlich nur allgemein zum Ausdruck bringen, was jeder Einzelne von sich aus will (Platon, *Kriton* 50c–54d). Bei Thomas Hobbes, den Kant gewiß nicht zufällig in diesem Abschnitt erwähnt (A752/B780), wird daraus die zentrale Argumentationsfigur für die Rechtfertigung politischer Organisation (Hobbes, *Leviathan*, Kap. 14–18). Kant zeigt, daß diese Begründungsfigur bereits aus dem Selbstverständnis des vernünftigen Denkens folgt. Öffentlichkeit ist nicht erst für das politische Handeln konstitutiv, sondern bereits für die wissenschaftliche Erkenntnis und das moralische Handeln (vgl. Gerhardt 1995, 186–198).

Auch die Prüfung der jeweiligen Ansprüche vollzieht sich nach Art eines *Gerichtsverfahrens*, also nach dem Vorbild einer politischen „Institution" (A751/B779). Deren „Einsetzung" (ebd.) erfolgt aus bloßer Vernunft, d. h. die Regeln für den „Prozeß", der die „Ruhe des gesetzlichen Zustandes" für ein überparteiliches Urteil nutzt, stammen allein aus der mit sich selbst kritisch verfahrenden Vernunft (ebd.). Während alle anderen Entscheidungsvorgänge bestenfalls einer Macht zum „Sieg" verhelfen (und somit lediglich einen „unsicheren Frieden") herbeiführen können, kommt das Verfahren vor dem „Gerichtshof" (ebd.) der Vernunft mit einer allgemein anerkannten „Sentenz" zum Abschluß, die „einen ewigen Frieden gewähren muß" (A752/B780).

Man wird diesen Überlegungen nicht gerecht, wenn man in ihnen nur einen *Vergleich* der Ausbildung vernünftiger Einsichten mit politischen Vorgängen namhaft macht. Man entdeckt vielmehr *die in den politischen Institutionen immer schon investierte Vernunft*. Und spätestens mit dieser Entdeckung tritt auch *die in aller Vernunft wirkende Dynamik zu öffentlicher Geltung* hervor, die sie schon für sich selbst zu einer *ursprünglich politischen Größe* macht.

Das systematische Problem dieser politischen Selbstauslegung der Vernunft liegt allerdings darin, daß Kant für ihre Dynamik immer auch die *Natur* in Anspruch nimmt. Damit sind wir beim *vierten* Moment der Wirksamkeit der Vernunft: Die Vernunft ist – vornehmlich in ihren Widersprüchen, aber keineswegs nur dort – Ausdruck einer sie tragenden *Natur*.

Das Problem, das damit für die Interpretation entsteht, ist gewaltig. Denn nach allem, was wir bisher wissen, nimmt die Vernunftkritik ihren Ausgangspunkt bei der prinzipiellen Differenz zwischen Natur und Vernunft. Eben darauf, daß sie selbst *nicht bloße Natur* ist, gründet sich das Selbstbewußtsein der Vernunft. Nun aber wird die Natur beschrieben, als sei sie selbst vernünftig: „Alles, was die Natur selbst anordnet, ist zu irgend einer Absicht gut" (A743/B771).

Die Formulierung gibt allerdings zu erkennen, daß die empirische Natur, die nur dem Gesetz der kausalen Verknüpfung unterliegt, hier nicht gemeint sein kann. Denn diese Natur kennt keine Absichten und ordnet auch nichts an; sie folgt nur mechanisch ihrem Gesetz, das ihr, nach der *Transzendentalen Analytik*, vom begreifenden Verstand auferlegt worden ist. Bleibt also nur ein Naturbegriff nach den *regulativen Leistungen der reinen Vernunft*. Er hat die Funktion einer Vereinheitlichung verschiedenster Erscheinungen unter einer *Idee*, die selbst nichts Gegenständliches bezeichnet. Eine solche Idee nehmen wir zu Hilfe, wenn die *Natur als ganze* bezeichnet werden soll, ohne damit auf einen bestimmten Naturvorgang eingeschränkt zu sein. Und in diesem Sinn ist es auch einer kritischen Vernunft erlaubt, von einer umfassenden Natur zu sprechen.

Deren Nähe zur Vernunft kann nun freilich nicht mehr überraschen. Denn hier wird ein Zusammenhang unterstellt, dem die Vernunft selbst zugehören muß, wenn sie nicht jedesmal neu vom Himmel fallen soll. Es ist eine Natur, die das Ganze des kosmischen Geschehens ebenso umfaßt wie das Ganze organischer und anorganischer Prozesse in uns und außer uns. Auch wenn sie selbst aus einem unvergleichlichen Stoff besteht, der keine Ableitung aus den mechanischen Prozessen der Natur erlaubt, so gehört sie doch in allen erkennbaren Leistungen in eben den Kontext, den wir mit dem Vernunftbegriff der Natur bezeichnen.

Von diesem allgemeinen Naturzusammenhang wird nun behauptet, er sei durch *Gegensätze* und deren Überwindung gekennzeichnet: „Selbst Gifte dienen dazu, andere Gifte, welche sich in unseren eigenen Säften erzeugen, zu überwältigen" (A743/B771). „Streit" und die Erzeugung des „Gegenteils" treiben das Leben an; ohne realen Widerspruch käme die Dynamik der natürlichen Entwicklung zum Erliegen. Aus dem Antagonismus der natürlichen Kräfte geht alles hervor – am Ende auch die menschliche Kultur.

Hier kommt eine metaphysische Auffassung von der Natur zum Tragen, die Kant schon 1755 in seiner *Allgemeinen Naturgeschichte und Theorie des Himmels* vertreten hat (vgl. König 1994). An ihr hat er nicht nur in seiner kritischen Philosophie entschieden festgehalten (vgl. *MAN*, IV 498f.); es ist vielmehr so, daß er auch die Vernunft nur unter der Prämisse des Widerstreits der lebendigen Kräfte mit der Natur verknüpfen kann. Denn nur wenn wir auch hier eine „Zurückstoßungskraft" (ebd.) unterstellen können, kann die Vernunft Teil des großen Naturzusammenhangs sein und zugleich als Widerpart bestimmter Naturerscheinungen gelten. Und eben dies führt Kant am Beispiel des unerläßlichen *Streits von Theorien und Meinungen* vor.

Dabei kommt es in erster Linie darauf an, die *Kritik* selbst als *etwas Natürliches* zu kennzeichnen: Es geschieht in voller Übereinstimmung mit der Natur und bringt nicht den geringsten Schaden für die Vernunft, wenn ein Kritiker sich in Gegensatz zu allen anderen setzt – vorausgesetzt, er vertraut allein auf die Kraft seiner Argumente. Entscheidend ist nur, daß sich keine „fremden Hände", also kein Zwang und keine Gewalt einmischen, und so die Durchsetzung des „eigen Interesses" der Vernunft behindern (vgl. A744f./B772f.). Ist das gesichert, kann man gelassen feststellen: „Lasset demnach euren Gegner nur Vernunft sagen, und bekämpfet ihn bloß mit Waffen der Vernunft" (A744/B772). Die Vernunft kann jederzeit nur gewinnen, wenn sie in Streit mit ihresgleichen gerät (vgl. A746/B774). – Es ist klar, daß Kant hier auch in eigener Sache spricht. Er rechnet mit dem Widerstand gegen *seine* Kritik und möchte allen, den künftigen Gegnern, den besorgten Beobachtern und den erhofften Anhängern deutlich machen, daß seine Kritik *nur auf Vernunftgründe* setzt, dabei Gegengründe nicht fürchten muß und in jedem Fall die Entfaltung der Vernunft befördert.

Mit der Entfaltung der Vernunft aber geht die Natur in die *Geschichte* über. Damit sind wir bei ihrem *fünften* Wirkungsmoment, dessen Leistung Kant hier unterstellt, obgleich er es erst später (im vierten Hauptstück *Die Geschichte der Vernunft*) genauer schildert. Zur Geschichte wird die Natur immer erst im *menschlichen Lebenszusammenhang*. Sie hört dadurch nicht auf, Natur zu sein; aber sie gewinnt unter dem Einfluß menschlichen Handelns eine *spezifische Form* mit einer eigenen historischen Gesetzlichkeit.

Allerdings gilt auch für sie, daß diese Eigentümlichkeit erst unter dem Anspruch menschlichen Erkennens hervortritt. Also erst wenn sich der an sich selbst interessierte Mensch seiner eigenen Vergangenheit zuwendet, wird ihm sein eigener Weg in der Natur als *seine Geschichte* bewußt. Dabei setzt Kant voraus, daß sich im Interesse an der Vergangenheit eine spezifische Erwartung an die Zukunft spiegelt. Die Geschichte tritt somit immer erst mit dem Entwurf einer eigenen Zukunft hervor, für die sich der Mensch selbst verantwortlich weiß (vgl. *Geschichte in weltbürgerlicher Absicht*). Folglich sind es auch hier die auf das praktische Handeln gerichteten Zwecke der Vernunft, unter deren Anspruch die Naturgeschichte des Menschen zu seiner (sozialen, politischen und kulturellen) Geschichte wird.

Als *sechstes* Moment der Wirksamkeit der Vernunft folgt schließlich noch die *Kultur*, in der sich der Mensch „zivilisiert" und „moralisiert" (A748/B776). Hier werden die Voraussetzungen ausdrücklich, die im ersten und zweiten Wirkungsmoment grundsätzlich festgehalten sind, nämlich die *Freiheit* und die *Individualität*. Kant deutet nur an, was er später (in Aufsätzen zur Geschichte sowie in der *Kritik der Urteilskraft*, im *Frieden* und im *Streit der Fakultäten*) immer wieder behandelt, nämlich daß sich der Mensch *aus eigener Kraft* eine Kultur zu schaffen hat, in der er seine Vernunft entfalten kann. Dabei muß es ihm vor allem anderen darum gehen, die gewaltsamen Gegensätze der Natur politisch zu zähmen; durch Stärkung und Ausweitung des Rechts hat er die „Zivilisierung" nicht nur als territoriale, sondern zunehmend auch als globale Aufgabe zu bewältigen.

Mit dem Gelingen der *Zivilisierung* ist auch auf eine fortschreitende *Moralisierung* zu hoffen, obgleich für die Moralität letztlich jeder einzelne zuständig ist und empirische Kriterien ohnehin nicht genannt werden können. Aber durch *politische Ordnung*, durch *Wissenschaft* und *Aufklärung* sowie durch eine nach vernünftigen Grundsätzen angelegte *Erziehung* können die Voraussetzungen für die Moralisierung des Individuums verbessert werden. Ein sozialpsychologischer Mechanismus, den Kant gegen Rousseau behauptet, kommt dabei zu Hilfe: Unter zivilisierten Lebensbedingungen ist der Mensch genötigt, sich wenigstens den *Anschein der Moralität* zu geben. „Allein diese Anlage, sich besser zu stellen, als man ist, und Gesinnungen zu äußern, die man nicht hat, dient nur gleichsam *provisorisch* dazu, um den Menschen aus der Rohigkeit zu bringen, und ihn zuerst wenigstens die *Manier* des Guten, das er kennt, annehmen zu lassen" (A748/B776). So wirkt sogar die Verstellung erzieherisch. Die Vernunft zieht auch noch aus der Entfremdung ihren Vorteil. Die Kultur, mag sie auch noch so äußerlich erscheinen, dient der Entfaltung auch der inneren Kräfte des Menschen.

Dieses kulturgeschichtliche Panorama bildet den Hintergrund für den „polemischen Gebrauch" der Vernunft. Da die Wirksamkeit der Vernunft an *einzelne Individuen* gebunden ist, die ihre Freiheit in und mit den Widersprüchen der Natur behaupten, artikuliert sich die Vernunft in separaten Einsichten, die sich immer auch *gegeneinander* konturieren. Folglich ist es ihre natur- und kulturgeschichtliche Einbindung, die sie immer wieder in *Streit mit sich selbst* geraten läßt. In diesem „Streit" hat sie sich „polemisch" zu behaupten – und dies vor allem deshalb, weil sie an Einheit und Verbindlichkeit interessiert ist! Wäre dies nicht der Fall, könnte ihr der Streit gleichgültig sein. Vielleicht würde er dann auch gar nicht erst entstehen. Denn es geht in allem Streit, an dem die Vernunft beteiligt ist, um Ansprüche auf Einheit und Verbindlichkeit, die naturgemäß von Individuen vertreten werden, denen sich andere Individuen mit ihrem konkurrierenden (Vernunft-)Anspruch auf Einheit und Verbindlichkeit nicht fügen.

Es wäre schwer verständlich, wie sich die Vernunft überhaupt in diesen Streit (mit sich selbst) verwickeln lassen könnte, wenn sie nicht selbst so große Schwierigkeiten hätte, ihre eigenen Grenzen zu erkennen. Da sie aber (wie wir aus der *Transzendentalen Dialektik* wissen) dazu neigt, ihre Kräfte zu überschätzen, geht sie auch in ihren Ansprüchen entschieden zu weit und verschanzt sich hinter Behauptungen, die sie strenggenommen gar nicht beweisen kann. Werden nun solche Behauptungen in systematischer Absicht und mit der Zielsetzung einer allgemeinen Belehrung erhoben, dann haben sie einen „dogmatischen" Charakter (von gr. *dogma* = Lehre). Die Folge ist der „Dogmatismus" der reinen Vernunft, in dem sie sich auf bestimmte, nur zum Schein durch Beweisgründe gesicherte Lehrsysteme versteift, die miteinander konkurrieren und sich wechselseitig überbieten. Hier hat die Polemik der Vernunft ein unerschöpfliches Anwendungsgebiet.

Die geschichtsphilosophische Pointe liegt nun darin, daß „Dogmatismus" nicht nur eine verbreitete *Einstellung der Vernunft*, sondern zugleich eine *historische Formation* bezeichnen soll: Der Begriff benennt ein von der Antike bis in Kants Gegenwart reichendes *Zeitalter des Denkens*, eine eindeutig *geschichtliche*, wenn auch zeitlich nicht näher eingegrenzte *Epoche philosophischer Spekulation*, in der die Vernunft mehr vorgibt und mehr verspricht als sie tatsächlich halten kann. Und es ist die gleichermaßen systematische wie historische Aufgabe der *kritischen Vernunft*, gegen den Dogmatismus anzutreten, um ihn nicht nur in dieser oder jener Lehrgestalt, sondern letztlich auch als eine abgelebte Epoche der Menschengeschichte zu überwinden.

In dieser Zielsetzung ist die Vernunft *Partei*. Als Partei aber darf sie, obgleich sie letztlich die Funktion des „Richters" innehat und somit zur „Neutralität" verpflichtet ist (A756/B784), „polemisch" werden. Ja, sie muß dies tun, um ihre historische Aufgabe im Interesse des Menschen erfüllen zu können. Nur auf diese Weise gelingt der Übergang in das „Zeitalter der Kritik"; nur so kann man hoffen, daß die Vernunft „von selbst durch Vernunft […] gebändigt" wird (A747/B775).

Die Doppelaufgabe, die von der Vernunft verlangt, vor dem „Gerichtshof", der sie *selber* ist (A751/B779), *selbst* als streitbarer Anwalt aufzutreten, macht deutlich, wie sehr dieses höchste Vermögen des Menschen *nach Art des Menschen* konzipiert ist.

Tatsächlich kann man nur vom Menschen verlangen, daß er je nach Lage der Dinge verschiedene *Rollen* übernimmt, die dann selbst wieder zum Vorbild für *Institutionen* werden. Und wenn man der Vernunft nicht noch eine dritte und vierte Funktion (nämlich zu *erfassen* und zu *entscheiden*, welche Rolle sie jeweils übernimmt) übertragen möchte, so bleibt auch hier nur die *Urteilskraft* und der *Wille des Menschen*, um der Vernunft ihre jeweilige Aufgabe zuzuweisen. Schließlich ist auch das Selbständigkeitsverlangen der Vernunft, die bloß „ihr eigen Interesse" verfolgen und die jeden Eingriff „fremder Hände" abwehren will (vgl. A744/B772), nur zu verstehen, wenn man sie nach Analogie des sich in Gesellschaft behauptenden Einzelmenschen denkt.

23.3.2 Skepsis im Übergang

Zwischen den Epochen des Dogmatismus und der Kritik liegt die *skeptische Philosophie*. Auch ihr weist Kant nunmehr eine *historische Rolle* zu. Denn sie soll es sein, die den Übergang zwischen Dogmatismus und Vernunftkritik erleichtert; vielleicht ermöglicht sie ihn sogar. Jedenfalls hat Kant mit Blick auf seine eigene Entwicklung vom Dogmatismus der Leibniz-Wolffschen Schule zur Kritik der reinen Vernunft immer wieder betont, daß er der Skepsis die entscheidende Anregung verdanke; David Hume habe ihn aus seinem „dogmatischen Schlummer" herausgerissen und seinen Forschungen eine „ganze andre Richtung" gegeben (*Prolegomena*, IV 260). Erst so sei er auf den Weg der Kritik gebracht worden. Also hat der Skeptizismus die Befreiung von der dogmatischen Selbstgewißheit bewirkt und den entscheidenden Schritt zur Selbstprüfung der Vernunft eingeleitet.

Aus diesem biographischen Dreischritt macht Kant nun das *Modell für einen allgemeinen philosophiegeschichtlichen Vorgang*. Die Skepsis hat ihr systematisches Verdienst im Übergang von der Epoche des Dogmatismus zum Zeitalter der Kritik. Darin liegt ein großes Lob – aber auch eine empfindliche Einschränkung ihrer philosophischen Reichweite. Denn es wird nicht mehr und nicht weniger gesagt, als daß der Skeptizismus zwar nützliche Zweifel in Umlauf setzt, als Theorie sein Thema aber völlig verfehlt. Er führt in eine Aporie, aus der nur die *Kritik* befreien kann. „Alles skeptische Polemisieren ist eigentlich nur wider den Dogmatiker"; der wird daran gehindert, seinen Gang „gravitätisch" fortzusetzen (A763/B791). Aber der Skeptiker selbst kommt in der Sache keinen Schritt voran. Er bleibt bei der „Zensur" seines Gegners stehen (A764/B792).

Wenn man weiß, wie Kant und seine Zeitgenossen über die Zensur gedacht haben, dann ist das ein vernichtendes Urteil, an dem die anerkennenden Worte, die auch hier über Hume zu finden sind (A769 f./B788 f., A764 f./B792 f.), nichts ändern. David Hume bleibt beschränkt auf die Rolle als „Zuchtmeister des dogmatischen

Vernünftlers" (A769/B797). – Hätte Kant sich klargemacht, wie sehr er in seinem eigenen kritischen Programm dem Skeptizismus verhaftet bleibt, hätte er seinen bedeutenden Vorgänger vielleicht weniger scharf ausgegrenzt. Denn die ungelösten Probleme der Deduktion der reinen Verstandesbegriffe haben ihre Ursache in der vorgängigen Selbstisolation des Bewußtseins, die Kant als Erbschaft der Skepsis übernimmt.

Bemerkenswert an diesem Einschub über die „Unmöglichkeit einer skeptischen Befriedigung der mit sich selbst veruneinigten reinen Vernunft" (A758/B786–A769/B797) ist die bewußte Anspielung auf *Sokrates*. Das „Bewußtsein meiner Unwissenheit", von dem gleich im ersten Satz die Rede ist (B786), hat Sokrates bekanntlich als staunenswerte Entdeckung dargestellt, die ihm keine andere Wahl gelassen habe, als Philosophie zu betreiben (vgl. Platon, *Apologie* 21b–22e). Kant macht aus diesem Eingeständnis eine allgemeine Einsicht in die Produktivitätsbedingungen der Philosophie: Die „eigentliche Ursache" philosophischer Untersuchungen sei eben dieses Bewußtsein der Unwissenheit. Im Eröffnungssatz des nächsten Abschnitts nimmt er dann die sokratische Lösung, immerhin zu wissen, daß man nichts wisse, für die Vernunftkritik in Anspruch: Man wisse „durch Kritik unserer Vernunft endlich soviel [...], daß wir in ihrem reinen und spekulativen Gebrauche in der Tat gar nichts wissen können" (A769/B797).

Kant hat den Namen des Sokrates nicht gerade häufig erwähnt; in der *Kritik* wird er gar nicht genannt. Dennoch ist unverkennbar, daß sich die kritische Selbstprüfung der Vernunft an der sokratischen Selbsterkenntnis orientiert. Denn „alle Begriffe, ja alle Fragen, welche uns die reine Vernunft vorlegt", liegen „selbst wiederum nur in der Vernunft" (A763/B791). Sie können also nur durch die *Selbsterkenntnis der Vernunft* erschlossen werden. Da die Erzeugung der Begriffe durch die Vernunft in diesem Zusammenhang sogar zweimal mit dem Geburtsvorgang verglichen wird (ebd., A765/B793), ist es auch nicht weit hergeholt, an die *Mäeutik*, die philosophische „Hebammenkunst" des Sokrates zu denken: Der Philosoph leistet Hilfestellung bei der „Selbstgebärung unseres Verstandes", der nicht „durch Erfahrung geschwängert" ist (A765/B793). Nur sofern jeder einzelne Mensch die Begriffe erkennend aus sich selbst heraus erzeugt, kann er vom Philosophen über ihre Herkunft aufgeklärt werden. Wer die Spontaneität des Begreifens nicht an sich selbst erfährt, wird nie wissen, wovon in der Vernunftkritik die Rede ist.

Diese Beziehung auf das im Akt der Erkenntnis jeweils individuell mitbegriffene „Ich denke" bleibt aber nicht auf die individuelle Erkenntnisrelation beschränkt. Kant stellt, wie wir schon aus den Vorreden wissen, seine Untersuchung von Anfang an in eine *wissenschaftstheoretische und kulturgeschichtliche Perspektive*. Und so wird aus dem sokratischen Programm der Selbsterkenntnis des einzelnen Menschen das *Projekt einer menschheitlichen Selbstaufklärung durch Wissenschaft und Philosophie*. Darin hat die Skepsis ihren verdienstvollen Platz, weil sie die Anmaßungen des Dogmatismus einschränkt. Ihm kann sie „gefährlich" und „verderblich" werden (A768/B796). Aber da es ihr nicht gelingt, eine begründete „Schätzung" (A761/B789, A767/B795) der menschlichen Kräfte vorzunehmen, scheitert sie bei der *Grenzbestimmung* der menschlichen Vernunft (A767/B795).

Zu dieser kritischen Grenzbestimmung bedarf es einer konsequenten „Selbstprüfung" der Vernunft. Da diese sich hier ganz auf sich selbst zu beziehen hat, muß die Untersuchung *a priori* erfolgen. Aber schon die dazu erforderliche Entschiedenheit im (theoretischen wie praktischen) Festhalten an der Vernunft bringt der Skeptizismus nicht auf. Deshalb bleibt er, nach Kant, eine geistreiche, aber sachlich bedeutungslose Erscheinung des Übergangs.

23.3.3 Hypothesen und Beweise

Was der polemische Gebrauch der Vernunft im Verfahren der wissenschaftlichen Forschung konkret bedeutet, wird im Umgang mit den *Hypothesen* bewußt. Und die eigenständige Leistung der Vernunft tritt in den *Beweisen* hervor. Damit befassen sich die letzten beiden Abschnitte der *Disziplin*. Tatsächlich zeigt sich in beiden Elementen philosophischer Theoriebildung, im Umgang mit *Hypothesen* und mit *Beweisen*, die Selbstdisziplin der Vernunft auf je eigene Weise. Also wird auch in der *Methode* deutlich, daß der Vernunftgebrauch *perspektivisch* ist: Die Vernunft hat zu berücksichtigen, in welcher *Situation* sie zur Anwendung kommt und um welche *Zwecke* es vorrangig geht. Auch darin entspricht sie dem einzelnen Menschen, der wissen muß, in welcher Lage er ist, wer ihm gegenübersteht und worauf es jeweils ankommt, wenn er zutreffend handeln und urteilen können will.

Bemerkenswert ist bereits Kants Einführung der *Hypothese* als „Meinung", ja als „Dichtung": Hypothesen sind Erzeugnisse der „Einbildungskraft", die zwar nicht „schwärmen", aber immerhin „dichten" darf (A770/B798). In sie geht immer etwas ein, was „bloße Meinung" ist. Darin liegt keine Abwertung! Schon im folgenden Hauptstück über den *Kanon* wird gezeigt, wie unerläßlich die Meinung für den Aufbau des menschlichen Wissens ist (A820/B848–A831/859; vgl. den Beitrag von Recki). In Kants Politischer Philosophie erhält die Meinung sogar eine grundlegende Funktion (Gerhardt 1995, 140 f.). Hier nun wird klargestellt, daß die „Meinung" selbst aus dem strengen Forschungsprozeß nicht fortzudenken ist. Man kommt gar nicht umhin, etwas zu „erdenken" (A770/B798) oder „anzunehmen (A771/B799), wenn man sein Wissen erweitern will. Die erschließende Kraft der Vernunft muß sich auf "wahrscheinliche Urteile" einlassen (A775/B803); durch Einsatz der Phantasie hat sie mögliche Erkenntnisse vorwegzunehmen, wenn es überhaupt so etwas wie Wissenschaft geben können soll. – Schon diese beiläufig gemachten Bemerkungen über

Anlage und Aufgabe der Hypothese reichen aus, die Rede vom bloßen Rationalismus der Vernunftkritik als Legende zu erweisen.

Nach den Ausführungen über Herkunft und Leistung der Hypothesen sollte man annehmen, daß sie auch in der Philosophie eine unverzichtbare Rolle spielen: Da es ein so großes Feld gibt, auf dem die spekulative Vernunft nichts sicher wissen kann, müsse es ihr doch erlaubt sein, „ein desto weiteres Feld zu *Hypothesen*" zu eröffnen", auf dem es ihr „wenigstens vergönnet" ist, „zu dichten und zu meinen" (A769/B797). Doch eben dies wird ihr „unter der strengen Aufsicht der Vernunft" (also der „Disziplin") untersagt (A770/B798). Hypothesen sind nämlich dazu da, mögliche Erklärungen für Sachverhalte zu entwerfen, die sich *wirklich klarstellen* lassen. Also haben sie ihren unaufkündbaren Bezug zur *Erfahrung*, in der sich (im Gang der Forschung) erweisen läßt, daß es sich tatsächlich so verhält, wie die Hypothese vorgibt. Da nun aber die Philosophie zu den Vernunft- und nicht zu den Erfahrungswissenschaften gehört, haben Hypothesen in ihr gar keinen Platz. Ja, mehr noch: Da Hypothesen nur falsche Hoffnungen auf eine doch irgendwie mögliche Erklärung nähren, sind sie irreführend und gefährlich; sie gaukeln einer „faulen Vernunft (ignava ratio)" (A773/B801) Aussichten vor, die es nirgendwo gibt.

Die Hypothesen der reinen Vernunft nennt Kant „transzendental" (A772/B800) oder „hyperphysisch" (A773/B801). Sie sind auf Ideen, also auf „bloße Gedankendinge" (wie z.B. die Seele oder Gott; A771/B799, A773/B801) gerichtet und müssen (nach der Funktion von Hypothesen) vorgeben, daß diese Dinge *existieren*. Damit laufen sie dem wesentlichen Ertrag der Vernunftkritik zuwider. Denn die *Wirklichkeit* von Vernunftideen „*wahrscheinlich* machen zu wollen, ist ein ungereimter Vorsatz" (A775/B803). Deshalb sind Kant denn auch „selbst die wildesten Hypothesen, wenn sie nur physisch sind, erträglicher, als eine hyperphysische" (A773/B801). Also dekretiert er mit aller Entschiedenheit: Der Gebrauch transzendentaler Hypothesen „kann gar nicht gestattet werden" (ebd.).

Umso erstaunlicher ist, daß es dennoch Ausnahmen geben können soll. Tatsächlich wird es der Vernunft gestattet, in der geschichtlichen Auseinandersetzung mit ihren dogmatischen Gegnern zu Hypothesen zu greifen. Denn dogmatische Behauptungen zielen ja auf die reale Existenz der Gegenstände spekulativer Ideen; sie führen die Substanz der Seele oder das Dasein Gottes ins Feld. Und um sie zu widerlegen, muß man ihre Thesen *hypothetisch* aufgreifen, so daß sich zeigen läßt, „daß der Gegner viel zu wenig von dem Gegenstande des Streits verstehe". Werden also die Hypothesen „als Kriegswaffen" eingesetzt, sind sie auch in der kritischen Philosophie legitim (A777/B805). Im Kampf gegen die „bleiernen Waffen" des Dogmatismus werden sie allemal überlegen sein (A778/B806). Wie stark aber selbst in dieser Ausrichtung auf eine historische Opposition die *inneren dialogischen Momente* der Vernunft bleiben, beweist Kants Mahnung, den dogmatischen Gegner „jederzeit in uns selbst" zu suchen (A777/B805). Die spekulative Vernunft sei bereits „an sich" dialektisch. Die Argumente gegen die Positionen der kritischen Vernunft „liegen in uns selbst" (ebd.). Folglich haben wir die Polemik der Vernunft immer auch *in uns selbst* auszutragen, um auf mögliche Gegner so gut wie möglich vorbereitet zu sein: „Sinnet demnach selbst auf Einwürfe, auf die noch kein Gegner gefallen ist, und leihet ihm sogar Waffen", lautet die methodologische Empfehlung; dabei hat man, sofern man nur kritisch verfährt, nichts zu befürchten, sondern kann sich „einen in alle Zukunft niemals mehr anzufechtenden Besitz" verschaffen (A778/B806).

Hierbei mag die Frage offenbleiben, ob die von Kant immer wieder zum Ausdruck gebrachte Hoffnung auf einen gesicherten, bleibenden „Besitz" der philosophischen Erkenntnis überhaupt mit der Beschaffenheit der menschlichen Vernunft zu vereinbaren ist. Die der Vernunft notwendig zugehörende Dialektik, von der sie noch nicht einmal die Vernunftkritik verläßlich abhalten kann (A297/B354), müßte doch auch den Streit immer wieder entfachen. Gelegentlich aber äußert Kant auch die Ansicht, die Vernunft gerate nur in eine „scheinbare Antithetik", die auf einem „Mißverstande" beruhe; sie selbst sei davon unberührt (A740/B768). Sollte dies zutreffen, dann dürfte man tatsächlich hoffen, eines Tages auch auf den polemischen Gebrauch von Hypothesen verzichten zu können. Wahrscheinlich ist dies nicht.

Im letzten Abschnitt handelt Kant von den *Beweisen* der reinen Vernunft. Daß auch hier „Disziplin" vonnöten ist, macht der Vergleich mit den über die Ufer tretenden Wassern, die „wild und querfeldein" dahinlaufen, deutlich (A783/B811). Es bedarf einer geschärften „Aufmerksamkeit" auf das, was hier – im Unterschied zu Mathematik und empirischer Wissenschaft – überhaupt bewiesen werden kann. Und um dem Grundfehler dogmatischer Metaphysik zu entgehen, die aus bloßen Begriffen auf die Existenz der gedachten Dinge schließt, hat man „zuvor weislich bei sich zu Rate" zu gehen (A785/B813). Die *Selbstprüfung* ist also auch hier das wesentliche Instrumentarium der Disziplin. Ihr hat sich jeder Denkende jeweils für sich selbst – also notwendig: individuell – zu unterziehen.

Kant gibt drei „Regeln" an, die bei den Beweisen zu beachten sind. Die *erste* konkretisiert, worauf sich die Maxime der Selbstprüfung zu richten hat: Man dürfe keine transzendentalen (also mit bloßen Begriffen operierenden) Beweise versuchen, „ohne zuvor überlegt und sich desfalls gerechtfertigt zu haben, woher man die Grundsätze nehmen wolle" (A786/B814). Stammen sie aus dem Verstand, so gibt es von ihnen aus ohnehin keinen Weg zu reinen Vernunftideen. Sind es Grundsätze der Vernunft, so taugen sie nur zu regulativen Prinzipien, nicht aber zu Existenzbeweisen. Also bestätigt sich schon mit der ersten Regel, daß die Disziplin vornehmlich eine „warnende Negativlehre" (A712/B740) ist.

Die *zweite* Regel hat eigentlich auch nur die „warnende Anmerkung" zur Folge, durch welche „Vernunftbehauptungen sehr ins Kleine gebracht" werden: Ein transzendentaler Satz kann nur von *einem* Begriff ausgehen und muß folglich auch von *einem einzigen* Beweis bestätigt werden können. Wenn daher man einen Dogmatiker „mit zehn Beweisen auftreten sieht", kann man sicher sein, „daß er gar keinen habe" (A789/B817).

Die *dritte* Regel stellt schließlich eine Bedingung auf, an der jeder Gegner der Vernunftkritik scheitern muß: Ein transzendentaler Beweis, so heißt es, dürfe nicht „apagogisch" geführt werden, sondern müsse jederzeit „ostensiv" sein. Das klingt nun endlich doch so „methodologisch" wie man es von einer „Methodenlehre" schon von Anfang an erwartet hätte. In Wahrheit aber schließt Kant hier mit einer kaum noch zu überbietenden polemischen Pointe gegen die dogmatische Philosophie und stellt abschließend klar, daß von der Vernunft nichts bleibt als „Großsprecherei" (A793/B821) und „zu hoch getriebene Anmaßungen" (A794/B822), wenn sie sich von den anderen Erkenntnisvermögen des Menschen ablöst. Die Vernunft ist nur solange vernünftig, als sie sich ihrer eigenen Herkunft und Stellung bewußt ist.

Apagogische Beweise (von gr. *apagogé* = lt. *aductio* = Weg- bzw. Abführung) beziehen ihre Gültigkeit aus der Gewißheit der Schlußregel, mit der von einer Aussage auf die andere geschlossen wird. Sie sind das eigentliche Vehikel der sich schließend und erschließend bewegenden Vernunft. Was immer die Vernunft zu leisten vermag, vollzieht sich in logischen Schlüssen, die allemal „apagogisch" sind, sofern sie sich *bloß* auf Vernunfteinsichten stützen. Und eben dieses auf reine Vernunft gegründete Verfahren reicht für die Vernunftbeweise nicht aus! Es müssen immer auch empirische Erkenntnisse hinzugenommen werden. Deshalb ist es der Vernunft auch verboten, „indirekt" (also nur aus der Widerlegung des Gegenteils) zu schließen. Sie muß sich vielmehr „direkt" zur Sache äußern, wenn sie Beweiskraft haben will.

Wäre es nicht Kant selbst, der diese Feststellung trifft, würde man meinen, hier solle die reine Vernunft verabschiedet werden. Was aber bleibt von der Vernunft, wenn man ihr die („apagogisch" oder wie auch immer genannten) Schlüsse nimmt? Kants Antwort kennen wir bereits: Eine bloß auf ihre *Fähigkeit zu schließen* bauende Vernunft verfällt ihrer eigenen Dialektik. Sie würde sich selbst „unter Erdichtungen und Blendwerken ersäufen" (A782/B810). Will sie sich dieses Schicksal ersparen, so muß sie sich auf etwas beziehen, das nicht aus ihr selber stammt. Sie muß auf etwas „zeigen" können, das nicht in ihr selber ist. Deshalb fordert Kant den „ostensiven" Beweis, der seinen Titel vom lateinischen Verb *ostendere* (entgegenstrecken, zeigen) herleitet. Hier muß „direkt" auf etwas verwiesen werden (A794/B822); deshalb wird auch von einem „direkten Beweis" gesprochen. Er verbinde, so heißt es, „mit der Überzeugung von der Wahrheit, zugleich Einsicht in die Quellen derselben" (A789/B817).

Aber wie soll das geschehen, wenn die Vernunft rein auf sich gestellt bleibt? Bloß aus sich heraus, bloß aus „reiner Vernunft" und ihrem „Vermögen mittelbar zu schließen" (A299/B355) lassen sich keine „ostensiven Beweise" führen. Sie werden erst möglich, wenn sich die *Vernunft* ihrer Grenzen vergewissert hat, wenn sie sich (nach vielen Demütigungen) klar gemacht hat, daß sie in allen erfolgversprechenden Leistungen auf den *Verstand* bezogen bleibt, der selbst aber nur Bedeutung hat, sofern er auf *Anschauungen* gerichtet ist, die ihrerseits an die *Sinnlichkeit* gebunden sind. So kann die Vernunft nur dann etwas mit Beweiskraft zeigen, solange sie in ihrer Beziehung zum gegenständlich begreifenden Verstand und zur Anschauung vermittelnden Sinnlichkeit verbleibt. Diese tätig herzustellende Verbindung von Vernunft, Verstand und Anschauung gewährender Sinnlichkeit aber kennen wir in der Erkenntnis verbürgenden Form nur *von uns selber*, also vom *Menschen* her. Folglich kann die Vernunft nur etwas beweisen, sofern sie sich als *menschliche Vernunft* versteht.

So spricht auch das erste Hauptstück der *Methodenlehre* dafür, daß die Transzendentalphilosophie, die in allem den Erkenntnisimpuls der modernen Naturwissenschaft verstärkt, gleichwohl dem *sokratischen Programm der Selbsterkenntnis* verpflichtet bleibt. Die Wissenschaft, an der sich Kants Philosophie orientiert, bedarf der äußeren wie der inneren Begrenzung, wenn sie dem „Interesse des Menschen" dienen soll. Deshalb bleibt sie in Grundlegung und Grenzbestimmung auf *Metaphysik* angewiesen. Die aber ist praktisch bedeutungslos, wenn der Mensch nicht weiterhin nach *Weisheit* strebt.

Literatur

Butts, Robert E. 1961: „Hypothesis and Explanation in Kant's Philosophy of Science", in: Archiv für Geschichte der Philosophie 43, 153–170.
Butts, Robert E. 1962: „Kant on Hypotheses in the ‚Doctrine of Method' and the *Logik*", in: Archiv für Geschichte der Philosophie 44, 185–203.
Dryer, Douglas P. 1966: Kant's Solution for Verification in Metaphysics, London.
Gerhardt, Volker 1995: Immanuel Kant: Zum ewigen Frieden. Eine Theorie der Politik, Darmstadt.
Heimsoeth, Heinz 1971: Transzendentale Dialektik. Ein Kommentar zu Kants Kritik der reinen Vernunft. 4. Teil: Die Methodenlehre, Berlin/New York.
Henrich, Dieter 1966: „Zu Kants Begriff der Philosophie", in: F. Kaulbach/J. Ritter (Hgg.), Kritik und Metaphysik, Heinz Heimsoeth zum achtzigsten Geburtstag, Berlin, 40–59.
Kaulbach, Friedrich 1981: Philosophie als Wissenschaft. Eine Anleitung zum Studium von Kants Kritik der reinen Vernunft, Hildesheim.
König, Peter 1994: Autonomie und Autokratie. Über Kants Metaphysik der Sitten, Berlin/New York.
Martin, Gottfried 1951: Immanuel Kant. Ontologie und Wissenschaftstheorie, Köln.
Neiman, Susan 1994: The Unity of Reason. Rereading Kant, Oxford/New York.
Shell, Susan M. 1980: The Rights of Reason. A study of Kant's philosophy and politics, Toronto/Buffalo/London.
Walsh, William H. 1975: Kant's Criticism of Metaphysics, Edinburgh.
Walsh, William H. 1982: „Self-Knowledge", in: Ralph Walker (Hg.), Kant on Pure Reason, Oxford, 150–175.
Wolff, Robert P. 1973: The Autonomy of Reason, New York.
Yovel, Yirmiyahu 1980: Kant and the Philosophy of History, Princeton.

Birgit Recki
24 Der Kanon der reinen Vernunft

(A795/B823–A831/B859)
„… nichts mehr, als zwei Glaubensartikel?"

24.1 Stellung und Funktion des *Kanons* in der *Kritik*

Das Mittelstück der *Transzendentalen Methodenlehre* bildet der *Kanon der reinen Vernunft*. Er schließt an die *Disziplin der reinen Vernunft* an, in deren Titel wir eines der Leitmotive einer Kritik der Vernunft variiert finden: Kant nutzt auch hier die semantische Zweideutigkeit des Genitivs, um das reflexive Verhältnis autonomer Selbstkontrolle kenntlich zu machen, das er am Anfang des Kanons in der ambivalenten Situation der Vernunft zwischen Demütigung und erhabenem Selbstvertrauen darstellt (A795/B823).

Während die *Disziplin* die negative Grenzbestimmung der reinen Vernunft leistet, soll der *Kanon* der grundsätzlichen Vergewisserung dienen, welche positiven Ansprüche nach der kritischen Erkundung ihrer Funktionen an den Gebrauch der Vernunft geknüpft werden können (A796/B824). Hier reflektiert Kant ausdrücklich auf den ultimativen *Zweck* und auf das damit verbundene *Interesse* einer Kritik der reinen Vernunft und rückt so mit der Handlungsdimension aller vernünftigen Betätigung den praktischen Sinn der gesamten kritischen Unternehmung ins Bewußtsein: Als *Traktat auf die Idee der Freiheit*, ihre Funktion und ihre Konsequenzen, eröffnet der Kanon zugleich den Ausblick auf die moralische Selbstbestimmung und die teleologische Reflexion als selbständigen Bereichen der reinen Vernunft, deren grundlegende Analyse weitere Untersuchungen in Form zweier weiterer Kritiken erfordern sollte.

24.2 Inhalt und Aufbau des *Kanons* im Überblick

Mit der *Disziplin* hatte Kant „gleichsam ein System der Vorsicht und Selbstprüfung" (A711/B739) gegeben. Die Gefahr der „Blendwerke" (A795/B823), der „bloße[n] Erdichtung" und der „Hirngespinste" einer schlechten Metaphysik stets vor Augen (A580/B608; A569/B597; A770/B798; vgl. „Gedanken ohne Inhalt sind leer"; A51/B75), bewertet er diese „negative Gesetzgebung" (A711/B739) zur Vermeidung von Irrtümern (vgl. B737) als so wichtig, daß er zu Beginn des *Kanons* rückblickend auf die *Disziplin* formuliert: „Der größte und vielleicht einzige Nutzen aller Philosophie der reinen Vernunft ist also wohl nur negativ" (A795/B823).

Doch so entscheidend die Funktion der kritischen „Grenzbestimmung" im urteilenden Vernunftgebrauch ist, sie kann die Frage nach einem „Quell von positiven Erkenntnissen" (ebd.) nicht suspendieren. Auf diese Frage antwortet der *Kanon* als positives Gegenstück der *Disziplin* – als Richtmaß der reinen Vernunft. Er ist der „Inbegriff der Grundsätze a priori des richtigen Gebrauchs gewisser Erkenntnisvermögen überhaupt" (A796/B824; siehe bereits A12/B26). Im Résumé der berechtigten, aber durch die erkenntniskritische Ernüchterung eingeschränkten Erwartungen an die Vernunft sieht sich Kant hier zu einer Entscheidung genötigt, die er in der Vorrede zur zweiten Auflage als eine *„praktische Erweiterung* der reinen Vernunft" (B xxx) bezeichnet, in der *Kritik der praktischen Vernunft* als den „Primat der reinen praktischen Vernunft" (V 119–121; vgl. V 50–57) behandeln wird: Im unabweisbaren, da existentiellen Interesse an praktischer Orientierung dürfen wir regelrecht von totalisierenden Begriffen Gebrauch machen, die für die theoretische Vernunft überschwenglich und irreführend sind. Der fragliche Kanon darf, wenn überhaupt, nur für den „praktischen Vernunftgebrauch" aufgestellt werden.

Gestützt auf diese Überlegung vollzieht Kant einen dreifachen Übergang in die Moralphilosophie, in die Moraltheologie und in die Teleologie. In der Reflexion auf die spekulativen Implikationen der Vernunftideen von Freiheit des Willens, Gott und unsterblicher Seele, die er in der *Dialektik* als regulative Funktionen des Denkens erörtert hat, entwickelt er die Grundzüge seiner praktischen Philosophie.

In diesem Zusammenhang klärt Kant die Grundbegriffe der Moralphilosophie und der Moraltheologie, indem er bestimmt, 1. was *„praktisch"* heißen soll (A800/B828); 2. was *Freiheit* ist (A802f./B830f.); 3. was eine *Maxime* ist (A812/B840); 4. was eine *Triebfeder* leistet (A812f./B840f.); 5. was die Zwecke menschlichen Handelns sind, indem er *Glückseligkeit* als das auf den ersten Blick höchste Handlungsziel (A806/B834) ins Verhältnis setzt zu ihrem notwendigen Korrektiv in der *Glückswürdigkeit* (A806/B834; A813/B841); 6. den Begriff des *höchsten Gutes* als des gerechten Ausgleichs zwischen diesen beiden Maxima unseres Strebens (A810/B838; A814/B842); 7. den Begriff einer *moralischen Welt* zur Bezeichnung des damit gemeinten ausgeglichenen Zustandes (A808/B836) und 8. die Notwendigkeit, diesen Gedanken zu gründen auf die Idee von *Gott* als höchster Intelligenz und Garanten einer moralischen Welt (A811/B839).

Der Begriff des höchsten Gutes als einer idealen Entsprechung von vollkommener Tugendhaftigkeit und vollkommener Glückseligkeit bedarf zu seiner Fundierung in der Idee eines gemeinsamen Ursprungs des Begriffs einer überlegenen Intelligenz, welche über diese beiden Maxima verfügt. Ohne damit die Widerlegung der Gottesbeweise (A592/B620–A642/B670) revozieren zu wollen, vertritt Kant im reflexiven Modus eines regulativen Gebrauchs von Ideen die theologische, in der Postulatenlehre der *Kritik der praktischen Vernunft* später ausgewiesene These, daß „Gott" und „ein künftiges Leben" unabdingbar mit der praktischen Verbindlichkeit aus reiner Vernunft verbundene „Voraussetzungen" seien (A811/B839). Aufgrund eines Schlusses von den gedachten Eigenschaften dieses Gottes als des praktischen Weltschöpfers vollzieht er den Übergang in die teleologische Reflexion (A815/B843) und argumentiert für die Notwendigkeit, die Welt als zweckmäßig zu denken. Wenn ihr Begriff zu unserem praktischen Selbstverständnis passen soll, so muß sie „als aus einer Idee entsprungen vorgestellet werden" (A815f./B843f.).

Da mit diesen Begriffen, wie Kant in der beständigen Auszeichnung des praktischen vor dem theoretischen Vernunftgebrauch betont, keinerlei durch Erfahrung ausgewiesene Erkenntnis und somit kein Wissen bezeichnet ist, liegt der Bezug auf den Glauben nahe. Im Rahmen einer Kritik der Vernunft erfordert dies die Klärung eines Glaubensbegriffs, der von allen Zügen des Überschwenglichen oder Sentimentalen und von jedem Verdacht des Irrationalismus befreit ist. Abgeschlossen wird der *Kanon* denn auch durch eine methodische Differenzierung von Meinen, Glauben und Wissen, deren Ziel in der starken Exposition eines *praktischen Vernunftglaubens* liegt: In der Erläuterung seines Charakters wird der epistemologische Status der Vernunftideen klarer, in der Argumentation für seine praktische Notwendigkeit sind sie, obwohl gegenstandslos, gerechtfertigt. Dem Glauben wird somit im Hinblick auf die vernünftige Orientierung eine maßgebliche Funktion zugewiesen. In den Vernunftideen haben wir die exemplarischen Fälle, an denen Kant zeigt, was seine programmatische Formulierung bedeutet: „Ich mußte also das *Wissen* aufheben, um zum *Glauben* Platz zu bekommen" (*Vorrede*, B xxx).

24.3 Textkommentar

24.3.1 Erster Abschnitt

a) Nach der *negativen Exposition*, die Kant für die Beschränkung eines Kanons auf den „*praktischen Vernunftgebrauch*" (vgl. A797/B825) mit dem Hinweis auf die Unmöglichkeit von synthetischen Erkenntnissen der reinen Vernunft „in ihrem spekulativen [d. h. in ihrem rein theoretischen, B. R.; vgl. A804/B832, A634f./B662f.] Gebrauche" (A796/B824) gibt, unternimmt er im *Ersten Abschnitt* den Ansatz zu einer auf den *Nutzen* der Vernunftbetätigung (A798/B826) bezogenen *positiven Exposition*. „Die Endabsicht, worauf die Spekulation der Vernunft im transzendentalen Gebrauche zuletzt hinausläuft", das höchste „*Interesse* der Menschheit" (ebd.; H. v. m.), das sie – als das Vermögen zu schließen – in ihrem „Hang" zur Totalisierung (A797/

B825) verfolgt, betrifft „die Freiheit des Willens, die Unsterblichkeit der Seele, und das Dasein Gottes" (A798/B826). Kant macht hier durchweg Gebrauch von jenem Reflexionsperspektivismus unter den Gesichtspunkten von Noumenalität und Phänomenalität, den er in der *Auflösung der dritten Antinomie* für die Beurteilung der Handlung entwickelt hat (A538/B566–A568/B596), um nunmehr mit Blick auf alle drei Ideen deutlich zu machen: Die Erkenntnis, die uns in ihrer Annahme bestätigte, würde zur Naturerkenntnis nichts beitragen, sie wäre „zum *Wissen* gar nicht nötig" und hätte daher in rein theoretischer Einstellung keinen „für uns auf einige Art *nützlichen* Gebrauch" (A799/B827; H. v. m.). Wichtig ist sie allein für „das *Praktische*" (A800/B828).

b) *Freiheit.* – Entscheidend ist die an diese Überlegung unmittelbar anschließende assertorische Erklärung „*Praktisch ist alles, was durch Freiheit möglich ist*" (ebd.). Denn mit ihr gibt Kant nicht nur die Begriffsbestimmung des Praktischen. Indem er damit die Idee der Freiheit über den Charakter eines bloßen Gegenstandes des Vernunftinteresses hinaushebt und sie zum Definiens des praktischen Vernunftinteresses selbst erklärt, zeichnet er sie durch den besonderen Status einer Grundlegung des gesamten praktischen Bereichs aus. Freiheit, die Kant hier als die Unabhängigkeit von sinnlichen Antrieben und die Fähigkeit zur Willensbestimmung durch „Bewegursachen" der Vernunft bestimmt (A802/B830), ist nicht einfach eine von drei gleichursprünglichen Ideen – sie ist die Idee, die zugleich den tragenden Gesichtspunkt für alle totalisierende Vernunftbestimmung gibt. Mit ihrem Bezug auf die „Endabsicht" (A798/B826) der Vernunft ist aber auch der Übergang in die Moralphilosophie bezeichnet, denn Kant stellt umgehend den Zusammenhang des durch Freiheit fundierten praktischen mit dem moralischen Selbstverständnis her, indem für ihn „die drei gedachten Probleme" letztlich auf die Frage hinauslaufen, „*was zu tun sei*, wenn der Wille frei, wenn ein Gott und eine künftige Welt ist." Mit dieser Ausrichtung auf „unser Verhalten" tritt zutage, daß die „Einrichtung unserer Vernunft [...] eigentlich nur aufs Moralische gestellet" ist (A800f./B828 f.; vgl. deutlicher *KpV*: „weil alles Interesse zuletzt praktisch ist", V 121; vermittelt ist dieser Übergang vom Praktischen zum Moralischen durch jenen Begriff von Freiheit als Autonomie, der hier bereits impliziert, wenn auch nicht thematisch ist; vgl. Prauss 1983).

Daß der gesamte Prospekt auf die drei Vernunftideen *in allem* von der Freiheit handelt, markiert Kant nicht nur durch den gemeinsamen Bezug auf die Frage, „*was zu tun sei*" (A800/B828), sondern auch durch die ausdrückliche Reflexion auf deren Begriff: Nicht den Begriff der transzendentalen Freiheit und das mit ihr verbundene Problem, wie Spontaneität überhaupt möglich ist, will Kant an dieser Stelle noch einmal vornehmen. Er setzt es hier „als oben abgetan, bei Seite" (A802/B830) und meint damit die *Auflösung der dritten Antinomie* (A532 ff./B560 ff.; vgl. A804/B832). Hier will er sich nunmehr auf die praktische Freiheit konzentrieren. Durch die terminologische Abgrenzung zur transzendentalen Freiheit markiert er nicht etwa den Gegensatz zweier unvereinbarer Freiheitsbegriffe, sondern eine spezifische Differenz: Die praktische Freiheit, auch sie eine Weise, etwas ursächlich „*von selbst anzufangen*" (A446/B474), gründet sich auf die transzendentale Freiheit (A533 f./B561 f.), sie stellt deren konkreten, erfahrungsgesättigten Aspekt dar (zur *Gleichsetzung* der praktischen mit der transzendentalen Freiheit *KpV*, V 29, zum *Primat* der praktischen *KpV*, V 30, 47 f.; vgl. Gunkel 1989). Sie läßt sich gesondert angehen, weil – wie Kant in der Unterscheidung der durch „sinnliche Antriebe" von der durch vernünftige „Bewegursachen" bestimmten Willkür erläutert – die Erfahrung des vernünftigen Handelns ihre Möglichkeit bezeugt (A802/B830): Sie zeigt sich hier nämlich als „eine Kausalität der Vernunft in Bestimmung des *Willens*" (A803/B831; H. v. m.). Damit ist aber die *Instanz des Handelns* benannt. In der wiederholten Behauptung, die praktische Freiheit könne „durch Erfahrung bewiesen werden" (A802 f./B830 f.), meint Kant somit, daß sich der freie Wille *in den Handlungen* als „Phänomene[n] der Äußerungen desselben" (A798/B826) darstellt. Auf die Frage, wie es zu denken sein soll, daß die praktische Freiheit durch Erfahrung bewiesen werden kann, obwohl sie sich auf eine transzendentale Freiheit gründet, welche nicht der Erfahrung zugänglich ist, lautet die Antwort, daß sich die praktische Freiheit als Bestimmung des Willens in Handlungen entäußert: Und Handlungen sind unter anderem Phänomene.

Nur wenn man sich derart die fundierende Sonderstellung der Freiheit vergegenwärtigt, kann man verstehen, wie Kant am Ende des *Ersten Abschnitts* dazu kommt, die ursprünglich genannten „drei Gegenstände" (A798/B826) ohne weiteres auf bloß „zwei Fragen" zu beziehen, „die das praktische Interesse der reinen Vernunft angehen [...], nämlich: ist ein Gott? ist ein künftiges Leben?" (A803/B831).

„[N]ichts mehr, als zwei Glaubensartikel?" wird er am Ende des *Kanons* mit rhetorischem Zweifel am Ertrag der ganzen Überlegung fragen (A830/B858). Mit Betonung auf dem Zahlwort ließe sich so auch hier schon fragen: Waren es nicht *drei* Fragen? Doch die Frage nach der Freiheit ist unterdessen nicht verlorengegangen. Sie bleibt auch in dieser Formulierung präsent, und zwar als die *fundierende* Problemstellung: Denn sie kongruiert mit dem hier geltend gemachten „praktischen Interesse der reinen Vernunft".

24.3.2 Zweiter Abschnitt

a) Die bisherigen Überlegungen stellt Kant in einen größeren Rahmen, indem er in einem erneuten Ansatz bei der Möglichkeit eines Kanons „das spekulative sowohl, als das praktische" Interesse der Vernunft (A804/B832) in drei Fragen faßt und damit auch das Vernunftinteresse noch einmal von Grund auf neu formuliert: „*1. Was kann ich wissen? 2. Was soll ich tun? 3. Was darf ich hoffen?*" (A805/B833).

Anders als man erwarten würde, lassen sich die damit verfolgten Intentionen im einzelnen nicht einfach auf die bereits im vorigen Abschnitt eingeführten Probleme mit der Freiheit, mit Gott und mit der unsterblichen Seele abbilden. Unter dem Gesichtspunkt der höchsten Zweckbestimmung wird uns die Reflexion auf die *drei Fragen* zwar bald wieder auf die *drei Ideen* führen, doch die Fragen betreffen zunächst nichts anderes als die Architektonik der vernünftigen Einstellungen. (Zur Zusammenfassung der Fragen in der Frage: *Was ist der Mensch?* und ihrer systematischen Zuordnung siehe *Logik*, IX 25.)

Die erste Frage betrifft als „bloß spekulativ" die theoretische Vernunftleistung und dabei die Bedingungen der Möglichkeit von Erkenntnis überhaupt. Die zweite Frage betrifft als „moralisch" die praktische Vernunft. Die dritte Frage ist in der Reformulierung, die Kant ihr gibt, „praktisch und theoretisch zugleich". Wichtig ist die Differenz in der Verknüpfung der drei Fragen untereinander. Während nach der Zuordnung der ersten Frage zur theoretischen Vernunft die zweite einen eigenen Ansatz in der praktischen Vernunft vornimmt, formuliert die dritte keinen genuinen Aspekt, sondern baut auf der generalisierten normativen Antwort auf die zweite Frage auf, indem die Befolgung der Pflicht als der Gegenstand des Sollens hier zur Bedingung weiteren Fragens gemacht wird: „wenn ich nun tue, was ich soll, was darf ich alsdenn hoffen?" (A805/B833). Es ist dieser konditionale Sinn der Frage, der rein formal das theoretische und das praktische Element der Vernunft verknüpft. Den praktischen Charakter des Hoffens erläutert Kant – im Vergleich mit dem Wissen – durch dessen Beziehung auf Glückseligkeit als der „Befriedigung aller unserer Neigungen" (A806/B834) und somit als Ziel unseres Handelns.

b) *Sittliches Urteil und Moralität.* – Damit vollzieht Kant ohne weitere Ableitung den Übergang in den Bereich der Moral. Denn dem praktischen Gesetz „aus dem Bewegungsgrunde der *Glückseligkeit*", das er auch als „Klugheitsregel" bezeichnet und als „pragmatisch" spezifiziert, kann er jetzt kontrastiv als „moralisch" das „Sittengesetz" gegenüberstellen, dessen Motiv in der *„Würdigkeit, glücklich zu sein"*, liegt (A806/B834). In der Sache finden wir an dieser Stelle die Bestimmung eines kategorischen Imperativs: Kant behauptet reine moralische Gesetze, die im Unterschied zur bloß hypothetischen Geltung „völlig a priori [...] den Gebrauch der Freiheit eines vernünftigen Wesens überhaupt, bestimmen, und daß diese Gesetze *schlechterdings* [...] gebieten" (A807/B835). Es ist bemerkenswert, daß er bei der Abgrenzung der Klugheitsregel vom Sittengesetz sagt: „Das zweite abstrahiert von Neigungen" (A806/B834). Entgegen einer gängigen Rezeption der Kantischen Moralposition werden die Neigungen durch das Sittengesetz hier somit keineswegs geleugnet oder unterdrückt – wie sollten sie auch, da sie doch unter dem keineswegs widersprechenden, sondern *komplementären* Gesichtspunkt der Glückseligkeit so maßgeblich repräsentiert sind. Für die Moralität reicht es, daß von ihnen unter dem hier vordringlichen Gesichtspunkt der „Würdigkeit, glücklich zu sein", *abstrahiert* wird. Diese Argumentationstendenz hat ihre Entsprechung in der *Grundlegung zur Metaphysik der Sitten*, wo Kant auch nicht die Eliminierung oder Unterdrückung der Neigungen fordert, sondern ihre Subsumtion unter verallgemeinerungsfähige Maximen (vgl. Cramer 1991).

Daß Kant für seine Annahme reiner moralischer Gesetze auch *ein Argument* anführt, könnte leicht übersehen werden, so unscheinbar kommt es daher. Außer auf die „Beweise der aufgeklärtesten Moralisten" – von denen wir aber gerade wissen, daß sie ihn nicht wirklich überzeugen können, ihn vielmehr seit den sechziger Jahren zu unablässigen eigenen Bemühungen um die Grundlegung der Moral angespornt haben (siehe Henrich 1957/58; Henrich 1963; Schilpp 1960; Schmucker 1961) – beruft er sich nämlich ganz einfach „auf das sittliche Urteil eines jeden Menschen" (A807/B835). Was bedeutet das? Sicher liegt in diesem Hinweis ein Problem, denn im Begriff „eines jeden Menschen" verwischen sich angesichts der Unmöglichkeit, jeden einzelnen zu fragen, unweigerlich eine nur unvollständige empirische Allgemeinheit und jene normative Allgemeingültigkeit, die man im Zuge einer solchen Argumentation gerade nicht voraussetzen darf, da man sie selbst erst begründen will. Doch was Kant im Sinn hat, ist damit nicht von der Hand zu weisen: Er setzt hier in einem weiteren Sinne phänomenologisch an, bei der beobachtbaren Tatsache unseres moralischen Urteilens, und verbindet mit diesem Faktum offenbar die Frage „Wie ist das möglich?" Es ist jedenfalls nur durch die Wirkung normativer Vorstellungen möglich, die dann auch deutlich explizierbar sein müssen. *Daß* wir sittlich urteilen, ist an und für sich bedeutsam. Da wir dies aber tun und dabei in dem Anspruch, daß „*etwas geschehen soll* " (A806/B834), immer schon eine normative Vorstellung geltend machen, muß sich auch „ein dergleichen Gesetz deutlich denken" lassen (A807/B835). Kant gibt damit die Erläuterung des wiederholt betonten Anspruchs, der ihn als sokratischen Aufklärer auszeichnet: daß er in seiner Konstruktion des Sittengesetzes nichts Neues erfunden, sondern nur eine neue Formel für das gefunden habe, was auch der gemeine Mann in seiner sittlichen Gesinnung intuitiv immer schon wisse. Mit anderen Worten: Nach der Methode einer pragmatischen Deduktion des Sittengesetzes sieht Kant im sittlichen Urteil die *ratio cognoscendi* des moralischen Gesetzes. Das moralische Gesetz aber wäre als die *ratio essendi* des moralischen Urteils auszuweisen (vgl. die spätere Fassung des Gedankens in der Vorrede zur *KpV*, V 6).

Folgt man Kant daraufhin noch in einem weiteren Argument, nämlich dem Hinweis auf die Analytizität von Sollen und Können, so kann man vor dem Hintergrund des Erfahrungsbegriffs der Handlung (A798/B826) verstehen, wieso er hier mit dem Anspruch aufwartet, einen *Kanon* wenigstens für den praktischen Vernunftgebrauch geben zu können: Die reine Vernunft enthält im „moralischen Gebrauche [...] Prinzipien der *Möglichkeit der Erfahrung*, nämlich solcher Handlungen, die den sittlichen Vorschriften gemäß in der *Geschichte* des Menschen anzutreffen sein könnten." (A807/B835; hier liegt ein erster Hinweis auf jene Lehre vom Geschichtszeichen, die Kant im 6. und 7. Abschnitt im *Streit der Fakultäten* vertreten wird, VII 85 ff.) Wenn aber das, was sein soll, prinzipiell auch sein kann, sich mit anderen Worten der im Sollen geltend gemachte Anspruch durch die Handlungen auch realisieren läßt, „haben die Prinzipien der reinen Vernunft in ihrem praktischen, namentlich aber, dem moralischen Gebrauche, objektive Realität." (A808/B836)

Aufgrund dieser Bestimmung der Welt als einer „moralischen Welt" bringt Kant diese moralphilosophische Reflexion zu dem auf den ersten Blick verblüffenden Resultat, sie enthalte „die Beantwortung" der Frage „Was soll ich tun?": *„Tue das, wodurch du würdig wirst, glücklich zu sein"* (A808 f./B836 f.). Was wir hier zur Explikation bereits brauchen, ist eine Bestimmung, die er so beiläufig wie verspätet erst im folgenden Text geben wird: Diese Glückswürdigkeit besteht in nichts anderem als „dem sittlichen Wohlverhalten", sie ist mit „Sittlichkeit" des Handelns gleichzusetzen (A813/B841) – also dem moralischen Handeln, um das es in der Reflexion auf die „objektive Realität" der „Idee einer moralischen Welt" zu tun ist. Der Gedanke, daß die Welt eine moralische Welt ist, daß sie dies „nach der *Freiheit* der vernünftigen Wesen, sein *kann*, und, nach den notwendigen Gesetzen der *Sittlichkeit*, sein *soll*", enthält somit die Aufforderung an den Handelnden, „sowohl mit sich selbst, als mit jedes anderen Freiheit durchgängige systematische Einheit" (A808/B836) *herzustellen*. Dies ist der Gedanke, den Kant auch in die aus der theologischen Überlieferung genommene Formulierung eines „corpus mysticum der vernünftigen Wesen" faßt. Er schließt ein, daß der Handelnde objektiv unter dem Anspruch steht, moralisch zu sein.

c) *Das höchste Gut und die moralische Welt.* – Die Vorstellung von einer „Würdigkeit, glücklich zu sein", operiert aber mit einer gedachten Reziprozität – mit einem „genauen Ebenmaße" (A814/B842) – von Handlung und Verdienst. Es ist somit nur konsequent, wenn Kant daraufhin mit der Erinnerung an die Frage „Was darf ich hoffen?" den Übergang von der Moralphilosophie in die Moraltheologie vollzieht. Denn die vernünftige Hoffnung, von der hier die Rede ist, bezieht sich auf einen Zustand der gerechten Verteilung von moralischem Verdienst und Belohnung durch die Befriedigung der Neigungen. Da die „Natur der Dinge der Welt" von einem solchen Ausgleich nichts erkennen läßt, darf darauf „nur gehofft werden, wenn eine *höchste Vernunft*, die nach moralischen Gesetzen gebietet, zugleich als Ursache der Natur zum Grunde gelegt wird" (A819/B838).

Kant expliziert diese Vorstellung durch den Begriff des höchsten Gutes, in dem Glückswürdigkeit und Glückseligkeit in einer „intelligibelen d. i. *moralischen* Welt" (A811/B839) zu einem angemessenen Ausgleich gebracht sind und spricht auch von einem „System der sich selbst lohnenden Moralität" – einem „System der mit der Moralität verbundenen proportionierten Glückseligkeit" (A809/B837; siehe bereits das Beispiel für ein hypothetisches Urteil A73/B98). Weder „Glückseligkeit allein" noch „Sittlichkeit allein" können dem reflektierten Anspruch der Vernunft genügen (A813/

B841). In ihrem „genauen Ebenmaße" ist das denkbare Optimum zu sehen, nach Kants Begriff „das höchste Gut einer Welt", wie wir sie aus Vernunftgründen als unsere Welt denken müssen (A814/B842).

Das höchste Gut ist demnach gleichzusetzen mit dem Zustand einer moralischen Welt, in der durch die völlige Reziprozität der moralischen Handlungen alle auf den angemessenen Erfolg ihrer eigenen hoffen dürfen. Wenn die Idee einer solchen Entsprechung von Glückswürdigkeit und Glückseligkeit auch in keiner Weise zur Grundlegung der Moral oder zur Bestimmung des moralisch Gebotenen beiträgt, so wird sie doch gebraucht, und zwar zur *praktischen Motivation* des Handelnden, sich an die Einsicht in das aus reiner Vernunft Gebotene auch zu halten. Zur Kennzeichnung des Unterschiedes, ja der möglichen Diskrepanz zwischen der bloßen Beurteilung und dem wirklichen Handeln verweist Kant auf die Funktion der „Maximen" für den „Lebenswandel": Maximen sind „[p]raktische Gesetze, so fern sie zugleich subjektive Gründe der Handlungen, d. i. subjektive Grundsätze, werden" (A812/B840). Über unsere Maximen finden nach diesem Begriff unsere bloßen Ideen in der „*Beurteilung* der Sittlichkeit" Eingang in unser Handeln; sie enthalten nach Kants Darstellung den motivationalen Aspekt des Handelns, den er auch im Begriff der „Triebfedern des Vorsatzes und der Ausübung" faßt (A813/B841; in der *Grundlegung* hat Kant, was hier im Begriff der Maxime zusammenfließt, differenziert; vgl. IV 420 f.; dazu Bittner 1974; zum „Gefühl" vgl. IV 460 f.; zur „Triebfeder" siehe *KpV*, V 71–89).

Um nun die praktische Motivation aufrecht, die „Triebfeder" in Spannung zu halten, bedarf es nach Kants Einsicht der Hoffnung. Es wäre auf die Dauer unerträglich für den Handelnden, sich all den Versagungen im Interesse der Vernunft aussetzen zu müssen, derer es zu einem moralischen Lebenswandel bedarf, ohne wenigstens diese Hoffnung auf Ausgleich durch eine höhere Gerechtigkeit hegen zu dürfen. Wer „sich als der Glückseligkeit nicht unwert verhalten hatte", muß „hoffen können, ihrer teilhaftig zu werden" (A813/B841). Insofern sie der anhaltenden Zuversicht dient, deren jeder gutwillig Handelnde bedarf, steht die Begründung dieser Hoffnung also selbst unter dem höchsten Zweck der praktischen Vernunft.

Diese Klärungen zum Begriff der praktischen Vernunft führen zu der moraltheologischen Pointe, daß es keinen anderen Garanten dieser Hoffnung gibt, als „eine *höchste Vernunft*, die nach moralischen Gesetzen gebietet" und „zugleich als Ursache der Natur zum Grunde gelegt wird". Kant faßt diese Intelligenz als „*das Ideal des höchsten Guts*", nennt sie mit Blick auf ihre den Hoffnungsgedanken fundierende Bedeutung auch das „Ideal des höchsten *ursprünglichen* Guts" und sieht in ihr den „Grund der praktischnotwendigen Verknüpfung beider Elemente des höchsten abgeleiteten Guts, nämlich einer intelligibelen, d. i. *moralischen* Welt" (A819 f./B838 f.).

Von Gott ist die Rede. Und gemeint ist Gott als letzte Instanz der Rationalität, die in der Einrichtung der Welt und in Entsprechung zur eigenen unterstellt werden muß. Kant beschreibt nicht allein den Gott der Philosophen, sondern den *Gott der prak-*

tischen Philosophen, denn er legt Wert darauf, daß es nicht um den Gottesbegriff „der transzendentalen, noch natürlichen Theologie" gehen kann, die sich rein theoretisch um den Begriff eines einigen Wesens als der hinreichenden Ursache aller Naturursachen bemühten. Ihm geht es präzise um den Gott, der als „ein einiger oberster Wille" (A815/B843) denkbar ist, um jene höchste Vernunft, „die nach moralischen Gesetzen gebietet" (A810/B838). Gott als das höchste ursprüngliche Gut ist ein poietisch-praktischer Gott, „von dem wir gar keinen Begriff haben würden, wenn wir ihn nicht jenen [den moralischen, ebd., B. R.] Gesetzen gemäß gebildet hätten" (A818f./B846f.); von dem wir aber andererseits einen Begriff haben müssen, wenn wir uns den Zustand einer moralischen Welt im Ausgleich von Tugendhaftigkeit und Glückseligkeit überzeugend wollen vorstellen können.

Er kommt auf diese Weise zu der zentralen These: „Gott also und ein künftiges Leben, sind zwei von der Verbindlichkeit, die uns reine Vernunft auferlegt, nach Prinzipien eben derselben Vernunft nicht zu trennende Voraussetzungen" (A811/B839). Die Formulierung hat das Zeug zu Mißverständnissen: Voraussetzungen *wofür?* Die Grammatik des Satzes legt es nahe, diese „Voraussetzungen" auf jene „Verbindlichkeit" zu beziehen. Vertritt Kant somit etwa die Position einer theologischen Begründung der Moralität, von der wir wissen, daß er sie schon in den sechziger Jahren verworfen hatte (vgl. Kants *Bemerkungen in den „Beobachtungen"*)? Offenbar ist das nicht der Fall. Denn so sehr die Formulierung der moraltheologischen These dies Verständnis begünstigt, einige Seiten später betont Kant ausdrücklich, daß wir unter der Leitung durch die praktische Vernunft „Handlungen nicht darum für verbindlich halten, weil sie Gebote Gottes sind, sondern sie darum als göttliche Gebote ansehen, weil wir dazu innerlich verbunden sind" (A819/B847). Zumindest programmatische Klarheit ist damit gegeben. Durchführen wird Kant die damit auferlegte Differenzierung zum Status der Theologie für die Moralität in der Postulatenlehre der *Kritik der praktischen Vernunft* (V 119–148).

d) *Zweckmäßigkeit der Natur.* – Auf der moraltheologischen Grundlage argumentiert Kant hier ferner für die Notwendigkeit, die Welt als zweckmäßig zu denken. Angedeutet hatte er diese Vorstellung bereits in der noch unausgewiesenen Rede von der „weislich uns versorgenden Natur" (A801/B829). Aufgrund eines Schlusses von den gedachten Eigenschaften Gottes als des praktischen Weltschöpfers vollzieht er hier nun den Übergang in die teleologische Reflexion (A815/B843) auf die Idee von der „Zweckmäßigkeit der Natur" (A816/B844): Mit Blick auf die Vereinbarkeit von Weltbegriff und praktischem Selbstbegriff formuliert er die These, die Welt müsse „als aus einer Idee entsprungen vorgestellet werden" (A815f./B843f.).

Nur wenn die Welt „aus einer Idee entsprungen" ist, läßt sich die „zweckmäßige Einheit aller Dinge" denken (A815/B843), die das selber rationale Element der Empirie bildet für jenen von Kant nezessitierten Zustand eines weisen Ausgleichs von Glückswürdigkeit und Glückseligkeit. Wie der Begriff Gottes als eines nach moralischen Gesetzen handelnden und die Welt einrichtenden Willens den theologischen Rückhalt darstellt, so ist der Begriff einer aus der Idee entsprungenen, zweckmäßigen Natur der ontologische Rückhalt für die vernünftige Hoffnung auf eine moralische Welt (vgl. Düsing 1968).

Im Anschluß an seinen kurzen Ausblick auf die teleologische Reflexion, die sich aus der moraltheologischen Argumentation ergibt, setzt Kant wie zur eindringlicheren Erläuterung des damit hergestellten Zusammenhanges von praktischer und theoretischer Vernunft noch einmal an: „Was können wir für einen *Gebrauch* von unserem Verstande machen, selbst in Ansehung der Erfahrung, wenn wir uns nicht Zwecke vorsetzen?" (A816/B844) Damit können in dieser Formulierung nur Zwekke der Erkenntnis gemeint sein, denn nur auf Erkenntnis *als Zweck* bezogen, ergibt die Rede vom *Gebrauch* des *Verstandes* einen Sinn. Kant geht hier also aus von der handlungstheoretischen Konzeption der Erkenntnis (siehe Kaulbach 1978; Prauss 1986). Durch die Rhetorik des adversativen „aber" im folgenden Satz werden damit großzügig und umstandslos „[d]ie höchsten Zwecke" verknüpft, „die der Moralität". Wie diese Verknüpfung genau vorzustellen ist, ob damit ein kontinuierlicher Zusammenhang von Erkennen und Handeln angenommen werden darf, bleibt zu fragen. Aber Kant hat damit bereits den Ansatz der künftigen Arbeit markiert: Über den – beiden Formen von Rationalität gemeinsamen – Begriff des Zwecks und der Zweckmäßigkeit müssen nach seiner Einsicht das theoretische und das praktische Vernunftinteresse vermittelt und muß ihre Einheit ausgewiesen werden. Das ist das Programm der Teleologiekritik (vgl. *KU*, V 359 ff.).

24.3.3 Dritter Abschnitt

a) Im dritten Abschnitt des Kanons, gewissermaßen einem methodologischen Appendix, stellt Kant die zuvor entwickelten Reflexionen wieder in den Rahmen der erkenntnistheoretischen Fragestellung, indem er den Status der Vernunftideen im Hinblick auf ihre Stellung zum Wahrheitsanspruch aller Erkenntnisse bedenkt. Unter den Titeln von Meinen, Glauben und Wissen (A822/B850) unterscheidet er verschiedene Modi des Fürwahrhaltens als einer „Begebenheit in unserem Verstande" (A820/B848) und trennt dabei zunächst die Überzeugung von der bloßen Überredung anhand zweier Kriterien („Probierstein[e]"): a) der allgemeinen Mitteilbarkeit (ebd.) als des Elementes von Allgemeinheit und Notwendigkeit (auf den Begriff der Mitteilbarkeit reflektieren später grundlegend *KU* § 9, V 216 ff, und § 39, 291 ff.); b) der Bereitschaft zum Wetten (A824 f./B852 f.). Während Pascal in seinem berühmten *Argument der Wette* die Haltung des Wettenden allein auf den kognitiven Gesichtspunkt eines durch die Infinitesimalmethode gestützten Wahrscheinlichkeitskalküls gründet, ist für Kant die Bereitschaft zu wetten gleichbedeutend mit jenem Grad an subjektiver Überzeugung, durch den er den bloß „*pragmatischen Glauben*" (A824/B852), der in Ermangelung einer besseren Arbeitshypothese angenommen wird, von einem starken, „*doktrinalen Glauben*" (A825/B853) unterscheidet. Durch die Ernsthaftigkeit dessen, was existentiell auf dem Spiel steht, gelingt es Kant mit der Analogie der Wette, den Glauben als eine ebenso ernstzunehmende Einstellung zum Gegenstand auszuzeichnen wie das durch Erfahrung gesicherte Wissen, wogegen das bloße Meinen auf ein „Spiel der Einbildung" hinausläuft (A822/B850), das Kant hier noch nicht ästhetisch begreift. In der Fortführung seiner vorangegangenen Argumentation für den Vorrang des Gesichtspunktes praktischer Orientierung macht er im folgenden auch am Glauben die praktische Dimension deutlich. Für sittliche Grundsätze, so erfahren wir hier, beansprucht Kant zwar dieselbe Allgemeinheit und Notwendigkeit wie für die der reinen Mathematik (A823/B851; vgl. oben den Beitrag von Rohs); doch die Lehre vom Dasein Gottes muß er zunächst dem bereits im Zusammenhang seiner Widerlegung der Gottesbeweise abgehandelten Begriff der „Physikotheologie" und unter Erinnerung an dessen teleologische Fundierung diesem doktrinalen Glauben zuordnen. Diese *theoretische* Konzeption ist jedoch beständig Zweifeln ausgesetzt (A827/B855). Eine feste Basis gewährt nur ein praktischer Vernunftglaube, der sich auf moralische Gesinnungen gründet und den Kant im Begriff eines moralischen Glaubens gegenüberstellt. In diesen Erörterungen wird der rationale Glaube als eine konsequente Haltung der praktischen Vernunft für das Programm der Vernunftaufklärung gerettet.

24.4 Interpretationsfragen

Die Fragen, die der *Kanon* offenläßt, betreffen den inneren und äußeren Kontext einer Kritik der reinen Vernunft. So blitzt am Ende des *Zweiten Abschnitts* (A817f./B845f.), wo Kant von der „Geschichte der menschlichen Vernunft" und von der „Kultur der Vernunft" spricht, unversehens ein geschichtsphilosophischer Aspekt der Vernunftkritik auf. Kant konkretisiert ihn nur andeutungsweise in der Skizze der theologischen Ideengeschichte, in der er die Vorstellungen früherer Zeiten – „rohe und umherschweifende Begriffe von der Gottheit" und „eine zu bewundernde Gleichgültigkeit überhaupt in Ansehung dieser Frage" – dem „Begriff vom göttlichen Wesen" gegenüberstellt, wie er sich in der christlichen („unserer") Religion entwickeln konnte (ebd.). Es wird deutlich, daß er in der Zuspitzung auf den Gottesbegriff das exemplarische Beispiel gibt, an dem sich der Primat des praktischen Vernunftinteresses auch genealogisch illustrieren läßt: Denn im Vergleich mit früheren Kulturphasen war es eine elaborierte praktische Rationalität – „das äußerst reine Sittengesetz unserer Religion", die „größere Bearbeitung sittlicher Ideen", die

„moralischen Gesetze" und „deren innere praktische Notwendigkeit" – die sich im christlichen Gottesbegriff artikulierten. Es bleibt eine offene Frage, wie sich die damit geltend gemachte geschichtsphilosophische Sicht der Vernunft mit dem zeitlosen Geltungsanspruch vermitteln läßt, den Kant in ihrer transzendentalen Auffassung und kritischen Analyse geltend macht (siehe auch A852 f./B880 f., dazu unten den Beitrag von Höffe). Die Frage nach der *Geschichte* verweist ebenso wie die nach der *Kultur* (Kultur der Vernunft; siehe dazu auch Vorrede, B xxx) auf die geschichtsphilosophischen Schriften der 80er Jahre (vgl. Kleingeld 1995) und auf *KU* § 83 (vgl. Rickert 1924).

Der *Kanon* behandelt Probleme, die Kant seit den 1760er Jahren intensiv beschäftigt haben und die damit in die früheste Schicht seines selbständigen Denkens führen; zugleich ist er eines der Stücke, die Kant sachlich unverändert in die zweite Auflage der *Kritik* übernommen hat. Für die Einschätzung der Entwicklung seines Denkens ist das von höchstem Interesse: Denn wir finden zum einen in diesem Textstück schon 1781 die tragenden Begriffe seiner kritischen Moralphilosophie, wesentliche Elemente seiner Moraltheologie – ihre Auszeichnung vor einer Physikotheologie unter dem Primat der praktischen Vernunft eingeschlossen – und die Skizze zu einer Argumentation für die teleologische Verfassung der Welt. Zum anderen stehen diese Begriffe und Überlegungen bisweilen quer oder zumindest in einem klärungsbedürftigen Verhältnis zu dem, was Kant im übrigen Text der zweiten Auflage entwickelt. Inwiefern die hier getroffenen Bestimmungen zum Leitfaden für das Verständnis der kritischen taugen, inwiefern sie aus deren Perspektive oder von der theoretischen Philosophie der zweiten Auflage korrekturbedürftig sind, ist im einzelnen zu untersuchen.

Auf jeden Fall werden wir am Ende des Buches zu Zeugen der Ausdifferenzierung eines Forschungsprogramms: Aus der *Kritik der reinen Vernunft* entspringen durch das Abschreiten des Horizonts der Leistungen aus reiner Vernunft auch die Fragen, die als Leitfragen der zweiten und der dritten *Kritik* erkennbar werden. Mit seiner Zuordnung, die erste seiner drei Fragen sei „bloß spekulativ", die zweite sei „bloß praktisch", die dritte aber sei „praktisch und theoretisch zugleich" (A805/B833), wird der Umriß der kritischen Philosophie erkennbar: Die zweite Frage „Was soll ich tun?" macht eine Begründung der hier nur behaupteten Geltung des moralischen Gesetzes erforderlich. Aus der dritten Frage „Was darf ich hoffen?" ergibt sich die Notwendigkeit, die Vereinbarkeit des theoretischen und des praktischen Gesichtspunkts reiner Vernunft, von Naturbegriffen und Freiheitsbegriff darzulegen – das Programm, das Kant in der Reflexion auf den Begriff der Zweckmäßigkeit einzulösen gedenkt. Die sachliche Anweisung zu einer Kritik der praktischen Vernunft und auch zu einer Kritik der teleologischen Vernunft ist damit, wie der *Kanon* erkennen läßt, bereits 1781 gegeben.

Was Kant in dieser Zeit – und bis zur zweiten Auflage 1787 – noch nicht hat, ist ein Begriff vom Ästhetischen, der einer kritischen Grundlegung fähig wäre. Deutlich wird dies in der Erläuterung, die er mit seiner Einschätzung verbindet, er behandle mit den gegenwärtigen, aufs Praktische gerichteten Betrachtungen einen Gegenstand, „der der transzendentalen Philosophie fremd ist" (A801/B829). Zu erinnern ist dabei an die bündige Erklärung: „transzendental, d. i. unabhängig von empirischen Prinzipien" (A614/B642). Doch ein Ausschließungsverhältnis des Praktischen aus der Transzendentalphilosophie ist damit nicht unter allen Umständen bezeichnet, sondern nur unter der Bedingung, die Kant in der Anmerkung zu A801/B829 formuliert und mit der er eine Bestimmung wiederaufgreift, die so schon in der Einleitung getroffen wird. Die Begründung ist nicht schlechthin im Begriff des Praktischen zu sehen, sondern vielmehr darin, daß „alle praktische Begriffe […] auf Gegenstände des Wohlgefallens, oder Mißfallens, d. i. der Lust und Unlust, mithin, wenigstens indirekt, auf Gegenstände unseres Gefühls" gehen (ebd.). Da das Gefühl aber „außer der gesamten Erkenntniskraft liegt, so gehören die Elemente unserer Urteile, so fern sie sich auf Lust oder Unlust beziehen, mithin der praktischen, nicht in den Inbegriff der Transzendentalphilosophie, welche lediglich mit reinen Erkenntnissen a priori zu tun hat." (ebd.) Schon im Abschnitt über *Das Ideal der reinen Vernunft* hatte Kant jenen auf die Gefühle bezogenen Begriff des Moralischen und seine Verknüpfung mit diesem auf das bloß Empirische der Empfindung gegründeten Begriff des Gefühls artikuliert (A569/B597; vgl. A15, B29, A805/B833). Aufgrund dieser Zuordnung zum Empirischen hält Kant es auch noch bis in die zweite Auflage für eine „verfehlte Hoffnung […], die kritische Beurteilung des Schönen unter Vernunftprinzipien zu bringen" (A21/B35 Anm.) – und: „Kritik der Geschmacks" als Teil der kritischen Transzendentalphilosophie zu betreiben. Die Konzeption einer ästhetisch reflektierenden Urteilskraft ist hier noch denkbar fern, das heißt: Vom Gefühl hat Kant hier noch nicht den erkenntnistheoretisch qualifizierten Begriff, den die *Analytik des Schönen* der *Kritik der Urteilskraft* erbringen wird. Das Gefühl als die Instanz des Ästhetischen ist somit transzendentalphilosophisch noch nicht hoffähig. Auch das ist mit Blick auf die Entwicklung seines Denkens von einigem Interesse. Zum einen vermittelt die Stelle A801/B829 eine Idee davon, wie rapide der Gedanke eines epistemisch fundierten, d. h. aus reiner Vernunft entspringenden Gefühls Kant dann auch für einen Begriff des ästhetischen Urteils eingeleuchtet hat, nachdem er einmal aus Bedarf an einem vernunftgewirkten Gefühl als Motiv des einsichtigen Handelns in der Lehre von den *Triebfedern der reinen praktischen Vernunft* (KpV, IV 71–89) gefaßt war. Zum anderen wird auch genealogisch klar, daß die Teleologie, die – mit ihren praktischen Implikationen – in der *Kritik der reinen Vernunft* bereits skizziert ist, den programmatischen Gesichtspunkt für die Konzeption einer Ästhetik abgibt (siehe Recki 1999).

Literatur

Bittner, R. 1974: „Maximen", in: G. Funke (Hg.), Akten des 4. Internationalen Kant-Kongresses, Bd. II.2, Berlin/New York, 485–498.
Cramer, Konrad 1991: „Metaphysik und Erfahrung in Kants Grundlegung der Ethik", in: Neue Hefte für Philosophie 30/31, 15–68.
Düsing, Klaus 1968: Die Teleologie in Kants Weltbegriff, Bonn.
Förster, Eckard 1992: „Was darf ich hoffen?' Zum Problem der Vereinbarkeit von theoretischer und praktischer Vernunft bei Immanuel Kant", in: Zeitschrift für philosophische Forschung 46, 168–185.
Gunkel, Andreas 1989: Spontaneität und moralische Autonomie. Kants Philosophie der Freiheit, Bern/Stuttgart.
Heimsoeth, Heinz 1971: Transzendentale Dialektik. Ein Kommentar zu Kants Kritik der reinen Vernunft. Vierter Teil: Die Methodenlehre, Berlin/New York.
Henrich, Dieter 1957/58: „Hutcheson und Kant", in: Kant-Studien 49, 49–69.
Henrich, Dieter 1963: „Kants früheste Ethik. Versuch einer Rekonstruktion", in: Kant-Studien 54, 404–431.
Kaulbach, Friedrich 1978: Das Prinzip Handlung in der Philosophie Kants, Berlin/New York.
Kleingeld, Pauline 1995: Fortschritt und Vernunft. Zur Geschichtsphilosophie Kants, Würzburg.
Krämling, Gerhard 1985: Die systembildende Rolle von Ästhetik und Kulturphilosophie bei Kant, Freiburg/München.
Prauss, Gerold 1983: Kant über Freiheit als Autonomie, Frankfurt/M.
Prauss, Gerold (Hg.) 1986: Handlungstheorie und Transzendentalphilosophie, Frankfurt/M.
Recki, Birgit 1994: „Was darf ich hoffen?" Ästhetik und Ethik im anthropologischen Verständnis bei Immanuel Kant, in: Allgemeine Zeitschrift für Philosophie 19, 1–18.
Recki, Birgit 1999: Ästhetik der Sitten. Die Affinität von ästhetischem Gefühl und praktischer Vernunft bei Kant, Frankfurt/M.
Rickert, Heinrich 1924: Kant als Philosoph der modernen Kultur, Tübingen.
Schilpp, Paul Arthur 1938: Kant's Pre-Critical Ethics, Evanston (^{2}1960).
Schmucker, Josef 1961: Die Ursprünge der Ethik Kants in seinen vorkritischen Schriften und Reflektionen, Meisenheim/Glan.

Otfried Höffe

25 Architektonik und Geschichte der reinen Vernunft

(A832/B860–A856/B884)

25.1 Stellung und Funktion der *Architektonik* und der *Geschichte* in der *Kritik*

Den Schluß der *Methodenlehre* und der *Kritik* insgesamt bilden zwei kurze „Hauptstücke", die sich insofern von allen anderen Teilen unterscheiden, als es nicht eine Überfülle von Literatur gibt, sondern nahezu überhaupt keine. In der Sache handelt es sich um zwei Kapitel von Kants Meta-Philosophie, zugleich um den Höhepunkt der *Methodenlehre*; Kant fährt hier deren Ernte ein. Denn nach seinem Verständnis ist die Methode nicht irgendein Weg oder Verfahren, sondern zusätzlich durch die Begriffe Prinzip, Vernunft und System definiert. Das aus Prinzipien bestimmte vollständige Vernunftsystem, auf dessen formale Bedingungen die *Methodenlehre* abzielt, wird in der *Architektonik* entworfen und in der *Geschichte* erläutert. Im Gegensatz zur bisher vorherrschenden „Nichtlektüre" sind die beiden Abschnitte daher in die „Pflichtlektüre" der *Kritik* aufzunehmen. Erst sie machen nämlich den Philosophiebegriff Kants und sein Vorgehen in der *Kritik* verständlich. Erst mit der *Architektonik* und der *Geschichte* hat Kant all die Elemente beisammen, die ihm erlauben, von der Propädeutik, der *Kritik*, zur Sache selbst, dem System, überzugehen.

Der Text bleibt, von vier minimalen stilistischen Änderungen (z. B. „anfangs" [B864] statt „zu anfangs" [A836]) abgesehen, gleich. Die entsprechenden Ansichten behält Kant in der zweiten Auflage unverändert bei.

Von den Titelbegriffen *Architektonik* und *Geschichte* her erscheinen die beiden Teile als heterogen. Tatsächlich geht es um das gleiche Motiv, um das „Szientifische" (A832/B860, vgl. A856/B884). Das Motiv ist vom Anfang der *Kritik* an gegenwärtig. Die *Einleitung* spricht schon in der ersten Auflage von jenem sicheren und zuverlässigen Fortschritt (A10), der in der zweiten Auflage als „sicherer Gang einer Wissenschaft" schon die Vorrede beherrscht. Am Schluß der *Kritik* ist dieses äußere Merkmal der Wissenschaftlichkeit jedoch nur sekundär gemeint. Kant nennt zwar den „Weg der Wissenschaft, den einzigen, der, wenn er einmal gebahnt ist, niemals verwächst, und keine Verirrungen verstattet" (A860/B878) und insofern den Rang einer „Heeresstraße", sprich: einer voll ausgebauten Straße hat (A816/B844, vgl. B xii). Wichtiger ist jedoch eine wissenschaftsimmanente Eigenart, die systematische Einheit. Auch sie klingt schon zu Anfang der *Kritik* an, in der ersten Vorrede, wenn sie die „reine Vernunft" für eine „vollkommene Einheit" hält (A xiii). Nur ihretwegen kann die *Kritik* einen Anspruch erheben (vgl. *Prolegomena*, IV 263), den wir am liebsten als befremdliche Arroganz abtun wollen: „daß nicht eine einzige metaphysische Aufgabe sein müsse, die hier nicht aufgelöst" worden ist (A xiii).

Daß das gemeinsame Motiv der letzten zwei Hauptstücke schon auf den ersten Seiten des Werkes auftaucht, spricht für dessen gute Komposition. Schon zu Beginn erscheint, was am Ende ausgeführt und dann in Grenzen begründet wird: der der Vernunft innewohnende Anspruch auf geordneten Zusammenhang, bestimmt als ein gegliedertes (*articulatio*), nicht gehäuftes (*coacervatio*) Ganzes. In ihm sind alle Teile, „von einem einigen obersten und inneren Zwecke" abgeleitet (A833/B861), untereinander verwandt. Der Anspruch, der sich gegen eine zufällige Abfolge, gegen ein Aggregat oder eine Rhapsodie (A832/B860), d.h. ein von Bänkelsängern abschnittsweise vorgetragenes Lied, richtet, ist aus der metaphysischen Deduktion bekannt (A80 f./B106 f., vgl. A64/B89) und außerhalb der *Kritik* etwa aus der *Geschichte in weltbürgerlicher Absicht* (9. Satz, VIII 29), den *Prolegomena* (§ 32, IV 310) und der Methodenlehre der *Kritik der praktischen Vernunft* (V 151): Die Forderung nach einem „Zusammenhang […] aus einem Prinzip" (A645/B673) gehört zu Kants Grundgedanken (vgl. *Logik* § 95, IX 139), die sogar aus der vorkritischen Zeit stammen (vgl. *Nachricht*, II 305). Kant will generell an die Stelle von Chaos Regelmäßigkeit setzen und diese Regelmäßigkeit bis zu ihrer Vollendung führen: von Anschauungsformen und Begriffen über Ideen bis zum einen Endzweck, jetzt der gesamten Vernunft.

Die *Architektonik* greift mindestens vier weitere Motive der Vorreden auf. Ihr drittletzter Abschnitt (A849 f./B877 f.) bekräftigt (1) die Eingangsbemerkung, die Metaphysik sei unentbehrlich (A vii f. und x) und (2) daß der ehemaligen „Königin aller Wissenschaften" jetzt „alle Verachtung" bewiesen werde (A viii f.; vgl. A844/B872). (3) Der „Pflicht", das Blendwerk, das aus Mißdeutung entsprang, aufzuheben" (Axiii), entspricht die Aufgabe, „Irrtümer abzuhalten" (A851/B879). (4) Nicht zuletzt betont die *Architektonik* (ebd.), daß die Metaphysik die Erkenntnis nicht erweitere (A xiv).

25.2a Inhalt der *Architektonik* im Überblick

Der Titelausdruck *Architektonik* ist nicht im wörtlichen Sinn, als „Wissenschaft der Baukunst", zu verstehen, sondern in der zweiten Bedeutung, als „planmäßiger Aufbau". Kant geht es um ein Wissenschaftsgefüge, das, weil „aus Prinzipien" errichtet, zu „völliger Gewährleistung der Vollständigkeit und Sicherheit aller Stücke" befähigt (A13/B27). Hier erhält der vom befreundeten Mathematiker und Philosophen J. H. Lambert verwendete Ausdruck eine präzise Bedeutung. Nach § 14 dessen *Anlage zur Architectonic* (1771) kommt es auf „die einfachen Begriffe" an (die schon Locke aufgesucht habe) und zusätzlich (was bei Locke fehle) auf eine „Methode, Lehrgebäude darauf zu gründen", auf daß es, so § 15, eine wissenschaftliche „Grundlehre" gebe, in der man „aus der geringsten Zahl gegebener Stücke die übrigen finden könne, die dadurch bestimmt oder damit in Verhältniß sind".

Das gedrängte, überdies thetische, wenig problematisierende dritte Hauptstück führt eine Fülle von Begriffen und Gesichtspunkten ein. Kant erläutert den für das Szientifische zentralen Begriff des Systems, bringt subsidiär die Begriffe der Idee und des apriorischen Schemas ein, um dann mittels einer Vielzahl von Unterscheidungen, durchweg begrifflichen Alternativen, „das ganze System der Metaphysik", näherhin der theoretischen oder spekulativen Metaphysik, als aus vier Hauptteilen bestehend zu behaupten: „1. Der Ontologie. 2. Der rationalen Physiologie. 3. Der rationalen Kosmologie. 4. Der rationalen Theologie" (A846/B874).

Im Ergebnis ist die Gliederung „wenig aufregend". Kant folgt der frühneuzeitlichen Metaphysik, die zwischen einer allgemeinen Metaphysik (*metaphysica generalis*), Ontologie genannt, und drei Gebietsmetaphysiken (*metaphysicae speciales*) unterscheidet. Erstaunlicherweise übernimmt er sogar den Titel des ersten Teiles, obwohl nach A247/B303 „der stolze Name einer Ontologie" sich anmaßt, „von Dingen überhaupt synthetische Erkenntnisse a priori" zu geben, statt sich mit einer „bloßen Analytik des reinen Verstandes" zu bescheiden (vgl. *Metaphysik Volckmann*, XXVIII 391). Daß die *Architektonik* den Namen der Ontologie positiv aufgreift, ist trotzdem kein Widerspruch, da ihm Kant eine neue, der transzendentalen Analytik entsprechende Bestimmung gibt. Die Ontologie betrifft jetzt ein „System aller Begriffe und Grundsätze", die sich auf Gegenstände überhaupt beziehen – für Kant der Oberbegriff zu Phaenomena und Noumena (A235/B294) –, „ohne Objekte anzunehmen, die *gegeben wären*" (A845/B873 mit A846/B874; der Brief vom 20.1.1792 an J. L. Beck spricht die Ontologie als „immanentes Denken" an, dessen Begriffen man objektive Realität sichern kann). Den Anspruch der traditionellen Ontologie, die menschliche Erkenntnis zu erweitern, weist Kant mit Nachdruck zurück.

Zur entscheidenden, transzendentalen Neuerung tritt eine sachlich geringfügigere hinzu: Die Stelle der rationalen Psychologie übernimmt eine thematisch weiterreichende, rationale Physiologie; für sie bildet die rationale Psychologie nur eine von zwei Abteilungen. Zugunsten dieser Zweiteilung spricht das traditionelle Argument von zweierlei Seinsbereichen, den ausgedehnten und den denkenden Substanzen, außerdem die Zweiheit – äußerer und innerer Sinn (A848/B876) – der für die Erkenntnis unentbehrlichen Anschauung.

Kant schließt zwei relativ einfach zu beantwortende „Bedenklichkeiten" an: 1. Wie kann ich eine apriorische Erkenntnis, eine Metaphysik, von a posteriori gegebenen Gegenständen erwarten? Die Antwort müßte lauten: durch einen Minimalrückgriff auf Erfahrung. Für die äußere Erfahrung braucht es bloß den Begriff der Materie – es gibt äußere Gegenstände (vgl. *MAN*, IV 470), was die Theorie der körperlichen Natur, die rationale Physik, ermöglicht. Und für die innere Erfahrung braucht es den Begriff eines denkenden Wesens, was zur Theorie der denkenden Natur, der rationalen Psychologie, führt. (Zu den nicht-reinen synthetischen Urteilen a priori, vgl. Cramer 1985.) 2. Wo bleibt die empirische Psychologie, die bislang zur Metaphysik gehörte? Hier müßte die Antwort lauten: Sie wird „aus der Metaphysik gänzlich verbannet" (A848/B876; vgl. *Metaphysik Volckmann*, XXVIII 367). Ihr Ort ist eine „ausführliche [...] Anthropologie" (A849/B877), die Kant „in pragmatischer Hinsicht" bekanntlich selbst abhandelt.

Die *Architektonik* endet mit einer dreiteiligen These, die eine Hochschätzung der Metaphysik mit der Mahnung zur Bescheidenheit verbindet. (1) Gemäß dem zweiten Hauptstück der *Methodenlehre*, dem *Kanon*, erlaubt die Metaphysik „die Vollendung aller *Kultur* der menschlichen Vernunft" (A851/B879, vgl. A709/B737). (2) Gemäß dem ersten Hauptstück, der *Disziplin*, dient sie mehr dazu, „Irrtümer abzuhalten, als Erkenntnis zu erweitern", was Kant mit einem Amt der altrömischen Republik vergleicht, mit dem für die Vermögenseinschätzung und sittenrichterliche Entscheidungen, für Vergebung der Staatsaufträge und Verpachtung des Staatslandes zuständigen Zensoramt. (3) Dieses Amt gibt der Metaphysik „Würde und Ansehen" (zur Würde vgl. A463 f./B491 f.), weil gemäß dem Bacon-Motto der zweiten Auflage (B ii), „die allgemeine Ordnung und Eintracht, ja den Wohlstand des wissenschaftlichen gemeinen Wesen sichert" (A851/B879). In der Republik der Wissenschaften, der epistemischen, nicht politischen Republik, hat die Metaphysik ein Herrscheramt inne, das, in seinen Befugnissen klar begrenzt, dem Gemeinwohl dieser Republik dient.

25.3a Textkommentar zur *Architektonik*

(1) *Das System der Metaphysik.* – Systematische Einheit beansprucht zwar jede Wissenschaft, in der *Kritik* beispielsweise die Kategorientafel (A64/B89, A66 f./B91 f., 106) und das sich anschließende „System aller Grundsätze des reinen Verstandes" (A148 ff./B187 ff.). Der *Architektonik* kommt es aber weder auf die Gesamtheit der Wissenschaften noch lediglich auf Einzelteile der *Kritik*, vielmehr auf die gesamte Erkenntnis aus reiner Vernunft an, damit etwas, das „selbst bei Denkern von Gewerbe, nur sehr undeutlich blieb" (A843/B871), klar in seine Teile geschieden werde.

Der Gliederung der Metaphysik legt Kant die Methode des Isolierens zugrunde (A842/B870, vgl. A22/B36, A62/B87, A305/B362), für die ihm die zeitgenössische Chemie (vgl. B xx; *KpV*, V 163), des näheren Lavoisier (vgl. XXIII 284), das Vorbild abgibt. Beginnend mit der Fundamentalunterscheidung von zwei (Erkenntnis-)Stämmen, in die sich „die allgemeine Wurzel unserer Erkenntniskraft teilt" (A835/B863, vgl. A16/B30), des Rationalen und des Empirischen (vgl. B1), erreicht er durch sukzessive dichotomische Einteilungen schließlich das vollständige System der Metaphysik. Ohne es so auszusprechen, verwendet er dabei den Metaphysikbegriff in drei zunehmend engeren Bedeutungen (A814f./B869f.). Die Metaphysik im weiten Sinn (= i. w. S.) umfaßt „die ganze (wahre sowohl als scheinbare) philosophische Erkenntnis aus reiner Vernunft im systematischen Zusammenhange [...] mit Inbegriff der Kritik". Die Metaphysik im mittleren Sinn (= i.m. S.) setzt die Kritik (Propädeutik) beiseite und behält das gesamte System der reinen sowohl theoretischen (spekulativen) als auch praktischen Vernunfterkenntnis zurück. Schließlich meint Metaphysik „im engeren Verstande" (= i.e. S.) die Metaphysik bloß der spekulativen im Gegensatz zu der der praktischen Vernunft.

Die Metaphysik im mittleren Sinn gliedert sich in die Metaphysik der Natur, befaßt mit dem, „was da ist" (vgl. A451/B479) und die Metaphysik der Sitten, die, „was da sein soll", behandelt (A840/B868; vgl. B430; zur Unterscheidung von Sein und Sollen vgl. A547/B575 und A805f./B833f.). Die entsprechende Unterscheidung „des *spekulativen* und *praktischen* Gebrauchs der reinen Vernunft" (A841/B869) bzw. von theoretischer und praktischer Philosophie (vgl. *KU*, V 174) pflegt man auf Aristoteles zurückzuführen. (Zum Einfluß der deutschen Aristoteles-Tradition auf Kants Architektonik, freilich nur der *Logik*-Vorlesung, die hier jedoch mit der *Kritik* weitgehend übereinstimmt, vgl. Conrad 1994.) Aristoteles sieht aber drei Bereiche vor: die theoretischen, die praktischen und die poietischen („technischen") Wissenschaften (vgl. Höffe 1996, 31ff.); und wegen der (philosophischen) Rhetorik zählen zum letzten Bereich nicht etwa nur außerphilosophische Wissenschaften. Kant selber führt seine Zweiteilung – dort als Physik und Ethik, ergänzt um eine vorangehende Logik – nicht auf Aristoteles, sondern vage auf die „alte griechische Philosophie" zurück (*GMS*, IV 387). In der *Geschichte* taucht die Zweiteilung erstaunlicherweise als „Theologie und Moral" auf (A853/B881). Als Unterscheidung zweier Gegenstandsbereiche – *entia physica* und *entia moralia* – ist in der deutschen Aristoteles-Tradition mindestens seit Pufendorf (*De iure naturae et gentium* I 1,7) gegenwärtig, zuvor grundsätzlich auch bei Thomas von Aquin (*Summa theologica*, I q. 29 a. 3 ad 2).

Daß die Erkenntnis aus Gegebenem (*cognitio ex datis*) historisch genannt wird (A836/B864), folgt der ursprünglichen Bedeutung von „historia" als Erkundung, Forschung, Bericht, Recherche; „historisch" heißt alles, was „durch unmittelbare Erfahrung oder Erzählung, oder auch Belehrung" gegeben ist (ebd.; vgl. II 306). Der Gegenbegriff, das Rationale, verlangt in Übereinstimmung mit Kants Aufklärungsschrift, sich nicht auf fremde, sondern nur die eigene Vernunft zu berufen, damit man nicht „ein Gipsabdruck von einem lebenden Menschen" (A836/B864), sondern dieser selbst sei. (Vgl. *Nachricht*, II 306f., wo Kant das „Philosophieren lernen" gegen „Philosophie lernen" scharf absetzt.) In der *Architektonik* erscheint die Alternative historisch-rational als Untergliederung des Rationalen im weiteren Sinn (= i. w. S.), zu verstehen als nichtempirisch, dabei universal, nicht partikular gültig; das Rationale im engen Sinn verdankt sich zusätzlich der eigenen, nicht fremder Vernunft. Im Unterschied zum heutigen Sprachgebrauch sind für Kant „Historie" und „Geschichte" nicht gleichbedeutend. Nach der *Nachricht* gehören zur historischen, d. h. einerseits partikularen, andererseits nicht selber gedachten Erkenntnis „außer der eigentlichen Geschichte auch die Naturbeschreibung, Sprachkunde, das positive Recht etc." (II 306).

Im Anschluß an diese Einteilung behauptet Kant, die „ursprüngliche Idee einer Philosophie der reinen Vernunft" schreibe „diese Abteilung selbst vor" (A847/B875). Bezöge sich diese Aussage auf die gesamte vorangehende Gliederung, so müßte es „Einteilung" heißen. Kant spricht aber von „Abteilung", so daß er lediglich die rationale Physiologie untergliedert. Auch die am Ende des Absatzes genannten „Punkte, die Bedenklichkeit erregen" (ebd.), betreffen gemäß ihrer Ausführung (A847/B875–A849/B877) nur die rationale Physiologie. Trotzdem bleibt eine Irritation: Kants Wechsel vom Plural (A846/B874, Zeile 24 f.) zum Singular (A847/B875, Zeile 3). Man kann zwar „diese Abteilung" auf die zuletzt genannte „psychologia rationalis" beziehen. In der „ersten Bedenklichkeit" geht es aber um den Oberbegriff, die rationale Physiologie in ihren beiden Abteilungen, so daß eine kleine Unstimmigkeit bleibt.

Ob Fichte, Reinhold oder Hegel – die kreative Kant-Kritik und der sich daraus entfaltende Deutsche Idealismus halten die *Kritik* für eine Propädeutik, zu der das System der Philosophie noch zu errichten sei, welche Aufgabe sie selbst übernehmen. Kant selber verwahrt sich dagegen. In der *Erklärung in Beziehung auf Fichtes Wissenschaftslehre* von 1799 (XII 370 f.) hält er es für eine „Anmaßung, mir die Absicht unterzuschieben: ich habe bloß eine *Propädeutik* zur Transzendental-Philosophie, nicht das *System* dieser Philosophie selbst, liefern wollen".

Fichte kann sich jedoch darauf berufen, daß die *Methodenlehre* in der Tat die *Kritik* als „Propädeutik (Vorübung)" bezeichnet (ähnlich *KU*, V 194) und vom „System der reinen Vernunft" unterscheidet, das die ganze „philosophische Erkenntnis [...] im systematischen Zusammenhange" darstellt (A841/B869; vgl. schon A11 f./B25). Kants Erläuterung des Ausdrucks „ganze" durch „wahre sowohl als scheinbare" Erkenntnis läßt sich aber unschwer mit den beiden Teilen der *Kritik*, der Analytik und der Dialektik, zusammenbringen, so daß die Gesamtheit der Erkenntnis im wesentlichen schon in der *Kritik* enthalten sein dürfte. Insofern liegen zu den weitgehend selben philosophischen Erkenntnissen zwei Darstellungsweisen vor, die sich vielleicht nach der seit dem Höhlengleichnis (Platon, *Politeia* VII, 514a–518b) berühmten Opposition „zu den Prinzipien hinauf" und „von den Prinzipien herab" (vgl. z. B. Aristoteles, *Physik* I 1, und *Nikomachische Ethik* I 2, 1095a30–b4) unterscheiden lassen: Qua Kritik und Propädeutik sucht die „Philosophie der reinen Vernunft" (A841/B869) die einschlägigen philosophischen Erkenntnisse allererst auf, die sie qua „System der reinen Vernunft" (ebd.) als schon gefundene Erkenntnisse nunmehr in jenen „sys-

25 Architektonik und Geschichte der reinen Vernunft — 497

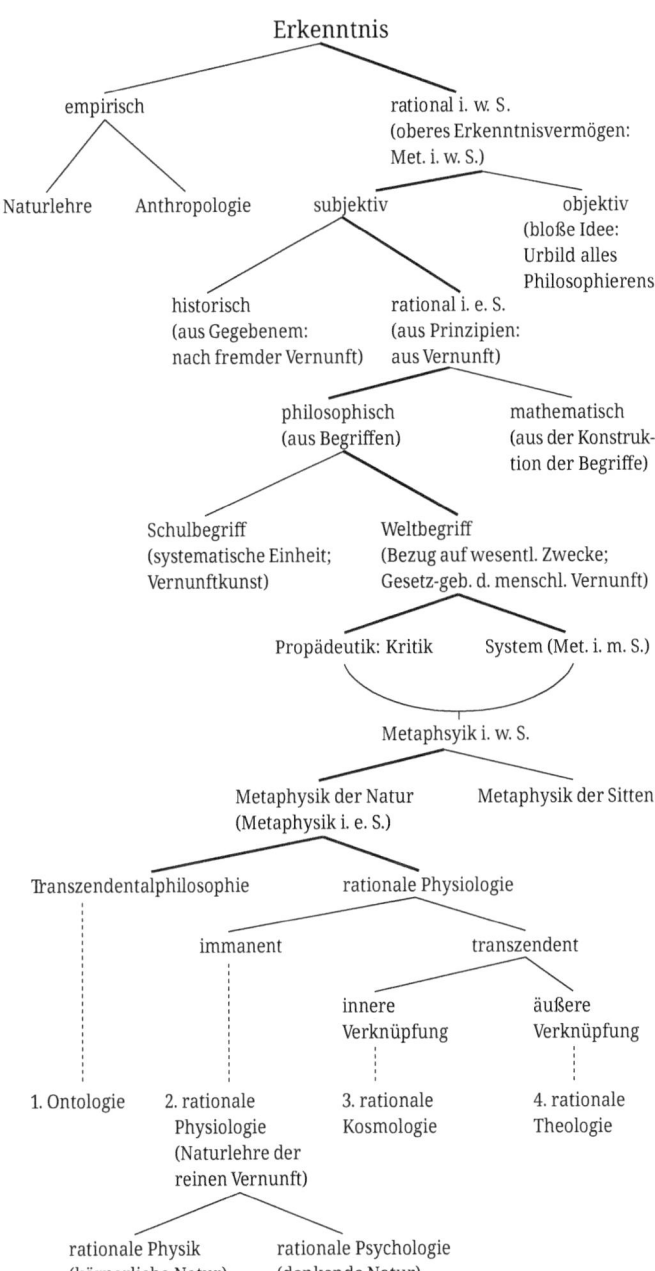

tematischen Zusammenhange darstellt", den die *Architektonik* zwar nennt, die *Kritik* selber nicht ausführt, der sich aus ihr aber unschwer ergibt.

Für Kant ist die Metaphysik jedenfalls nicht mehr, wie Aristoteles gelegentlich schreibt, die „gesuchte Wissenschaft" (*Metaphysik* II 2, 996b3 und 33; XI 1, 1059b1, 13 und 22; XI 2, 1060a4 und 6). Auch wenn die *Kritik* erst „ein Traktat von der Methode, nicht ein System der Wissenschaft selbst" (B xxii; vgl. A11 f./B24 f.) ist, stellt sie – weil sie die einschlägigen Fragen „nach Prinzipien vollständig spezifiziert" (A xii), weil sie „den ganzen Umriß derselben sowohl in Ansehung ihrer Grenzen, als auch den ganzen inneren Gliederbau derselben" verzeichnet (B xxii f.) und weil sie schon die „Prinzipien zu einem System" enthält, nur der Vollständigkeit enträt (A82/B108), nämlich im Fall der reinen Verstandesbegriffe für die abgeleiteten Begriffe, die sog. Prädikabilien, auf die ontologischen Lehrbücher verweist, „z. E. Baumgartens" (*Prolegomena* § 39, IV 326 Anm.) – im Rahmen der veröffentlichten Werke, obwohl nur „Prolegomena zu einer jeden künftigen Metaphysik", doch schon Kants eigentliche Fundamentalphilosophie dar. Das hindert nicht anzunehmen, daß sich Kant das „eigentliche System" noch vorgenommen, im *Opus postumum* auch fragmentarisch skizziert, es aber nie fertig geschrieben hat. Für Kant ist das System nicht, wie der Deutsche Idealismus annimmt, gründlicher als die *Kritik*, wohl aber vollständiger. Und für die allfälligen Ergänzungen hat sich Kant zeitlebens nicht sonderlich interessiert (vgl. A xxi, wo Kant den „Beistand eines Mithelfers" erwartet; vgl. auch A13/B27).

Man kann die vier Hauptteile der theoretischen Metaphysik (Metaphysik der Natur) Teilen der *Kritik* zuordnen. (Die transzendentale Ästhetik gehört als Theorie der Anschauung nicht zum oberen Erkenntnisvermögen, und als Theorie der reinen Anschauungsformen ist sie Teil einer Metaphysik der Mathematik und gehört als diese gewissermaßen vor die Klammer, nämlich vor die Metaphysik der Natur.) Dabei gewinnt man folgende Zuordnung, die Kant aber nicht selber vornimmt:

(2) *Warum ein System und welches?* – Obwohl das System ein großes Gewicht erhält – denn „unsere Vernunft (subjektiv) ist selbst ein System" (A737f./B765f.) –, ist es kein Selbstzweck, nur ein Werkzeug (vgl. A839/B867), freilich ein notwendiges (vgl. A832/B860: die Erkenntnisse „müssen ein System ausmachen, in welchem sie allein die wesentlichen Zwecke derselben unterstützen und befördern können"). Denn die „menschliche Vernunft ist ihrer Natur nach architektonisch, d. i. sie betrachtet alle Erkenntnis als gehörig zu einem möglichen System" (A474/B502, vgl. A475/B503); über systematische Erkenntnis handelt schon ausführlich der *Anhang zur transzendentalen Dialektik*, hier A646 ff./B674 ff.).

Selbst Anhänger Kants zweifeln oft am Wert seiner Architektonik. Für Kant selbst steht Wesentliches auf dem Spiel, nicht so ansprechende, aber äußerliche Gesichtspunkte wie Eleganz, Einfachheit, Folgerichtigkeit und Geschlossenheit, sondern die „Regierung der Vernunft" (A832/B860). Wie bei Platon so soll auch bei Kant

die Philosophie die Regentschaft übernehmen. Sie soll sogar „Gesetzgeber der menschlichen Vernunft" sein (A839/B867; ebenso die Vorlesung über *Philosophische Enzyklopädie*, XXIX 1.1, 7). Und weil die Vernunft hier sowohl Urheber als auch Adressat ist, findet eine Selbstgesetzgebung und über sie eine Selbstherrschaft der Vernunft statt, freilich nicht im politischen („bürgerlichen gemeinen Wesen"; *Geschichte in weltbürgerlicher Absicht*, 7. Satz, VIII 25), sondern im „wissenschaftlichen gemeinen Wesen" (A851/B879), in der epistemischen Republik. (Für eine deshalb mögliche politische Lektüre der *Kritik*, siehe Höffe 1998.) Hinsichtlich des politischen Gemeinwesens – so wissen wir vom *Frieden* (2. Zusatz) – sind die Philosophen zwar für die Grundsätze, aber nicht ihre Durchsetzung zuständig (vgl. Höffe 1997, 348 ff.).

Die Vernunft zeigt sich dadurch als Gesetzgeber, daß sie im Gegensatz zum rhapsodischen Aufsammeln für Einheit sorgt, sogar für jene höchststufige Einheit, die nicht „empirisch, nach zufällig sich darbietenden Absichten", sondern „nach einer Idee, d. i. aus dem Hauptzwecke der Vernunft", entworfen wird (A833/B861; vgl. schon A64 f./B89 f.). Die niedrigere, technische Einheit folgt (1) äußeren, (2) eventuell mehreren, überdies (3) beliebigen Zwecken (ebd.) und wird (4) „nach zufällig wahrgenommenen Verwandtschaften und gleichsam auf gut Glück angestellt" (A847/B875). Für die von ihm gemeinte, höhere, architektonische Einheit hat Kant zwei Begriffe. Nach dem weniger strengen Begriff handelt es sich um einen Plural; die Einheit ist jenen „wesentlichen Zwecken gemäß" (ebd.), die den drei Gegenständen bzw. Kardinalsätzen (A799/B827) des *Kanon* entsprechen dürften: der Freiheit des Willens, der Unsterblichkeit der Seele und dem Dasein Gottes (A798/B826, A800/B828, vgl. A803 f./831 f. und schon B xxix f.; A463/B491 führt bei den letzten bzw. höchsten Zwecken zusätzlich die Frage nach dem zeitlichen Anfang und der räumlichen Grenze der Welt an). Nach dem zuerst eingeführten, strengeren Begriff geht es um den superlativischen Singular, um die Einheit, die sich „von einem einigen obersten und inneren Zwecke" ableitet, und „das Ganze allererst möglich macht" (A833/B861). – A737f./B765f. erläutert: „unsere Vernunft (subjektiv) ist selbst ein System, aber in ihrem reinen Gebrauche, vermittelst bloßer Begriffe, nur ein System der Nachforschung nach Grundsätzen der Einheit, zu welcher *Erfahrung* allein den Stoff hergeben kann".

Nach einem beliebten Topos gilt eine auf Zwecke verpflichtete Philosophie, die Teleologie, als ein Relikt des antiken, namentlich Aristotelischen Denkens, das in der Neuzeit in wachsendem Maß obsolet werde. Der Umstand, daß Kant, unbestrittenermaßen ein moderner Denker, den Zweckbegriff vielfach verwendet, gibt Anlaß, den Topos zu korrigieren. Neu ist gegenüber der Antike, daß die Zwecke nicht in den Dingen selbst gegeben sind, sondern gemäß der kopernikanischen Wende, im Subjekt entspringen (vgl. *Fortschritte*, XX 294f.).

Weil die Vernunft dort regiert, wo sich ihre „wesentlichen Zwecke" durchsetzen (A832/B860), führt Kant zunächst das System als notwendiges Instrument ein, erst später die Zwecke selbst und den dafür Verantwortlichen, den Philosophen, diesen freilich nicht nach dem Schul-, sondern dem Weltbegriff. Nach ihrem Schulbegriff könnte die Philosophie trotz ihrer Subtilität und Eleganz am Ende nur ein intellektuelles Glasperlenspiel sein. Nach ihrem Weltbegriff (*in sensu cosmico*) bzw. ihrer „weltbürgerlichen Bedeutung" (*Logik*, IX 24f.) ist sie „die Wissenschaft von der Beziehung aller Erkenntnis auf die wesentlichen Zwecke der menschlichen Vernunft" (A839/B867; vgl. *Logik*, IX 23f.).

Aufgrund des Zweckbegriffs greift die *Architektonik* der dritten Kritik, ihrem Gedanken einer organischen Einheit (z. B. *KU*, § 65) vor; vom gegliederten Ganzen heißt es, es könne zwar innerlich, aber nicht äußerlich wachsen. Unter Rückgriff auf den entsprechenden Metaphernbereich, das Organische (vgl. B xxiii f., B167, *Prolegomena*, IV 263), vergleicht Kant das Ganze mit einem „tierischen Körper, dessen Wachstum kein Glied hinzusetzt" (A833/B861); und hinsichtlich des (geschichtlichen) Anfangs einer Wissenschaft sagt er, daß ihre Idee „wie ein Keim [sei], in welchem alle Teile noch sehr eingewickelt [...] verborgen liegen" (A834/B862). Mit diesem Bild scheint Kant auf das Aristotelische Begriffspaar *dynamis–energeia* (Möglichkeit–Wirklichkeit) zurück – und auf daran anknüpfende Gedanken Hegels (vgl. Yovel 1980, 228f. unter Bezug auf Kojève 1973, 60f.) vorzugreifen und von Wissenschaft und Philosophie anzunehmen, daß sie eine zunächst verborgene, dann mehr und mehr zutage tretende Totalität entfalten. Zugunsten der AristotelischHegelschen Interpretation spricht auch A834f./B862f., wo von einer „in uns versteckt liegenden Idee", einem „ursprünglichen Keim" und „der sich bloß auswickelnden Vernunft" die Rede ist. In der Tat steht der *Architektonik* die organische Entfaltung als Möglichkeit einer zunächst keimhaft gegebenen Totalität klar vor Augen. Und in der Abhandlung *Fortschritte* kommt er dem organischen Verständnis insofern entgegen, als er die Philosophie für eine „allmähliche Entwicklung der menschlichen Vernunft" hält (XX 340; vgl. auch Lübbe 1962). In der *Architektonik* gibt es aber – was Hegel so nicht kennt – zwei deutlich unterschiedene Phasen. Zunächst und „lange Zeit" liegt die Idee in uns versteckt, weshalb man zwar nach der Anweisung der Idee, aber erst „rhapsodistisch" vorgeht. Man sammelt die Erkenntnisse wie Bauzeug und setzt sie nur technisch zusammen (A834f./B862f.), also „nach zufällig wahrgenommenen Verwandtschaften und gleichsam auf gut Glück" (A847/B875). Erst wenn man die Idee „in hellerem Lichte" erblickt, ist „ein Ganzes, nach den Zwecken der Vernunft architektonisch zu entwerfen" (A835/B863). Nun erblickt man in der Philosophie das hellere Licht erst mittels der *Kritik*, die wiederum sich einer radikalen Veränderung der Denkart und diese dem glücklichen Einfall eines einzigen Mannes, eben Kant, verdankt. Kants kopernikanische Revolution bringt in eine ansonsten vielleicht organische Entwicklung einen Bruch. (Dasselbe gilt für die Mathematik und, freilich nicht durch einen einzigen veranlaßt, für die Naturwissenschaft; vgl. B x–xiv.) Das für Kant entscheidende Ereignis in der Entwicklung der Philosophie ist eine sprunghafte Veränderung, die sich weder als Teil einer organischen Entfaltung noch als Sprung innerhalb einer Evolutionstheorie der Erkenntnis darstellt. Entscheidend ist ein nicht-evolutionäres Moment.

Mit dem Bild des Organischen erläutert Kant nicht die Geschichte der Philosophie, weder die seit ihren Anfängen noch die seit der frühen Neuzeit. Es geht vielmehr um das strukturelle Ziel der *Architektonik*, um jene Vollständigkeit der Gliederung, die den zitierten Anspruch – „daß nicht eine einzige metaphysische Aufgabe sein müsse, die hier nicht aufgelöst" – nicht länger als „befremdliche Arroganz" erscheinen läßt. *Vor* der *Kritik* – werden wir sehen (unten 25.3b) – gibt es revolutionäre Veränderungen im Plural (A853/B881); also kleinere Umbrüche; *in* der *Kritik* findet die eine, große Revolution statt; erst *seit* der *Kritik* ist ein organisches Wachstum möglich. Oder in Kants geographischem Bild: *Vor* der *Kritik* existiert der „durch Sinnlichkeit verwachsene Fußsteig" (A838/B866); die *Kritik* entdeckt ihn und befreit ihn von den Verwachsungen, den Mehr-Zumutungen (A849/B877), so daß *nach* der *Kritik* der „Fußsteig zur Heeresstraße" ausgebaut werden kann (A856/B884).

Die zur „Regierung der Vernunft" (A832/B860) notwendigen Zwecke werden nicht insgesamt angeführt, sondern nur ihr wichtigster Teil, die höchsten Zwecke, „deren [...] nur ein einziger sein kann" (A840/B868). Es ist der Endzweck, der kein anderer „als die ganze Bestimmung des Menschen" ist (ebd.). Was unter der „Bestimmung des Menschen" zu verstehen ist und warum bei ihr der Endzweck liegt, erläutert Kant nicht. Von einer Bestimmung des Menschen ist in der *Kritik* sonst nur noch in A464/B492 die Rede und überhaupt in Kants Œuvre selten, freilich etwa in der *Geschichte in weltbürgerlicher Absicht* (1., 2., 7. und 8. Satz, VIII 18f., 24–28), in der *Kritik der Urteilskraft* (§ 42, V 298–303) und in der *Religionsschrift* (VI 26f., 50, 162), sowie in der *Anthropologie* (VII 321ff.) und der *Pädagogik* (IX 447). Von der im Deutschen doppelten Bedeutung von „Bestimmung" scheidet die Festlegung oder Abgrenzung, die *determinatio*, auch *definitio*, aus, da es der *Architektonik*-Stelle nicht auf den Begriff des Menschen ankommt. Somit verbleibt die andere, die *destinatio*, die allerdings noch offen läßt, ob Kant eher Auftrag und Verpflichtung (*obligatio*), Vorschrift (*praeceptum*) oder aber Fügung, Schicksal (*fatum*) meint.

Die Bestimmung des Menschen könnte vom einzelnen her gedacht werden, mit Aristoteles von der Sprach- und Vernunftbegabung her, so daß sie bei deren Vollendung, der Philosophie (*Metaphysik* I 1–2) bzw. dem *bios theôrêtikos*, dem wissenschaftlich-philosophischen Leben, erreicht wird (*Nikomachische Ethik* X 6–7). Ohne Aristoteles zu nennen, stimmt die *Kritik* in wichtigen Motiven mit ihm überein, etwa hinsichtlich des existentiellen Werts von Metaphysik, weil sie die natürliche Wißbegier des Menschen (*Metaphysik* I 1–2), „zur völligen Befriedigung" (A856/B884) bringt. Ferner entwickeln beide Philosophen die Metaphysik im Durchgang durch die (Natur-)Wissenschaften. Bei Aristoteles folgt zumindest die natürliche Theologie auf eine Theorie der Naturdinge (*Metaphysik* XII); und bevor sich die *Kritik* in der „Dialektik" mit der reinen Vernunft befaßt, entwickelt sie – unter anderem – eine Theorie der Mathematik und der mathematischen Naturwissenschaft.

Trotz derartiger Übereinstimmungen weicht Kant von Aristoteles radikal ab. Ohne die alternative Option überhaupt anzuführen, lehnt die *Architektonik* die Vollendung der Erkenntnis als Bestimmung des Menschen ab und ordnet diese der Moral bzw. der Moralphilosophie zu. Wenn A464/B492 und ebenso die zweite *Kritik* (V 146 ff.) von der „praktischen" Bestimmung des Menschen sprechen, so fühlt man sich stillschweigend auf eine komplementäre „theoretische" Bestimmung hingewiesen, die in der Vollendung der (theoretischen) Vernunftbegabung liegen würde. Kant führt eine „theoretische" Bestimmung aber nirgendwo ein. Man könnte den Grund darin sehen, daß die theoretische Vernunft, in sich widersprüchlich, aus sich heraus auf die Fortsetzung in die praktische Vernunft drängt. Im regulativen Gebrauch, in den entsprechenden Prinzipien theoretischer Forschung, gewinnt die theoretische Vernunft aber eine immanente Vollendung. Daß Kant sie nicht eigens, eben als „theoretische Bestimmung des Menschen", ausweist, zeigt, wie stark – vielleicht sogar zu stark – er sich von Rousseau hat „zurechtbringen" lassen (vgl. XX 44).

Mit der Zuordnung zur Moral greift Kant seiner Moralphilosophie vor und läßt damit, wenn man den Vorgriff auf die dritte Kritik hinzunimmt, schon am Ende der ersten Kritik die Einheit seines ganzen Denkens aufscheinen: Auch wenn sich die *Architektonik* vornehmlich für die theoretische Vernunft interessiert, billigt sie doch der praktischen Vernunft und der für sie zuständigen Philosophie, „Moral" oder auch „Moralphilosophie" genannt, den Vorrang zu. Was die *Vorrede B* andeutet (B xxxiv), und der erste Abschnitt des „Kanons" klar ausspricht (z. B. A801/B829), wird hier, in der Erörterung der Vernunftregierung, bekräftigt: der Primat der (reinen) praktischen Vernunft (vgl. auch: „in der Ordnung der Zwecke ist der Mensch Zweck an sich selbst"; *KpV*, V 131). – B395 spricht dagegen von einem Plural: dort gelten „Theologie, Moral und durch beider Verbindung, Religion" als „die höchsten Zwecke unseres Daseins". Kant begründet den Primat nicht etwa mit dem der Vernunft letztlich äußerlichen Argument, daß die Moral wertvoller als die Erkenntnis sei. Er hat den immanenten Grund, daß erst im praktischen Gebrauch der Vernunft die ihr innewohnende Aufgabe einer vollständigen Einheit erreichbar wird. Weil die *Architektonik* nicht schlicht von „der Bestimmung", sondern von „der ganzen Bestimmung des Menschen" spricht, legt sich ein Blick auf jene Passage der *Religionsschrift* nahe, die bei der ursprünglichen Anlage zum Guten in der menschlichen Natur „drei Klassen, als Elemente der Bestimmung des Menschen" einführt (VI 26 f.). Die „Anlage für die Tierheit im Menschen" bringt er „unter den allgemeinen Titel der [...] Selbstliebe" (Völlerei, Wollust, wilde Gesetzlosigkeit), die Anlagen für die Menschheit unter den der vergleichenden Selbstliebe (Neid, Undankbarkeit, Schadenfreude), schließlich die Anlage für die Persönlichkeit unter den Titel „Achtung für das moralische Gesetz". Unter der „ganzen" Bestimmung könnte man die Verbindung all dieser drei Klassen verstehen wollen. Da sich aber die beiden ersten Klassen in Einstellungen verwirklichen, die der dritten Klasse, der Moral widersprechen – es sind nämlich Laster –, ist die in Aussicht genommene Verbindung gar nicht möglich. Deshalb sagt die *Anthropologie* bilanzierend: „Der Mensch ist durch seine Vernunft bestimmt, in einer Gesellschaft mit Menschen zu sein und in ihr sich durch Kunst und Wissenschaften zu kultivieren, zu zivilisieren und zu moralisieren, wie groß auch sein tierischer Hang sein mag" (VII 324 f.). Die „ganze" Bestimmung muß sich daher vor allem auf die Moral beziehen und ihre Ganzheit in der Verbindung von personaler und sozialer Moral suchen. Diese Verbindung wird in der *Architektonik* aber nicht ausgeführt.

Um die „Bestimmung des Menschen" von der *Kritik* her zu erläutern, kann man auf das Theorem der drei berühmten Fragen der Vernunft zurückgreifen; denn nach der *Logik* (IX 25) beziehen sie sich auf eine vierte Frage: Was ist der Mensch? Einen direkteren Anknüpfungspunkt bietet der erste Abschnitt des „Kanons", der den Begriff des letzten Zwecks der reinen Vernunft abhandelt. In Antizipation des § 42 der *Kritik der Urteilskraft* nennt Kant als „letzte Absicht der weislich uns versorgenden Natur, bei der Einrichtung unserer Vernunft" das Moralische (A801/B829). Unter der Bestimmung des Menschen ist also dessen letzter Zweck zu verstehen, den Kant wie andernorts so auch in der ersten *Kritik* im Moralischen sieht. Allenfalls irritiert, daß die *Architektonik* nur die personale, die Geschichtsphilosophie dagegen die gattungsgeschichtliche Bestimmung in den Blick nimmt. Weil sich die zweite Seite nach einem verborgenen Plan der Natur entfaltet (*Geschichte in weltbürgerlicher Absicht*, 8. Satz, VIII 27 f.; vgl. *Frieden*, 1. Zusatz, VIII 360 ff.), geschieht sie teilweise hinter dem Rücken der Menschen und insofern außerhalb seiner moralischen Verantwortung.

(3) *Die allgemeine Glückseligkeit als Hauptzweck.* – Die letzten drei Absätze handeln über den Wert der Metaphysik. In einer rückblickenden Einschätzung (A849/B877) stellt Kant mit sparsamen Argumenten sechs Behauptungen auf: (i) Die Metaphysik ist nicht die „Grundfeste der Religion" (bzw. Moral und Religion), aber ihre unent-

behrliche Schutzwehr; sie hält Verwüstungen ab. (ii) Auch wenn man die Metaphysik zunächst gering schätzt, kehrt man zu ihr jederzeit zurück. (iii) „Mathematik, Naturwissenschaft, selbst die empirische Kenntnis des Menschen, haben einen hohen Wert [...] zu notwendigen und wesentlichen Zwecken der Menschheit [...] nur durch Vermittlung einer [...] Metaphysik" (A850/B878; vgl. A463 f./B491 f.). (iv) Metaphysik ist die unentbehrliche „Vollendung aller Kultur der menschlichen Vernunft" (A850/B878; zur Kultur der Vernunft vgl. B xxx und A709 f./B737 f.). (v) Jenes „Zensoramt" der Metaphysik, das ihr „Würde und Ansehen" gibt, sichert „die allgemeine Ordnung und Eintracht, ja den Wohlstand des wissenschaftlichen gemeinen Wesens" (A851/B879). (vi) Der Hauptzweck besteht in der „allgemeinen Glückseligkeit" (ebd.).

Die letzte These ist nicht bloß erstaunlich, sondern sogar irritierend. Denn die Moral, in der die *Architektonik* den Endzweck sieht (A840/B868), versteht Kant schon in der *Kritik* nicht als Glückseligkeit, sondern als Glückswürdigkeit. Das „Ideal des höchsten Guts" (A805 ff./B833 ff.) enthält einen Schnellkurs in jener Kantischen Ethik, die die meisten Kant-Leser nur von der *Grundlegung* und der zweiten *Kritik* her kennen (vgl. dazu oben den Beitrag von Recki). Er zeigt, wie klar Kant schon in der *Kritik* seine Moralphilosophie vor Augen hat; deren Begründung fehlt aber noch.

Mit Ausnahme einer beiläufigen Bemerkung im Paralogismus-Kapitel nur der ersten Auflage (A395) taucht in der *Kritik* die Glückseligkeit nur in der *Methodenlehre* auf und hier, abgesehen von unserer Stelle in der *Architektonik* und einer Bemerkung im Abschnitt *Von dem letzten Zwecke* (A800/B828), lediglich im *Ideal des höchsten Guts* (A805/B833–A807/B835, A809/B837–A814/B842). Der Ausdruck wird stets ohne qualifizierenden Zusatz schlicht als „Glückseligkeit" angeführt, allenfalls um ein nachgestelltes „allein" ergänzt (A813/B841). Den Sinn der in der *Architektonik* hinzugesetzten Eigenschaft des „allgemeinen" (A851/B879) muß man sich deshalb erschließen, zumal auch sonst der nicht weiter qualifizierte Ausdruck vorherrscht (z. B. I 322 u. 368; II 65; IV 395 ff., 415 ff.; V 110 ff., 124; V 430 ff.; VI 58, 134 f., 480 ff.; VIII 283 ff.). Davon abgesehen taucht eine „wahre" (I 322), „ganze" (II 118), „größte" (V 129; VIII 139) und „alle mögliche" Glückseligkeit auf (V 128), ferner eine „fremde" und – sie gilt freilich als Unding – eine „moralische" (VI 387 f.), außerdem eine „leichtere" (VIII 64) und vor allem die „eigene [...]" Glückseligkeit (IV 399, 416, 430; V 112; VI 388).

Zwei andere Stellen erleichtern das Verständnis der „allgemeinen" Glückseligkeit. In A809/B837 wird sie durch die „dauerhafte Wohlfahrt" der vernünftigen Wesen erläutert, was die *Kritik der Urteilskraft* als „größtes Wohl der vernünftigen Weltwesen" bekräftigt (vgl. V 453). Da der Kontext der *Architektonik* dieselbe Bedeutung nahelegt – die im Teilsatz vorher genannten Zwecke „allgemeine Ordnung und Eintracht, ja [...] Wohlstand" belaufen sich auf Glückseligkeit (A851/B879) – dürfte Kant bei der „allgemeinen" Glückseligkeit eine zweifache Allgemeinheit meinen: sowohl die gesamte Glückseligkeit (womit freilich nur der Begriff der Glückseligkeit bekräftigt wird) als auch die Glückseligkeit der gesamten Menschheit. Die Irritation bleibt freilich erhalten. Auch wenn die *Kritik*, da sie moralisch schädlichen Lehren die Wurzel abschneidet (B xxxiv), von moralischem Belang ist, dient sie, wenn ihr Hauptzweck in der Glückseligkeit liegt, nicht der Moral. Um die Irritation aufzulösen, bieten sich nur zwei Lesarten an. Entweder man achtet auf den genauen Ausdruck; die allgemeine Glückseligkeit gilt als Haupt-, nicht als Endzweck. Hier ist Kant Bacon verbunden, dem die *Kritik*, freilich erst in der zweiten Auflage das Motto entnimmt, ferner Descartes, der im sechsten Teil des *Discours de la Méthode* Bacon folgt. Zugleich führt Kant stillschweigend eine Differenzierung ein. Im Unterschied zum Aristotelischen Ideal der Theoria – dem Kant selbst anhing, bis ihn Rousseau zurechtrückte (vgl. XX 44) – erscheint die Wissenschaft nicht als Selbstzweck, sondern wird wie bei Bacon und Descartes auf die allgemeine Glückseligkeit verpflichtet. Anders als bei Bacon und Descartes ist diese aber lediglich ihr Hauptzweck; sie verleiht nicht, wozu allein die Moral fähig wäre, „Würde und Ansehen". Die andere, in dieser Hinsicht zufriedenstellendere Lesart: Man setzt die „allgemeine Glückseligkeit" mit der aus dem *Kanon* bekannten moralischen Welt gleich, also jener Welt, „so fern sie allen sittlichen Gesetzen gemäß wäre" (A808/B836). Die der Glückseligkeit proportionale Glückseligkeit, die die moralische Welt fordert, ist aber etwas anderes als eine allgemeine, der gesamten Menschheit zukommende Glückseligkeit. Deutlich sagt A811/B839: „Die Sittlichkeit an sich selbst macht ein System aus, aber nicht die Glückseligkeit, außer, so fern sie der Moralität genau angemessen ausgeteilet ist"; vgl. A813 f./B841 f.). Kurz: eine rundum befriedigende Interpretation von A851/B879 zeichnet sich nicht ab.

25.2b Inhalt der *Geschichte der reinen Vernunft* im Überblick

Bei einem so gut komponierten Werk wie der *Kritik* ist der Ausklang mit einer *Geschichte* kein Zufall. Wie die *Architektonik* zeigt, hält Kant das Teleologische, die Zweckhaftigkeit, für ein wesentliches Moment der Vernunft (vgl. A642/B670: „Alles, was in der Natur unserer Kräfte gegründet ist, muß zweckmäßig" sein). In der *Geschichte* kommt nun Kants Theorie der auf die theoretische Vernunft bezogenen Zweckhaftigkeit zum Abschluß. Zugleich skizziert Kant eine Geschichte der Philosophie, die selber Philosophie ist, jene „philosophierende Geschichte der Philosophie", die er in den sog. *Losen Blättern zu den Fortschritten der Metaphysik* (XX 333–352) weiter ausführt (vgl. Lübbe 1962). Obwohl der Titel ein andersartiges Thema erwarten läßt, schließt sich die *Geschichte* an die *Architektonik* in mehrfacher Hinsicht an: (1) Es geht weiterhin um die Natur der reinen Vernunft; (2) zur Erläuterung seiner Aufgabe zieht Kant die Metapher des Architektonischen heran; (3) erneut betont er seine eigene Leistung (bislang: „zwar Gebäude, aber nur in Ruinen" [A852/B880], jetzt: „die menschliche Vernunft […] zur völligen Befriedigung zu bringen" [A856/B884]). (4) Nicht zuletzt schreibt er keine Geschichte der Philosophie, skizziert sie nicht einmal in groben Umrissen, obwohl er nicht etwa ein generelles Desinteresse an den Tag legt. Seit 1769 hält Kant Vorlesungen über die „Geschichte der Philosophie", teilweise auf der Grundlage von Formeys, des Sekretärs der Berliner Akademie der Wissenschaften, *Histoire abrégé de la Philosophie* (1760), die schon 1763 auf Deutsch erscheint. Kant kennt auch Johann Jakob Bruckers zunächst fünf- (1742–1744), später sechsbändige (1766) Philosophiegeschichte, zumindest einen Auszug aus ihr (kritisch gegen Brucker A316/B372), überdies vermutlich den umfangreichen Boureau-Deslandes (1737, dt. 1770). Und die *Geschichte in weltbürgerlicher Absicht* (VIII 30) betont, daß die philosophische Weltgeschichte nicht etwa die „eigentliche bloß empirisch abgefaßte Historie verdrängen wollte". – Ein „kurzer Abriß einer Geschichte der Philosophie" findet sich in der *Logik* (IX 27–33) und in der *Metaphysik Volckmann* (XXVIII 367–380).

Abgesehen von zwei Phasen, dem „Kindesalter der Philosophie", in dem man dort anfing, „wo wir jetzt lieber endigen möchten", nämlich der Erkenntnis Gottes, und der pauschal zusammengefaßten Zeit danach, achtet bei ihrem „flüchtigen Blick auf das Ganze der bisherigen Bearbeitungen" der reinen Vernunft (A852/B880) die *Geschichte* ihrem Titel zum Trotz nicht auf die Entwicklung selbst. Gemäß der in der *Architektonik* erfolgten Abwertung aller bloß historischen Erkenntnis (A835 f./B863 f.) geht es um das Moment des Szientifischen, die zugrundeliegende Idee. Dieser vierten Gemeinsamkeit wegen hängen die zwei letzten Teile nicht bloß äußerlich, sondern im innersten Kern miteinander zusammen.

25.3b Textkommentar zur *Geschichte der reinen Vernunft*

Aufgrund der „Verschiedenheit der Idee" (A853/B881) entfällt das Muster einer organischen Entwicklung. In ihrer Geschichte erscheint die Philosophie nicht einmal als homogene Disziplin. Diese denn doch erstaunliche Tragweite spricht Kant aber nicht aus: daß es trotz des gemeinsamen Namens, der Philosophie bzw. der Metaphysik, in Wahrheit, wegen der Verschiedenheit der Idee, unterschiedliche Wissenschaften gibt: eine sensualistische und eine intellektualistische, eine empiristische und eine noologistische, ferner eine dogmatische und eine skeptische und schließlich eine kritische Metaphysik.

Man könnte diese Philosophien gleichwertig nebeneinander stellen wollen, sie gewissermaßen als gleichberechtigte Weltanschauungen ansehen. Ihnen allen liegt jedoch dieselbe Aufgabe zugrunde, die an Aristoteles teleologische Phänomenologie des Wissens erinnert (*Metaphysik* I 1–2). Der entscheidende Unterschied zu Aristoteles besteht jedoch in Kants Diagnose „bisher aber vergeblich" (A856/B884). Für Aristoteles ist die Philosophiegeschichte eine Geschichte progressiven, im eigenen Denken sich vollendenden Fortschritts (vgl. *Metaphysik* I 3–10), für Kant dagegen eine Geschichte stets neuen Scheiterns. Gemäß dem Bild „zwar Gebäude, aber nur in Ruinen" (A852/B880; vgl. A707/B735) findet er ein Trümmerfeld gescheiterter Metaphysik vor.

Eine zweite Interpretation der Pluralität von Philosophie könnte auf den Gedanken der *Architektonik* zurückgreifen, daß die Idee einer Wissenschaft zunächst „wie ein Keim" ist: „noch sehr eingewickelt und kaum der mikroskopischen Beobachtung kennbar" (A834/B862). Eine sukzessive Entfaltung zieht Kant aber nicht in Erwägung; die Philosophen werden nicht einmal in ihrer Abfolge – „früheste Zeiten" (Vorsokratiker), Platon, Aristoteles, Epikur, Locke, Leibniz, Wolff, Hume –, sondern nach systematischen Gesichtspunkten vorgestellt. An einer Geschichte nicht von Meinungen, sondern der Vernunft interessiert, also einer Geschichte, die sich durch Begriffe entwickelt (XX 343), wendet sich Kant von den kontingenten geschichtlichen Abläufen ab, ohne die Dimension der Geschichte – wie gern behauptet wird (z. B. Kleingeld 1995, 1) – fast völlig auszuklammern. Kant entwirft eine grundlegend neuartige Historiographie der Philosophie.

Es lohnt sich, für eine Theorie der Philosophiegeschichte nicht immer nur auf Hegel, sondern auch einmal auf Kant zurückzugreifen. Die schon für andere Teile seiner Geschichtsphilosophie schwerlich haltbare These, sie sei „größtenteils gescheitert" (Kleingeld 1995, 101), wäre hier einmal mehr zu korrigieren. Während die übliche Philosophiegeschichte von einem empirischen Standpunkt geschrieben wird, befaßt sich Kant mit „einem bloß transzendentalen Gesichtspunkte" (A852/B880). Die daraus entspringende transzendentale Philosophiegeschichte erörtert freilich nicht Bedingungen der Möglichkeit von Philosophiegeschichte, vielmehr zeichnet sich eine genuin philosophische, weil aus „der Natur der Vernunft" geschriebene Philosophiegeschichte ab.

Die hier zutage tretende Geschichtsauffassung stimmt mit der sonst von Kant vertretenen Auffassung in wichtigen Punkten überein. Wie in der *Geschichte in weltbürgerlicher Absicht*, im *Frieden* und in der *Anthropologie*, so entwickelt Kant auch hier (1) eine teleologische Geschichte, die (2) als Naturgeschichte (hier: der Vernunft) abläuft und (3) im Durchgang durch einen Kriegszustand (vgl. A viii: „Kampfplatz Metaphysik") sich (4) in einem ewigen (hier: metaphysischen oder fundametalphilosophischen) Frieden vollendet, der (5) paradoxerweise nicht durch ein genuines Friedensinteresse herbeigeführt wird, sondern durch einen Antagonismus, der dort der menschlichen Natur, hier aber der Vernunft innewohnt. Dazu kommt mindestens in der *Kritik* (6) eine persönliche Leistung: Kants kopernikanische Revolution und die daraus entspringende Verbindung von Ästhetik, Analytik und Dialektik.

Die *Geschichte* skizziert sehr knapp die Naturgeschichte der Vernunft, soweit sie deren dogmatische und skeptische Phase betrifft, die wiederum nicht erst in der Neuzeit stattfindet, sondern seit (Dogmatismus) bzw. bald nach (Skeptizismus) Beginn der Philosophie. Dabei befaßt sie sich mit der Metaphysik nicht im weiten, sondern im engen Sinn, mit der theoretischen Vernunft. Gegenüber jener Sicht der Philosophiegeschichte, die schon in den beiden Vorreden erscheint und die sowohl dem Programm als auch der Durchführung der *Kritik* zugrunde liegt, werden einige bemerkenswerte Veränderungen vorgenommen. In Übereinstimmung mit der *Vorrede A*, dem Motiv „Kampfplatz Metaphysik" (A viii), spricht Kant von einer „Bühne des Streits" (A851/B881), die er in drei Hinsichten vorstellt. Und zuvor konstatiert er ein Trümmerfeld: „zwar Gebäude, aber nur in Ruinen" (A852/B880).

Würde Kant eine historische Entwicklung skizzieren, so käme ein Drama in drei Akten heraus. Tatsächlich läßt er die drei Streitinsichten nicht auf- und auseinander folgen, vielmehr führt er je einen Wettstreit zweier Richtungen, gewissermaßen ein Duell, durch, das freilich ohne einen internen Sieger bleibt (vgl. A854/B882: beide Parteien „haben es gleichwohl in diesem Streite noch zu keiner Entscheidung bringen können"). Betrachtet nach dem *Gegenstand*, dem *Ursprung* und der *Methode* reiner Vernunfterkenntnis, erhält auf diese Weise das Trümmerfeld bisheriger Metaphysik eine dreifache Kontur. Zugleich nimmt Kant gegenüber der Vorrede eine zweifache Veränderung bzw. Klarstellung vor. Einerseits geht es nach der *Vorrede A* (A ix) um den Widerstreit von Dogmatikern und Skeptikern, ohne daß für diese Positionen Namen genannt würden. Die *Geschichte* nennt nicht bloß Namen, sondern macht auch auf einen komplizierteren, eben dreifachen Streit aufmerksam. Andererseits gibt es nach der *Vorrede A* für jede Wissenschaft nur *eine* Revolution, während die *Geschichte* eine Vielzahl annimmt und von ihnen nur die „namhaftesten" bzw. „hauptsächlichsten Revolutionen" heraushebt (A853/B881).

Beim Gegenstand aller Vernunfterkenntnis sieht Kant die Alternative von Sinnlichkeit und Verstand (er sagt „Intellektualität"; vgl. B150, wo „intellektual" bedeutet: „so fern sie auf dem Verstande beruht"). Hier treten Sensualphilosophen (Epikur: „der vornehmste Philosoph der Sinnlichkeit"; A853/B881; vgl. A471/B499 Anm.; auch *Logik*, IX 30) und Intellektualphilosophen (Platon) gegeneinander auf. Für letztere zählen „alle Erkenntnis a priori (es möchte nun Anschauung oder Begriff enthalten) zum Intellektuellen" (*Vornehmer Ton*, VIII 393). Insofern Analoges für den Gegner gilt, erkennen beide nur einen der beiden Erkenntnisstämme an.

Für den *Ursprung* jetzt nicht aller, sondern lediglich der *reinen* Vernunfterkenntnis gibt es die Alternative von Erfahrung und Vernunft, so daß sich in den zwei von Kant betrachteten Epochen, Antike und Neuzeit, jeweils – Empiristen (Aristoteles und Locke; weder Epikur noch Hume werden hier aufgeführt) mit Noologisten (Platon, Leibniz; nicht genannt wird Descartes) streiten. Weil die *Architektonik* „das Rationale dem Empirischen" entgegen- und mit der Vernunft gleichsetzt (A835/B863), kann man die „Noologisten" (von griech. *nous:* Vernunft) als „Rationalisten" ansprechen. Der erste Ausdruck macht aber im Unterschied zum zweiten darauf aufmerksam, daß es nicht auf das obere Erkenntnisvermögen insgesamt (Verstand plus Vernunft), sondern lediglich auf seinen obersten Teil, jene Vernunft im engeren Sinn, ankommt, die auch den Begriff des Verstandes außer sich hat (vgl. A313/B370, wonach Platons Ausdruck Idee sogar die Begriffe des Verstandes übersteigt). Aus diesem Grund taucht der für die *Kritik* übliche Interpretationsausdruck „Rationalismus" gar nicht auf, übrigens in der ersten *Kritik* auch sonst nicht, wohl aber, freilich selten, in der zweiten *Kritik* (*KpV*, 13, 71) und der dritten *Kritik* (*KU*, V 346). Bei den zwei ersten Streitpunkten beginnt Kant überraschenderweise jeweils mit der späteren Richtung. Bringt man für den ersten Streit die Positionen in die geschichtliche Abfolge, so nimmt eine erste Revolution Platon mit der Entdeckung reiner Verstandesbegriffe vor (vgl. A5/B9, A131 ff./370 ff.). Es schließt sich Epikur an, der ihnen nur noch eine logische, nicht mehr mystische (vgl. A314/B371) Realität zubilligt (A854/B882; vgl. A471/B499, wonach erstaunlicherweise Epikur vielleicht „einen echteren philosophischen Geist, als irgend einer der Weltweisen des Altertums" zeigte; hier dürfte Kant von Bayles Epikur-Artikel in der *Encyclopédie* beeinflußt sein.). Nach dem zweiten Gesichtspunkt, dem Ursprung, schiebt sich zwischen Platon und Epikur Aristoteles mit einer Epikur vorgreifenden, aber angeblich nicht so konsequenten Revolution. Man könnte bei Aristoteles von der Revolution 2 A, bei Epikur von der Revolution 2B sprechen. Allerdings muß man sich fragen, ob Aristoteles tatsächlich im Kantischen Sinn ein Empirist war, da er sich – so ein Argument von A313/B370 – anders als Platon mit Verstandesbegriffen zufrieden gibt. Die Frage sprengt aber den Rahmen eines bloßen Kommentars; wegen der erkenntnistheoretischen Bedeutung des Aristotelischen *nous* ist sie aber eher negativ zu beantworten (vgl. Höffe 1996, Kap. 5.3). Versteht man Locke nicht lediglich als Rückfall hinter Epikur, sogar Aristoteles (wegen der auf Locke bezogenen Parenthese „vornehmlich aber der letztere"; A854/B882), dann müßte man auch seine „Vorgänger", namentlich Descartes, einführen und Locke im Verhältnis zu Descartes eine jetzt dritte Revolution zusprechen. Und die von Leibniz vorgenommene, inzwischen vierte Revolution liegt in der „genugsamen Entfernung von dessen [sc. Platons; O. H.] mystischem Systeme" (ebd.). Berücksichtigt man noch die zweigeteilte Vorgeschichte („Kindeslter", A852/B880) der Philosophie, so ergeben sich insgesamt sechs Phasen. Ihre beiden ersten gehen der mit Platon beginnenden Abfolge philosophischer Revolutionen noch voraus: (1) Im Kindesalter der Philosophie befassen sich die Menschen mit der „Erkenntnis Gottes" und mit der „Beschaffenheit einer andern Welt" (A852/B880). (2) Aufgrund einer (ersten) Aufklärung interessieren sie sich nicht nur für Theologie, sondern auch, „um wenigstens in einer andern Welt glücklich zu sein", für Moral (A852 f./B880 f.). Die eigentliche Triebfeder zur Metaphysik bleibt indessen die Theologie. (Ohne eine gereinigte Bestimmung der moralischen Begriffe gibt es entweder „nur rohe und umherschweifende Begriffe von der Gottheit" oder „eine zu bewundernde Gleichgültigkeit", A817/B845.) Innerhalb der (spekulativen) Metaphysik und ihrem Grundstreit Empirismus – Noologismus bzw. Rationalismus gibt es (3) in der Antike den Streit zwischen Platon und Aristoteles bzw. Epikur und (4) in der Neuzeit den zwischen Locke und Leibniz, wobei Locke insofern einen gewissen Rückschritt bringt, als er weniger konsequent als Epikur verfährt, Leibniz dagegen einen Fortschritt, da er sich von Platons mystischem System entfernt. Die *Logik* rechnet sie aber beide unter „die größten und verdienstvollsten Reformatoren der Philosophie zu unsern Zeiten" (IX 32). (5) Danach gibt es eine „natürliche Fortsetzung"; aus Leibniz' Noologismus wird Wolffs Dogmatismus und aus Lokkes Empirismus Humes Skeptizismus. (6) Darauf folgt als Abschluß und zugleich Höhepunkt Kants kritische Methode.

Im Anschluß an A761/B789 kann man auch drei Phasen unterscheiden: Der dogmatische Schritt – meint Kant hier die Philosophie von Platon bis Wolff? – gilt als „Kindesalter" der reinen Vernunft; die Kritik entspricht „der gereiften und männlichen" (ebd.), neutral: der erwachsenen Urteilskraft, so daß der mittlere, skeptische Schritt als Jugendalter der reinen Vernunft erscheint.

Der dritten Antithese liegt ein anspruchsvoller Begriff zugrunde: die *Methode* als „ein Verfahren nach *Grundsätzen*" (A855/B883). Dargestellt wird der Streit in zwei Stufen. Bei der elementaren, nicht auf historische Positionen bezogenen Konkurrenz, der zwischen der naturalistischen und der szientifischen Methode, versteht Kant unter Naturalismus weder, gegenstandstheoretisch, die Ablehnung einer zweiten, nichtnatürlichen Welt („Übernatur") noch, „erkenntnistheoretisch", die Einschränkung der Erkenntnis auf die Erfahrung. Er meint Misologie (griech. Verstand-, Vernunftfeindschaft): die Ablehnung jedweder Wissenschaft (vgl. *Logik*, IX 26), die sich selbstzufrieden „die gesunde Vernunft nennt" (A855/B883). (Nach dem Vorwort der *Prolegomena* berufen sich – „ohne alle Einsicht trotzig" – Humes – „Gegner Reid, Oswald, Beattie und zuletzt noch Priestley" auf den gemeinen Menschenverstand; vgl. IV 258 f. Sie, die sog. Common-sense-Philosophen der Schottischen Schule des 18. Jahrhunderts, dürfte Kant zur naturalistischen Methode zählen.)

Die zweite, jetzt historische Stufe des methodischen Streits betrifft den aus der *Vorrede A* (A ix) bekannten Streit zwischen Dogmatismus und Skeptizismus. Beiden Seiten ist „die Verbindlichkeit, *systematisch* zu verfahren" (A856/B884), gemeinsam. Als dogmatisch bezeichnet Kant nicht etwa den gesamten Noologismus bzw. Rationalismus; Descartes und Spinoza fehlen in der *Geschichte* ganz, und Leibniz wird nicht dogmatisch genannt, sondern lediglich „der berühmte Wolff" (ebd.; der Zusatz „berühmt" zu Wolff ist übrigens nicht ironisch gemeint; Kant hat den „berühmten Wolff" als den „größten unter allen dogmatischen Philosophen" wegen seiner „strengen Methode" und seines „Geistes der Gründlichkeit" hochgeachtet; B xxxvi). Wegen des

Zusatzes „so kann ich die übrigen [...] ungenannt lassen" (A856/B884) ist aber klar, daß Kant nicht nur an Wolff denkt.

Was Kant dem „Dogmatism der Metaphysik" vorwirft, sagt er nicht in der *Geschichte*, denn wir kennen es schon von der Vorrede, allerdings erst der zweiten Auflage. Es ist „das Vorurteil, in ihr [sc. der Metaphysik, O. H.] ohne Kritik der reinen Vernunft fortzukommen" (B xxx). Um den Dogmatismus zu überwinden, braucht es also die Methode, die erst Kant praktiziert, die Kritik, die den Grund des bisherigen Scheiterns aufdeckt: „den Punkt des Mißverstandes der Vernunft mit ihr selbst" (A xii). Die Aufklärung über ihr Versagen in der Vergangenheit eröffnet der Philosophie wieder eine Zukunft.

Nach A471/B499 kann auch der Empirismus dogmatisch werden, wenn er nämlich „dasjenige dreist verneinet, was über der Sphäre seiner anschauenden Erkenntnisse ist". Die *Geschichte* geht erstaunlicherweise darauf nicht ein, obwohl der dem Dogmatismus vorzuwerfende „Fehler der Unbescheidenheit" im Fall des Empirismus umso „tadelbarer" ist, als „dadurch dem praktischen Interesse der Vernunft ein unersetzlicher Nachteil verursacht wird" (ebd.). In der *Geschichte* geht es aber vor allem um „die bloß spekulative Vernunft". Außerdem führt Kant beim dritten, methodischen Streit nur Philosophen der Neuzeit an, deren empiristischer Vertreter, Locke, die genannte „dreiste Verneinung" nicht vornimmt, will er doch „das Dasein Gottes und die Unsterblichkeit der Seele [...] evident beweisen" (A854/B882).

Im Anschluß an die dogmatische Methode nennt Kant noch die skeptische (Hume; in der *Logik* auch die Skepsis der Antike; IX 30 f.), schließlich jene allein verbleibende und endlich Erfolg bringende Methode: die eigene, den kritischen Weg. Die „Antithetik der reinen Vernunft" unterscheidet den Skeptizismus, den „Grundsätze einer kunstmäßigen und szientifischen Unwissenheit, welcher die Grundlagen aller Erkenntnis untergräbt", von der im Antinomienkapitel praktizierten „skeptischen Methode", die einen Streit von Behauptungen veranlaßt, „um zu untersuchen, ob der Gegenstand desselben nicht vielleicht ein bloßes Blendwerk sei" (A423/B451). Weil das skeptische Verfahren in der *Geschichte* als eine Art der szientifischen Methode erscheint, könnte man es als skeptische Methode ansprechen wollen. Damit würde es aber zu jener Methode, die, in der „Antithetik" von Kant angewandt, einen Teil seines eigenen kritischen Weges ausmacht. Um Kant keinen elementaren Widerspruch anzulasten – die skeptische Methode werde sowohl durch die *Kritik* abgelöst als auch von ihr praktiziert –, ist daher das skeptische Verfahren der *Geschichte* nicht mit der skeptischen Methode der *Antinomie*, sondern mit deren Skeptizismus gleichzusetzen.

Nach der Methode betrachtet, besteht die Philosophiegeschichte aus drei Phasen, aus dem Dogmatismus, dem anfangs unvermeidlichen Selbstmißverständnis der Vernunft, aus dem Skeptizismus, der resignierenden Selbstaufgabe, und deren beider Überwindung im Kritizismus. Am Ende ist Kant optimistisch: Wenn die Leser der *Kritik* entsprechend mithelfen, kann „dasjenige, was viele Jahrhunderte nicht leisten konnten, noch vor Ablauf des gegenwärtigen", also in weniger als zwei Jahrzehnten, „erreicht werden" und „die menschliche Vernunft" bringt es „in dem, was ihre Wißbegierde jederzeit, bisher aber vergeblich, beschäftigt hat, zur völligen Befriedigung" (A856/B884).

Literatur

Conrad, Elfriede 1994: Kants Logikvorlesungen als neuer Schlüssel zur Architektonik der Kritik der reinen Vernunft. Die Ausarbeitung der Gliederungsentwürfe in den Logikvorlesungen als Auseinandersetzung mit der Tradition, Stuttgart-Bad Cannstatt.

Cramer, Konrad 1985: Nicht-reine synthetische Urteile a priori. Ein Problem der Transzendentalphilosophie Immanuel Kants, Heidelberg.

Heimsoeth, Heinz 1971: Transzendentale Dialektik. Ein Kommentar zu Kants Kritik der reinen Vernunft. Vierter Teil: Die Methodenlehre, Berlin/New York.

Höffe, Otfried 1996: Aristoteles, München (^{4}2014).

Höffe, Otfried 1997: Vier Kapitel einer Wirkungsgeschichte der Politeia, in: ders. (Hg.), Platon, Politeia, Berlin, 333–361.

Höffe, Otfried 2004: Kants Kritik der reinen Vernunft. Die Grundlegung der modernen Philosophie, München, Kap. 22 „System und Geschichte" (^{5}2011).

Höffe, Otfried 2023: Was hat Immanuel Kant uns heute noch zu sagen? Frankfurt/M.

Kleingeld, Pauline. 1995: Fortschritt und Vernunft. Zur Geschichtsphilosophie Kants, Würzburg.

Kojève, Alexandre 1973, Kant, Paris.

Lübbe, Hermann 1962: „Philosophiegeschichte als Philosophie. Zu Kants Philosophiegeschichtsphilosophie", in: K. Oehler/R. Schaeffer (Hgg.), Einsichten. Gerhard Krüger zum 60. Geburtstag, Frankfurt/M., 204–229.

Malter, Rudolf (Hg.) 1990: Immanuel Kant in Rede und Gespräch Hamburg.

Yovel, Yirmiyahu 1980: Kant and the Philosophy of History, Princeton.

Auswahlbibliographie

A Textausgaben zitierter Schriften Immanuel Kants

Zu Kants Werken siehe auch das Siglenverzeichnis am Anfang des Bandes.

Kant's gesammelte Schriften, Bände I–XXII hg. v. d. Preußischen Akademie der Wissenschaften, Berlin 1900 ff., Band XXIII hg. v. d. Deutschen Akademie der Wissenschaften, Berlin 1956, ab Band XXIV hg. v. d. Akademie der Wissenschaften zu Göttingen, Berlin 1966 ff. (= AA)
Kant, Theoretische Schriften, hg. u. komm. v. Georg Mohr, Frankfurt/M. (i. Ersch.)
Bemerkungen in den „Beobachtungen über das Gefühl des Schönen und Erhabenen", hg. von Marie Rischmüller, Hamburg 1991
De mundi sensibilis atque intelligibilis forma et principiis, lat.-dt., übs. v. Norbert Hinske, hg. v. Wilhelm Weischedel, Frankfurt/M. 1977 Kritik der reinen Vernunft, hg. v. Ingeborg Heidemann, Stuttgart 1966

B Übersetzungen

Critique of Pure Reason, transl. and ed. by Norman Kemp Smith, London 1929, ²1933
Critique of Pure Reason, transl. and ed. by Paul Guyer and Allen Wood, in: The Cambridge Edition of the Works of Immanuel Kant, 1998
Critique de la raison pure, trad. et éd. par A. J.-L. Delamarre et François Marty, in: Emmanuel Kant, Œuvres philosophiques, vol. 1, Paris (Pléiade) 1980
Critique de la raison pure, trad. et éd. par Alain Renaut, Paris 1997

C Primärtexte (nach Titeln zitierte „klassische" Werke)

Aristoteles: Metaphysik, griech.-dt., 2 Bde., übs. v. Hermann Bonitz, hg. v. Horst Seidl, Hamburg ³1989/³1991
Aristoteles: Nikomachische Ethik, griech.-dt., übs. v. Eugen Rolfes, hg. v. Günther Bien, Hamburg ⁴1985
Aristoteles: Physik. Vorlesung über Natur, griech.-dt., 2 Bde., übs. u. hg. v. Hans Günter Zekl, Hamburg 1987/88
Aristoteles: Topik (Organon V), griech.-dt., übs. u. hg. v. Hans Günter Zekl, Hamburg 1997
Arnauld, Antoine/Nicole, Pierre: La Logique ou l'art de penser (La Logique de Port-Royal, 1662), édition critique établie par Pierre Clair et François Girbal, Paris 1981; dt.: Die Logik oder die Kunst des Denkens, übs. v. Christos Axelos, Darmstadt ²1994

Bacon, Francis: Instauratio Magna, Bd. 2: Novum Organum sive indica vera de interpretatione naturae, London 1620; dt.: Neues Organon der Wissenschaften, hg. v. A. Th. Buck, Darmstadt ²1962

Baumgarten, Alexander Gottlieb: Metaphysica, Halae Magdeburgicae 1739, Editio IIII, Halle 1757; Nachdruck der 4. Aufl. v. 1779: Hildesheim 1963; auch in: Kant, AA XVII

Boureau-Deslandes, A. F.: Histoire critique de la philosophie, 3 vol., 1737; en 4 vol., Amsterdam 1756

Brucker, Johann Jakob: Historia critica philosophiae, a mundi incunabilis ad nostram usque aetatem deducta, in fünf Bänden, Leipzig 1742-1744

Cassirer, Ernst: Philosophie der symbolischen Formen (1923-29), 3 Bde., Darmstadt ⁷1977

Cohen, Hermann: Logik der reinen Erkenntnis (1902, ³1922), Hildesheim 1977

Crusius, Christian August: Entwurf der notwendigen Vernunftwahrheiten (1745, ²1753), Darmstadt 1963

Descartes, René: Discours de la méthode (1637), in: Œuvres de Descartes, éd. par Charles Adam et Paul Tannery, Paris 1964, tome VI; dt: Von der Methode des richtigen Vernunftgebrauchs, übs. u. hg. v. Lüder Gäbe, Hamburg 1969

Descartes, René: Meditationes de prima philosophia (1641), in: Œuvres de Descartes, éd. par Charles Adam et Paul Tannery, Paris 1964, tomes VII, IX; dt: Meditationen über die Grundlagen der Philosophie, übs. v. Artur Buchenau, hg. v. Lüder Gäbe, Hamburg 1977

Diogenes Laertius: Leben und Meinungen berühmter Philosophen, übs. v. Otto Apelt, hg. v. Hans Günter Zekl, Hamburg 1990

Euklid: Elementa, dt.: Elemente, fünfzehn Bücher aus dem Griechischen übersetzt von J. F. Lorenz, zweyte durchaus verbesserte Auflage, Halle 1798; neuere dt. Übs. v. C. Thaer 1933-37; Repr. 1962

Fichte, Johann Gottlieb: Grundlage der gesamten Wissenschaftslehre als Handschrift für seine Zuhörer (1794), hg. v. Wilhelm G. Jacobs, Hamburg 1979

Fichte, Johann Gottlieb: Zweite Einleitung, Versuch einer neuen Darstellung der Wissenschaftslehre (1797/98), hg. v. Peter Baumanns, Hamburg 1975

Fichte, Johann Gottlieb: Gesamtausgabe der Bayerischen Akademie der Wissenschaften, hg. v. Reinhard Lauth u. Hans Jacob, Stuttgart-Bad Cannstatt 1962 ff.

Formey, Johann Heinrich Samuel: Histoire abregée de la philosophie, Amsterdam 1760; dt.: Kurzgefaßte Historie der Philosophie, Berlin 1763

Frege, Gottlob: Begriffsschrift (1879), hg. v. Ignacio Angelelli, Darmstadt 1977

Fries, Jakob Friedrich: Neue Kritik der Vernunft, 1807, 2. Aufl.: Neue oder anthropologische Kritik der Vernunft, 1831; Repr. 1967

Hamann, Johann Georg: Metacritik über den Purism der reinen Vernunft (1784/ 1800), in: Hamanns Schriften, hg. v. Friedrich Roth, Bd. VII, Berlin 1825

Hegel, Georg Wilhelm Friedrich: Phänomenologie des Geistes (1807), in: Theorie-Werkausgabe, Bd. 3, Frankfurt/M. 1970

Hegel, Georg Wilhelm Friedrich: Wissenschaft der Logik (1816), Zweiter Band: Die subjektive Logik oder die Lehre vom Begriff, in: Gesammelte Werke, Bd. 12, hg. v. Friedrich Hogemann u. Walter Jaeschke, Hamburg 1981

Heidegger, Martin: Sein und Zeit (1927), Tübingen ¹⁴1977

Herder, Johann Gottfried: Verstand und Erfahrung, Vernunft und Sprache. Eine Metakritik zur Kritik der reinen Vernunft (1799), in: Sämmtliche Werke, hg. v. Bernhard Suphan, Bd. 21, Berlin 1881, 1-339

Herz, Marcus: Betrachtungen aus der Weltweisheit (1771), neu hg. v. Elfriede Conrad u. a., Hamburg 1990

Hobbes, Thomas: Leviathan, ore the Matter, Forme and Power of a Commonwealth, Ecclesiasticall and Civill (1651); dt.: Leviathan oder Stoff, Form und Gewalt eines bürgerlichen und kirchlichen Staates, übs. v. Walter Euchner, hg. v. Iring Fetscher, Frankfurt/M. 1996

Hume, David: A Treatise of Human Nature (1739–40), ed. by P. H. Nidditch, Oxford ²1980; dt.: Ein Traktat über die menschliche Natur, übs. v. Theodor Lipps, hg. v. Reinhard Brandt, Hamburg 1989

Hume, David: An Enquiry Concerning Human Understanding (1748), in: Enquiries concerning Human Understanding and concerning the Principles of Morals, ed. by L. A. Selby-Bigge, 3. Aufl. ed. by P. H. Nidditch, Oxford 1975; dt.: Eine Untersuchung über den menschlichen Verstand, übs. v. Raoul Richter, hg. v. Jens Kulenkampff, Hamburg 1984

Husserl, Edmund: Ideen zu einer reinen Phänomenologie (1913), in: Husserliana, Bd. III, Den Haag 1976

Husserl, Edmund: Cartesianische Meditationen (1931); in: Husserliana, Bd. I, Den Haag ²1963

Jacobi, Friedrich Heinrich: Über die Lehre des Spinoza in Briefen an den Herrn Moses Mendelssohn (1785, ²1789), in: F. H. Jacobi's Werke, Bd. 4, Leipzig ³1819 (Repr. 1968); Repr. in: Aetas Kantiana, 1986

Jacobi, Friedrich Heinrich: David Hume über den Glauben, oder Idealismus und Realismus. Ein Gespräch (1787), in: F. H. Jacobi's Werke, Bd. 2, Leipzig ²1815, 3–310; Repr. 1968

Krug, Wilhelm Traugott: Allgemeines Handwörterbuch der philosophischen Wissenschaften, nebst ihrer Literatur und Geschichte, Bd. 1, Leipzig 1827

Lambert, Johann Heinrich: Anlage zur Architectonic, oder Theorie des Einfachen und des Ersten in der philosophischen und mathematischen Erkenntniß, Riga 1771

Lambert, Johann Heinrich: Neues Organon oder Gedanken über die Erforschung und Bezeichnung des Wahren und dessen Unterscheidung von Irrtum und Schein (1764), hg. v. Günter Schenk, 2 Bde. u. Appendix, Berlin 1990

Leibniz, Gottfried Wilhelm: Essais de Théodicée (1710); dt.: Die Theodizee, übs. v. Artur Buchenau, Hamburg 1968

Leibniz, Gottfried Wilhelm: Nouveaux essais sur l'entendement humain (1704/ 1765), in: Sämtliche Schriften und Briefe, Sechste Reihe, Band 6, hg. v. d. Deutschen Akademie d. Wissenschaften, Berlin 1962; dt.: Neue Abhandlungen über den menschlichen Verstand, übs. u. hg. v. Ernst Cassirer, Hamburg 1971

Leibniz, Gottfried Wilhelm: Monadologie (1720), frz.-dt., übs. v. Artur Buchenau, hg. v. Herbert Herring, Hamburg 1969

Leibniz, Gottfried Wilhelm: Correspondance Leibniz-Clarke (1717), éd. par André Robinet, Paris 1954; dt.: Der Leibniz-Clarke Briefwechsel, übs. u. hg. v. Volkmar Schüller, Berlin 1991

Liebmann, Otto: Kant und die Epigonen. Eine kritische Abhandlung (1865), Erlangen 1991

Locke, John: An Essay Concerning Human Understanding (1690), ed. by P. H. Nidditch, Oxford 1975, 1979; dt.: Versuch über den menschlichen Verstand, übs. v. C. Winckler, 2 Bde., Hamburg ⁴1981

Maimon, Salomon: Versuch über die Transzendentalphilosophie (1790), in: Gesammelte Werke, hg. v. V. Verra, Bd. 2, 1965

Meier, Georg Friedrich: Auszug aus der Vernunftlehre, Halle 1752 (in: Kant, AA XVI)

Mendelssohn, Moses: Phädon oder über die Unsterblichkeit der Seele (1767), hg. v. Dominique Bourel, Hamburg 1979

Mendelssohn, Moses: Morgenstunden oder Vorlesungen über das Daseyn Gottes (1785), hg. v. Dominique Bourel, Stuttgart 1979

Newton, Isaac: Philosophiae Naturalis Principia Mathematica (1687), hg. v. A. Koyré u. B. Cohen, 2 Bde., Cambridge UP, 1972; dt. hg. v. J. Ph. Wolfers, 1872; Repr. Frankfurt/M. 1992

Pascal, Blaise: Pensées, in: Œuvres complètes, éd. par Louis Lafuma, Paris 1975; dt.: Gedanken, übs. v. Ulrich Kunzmann, Leipzig ²1992

Platon, Apologie, in: Werke, griech.-dt., übs. v. Friedrich Schleiermacher, hg. v. Gunther Eigler, Bd. 2, Darmstadt 1990

Platon, Kriton, in: Werke, griech.-dt., übs. v. Friedrich Schleiermacher, hg. v. Gunther Eigler, Bd. 2, Darmstadt 1990

Platon, Politeia, in: Werke, griech.-dt., übs. v. Friedrich Schleiermacher, hg. v. Gunther Eigler, Bd. 4, Darmstadt 1990

Popper, Karl Raimund: Logik der Forschung (1934), Tübingen ⁷1982

Reinhold, Karl Leonhard: Versuch einer neuen Theorie des menschlichen Vorstellungsvermögens (1789), Darmstadt 1963

Reinhold, Karl Leonhard: Über das Fundament des philosophischen Wissens (1791), und: Über die Möglichkeit der Philosophie als strenge Wissenschaft (1790), hg. v. Wolfgang H. Schrader, Hamburg 1978

Rickert, Heinrich: Die Grenzen der naturwissenschaftlichen Begriffsbildung (1896–1902), 2 Bde., Tübingen ⁵1929

Rosenkranz, Karl: Geschichte der Kant'schen Philosophie (1840), hg. v. Steffen Dietzsch, Berlin 1987

Schelling, Friedrich Wilhelm Joseph, Vom Ich als Prinzip der Philosophie oder über das Unbedingte im menschlichen Wissen (1795), in: Ausgewählte Schriften, Bd. 1, Frankfurt/M. 1985, 39–134

Schopenhauer, Arthur: Über die vierfache Wurzel des Satzes vom zureichenden Grunde. Eine philosophische Abhandlung (²1847), in: Sämtliche Werke, hg. v. Arthur Hübscher, Bd. 1, Wiesbaden ³1972

Schopenhauer, Arthur: Die Welt als Wille und Vorstellung (1819, 1844), in: Sämtliche Werke, Bde. 2 u. 3, hg. v. Arthur Hübscher, Wiesbaden ³1972

Schulze, Gottlob Ernst: Aenesidemus oder über die Fundamente der von dem Herrn Professor Reinhold in Jena gelieferten Elementar-Philosophie. Nebst einer Verteidigung des Scepticismus gegen die Anmassungen der Vernunftkritik (1792), Berlin 1911

Strawson, Peter F.: Individuals. An Essay in Descriptive Metaphysics, London 1969; dt. Einzelding und logisches Subjekt. Ein Beitrag zur deskriptiven Metaphysik, übs. v. Freimut Scholz, Stuttgart 1972

Terrasson, Jean Louis: Philosophie, nach ihrem allgemeinen Einflusse, auf alle Gegenstände des Geistes und der Sitten, Leipzig 1756

Thomas von Aquin: Summa theologica (1266–1273); lat.-dt. in: Die Deutsche Thomas-Ausgabe, Bde. 1–36, hg. v. dem Katholischen Akademikerverband (inzw. von Philosoph.-Theolog. Hochschule Walberberg), Salzburg (inzw. Graz/Wien/Köln) 1933–1961

Ulrich, Johannes August Heinrich: Institutiones logicae et metaphysicae, Jena 1785

Wolff, Christian: Vernünfftige Gedancken von Gott, der Welt und der Seele des Menschen, auch allen Dingen überaupt (Deutsche Metaphysik) (¹¹1751), in: Gesammelte Werke, I. Abt., Bd. 2, hg. v. Ch. A. Corr, Hildesheim 1983

Wolff, Christian: Mathematisches Lexicon (1716), in: Gesammelte Werke, I. Abt., Bd. 11, hg. v. J. E. Hofmann, Hildesheim 1978

Wolff, Christian: Philosophia rationalis sive Logica (³1740), in: Gesammelte Werke, II. Abt., Bd. 1, hg. v. J. Ecole, Hildesheim 1983

Wolff, Christian: Philosophia prima, sive Ontologia, editio nova (1736), in: Gesammelte Werke, II. Abt., Bd. 3, hg. v. J. Ecole, Hildesheim 1977

Wolff, Christian: Psychologia empirica (1738), in: Gesammelte Werke, II. Abt., Bd. 5, hg. v. J. Ecole, Hildesheim 1968

Wolff, Christian: Psychologia rationalis (1740), in: Gesammelte Werke, II. Abt., Bd. 6, hg. v. J. Ecole, Hildesheim 1972
Zedler, Johann Heinrich (Hg.): Grosses vollständiges Universal Lexicon Aller Wissenschaften und Künste, Bd. 11, Halle u. Leipzig 1735, Bd. 19, Halle u. Leipzig 1739

D Literatur zu Kants Leben und Werk

Broad, Charlie Dunbar 1978: Kant. An Introduction, ed. by C. Lewy, Cambridge
Cassirer, Ernst ³1977: Kants Leben und Lehre (1918), Darmstadt
Delekat, Friedrich ²1966: Immanuel Kant. Historisch-kritische Interpretation der Hauptschriften, Heidelberg
Eisler, Rudolf 1977: Kant-Lexikon. Nachschlagewerk zu Kants sämtlichen Schriften, Briefen und handschriftlichem Nachlaß, Hildesheim/New York
Gerhardt, Volker/Kaulbach, Friedrich 1979: Kant, Darmstadt
Gulyga, Arsenij 1981: Immanuel Kant, Frankfurt/M.
Heimsoeth, Heinz/Henrich, Dieter/Tonelli, Giorgio (Hg.) 1967: Studien zu Kants philosophischer Entwicklung, Hildesheim
Heintel, Peter/Nagl, Ludwig (Hg.) 1981: Zur Kantforschung der Gegenwart, Darmstadt
Hinske, Norbert 1970: Kants Weg zur Transzendentalphilosophie. Der dreißigjährige Kant, Stuttgart/Berlin/Köln/Mainz
Höffe, Otfried ⁹2020: Immanuel Kant, München
Höffe, Otfried 2023: Der Weltbürger aus Königsberg. Immanuel Kant heute. Person und Werk, Wiesbaden
Höffe, Otfried 2023: Was hat Immanuel Kant uns heute noch zu sagen? Frankfurt/M.
Kaulbach, Friedrich ²1982: Immanuel Kant, Berlin
Körner, Stephan ²1980: Kant, Göttingen; engl. Harmondsworth 1955
Kojève, Alexandre 1973: Kant, Paris
Malter, Rudolf (Hg.) 1990: Immanuel Kant in Rede und Gespräch, Hamburg
Philonenko, Alexis ³1989: L'œuvre de Kant, 2 vol., Paris
Vorländer, Karl ³1992: Immanuel Kant. Der Mann und das Werk (1924), Hamburg
Walker, Ralph 1978: Kant, London

E Zeitgenössische Rezeption der *Kritik der reinen Vernunft*

Beck, Jakob Sigismund 1793–1796: Erläuternder Auszug aus den kritischen Schriften des Herrn Prof. Kant; Nachdruck Frankfurt/M. 1975
Garve, Christian/Feder, Johann Georg Heinrich 1782: Rezension der Kritik der reinen Vernunft, in: Göttingische Anzeigen von Gelehrten Sachen vom 19. Januar 1782; wiederabgedruckt in: Landau 1991
Landau, Albert 1991: Rezensionen zur Kantischen Philosophie. 1781–87 (= Bd. 1), Bebra

Mellin, Georg Samuel Albert 1797-1804: Encyclopädisches Wörterbuch der kritischen Philosophie, 6 Bde., Zülichau/Leipzig/Jena; Neudruck Aalen 1970/71
Reinhold, Karl Leonhard 1786 ff.: Briefe über die Kantische Philosophie, in: Deutscher Merkur
Schmid, Carl Christian Erhard 1786: Critik der reinen Vernunft im Grundrisse zu Vorlesungen nebst einem Wörterbuche zum leichtern Gebrauch der Kantischen Schriften, Jena; 4. Aufl. d. Wörterbuchs 1798, neu hg. v. Norbert Hinske, Darmstadt ²1980
Schultz, Johann 1784: Erläuterungen über des Herrn Professor Kant Critik der reinen Vernunft (²1791), Neudruck Brüssel 1968; engl. Übs.: Exposition of Kant's Critique of Pure Reason, ed. by Wesley Morrison, Ottawa 1995
Schultz, Johann 1789: Prüfung der Kantischen Critik der reinen Vernunft (²1792)

F Kommentare zur *Kritik der reinen Vernunft*

Baumanns, Peter 1997: Kants Philosophie der Erkenntnis. Durchgehender Kommentar zu den Hauptkapiteln der „Kritik der reinen Vernunft", Würzburg
Baumgartner, Hans Michael ⁴1996: Kants „Kritik der reinen Vernunft". Anleitung zur Lektüre, Freiburg/München
Cohen, Hermann 1907: Kommentar zu Immanuel Kants Kritik der reinen Vernunft, Leipzig
Ewing, A. C. 1938: A Short Commentary on Kant's Critique of Pure Reason, Chicago; Repr. 1987
Falkenstein, Lorne 1995: Kant's Intuitionism. A Commentary on the Transcendental Aesthetic, Toronto
Grayeff, Felix ²1977: Deutung und Darstellung der theoretischen Philosophie Kants. Ein Kommentar zu den grundlegenden Teilen der Kritik der reinen Vernunft, Hamburg
Heimsoeth, Heinz 1966-71: Transzendentale Dialektik. Ein Kommentar zu Kants Kritik der reinen Vernunft, 4 Teile, Berlin/New York
Kemp Smith, Norman ²1923: A Commentary to Kant's „Critique of Pure Reason," (1st ed. London 1918); Repr. New York 1962
Mohr, Georg 2004: Werkkommentar und Stellenkommentar, in: Kant, Theoretische Schriften, hg. u. komm. v. Georg Mohr, Frankfurt/M.
Paton, Herbert J. 1936: Kant's Metaphysic of Experience. A Commentary on the First Half of the Kritik der reinen Vernunft, 2 vols., London/New York, ²1951
Schmucker, Josef 1990: Das Weltproblem in Kants Kritik der reinen Vernunft. Kommentar und Strukturanalyse des ersten Buches und des 2. Hauptstückes des zweiten Buches der transzendentalen Dialektik, Bonn
Vaihinger, Hans, 1881/92: Commentar zu Kants Kritik der reinen Vernunft, 2 Bde., Bd. 1 Stuttgart 1881, Bd. 2 Stuttgart/Berlin/Leipzig 1892; Nachdruck Aalen 1970
Vleeschauwer, Herman Jean de 1934-37: La Déduction Transcendentale dans l'œuvre de Kant, 3 vol., Antwerpen/Paris/Den Haag; Nachdruck New York 1976
Weldon, Thomas Dewar ²1958: Kant's Critique of Pure Reason, Oxford
Wilkerson, T. E. 1976: Kant's Critique of Pure Reason. A Commentary for Students, Oxford

G Literatur zur *Kritik der reinen Vernunft*

Adickes, Erich 1924: Kant und das Ding an sich, Berlin
Allison, Henry E. 1983: Kant's Transcendental Idealism. An Interpretation and Defense, New Haven/London
Allison, Henry E. 1996: Idealism and Freedom, Essays on Kant's Theoretical and Practical Philosophy, Cambridge
Alquié, Fernand 1968: La critique kantienne de la métaphysique, Paris
Ameriks, Karl 1982: Kant's Theory of Mind. Analysis of the Paralogisms of Pure Reason, Oxford
Aquila, Richard E. 1983: Representational Mind. A Study of Kant's Theory of Knowledge, Bloomington/Indianapolis
Aschenberg, Reinhold 1982: Sprachanalyse und Transzendentalphilosophie, Stuttgart
Baum, Manfred 1986: Deduktion und Beweis in Kants Transzendentalphilosophie. Untersuchungen zur „Kritik der reinen Vernunft", Königstein
Beck, Lewis White 1965: Studies in the Philosophy of Kant, Indianapolis
Beck, Lewis White (ed.) 1969: Kant Studies Today, LaSalle
Beck, Lewis White 1978: Essays on Kant and Hume, New Haven
Becker, Wolfgang 1984: Selbstbewußtsein und Erfahrung. Zu Kants transzendentaler Deduktion und ihrer argumentativen Rekonstruktion, Freiburg/ München
Bennett, Jonathan 1966: Kant's Analytic, Cambridge
Bennett, Jonathan 1974: Kant's Dialectic, Cambridge
Benoist, Jocelyn 1996: Kant et les limites de la synthèse. Le sujet sensible, Paris
Bird, Graham ²1965: Kant's Theory of Knowledge: An Outline of One Central Argument in the „Critique of Pure Reason", London
Brandt, Reinhard 1991: Die Urteilstafel, Kritik der reinen Vernunft, A67-76/B92-101, Hamburg (engl. Übs. v. Eric Watkins, North American Kant Society Studies in Philosophy, Vol. 4, Atascadero 1995)
Brittan, Gordan G. Jr. 1978: Kant's Theory of Science, Princeton
Bröcker, Walter 1970: Kant über Metaphysik und Erfahrung, Frankfurt/M.
Carl, Wolfgang 1989: Der schweigende Kant. Die Entwürfe zu einer Deduktion der Kategorien vor 1781, Göttingen
Cohen, Hermann 1871 (²1885, ³1918): Kants Theorie der Erfahrung, Berlin; in: Werke, Bd. 1.1., Hildesheim/Zürich/New York 1987
Cramer, Konrad 1985: Nicht-reine synthetische Urteile a priori. Ein Problem der Transzendentalphilosophie Immanuel Kants, Heidelberg
Den Ouden, Bernard/Moen, Marcia (ed.) 1987: New Essays on Kant, New York
Dryer, Douglas P. 1966: Kant's Solution for Verification in Metaphysics, London
Ebbinghaus, Julius 1924/1968: „Kantinterpretation und Kantkritik", in: Deutsche Vierteljahrsschrift für Literaturwissenschaft und Geistesgeschichte 2 (1924), 80–115; 2., erweit. u. veränd. Fass. in: ders., Gesammelte Aufsätze, Vorträge und Reden, Hildesheim 1968, 1–23
Erdmann, Benno 1878: Kants Kritizismus in der ersten und in der zweiten Auflage der Kritik der reinen Vernunft, Leipzig
Ferrari, Jean 1979: Les sources françaises de la philosophie de Kant, Paris
Förster, Eckart (Hg.) 1989: Kant's Transcendental Deductions. The Three ‚Critiques' and the ‚Opus postumum', Stanford
Forum für Philosophie Bad Homburg (Hg.) 1988: Kants transzendentale Deduktion und die Möglichkeit von Transzendentalphilosophie, Frankfurt/M.

Friedman, Michael 1992: Kant and the Exact Sciences, Cambridge/Mass. u. London
Gram, Moltke S. 1968: Kant, Ontology, and the Apriori, Evanston/Ill.
Gram, Moltke S. (ed.) 1982: Interpreting Kant, Iowa
Graubner, Hans 1972: Form und Wesen. Ein Beitrag zur Deutung des Formbegriffs in Kants „Kritik der reinen Vernunft", Bonn (Kant-Studien Ergänzungshefte, Bd. 104)
Guyer, Paul 1987: Kant and the Claims of Knowledge, Cambridge
Guyer, Paul (ed.) 1992: The Cambridge Companion to Kant, Cambridge
Heidegger, Martin 1977: Phänomenologische Interpretation von Kants „Kritik der reinen Vernunft" (1927/28), in: Gesamtausgabe, Bd. 25, hg. v. Ingtraud Görland, Frankfurt/M.
Heidegger, Martin [4]1973: Kant und das Problem der Metaphysik, Frankfurt/M., Aufl. Tübingen 1929
Henrich, Dieter 1966: „Zu Kants Begriff der Philosophie", in: Kritik und Metaphysik, Festschrift für Heinz Heimsoeth, Berlin, 40–59
Henrich, Dieter 1976: Identität und Objektivität. Eine Untersuchung über Kants transzendentale Deduktion, Heidelberg
Henrich, Dieter 1988: „Die Identität des Subjekts in der transzendentalen Deduktion", in: Oberer/Seel 1988, 39–70; engl.: The Identity of the Subject in the Transcendental Deduction, in: Schaper/Vossenkuhl 1989, 250–280
Henrich, Dieter 1989: „Kant's Notion of a Deduction and the Methodological Background of the First Critique", in Eckart Förster (Hg.), Kant's Transcendental Deductions. The Three ‚Critiques' and the ‚Opus postumum', Stanford, 29–46
Hinsch, Wilfried 1986: Erfahrung und Selbstbewußtsein. Zur Kategoriendeduktion bei Kant, Hamburg
Höffe, Otfried [5]2011: Kants Kritik der reinen Vernunft. Die Grundlegung der modernen Philosophie, München
Hoppe, Hansgeorg 1983: Synthesis bei Kant. Das Problem der Verbindung von Vorstellungen und ihrer Gegenstandsbeziehung in der „Kritik der reinen Vernunft", Berlin/New York
Horstmann, Rolf-Peter 1997: Bausteine kritischer Philosophie. Arbeiten zu Kant, Bodenheim
Hossenfelder, Malte 1978: Kants Konstitutionstheorie und die transzendentale Deduktion, Berlin
Kaulbach, Friedrich 1981: Philosophie als Wissenschaft. Eine Anleitung zum Studium von Kants Kritik der reinen Vernunft, Hildesheim
Kitcher, Patricia 1990: Kants Transcendental Psychology, Oxford
Klemme, Heiner F. 1996: Kants Philosophie des Subjekts. Systematische und entwicklungsgeschichtliche Untersuchungen zum Verhältnis von Selbstbewußtsein und Selbsterkenntnis, Hamburg
Körner, Stephan 1967: „The Impossibility of Transcendental Deductions", in: The Monist 51, 317–351
Kopper, Joachim/Malter, Rudolf (Hg.) 1975: Materialien zu Kants „Kritik der reinen Vernunft", Frankfurt/M.
Kreimendahl, Lothar 1990: Kant – Der Durchbruch von 1769, Köln
Krüger, Lorenz 1968: „Wollte Kant die Vollständigkeit seiner Urteilstafel beweisen?", in: Kant-Studien, Bd. 59, 333–356
Lachièze-Rey, Pierre 1931: L'idéalisme kantien, Paris
Lebrun, Gérard 1970: Kant et la fin de la métaphysique, Paris
Longuenesse, Béatrice 1993: Kant et le pouvoir de juger. Sensibilité et discursivité dans l'Analytique transcendantale de la Critique de la raison pure, Paris 1993; engl. Übs.: Kant and the Capacity to Judge. Sensibility and Discursivity in the Transcendental Analytic of the Critique of Pure Reason, Princeton 1998
Martin, Gottfried [4]1969: Immanuel Kant – Ontologie und Wissenschaftstheorie, Berlin, 1. Aufl. Köln 1951

Marty, François 1980: La naissance de la métaphysique chez Kant, Paris
Melnick, Arthur 1989: Space, Time, and Thought in Kant, Dordrecht
Mohanty, J. N./Shahan, Robert W. (ed.) 1982: Essays on Kant's Critique of Pure Reason, Norman
Mohr, Georg 1991: Das sinnliche Ich. Innerer Sinn und Bewußtsein bei Kant, Würzburg
Neiman, Susan 1994: The Unity of Reason. Rereading Kant, Oxford/New York
Oberer, Hariolf/Seel, Gerhard (Hg.) 1998: Kant. Analysen – Probleme – Kritik, Würzburg
Oberer, Hariolf (Hg.) 1996: Kant. Analysen – Probleme – Kritik, Bd. 2, Würzburg
Parrini, P. (ed.) 1994: Kant and Contemporary Epistemology, Dordrecht/Boston/London
Parsons, Charles 1983: „Kant's Philosophy of Arithmetic", in: ders., Mathematics in Philosophy. Selected Essays, Ithaca, N.Y., 110–149
Patt, Walter 1987: Transzendentaler Idealismus. Kants Lehre von der Subjektivität der Anschauung in der Dissertation von 1770 und in der „Kritik der reinen Vernunft", Berlin/New York (Kantstudien-Ergänzungshefte, 120)
Penelhum, Terence/MacIntosh, J. J. (ed.) 1969: The First Critique: Reflections on Kant's Critique of Pure Reason, Belmont
Pippin, Robert B. 1982: Kant's Theory of Form. An Essay on the „Critique of Pure Reason", New Haven/London
Prauss, Gerold 1971: Erscheinung bei Kant. Ein Problem der Kritik der reinen Vernunft, Berlin
Prauss, Gerold (Hg.) 1973: Kant. Zur Deutung seiner Theorie von Erkennen und Handeln, Köln
Prauss, Gerold 1974: Kant und das Problem der Dinge an sich, Bonn
Prichard, H. A. 1909: Kant's Theory of Knowledge, Oxford; Repr. New York/London 1976
Reich, Klaus ²1948: Die Vollständigkeit der Kantischen Urteilstafel, Berlin, Aufl. 1932
Reininger, Robert 1900: Kants Lehre vom inneren Sinn und seine Theorie der Erfahrung, Wien/Leipzig
Renaut, Alain 1997: Kant aujourd'hui, Paris
Rohs, Peter, 1973: Transzendentale Ästhetik, Meisenheim/Glan
Rohs, Peter 1976: Transzendentale Logik, Meisenheim/Glan Rousset, Bernard 1967: La doctrine kantienne de l'objectivité, Paris
Schaper, Eva/Vossenkuhl, Wilhelm (eds.) 1989: Reading Kant. New Perspectives on Transcendental Arguments and Critical Philosophy, Oxford/New York
Schmucker, Josef 1976: „Was entzündete in Kant das große Licht von 1769?", Archiv für Geschichte der Philosophie 58, 393–434
Schönrich, Gerhard/Kato, Yasushi (Hg.) 1996: Kant in der Diskussion der Moderne, Frankfurt/M.
Schulthess, Peter 1981: Relation und Funktion. Eine systematische und entwicklungsgeschichtliche Untersuchung zur theoretischen Philosophie Kants, Berlin/New York
Strawson, Peter F. 1966: The Bounds of Sense. An Essay on Kant's Critique of Pure Reason, London; dt.: Die Grenzen des Sinns. Ein Kommentar zu Kants Kritik der reinen Vernunft, übs. v. Ernst Michael Lange, Frankfurt/M. 1992
Strohmeyer, Ingeborg, 1980: Transzendentalphilosophische und physikalische Raum-Zeit-Lehre. Eine Untersuchung zu Kants Begründung des Erfahrungswissens mit Berücksichtigung der speziellen Relativitätstheorie, Mannheim/Wien/Zürich
Stuhlmann-Laeisz, Rainer 1976: Kants Logik. Eine Interpretation auf der Grundlage von Vorlesungen, veröffentlichten Werken und Nachlaß, Berlin/New York
Sturma, Dieter 1985: Kant über Selbstbewußtsein. Zum Zusammenhang von Erkenntniskritik und Theorie des Selbstbewußtseins, Hildesheim/Zürich/ New York
Thöle, Bernhard 1991: Kant und das Problem der Gesetzmäßigkeit der Natur, Berlin/New York

Tonelli, Giorgio 1966: „Die Voraussetzungen zur Kantischen Urteilstafel in der Logik des 18. Jahrhunderts", in: Kaulbach, Friedrich/Ritter, Joachim (Hg.): Kritik und Metaphysik, Heinz Heimsoeth zum achtzigsten Geburtstag, Berlin
Tuschling, Burkhard (Hg.) 1984: Probleme der „Kritik der reinen Vernunft". Kant-Tagung Marburg 1981, Berlin/New York
Walker, Ralph (ed.) 1982: Kant on Pure Reason, Oxford
Walsh, William Henry 1975: Kant's Criticism of Metaphysics, Edinburgh
Wolff, Michael 1995: Die Vollständigkeit der Kantischen Urteilstafel. Mit einem Essay über Freges Begriffsschrift, Frankfurt/M.
Wolff, Robert Paul 1963: Kant's Theory of Mental Activity. A Commentary on the Transcendental Analytic of the Critique of Pure Reason, Cambridge/ Mass.
Wood, Allen W. (ed.) 1984: Self and Nature in Kant's Philosophy, Ithaca/N.Y.

Weitere Literatur siehe am Ende der Kommentarbeiträge.

Auswahl aus neuerer Literatur seit 1998 (2023)

Textausgaben

Hg. v. Jens Timmermann, Hamburg 1998
Hg. v. Georg Mohr, in: Immanuel Kant, Theoretische Philosophie. Texte und Kommentar, Bd. 1, Frankfurt am Main 2004

Kommentare, Einführungen, Nachschlagewerk

Altman, Matthew C. 2008: A Companion to Kant's Critique of Pure Reason, Boulder
Buroker, Jill Vance 2006: Kant's Critique of Pure Reason: An Introduction. Cambridge
Guyer, Paul (ed.) 2010: The Cambridge Companion to Kant's ‚Critique of Pure Reason', Cambridge/Mass.
Höffe, Otfried 2003/2011: Kants Kritik der reinen Vernunft. Die Grundlegung der modernen Philosophie, München
Mohr, Georg 2004: Kants Grundlegung der kritischen Philosophie, Frankfurt am Main
Rosenberg, Jay F. 2005: Accessing Kant: A Relaxed Introduction to the Critique of Pure Reason, Oxford
Tetens, Holm 2006: Kants ‚Kritik der reinen Vernunft'. Ein systematischer Kommentar, Stuttgart
Willaschek, Marcus / Stolzenberg, Jürgen / Mohr, Georg / Bacin, Stefano (Hg.) 2015: Kant-Lexikon, 3 Bde., Berlin / Boston

Spezielle Literatur

Allais, Lucy 2015: Manifest Reality. Kant's Idealism and his Realism, Oxford

Allison, Henry E. 2006: „Transcendental Realism, Empirical Realism and Transcendental Idealism", in: Kantian Review 11, 1–28
Allison, Henry E. 2015: Kant's Transcendental Deduction. An Analytical-Historical Commentary, Oxford
Ameriks, Karl 2003: Interpreting Kant's Critiques, Oxford
Anderson, R. Lanier 2015: The Poverty of Conceptual Truth. Kant's Analytic/Synthetic Distinction and the Limits of Metaphysics, Oxford
Chignell, Andrew 2007. 'Belief in Kant', Philosophical Review 116, 323–60
Collins, Arthur 1999: Possible Experience: Understanding Kant's Critique of Pure Reason, Berkeley and Los Angeles
de Boer, Karin 2020: Kant's Reform of Metaphysics, Cambridge
Dyck, Corey W. 2014: Kant and Rational Psychology, Oxford
Dyck, Corey W. 2022: „The Proof-Structure of Kant's A-Edition Objective Deduction", in: Giuseppe Motta et al. (ed.: Kant's Transcendental Deduction and the Theory of Apperception: New Interpretations, Berlin/Boston, 381–402
Edgar, Scott 2010: „The Explanatory Structure of the Transcendental Deduction and a Cognitive Interpretation of the First Critique", in: Canadian Journal of Philosophy 40, 285–314
Engelhard, Kristina 2005: Das Einfache und die Materie. Untersuchungen zu Kants Antinomie der Teilung, Berlin
Gava, Gabriele 2023: Kant's Critique of Pure Reason and the Method of Metaphysics, Cambridge
Gilmore-Grier, Michelle 2001: Kant's Doctrine of Transcendental Illusion, Cambridge
Gilmore-Grier, Michelle 2010: „The ideal of pure reason", in: Paul Guyer (ed.), The Cambridge Companion to Kant's Critique of Pure Reason, Cambridge
Gomes, Anil / Stephenson, Andrew (ed.) 2017: Kant and the Philosophy of Mind: Perception, Reason, and the Self, Oxford
Grüne, Stefanie 2009: Blinde Anschauung. Die Rolle von Begriffen in Kants Theorie sinnlicher Synthesis, Frankfurt am Main
Haag, Johannes 2007: Erfahrung und Gegenstand. Das Verhältnis von Sinnlichkeit und Verstand, Frankfurt am Main
Heßbrüggen-Walter, Stefan 2004: Die Seele und ihre Vermögen. Kants Metaphysik des Mentalen in der „Kritik der reinen Vernunft", Paderborn
Hogan, Desmond 2013: „Metaphysical Motives of Kant's Analytic–Synthetic Distinction", Journal of the History of Philosophy 51, 267–307
Hoeppner, Till 2021: Urteil und Anschauung. Kants metaphysische Deduktion der Kategorien, Berlin/Boston
Kohl, Markus. 2014: „Transcendental and Practical Freedom in the Critique of Pure Reason", in: Kant-Studien 105, 313–335
Kraus, Katharina 2020: Kant on self-knowledge and self-formation: the nature of inner experience, Cambridge
Land, Thomas 2015: „Nonconceptualist Readings of Kant and the Transcendental Deduction", in: Kantian Review 20, 25–51
Lorenz, Gisela Helene 2011: Das Problem der Erklärung der Kategorien, Eine Untersuchung der formalen Strukturelemente in der ‚Kritik der reinen Vernunft'", Berlin / New York
Mechtenberg, Lydia 2006: Kants Neutralismus: Theorien der Bezugnahme in Kants „Kritik der reinen Vernunft", Paderborn
Møller, Sofie 2020: Kant's Tribunal of Reason, Cambridge

Motta, Giuseppe et al. (ed.) 2022: Kant's Transcendental Deduction and the Theory of Apperception: New Interpretations, Berlin / Boston

Onof, Christian / Schulting, Dennis 2015: „Space as Form of Intuition and as Formal Intuition: On the Note to B160 in Kant's Critique of Pure Reason", in: Philosophical Review 124, 1–58

Prien, Bernd 2006: Kants Logik der Begriffe. Die Begriffslehre der formalen und transzendentalen Logik Kants, Berlin

Rosefeldt, Tobias 2000: Das logische Ich. Kant über den Gehalt des Begriffes von sich selbst, Stuttgart

Rosefeldt, Tobias 2007: „Dinge an sich und sekundäre Qualitäten", in J. Stolzenberg (ed.), Kant in der Gegenwart, Berlin / New York, 167–209

Savile, Anthony 2005: Kant's Critique of Pure Reason: An Orientation to the Central Theme, Oxford

Schliemann, Oliver 2010: Die Axiome der Anschauung in Kants „Kritik der reinen Vernunft", Berlin

Schulting, Dennis 2019: Kant's Deduction From Apperception: An Essay on the Transcendental Deduction of the Categories, Berlin/Boston

Seeberg, Ulrich 2006: Ursprung, Umfang und Grenzen der Erkenntnis. Eine Untersuchung zu Kants transzendentaler Deduktion der Kategorien, Hamburg

Watkins, Eric 2005: Kant and the Metaphysics of Causality, Cambridge

Watkins, Eric / Willaschek, Marcus 2017: „Kant's Account of Cognition", in: Journal of the History of Philosophy 55, 83–112

Willaschek, Marcus 2018: Kant on the Scources of Metaphysics. The Dialectic of Pure Reason, Cambridge

Wuerth, Julian 2010: „The Paralogisms of Pure Reason," in: The Cambridge Companion to Kant's Critique of Pure Reason, ed. Paul Guyer, Cambridge 2010

Personenregister

Das Personenregister bezieht sich auf die Kommentarbeiträge und die dazugehörigen Literaturverzeichnisse, nicht aber auf die Gesamtbibliographie am Ende dieses Bandes.

Abaci, Uygar   257
Adickes, Erich   7, 59, 193
Al-Azm, Sadik J.   330
Allais, Lucy   26, 28, 368, 369
Allison, Henry E.   26, 28, 147, 155, 157, 169, 175 f., 193, 226, 247, 251, 278, 279, 312, 345, 367, 371, 378, 385, 389, 434
Alston, William P.   168
Ameriks, Karl   98, 296 f., 300, 306, 308, 309, 312, 317, 319, 326, 367 f.
Anderson, R. Lanier   27, 28, 62
Anselm von Canterbury   404
Aquila, Richard E.   278, 368
Aristoteles   3 f., 34, 69, 188, 273, 403, 495, 498, 502, 507–510
Aschenberg, Reinhold   452

Bacon, Francis   33, 38, 40, 505
Bader, Ralf M.   101
Bartuschat, Wolfgang   434
Baumanns, Peter   100, 101, 350
Baumgarten, Alexander Gottlieb   5, 48, 108, 197, 273, 277, 296 f., 498
Baum, Manfred   75, 160, 165
Bayle, Pierre   509
Beattie, James   510
Becker, Wolfgang   98
Beck, Jakob Sigismund   22, 174
Beck, Lewis White   56, 223, 232, 389
Bennett, Jonathan   25, 51, 309, 312, 345, 350, 388, 419
Bering, Johann   7
Berkeley, George   4, 15, 19, 22, 90, 98, 363
Bieri, Peter   100
Birken-Bertsch, Hanno   279
Birrer, Mathias   193
Bittner, Rüdiger   388, 483
Blumenberg, Hans   40
Boureau-Deslandes, A. F.   506
Brandt, Reinhard   50, 76, 85, 123, 309

Brandom, Robert   25, 28
Brittan, Gordan G.   442, 453
Broad, Charlie Dunbar   219, 229, 368
Bröcker, Walter   338, 345
Brook, Andrew   309, 312
Brouwer, Luitzen Egbertus Jan   441
Brucker, Johann Jakob   506

Caimi, Mario   193, 434
Carl, Wolfgang   52, 98, 126, 129, 145 f., 149, 152 f., 161, 163, 177, 297, 309, 317
Carnois, Bernard   389
Cassam, Quassim   25, 28
Cassirer, Ernst   6, 24, 101
Caterus, Johannes   405
Chignell, Andrew   27, 28, 258
Clarke, Samuel   85, 276 f.
Cohen, Hermann   24, 32, 59, 123
Collins, Arthur   26, 28
Conrad, Elfriede   495
Couturat, Louis   51
Cramer, Konrad   45, 50, 57–59, 152, 388, 481, 494
Crusius, Christian August   5, 85, 273
Curtius, Ernst Robert   193

Davidson, Donald   25, 28, 152, 389
Descartes, René   3 f., 11 f., 33 f., 50, 70, 85, 95, 322, 363, 397, 404–408, 413, 505, 509 f.
Dicker, Georges   258
Diogenes Laertius   39
Dryer, Douglas   224, 232
Düsing, Klaus   194, 485
Dyck, Corey W.   27, 28, 309

Ebbinghaus, Julius   59, 162, 451
Eberhard, Johann August   22, 279, 450
Ellington, J. W.   124
Emundts, Dina   258
Engelhard, Kristina   27, 28

Epikur 4, 507–510
Erdmann, Benno 43, 349
Erhardt, Franz 327
Euklid 40, 70, 77, 80, 441

Falkenburg, Brigitte 27, 28
Falkenstein, Lorne 93
Feder, Johann Georg Heinrich 22, 98
Ferrari, Jean 393
Fichte, Johann Gottlieb 21, 23 f., 98, 453, 496
Flach, Werner 194
Formey, Johann Heinrich Samuel 506
Förster, Eckart 31
Frank, Manfred 309
Frege, Gottlob 50, 106, 441
Friedman, Michael 51, 101, 232, 440 f., 443 f., 453
Fries, Jakob Friedrich 23 f., 452
Fulda, Hans Friedrich 27, 29

Galilei, Galileo 39 f.
Garve, Christian 5, 7, 22, 42, 98, 328
Gasperoni, Lidla 194
Gava, Gabriele 27, 29
Gawlina, Manfred 279
Geiger, Ido 434
Gerhardt, Volker 437, 455, 462, 469
Ginsborg, Hannah 434
Gloy, Karen 87
Godlove, Jr., Terry F. 434
Gomes, Anil 258
Gram, Moltke S. 193
Greenwood, John D. 345
Grier, Michelle Gilmore 27, 29, 279
Grüne, Stefanie 26, 29
Gunkel, Andreas 327, 346, 479
Guyer, Paul 26, 29, 43, 146, 188, 193, 219 f., 224, 231 f., 258, 278, 317, 364

Hahmann, Andree 279
Hamann, Johann Georg 23
Hanna, Robert 26, 29
Harris, W. T. 345
Hatfield, Gary 317
Hegel, Georg Wilhelm Friedrich 1, 23, 123, 325, 496, 500, 507

Heidegger, Martin 24, 34, 146, 193, 282, 287, 292, 451
Heidemann, Dietmar 101
Heimsoeth, Heinz 327, 330, 339 f., 344 f., 384, 396
Henrich, Dieter 35, 52, 145, 153, 155, 164 f., 278, 309, 319 f., 481
Herbart, Johann Friedrich 23 f.
Herder, Johann Gottfried 23
Herz, Marcus 2, 6, 36, 41, 92 f., 99, 109, 118 f., 263
Hinske, Norbert 330
Hintikka, Jaakko 50 f., 440, 453
Hobbes, Thomas 462
Höffe, Otfried 38, 259, 487, 491, 495, 499, 509, 512
Hofmann, Franz 327
Hoppe, Hansgeorg 98, 125, 142, 149
Horstmann, Rolf-Peter 76, 312, 323, 366, 419, 434
Höselbarth, Frank 327, 340
Hossenfelder, Malte 451
Hume, David 3–5, 12, 33, 47, 50, 57 f., 104, 128, 135, 138, 180, 211, 222, 269, 322, 328, 349, 467, 507 f., 510
Husserl, Edmund 24, 453

Ishikawa, Fumiyasu 327

Jaber, Dunja 293, 417
Jacobi, Friedrich Heinrich 21, 23, 43, 269
Jäsche, Gottlob Benjamin 124
Jauernig, Anja 279

Kalin, Martin G. 345
Kalter, Alfons 309
Kaulbach, Friedrich 485
Kawamura, Katsutoshi 327, 330, 345
Kemp Smith, Norman 7, 124, 342, 346, 349 f., 388, 419
Kitcher, Patricia 170, 309, 310, 312, 326
Kitcher, Philip 453
Kleingeld, Pauline 487, 507
Klemme, Heiner F. 150, 165, 297, 309, 312, 317
Klimmek, Nikolai F. 27, 29
Knutzen, Martin 5
Kojève, Alexandre 500

König, Peter   464
Kopernikus, Nikolaus   11, 40 f.
Koriako, Darius   69
Körner, Stephan   21, 389, 452
Kraus, Katharina   27, 29, 101, 434
Kreimendahl, Lothar   259, 327 f., 330, 349
Kroner, Richard   59
Krüger, Lorenz   123

Lambert, Johann Heinrich   5, 33, 92 f., 98, 100, 262, 269, 273, 492 f.
Landau, Albert   92
Langton, Rae   26, 368, 369
Lavoisier, Antoine-Laurent   56, 494
Laywine, Alison   308
Lehrer, Keith   168
Leibniz, Gottfried Wilhelm   3 f., 12, 48, 50, 54, 57, 70, 74, 85, 87, 96, 151, 262, 272, 274–278, 292, 303, 340, 378, 407, 411, 507, 509 f.
Leitner, Heinrich   278
Lewis, C. I.   56, 389
Liebmann, Otto   24
Liedtke, Max   434
Locke, John   2–4, 11, 34, 50, 57, 95, 128, 151, 262, 272, 492 f., 507–511
Longuenesse, Béatrice   94, 103, 112, 122 f., 171, 279, 309, 310, 326
Lorenz, Konrad   452
Lübbe, Hermann   500, 505

Maimon, Salomon   23
Malter, Rudolf   278
Malzkorn, Wolfgang   27, 29
Martić, Marko   102
Martin, Gottfried   117, 441
Massimi, Michela   27, 29, 434
McDowell, John   25, 26, 166–168
McLaughlin, Peter   434
McLear, Colin   26, 29
Meer, Rudolf   27, 29
Meerbote, Ralf   124, 232, 389
Meier, Georg Friedrich   5, 157, 273
Mellin, Georg Samuel Albert   22
Melnick, Arthur   231, 309, 310, 326
Mendelssohn, Moses   1, 5, 7, 19, 22, 41, 92 f., 98, 100, 314 f., 316
Merritt, Melissa McBay   102

Mertens, Helga   434
Michel, Karin   102
Mohr, Georg   1, 27, 29, 50, 62, 83, 89, 91, 98, 102, 309, 312
Moreau, Joseph   100, 102

Nagel, Thomas   157
Naragon, Steve   296, 309
Natorp, Paul   5, 24
Newton, Isaac   37, 41, 51, 67, 85, 441
Nicole, Pierre   111
Nietzsche, Friedrich   282
Niquet, Marcel   452
Nitzschke, K.   327

Oswald, James   510

Parkinson, G. H. R.Parkinson, G. H. R.   279
Parsons, Charles   51, 101, 444, 453
Pascal, Blaise   293, 485
Pasternack, Lawrence   28, 29
Paton, Herbert J.   2, 51, 175, 278
Pendlebury, Michael   193
Peter, Joachim   434
Pickering, Mark   435
Platon   3 f., 69, 262, 290, 350, 458, 462, 468, 496, 498, 507–510
Popper, Karl Raimund   25
Posy, Carl J.   441, 453
Powell, C. Thomas   306, 309, 312
Prauss, Gerold   26, 278, 367, 478, 485
Prichard, H. A.   193
Priestley, Joseph   510
Proklos Diadochos   40
Proops, Ian   310
Putnam, Hilary   25
Pythagoras   39

Quine, Willard Van Orman   21, 55

Rajiva, Suma   435
Rathschlag, Hans   327
Rauschenberger, Walther   327
Rauscher, Frederick   435
Recki, Birgit   457, 469, 475, 488, 504
Rehberg, August Wilhelm   444
Reich, Klaus   123, 153, 279

Reid, Thomas 510
Reimarus, Johann Albert Heinrich 273
Reinhold, Karl Leonhard 22 f., 452 f., 496
Reininger, Robert 90
Renaut, Alain 259, 281
Reuter, Peter 278
Richter, Jakob 327
Rickert, Heinrich 24, 487
Roche, Andrew F. 102
Rohlf, Michael 435
Rohs, Peter 50, 89, 101, 437, 458, 486
Rorty, Richard 21, 167
Rosas, Alejandro 309
Rosefeldt, Tobias 26, 27, 368, 370
Rosenkranz, Karl 24
Röttges, Heinz 345
Rousseau, Jean-Jacques 5, 410, 415, 465, 502, 505
Rush, Fred 435
Russell, Bertrand 51, 441 f., 458

Sascha, Mudd S. 435
Sassen, Brigitte 258
Satura, Vladimir 309
Schelling, Friedrich Wilhelm Joseph 1, 21, 23
Schiemann, Gregor 434
Schilpp, Paul Arthur 481
Schliemann, Oliver 210
Schmaucke, Stephan 352
Schmid, Karl Christian Erhard 22
Schmitz, Friederike 102
Schmucker, Josef 327, 337, 481
Schnädelbach, Herbert 278
Schönecker, Dieter 345
Schönrich, Gerhard 278
Schopenhauer, Arthur 23 f., 222 f., 348
Schroeder, Mark 25, 29
Schulthess, Peter 110
Schulting, Dennis 280
Schultz, Johann 22, 92, 100, 444
Schulze, Gottlob Ernst 23, 452
Schütz, Christian Gottfried 7, 39
Seel, Gerhard 171, 178, 193
Seifert, Josef 198, 350
Sellars, Wilfrid 25, 309, 319
Sokrates 468
Sokrates 468

Spinoza, Benedikt de 43, 400, 408, 416 f., 439, 458, 510
Stang, Nicholas F. 258
Stark, Werner 274, 309
Stephani, Heinrich 23
Stephenson, Andrew 258
Stockhammer, Morris 327, 345
Stolzenberg, Jürgen 27, 29
Strawson, Peter F. 25, 26, 30, 51, 123, 143, 146, 166–168, 224, 228, 309, 339, 388
Strohmeyer, Ingeborg 101
Stroud, Barry 21, 30, 167
Sturm, Thomas 27, 30
Sturma, Dieter 98, 309, 311 f., 319, 323, 325, 326

Terrasson, Jean Louis 37
Tetens, Johann Nicolas 4
Teufel, Thomas 435
Thales 39 f.
Thiel, Udo 309
Thöle, Bernhard 145 f., 160, 162, 165 f., 211, 229, 232
Thomas von Aquin 403, 410, 495
Tieftrunk, Johann Heinrich 174, 176
Tonelli, Giorgio 113
Trendelenburg, Adolf 80

Ulrich, Johannes August Heinrich 312

Vaihinger, Hans 5, 46, 59, 76, 90, 92 f., 96
Van Cleve, James 232
Verburgt, Jacco 280
Vogel, Jonathan 340
Voltaire 410

Wagner, Hans 164 f., 345
Walford, D. 124
Walsh, William H. 232, 331
Warnock, G. J. 193
Wartenberg, Thomas 434
Watkins, Eric 28, 30, 91, 258, 278, 308 f., 355, 369, 370
Weizsäcker, Carl Friedrich von 232
Whitehead, Alfred N. 458
White, Morton 55, 389
Wike, Victoria S. 327

Wilkerson, T. E.   338 f., 348, 350
Willaschek, Marcus   1, 27, 28, 30, 91, 259, 280, 369, 370, 381, 389, 435
Windelband, Wilhelm   24
Wittgenstein, Ludwig   458
Wolff, Christian   5, 43, 48, 74, 96, 108, 216, 262, 317, 407, 507, 510
Wolff-Metternich, Brigitta-Sophia von   444, 448 f., 453
Wolff, Michael   110, 123
Wood, Allan W.   389
Woolmann, M.   327
Wuerth, Julian   309, 310

Young, Michael   124
Yovel, Yirmiyahu   500

Zedlitz, Karl Abraham Freiherr von   33
Zelazny, Miroslaw   309
Zilsel, Edgar   278
Zimmermann, Stephan   147
Zocher, Rudolf   434
Zöller, Günter   309
Zuckert, Rachel   435
Zumbach, Clark   345

Sachregister

Abstieg vom „Ich" zum „ich"   320, 325
Affektion   25, 64–66, 70–72, 74
Affinität   138, 143, 425
Akzidenz   47, 85, 89, 187, 191, 273
Algebra   50, 443
Allgemeinheit (universality)   47, 49, 56, 63, 106, 128, 184 f., 228, 343, 442, 481, 485 f., 504
„als ob"   409, 417, 421, 427 f.
Amphibolie   259, 272, 274, 277
Analogie (der Erfahrung)   15, 19, 37, 87, 174, 208, 211–214, 217, 221 f., 232, 411
Analyse (analysis)   10, 34, 42, 48, 51, 56, 167, 311, 403, 405, 445, 475, 487
Anfang (beginning; vgl. Welt)   164, 219 f., 343, 491, 500
– dynamischer   344
Anschauung (intuition; vgl. Einheit)   12, 15, 63, 84, 86, 95, 127, 153, 162, 289, 315, 438–448, 493
– a priori   86, 88, 99, 288
– äußere   64, 68, 76, 89 f., 161, 337
– empirische   4, 63, 322, 341
– Form der   21, 68, 85, 88, 90, 93
– formale   65, 87, 214
– innere   91, 97
– intellektuelle   97 f., 267
– reine   13, 63, 65, 67, 75, 77, 129, 139, 150, 160, 175 f., 272, 438
– unserer selbst/unseres inneren Zustands (vgl. Selbstanschauung)   89, 93
Anschauungsform (vgl. Anschauung, Form der)   14, 64, 68, 72, 74, 83, 139, 215, 498
Anthropologie (vgl. Mensch, Menschheit)   68, 311, 494
Anthropologie in pragmatischer Hinsicht   69, 156, 501, 503, 507
Antinomie (vgl. Widerstreit)   5, 42, 51, 125, 283, 313, 327, 342, 348 f., 355, 358–363, 365 f., 373, 378, 511
– Auflösung der   45, 478
– dynamisch/mathematisch   388
Antinomientafel   333, 350
Antizipation   19, 187, 211, 446

Anwendung (der Vernunft)   8, 18, 175, 282, 323, 340, 425, 441
Anwendungsbedingung (einer Regel)   227, 284
Apperzeption (vgl. „Ich denke")   97, 130, 134–141, 143 f., 146 f., 150–160
– empirische   135, 152
– reine   139, 142, 152, 168
– transzendentale (ursprüngliche) Einheit der (vgl. Einheit)   135, 138, 140, 143 f., 146, 149 f., 153–160, 162, 165, 167 f., 191, 214, 316
Apprehension   130–132, 142, 161, 177, 191, 225
Apriorismus   3
Apriorizität   69 f., 76
Architektonik, architektonisch   18, 173, 491–495, 498, 500–502, 505
Argument (vgl. Beweis), transzendentales   189, 452
Arithmetik   50, 444
Assoziation, assoziabel   128
Ästhetik   3, 5, 13, 21, 67, 488, 508
– transzendentale   63–66, 89–91, 93
Aufklärung   460, 509
Aufklärung   495
Ausdehnung   89, 443
Axiom   442, 449
– der Wahrnehmung   15

Bedingte   286, 346, 349
Bedingung (condition)   125, 346
– der Möglichkeit (von Erfahrung)   10, 88, 153, 176, 229, 346
– erste   281 f.
– transzendentale   134
Begriff (concept; vgl. Kategorie, Idee)   4, 12, 56, 63, 103–111, 133, 137, 150 f., 153, 157 f., 175, 179, 426, 440, 448
– a priori   3, 10, 47, 58, 214 f., 263, 273
– empirischer   137, 178, 184, 424
– Erfahrungsbegriff   47, 56
– reiner   128
– Umfang (extension)   111–115, 122, 203, 238, 242 f., 289, 386

Beharrlichkeit (persistence)   187, 219, 221, 247, 298, 314
Bemerkungen in den „Beobachtungen ..."   484
Bestimmbarkeit   314, 322 f., 394, 398
Bestimmung (determination)   122, 130, 132, 135, 137, 151, 162, 171, 204, 213 f., 235, 239, 247, 249, 251 f., 289, 301–303, 318, 321, f., 375, 380
– des Menschen   501–503
Bewegung   67, 88 f., 95 f., 403, 441
Beweis   449, 459, 471
– akroamatischer   449
– apagogischer   335, 340, 346, 459, 472
– transzendentaler   459
Bewußtsein (consciousness, vgl. Einheit, Selbstbewußtsein)   97 f., 106, 132, 134 f., 139, 142–146, 152 f., 159, 166, 191, 203, 205–208, 215, 221, 244–246, 249, 251 254, 306, 319, 360, 468, 475
Bezugssystem   218
Bild   182, 377, 437, 442, 456

causa sui   281 f., 288
Charakter, empirischer/intelligibler   381
Chemie   494
Common sense (vgl. Menschenverstand)   65 f., 308, 356, 511
Compositum   377

Dasein (vgl. Existenz, Wirklichkeit)   213, 221, 321, 337, 402, 404–409, 430, 446
Datensensualismus   95
Dauer (duration)   90, 216, 220 f., 247, 250, 255 f., 483
De mundi   6, 67, 78, 81, 84, 92, 94, 97, 108, 118, 263, 271, 276, 336
Deduktion (der Kategorien) (vgl. Idee)   19, 36, 125, 159, 426
– Beweisstruktur   164
– juristisches Deduktionsverfahren   35
– metaphysische   19, 161
– objektive/subjektive (Seite der)   36, 125, 129 f., 146
– transzendentale   19, 35, 127, 161
Definition   54, 56, 281, 404, 447
Dekonstruktion   282, 287 f., 292, 404
Demonstration   104, 439, 447, 449, 452

Denken (thought; vgl. Einheit)   13, 36, 63, 72, 99, 105–109, 112–115, 127, 137, 142, 183, 265, 290, 296, 318, 322 f., 406, 507
Deutlichkeit der Grundsätze   5, 118, 440
Dialektik   289, 293, 327, 471 f., 508
dictum de omni et nullo   262, 275 f.
Ding (thing)   39, 43, 54, 72, 239, 260, 262 f., 265, 268, 270, 272, 274 f., 278, 298, 301 f., 357, 365
– Ding an sich (vgl. Noumenon, transzendentaler Gegenstand, transzendentaler Idealismus)   64, 80, 95
Disziplin   469, 475
Dogmatismus   400, 406, 466, 510

Einbildungskraft (imagination)   12, 105 f., 116, 119 f., 128, 130 f., 139, 157, 161, 246, 397, 440 f., 469
– produktive   12, 182
– reproduktive   141, 182
– Synthesis der   119, 144, 161, 215
Einfache, das   334, 339
Einfachheit (simplicity)   116, 277, 296–299, 304, 315, 342, 498
Einheit (unity; vgl. Synthesis)   133–141, 143 f., 146, 149–151, 153–156, 159, 161, 164
– analytische/synthetische   153
– Bewußtseins   133, 135, 155 f., 214
– der Anschauung   74, 158 f., 164
– der Erfahrung   138, 344, 420
– der Natur   145, 287, 424
– des Denkens   318
– des Mannigfaltigen   140, 162, 191, 421
– des Selbstbewußtseins   140, 153, 314, 320
– des Synthesis   141, 161
– objektive   150, 156, 159
– systematische   394, 396, 419–421
Einsicht   456, 472
Einzelnes, Einzelding (individual object)   12, 109, 111 f., 115, 121 f., 289 f., 442, 445, 449
Elementarlehre   13, 52, 437, 451, 456
Empfindung   69, 71, 81, 94, 187, 191
Empirismus   3, 50, 510
Endabsicht   477
Endlichkeit (vgl. Wesen)   17, 396, 416
Endzweck   415, 501, 505

Erfahrung (experience; vgl. Einheit)   3, 8–10,
   13–17, 36, 46, 48, 92, 138, 144, 191, 211, 217,
   235–239, 241, 244, 355–357, 359, 397 f.,
   400 f., 403, 405–408, 410, 451, 500
– äußere   90
– innere   494
– mögliche   164, 192, 260, 286, 343, 406, 450
Erfahrungsurteil (vgl. Urteil)   49
Erkenntnis (knowledge; vgl. Vernunfterkenntnis,
   Wissen)   1 f., 10, 34, 45, 94, 95 f., 105, 125,
   131 f., 139, 154, 163, 263, 274, 360, 409, 427,
   445, 485
– a priori   11, 13, 16, 46 f., 68, 94, 99, 440, 508
– empirische   160, 163, 191, 421, 447
Erkenntniskritik   16, 313, 317, 320
Erkenntnistheorie   3, 10, 13, 24, 311, 316
Erkenntnisvermögen   8, 12 f., 129, 172, 263, 421
– zweckmäßige Beschaffenheit unserer   419
Erklärung   153, 333, 428, 440, 478
Erörterung   321, 332
– metaphysische/transzendentale   64, 67, 83, 88
Erscheinung (appearance)   14, 21, 91, 94, 98,
   135, 141, 188, 213, 221, 226, 244, 249, 266,
   272, 297 f., 305, 357, 366 f., 374, 376 f., 380,
   409
Ethik (vgl. Moralphilosophie)   3, 5, 495, 504
Etwas   72, 226, 260, 398, 446
Existenz (existence; vgl. Dasein, Wirklichkeit)   17,
   48, 72, 237 f., 293, 322, 385, 393, 402, 406,
   412, 428, 470
Experiment (vgl. Methode)   33, 39
– der Vernunft   42
extra me   71, 73–75

focus imaginarius   286, 290, 409
Form (vgl. Anschauung, Anschauungsform, Materie)   21, 56, 104, 110, 112, 215, 261, 368,
   443
– logische   54, 157
Fortschritt   38, 287, 290, 491
Fortschritte der Metaphysik   96, 129, 151, 400,
   500, 505
Freiheit (freedom; vgl. Spontaneität)   1, 18, 20,
   295, 378–380, 385 f., 387
Funktion   174, 190, 433, 476
– logische   14, 128, 159, 264

Ganze, das (vgl. Einheit, Welt, Universum)   143,
   286, 336, 346, 400, 415, 420, 463, 492, 500
Gefühl   483, 488
Gegenständlichkeit   40, 265
Gegenstandsbeziehung   126, 128, 131, 137, 146
Geist (mind; vgl. Gemüt, Seele)   71, 249, 252,
   297, 300, 305, 307 f., 413, 416
Gemüt   64, 72, 191, 451 f.
Genese/Geltung   10, 93
Geometrie   14, 39, 50, 65, 67 f., 70, 75–81, 88,
   440
– euklidisch/nichteuklidisch   440
Gerichtshof (der Vernunft)   8, 34 f., 43, 438,
   463, 466
Geschichte   456 f.
– der menschlichen Vernunft   32, 403, 457, 472,
   486, 505
– der Metaphysik   33, 288
– der Philosophie   292, 438, 460, 501
Geschichte in weltbürgerlicher Absicht   481, 492,
   495, 499, 501, 503, 506 f.
Gesetz   10, 34, 135, 145
– der Natur   145, 342, 421
– der Vernunft   286
– moralisches (vgl. Sittengesetz, Imperativ)
   402, 412, 480, 482
Gesetzgebung (vgl. Naturgesetzgebung)   146,
   475
Gesetzmäßigkeit   187
Gewißheit   36, 70, 449
– apodiktische   76
Gewohnheit   128
Glaube   3, 42, 415, 430, 477, 479, 485
Gleichartigkeit   179 f., 425
Gleichzeitigkeit (simultaneity)   218, 221, 229
Glück(seligkeit)   476, 480, 482, 484, 503
Glückswürdigkeit   476, 482, 484, 504
Gott   1, 16 f., 42, 48, 63, 70, 99, 268, 283, 291,
   393, 417, 428, 476, 483, 499, 506
Gottesbeweis   17, 283, 288, 330, 332, 349, 393–
   396, 402 f., 409, 410, 412, 413 f., 416
– kosmologischer   395, 402
– ontologischer   283, 288, 322, 395, 403, 411
– physikotheologischer (teleologischer)   396
Grad (vgl. Größe, intensive)   187
Grenzbegriff   261, 268

Grenzbestimmung (der Vernunft)   17, 45, 421, 465
- der Erkenntnis   2, 160, 263, 408
Grenze (vgl. Welt)   57, 78
Größe (magnitude; vgl. Qualität, Quantität, Quantum), extensive   15, 315
- intensive   187, 315
- negative   79, 277
Grund, transzendentaler   134, 145
- zureichender (→ Satz); der Erscheinungen   266, 270, 409, 428
Grundlegung zur Metaphysik der Sitten   19, 31
Grundsatz   189
- des Verstandes   15, 125, 172, 177, 189
- regulativ/konstitutiv   216
- synthetischer G. a priori   192, 271
Gültigkeit (validity)   10, 94, 237, 240, 424
- objektive   10, 14, 125, 138, 167, 264, 282, 425
- subjektive   156, 214
Gut, höchstes   18, 476, 482, 504

Handlung (action)   151, 222, 343, 379f., 383f., 397, 421, 478
Hauptfrage, kritische   36, 51, 83
Hauptzweck   36, 499, 503
Hoffnung   439, 447, 470, 482, 485, 488
Homogenität der Formen   425
Hypothese   18, 33, 37, 40, 412, 424, 469

„Ich denke" („I think")   17, 145, 191, 312, 461, 468
„Ich existiere denkend"   315, 322f.
Ideal   290, 300
- (transzendentales) I. der Vernunft (vgl. Gott)   18, 313, 393-396, 399-401, 404f.
Idealismus, empirischer   90
- Deutscher Idealismus   1, 23, 498
- transzendentaler (vgl. Unterscheidung, transzendentale)   21, 400
Idealität, von Raum und Zeit   14, 68, 84, 91
Idee (vgl. Ideal)   289, 340
- dynamisch/mathematisch   373, 378
- kosmologische   333
- platonische   3, 397
- regulative (regulativer Gebrauch)   366, 420, 429, 477, 502
- transzendentale   16, 291, 332, 419
- transzendentale Deduktion der Ideen   426
Identität (vgl. Einheit)   49
- der Person   297, 321
- des Selbstbewußtseins   316, 322
- des Subjekts   145
Illusion (vgl. Schein), dialektische/transzendentale   17, 282, 296, 299, 365, 369, 409
Imperativ   397
- kategorischer (vgl. Gesetz, Sittengesetz)   480
Individuum   465
Inhalt (content)   12, 55, 107, 129, 224, 271, 398
intellectus archetypus/ectypus   99
Interesse   421
- des Menschen   466, 473
- praktisches I. der Vernunft   476, 478f., 483f., 511
- spekulatives/metaphysisches I. der Vernunft   3
Internalismus   168
intuitus derivativus/originarius   99

Kampfplatz   32f., 35, 40, 507f.
Kanon   172
Kategorie (category; vgl. Deduktion)   14f., 46, 121, 125f., 128f., 131, 141f., 146f., 150, 159f., 164, 169, 173, 239f., 297, 305, 365, 368
- Anwendung der (vgl. Schematismus)   14, 160, 165, 175f., 178, 186f.
- dynamische/mathematische   186
- empirischer/transzendentaler Gebrauch   264
- und transzendentale Idee   333, 426
Kategorientafel (table of categories)   14, 63, 94, 121, 123, 126f., 175, 186, 279, 296, 318, 333, 494
Kausal(itäts)prinzip   49f., 57, 343, 395, 407
Kausalgesetz   222, 224f.
Kausalität (causation, causality)   20, 188, 222, 236f., 342f. 368, 373f., 379f.
- Freiheit/der Natur   20, 478
Konstruktion   442, 444, 449
Kontinuität der Formen   425
Kopernikanische Wende (vgl. Revolution)   1, 10f., 500
Körper (body)   43, 47, 57, 72, 111, 300
Kosmologie (cosmology)   295, 332
- rationale   16, 314
Kraft   222, 277, 420, 446, 464, 505

Kritik   1, 7, 31, 34, 396, 460, 466
Kritik der praktischen Vernunft   18, 20, 31, 43 f., 48, 394, 413–415, 476 f., 484, 487, 492
Kritik der reinen Vernunft   1, 5, 8, 45, 125, 191, 330, 475
– Entstehung   5
– Rezeption/Wirkungsgeschichte   21, 312, 456
– Titel   7
Kritik der Urteilskraft   31, 44, 397, 419, 428, 433, 465, 488, 501, 503 f.
Kultur   24, 438, 457, 460, 465, 486, 494

Leben (life)   308, 384, 456, 464
– künftiges   477, 479, 484
Lebenszusammenhang   462, 464
Leib-Seele-Problem (mind-body problem)   315
Leistung   11, 13, 97, 131, 422
Leitfaden (leading thread)   114, 116, 178
Logik (logic)   38, 63, 105, 111, 282, 441
– allgemeine/transzendentale   129, 171, 271
– analytisch/dialektisch   107
– angewandte (praktische)   438
– formale   172
– Quantorenlogik   441
Logik (hg. v. G. B. Jäsche)   56, 105, 113, 118, 163, 284, 289, 448, 480, 492, 500, 503, 506, 508, 510

Mannigfaltiges (manifold; vgl. Einheit)   74, 90, 105, 117–121, 249 f.
Materialismus/Immaterialismus   315
Materie (matter)   51, 72, 206 f., 246, 261, 275, 277, 288, 298 f., 341, 377, 409, 411, 446, 493
– Form   65, 261, 273
Mathematik (vgl. Arithmetik, Geometrie)   14, 39, 47, 439, 447
mathesis extensorum/intensorum   198
– *pura*   50
Maxime   286, 427, 471, 476, 481
– der Vernunft   426
Mechanik   88, 100
Mensch   11, 33, 397, 416, 456, 460, 465, 473, 480, 501
Menschenverstand (vgl. common sense)   65 f., 308, 461, 504, 510
Menschheit   397, 477, 504

Metaphysik   2, 5, 7, 11, 22, 33, 51, 282, 409, 494, 503
– allgemeine (metaphysica generalis; → Ontologie); Genealogie der   282, 292
– als Wissenschaft   51, 345
– der Natur   38, 44
– der Sitten   12, 495
– (Leibniz-Wolffsche) Schulmetaphysik   5
– spezielle (metaphysica specialis)   282, 327
Metaphysik der Sitten   42, 321, 481
Metaphysische Anfangsgründe der Naturwissenschaft   31, 37, 44, 51, 217, 312
Methode   5, 59, 183, 437, 445, 491
– experimentelle   33, 38
– skeptische   334, 511
– synthetisch   59, 76
– transzendental(philosophisch)e   271, 278
Methodenlehre   5, 13, 18, 52, 437 f., 440, 450
Misologie   510
Möglichkeit (possibility)   15, 93, 105, 109, 235, 392, 408, 500
reale   264
Monadologia physica   339
Moral   41, 43, 345, 412, 415, 480, 502
– moralische Welt   482, 505
Moralisierung   465
Moralphilosophie (vgl. Ethik)   52, 59, 476, 482, 487, 502
Moraltheologie   412, 476, 482, 487
mundus intelligibilis/sensibilis   261 f., 269

Nacheinander (vgl. Sukzession)   90
Nachricht von der Einrichtung seiner Vorlesungen   5, 492, 495
Natur (vgl. Einheit)   15, 139, 144, 228, 396, 463
Naturgesetzgebung   128, 136, 138, 142, 144, 147
Naturwissenschaft (science)   51, 105–107, 123, 195 f., 200, 209, 296, 350, 420, 459, 473, 501 f., 504
Nebeneinander   90
Negation (Nichtsein)   337
Negation (Verneinung)   49, 53 f.
Neukantianismus   24
Nichts   277
Noologismus   510
Notwendigkeit (necessity)   15, 31, 36, 49, 53, 63, 70, 74–77, 121, 128, 134, 155, 179, 187, 199,

219, 228, 235–240, 243 f., 287, 344, 395, 405, 407–409, 423, 432 f., 446, 477, 485–487
Noumenon (vgl. transzendentaler Gegenstand, Ding an sich)   260
– in negativer/positiver Bedeutung   267–269
Nova dilucidatio   404, 415

Objektivität   177, 282, 284, 397, 411
Öffentlichkeit   462
Ontologie (vgl. Metaphysik)   16, 259, 265, 282, 493
Ontotheologie   412, 417
Opposition, analytische/dialektische   365
Optik   69
Opus Postumum   405, 407, 414, 416, 498
Organon   52, 63, 108
Ort, transzendentaler   274

Pädagogik   501
Paralogismus   312–314, 332
– transzendentaler   313, 332
Person (vgl. Einheit)   16, 297, 321, 383
Personalität   313
Pflicht   290, 412, 480, 492
Phaenomenon (vgl. Erscheinung, Noumenon)   260, 267
Phänomenalismus   95, 97, 226
Phänomenologie   24, 453, 507
Philosophie (vgl. Transzendentalphilosophie, Metaphysik)   8, 34, 37, 332, 396, 458, 499
– kritische   4, 6, 24, 415
– reine/angewandte   500
– Schulphilosophie (→ Metaphysik)
– (sprach)analytische   25, 320, 322, 445
– Wissenschaftlichkeit der   491
Physik   39, 51, 100, 232, 494
Physikotheologie   412, 429, 487
Politik   462
Populärphilosophie   31
Postulat   441
– der praktischen Vernunft   413, 477
– des empirischen Denkens   15
Prädikabilie des reinen Verstandes   58, 263, 498
Prädikat   129, 274, 276, 285, 290, 322, 398 f.
praeter me   71
Praktische, das   382, 476, 478, 488

Prinzip   284, 496
– konstitutives   425
– oberstes   42, 316
– regulatives   287, 357, 371, 394, 396, 425, 427 f.
– synthetisches P. a priori   141
Progressus   357, 366
Prolegomena zu einer jeden künftigen Metaphysik   6, 10, 39, 44, 46, 50, 56 f., 59, 69, 76, 80, 95, 98, 113, 115, 122, 129, 157, 177, 180, 187, 211, 222, 273, 286 f., 312, 328, 332, 344, 350, 419, 430, 440, 458, 467, 492, 498, 500, 510
Propädeutik   31, 51, 491, 495 f.
Psychologie   156
– empirische   10, 156, 311
– rationale (*psychologia rationalis*)   16, 68, 311, 327, 496

Qualität   95
Quanta, Quantum   443
Quantenphysik   24
Quantität   183, 186, 443
Quasi-Objekt   323

Raum (space)   13 f., 21, 46, 48, 50, 57, 63 f., 67–81, 84 f., 88–93, 127, 136 f., 141, 149, 161, 229, 236 f., 249 f., 255 f., 307, 339, 339 f.
Reale, das   217
Realismus
– empirischer   66, 92
– transzendentaler   91
Realität   56, 72, 187, 264, 398
– empirische/transzendentale   14, 401
– objektive   63, 126
Recht   97, 462, 465, 496
Rechtsgrund   126
Reduktionismus   325
Reflexion   270, 319
– logische/transzendentale   31, 261, 270
Reflexionen   6, 41, 124, 273, 328, 384, 405, 415, 485
Reflexionsbegriff   272
Regel (rule; vgl. Anwendung, Verstandesregel)   154, 172, 284
– allgemeine   222
Regressus   286
– *in indefinitum/in infinitum*   375

Rekognition 130, 133, 144
Relation 114, 261, 276, 291
Relativitätstheorie 24, 100
Religion 486, 503
Religionsschrift 501, 503
Reproduktion 132, 134
Revolution 32, 40, 412, 415, 501, 508
- der Denkart (vgl. kopernikanische Wende) 11, 39f.
Rezeptivität 12, 72, 98, 130

Satz, transzendentaler 446, 471
- vom auszuschließenden Widerspruch 54, 189, 398
- vom zureichenden Grunde 57
Schein (vgl. Illusion) 84, 92, 98
- dialektischer 329, 394, 409
- metaphysischer 283
- transzendentaler 16, 288, 332, 408, 416
Schema 177, 184, 260, 394, 426
- transzendentales 15, 175, 181, 264
Schematismus 15, 171, 173-175, 177f., 182, 184, 186-188, 191-193
Schluß (inference; vgl. Vernunftschluß) 106, 111, 114-116, 238, 291, 245
Schöpfung 413, 415
Seele (soul; vgl. Unsterblichkeit) 325, 427
Selbst (self) 247f., 251, 256, 296, 303, 319, 323, 458
Selbstaffektion 98
Selbstanschauung (vgl. Anschauung) 93, 98, 100
Selbstbehauptung 460
Selbstbestimmung (self-determination) 379, 457, 460, 475
Selbstbewußtsein (self-consciousness; vgl. Einheit) 15, 74, 97, 140, 167, 317
- Reflexionstheorie des 319
- Theorien des 4, 21, 97, 324
Selbstdisziplin 455, 469
Selbsterkenntnis (self-knowledge) 34, 97, 105, 150, 317, 323, 451, 458
Selbstprüfung 438, 457, 467, 471
Selbstwahrnehmung 93
Selbstzuschreibung 145
- des Mentalen 151, 167
- von Vorstellungen 145, 168, 226

Sinn (sense) 67, 89, 139
- äußerer 67, 90
- innerer 90
Sinnenwelt 42, 338, 341, 421, 427
Sinnlichkeit (sensibility; vgl. Anschauung, Rezeptivität) 12f., 52, 66, 94, 98f., 103-105, 119, 154, 254, 268, 458
Sittengesetz (vgl. Imperativ, Gesetz) 480, 486
Skepsis, Skeptizismus (vgl. Methode) 467
Sollen (ought) 357, 379f., 382, 481, 495
Spekulation 466, 477
Spezifikation der Formen 425
Spontaneität 12, 98, 130, 343, 468
Streit der Fakultäten 465, 482
Subjekt 11, 84, 97, 128, 150, 152, 157, 270
- empirisches 156, 321
- transzendentales 318
Subjektivität 262, 453
Subjektivitätsphilosophie 325
Subsistenz 315
Substantialität 229, 314, 315, 421
Substanz 85, 129, 176, 187, 211, 221, 319, 446
Substrat 218-221, 399
Subsumtion 165, 175f., 179, 182, 184, 284, 481
Sukzession (vgl. Nacheinander) 57, 93, 100, 225
Syllogismus 291
Synopsis 128, 131
Synthesis (vgl. analytisch/synthetisch, Einheit, Verbindung) 116, 123, 151, 154, 213, 458
- der Apprehension 130, 161, 177
- der Rekognition 130, 144
- der Reproduktion 130, 136
- dreifache 130, 191
System (vgl. Einheit) 13, 437, 450, 491, 493
Szientifische, das 491, 493

Teleologie 476, 485, 488, 500
Teleologiekritik 485
Theologie (vgl. Moraltheologie) 396, 400, 412, 495, 509f.
- natürliche 48, 411
- rationalen 16, 288, 404
Topik 273, 313
- transzendentale 273
Totalität (totality; vgl. Ganzes) 113, 122, 285f., 292, 313, 330, 332f., 348, 360f., 371, 409, 421, 500

Totum 339, 377
transzendent (vs. transzendental) 264
transzendental (vgl. Argument, Bedingung, Beweis, Deduktion, Gegenstand, Logik, Methode, Voraussetzung) 10
Transzendentalphilosophie 11, 18, 172, 328, 334, 450, 473
Trendelenburgsche Lücke 21, 80
Triebfeder 402, 476, 483, 488

Über den Gebrauch teleologischer Prinzipien 58
Über eine Entdeckung 46, 57, 450
Überlegung 270
Unbedingte, das (the unconditioned) 16, 41, 281, 289, 293
Unendlichkeit (infinity) 87, 338, 358, 367, 372, 378
Universum 396, 410
Unsterblichkeit (immortality) 1, 17, 20, 48, 415, 459, 478, 511
Unterscheidung, transzendentale (transcendental distinction) 378, 385
Ursache (cause; vgl. Kausalität, Welturasche) 15, 37, 50, 57, 188, 216, 221 f., 225, 269, 284, 343, 348, 393, 402, 408, 450
Urteil (judgment; vgl. Erfahrungsurteil, Wahrnehmungsurteil) 128, 150, 157, 173, 270
– a priori/a posteriori 9
– nicht reines synthetisches U. a priori 58
– rein/nicht rein 58
– sittliches 480
– synthetisch/analytisch 9, 49, 57, 189, 440
– synthetisches U. a priori 50
Urteilskraft (judgment) 111, 172, 184, 284, 429
Urteilstafel (table of logical functions of judgments; vgl. Kategorientafel) 14, 63, 73, 159

Varietät 425
Veränderung (alteration) 46, 50, 88, 211, 227
Verbindung (vgl. Synthesis) 150 f., 226
Vergleichung 46, 52, 270
Verknüpfung 46, 49, 139, 191, 214
Vermögen (capacity; vgl. Erkenntnisvermögen, Verstand, Vernunft) 139
Vernunft (reason; vgl. Kritik) 8, 45, 191, 284, 328, 420

– Gebrauch der (vgl. Vernunftgebrauch) 18, 422
– Naturgeschichte der 508
– praktische 44, 291, 324
– reine 8, 12, 18, 45, 450, 481
– Vermögen zu schließen 8, 14, 477
Vernunfteinheit 422
Vernunfterkenntnis 445, 456, 495, 508
Vernunftgebrauch 285
– logischer/realer 283
– praktischer 482
– reiner 18
Vernunftglaube, praktischer 42 f., 486
Vernunftschluß 281
– disjunktiver 285, 400
– hypothetischer 313
– kategorischer 285, 291
Verstand (understanding; vgl. Spontaneität) 12 f., 141, 145, 151, 162, 172
– reiner 128
– Vermögen zu urteilen 8, 103, 111
Verstandesgebrauch (use of the understanding) 94, 104 f., 107–109, 117, 168, 263, 316, 438
– transzendentaler 274
Verstandesregel (vgl. Regel) 160
Vitalsinn 73 f.
Vollkommenheit 290, 397, 412
Vollständigkeit (vgl. Antinomien-, Kategorien-, Urteilstafel) 18, 35, 45, 94, 492, 501
Voraussetzung (presupposition) 395
– transzendentale 424, 431
Vorstellung (representation) 6, 12, 38–40, 73, 86, 90, 97, 109–113, 120, 246, 250, 356, 363
Vortrags(weise), populär/schulgemäß 35, 37

Wahrheit (truth) 106, 108, 123, 190, 290, 292, 345, 348
Wahrnehmung (perception) 4, 12 f., 93, 98, 139, 191, 212, 222, 230, 237 f., 243, 262, 340, 364, 373, 409
Wahrnehmungsurteil (vgl. Urteil) 271
Wechsel (change) 50, 92, 187, 211, 217
Wechselwirkung (communion, community) 15, 188, 229, 400
Welt (world; vgl. Universum) 166, 339, 343, 347, 393, 415, 421, 482

– Anfang der   51, 328, 334 f., 499
– Grenzen der   335, 351, 499
– moralische   476, 482, 485, 505
Weltbegriff   91, 332, 484, 500
Welturscache   348, 428
Wesen   67, 69, 80
– vernünftiges   34, 460, 480, 482, 504
– notwendiges   334, 346, 395, 404 f.
Widerstreit (vgl. Antinomie)   17, 91, 261, 277, 334, 464
Wille   42, 48, 467, 476, 484, 499
Willkür (choice)   223, 479
Wirklichkeit (actuality, reality; vgl. Dasein, Existenz)   15, 92, 93, 232, 393, 432, 500
Wirkung (vgl. Kausalität, Ursache)   21, 65
Wissen (vgl. Erkenntnis)   2, 10, 42, 152, 274, 477, 480, 485

Wissenschaft (science)   32, 290, 452, 473, 491, 510
Wissenschaftstheorie   25, 468

Zahl   95, 132, 136, 183, 186
Zeit (time)   21, 66, 83, 93, 99, 132, 212, 215–217, 261, 335, 343, 346
Zeitbestimmung (time-determination)   176, 239, 247–252
Zeitreihe   229, 346, 348
Zeitverhältnis   213, 218, 221
Zirkularitätsproblematik   318
Zum ewigen Frieden   499, 465, 507
Zusammengesetzte, das   339
Zweck (vgl. Endzweck)   415, 428, 500, 504
Zweckmäßigkeit der Natur   428, 484

www.ingramcontent.com/pod-product-compliance
Lightning Source LLC
Chambersburg PA
CBHW070754300426
44111CB00014B/2404